21世纪会计学系列精品教材

丛书主编：刘永泽

国家级重点学科配套教材

企业内部控制

INTERNAL CONTROL OF THE ENTERPRISE

刘永泽 池国华◎主编

清华大学出版社
北 京

内 容 简 介

本书以我国最新企业内部控制规范指引为依据，一方面侧重企业内部控制整体框架，另一方面关注企业内部控制制度设计。全书体系合理，内容全面，除第一章企业内部控制概论外，第二章至第六章主要介绍内部控制五要素，第七章和第八章主要介绍业务层级内部控制，第九章为内部控制评价。全书穿插了大量的实际案例，除引导案例以外，还对各要素、各业务主要风险点和关键控制措施辅之以相应的案例，使得内部控制的诸多概念和原理变得不再枯燥与深奥，具有很强的可读性与实用性。

本书既适合于会计学、财务管理、审计学、资产评估等专业的本科生学习，也适合于这些专业研究生以及 MBA、MPA、MPAcc、MV、Maud 等专业硕士学习。同时，本书也可以为大中型企业设计和完善自身内部控制制度提供指导。

图书在版编目（CIP）数据

企业内部控制/刘永泽，池国华主编. —北京：清华大学出版社，2014（2019. 1重印）
（21 世纪会计学系列精品教材）
ISBN 978-7-302-37514-2

Ⅰ. ①企…　Ⅱ. ①刘…　②池…　Ⅲ. ①企业内部管理－高等学校－教材　Ⅳ. ①F270

中国版本图书馆 CIP 数据核字(2014)第 170848 号

责任编辑：杜　星
封面设计：汉风唐韵
责任校对：宋玉莲
责任印制：刘祎淼

出版发行：清华大学出版社
网　　址：http://www. tup. com. cn，http://www. wqbook. com
地　　址：北京清华大学学研大厦 A 座　　**邮　　编**：100084
社 总 机：010-62770175　　**邮　　购**：010-62786544
投稿与读者服务：010-62776969，c-service@tup. tsinghua. edu. cn
质量反馈：010-62772015，zhiliang@tup. tsinghua. edu. cn
印 装 者：北京密云胶印厂
经　　销：全国新华书店
开　　本：185mm×260mm　　**印　　张**：26.25　　**字　　数**：595 千字
版　　次：2014 年 8 月第 1 版　　**印　　次**：2019 年 1 月第 5 次印刷
定　　价：39.00 元

产品编号：052816-01

21世纪会计学系列精品教材

编　委　会

前言

自20世纪80年代德国著名社会学家贝克教授提出风险社会理论以来，我们可以看到今天企业所面临的风险与过去相比确实愈加繁多与复杂，以至于到了“无处不在，无时不在”的地步。那么企业应该如何抵御风险呢？从美国、英国、法国等成熟市场经济国家的实践来看，健全有效的内部控制被视为一种解决公司许多潜在问题的有效方法。人们普遍认为，内部控制可以把公司保持在实现公司战略和为股东创造价值的轨道上，并且使这个过程中发生意外的可能性降到最低，使管理层能够针对瞬息万变的竞争环境做出反应，并根据企业内部组织结构的变化做出调整，从而实现可持续增长即“基业长青”。因此，包括美国的COSO、SEC、AICPA，加拿大的CoCo、巴塞尔银监会，英国的FRA等在内的一些权威组织都制定了关于内部控制的规则和指南，如COSO的《内部控制——整合框架》和《企业风险管理框架》、CoCo的《控制指南》等。

自2008年以来，我国企业相继发生一系列风险事件，包括中航油新加坡公司濒临破产、中信泰富投资巨亏、中海集团“资金门”事件、合俊集团倒闭、中国远洋被ST等，这些事件无一例外都与其内部控制存在重大缺陷相关。这些事件的发生一方面推动了我国企业内部控制标准委员会的成立，另一方面促进了我国企业内部控制规范体系的制定。在这一背景下，2008年6月财政部、证监会、审计署、银监会、保监会联合发布了我国第一部《企业内部控制基本规范》，2010年4月又发布了《企业内部控制应用指引》、《企业内部控制评价指引》和《企业内部控制审计指引》，这标志着我国适用于大中型企业的内部控制标准体系已经基本形成。因此下一阶段企业所面临的重要任务就是如何贯彻落实企业内部控制规范指引。

内部控制规范在企业中得以贯彻落实的先决条件是设计一套既遵从我国的企业内部控制标准，又能反映企业实际情况的内部控制制度。而企业内部控制标准属于国家财政法规的重要组成部分，其最大的特点是强调原则性，缺乏充分的可操作性。因此，如果有一本以我国财政部等五部委联合颁布的企业内部控制规范指引为依据，同时强调可操作性和实用性的内部控制教材，那它必将为衔接企业内部控制规范的贯彻落实与企业内部控制制度的具体设计之间搭起一道桥梁。基于以上的考虑，我们编写了本书。

在撰写本书的过程中，我们始终坚持三项原则：

第一，可读性。古人提倡老师应该“传道授业解惑”，一本好的教材，不应该仅仅停留在使学生“知其然”的水平，而是应该尽可能达到使学生“知其所以然”的境界。本书不仅对内部控制的基本概念和基本原理进行了解读，而且对内部控制概念和原理的具体运用进行了深入系统的阐述，从而增强了本书的可读性。此外，为了增强直观性和说服力，本书还运用了大量的图表。

第二，可操作性。所谓“可操作性”，即本书侧重内部控制制度的设计与操作。具体而言，本书是以我国企业内部控制规范指引为依据，除了第一章侧重于企业内部控制规范整体框架介绍以外，其余章节的内容都是围绕内部控制五要素、业务层级内部控制、内部控制评价等设计展开。

第三，实用性。所谓“实用性”，即首先体现在本书不仅仅介绍企业内部控制制度设计原理，而且还穿插了大量的实际案例，除了引导案例以外，还对各要素、各业务主要风险点和关键控制措施的讲解几乎都有对应的小案例。这些案例既有关于上市公司的，也有一些关于非上市企业的；既有内部控制的失败教训，也有内部控制的成功经验。案例的引入是为了增强读者对内部控制制度设计基本原理的理解与把握。

当然，以上只是我们对教材要做到兼具可读性、可操作性和实用性的单方面理解，真正使用效果如何还得由读者来评判。本书既适合于会计学、财务管理、审计学、资产评估等专业的本科生学习，也适合于这些专业研究生以及MBA、MPA、MPAcc、MV、Maud等专业硕士学习。同时，本书也可以为大中型企业设计和完善自身内部控制制度提供指导。

本书是由东北财经大学中国内部控制研究中心研究员团队共同编写，东北财经大学会计学院刘永泽教授、池国华教授担任主编。各章执笔人如下：第一章，刘永泽教授；第二章、第三章、第八章，唐大鹏博士；第四章、第七章、第九章，池国华教授；第五章、第六章，樊子君副教授。

在这里需要着重介绍一下中国内部控制研究中心。该中心是在原辽宁省教育厅人文社会科学重点研究基地东北财经大学内部控制与风险管理研究中心的基础上，由中国会计学会、东北财经大学、中国航空工业集团、立信大华会计师事务所有限公司共同建设，以高等院校、中介机构和实务部门知名内控专家为研究主体，实现产、学、研一体化的开放式科学研究机构。目前，研究中心由刘永泽教授担任主任，池国华教授担任副主任。中心自成立以来，依托学校学科优势和科研资源，整合社会各方资源开展内部控制的理论和实务研究，一方面加强学术研究和理论探索，为政府相关部门完善内部控制标准体系，推动内部控制规范实施提供政策建议；另一方面加强实践研究和专业服务，为中国政府机关和企事业单位有效实施内部控制规范，提高管理水平提供理论支撑，最终搭建一个良好的内部控制理论与实务研究和交流的高端平台，实现理论研究、政策咨询和社会服务的有机结合。

在本书的写作过程中，我们参阅了国内外大量的文献和资料。在此，对所有企业内部控制研究领域的专家和学者致以最诚挚的谢意。一并感谢本书的编辑老师，没有他的热情邀请和认真编辑，就没有这本强调可读性、可操作性与实用性内部控制教材的面世。

本书虽力求完善，然而时间仓促及能力有限，因此必有不足之处，敬请各位学者、专家和读者批评指正。

主　编

2014 年 5 月于东北财经大学

目录

第一章

企业内部控制概论

学习目标

通过本章学习，应达到以下学习目标：

1. 理解什么是内部控制；
2. 掌握企业内部控制的目标、内部控制要素、内部控制原则和内部控制的方法；
3. 熟悉我国企业内部控制体系的构成内容。

引导案例

十分钟的悲剧①

2008年9月15日上午10:00，拥有158年历史的美国第四大投资银行——雷曼兄弟公司向法院申请破产保护，消息转瞬间通过电视、广播和网络传遍地球的各个角落。令人匪夷所思的是，在如此明朗的情况下，德国国家发展银行10点10分，居然按照外汇掉期协议的交易，通过计算机自动付款系统，向雷曼兄弟公司即将冻结的银行账户转入了3亿欧元。

转账风波曝光后，德国社会舆论哗然。销量最大的《图片报》在9月18日头版的标题中，指责德国国家发展银行是迄今"德国最愚蠢的银行"。法律事务所的调查员先后询问了银行各个部门的数十名职员，几天后，他们向国会和财政部递交了一份调查报告。报告并不复杂深奥，只是记载了被询问人员在这10分钟内忙了些什么。

首席执行官乌尔里奇·施罗德：我知道今天要按照协议约定转账，至于是否撤销这笔巨额交易，应该让董事会讨论决定。董事长保卢斯：我们还没有得到风险评估报告，无法及时做出正确的决策。董事会秘书史里芬：我打电话给国际业务部催要风险评估报告，可那里总是占线，我想还是隔一会儿再打吧。国际业务部经理克鲁克：星期五晚上准备带上全家人去听音乐会，我得提前打电话预订门票。国际业务部副经理伊梅尔曼：忙于其他事情，没有时间去关心雷曼兄弟公司的消息。负责处理与雷曼兄弟公司业务的高级经理希特霍芬：我让文员上网浏览新闻，一旦有雷曼兄弟公司的消息就立即报告，现在我要去休息室喝杯咖啡了。文员施特鲁克：10点03分，我在网上看到了雷曼兄弟公司向法院申请破产保护的新闻，马上就跑到希特霍芬的办公室，可是他不在，我就写了张便条放在办公桌上，他回来后会看到的。结算部经理德尔布吕克：今天是协议规定的交易日子，我没有接到停止交易的指令，那就按照原计划转账吧。结算部自动付款系统操作员曼

① 案例来源：冯武勇．德国国家发展银行操作失误往雷曼兄弟黑洞送钱[EB/OL]．http://finance.sina.com.cn/world/gjjj/20080919/15075322914.shtml，2008-09-19.

斯坦因：德尔布吕克让我执行转账操作，我什么也没问就做了。信贷部经理莫德尔：我在走廊里碰到了施特鲁克，他告诉我雷曼兄弟公司破产的消息，但是我相信希特霍芬和其他职员的专业素养，一定不会犯低级错误，因此也没必要提醒他们。公关部经理贝克：雷曼兄弟公司破产是板上钉钉的事，我想跟乌尔里奇·施罗德谈谈这件事，但上午要会见几个克罗地亚客人，等下午再找他也不迟，反正不差这几个小时。

德国经济评论家哈恩说，在这家银行，上到董事长，下到操作员，没有一个人是愚蠢的。可悲的是，几乎在同一时间，每个人都开了点小差，加在一起就创造出了“德国最愚蠢的银行”。实际上，只要当中有一个人认真负责一点，那么这场悲剧就不会发生。演绎一场悲剧，短短10分钟就已足够。

第一节　企业内部控制概述

一、建立企业内部控制制度的意义

（一）为了有效防范企业风险并实现持续健康发展

在市场经济条件下，企业在生产经营过程中会面临各种各样的风险，风险无处不在。如果企业不能有效地防范风险，轻则会影响企业持续健康发展，重则会导致企业倒闭。1996年美国《财富》杂志对评出的500强公司分析，发现其中80%已被淘汰，例如埃克森-美孚石油公司便是其中之一。被淘汰的公司普遍存在两个问题：第一是它们缺乏持续创新能力；第二是它们未能有效地管理风险。从国外的巴林集团、美国安然公司、雷曼兄弟，国内的中航油等昔日的明星企业，虽然也曾辉煌一时，但由于漠视风险，风险管理失效，缺乏有效的内部控制机制，导致企业走上了毁灭之路。

著名财经作家吴晓波在其《大败局——十年中国知名公司成败经验对比》一书中说：在中国每分钟就有两家企业破产。中国民营企业的平均寿命只有3～7年，中国每年约有100万家民营企业破产倒闭。

因此，企业要持续健康地发展，就必须加强风险的防范，建立一个健全有效的内部控制制度。内部控制制度由预防机制、纠错机制和激励机制构成。内部控制立足于预防机制，内部控制制度是企业的防范风险的免疫系统，是一道有效的风险“防火墙”。内部控制通过不相容职务分离、授权审批等制衡机制，可以防止企业生产经营中的重大失误，防止员工利用职务之便舞弊。纠错机制是风险管控的第二道防线，如果预防机制失效，就可以启动纠错机制，对已经发生的失控事件进行制止，并采用相应的补救措施以防类似的事件再次发生。纠错机制主要通过监督来实现。为了实现内部控制的全面性，全员参与，要通过归口管理、考核评价等一系列的制度进行奖惩，即建立激励机制。

（二）提升内部管理的需要

企业内部控制就是企业内部管理制度，它涉及企业管理的方方面面，如采购、生产、销售、资产、工程、合同、财务管理、人力资源管理、企业文化、组织架构等。公司治理也成为内部控制的控制环境。实施内部控制是对企业各项管理制度的整合。一个企业内部控制水平直接反映了企业的综合管理水平。因此，建立内部控制度的核心是全面提升企业管理水平，提高企业核心竞争力。因为，企业的核心竞争力取决于两个方面，一是技术，二是管理。现代企业管理制度必须以风险管理为导向。内部管理的核心也是提高经营效率和控制经营风险。内部控制作为一种制度安排，可以将企业业务部门与会计联结起来，将各业务部门有机地联结起来。内部控制通过流程化和一系列的程序和方法将企业的各项管理制度有机地联结起来。目前，我国企业的内部管理还存在诸多问题，由于缺乏有效的内部控制制度，致使企业投资失误、损失浪费严重、资产使用效率低下，虚假交易造成会计信息严重失真。因此，亟须建立有效的内部控制制度，提升企业的内部管理水平。千万不能将内控游离于企业内部管理之外，这样的内控只是流于形式。

（三）内部控制与风险管理已成为一个国际性话题

2002 年，美国“安然事件”发生后，国际审计公司安达信公司倒闭，一系列的后果导致美国国会通过并出台萨班斯法案。其中“404 条款”要求公司在年报中披露内部控制评价报告，并聘请注册会计师对公司财务报告内控有效性出具审计报告。2008 年全球性的经济危机使人们更加关注风险管理和内部控制。

欧盟随着统一市场的建立和资本流动的加速，要求改善市场效率和有效性的呼声不断高涨，促使欧盟进一步关注公司内部控制问题，并在其改革白皮书中予以确认。英格兰与威尔士特许会计师协会发布了《内部控制——关于“联合规则”的董事指南》，要求公司董事会检查内部控制制度的有效性，完善风险应对机制。法国和日本也分别颁布相关法规对企业实施内部控制自我评估提出明确要求。我国建立内部控制自我评价与社会中介进行鉴证的制度也是为了顺应国际化的要求，贯彻中央“走出去”的要求，为我国企业“走出去”提供“安全网”和“防火墙”。

二、企业内部控制的产生与发展

从理论上讲，人类自从有了群体活动，就有了一定意义上的控制，任何一个组织都有不同程度的内部控制制度。如远在公元前 3600 年前的美索不达米亚文化时期，就有极简单的内部牵制机制。当时，经手钱财的人要为付出的款项提出付款清单，并且由记录员将这些清单汇总报告，在汇总报告时，记录员要核对付款清单，并在付款清单上打上“点、钩、圈”等核对符号。古埃及在法老统治时期，就设有监督官负责对全国各级机构和官吏是否忠实地履行受托事项，财政收支记录是否准确无误加以间接管理和监督。但真正的“内部控制”产生于 20 世纪 40 年代以后。它是产业革命以后，企业大规模化及资本大众化的产物。一般而言，内部控制经历了从内部牵制、内部控制制度、内部控制结构、内部控制整体框架以及风险管理整合框架等五个不同阶段的演变过程。

（一）内部牵制阶段

内部牵制思想产生于 20 世纪 40 年代以前，这是内部控制的最初形式。根据《柯勒会计辞典》的解释，内部牵制是指：“以提供有效的组织和经营，并防止错误和其他非法业务发生的业务流程设计。其主要特点是以任何个人或部门不能单独控制任何一项或一部分业务权力的方式进行组织上的责任分工，每项业务通过正常发挥其他个人或部门的功能进行交叉检查或交叉控制。”

内部牵制机制的提出主要是基于两个设想：其一，因为相互有了制衡，在经办一项交易或事项时，两个或两个以上人员或部门无意识地犯同样错误的概率远小于一个人或部门；其二，两个或两个以上人员或部门有意识地合伙舞弊的可能性要远低于一个人或部门。由此可见，内部牵制是以不相容职务分离为主要内容的流程设计，是内部控制的最初形式和基本形态。

内部牵制是顺应这一阶段的时代背景而产生的。这一阶段社会生产力相对落后，大规模商品生产尚不发达，内部控制主要表现为对会计账目和会计工作实施岗位分离和相互牵制，使任何一个部门或人员都不能独立地控制会计账目，并且使两个或两个以上的部门和人员能够对会计账目实现交叉检查或交叉控制。其目的主要是保证财产物资安全和会计记录真实。

尽管随着经济社会的发展，内部控制日益超越内部牵制的范畴，但内部牵制的基本理念在内部控制中仍然发挥着重要作用。正如《柯勒会计辞典》所言，“设计有效的内部牵制以使每项业务能完整正确地经过规定的处理程序，而在这个规定的处理程序中，内部牵制机制永远是一个不可缺少的组成部分。”当然，这一阶段的不足之处，在于人们还没有意识到内部控制的整体性，内部控制体系相对单一，只强调内部牵制是其唯一要素，不够完善。

（二）内部控制制度阶段

内部控制的第二阶段为内部控制制度阶段，主要是在 20 世纪 40 年代至 80 年代。适应这一时期资本主义商品经济快速发展、所有权与经营权进一步分离的特点，在注册会计师行业的推动下，内部控制由早期的比较单一的内部牵制逐渐演变为涉及组织结构、岗位职责、人员素质、业务处理程序和内部审计等比较严密的内部控制制度体系。在这一阶段，建立健全内部控制制度开始上升为法律要求；同时，适应注册会计师评价单位内部控制状况的需要，一些国家开始将内部控制划分为内部会计控制和内部管理控制。其中，内部会计控制主要是针对会计记录系统和相关的资产保护实施的控制，内部管理控制主要是针对经济决策、交易授权和组织规划等实施的控制。

以美国为例，1949 年由美国注册会计师学会（AICPA）首次正式阐述了内部控制的定义，即“内部控制包括组织机构的设计和企业内部采取的所有协调方法和措施，旨在保护资产、检查会计信息的准确性和可靠性，提高经营效率，促进既定管理政策的贯彻执行”，这就形成了内部控制制度思想。这一定义强调内部控制“制度”不局限于与会计和财务部门相关的控制方面，而且还包括预算控制、成本控制、定期报告、统计分析和内部审计等。但是由于审计人员认为该定义过于宽泛，因此 AICPA 于 1953 年在其颁布的《审计程序说明》第 19 号文件中，对内部控制定义做了正式修正，并将内部控制的类型按其特点分为会计控制和管理控制两个部分，前者在于保护企业资产、检查会计数据的准确性和可靠性；后者在于提高经营效率，促使有关人员遵守既定的管理方针。这种划分是为了规范内部控制检查和评价的范围，目的在于缩小注册会计师的责任范围。总之，这一阶段的内部控制正式被纳入制度体系之中，同时管理控制成为内部控制的一个重要组成部分。

（三）内部控制结构阶段

内部控制结构阶段主要是在 20 世纪 80 年代至 90 年代。在这一阶段，内部控制由偏重研究具体的控制程序和方法，发展为对内部控制系统的全方位研究。其突出的变化和重要的成果是日益重视对控制环境的研究。美国于 1988 年由 AICPA 在其颁布的《审计准则公告》第 55 号文件中对内部控制进行了重新定义，提出了内部控制结构的概念，即认为“企业的内部控制结构包括为合理保证企业特定目标的实现而建立的各种政策和程序”，并指出内部控制结构由控制环境、会计系统和控制程序三个要素组成。其中，控制环境包括组织结构设置、职责权限确定、管理者的经营风格和员工的素质等，在内部控制中居于基础环节；会计系统包括对各项经济业务的确认、计量、记录和报告等；控制程序包括授权批准、不相容职务相互分离、对资产的限制接触和对经济业务的独立审核等。

这一阶段的内部控制具有两个明显的特点：其一，不再区分会计控制和管理控制，而统一以要素来表述。之所以提出内部控制结构，是因为人们发现内部会计控制和管理控制在实践中是相互联系、难以分割的。此时的内部控制已融会计控制和管理控制于一体。其二，控制环境被纳入内部控制的范围。没有良好的控制环境作为内部控制的前提与基础，内部控制的其他要素也就难以顺利运行。此后的内部控制几个阶段都将控制环境作为内部控制的重要组成部分。

（四）内部控整体制框架阶段

内部控制整体框架阶段主要是在 20 世纪 90 年代。这一阶段的标志性成果，是美国 COSO 委员会于 1992 年提交的研究报告——《内部控制——整体框架》（以下简称 ICIF），该报告在 1994 年进行了增补。COSO 委员会隶属于“反对虚假财务报告全国委员会”（National of Commission Fraudulent Financial Reporting），通常根据其首任主席的姓名而称为 Treadway 委员会，它由美国注册会计师协会（AICPA）、美国会计学会（AAA）、国际财务经理协会（FEI）、内部审计师协会（IIA）和管理会计师协会（IMA）等 5 个组织于 1985 年发起设立。在 ICIF 报告中，COSO 委员会指出“内部控制是由企业董事会、经理阶层和其他员工实施的，为营运的效率效果、财务报告的可靠性、相关法令的遵循性等目标的达成而提供合理保证的过程”。COSO 报告认为内部控制“构成要素应该来源于管理阶层经营企业的方式，并与管理的过程相结合”，并且指出企业所设定的目标是一个企业努力的方向，而内部控制组成要素则是为实现或达成该目标所必需的条件，两者之间存在直接的关系，因此与企业目标相适应，该报告将内部控制的组成分成五个相互独立而又相互联系的五个要素：控制环境、风险评估、控制活动、信息与沟通和监督。

通过仔细分析可以发现这些要素都不再仅仅局限于纠错防弊，而更多是为了保障组织根本目标实现、提高组织管理水平。内部控制是存在于企业并为企业管理服务的一种工具和手段，其内容和形式不仅有利于管理人员的管理，而且应该为管理人员所理解。内部控制的建设和完善不仅应该包括内部管理控制，而且应该以内部管理控制为核心，而不是仅仅局限于从外部审计的角度强调内部会计控制的建立和完善。

这一阶段内部控制研究的突破，一是强调风险评估在内部控制中的重要作用；二是强调信息与沟通是强化内部控制的重要途径；三是强调对内部控制系统本身的监控是内部控制发挥作用的关键环节。由于 ICIF 发表后得到美国审计总署(GAO)、证券交易委员会(SEC)等的认可,其在美国乃至其他许多国家都产生了广泛影响。

(五) 风险管理整合框架阶段

风险管理整合框架阶段,主要是在 20 世纪 90 年代末至今。这一阶段的标志性成果,是 COSO 于 2004 年 9 月发布的研究报告——ERMIF。该框架指出,“全面风险管理是一个过程,它由一个主体的董事会、管理当局和其他人员实施,应用于战略制定并贯穿于企业之中,旨在识别可能会影响主体的潜在事项,管理风险以使其在该主体的风险容量之内,并为主体目标的实现提供合理保证”。这一阶段的显著变化是将内部控制上升至全面风险管理的高度来认识。基于这一认识,COSO 提出了战略目标、运营目标、报告目标和合规目标等四类目标,并指出风险管理包括八个相互关联的构成要素:内部环境、目标设定、事项识别、风险评估、风险应对、控制活动、信息与沟通和监控。根据 COSO 的这份研究报告,内部控制的目标、要素与组织层级之间形成了一个相互作用、紧密相连的有机统一体系;同时,对内部控制要素的进一步细分和充实,使内部控制与风险管理日益融合,拓展了内部控制。

第一,从目标上看,ERMIF 不仅涵盖了内部控制框架中的经营性、财务报告可靠性和合法性三个目标,而且还新提出了一个更具管理意义和管理层次的战略管理目标,同时还扩大了报告的范畴。ERMIF 指出,企业风险管理应贯穿于战略目标的制定、分解和执行过程,从而为战略目标的实现提供合理保证。报告范畴的扩大表现在内部控制框架中的财务报告目标只与公开披露的财务报表的可靠性相关,而企业风险管理框架中的财务报告范围有很大的扩展,覆盖了企业编制的所有报告。

第二,从内容上看,ERMIF 除了包括内部控制整体框架中的五个要素外,还增加了目标制定、风险识别和风险应对三个管理要素,目标制定、风险识别、风险评估与风险应对四个要素环环相扣,共同构成了风险管理的完整过程。此外,对原有要素也进行了深化和拓展,如引入了风险偏好和风险文化,将原有的“控制环境”改为“内部环境”。

第三,从概念上看,ERMIF 提出了两个新概念——风险偏好和风险容忍度。风险偏好是指企业在实现其目标的过程中愿意接受的风险的数量。企业的风险偏好与企业的战略目标直接相关,企业在制定战略时,应考虑将该战略的既定收益与企业的管理者风险偏好结合起来。风险容忍度是指在企业目标实现过程中对差异的可接受程度,是企业在风险偏好的基础上设定的在目标实现过程中对差异的可接受程度和可容忍限度。

第四,从观念上看,ERMIF 提出了一个新的观念——风险组合观。企业风险管理要求企业管理者以风险组合的观念看待风险,对相关的风险进行识别并采取措施使企业所承担的风险在风险偏好的范围内。对企业每个单位而言,其风险可能在该单位的风险容忍度范围内,但从企业总体来看,总风险可能超过企业总体的风险偏好范围。因此,应从企业整体的角度评估风险。

需要说明的是,ERMIF 虽然较晚于《内部控制——整体框架》产生,但是它并不是要完全替代《内部控制——整体框架》。在企业管理实践中,内部控制是基础,风险管理只是建立在内部控制基础之上的,具有更高层次和更有综合意义的控制活动。如果离开良好的内部控制系统,所谓的风险管理只能是一句空话而已。

我国内部控制制度建设并非一日之功，在改革开放的三十余年中，我国的内部控制制度建设经历了不同的阶段，走过了新兴经济体独有的内部控制制度建设历程。

我国对内部控制规定的起步始于1985年1月我国颁布的《中华人民共和国会计法》。其中规定："会计机构内部应当建立稽核制度。出纳人员不得兼管稽核、会计档案保管和收入、费用、债权债务账目的登记工作。"首次在法律文件上对内部牵制提出了明确要求。

1996年12月，中国注册会计师协会发布了第二批《中国注册会计师独立审计准则》，其中《独立审计准则第8号——错误与舞弊》要求被审计单位建立健全内部控制，《独立审计具体准则第9号——内部控制与审计风险》对内部控制的定义和内容都有具体规定，并要求注册会计师从制度基础审计的角度审查企业的内部控制，进行企业内部控制评价。

1997年5月，我国专门针对内部控制的第一个行政规定出台，中国人民银行颁布了《加强金融机构内部控制的指导原则》，要求金融机构建立健全有效的内部控制运行机制。

2001年6月，财政部发布了《内部会计控制——基本规范(试行)》和《内部会计控制基本规范——货币资金(试行)》。2002年12月，财政部发布了《内部会计控制规范——采购与付款(试行)》和《内部会计控制规范——销售与收款(试行)》。之后相继发布《内部会计控制规范——担保(征求意见稿)》、《内部会计控制规范——成本费用(征求意见稿)》。2003年10月，财政部发布了《内部会计控制——工程项目(试行)》。这些规定明确了单位建立和完善内部会计控制体系的基本框架和要求，以及货币资金、销售与收款和工程项目等业务内部控制的要求。

2004年底和2005年6月，国务院领导就强化我国企业内部控制问题作出重要批示，要求"由财政部牵头，联合有关部委，积极研究制定一套完整公认的企业内部控制指引"。2006年7月，受国务院委托，财政部牵头，由财政部、国资委、证监会、审计署、银监会、保监会联合发起成立了企业内部控制标准委员会，秘书处设在财政部会计司，旨在研究制定"具有统一性、公认性和科学性的企业内部控制规范体系"。

2008年5月，财政部等五部委联合发布了《企业内部控制基本规范》，2010年4月15日，财政部等五部委出台了《企业内部控制应用指引第1号——组织架构》等18项应用指引、《企业内部控制评价指引》和《企业内部控制审计指引》，要求2011年1月1日起在境内外同时上市的公司实行，在上海证券交易所、深圳证券交易所主板上市公司2012年1月1日起施行，并择机在中小板和创业板上市公司施行，同时也鼓励非上市大中型企业提前执行。

三、企业内部控制的概念

任何一个组织都需要控制，控制乃驾驭、支配之意，当这种控制在组织系统内部实施时，通常称其为内部控制(internal control)。关于内部控制的含义，国内外有多种表述。内部控制的起源通常与独立审计师的需求联系在一起，当初作为一种审计方法的内部控制源于"内部牵制"。所谓内部牵制(internal check)，是以账目间的相互核对为主要内容并实施岗位分离，以确保所有账目正确无误的一种控制机制。如机构分离、职务分离、钱账分离、物账分离等。内部控制经历了从内部牵制、内部会计控制到现代内部控制的发展过程。内部控制的第一个正式概念是1949年美国会计师协会(AIA)在《内部控制：一种协调制度要素及其对管理当局和独立注册会计师的重要性》的报告中，首先对内部控制制度给出了明确定义："内部控制包括组织机构的设计和企业内部采取的所有相关的方法和措施。这些方法和措施目的在于保护企业的财产，检查会计数据的准确性，提高经营效率，促进企业执行既定的管理政策。"在其后的50多年间又不断对其修订，1973年进一步规定了会计控制和管理控制的含义。1988年在其第55号《审计准则说明书》(SAS55)中把内部控制定义为："为了对实现特定公司目标提供合理保证而建立的一系列政策和程序。"1992年，COSO委员会在其研究报告《内部控制——整体框架》中，将内部控制定义为："由企业董事会、经理层和其他员工实施的，为营运的效率效果、财务报告的可靠性、相关法令的遵循性等目标的达成而提供合理保证的过程。"2008年6月，我国财政部、审计署、证监会、银监会和保监会等五部委联合发布的《企业内部控制基本规范》中，把内部控制定义为由企业董事会、监事会、经理层和全体员工实施的，旨在实现控制目标的过程。无论对内部控制怎样定义，就内部控制的基本内涵来说，其差别并不大。关键是如何理解内部控制的本质。我们认为内部控制的本质特征是它的制衡性和流程化。

1. 制衡性

相互制衡是建立和实施内部控制的核心理念。通过不相容职务分离、授权批准控制等方法达到相互制衡的目的，从而实现控制目标。内部控制的基本假设是：两个人有意识地犯同样错误的概率要远少于一个人；两个人有意识地合伙舞弊的可能性要远少于一个人。这些制衡原则都散见于企业的内部管理制度中，通过内部控制这条线将这些管理制度整合起来。所以，内部控制制度并不是孤立的一项制度，凡是具有制衡内容的管理制度都属于内部控制制度，将这种制衡机理运用于管理当中就形成内部控制制度。对一个组织而言，内控是in，而不是on。内控是分散在各项管理制度中、嵌入到公司的各项管理当中。

2. 流程化

流程化是内部控制区别于其他管理制度的又一重要特征，内部控制是将各项业务活动通过流程化进行管理，并画出流程图。流程图是借鉴了信息化系统中的方法论，使工作程序化、标准化、系统化。通过流程把规章制度中的相关控制要求放在流程上面进行关联和链接，从而能够支持按岗位、按流程的控制要求进行检索。将所有的业务活动按流程进行风险分析，并按风险点制定管控措施。这样不易出现漏洞，而且更加严谨。就像现代工厂的生产线一样，通过系统来控制产品质量，而不再依赖个人的技能。内部控制就像一条生产线，将分散的管理制度有机地连接起来，通过内部控制系统保证各项管理制度有效实施、相互协调。

内部控制在技术层面主要解决两个问题，一是控制标准，二是控制手段。所谓控制标准是各项制度和规章，内部控制标准要将国家、省、市以及各行业的规章转化为本单位的制度，并形成各项控制指南，如采购业务控制指南、差旅费控制指南、会议费控制指南等。所谓控制手段就是控制方法，如不相容职务分离、授权审批控制、财产保护控制、会计系统控制、预算控制、营运分析控制、绩效考核控制、归口管理、单据控制、信息化技术等手段。

目前我国部分企业单位内控流于形式、无成效的主要原因之一就是缺乏标准,二是没有有效的手段。没有标准就会造成评价和监督无法可依。如在实施过程中内部控制自我评价和内部控制审计缺少具体的可操作的评价标准,造成中介机构无所适从,大部分内部控制评价报告和内控审计流于形式。

2010 年,在我国沪深交易所 A 股上市的 2 105 家公司中,1 618 家上市公司披露了内部控制自我评价报告,而 99%以上的上市公司认为自身的内部控制体系是有效的,284 家试点公司全部出具了标准的审计报告。2011 年,有 1 844 家上市公司披露了内部控制评价报告,占比 78.80%,496 家上市公司未披露内部控制评价报告,占比 21.20%。在 1 844 家披露了内部控制评价报告的上市公司中,1 841 家公司出具的内部控制评价结论有效,占比 99.84%。2012 年,共有 2 244 家上市公司披露了内部控制评价报告,占沪、深交易所 2 492 家上市公司的比例为 90.05%。共有 1 532 家上市公司披露了内部控制审计报告,占沪、深交易所 2 492 家上市公司的比例为 61.48%。其中,内部控制审计结论为标准无保留意见的上市公司为 1 506 家,占比 98.30%。

第二节　企业内部控制的目标、原则与要素

一、企业内部控制的目标

《企业内部控制基本规范》将企业内部控制目标规定了五个方面,即合理保证企业经营管理合法合规、维护资产安全、保证财务报告及相关信息真实完整、提高经营效率和效果、促进企业实现发展战略。

(一) 合理保证企业经营管理合法合规

国家的各项法律法规是为了保护各方利益不受损害,维护正常的交易秩序而制定的,违法、违规经营是企业最大的风险。由于利益的驱动,在企业的经营活动中,总是存在违反法规和制度的现象。因此,国家法规和制度的落实必须靠内部控制的有效执行来保证,用一种制度保证另一种制度的实施,正是制度管理的精髓所在。所以,内部控制的第一个目的就是合理保证企业经营管理合法合规。它强调的是企业要在法律允许的经营范围内开展经营活动,严禁违法经营、非法获利。

(二) 维护资产安全

保护资产的安全完整是内部控制产生的最原始的动因。在企业的生产经营过程中,资产会因盗窃、挪用、侵占、转移而遭受损失。在内部控制实施过程中,不相容业务的分离使授权人与执行人分开,执行人与记账人分开,出纳与会计分开,总账与明细账分开等,从而形成一种相互牵制的关系;同时加上内部定期盘点、核对制度等管理规定,在企业财产管理的各个环节中建立了一个严密的控制系统和监督链条。可以有效地防止各种贪污舞弊行为,制止各种浪费,确保企业资产的安全完整,提高资产效能。由于这种制衡机制还

可以有效防止管理人员滥用职权、权钱交易，从某种意义上形成了一种免疫系统，起到了保护干部的作用。

（三）保证财务报告及相关信息真实完整

保证财务报告真实可靠是管理当局的首要责任，也是内部控制的重要目标。保证会计信息质量要建立高质量的会计准则，主要解决技术标准和操作指南的问题，防止出现非人为性的虚假会计信息。但它不能防止故意造假的行为。目前虚假会计信息主要来自于故意造假，出于某种利益考虑不遵守会计准则。对于这种情况，只有依靠内部控制制度来加以防范。内部控制制度可以通过不相容岗位的分离、对账制度、惩罚制度等防止提供虚假会计信息，尤其是对虚假交易具有较好的抑制作用。

（四）提高经营效率和效果

内部控制不仅仅要保证资产的安全，更重要是要提高资产的使用效率，提高企业的经营效率和效果。有人误认为，内部控制增加了许多管理制度和审批程序，会影响企业的工作效率，其实不然，内部控制要求组织精简、权责清晰，优化流程，从而使各部门和环节密切配合、协调一致，从整体上提高工作效率。另外，内部控制有良好的信息和沟通体系，从而会提高经济决策和反应效率。

（五）促进企业实现发展战略

促进企业实现发展战略是内部控制的最高目标，也是终极目标。企业内部控制最终所追求的是如何通过强化风险管控促进企业实现发展战略，实现发展战略必须通过建立和健全内部控制体系提供保证。内部控制不是为了束缚企业，也不仅仅是为了专门规范企业，其终极目的是为了企业的发展。企业发展是要冒风险的，风险无处不在，不能为了避免风险而放弃发展。内部控制不是为了不冒风险，而是为了预先发现风险，并把风险控制在可以控制的限度内。

企业内部控制五大目标之间是否有相关的逻辑关系？是否能按照某种规律进行重要性排列？

二、企业内部控制的原则

《企业内部控制基本规范》第四条规定了企业建立与实施内部控制的五项原则：全面性原则；重要性原则；制衡性原则；适应性原则；成本效益原则。

（一）全面性原则

内部控制应当贯穿决策、执行和监督全过程，覆盖企业及其所属单位的各种业务和事项。所谓全面性主要体现在三个方面：一是全过程控制，企业内部控制应当贯穿决策、执行和监督全过程；二是全方位控制，企业内部控制应当覆盖企业及其所属单位的各种业务和事项；三是全员控制，内部控制的关键是对人的控制，是对企业全体员工进行控制，保证每一位员工包括高层管理人员及基层执行操作人员都受到相应的控制。

第三节　我国企业内部控制规范体系

2010 年 4 月 26 日，财政部、证监会、审计署、银监会、保监会联合发布了《企业内部控制配套指引》，包括 18 项《企业内部控制应用指引》、《企业内部控制应用指引》和《企业内部控制审计指引》，连同此前发布的《企业内部控制基本规范》，标志着我国企业内部控制规范体系建成，如图 1-1 所示。

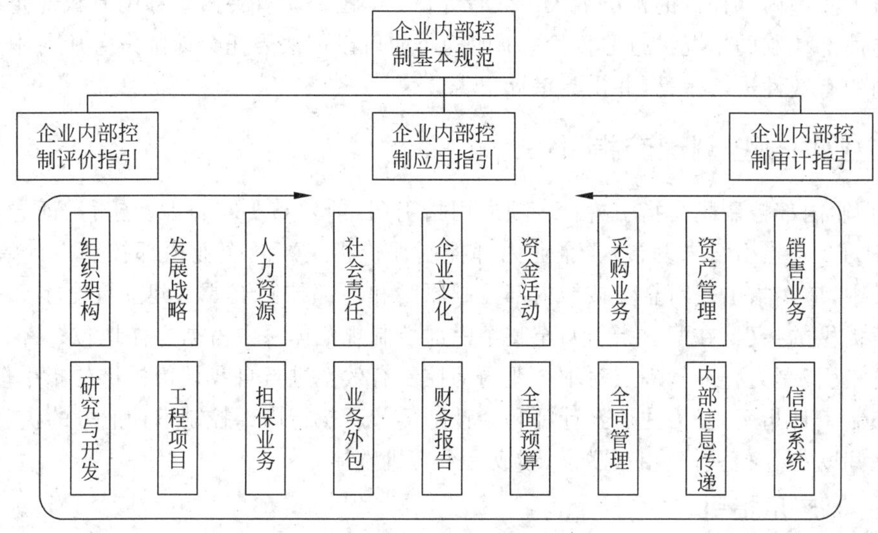

图 1-1　我国企业内部控制规范体系

一、企业内部控制基本规范

《企业内部控制基本规范》是内部控制体系的最高层次，起统驭作用。它描述了建立与实施内部控制体系必须建立的框架结构，规定了内部控制的定义、目标、原则、要素等基本要求，是制定应用指引、评价指引、鉴证指引和企业内部控制制度的基本依据。《企业内部控制基本规范》共七章五丨条，分为总则、内部环境、风险评估、控制活动、信息与沟通、内部监督和附则。其主要明确了内部控制的目标、原则和要素。

课堂讨论

有专家评价将《企业内部控制基本规范》与美国的《萨班斯法案》媲美，请对这一说法进行讨论。

我国《企业内部控制基本规范》在以下方面取得了重大突破。

(1) 科学界定内部控制的内涵，强调内部控制是由企业董事会、监事会、经理层和全体员工实施的，旨在实现控制目标的过程，有利于树立全面、全员、全过程控制的理念。

(2) 准确定位内部控制的目标，要求企业在保证经营管理合法合规、资产安全、财务报告及相关信息真实完整、提高经营效率和效果的基础上，着力促进企业实现发展战略。

(3) 合理确定内部控制的原则，要求企业在建立和实施内部控制全过程中贯彻全面性原则、重要性原则、制衡性原则、适应性原则和成本效益原则。

(4) 统筹构建内部控制的要素，有机融合世界主要经济体加强内部控制的做法经验，构建了以内部环境为重要基础、以风险评估为重要环节、以控制活动为重要手段、以信息与沟通为重要条件、以内部监督为重要保证，相互联系、相互促进的五要素内部控制框架。

(5) 开创性地建立了"以企业为主体、以政府监管为促进、以中介机构审计为重要组成部分"的内部控制实施机制，要求企业实行内部控制自我评价制度，并将各责任单位和全体员工实施内部控制的情况纳入绩效考评体系；国务院有关监管部门有权对企业建立并实施内部控制的情况进行监督检查；明确企业可以依法委托会计师事务所对本企业内部控制的有效性进行审计，并出具审计报告。

二、企业内部控制配套指引

《企业内部控制配套指引》由21项应用指引(目前发布18项，涉及银行、证券和保险等业务的3项指引暂未发布)、《企业内部控制评价指引》和《企业内部控制审计指引》组成。其中，应用指引是对企业按照内部控制原则和内部控制五要素建立健全本企业内部控制所提供的指引，在配套指引乃至整个内部控制规范体系中占据主体地位；《企业内部控评价指引》是为企业管理层对本企业内部控制有效性进行自我评价提供的指引；《企业内部控制审计指引》是为注册会计师和会计师事务所执行内部控制审计业务的执业准则。三者之间既相互独立，又相互联系，形成一个有机整体。

(一) 应用指引

应用指引由三大类组成，即内部环境类指引、控制活动类指引、控制手段类指引。这三类指引基本涵盖了企业资金流、实物流、人力流和信息流等各项业务和事项。

1. 内部环境类指引

内部环境是企业实施内部控制的基础，影响着企业内部控制的方方面面，在企业内部控制建立与实施中发挥着基础性作用。内部环境类指引之所以具有基础性地位，是因为它解决了组织层级内部控制问题，它是业务层级内部控制的保障体系。内部环境类指引包括组织架构、发展战略、人力资源、社会责任和企业文化等指引。

(1) 组织架构

组织架构是企业按照国家有关法律法规、股东(大)会决议和企业章程，结合本企业实际，明确股东(大)会、董事会、监事会、经理层和企业内部各层级机构设置、职责权限、人员编制、工作程序和相关要求的制度安排。企业要实施发展战略，必须要有科学的组织架构，主要包括治理结构和内部机构设置。如果企业治理结构形同虚设，缺乏科学决策、良性运行机制和执行力，就可能发生经营失败；如果内部机构设计不科学，权责分配不合理，也可能导致机构重叠、职能交叉或缺失，运行效率低下。

(2) 关于发展战略

发展战略是一定时期内对企业发展方向、发展速度与质量、发展点及发展能力的重大选择、规划及策略。企业战略可以帮助企业指引长远发展方向，明确发展目标，指明发展点，并确定企业需要的发展能力，战略的真正目的就是要解决企业的发展问题，实现企业快速、健康、持续发展。发展战略包括四个部分：愿景、战略目标、业务战略和职能战略。愿景为企业指明了发展方向，战略目标明确了企业的发展速度与发展质量，业务战略明确了企业的战略发展点，职能战略确定了企业的发展能力，通过四个上下相互支撑的组成部分，形成了能够解决企业发展问题的发展战略理论体系。

(3) 人力资源

人力资源是指企业组织生产经营活动而录用的各种人员，包括董事、监事、高级管理人员和全体员工。现代企业竞争的关键在于人力资源的竞争。人力资源对实现企业发展战略起到重要的智力支持作用，实现人力资源的合理配置，可以全面提升企业核心竞争力。如果人力资源缺乏或过剩、结构不合理、开发机制不健全，企业发展战略可能难以实现；如果人力资源激励约束制度不合理、关键岗位人员管理不完善，可能导致人才流失、经营效率低下；如果人力资源退出机制不当，又可能导致法律诉讼或企业声誉受损。

(4) 社会责任

社会责任是指企业在经营发展过程中应当履行的社会职责和义务，主要包括安全生产、产品质量、环境保护、资源节约、促进就业、员工权益保护等。企业认真履行社会责任，对于实现其与社会、环境的全面协调可持续发展具有重要促进作用。在现代市场经济条件下，企业作为社会基本的经济组织，在追求股东价值最大化的同时，必须履行其对劳动者、消费者、债权人等利益相关者以及对社区居民、自然环境和资源、国家安全和社会全面发展应当承担的社会责任，以促进企业与社会的协调发展。

(5) 企业文化

企业文化是指企业在生产经营实践中逐步形成的，为整体团队所认同并遵守的价值观、经营理念和企业精神，以及在此基础上形成的行为规范的总称。企业文化是企业的灵魂，渗透于企业的一切经营管理活动之中，是推动企业持续发展的动力。如企业缺乏积极向上的企业文化，导致员工丧失对企业的信心和认同感，缺乏凝聚力和竞争力；企业缺乏开拓创新、团队协作和风险意识导致企业发展目标难以实现，影响可持续发展；企业缺乏诚实守信的经营理念导致舞弊事件的发生，造成企业损失，影响企业信誉。

案例 1-1　　海尔集团的企业文化

海尔集团是世界第四大白色家电制造商。海尔在全球建立了 29 个制造基地，8 个综合研发中心，19 家海外贸易公司，全球员工总数超过 5 万人，已发展成为大规模的跨国企业集团。

自 2002 年以来，海尔品牌价值连续 7 年蝉联中国最有价值品牌榜首。海尔品牌旗下冰箱、空调、洗衣机、电视机、热水器、计算机、手机、家居集成等 19 个产品被评为中国名牌，其中海尔冰箱、洗衣机被国家质检总局评为首批中国世界名牌。2008 年海尔集团实现全球营业额 1 220 亿元，海尔品牌价值高达 803 亿元。

海尔企业文化是被全体员工认同的企业领导人创新的价值观。

海尔文化以观念创新为先导、以战略创新为方向、以组织创新为保障、以技术创新为手段、以市场创新为目标，伴随着海尔从无到有、从小到大、从大到强、从中国走向世界，海尔文化本身也在不断创新、发展。

员工的普遍认同、主动参与是海尔文化的最大特色。

当前，海尔的目标是创中国的世界名牌，为民族争光。这个目标把海尔的发展与海尔员工个人的价值追求完美地结合在一起，每一位海尔员工将在实现海尔世界名牌大目标的过程中，充分实现个人的价值与追求。

事例1：121万个焊点都没问题

流水线是紧张的，焊接活儿可不容易干，一天8小时，低头弯腰，要保证焊得平整圆滑，又不耽误下道工序，在有限的时间内要完成多个焊点，衣服上到处都是被焊火烧透的小孔，没有毅力是不行的！可冰箱厂焊工小马却创出了121万个焊点无漏焊的纪录，被海尔表彰嘉奖，成为公司的“三八能手”。

什么叫作不简单？能够把简单的事情天天做好就是不简单。什么叫作不容易？大家公认的非常容易的事情，非常认真地做好它，就是不容易。

事例2：崔淑立的“夜半日清”

崔淑立是洗衣机海外产品经理，为了拿下美国市场B客户的订单，她每天晚上过了11点才下班，还常常半夜醒来打开计算机看邮件，可以回复的就即时给客户答复，这样就可以在美国上午的时间里处理完客户的所有信息。美国那边的客户被崔淑立的精神打动了，第一批订单终于很快就敲定了！

崔淑立完全有理由说：“有‘时差’，我没法当天处理客户邮件。”但她只认目标，不说理由！为什么？崔淑立说：“因为，我从中感受到的是自我经营的快乐！有‘时差’，也要日清！”

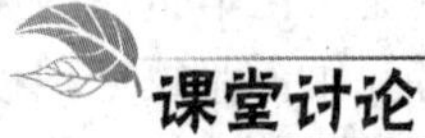

结合案例1-1说明企业文化作为内部控制环境中的重要因素。

2. 控制活动类指引

控制活动是对各项具体业务活动实施的控制。包括资金活动、采购业务、资产管理、销售业务、研究与开发、工程项目、担保业务、业务外包、财务报告等活动。

(1) 资金活动

资金活动是指企业筹资、投资和资金营运等活动的总称。资金是企业生产经营循环的血液，是企业生存和发展的基础，决定着企业的竞争能力和可持续发展能力。企业资金活动中可能存在的风险无一不是重要风险，一旦转变为现实，危害重大。筹资决策不当，会引发资本结构不合理或无效融资，可能导致企业筹资成本过高或债务危机；投融资决策失误，会引发盲目扩张或丧失发展机遇，可能导致资金链断裂或资金使用效益低下；资金调度不合理、营运不畅，可能导致企业陷入财务困境或资金冗余；资金活动管控不严，可能导致资金被挪用、侵占、抽逃或遭受欺诈。

(2) 采购业务

采购是指购买物资(或接受劳务)及支付款项等相关活动。采购过程中会存在许多风险。如采购计划安排不合理，市场变化趋势预测不准确，造成库存短缺或积压，可能导致企业生产停滞或资源浪费；供应商选择不当，采购方式不合理，招投标或定价机制不科学，授权审批不规范，可能导致采购物资质次价高，出现舞弊或遭受欺诈；采购验收不规范，付款审核不严，可能会造成采购物资、资金损失或信用受损。

(3) 资产管理

资产管理主要是对企业存货、固定资产和无形资产等资产的管理。加强各项资产管理，保证资产安全完整，提高资产使用效能，有利于维持企业正常生产经营，有利于促进企业发展战略的实现。在资产管理过程中的主要风险是，存货积压或短缺，会造成流动资金占用过量、存货价值贬损或生产中断；固定资产更新改造不够、使用效能低下、维护不当、产能过剩，会导致企业缺乏竞争力、资产价值贬损、安全事故频发或资源浪费；无形资产缺乏核心技术、权属不清、技术落后，存在重大技术安全隐患，可能导致企业法律纠纷、缺乏可持续发展能力。

(4) 销售业务

销售是指企业出售商品(或提供劳务)及收取款项等相关活动。企业应当加强销售、发货、收款等环节的管理，采取有效控制措施，规范销售行为，扩大市场份额，确保实现销售目标。企业销售过程中存在的重要风险主要是，销售政策和策略不当、市场变化预测不准确、销售渠道管理不当等，可能导致销售不畅、库存积压、经营难以为继；客户信用管理不到位、结算方式选择不当、账款回收不力等，可能导致销售款项不能收回或遭受欺诈；销售过程存在舞弊行为，可能导致企业利益受损。

(5) 研究与开发

研究与开发是指企业为获取新产品、新技术、新工艺等所开展的各种研发活动，是企业进行自主创新的重要手段。研究与开发风险是指企业组织实施研发活动中对企业目标实现影响的程度，包括机会和损失两方面的不确定性。如研究项目未经科学论证或论证不充分，可能导致创新不足或资源浪费；在过程管理阶段，研发人员配备不合理或研发过程管理不善，可能导致研发成本过高、舞弊或研发失败；在成果转化阶段，研究成果转化应用不足、保护措施不力，可能导致企业利益受损。

(6) 工程项目

工程项目是企业自行或者委托其他单位所进行的建造、安装活动。工程项目通常与企业发展战略密切相关，周期较长，并涉及大额资金及物资的流转，存在较大的不确定性和风险。工程项目风险涉及的当事人包括工程项目的业主、项目法人、工程承包商和工程咨询人、设计人、监理人，因此，如措施不当，会导致企业承担法律责任。工程项目风险管理是全面、全过程的风险管理，涉及工程项目管理的方方面面，应贯穿于工程项目的整个寿命周期，而且是一个连续不断的过程。如立项缺乏可行性研究或者可行性研究流于形式，决策不当，盲目上马，可能导致难以实现预期效益或项目失败；项目招标暗箱操作，存在商业贿赂，可能导致中标人实质上难以承担工程项目、中标价格失实及相关人员涉案；工程造价信息不对称，技术方案不落实，预算脱离实际，可能导致项目投资失控；工程物资质次价高，工程监理不到位，项目资金不落实，可能导致工程质量低劣，进度延迟或中断；竣工验收不规范，最终把关不严，可能致工程交付使用后存在重大隐患。

(7) 担保业务

担保是企业按照公平、自愿、互利的原则向被担保人提供一定方式的担保并依法承担相应法律责任的行为。担保本身就是高风险业务，风险防范和控制更为必要。如对担保申请人的资信状况调查不深，审批不严或越权审批，可能导致企业担保决策失误；调查评估不全面、不科学，未按审批决策程序办理，可能导致风险发生；对被担保人出现财务困难或经营陷入困境等状况监控不利，应对措施不当，可能导致企业承担法律责任；担保过程中存在舞弊行为，可能导致经办审批等相关人员涉案或企业利益受损。

(8) 业务外包

业务外包是企业利用专业化分工优势，将日常经营中的部分业务委托给本企业以外的专业服务机构或其他经济组织(承包方)完成的经营行为。企业在将业务外包的同时，也承担着一些重大风险，如外包范围和价格确定不合理、承包方选择不当，可能导致企业遭受损失；业务外包监控不严、服务质量低劣，可能导致企业难以发挥业务外包的优势；业务外包存在商业贿赂等舞弊行为，可能导致企业相关人员涉案。

(9) 财务报告

财务报告是企业财务信息对外报告的重要形式之一。对上市公司而言，财务报告是投资者进行决策的重要依据；对国有企业而言，则可能成为政府进行经济决策时关注的重要信息来源。财务报告编制、审核及分析利用过程中也存在诸多风险，如编制财务报告违反会计法律法规和国家统一的会计制度，可能导致企业承担法律责任和声誉受损，误导财务报告使用者，造成决策失误，干扰市场秩序；不能有效利用财务报告，难以及时发现企业经营管理中存在的问题，可能导致企业财务和经营风险失控。

3. 控制手段类指引

控制手段类指引偏重于“工具”性质，往往涉及企业整体业务或管理。此类指引有 4 项，包括全面预算、合同管理、内部信息传递和信息系统。

(1) 全面预算

全面预算是企业对一定期间经营活动、投资活动、财务活动等作出的预算安排。它是一种全方位、全过程、全员参与编制与实施的预算管理模式。预算管理中的风险主要包括：一是不编制预算或预算不健全，可能导致企业经营缺乏约束或盲目经营；二是预算目标不合理、预算编制不科学，可能导致企业资源浪费或发展战略难以实现。企业预算执行和考核方面的主要风险是预算缺乏刚性、执行不力、考核不严，可能导致预算管理流于形式。

(2) 合同管理

合同是企业与自然人、法人及其他组织等平等主体之间设立、变更、终止民事权利义务关系的协议。在市场经环境下，合同已成为企业最常见的契约形式，甚至可以说，市场经济就是合同经济。然而，合同管理往往又是企业内部控制中最为疏忽和薄弱的环节之一。如果企业未订立合同、未经授权对外订立合同、合同对方主体资格未达要求、合同内容存在重大疏漏和欺诈，会导致企业合法权益受到侵害；如果合同未全面履行或监控不当，又可能导致企业诉讼失败，经济利益受损；如果合同纠纷处理不当，则会损害企业利益、信誉和形象。

（3）内部信息传递

内部信息传递是企业内部各管理层级之间通过内部报告形式传递生产经营管理信息的过程。企业如果没有建立起有效的内外部信息收集、分析、处理、传递和反馈体系，确实很难保证信息及时准确沟通，进而也无法促进内部控制体系有效运行，防范并控制经营风险。内部报告系统缺失、功能不健全、内容不完整，可能影响生产经营有序运行；内部信息传递不通畅、不及时，会导致决策失误、相关政策措施难以落实；内部信息传递中泄露商业秘密，可能削弱企业核心竞争力。

（4）信息系统

信息系统是信息内部传递和信息对外报告的技术手段，是企业利用计算机和通信技术，对内部控制进行集成、转化和提升所形成的信息化管理平台。通过信息系统强化内部控制，有利于减少人为因素，提高控制的效率和效果。同时也应意识到，信息系统自身也存在风险，需要加强管理和控制。主要是信息系统规划不合理，可能造成信息孤岛或重复建设、资源浪费，导致企业经营管理效率低下；信息系统开发不符合内部控制要求，授权管理不当，可能导致无法利用信息技术实施有效控制；信息系统运行维护和安全措施不到位，可能导致信息泄露或毁损，系统无法正常运行等。

（二）企业内部控制评价指引

内部控制评价是指企业董事会或类似权力机构对内部控制有效性进行全面评价、形成评价结论、出具评价报告的过程。《企业内部控制评价指引》的主要内容包括：内部控制评价的内容；内部控制评价的组织；内部控制缺陷的认定；内部控制评价报告；内部控制评价报告的披露或报送。

1. 内部控制评价的内容

《企业内部控制评价指引》对内部控制评价内容的有关规定，是我国内部控制规范体系建设的一大创新。发达市场经济国家或地区的通行做法一般要求企业对与财务报告相关的内部控制有效性进行自我评价，《企业内部控制评价指引》则在此基础上更进一步，要求企业根据基本规范、应用指引以及本企业的内部控制制度，围绕内部环境、风险评估、控制活动、信息与沟通、内部监督等要素，对内部控制有效性进行全面评价，包括财务报告内部控制有效性和非财务报告内部控制有效性。

2. 内部控制评价的组织

内部控制评价工作能否有效实施，很大程度上取决于企业是否具备强有力的组织领导体制，内部控制评价工作对大多数国内企业仍是新生事物，为切实指导企业做好该项工作，《企业内部控制评价指引》专门就内部控制评价的组织领导体制作出明确要求。基本规范及评价指引要求企业授权内部审计机构或者其他专门机构作为内部控制评价机构，负责内部控制评价的具体组织实施工作。

3. 内部控制缺陷的认定

内部控制缺陷包括设计缺陷和运行缺陷。企业对内部控制缺陷的认定，应当以日常监督和专项监督为基础，结合年度内部控制评价，由内部控制评价部门进行综合分析后提出认定意见，按照规定的期限和程序进行审核后予以最终认定。内部控制缺陷的认定，特别是非财务报告内部控制缺陷的认定，是企业内部控制评价工作中面临的重大挑战之一。

对于财务报告内部控制缺陷，可由该缺陷可能导致财务报表错报的重要程度来确定，应当从定量和定性等方面进行衡量，判断是否构成内部控制缺陷，并按其影响程度分为重大缺陷、重要缺陷和一般缺陷。

4. 内部控制评价报告

企业应当根据年度内部控制评价结果，结合内部控制评价工作底稿和内部控制缺陷汇总表等资料，按照规定的程序和要求，及时编制内部控制评价报告。评价报告中至少披露以下内容：①董事会对内部控制报告真实性的声明；②内部控制评价工作的总体情况，即概要说明；③内部控制评价的依据，一般指基本规范、评价指引及企业在此基础上制定的评价办法；④内部控制评价的范围，描述内部控制评价所涵盖的被评价单位，以及纳入评价范围的业务事项；⑤内部控制评价的程序和方法；⑥内部控制缺陷及其认定情况；⑦内部控制缺陷的整改情况及重大缺陷拟采取的整改措施；⑧内部控制有效性的结论，对不存在重大缺陷的情形，出具内部控制有效结论，对存在重大缺陷的情形，不得作出内部控制有效的结论。另外，可引入使用内部控评价表，作为对内部控制评价报告的进一步补充。所谓内部控制评价表，就是对评价过程中形成的评价工作底稿的全面整理和综合汇总，是企业对内部控制各构成要素的结论性评估表格，一般由评价内容、业务描述、有效性、缺陷、评价记录等栏目组成。通过使用内部控制评价表，可以使不同企业的内部控制评价报告更具可比性，同时也有利于报告使用者阅读和理解。

5. 内部控制评价报告的披露或报送

《企业内部控制评价指引》要求，内部控制评价报告应当报经董事会或类似权力机构批准后对外披露或报送相关部门。企业应当以 12 月 31 日作为年度内部控制评价报告的基准日，并于基准日后 4 个月内报出内部控制评价报告。对于基准日至内部控制评价报告发出日之间发生的影响内部控制有效性的因素，企业应当根据其性质和影响程度对评价结论进行相应调整。

（三）企业内部控制审计指引

内部控制审计是指会计师事务所接受委托，对特定基准日内部控制设计与运行的有效性进行审计。《企业内部控制审计指引》主要内容包括：审计责任划分、审计范围、整合审计、利用被审计单位人员的工作、审计方法、评价控制缺陷、出具审计报告。

1. 审计责任划分

该指引明确指出，建立健全和有效实施内部控制，评价内部控制的有效性是企业董事会的责任，但对内部控制的有效性发表审计意见，则是注册会计师的责任。

2. 审计范围

该指引强调，注册会计师执行内部控制审计工作，应当获取充分、适当的证据，为发表内部控制审计意见提供合理保证。同时进一步指出，注册会计师应当对财务报告内部控制的有效性发表审计意见，并对内部控制审计过程中注意到的非财务报告内部控制的重大缺陷，在内部控制报告中增加“非财务报告内部控制重大缺陷描述段”予以披露。即注册会计师审计的范围应当覆盖企业内部控制整体而不限于财务报告内部控制。但是，考虑到注册会计师在内部控制审计过程中的风险责任承担能力限制，该指引要求注册会计师针对企业财务报告内部控制有效性发表审计意见，而对相关审计过程中注意到的非财务报告内部控制重大缺陷，则要求其增加描述段予以说明。

3. 整合审计

该指引指出，注册会计师可以单独进行内部控制审计，也可以将内部控制审计与财务报表审计整合进行。整合审计可以提升效率，也是国际上普遍采用的方法。需要特别指出的是，此处所指的“整合”，不包括注册会师对同一家企业既做咨询又做审计的情形。在《企业内部控制基本规范》中对此有明确规定，即“为企业内部控制提供咨询的会计师事务所，不得同时为同一企业提供内部控制审计服务”。

4. 利用被审计单位人员的工作

有效利用被审计单位人员的工作成果，尤其是自我评价结论，可以减少审计成本，但是，必须能够保持独立性。该指引提出：①注册会计师应当对企业内部控制自我评价工作进行评估，判断是否利用企业内部审计人员、内部控制评价人员和其他相关人员的工作以及可利用的程度，相应减少可能本应由注册会计师执行的工作；②注册会计师应当对企业内部审计人员、内部控制评价人员和其他相关人员的专业胜任能力和客观性进行充分评价，与某项控制相关的风险越高，可利用程度就越低，注册会计师应当更多地对该项控制亲自进行测试；③注册会计师应当对发表的审计意见独立承担责任，其责任不因为利用企业内部审计人员、内部控制评价人员和其他相关人员的工作而减轻。

5. 审计方法

该指引要求注册会计师按照自上而下的方法实施审计工作，并将这种方法作为识别风险、选择拟测试内部控制的基本思路。同时，该指引强调，在实施审计工作时，可将企业层面控制和业务层面控制的测试结合进行。

6. 评价控制缺陷

该指引对内部控制缺陷的划分与《企业内部控制评价指引》的规定是相一致的。对于如何识别内部控制重大缺陷，该指引要求注册会计师先评价其所识别出的各项内部控制缺陷的严重程度，以此确定这些缺陷单独或组合起来，是否构成重大缺陷，便于会计师进行职业判断。判断内部控制可能存在重大缺陷的迹象，主要包括：①注册会计师发现董事、监事和高级管理人员舞弊；②企业更正已经公布的财务报表；③注册会计师发现当期财务报表存在重大错报，而内部控制在运行过中未能发现错报；④企业审计委员会和内部审计机构对内部控制的监督无效。

7. 出具审计报告

注册会计师在完成内部控制审计工作后，应当出具内部控制审计报告。标准内部控制审计报告应当包括下列要素：标题；收件人；引言段；企业对内部控制的责任段；注册会计师的责任段；内部控制固有局限性的说明段；财务报告内部控制审计意见段；非财务报告内部控制重大缺陷描述段；注册会计师的签名和盖章；会计师事务所的名称、地址及盖章；报告日期。

该指引要求注册会计师出具的审计报告涉及财务报告内部控制和非财务报告内部控制两大方面；同时，还提供了四种内部控制审计报告参考格式，分别是标准内部控制审计报告、带强调意见段的无保留意见内部控制审计报告、否定意见内部控制审计报告和无法表示意见审计报告。对非财务报告内部控制缺陷的处理，该指引分列不同情况特别提出如下要求：注册会计师认为非财务报告内部控制缺陷为一般缺陷的，应当与企业进行沟通，提醒企业加以改进，但无须在内部控制审计报告中说明；注册会计师认为非财务报告内部控制缺陷为重要缺陷的，应当以书面形式与企业董事会和经理层沟通，提醒企业加以改进，但无须在内部控制审计报告中说明；注册会计师认为非财务报告内部控制缺陷为重大缺陷的，应当以书面形式与企业董事会和经理层沟通，提醒企业加以改进，同时应当在内部控制审计报告中增加非财务报内部控制重大缺陷描述段，对重大缺陷的性质及其对实现相关控制目标的影响程度进行披露，提示内部控制审计报告使用者注意相关风险。

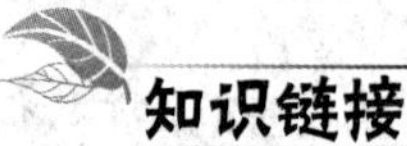

注册会计师执行内部控制鉴证业务，应当遵守职业道德规范，恪守独立、客观、公正的原则，保持专业胜任能力和应有的关注，并对执业过程中获知的信息保密。

【本章小结】

内部控制，是由企业董事会、监事会、经理层和全体员工实施的，旨在实现控制目标的过程。内部控制的目标是合理保证企业经营管理合法合规、资产安全、财务报告及相关信息真实完整，提高经营效率和效果，促进企业实现发展战略。

企业建立与实施内部控制，应当遵循下列原则：①全面性原则。内部控制应当贯穿决策、执行和监督全过程，覆盖企业及其所属单位的各种业务和事项。②重要性原则。内部控制应当在全面控制的基础上，关注重要业务事项和高风险领域。③制衡性原则。内部控制应当在治理结构、机构设置及权责分配、业务流程等方面形成相互制约、相互监督，同时兼顾运营效率。④适应性原则。内部控制应当与企业经营规模、业务范围、竞争状况和风险水平等相适应，并随着情况的变化及时加以调整。⑤成本效益原则。内部控制应当权衡实施成本与预期效益，以适当的成本实现有效控制。

企业建立与实施有效的内部控制，应当包括下列要素：内部环境是企业实施内部控制的基础，一般包括治理结构、机构设置及权责分配、内部审计、人力资源政策、企业文化等。风险评估是企业及时识别系统分析经营活动中与实现内部控制目标相关的风险，合理确定风险应对策略。控制活动是企业根据风险评估结果，采用相应的控制措施，将风险控制在可承受度之内。信息与沟通是企业及时、准确地收集、传递与内部控制相关的信息，确保信息在企业内部、企业与外部之间进行有效沟通。内部监督是企业对内部控制建立与实施情况进行监督检查，评价内部控制的有效性，发现内部控制缺陷，应当及时加以改进。

【延伸阅读】

1.《企业内部控制基本规范》

2. 林斌，舒伟，李万福. COSO 框架的新发展及其评述——基于 IC-IF 征求意见稿的讨论[J]. 会计研究,2012(11):64-73.

3. 周守华,胡为民,林斌,等. 2012 年中国上市公司内部控制研究[J]. 会计研究,2013(7):3-12.

4. 刘永泽,唐大鹏. 关于行政事业单位内部控制的几个问题[J]. 会计研究,2013(1):57-62.

【思考题】

1. 简述企业内部控制建立的意义。
2. 简述企业内部控制的发展过程。
3. 简述企业内部控制的目标、原则和要素。
4. 我国企业内部控制规范体系包括哪些内容?

【自测题】

1. 单项选择题

(1) 企业内部控制规范中所指的“内部控制”是指(　　)。

A. 单位为实现控制目标,通过制订计划、实施措施和执行程序,对经济活动的风险进行防范和管控

B. 单位为实现经营目标,通过制定制度、实施措施和执行程序,对经济活动的风险进行防范和管控

C. 单位为实现控制目标,通过制定制度、实施措施和执行程序,对经济活动的风险进行防范和管控

D. 单位为实现组织目标,通过制定决策、实施措施和执行程序,对经济活动的风险进行防范和管控

(2) 考虑我国现状,现阶段我国企业内部控制范围不宜界定为全部活动,仅界定为(　　)。

A. 职权　　B. 财权　　C. 审批权　　D. 决策权

(3) 企业内部控制最基本的目标,同时也是其他四个目标存在的前提和基础的是(　　)。

A. 财务信息真实完整　　B. 经营目标

C. 资产安全目标　　D. 合理保证经济活动合法合规

(4) 企业内部控制目标中强调保证资产的安全和有效,就是要加强企业以(　　)为中心的资产管理。

A. 预算　　B. 决算　　C. 采购　　D. 定期清查

(5) 企业与单位的根本区别就是设立和运营目的不同,这反映在企业内部控制的目标就是要(　　)。

A. 有效防范舞弊和预防腐败

B. 资产安全和使用有效

C. 合理保证单位财务信息真实完整

D. 提高单位行政公共服务的效率和效果

(6)“内部控制应当贯穿单位经济活动的决策、执行和监督全过程，实现对经济活动的全面控制”指的是建立实施内部控制遵循的(　　)原则。

A. 制衡性　　B. 全面性　　C. 重要性　　D. 程序性

(7) 影响着企业内部控制的各个方面，是内部控制其他四个要素的基础，在企业内部控制建立与实施中发挥着基础性的作用的内控要素是(　　)。

A. 内部监督　　B. 风险评估　　C. 内部环境　　D. 外部环境

(8)(　　)决定了内部控制的手段，企业以此来规避或降低风险评估确定的风险，从而实现控制目标。

A. 信息与沟通　　B. 风险评估　　C. 风险应对　　D. 控制活动

(9) 企业对其内部控制的健全性、合理性和有效性进行监督检查与评估，形成书面报告并做出相应处理的过程，对于内部控制得以有效实施具有十分重要的作用的内控要素是(　　)。

A. 内部环境　　B. 内部监督　　C. 目标设定　　D. 控制活动

(10) 对本单位内部控制的建立健全和有效实施负责的主体是(　　)。

A. 单位负责人　　B. 上级单位领导

C. 具体执行人员　　D. 上级单位检查人员

2. 多项选择题

(1) 企业内部控制规范适用于下列(　　)单位经济活动的内部控制。

A. 各级党的机关　　B. 各级人大机关

C. 各级检察机关　　D. 各民主党派机关

E. 人民团体和事业单位

(2) 单位内部控制的目标主要包括(　　)。

A. 合理保证单位经济活动合法合规　　B. 资产安全和使用有效

C. 财务信息真实完整　　D. 有效防范舞弊和预防腐败

E. 提高公共服务的效率和效果

(3) 单位建立与实施内部控制，应当遵循的原则有(　　)。

A. 全面性原则　　B. 重要性原则

C. 制衡性原则　　D. 过程性原则

E. 适应性原则

(4) 内部控制要素是企业建立和实施内部控制的基础。从总体上来说，企业内部控制要素包括(　　)。

A. 内部环境　　B. 风险评估　　C. 控制活动　　D. 信息与沟通

E. 内部监督

(5) 单位应当根据企业内部控制规范建立适合本单位实际情况的内部控制体系并组织实施。具体工作包括(　　)。

A. 梳理单位各类经济活动的业务流程　　B. 明确业务环节

C. 系统分析经济活动风险　　D. 确定风险点

E. 选择风险应对策略

(6) 全面性原则要求内部控制应当贯穿单位经济活动的(　　)过程中，实现对经济活动的全面控制。

A. 计划　　B. 决策　　C. 执行　　D. 控制

E. 监督

(7) 从静态上讲，内部控制是指企业为履行职能、实现总体目标而建立的保障系统，该系统由内部控制环境、风险评估、控制活动、信息与沟通和监督等要素组成，并体现为与(　　)系统融为一体的组织管理结构、政策、程序和措施。

A. 行政　　B. 管理　　C. 财务　　D. 会计

E. 检查

(8) 下列体现"合理保证单位经济活动合法合规"这一内部控制目标的事项有(　　)。

A. 加强对资产采购计划、资产采购实施、资产验收入账、资产使用和盘点到最后的资产处置各个环节的控制

B. 企业必须根据预算管理制度如期完成预决算工作，公开预算信息

C. 合理保证会计报告、预算执行报告等信息的真实完整

D. 单位要对各公共服务业务所需资金和单位内部正常工作开展所需经费进行预算管理

E. 遵从相关财经规定，提供真实票据完成报销

(9) 企业和单位的内部控制都包括五个要素，分别是内部环境、风险评估、控制活动、信息与沟通以及内部监督，但是两者在各个要素的内涵上却差别很大，体现在下列(　　)方面。

A. 业务活动　　B. 风险类型　　C. 内控目标　　D. 监督形式

E. 治理结构

(10) 企业内部控制规范的制定依据的法律法规有(　　)。

A.《中华人民共和国会计法》　　B.《中华人民共和国预算法》

C.《中华人民共和国政府采购法》　　D.《中华人民共和国招投标法》

E.《中华人民共和国公司法》

3. 判断题

(1) 成本效益作为企业内部控制的原则之一要求管理层在成本较大的情况下无须进行内控建设。(　　)

(2) 风险评估作为企业内部控制的要素，主要是对内部环境中的各种风险进行评价。(　　)

(3) 不相容职位分离会造成企业机构和岗位冗杂，人员数量激增。(　　)

(4)《企业内部控制评价指引》是从内外两个方面对企业内控进行评价。(　　)

(5) 企业内部控制审计一般可以由承担财务报告审计的事务所一并完成。(　　)

案例分析

2008年6月28日，兰州市的解放军第一医院收治了首宗患肾结石病症的婴幼儿。家长反映，孩子从出生起，就一直食用河北石家庄三鹿集团所生产的三鹿牌婴幼儿奶粉。2008年7月中旬，甘肃省卫生厅接到婴儿泌尿结石病例报告后，随即展开调查，并报告卫生部。经调查，三鹿牌奶粉受到三聚氰胺污染。三聚氰胺是一种化工原料，可导致人体泌尿系统产生结石。而奶粉中的三聚氰胺，是不法分子为增加原材料的蛋白含量而在原奶中人为加入的。三鹿毒奶事件共造成6名婴幼儿死亡，逾30万儿童患病。

三鹿奶粉出事后停产、停售，宣布召回700吨有毒奶粉。2008年12月23日，石家庄中级人民法院宣告三鹿集团破产。随后对相关责任人进行刑事诉讼，在2009年宣判的三鹿系列刑事案件中，三鹿集团董事长田文华被判生产、销售伪劣产品罪，判处无期徒刑，剥夺政治权利终身，并处罚金人民币2 468.741 1万元；另有18人以危险方法危害公共安全罪被判处死缓、无期徒刑或二年至十五年不等的有期徒刑。

三鹿集团的大股东是石家庄乳业有限公司，该公司96%左右的股份由900多名老职工拥有，第二大股东是新西兰恒天然集团，持有三鹿集团43%的股权。从1987年田文华开始担任三鹿集团董事长、总经理。由于三鹿集团对购进原材料疏于管理，导致生产出低劣有害产品。在三鹿奶粉从每个农户中收购原料奶的过程中，并没有对奶源质量检测机制，也没有分析原料奶的营养成分以及可能含有哪些有害物质。尽管早在2007年就接到消费者反映产品质量问题，但直到2008年8月三鹿秘密召回部分问题奶粉之时，也仍然没有将事件真相及可能产生的后果公之于众。

三聚氰胺作为食品添加剂属于有害物质，在食品行业是知晓的。原料奶的收购和检验属于不相容职务，应该将其分离。三鹿集团奶粉事件曝光后，根据警方抓获的原料奶提供者耿某介绍，在2007年底前向三鹿集团销售的牛奶就屡次因检验不合格而被拒收。而三鹿集团对这种“屡次不合格”牛奶的提供者居然没有诚信记录，说明内部控制活动中存在缺陷。食品安全要求严格按照业务流程进行生产、检验，标明生产日期、过期日等。2005年7月5日，天津市河西区质量技术监督局执法人员在一库房内发现，“三鹿原味酸牛奶”生产日期是2005年7月6日。也就是说，7月5日发现了7月6日生产的产品，这说明三鹿集团生产部门没有按照生产日期贴标签，检验部门也没有检验出来，说明生产过程控制存在缺陷。

2007年12月以来，三鹿集团陆续接到消费者关于婴幼儿食用三鹿牌奶粉出现疾患的投诉。经企业检验，2008年6月已发现奶粉中非蛋白氮含量异常，后确定其产品中含有三聚氰胺，但直到8月2日，三鹿集团才向石家庄市政府作了报告。在2007年12月至2008年8月2日的8个月中，三鹿集团未向石家庄市政府和有关部门报告，也未采取积极补救措施，导致事态进一步扩大。三鹿集团在收购奶源过程中，虽然派出了收购点站的驻站员，监督检查饲养环境、挤奶设施卫生、挤奶工艺程序的落实，但是驻站员监督检查等并没有严格实施，在原奶进入三鹿集团的生产企业之前，缺乏对奶站经营者的有效检查和监督。

要求：从企业内部控制五要素的角度，分析判断三鹿集团在内部控制中存在的缺陷。

第二章

内部环境

学习目标

通过本章学习，应达到以下学习目标：

1. 掌握组织架构的内涵、管控风险和设计原则；
2. 掌握发展战略的内涵、管控风险和制定原则；
3. 理解人力资源管理的内涵、管控风险和管理流程；
4. 理解社会责任的内涵、管控风险和防范措施；
5. 理解企业文化的内涵、管控风险和强化方法。

引导案例

内部环境设计不完善导致内部控制名存实亡①

由大型国有企业集团公司（以下简称集团公司）控股的某股份有限公司在海外某证券交易所上市。其在《招股说明书》中声明，该公司的核心业务在国内居于领先地位，业务上具有丰富经验和独特优势，其发展前景被广泛看好。但是，短短几年时间，该公司就发布公告称，由于公司出现巨额亏损，不得不申请停牌。随着综合证券监管部门的深入调查和新闻媒体的追踪报道，该公司发生巨额损失的原因也引起投资者等利益相关者的广泛关注。

据报道，相当长的一段时间内，该公司董事长由集团公司总经理兼任，但其将主要精力集中在集团公司经营业务上，对该公司的经营管理难以顾及。该公司总经理陈某利用公司董事长缺位的机会，兼任董事会秘书，在董事会中拥有绝对领导地位，在董事会决策和日常管理上都拥有绝对权力。自上市以来，董事会成员除董事长等三人外，其他成员已更换一新。陈某直接任命监事会主席，亲自主导监事会工作机制和流程，迫使监事会按照其工作方式实施监督。公司四名已辞职的董事、独立董事都表示辞职之前已经基本对公司“发挥不了作用”。该公司在上市前所有决策都是陈某说了算，上市之后原有运行机制也很难改变，在实际工作中独立董事多以对公司某些违法行为并不知情为由来逃避处罚。对集团公司委派的连续两任财务部经理，陈某均随即调任他职，并坚持任用自己认为可靠的人员担任财务部经理、主管会计和出纳。内部审计机构负责人由财务负责人兼任，并对陈某负责，受陈某的制约，内部审计机构并没有定期向董事会下属的审计委员会报告工作，即使偶尔报告，其内容也是简单重复、敷衍了事。

在此期间，该公司总经理陈某没有经过集团公司许可即擅自扩大业务范围，从开始从

① 资料来源：根据网络资料整理并加工，经过匿名处理。

事衍生品期权交易，购买了看跌期权，但国际商品一路攀升，公司为了终止交易被迫支付对方(银行和金融机构)大额度保证金，其结果导致公司现金流量枯竭，引发了公司的财务危机，进而威胁到集团公司的财务安全，才引起集团公司的重视。该公司在陈某的领导下，还渐渐形成了一种个人专权的文化。公司有指定专门的交易员开展衍生金融工具的业务，这些交易员都有亏损限额，在亏损达到一定程度后会立即终止交易防止亏损扩大。但陈某可以经常绕开交易员自己直接操盘，亏损初露端倪还一再追加保证金。而集团公司派来的党委书记任职两年多，一直不知道陈某从事场外期货投机交易，也从未向董事会报告异常现象，也未进行任何形式的披露。

为了符合上市地的监管要求，并展示公司的良好形象，该公司聘请某会计师事务所制定了《风险管理手册》，规定公司成立风险管理委员会，对公司业务全过程进行风险评估并向董事会提交评估报告，制定了事前、事中和事后的一整套交易规则。《风险管理手册》明确规定，若损失超过500万美元，必须报告董事会。公司业务在实施过程中，主要依靠资金来推动订单的增长，公司垫付大量资金，但客户推迟或无法付款，导致应收款项发生坏账的风险陡然增加。近年来，公司才将业务重心调整为稳定现有业务经营，拓展辅助业务，由于前期没开展风险评估，已错过最佳调整时期。同时，在该公司决定开展期权交易这项全新业务前，风险管理委员会没有进行任何必要的行业分析，在期权交易开始后，风险管理委员会没有对超过期权交易限额的交易进行风险提示，也未能及时报告期权交易情况和损失情况，甚至隐瞒了公司在期权交易中面临的各种问题。

企业内部控制从层级来看，可以分为公司整体组织层级和业务流程层级(个别分类还包括信息系统层级)。考虑组织管理和内部控制的相关性和一致性，结合国外相关文献和实践经验，本书将企业内部控制分为组织层级和业务层级。组织层级主要从整体角度论述内部环境的运行机制，业务层级主要从企业各项业务入手分析流程中的风险和管控措施。内部环境从企业组织架构、发展战略、人力资源、社会责任和企业文化进行相关设计，而业务层级内部控制主要从具体业务出发，从总体上也体现了内部环境的设计思想。可以说，内部环境更多地强调环境和机构及其工作机制的设计，对企业整体内部控制进行描述，而业务层级是在内部环境设计的工作原则和方法下，对各个业务进行细节描述和风险控制。本章主要讲解企业内部环境的相关知识点。

第一节　组织架构设计

根据《企业内部控制应用指引第1号——组织架构》的规定，组织架构是指企业按照国家有关法律法规、股东(大)会决议、企业章程，结合本企业实际情况，明确董事会、监事会、经理层和企业内部各层级机构设置、职责权限、人员编制、工作程序和相关要求的制度安排。一个企业的组织架构存在缺失或缺陷，其他一切生产、经营、管理活动都会受到影响。一般来说，组织架构分为治理结构、管理机构两个层面，并包括决策机制、执行机制、监督机制和协同机制四个运行系统，本节主要从以上六个方面进行讲解。

一、治理结构

（一）治理结构描述

治理结构即企业治理层面的组织架构，是与外部主体发生各项经济关系的法人所必备的组织基础，它可以使企业成为在法律上具有独立责任的主体，从而使得企业能够在法律许可的框架下拥有特定权利、履行相应义务，以保障各利益相关方的基本权益。公司治理结构可以区分为狭义和广义两个方面，即内部治理结构与外部治理结构。

狭义上的公司治理结构是解决所有者对经营者的监督与制衡问题，主要是指内部治理结构。公司内部治理结构是指公司的所有者与经营者和员工之间建立的权力与利益的分配与制衡的关系及规制决策的体系。广义上的公司治理结构是用来协调公司所有的权益主体之间的制衡关系的体系。因此，它包括内部治理结构与外部治理结构。外部治理结构是指公司与其外部各权益主体之间权益制衡关系的体系。

公司治理结构可以区分为狭义和广义两个方面，即内部治理结构与外部治理结构（见图 2-1）。

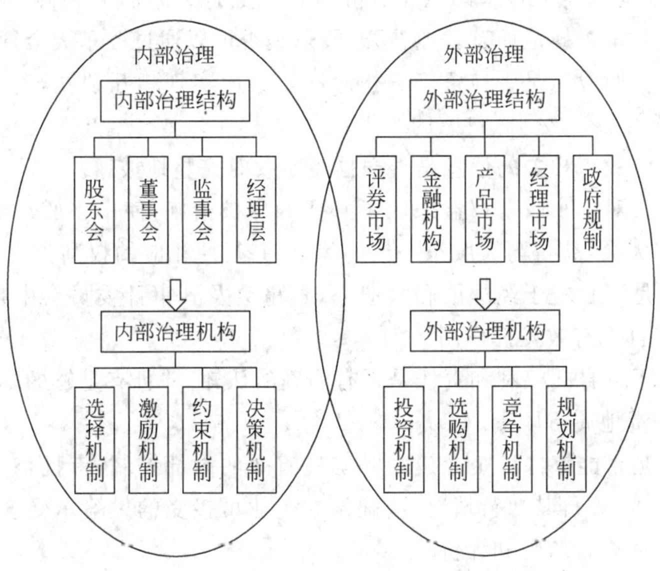

图 2-1　现代公司治理结构分类图

知识链接

治理结构与管理机构之间既有联系又有区别。一方面，两者相互协调，相互配合，互为补充，共同为实现企业内部控制目标服务。如果董事、监事、高级管理人员失职或舞弊，再完善的内部控制系统，再科学的管理机构设置，都将形同虚设，失去预期的效能；而科学的管理机构则为公司治理层的各项决策和计划的执行提供了操作平台。另一方面，两者在实现内部控制目标方面的侧重点又有所区别。治理结构主要服务于促进企业实现发展战略、保证经营合法合规；而管理机构则主要服务于另外三类控制目标，即保证企业资产安全、保证财务报告及其相关信息真实完整、提高经营效率和效果。

（二）风险分析

从治理结构层面看，主要风险在于治理结构形同虚设，缺乏科学决策、良性运行机制和执行力，可能导致企业经营失败，难以实现发展战略。近年来，大股东损害中小股东利益的案例屡屡发生，如绿大地、万福生科等一连串影响巨大的案件展示了一幕幕大股东掏空上市公司，大肆圈钱，侵害公司和中小股东利益的事例。中小股东的利益遭受严重损害，甚至颗粒无收。这些严峻的事实表明中小股东利益保护的现实需要和紧迫性。大股东侵害中小股东利益的方法虽然多种多样，但实质上无外以下几种主要途径：虚假出资；操纵发行价格；操纵利润分配；操纵信息披露；侵吞公司和其他股东的财产。其中侵吞公司和其他股东的财产又包括利用发起人对资金的代管地位直接截留募集资金；直接挪用从属公司的资金作为控制股东对公司的投资或者作其他用途；控制股东“借用”从属公司的资金；无偿的、不安全的交易，最终使从属公司背上了沉重的债务负担；控制股东要从属公司为其债务担保，使从属公司陷入债务旋涡；利用公司机会、控制股东强制处理股东股票；关联交易等。

具体而言，组织架构设计中的风险点可主要存在于以下 10 种情况。

(1) 股东大会是否规范而有效地召开，股东是否可以通过股东大会行使自己的权利。

(2) 企业与控股股东是否在资产、财务、人员方面实现相互独立，企业与控股股东的关联交易是否贯彻平等、公开、自愿的原则。

(3) 对与控股股东相关的信息是否根据规定及时完整地披露。

(4) 企业是否对中小股东权益采取了必要的保护措施，使中小股东能够和大股东同等条件参加股东大会，获得与大股东一致的信息，并行使相应的权利。

(5) 董事会是否独立于经理层和大股东，董事会及其审计委员会中是否有适当数量的独立董事存在且能有效发挥作用。

(6) 董事对于自身的权利和责任是否有明确的认知，并且有足够的知识、经验和时间来勤勉、诚信、尽责地履行职责。

(7) 董事会是否能够保证企业建立并实施有效的内部控制，审批企业发展战略和重大决策并定期检查、评价其执行情况，明确设立企业可接受的风险承受度，并督促经理层对内部控制有效性进行监督和评价。

(8) 监事会的构成是否能够保证其独立性，监事能力是否与相关领域相匹配。

(9) 监事会是否能够规范而有效地运行，监督董事会、经理层正确地履行职责并纠正损害企业利益的行为。

(10) 对经理层的权力是否存在必要的监督和约束机制。

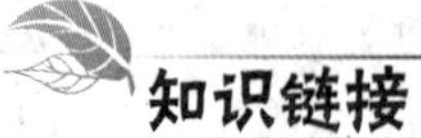

在现实的企业中，内部董事和监事会出于自身利益的驱动，大多能够勤勉尽责，而独立董事和监事会却往往成为企业的一种摆设，履行职责不到位的情形比比皆是。据中证网资料，上市公司建立独立董事制度旨在发挥独立董事的作用，履行好为上市公司把关的职责。但从 2001 年独立董事制实施以来的情况看，其效果并不尽如人意，被交易所谴责。

被监督机构立案稽查的公司中，95%以上的独立董事和监事会并没有及时或提早发现并提出异议。不少独立董事形同虚设，监事会不会“监事”已是不争的事实。究其原因，一是在现行体制下监事会不可能独立于上市公司；二是上市公司独立董事聘任制度存在弊端。

（三）控制措施

治理结构包括股东（大）会、董事会、监事会和经理层。企业应当根据国家有关法律法规的规定，按照决策机构、执行机构和监督机构相互独立、权责明确、相互制衡的原则，明确董事会、监事会和经理层的职责权限、任职条件、议事规则和工作程序等。本书针对体系相对完善的上市公司和特殊的国有独资企业治理结构设计进行讲述。

1. 上市公司治理结构设计

上市公司是公众公司，具有重大的公众利益，因而必须对投资者和社会公众负责。上市公司治理结构的设计，应当充分反映“公众性”特点。具体而言，上市公司治理结构设计应重点关注以下三个方面。

（1）独立董事制度的设立

上市公司董事会应当设立独立董事。独立董事不得在上市公司担任除独立董事外的其他任何职务。独立董事对上市公司及全体股东负有诚信与勤勉等义务。

（2）董事会专业委员会的设置

上市公司董事会应当根据治理需要，按照股东大会的有关决议设立战略决策、提名、审计、薪酬与考核等专门委员会。其中，战略决策委员会主要负责制定公司长期发展战略，监督、核实公司重大投资决策等；提名委员会主要负责拟定公司董事和高级管理人员的选拔标准和程序，搜寻人选，进行选择并提出建议；审计委员会主要负责审查公司内控制度及重大关联交易，审核公司财务信息及其披露，负责内、外部审计的沟通、监督和核查工作；薪酬与考核委员会主要负责制定公司董事及经理人员的考核标准并进行考核，负责制定、审查公司董事及经理人员的薪酬政策与方案，其质量是公司战略成功的重要决定因素。其中，审计委员会、薪酬与考核委员会中独立董事应当占多数并担任负责人，审计委员会中至少应有一名独立董事是会计专业人士。董事会专业委员会中的审计委员会对内部控制的建立健全和有效实施发挥着尤为重要的作用。审计委员会对经理层提供的财务报告和内部控制评价报告监督。审计委员会成员应当具备独立性、专业性、道德性。

（3）董事会秘书的设立

董事会秘书为上市公司的高级管理人员，直接对董事会负责，并由董事长提名，董事会负责任免。董事会秘书是一个重要的角色，负责上市公司股东大会和董事会会议的筹备、文件保管以及公司股东资料的管理，办理信息披露事务等事宜。

2. 国有独资企业治理结构设计

国有独资企业是比较独特的企业群体，也是我国国民经济的骨干力量，其治理结构设计应充分反映其特色。国有独资企业治理结构设计应反映以下四个特点。

（1）国有资产监督管理机构代行股东（大）会职权。国有独资企业不设股东（大）会，由国有资产监督管理机构行使股东（大）会职权。国有独资企业董事会可以根据授权部分行使股东(大)会的职权,决定公司的重大事项,但公司的合并、分立、解散、增加或者减少注册资本和发行公司债券,必须由国有资产监督管理机构决定。

(2) 国有独资企业董事会成员中应当包括公司职工代表,董事会成员由国有资产监督管理机构委派。但是,董事会成员中的职工代表由公司职工代表大会选举产生。国有独资企业董事长、副董事长由国有资产监督管理机构从董事会成员中指定产生。

(3) 国有独资企业监事会成员由国有资产监督管理机构委派,但是监事会成员中的职工代表由公司职工代表大会选举产生。监事会主席由国有资产监督管理机构从监事会成员中指定产生。

(4) 外部董事由国有资产监督管理机构提名推荐,由任职公司以外的人员担任。外部董事在任期内,不得在任职企业担任其他职务。外部董事制度对于规范国有独资公司治理结构、提高决策科学性、防范重大风险具有重要意义。

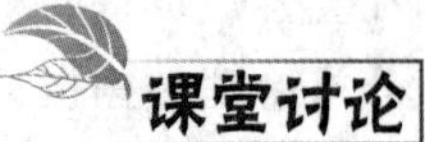

根据以下材料讨论我国上市公司治理结构的弊端。

为符合上市公司要求和监管规定,某公司在形式上建立了董事会、监事会,聘任了总经理班子。但其董事长由集团公司法人兼任,是典型的"控股股东当家"。该公司的11名董事中,有9名来自大股东和公司内部,经理层人员普遍兼任董事会成员,形成事实上的"内部人控制"。董事会和经理层片面追求规模与业绩的扩张,对科学决策和资金运作中的"业务流程控制"既不明白也不重视,更不愿实施,最终该公司因经营失败和会计造假被取消上市资格。

二、管理机构

(一) 管理机构描述

管理机构是企业内部分别设置不同层次的管理人员及其由各专业人员组成的管理团队,针对各项业务功能行使决策、计划、执行、监督、评价的权利并承担相应的义务,为了保证业务顺利开展的支撑平台。现代企业的组织结构一般包括四种基本形式,即U型结构、M型结构、H型结构和矩阵型结构。

1. U型结构(直线职能制)

U型结构是一种中央集权式的组织结构。它同时设置纵向的领导指挥机构和横向的参谋咨询机构。直线部门和人员在自己的职责范围内有决定权,对其所属下级的工作实行指挥和命令,并负全部责任;职能部门和人员是直线主管的参谋,对下级机构提供建议和业务指导,没有指挥和命令的权力。其优点是领导集中、职责清楚、秩序井然、工作效率较高,整个组织有较高的稳定性。而缺点是上下级部门的主动性和积极性的发挥受到限制;部门间条块分割,互通情报少,不能集思广益地做出决策,当职能参谋部门和直线部门之间目标不一致时,容易产生矛盾,致使上层主管的协调工作量增大;整个组织系统的适应性较差,因循守旧,对新情况不能及时地做出反应。对于只生产一种或少数几种产品的中小型企业而言,职能式组织结构是一种最佳模式。但对于规模较大、决策时需要考虑较多因素的组织，则不太适用。

2. M型结构（事业部制）

M型结构是一种分权与集权相结合的组织结构。企业按产品、客户、地区等来设立事业部，每一个事业部都是一个有相当自主权的利润中心，独立地进行日常经营决策，各事业部都相当于一个U型企业。每个事业部都会拥有各自独立且非共享的职能部门，并通过这些职能部门的运作来带动整个事业部的经营发展。每个事业部都有自己的产品和市场，能够灵活自主地对市场出现的新情况迅速做出反应。不同的事业部服务于不同的市场，从而可以适应不同的任务市场，支持产品多样化，有利于企业实行多元化经营；同时，由于资源控制在企业的最高管理层，有利于迅速地在目标市场集中资源，开发新的经营业务。这种组织结构多适用于规模较大的公司。面对企业经营范围的增大和管理层次的增加，事业部可以使企业的最高领导摆脱日常行政业务，集中精力考虑范围更广的总体战略决策，从而保证企业在战略上的正确性。

在纵向关系上，按照“集中决策，分散经营”的原则，处理企业高层领导与事业部之间的关系。实行事业部制，企业最高领导层可以摆脱日常的行政事务，集中力量研究和制定企业发展的各种经营战略和经营方针，而把最大限度的管理权限下放到各事业部，使它们能够依据企业的政策和制度，自主经营，充分发挥各自的积极性和主动性。在横向关系方面，各事业部作为利润中心，实行独立核算。各事业部间的经济往来遵循等价交换原则，结成商品货币关系。

在事业部制组织结构的基础上，20世纪70年代在美国和日本的一些大公司中又出现了一种新的组织结构形式——超事业部制组织结构。它是在组织最高管理层和各个事业部之间增加一级管理机构，负责统辖和协调所属各个事业部的活动，使领导方式在分权的基础上又适当地集中。这样做的好处是可以集中几个事业部的力量共同研究和开发新产品，可以更好地协调各事业部的活动，从而能够增强组织活动的灵活性。

3. H型结构（控股公司制）

控股型组织结构简称H型组织结构，是指在公司总部下设立若干子公司，公司总部作为母公司对子公司进行控股，承担有限责任。母公司对子公司既可以通过控股性股权进行直接管理，又可以通过子公司董事会来进行控制。H型结构是实行公司内部分权的一种形式。H型公司中，母公司持有子公司或分公司部分或全部股份，下属各子公司具有独立的法人资格，所从事的产业一般关联不大，是相对独立的利润中心和投资中心，因而具有更大的经营独立性，也可以分布在完全不同的行业，有利于分散经营风险。但是，由于H型结构的管理运作主要是依据资产纽带，且被控股公司又具有法人资格，结构过分松散，使得控股公司总部往往难以有效地控制各子公司，控股公司的战略计划难以实现与贯彻；过度分权导致管理效率的下降，加大了控股公司的管理成本；子公司难以充分利用控股公司总部的参谋人员；控股公司的投资协调比较困难。

4. 矩阵型结构

矩阵型组织结构是按职能划分部门和按任务特点（产品和项目）划分小组相结合所产生的组织结构形式。当环境一方面要求专业技术知识，另一方面又要求每个产品线能快速做出变化时，就可以应用矩阵型结构。如前所述，直线职能制结构强调纵向的信息沟通，而事业部制结构强调横向的信息流动，矩阵型结构就是将这两种信息流动在企业内部同时实现。

矩阵型结构设置了双重指挥链，该结构既包含职能企业，又包含按照产品、项目、流程或地域划分的部门，所以既具有职能化带来的专业化经济和规模经济，又具有部门化带来的对最终结果负责的激励效果和范围经济。使该矩阵组织中的每个成员都接受来自不同层面的双重领导，即不仅要与原职能部门保持专业性的垂直联系，而且还与项目小组保持横向联系。矩阵结构的主要优点是，小组一般按照规划目标（产品、项目等）进行设置，能够促进一系列复杂而独立的项目取得协调，同时又保留将职能专家组合在一起所具有的先进性，有利于发挥各方面的专长，通力合作，实现了比较充分的技能资源的利用，并使技能资源和成果导向进行有机结合。此外，矩阵文化能够培育出开放的冲突管理机制，并进行权力平衡。主要缺点是执行人员既受纵向职能部门的领导，又受横向的为执行某一特定项目而设立的项目经理的领导，容易出现双头领导、相互冲突等矛盾问题；同时由于人员流动的频繁，员工不容易有归属感，也容易引起士气的低落。矩阵型组织结构不是一种常设型组织机构模式，这种组织结构适合在需要对环境变化做出迅速而一致反应的企业中使用。

知识链接

企业组织结构作为对企业管理进行的组织设计，是随着经济的发展和科学技术的进步而不断演变的。由于知识经济的兴起和信息革命的推动，各种企业组织创新的形式不断涌现，企业组织结构变革趋势主要表现在以下几个方面：组织结构扁平化、组织结构网络化、组织的无边界化、组织结构分立化、组织结构柔性化等。

（二）风险分析

组织架构的风险分成三个方面：一是组织架构的设置风险；二是组织架构的运行风险；三是组织架构的监控风险。

1. 组织架构的设置风险

一是组织架构不能很好地承接企业战略，权责不清，分工不明确，组织间配合不力；二是组织架构过分考虑内控，降低运行效率；三是组织架构不能很好地响应市场和客户需求，主要是体现在企业整体的市场和客户导向意识。

2. 组织架构的运行风险

组织在日常运行中，通常存在以下风险：一是运行效率低下的风险，这可能是由于组织设置不科学、权责不清晰、职能交叉、跨部门协调不畅等，这样就会增加组织的运行成本；二是存在岗位操作风险，操作风险是由于员工在日常操作中，由于缺乏监管或员工特意作弊，违规操作给公司带来损失；三是运行中不能很好地通过组织或职能调整优化企业的管控方式，导致管控不力或管控过度，从而出现失控、员工积极性受损等。

3. 组织架构的监控风险

组织设立后，需要根据市场和公司管控要求，不断优化，这就需要有一套很好的监控和评价机制，当然有的公司是出于董事会的感觉调整，有的是外部建议，不一而论。监控风险主要是监控过度和监控不力两个方面的风险，这就需要有个平衡。

（三）控制措施

管理机构的设计是组织架构设计的关键环节，应满足从以下几个角度出发。

1. 机构职能明确

企业应当按照科学、精简、高效、透明、制衡的原则，明确各机构的职责权限，避免职能交叉、缺失或权责过于集中，形成各司其职、各负其责、相互制约、相互协调的工作机制。

2. 岗位职责科学

企业应当对各机构的职能进行科学合理的分解，确定具体岗位的名称、职责和工作要求等，明确各个岗位的权限和相互关系。尤其应当体现不相容岗位相分离原则，努力识别出不相容职务。

岗位职责是对某一工作部门或个人的工作任务、责任与权限所作的统一规定。企业应当对岗位职责进行描述，对其画像，包括工作名称、工作职责、任职条件、工作所要求的技能，工作对个性的要求。描述的对象是工作本身，而与从事这项工作的人无关。这样做的目的是便于员工理解职位所要求的能力、工作职责、衡量的标准，让员工有一个可遵循的原则。

3. 授权审批权限合理

企业应当制定组织结构图、业务流程图、岗（职）位说明书和权限指引等内部管理制度或相关文件，使员工了解和掌握组织架构设计及权责分配情况，正确履行职责。值得特别指出的是，就管理机构设计而言，建立权限指引和授权机制是非常重要的。有了权限指引，不同层级的员工就知道该如何行使权力并承担相应责任，也利于事后考核评价；“授权”表明的是，企业各项决策和业务必须由具备适当权限的人员办理，这一权限通过公司章程约定或其他适当方式授予。

企业内部各级员工必须获得相应的授权，才能实施决策或执行业务，严禁越权办理。按照授权对象和形式的不同，授权分为常规授权和特别授权。常规授权一般针对企业日常经营管理过程中发生的程序性和重复性工作，可以在由企业正式颁布的岗（职）位说明书中予以明确，或通过制定专门的权限指引予以明确。特别授权一般是由董事会给经理层或经理层给管理机构及其员工授予处理某一突发事件（如法律纠纷）、做出某项重大决策、代替上级处理日常工作的临时性权力。

4. 注重“三重一大”

近年来，企业发生的许多重大经济案件中，都牵涉到“三重一大”，即重大决策、重大事项、重要人事任免及大额资金使用问题。

课堂讨论

当前形势下，我国国有企业“三重一大”主要包括哪些方面内容？

某国有企业为规范权力的使用，在总结历史经验教训的基础上，决定在“三重一大”事项上建立领导班子成员集体决策制度，并对“三重一大”的内容、形式、程序、方法以及考核监督等事项作出了严格的规定。

一是在决策内容和形式方面，凡涉及"三重一大"的事项，即企业经验方针、长远发展规划、重大技术改造、技术引进方案等重大决策，达到一定额度的生产性投资、非生产性投资、对外提供担保等重大事项，副处级以上干部任免、奖惩等6项重要干部任免事项，对外投资、借款和一次性奖励等大额资金使用，必须经领导班子成员共同讨论决定。

二是在决策程序和方法方面，"三重一大"事项应当由承办部门提出方案，有关部门分析论证后，提交领导班子会议集体审议。形成决策意见后，由承办部门具体负责组织落实。任何人都不得违反和擅自改变集体决策意见。与此同时，企业对集体决策过程中有关会议列席人数、投票表决方法、有效通过票数、会议主持及记录等，均作了明确规定。

三是在监督和追责方面，对未经集体讨论，个人或少数人擅自决定"三重一大"事项的；未经领导班子复议，个人或少数人擅自改变原决定的；集体决策出现失误造成经济损失的，视情节轻重，分别给予通报批评、警告、撤销职务等处罚。该公司自从建立领导班子成员集体决策制度以来，有效控制了"三重一大"的风险。

所谓重大决策事项，是指依照《中华人民共和国公司法》、《中华人民共和国全民所有制工业企业法》、《中华人民共和国企业国有资产法》、《中华人民共和国商业银行法》、《中华人民共和国证券法》、《中华人民共和国保险法》以及其他有关法律法规和党内法规规定的应当由股东大会(股东会)、董事会、未设董事会的经理班子、职工代表大会和党委(党组)决定的事项。主要包括企业贯彻执行党和国家的路线方针政策、法律法规和上级重要决定的重大措施，企业发展战略、破产、改制、兼并重组、资产调整、产权转让、对外投资、利益调配、机构调整等方面的重大决策，企业党的建设和安全稳定的重大决策，以及其他重大决策事项。所谓重要人事任免事项，是指企业直接管理的领导人员以及其他经营管理人员的职务调整事项。主要包括企业中层以上经营管理人员和下属企业、企业领导班子成员的任免、聘用、解除聘用和后备人选的确定，向控股和参股企业委派股东代表，推荐董事会、监事会成员和经理、财务负责人，以及其他重要人事任免事项。所谓重大项目安排事项，是指对企业资产规模、资本结构、盈利能力以及生产装备、技术状况等产生重要影响的项目的设立和安排。主要包括年度投资计划，融资、担保项目，期权、期货等金融衍生业务，重要设备和技术引进，采购大宗物资和购买服务，重大工程建设项目，以及其他重大项目安排事项。所谓大额度资金运作事项，是指超过由企业或者履行国有资产出资人职责的机构所规定的企业领导人员有权调动、使用的资金限额的资金调动和使用。主要包括年度预算内大额度资金调动和使用，超预算的资金调动和使用，对外大额捐赠、赞助，以及其他大额度资金运作事项。具体来讲，"三重一大"事项决策控制程序如下。

(1)"三重一大"事项提交会议集体决策前应当认真调查研究，经过必要的研究论证程序，充分吸收各方面意见。重大投资和工程建设项目，应当事先充分听取有关专家的意见。重要人事任免，应当事先征求国有企业和履行国有资产出资人职责机构的纪检监察机构的意见。研究决定企业改制以及经营管理方面的重大问题、涉及职工切身利益的重大事项、制定重要的规章制度，应当听取企业工会的意见，并通过职工代表大会或者其他形式听取职工群众的意见和建议。

(2)决策事项应当提前告知所有参与决策人员，并为所有参与决策人员提供相关材料。必要时，可事先听取反馈意见。

(3) 党委(党组)、董事会、未设董事会的经理班子应当以会议的形式，对职责权限内的“三重一大”事项做出集体决策。不得以个别征求意见等方式做出决策。紧急情况下由个人或少数人临时决定的，应在事后及时向党委(党组)、董事会或未设董事会的经理班子报告；临时决定人应当对决策情况负责，党委(党组)、董事会或未设董事会的经理班子应当在事后按程序予以追认。经董事会授权，经理班子决策“三重一大”事项的，按照本要求执行。

(4) 决策会议符合规定人数方可召开。与会人员要充分讨论并分别发表意见，主要负责人应当最后发表结论性意见。会议决定多个事项时，应逐项研究决定。若存在严重分歧，一般应当推迟做出决定。

(5) 会议决定的事项、过程、参与人及其意见、结论等内容，应当完整、详细记录并存档备查。

(6) 决策做出后，企业应当及时向履行国有资产出资人职责的机构报告有关决策情况；企业负责人应当按照分工组织实施，并明确落实部门和责任人。参与决策的个人对集体决策有不同意见，可以保留或者向上级反映，但在没有做出新的决策前，不得擅自变更或者拒绝执行。如遇特殊情况需对决策内容做重大调整，应当重新按规定履行决策程序。

(7) 董事会、未设董事会的经理班子研究“三重一大”事项时，应事先与党委(党组)沟通，听取党委(党组)的意见。进入董事会、未设董事会的经理班子的党委(党组)成员，应当贯彻党组织的意见或决定。企业党组织要团结带领全体党员和广大职工群众，推动决策的实施，并对实施中发现的与党和国家方针政策、法律法规不符或脱离实际的情况及时提出意见，如得不到纠正，应当向上级反映。

(8) 建立“三重一大”事项决策的回避制度；建立对决策的考核评价和后评估制度，逐步健全决策失误纠错改正机制和责任追究制度。

案例 2-1

由某大型国有企业集团公司(以下简称集团公司)控股的甲股份有限公司(以下简称甲公司)于200×年12月在海外某证券交易所上市。甲公司在《招股说明书》中声明，该公司的石油贸易涉及轻油、重油、原油、石化产品和石油衍生品等五个部分，公司的核心业务是航油采购，公司交易的衍生品包括纸货互换和期货交易。由于甲公司在航油采购中具有丰富经验和独特优势，其发展前景被广泛看好。但是，仅仅不足3年，甲公司就发布公告称，由于公司在进行衍生品交易中蒙受巨额损失，不得不申请停牌。

综合证券监管部门的深入调查和新闻媒体的追踪报道，甲公司发生巨额损失的原因主要源自以下三个方面。

(1) 管理当局。甲公司董事长由集团公司总经理兼任，但其将主要精力集中在集团公司经营业务上，对甲公司的经营管理难以顾及。甲公司首席执行官由A担任，由于董事长的缺位，A在决策和管理上拥有绝对权力。对集团公司委派的连续两任财务部经理，A均随即调任他职，并坚持任用自己认为可靠的人员担任财务部经理；同时，A私自运作场外期权交易以填补期权交易亏损"窟窿"，既未向董事会报告，也未进行任何形式的披露。

(2) 风险管理委员会。为了符合上市地的监管要求，并展示公司的良好形象，甲公司聘请某会计师事务所制定了《风险管理手册》，规定公司成立风险管理委员会，以对期权交易全过程进行风险评估并向董事会提交评估报告。但是，在甲公司决定开展期权交易这项全新业务前，风险管理委员会没有进行任何必要的分析和评估工作；在期权交易开始后，风险管理委员会没有对超过期权交易限额的交易进行评估，也未能及时报告期权交易情况和损失情况；在与内部审计部门沟通时，风险管理委员会隐瞒了公司在期权交易中面临的各种问题。

(3) 内部审计机构。内部审计机构负责人对首席执行官A负责，受A的制约，内部审计机构没有定期向董事会下属的审计委员会报告工作，即使偶尔报告，其内容也是简单重复、敷衍了事。

三、决策机制

(一) 决策机制描述

拥有完善公司治理机构的企业决策一般由企业股东大会或董事会代行。我国国有企业决策则一般由行政、党委和纪检等领导构成的领导班子负责。这要求各企业决策层充分发挥其领导和管理作用，在决策前实现信息公开，决策中采用集体讨论的形式，决策后也要实行对效率和效果的跟踪，实现决策客观和高效。

知识链接

企业决策机制应该包括三个方面：第一，合理的决策议事制度，让每一个决策层成员都能够充分行使职权，坚持决策的客观性，贯彻民主集中制，建立健全集体研究、专家论证和技术咨询相结合的议事决策机制。大额资金使用、大宗设备采购、基本建设等重大经济事项的内部决策，应当由企业决策层集体研究决定，实施企业办公联席会议或者专项讨论会制度。第二，详尽的决策记录制度，让记录如实反映每一个决策层成员的决策过程和意见。在认真做好记录的基础之上，要向每一位成员核实记录并签字，之后及时归档。第三，可操作性的决策问责制度，让决策的效果与相关人员的升迁降免挂钩。在此过程中，要正确处理好集体决策和个人负责的关系，集体决策不意味着要集体负责，因为集体担责的结果往往会是无人担责，要建立健全责任追究制度，把责任具体落实到每个人身上，二者有机结合，才能使决策得到严格的落实和贯彻。

(二) 风险分析

决策风险主要包括以下几个方面。

1. 决策意识固化风险

集体决策制是否会走入形式，主要是看企业对集体决策背后所隐含的风险的客观预估和实际运用中掌控能力的把握程度。集体决策所对应的是个人决策，解决的就是因个人决策、独裁或武断造成的决策失误。在某种程度上说，集体决策制的提出限制了个人权力随意发挥，这对于“一把手”而言，是一种责任的分担和权力的分化。只有提高了竞争意识，才能提高思想觉悟，才能对决策的结果方方面面考虑周全，这是“一把手”在集体决策制中的思想转变。如果一把手不抱着这个积极态度去转型，在决策机制中还是以自我权力为中心，不从市场出发，不从实际出发，决策势必还是会出现重大偏颇。

2. 决策效率风险

企业集体决策由于程序烦琐，花费时间、精力、人力，多人参与，导致决策效率下降，而且部门间由于立场不同，容易出现本位主义，考虑问题易从自身利益出发，从小团体出发，从而形成统一意见并不容易，导致有些问题因为谁都不愿意承担风险和责任而得不到最终解决，造成企业决策责任不清、无所作为、绩效无果、效率低下的风险。

3. 决策质量风险

由于企业参与决策的人员、权力、责任的不同，组合在一起，很难做到完全平等，所以一方面决策参与人员会有“站错队”的顾虑，怕这次的决策意见一旦与企业领导不一样会影响日后的发展，所以明哲保身，保留真实意见而使得集体决策质量下降；另一方面上级可能为照应这方关系，顾及那方利益而最终使决策求得平衡。

4. 决策内容泄露风险

企业集体决策的出发点就是加入了多方监督，防止“一手遮天”的决策结果。不过，对于任何企业来讲，都有各自的商业机密，参与的人员增加，泄密的渠道就增加了，有些无意向外界透露，有些则有意以此为商业资料卖给竞争对手等都成了集体决策的隐患。

5. 决策绩效风险

由于是企业决策层广泛采用集体决策，因此表面上是决策参与人员群策群力，都在为最终的企业目标服务，但是一旦决策出现偏差或失误，总难免会有人员开脱自己的责任，导致董事长往往成了整个决策失败的“替罪羊”，这样的结果产生在于决策绩效的不明确。如果决策结果良好，参与人员会争着抢功劳，内部搞利益分化。反之，如果结果失误了，决策参与人员互相推诿，互不承担，最后成为“无头案”不了了之。

（三）控制措施

1. 风险评估制度

企业在实现企业目标的过程当中会受到内外部环境的影响，风险评估就是企业通过一定的技术手段找出那些影响战略目标实现的有利和不利因素，并对其存在的风险隐患进行定量和定性分析，从而确定相应的风险应对策略。它是实施内部控制的重要环节，是采取控制活动的根据。企业风险评估具体内容参见第三章。企业风险评估制度的建立见表 2-1。

2. 专家论证制度

为优化决策，降低风险，提高决策层决策科学化程度，更合理地进行有限资源的有效配置，企业应建立专家论证制度，即对业务或项目的可行性进行分析论证，并将论证结果作为决策的依据之一。企业专家论证制度的建立见表 2-2。

表 2-1　　企业风险评估制度

<table>
<tr><th colspan="2">基本步骤</th><th>主要内容</th></tr>
<tr><td colspan="2">确定风险评估制度实施主体</td><td>根据相关规范要求和企业实际情况成立风险评估工作小组，采取必要措施保证其工作的权威性、独立性和及时性</td></tr>
<tr><td colspan="2">确定风险评估制度实现形式</td><td>建立经济活动风险定期评估机制，全面、系统、客观地评估经济活动中存在的风险；评估至少每年进行一次；如企业业务环境、经济活动规模、复杂程度或管理模式等发生重大变化，应及时进行重估</td></tr>
<tr><td rowspan="4">确定风险评估实施环节</td><td>目标设定</td><td>使设定的内部控制实现目标与企业的风险承受能力相一致</td></tr>
<tr><td>风险识别</td><td>结合本企业的目标设立可辨认、分析和管理相关风险的机制，以了解企业所面临的来自内部和外部的各种不同的风险。就企业的经济活动风险识别来说，应重点关注以下风险：内部管理制度不健全，业务流程不明晰，导致经济活动不合法、不合规；内部管理制度执行不到位，管控不力；内部控制关键岗位工作人员管理不善；预算编制不科学、执行不合规；违规截留收入、非法套取公共资金等</td></tr>
<tr><td>风险分析</td><td>结合各企业的特定条件(如企业性质、战略目标等)，运用定量和定性方法进一步分析风险发生的可能性和对企业目标实现的影响程度</td></tr>
<tr><td>风险应对</td><td>根据风险分析，运用现代科学技术知识和风险管理方面的理论和方法提出、分析、论证风险解决最优方案，其基本策略包括风险规避、风险降低、风险分担和风险承受四种</td></tr>
<tr><td colspan="2">确定风险评估结果管理</td><td>风险评估结果应当形成书面报告，指出关键风险点，提出相应的内部控制措施和建议；评估书面报告完成后应当及时提交企业领导班子，并归入档案保管</td></tr>
</table>

表 2-2　　企业专家论证制度

<table>
<tr><th colspan="2">基本步骤</th><th>主要内容</th></tr>
<tr><td rowspan="2">确定专家成员</td><td>成员来源</td><td>根据具体情况选择从企业自行调配有关人员组成专家组或设立专职机构或委托企业外专业机构</td></tr>
<tr><td>成员结构</td><td>在知识结构方面，必须考虑为了解决问题而需要的多重知识，同时必须考虑不同专家的利益立场，尽可能使受决策影响的各方都能有专家参与，从而通过相互制约而获得平衡</td></tr>
<tr><td rowspan="3">确定制度建立的主要原则</td><td>独立性</td><td>对某业务或项目进行专家论证时，应当保持客观，就业务或项目本身进行可行性论证，不受其他影响论证客观性因素的干扰；专家应独立于决策者和执行者，弱化专家意见的主观倾向性，增强论证结果的科学性</td></tr>
<tr><td>有效性</td><td>为避免专家论证流于形式，应当通过程序的规范来抑制专家结果被吸收的随意性，即要求决策机构慎重处理论证专家的意见，除非特别且合理的理由，否则不得违反专家论证结果。决策机构在最后决策过程中，不采纳专家的论证意见，必须说明理由，并允许论证专家的陈述申辩；发生争议的，该争议也必须向公众公开，以征求更广泛的意见</td></tr>
<tr><td>责任性</td><td>专家论证对决策的最终敲定有着重要影响，专家应当对论证结果的合理性承担责任，避免无责论证引起的敷衍了事现象</td></tr>
</table>

3. 审核审批制度

审核审批是从决策到执行的重要环节，审核审批控制直接关系着财政资金的使用效率和效果，对控制目标的实现产生直接影响。企业应当根据权责对等原则建立分级授权审核审批制度。另外，应建立"三重一大"事项决策审批机制和会签制度。企业应当在各级下属公司实行集体决策审批制度，对重大决策、重大事项、重要人事任免及大额资金支付业务建立科学完善的集体决策机制，任何人不得单独进行决策或者擅自改变集体决策意见。完善的审核审批制度有助于明确权利和义务，层层落实责任，层层把关，帮助企业最大限度地规避风险。企业审核审批一般流程如图 2-2 所示。

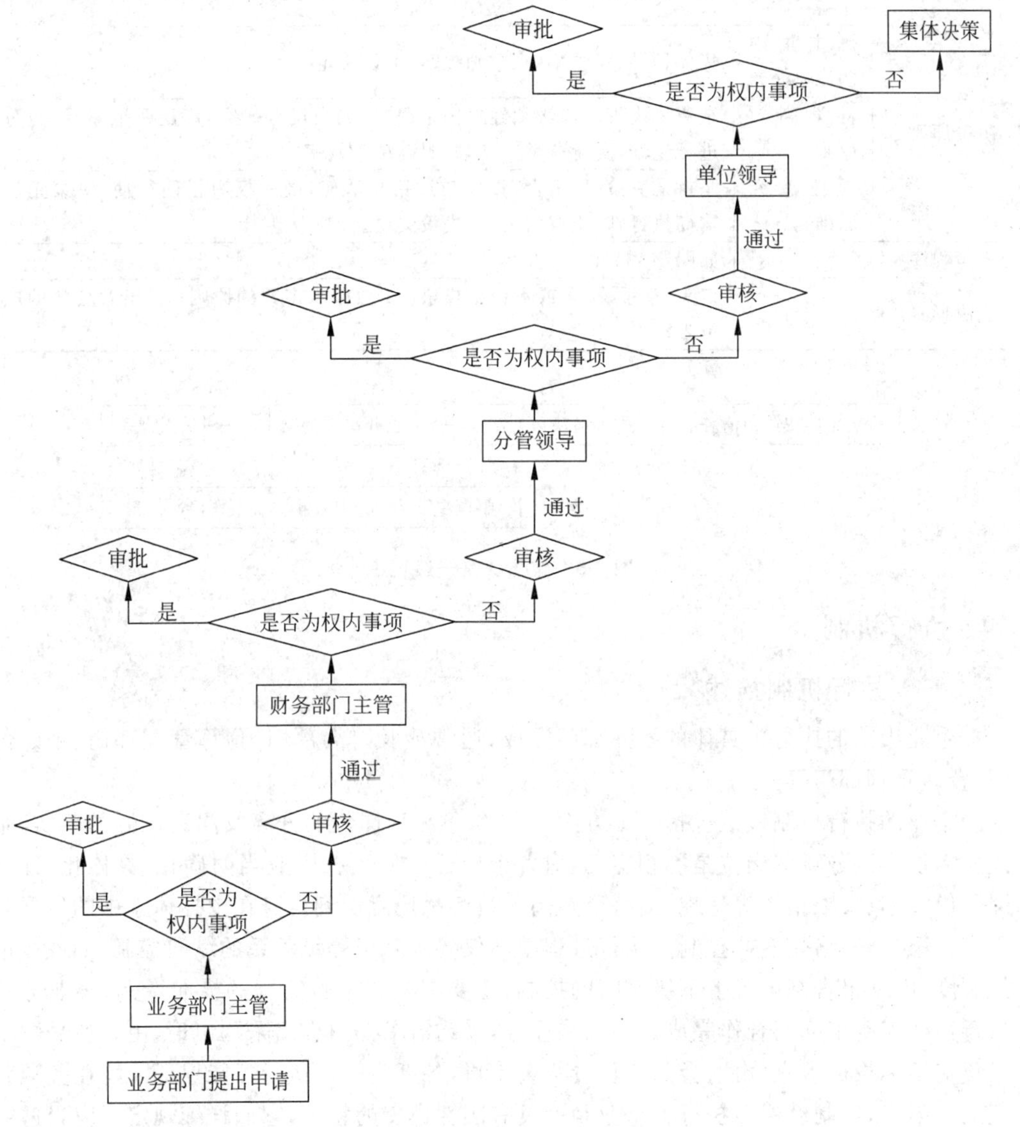

图 2-2　企业审核审批一般流程

4. 集体决策制度

企业对重大经济活动的决策应当实行集体决策制度,防范董事会一言堂或者一支笔造成的决策风险和腐败风险。企业集体决策制度的建立见表 2-3。

表 2-3 企业集体决策制度

基本步骤		主要内容
决策成员		一般由企业董事会和管理层主要人员组成,针对不同的决策事项,可机动地加入与具体决策事项相关的分管领导或专家
决策范围		大额资金使用、大宗设备采购、基本建设等重大经济事项
决策原则	民主集中制原则	集体领导、民主集中、个别提案、会议决定
	科学高效原则	在集体决策之前必须经过民主程序,加强调查研究,广泛听取意见,充分进行论证,实行科学决策,并提高决策效率
	责任追究原则	坚持谁决策、谁负责,责任与过错相适应,确保权力正确行使、决策正确贯彻执行,防止权力失控、决策失误、行为失范
决策程序		如图 2-3 所示
表决形式		口头、举手、记名或无记名投票;少数服从多数的原则;经出席会议的成员半数以上同意等

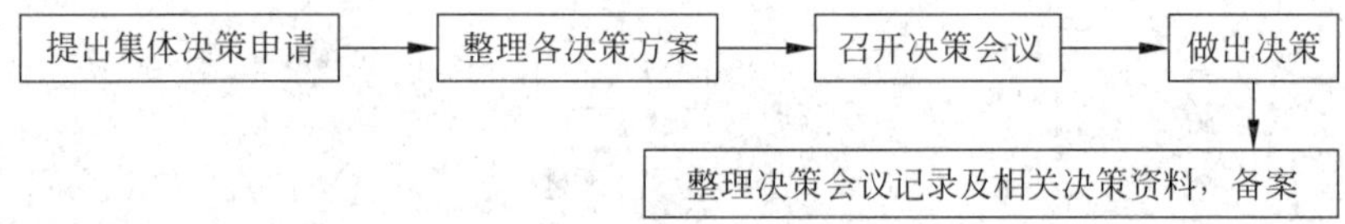

图 2-3 集体决策一般程序

四、执行机制

(一) 执行机制描述

企业决策的执行由具体的承办部门完成,通常涉及财会部门、预算管理部门、采购部门、资产管理部门等。

企业的执行机制应该包括三个方面:第一,不相容岗位的分离及问责机制的落实,企业应当切实区分哪些岗位是不相容的,对各个岗位的职责权限应当明确化、具体化,并以岗位说明书、权限指引等呈现,使每个在岗人员清楚地意识到自身在内控体系中的位置和职责。第二,网络化立体控制。执行过程中不仅要有基于等级关系的纵向控制,如授权审批制度、内部报告制度等上下级之间的控制,还要有基于平行流程的横向牵制,某业务的执行往往需要多部门合作完成。如采购业务,采购需求部门提出采购申请,由企业采购小组负责招标投标事宜,由财会部门负责资金支付,各部门协调执行才能保证采购业务顺利完成。第三,以制度保障执行。企业制度具有刚性遵守的特征,它们详细规定了应当遵守的程序和未能遵守的行为相关的惩罚措施。以制度规范执行是内部控制的重要原则之一,通过完善的制度,使得企业人员行为合规化,一方面提高了执行效率,另一方面克服了个人的固有缺陷，提高企业的理性化程度。

（二）风险分析

1. 执行目标不明确

执行机制是建立在决策机制的基础上，全面领会和贯彻决策部门指定的各项决策。而执行过程中，具体实施部门和人员由于其自身的局限性和理解能力，可能会出现对决策执行目标的错误领会，不明确企业决策的长期目标。

2. 执行岗位没有分离

决策执行过程中，根据业务属性和流程节点划分的不同，各个部门和岗位如果没有实现职责分离，执行核心环节由某个部门和某个岗位单独完成，会导致执行申请、执行审核、执行审批等环节失去制衡和限制，容易出现舞弊问题。

3. 业务控制措施不科学

企业决策在执行过程中，需要通过各种业务执行过程来完成，根据《企业内部控制应用指引》的规定，对 9 大类控制活动进行明确的制度规范，对业务流程进行梳理和优化。但是企业类型繁多，发展阶段不同，很难按照统一的规范内容对业务控制规范进行全面科学的设计，容易造成业务控制措施不能完全防范业务风险。

（三）控制措施

1. 执行机制责任制度

执行机制责任制度是指明确相关人员对相关决策和业务实施职能及相应的责任。责任制度是具体规定企业内部各个部门、各类人员的工作范围、应负责任及相应权力的制度。建立责任制的目的，是在对企业员工进行合理分工的基础上，明确每个部门和岗位的任务和要求，把企业中千头万绪的工作同成千上万的人对应地联系起来，做到"事事有人管、人人有专责"。执行机制责任制度要求实现部门责任制和岗位责任制。部门责任制是针对企业中某个管理部门的责任制。例如企业中的生产、计划、质量、供应等职能科室的责任制度，它要规定各职能部门的基本职责、工作范围、拥有权限、关系等内容。岗位责任制因对象的不同，又可再分为管理人员岗位责任制、工人岗位责任制、领导干部岗位责任制。

2. 执行权责分工明确

企业内部环境要求企业在执行机制中要明确权责和职能分工，划分企业内设部门、下属企业和岗位的权利、责任和利益范围，实现责权利的对等分配。权责分配是指企业根据其经营战略、生产经营的特点、组织结构的设置和内部控制的要求等，在工作分析的基础上，明确各部门或岗位的工作内容、工作职责和工作权限的过程。在决策、执行和监督活动中，权责分配应当贯穿于内部控制的全过程，对任何一个环节的具体业务都要进行适当的、全面的权责分配。权责分配的具体情况与组织结构相对应，组织结构不同，分配到的权利和责任也不同，即权责分配必须依附于组织结构而存在。同时，要根据组织结构层次的不同，分配不同的权利与责任。既要保证不同管理层级的权利与责任不能存在冲突，也要保证同一层级权责分配的合理性。针对不同的岗位和职能部门，明确界定不同岗位的工作职责和权限，争取做到权有所属、利有所享、责有所归，避免出现不同部门相互推诿的情况。

3. 执行过程不相容职务分离

决策和业务执行过程中,针对不相容职务要进行分离,尤其是针对员工既可以弄虚作假,又能够自己掩饰舞弊行为的职务。一般情况下,单位的经济业务活动通常可以划分为授权、签发、核准、执行和记录五个步骤。如果上述每一步都有相对独立的人员或部门分别实施或执行,就能够保证不相容职务的分离,从而便于内部控制作用的发挥。例如,企业的出纳人员同时兼任货币资金的稽核与会计档案的保管,这就违反了不相容职务相分离的原则。如果该员工伪造签名,贪污企业的款项,他就有可能隐瞒对贪污款项的支票记录,使得舞弊行为被隐瞒而不被发现。

五、监督机制

(一)监督机制描述

内部监督是企业对内部控制建立与实施情况进行监督检查,评价内部控制的有效性,对于发现的内部控制缺陷,及时加以改进。它是实施内部控制的重要保证,是对内部控制的控制。内部监督处于内控五要素金字塔的顶端,它是针对于内部控制其他要素的,自上而下地单向检查,是对企业内部控制质量进行评价的过程。内部监督以内部环境为基础,以信息和沟通为支持,与风险评估、控制活动共同形成了三位一体的闭环控制系统。

企业监督机制应当包括三个方面:第一,企业内部审计监督。企业应当设置内部审计部门,并确保机构设置、人员配备和工作的独立性,负责对企业的预算执行情况、会计报告的编制和披露情况进行监督检查,是对内部管理控制、内部会计控制和财务控制的再监督。内部审计机构对监督检查中发现的内部控制缺陷,应当及时向企业领导班子进行报告。第二,企业纪检监察部门监督。党委纪检负责对党员进行监督,严格执行党的纪律,抓好党风廉政建设,坚决同腐败现象作斗争。监察机构负责对国家行政机关和国家公务人员的监督检查,保证政令畅通,促进监察对象正确履行职责,依法办事,廉洁奉公,恪尽职守,勤政高效地为人民服务。第三,上级主管部门监督。上级主管部门对本企业各项业务的内部控制情况进行总体监督。

(二)风险分析

1. 监督主体不健全

企业内部控制需要建立监督机制,由监督主体行使监督职能。如果没有确定监督职能主体,将无法由牵头部门负责对企业内部控制设计和执行情况进行监督,影响内部控制运行的效率和效果。

2. 监督机制不合理

企业监督职能需要设计合理的监督机制。监督机制缺失是由于企业监督制度设计和监督执行不合理造成的,导致企业决策和执行过程出现职责不清、规定不明、执行不力、沟通不畅等问题。

3. 监督结果不相关

企业应对监督结果进行处理,如果不与企业管理人员奖惩挂钩,监督机制将无法被各级管理人员重视，也无法起到监督的效果。

（三）控制措施

1. 日常监督制度

企业的监督不能仅依赖于特定时间、特定部门、特定项目的监督，应将监督机制贯穿于日常经济活动中。企业在实施日常监督过程中，首先要做到完善本企业的财务等内部监督制度，建立起企业领导班子对国家法律负责、财务会计人员等各主管人员对本企业领导班子负责的内部控制监督机制，从而在根本上保障各项会计等相关资料信息的完整与真实；其次要在财务会计人员进行常规会计核算的基础之上，对企业内部各岗位、各业务实施常规性和周期性的检查；再次要以本企业的审计、纪检等部门为主体，建立起以防为主的内部监督机制，从而化解各类常规风险。

2. 内部审计制度

内部审计制度是企业内部监督体系的重要组成部分，有效的内部审计制度可以及时发现并纠正内部控制缺陷，将企业的风险控制在可接受的范围内。内部审计是一项独立的、客观的确认和咨询活动，目的是改进企业工作质量，提高效益。它通过系统化、规范化的方法，评价和改进企业的控制和管理的效率。企业建立内部审计制度应当考虑以下两方面：一方面，保证内部审计的独立性。首先，内部审计部门的设置应独立于决策机构、执行机构；其次，内部审计机构的成员不应当参与与审计事项相关的决策或执行过程。另一方面，保证内部审计的权威性。内部审计机构成员应被授予足够的权力来公正、客观地开展审计工作，同时通过提升内部审计机构在组织架构中的层次来增强内部审计工作的权威性。

3. 绩效考评制度

绩效考评是指企业运用特定的标准，采取科学的方法，对承担职责的各级管理人员工作成绩做出价值评价的过程。绩效考评的重点是全面、客观、公正、准确地考核领导干部政治业务素质和履行职责的情况，加强对领导干部的管理与监督、激励与约束。建立健全科学的绩效考评制度，是推进干部工作科学化、民主化、制度化的重要举措，对于建设有活力、有纪律的领导班子具有重要意义。另外，绩效考评可以和岗位责任制结合使用，充分发挥两者优势互补的作用。企业可建立起绩效考评机制，每年组织纪检、财务、审计人员，依据制定的考评实施细则对本企业、所属企业的内部控制建设和财务管理情况，尤其是内部控制的薄弱环节及容易造成损失的失控点，进行跟踪检查。对于严格落实内控制度的，进行表扬和鼓励；对于内控制度不落实造成的决策失误、保障不及时、供应不到位、开支不合理的，坚决追究有关领导及相关人员的责任，确保财务管理规定、内部控制制度的高效落实。

六、协同机制

（一）协同机制描述

协同机制是企业在内部控制制衡原则的指导下，实现不相容岗位分离和三权分立，同时保持企业内设部门和二级企业、各业务流程和流程各环节之间的衔接和联系，加强协作，保证内部控制在分权的基础上充分高效地运行。协同机制是企业内部环境设计的重点和关键环节。协同机制集中体现在机构人员、业务流程和信息沟通等三个方面。

（二）风险分析

组织层级协同机制不健全会导致企业各部门与岗位职能和职责属性相互割裂，或者造成多头管理、职能重合、政出多门，影响企业运营效率，或者造成职责不清、相互推诿、影响企业运营效果。业务层级协同机制不健全会导致各个业务环节之间失去总体协调和规划，无法构成企业业务循环，导致各个业务相互监督、稽核的职能无法实现。

（三）控制措施

1. 组织层级协同机制

企业组织层级的协同机制设计就是为了实现业务流程内部控制，而从组织机构和人员岗位上对业务流程的总体优化。可以说，企业内设部门和二级企业的组织机构和人员的协同效应，是在企业组织机构职能的履行过程中体现的，也是在企业各业务流程中实现的，所以，企业机构人员的协同机制在组织层级中发挥着重要作用。

首先，企业领导在组织层级协同机制中发挥带头作用，是企业内部控制建设和实施的总负责人。其职责是领导企业所有所属机构（包括内设部门和下级企业）和全体工作人员进行内部控制机制的设计，全面实施内部控制，制定内部控制的相关管理制度，设置所属机构的职责分工和工作机制，设计关键岗位的工作流程，评价内部控制的有效性和缺陷，形成内部控制评价报告。所属机构负责人要根据本部门的职责分工和内部控制机制，掌握内部控制的方法，全面实施内部控制制度，各部门积极参与内部控制的建设、实施，并对本部门内部控制的有效性和缺陷进行评价，形成本部门的内部控制评价报告。全体工作人员应学习和掌握内部控制的理念和手段，领会企业领导和部门负责人的实施方案，明确关键岗位的职责分工，将内部控制建设转变为全体工作人员共同的任务，提高内部控制参与的广泛性和积极性。

2. 业务流程的协同机制

企业内部控制的核心控制措施就是通过业务流程的管控实现内部控制的目标，提升企业的管理水平，防范舞弊和腐败的滋生。一般来说，企业主要包括销售业务、采购业务、工程项目业务、资产管理、研发业务、会计控制、预算业务和合同控制等主要业务流程。这些业务流程构成企业业务层级内部控制，并作为内部控制的主要控制措施。但是，这些业务流程之间有着非常紧密的联系，往往是几个业务流程相互配合、相互验证和相互监督来完成内部控制的目标。虽然本书对企业业务层级内部控制的各个业务流程分别进行论述，但是在整体上对各个业务流程之间的关系进行梳理，阐述业务流程之间的协同机制也很重要。

案例 2-2

甲集团公司是国内某大型能源类企业，下属子公司众多。2010 年 12 月，公司召开董事会，讨论下列有关事项。

（1）集团公司董事长吴某提议将公司业务从能源行业拓展至房地产行业，实现多元化经营。公司独立董事王某认为，能源行业和房地产行业关联度极低，在市场调研和可行性分析不充分的情况下贸然拓展业务，可能给公司发展带来不利影响，当务之急是进一步巩固能源市场，在能源行业做大做强。因董事会成员多为董事长亲属，表决时，独立董事王某的建议未被采纳，董事长吴某的提案以绝大多数票赞成通过。

（2）为加强集团公司内部控制，总经理张某提议在董事会下设立审计委员会，负责对集团公司和下属各子公司执行内部控制的情况进行监督检查。张某的提议得到了董事会成员的认可。经研究，董事会决定提名总经理张某任审计委员会主席。

（3）审议对乙公司的合并方案。该合并项目由集团公司规划部门提出方案并编制可行性研究报告，财会部门负责该项目的财务预算。讨论过程中，总经理张某提议将对乙公司的投资控股比例由60%调整为100%，以实现完全控股。考虑到对乙公司的合并具有战略意义，董事长吴某当即表示同意。

（4）审议集团公司预算管理制度。为有效遏制集团公司各单位、各部门相互扯皮、争夺预算额度的现象，董事会审议通过由财会部门负责预算的总体协调。预算编制过程中，财会部门有权要求有关部门增加或减少相应的预算，同时有义务及时向其他部门提供相关业务的财务记录。

（5）讨论离退休人员的安置问题。赵某是甲集团公司分管研发的技术人员，在公司工作近三十年，将于2011年2月退休。集团公司工会提议，对于有意愿继续为公司服务的离退休人员，可以适当安排其从事相对轻松的工作。董事会讨论通过了工会的提案，并同意赵某离职后可以从事出纳和会计档案管理工作。

分析提示：

该公司在组织层面和业务层面内部控制都存在的突出问题。

组织层面内部控制存在的问题主要包括：董事长家长式管理导致公司决策“一言堂”；审计委员会机制形同虚设。

业务层面内部控制存在的问题主要包括：投资决策并没有经过周密的可信性研究和论证；预算业务没有充分依据具体业务作为金额调整的原因；公司聘用无会计从业经验人员担任财务岗位导致会计基础薄弱。

第二节　发展战略规划

一、发展战略规划描述

发展战略是企业在对现实状况和未来趋势进行综合分析和科学预测的基础上，制定并实施的中长期发展目标与战略规划。战略的失败是企业最彻底的失败！它甚至导致企业的消亡。企业制定科学合理的发展战略，具有重要意义。首先，发展战略可以为企业找准市场定位，使企业在激烈的市场竞争环境中找准位置。其次，发展战略是企业执行层的行动指南。最后，发展战略也是内部控制的最高目标。企业发展战略不仅具有发展性这个本质特征，而且还具有企业战略的一般特征。

知识链接

企业战略的一般特征有四个：第一个特征是整体性。整体性是相对于局部性而言的。任何企业战略谋划的都是整体性问题，而不是局部性问题。第二个特征是长期性。长期性是相对于短期性而言的。任何企业战略谋划的都是长期性问题，而不是短期性问题。第三个特征是基本性。基本性是相对于具体性而言的。任何企业战略谋划的都是基本性问题，而不是具体性问题。第四个特征是计谋性。计谋性是相对于常规性而言的。任何企业战略都是关于企业问题的计谋而不是常规思路。企业战略必须同时具备上述四个特征，缺少其中一个特征就不是典型的企业战略了。

二、风险分析

近年来我国的国有企业在战略管理方面虽然有了很大的进步，但仍然存在一些问题，主要表现在以下几个方面。

（一）战略管理观念淡薄

许多企业把更多的精力放在了日常经营管理工作上，对公司长远的发展缺乏统筹规划，陷于日常战术事务，对战略的基本概念和基本研究方法不了解，忽视了对公司深层次、长远发展问题的研究，企业管理层的战略管理观念比较淡薄。

（二）创新性和前瞻性不强

从一个企业战略规划的制定上看，通常过多依赖于过去的经验，在借助“外脑”参与战略制定方面存在不足；对外部宏观政策、竞争环境缺乏全面客观的定量分析，难以从可持续协调发展的角度研究企业的长期生存和发展问题，重大决策的主观性、随意性比较大，创新性和前瞻性不强。

（三）缺乏措施保证导致实施效果参差不齐

由于对企业的战略规划缺乏系统思考、方法不多、思想摇摆不定、适应外部环境变化能力不强、保证的措施不到位、执行力不够等诸多原因，即使制定了宏伟的发展战略，也往往流于文字形式，成了“做给别人看，对外可讲，对内无用”的表面文章，实施效果不理想。战略实施远没能达到预期的效果。

三、控制措施

（一）建立和健全发展战略制定机构

企业要在人力资源配置、组织机构设置等方面为发展战略提供必要的保证。一般而言，企业可以通过设立战略委员会，或指定相关机构负责发展战略管理工作，履行相应职责。战略委员会的主要职责是对公司的长期发展规划、经营目标、发展方针进行研究并提出建议，对公司涉及产品战略、市场战略、营销战略、研发战略、人才战略等经营战略进行研究并提出建议，对公司重大战略性投资、融资方案进行研究并提出建议，对公司重大资本运作、资产经营项目进行研究并提出建议等。战略委员会对董事会负责,委员包括董事长和其他董事,委员应当具有较强的综合素质和实践经验。战略委员会主席应当由董事长担任。

(二) 企业发展战略的定位

谋划企业中长期干什么,就是要定好位。市场已发生变化,连皇帝的女儿也愁嫁。企业要发展,定位很重要。定位是为了解决发展的方向、目标问题。企业发展要有正确方向,要灵活地运用规模化和差别化原则,要坚持专、精、特、新。企业发展要有中长期目标,不要像空中的风筝、路上的出租车,没有远见、决心、魄力和毅力干不成大事业。定位要准确,定错位,劲儿白费。定位主要是为了解决核心业务问题。企业也可以开展多项业务,但核心业务不能多。可以搞多元化经营,但不可以搞多核心经营。用核心业务带动其他业务,用其他业务促进核心业务,这是先进企业的成功之道。不仅对经营范围要定位,而且对经营地区等也要定位。定位有阶段性,不同发展阶段应该有不同的定位。定位的方法很多,定位无定式。定位看起来很简单,实际上很复杂。许多企业认为自己的定位很正确,实际上存在很大问题,而这些问题足以使它们发展缓慢或失败。

(三) 分析发展战略的内外影响因素

1. 外部环境的分析

外部环境分析包括对企业所处的宏观环境分析、行业环境分析及竞争对手、经营环境等的分析。

(1) 宏观环境分析。宏观环境分析一般通过政治和法律环境、经济环境、社会和文化环境、技术环境等因素分析企业所面临的状况,如图 2-4 所示。

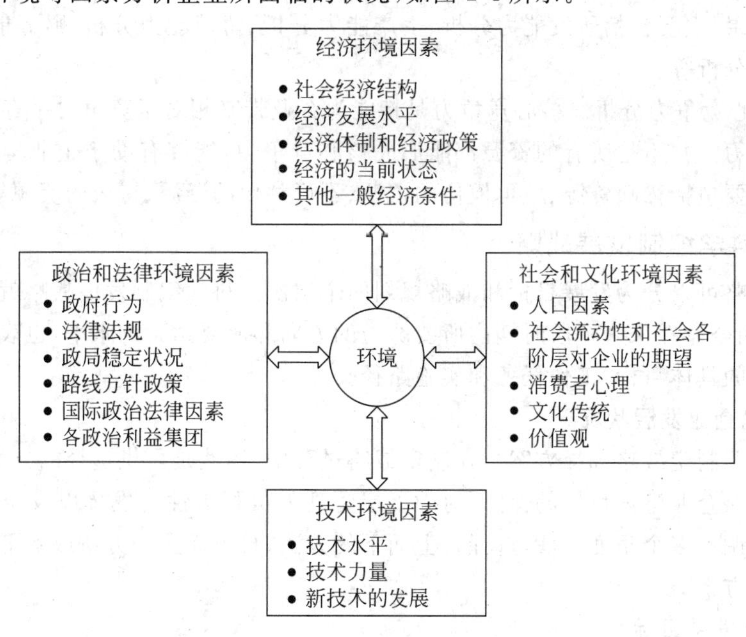

图 2-4 宏观环境各因素分析

(2) 行业环境及竞争对手分析。行业环境分析最常用的工具是五力分析模型,用以确定企业在行业中的竞争优势和行业可能达到的最终资本回报率。如图 2-5 所示,这五种竞争驱动力决定了企业的最终盈利能力。

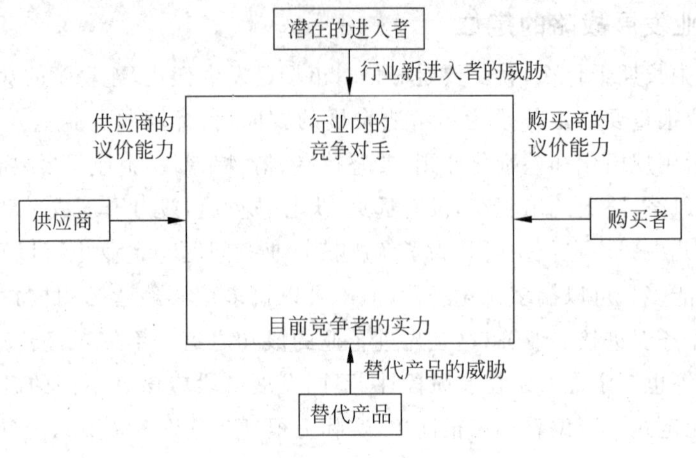

图 2-5 五力模型

(3) 经营环境分析。经营环境分析侧重于对市场及竞争地位、消费者消费状况、融资者、劳动力市场状况等因素的分析。

2. 内部资源的分析

(1) 企业资源分析。企业资源分析是对企业现有资源的数量和利用效率,以及资源的应变能力等方面的分析,明确形成企业核心能力和竞争优势的战略性资源。

(2) 企业能力分析。企业能力是企业有形资源、无形资源和组织资源等各种资源有机组合的结果,主要包括研发能力分析、生产能力分析、营销能力分析、财务能力分析、组织管理能力分析等。

(3) 核心竞争力分析。核心竞争力是指能为企业带来相对于竞争对手存在竞争优势的资源和能力。并不是所有的资源都能形成核心竞争力,能够有助于企业构建核心竞争力的资源主要包括稀缺资源、不可模仿的资源、不可替代的资源、持久的资源等。

(四) 科学编制发展战略

发展战略可以分为发展目标和战略规划两个层次。科学编制发展战略就是将两者相结合,既表明企业在未来一段时期内所要努力的方向和所要达到的水平,也表明企业在每个发展阶段的具体目标、工作任务和实施路径。

1. 明确企业发展状况

首先需要制定战略选择方案。在制定战略过程中,当然是可供选择的方案越多越好。企业可以从对企业整体目标的保障、对中下层管理人员积极性的发挥以及企业各部门战略方案的协调等多个角度考虑,选择自上而下的方法、自下而上的方法或上下结合的方法来制定战略方案。

2. 制定发展目标

企业所处的市场及外部环境永远处于不断变化之中,预测并了解这些变化并把握其本质是企业领先于竞争对手的前提。首先是把握市场需求的变化，要了解商场中各种竞争力的变化，清楚自己与竞争对手在什么地方竞争，在哪些方面竞争，自己的优势和差距。此外要把眼界充分放开，从区域市场到全球市场，从行业背景到整个经济发展战略的大背景，从现在状况到未来趋势等。以未来为先导，把企业的战略建立在对未来的预测和把握上。企业发展目标是指导企业生产经营活动的准绳。

在制定企业发展目标过程中，应当重点关注以下主要内容：第一，发展目标应当突出主业。在编制发展目标时应突出主业，只有集中精力做强主业，才能增强企业核心竞争力，才能在行业发展、产业发展中发挥引领和带头作用。第二，发展目标不能过于激进，不能盲目追逐市场热点，不能脱离企业实际。第三，发展目标不能过于保守，否则会丧失发展机遇和动力。第四，发展目标应当组织多方面的专家和有关人员进行研究论证。

3. 编制战略规划

编制战略规划通常使用两个标准：一是考虑选择的战略是否发挥了企业的优势，克服劣势，是否利用了机会，将威胁削弱到最低程度；二是考虑选择的战略能否被企业利益相关者所接受。需要指出的是，实际上并不存在最佳的选择标准，管理层和利益相关团体的价值观和期望在很大程度上影响着战略的选择。此外，对战略的评估最终还要落实到战略收益、风险和可行性分析的财务指标上。发展目标确定后，就要考虑使用何种手段、采取何种措施、运用何种方法来达到目标，即编制战略规划。战略规划应当明确企业发展的阶段和发展程度，制定每个发展阶段的具体目标和工作任务，以及达到发展目标必经的实施路径。

4. 严格审议和批准发展战略

最终的发展战略决策为确定准备实施的战略。一般来说有如下方法：根据企业目标选择战略。企业目标是企业使命的具体体现，因而，选择对实现企业目标最有利的战略方案，提交上级管理部门审批。对于中下层机构的战略方案，提交上级管理部门能够使最终选择方案更加符合企业整体战略目标。具体来说，发展战略拟订后，应当按照规定的权限和程序对发展战略方案进行审议和批准。审议战略委员会提交的发展战略建议方案，是董事会的重要职责。在审议过程中，董事会应着力关注发展战略的全局性、长期性和可行性，注意事项包括：第一，发展战略是否符合国家行业发展规划和产业政策；第二，发展战略是否符合国家经济结构战略性调整方向；第三，发展战略是否突出主业，有助于提升企业核心竞争力；第四，发展战略是否具有可操作性；第五，发展战略是否客观全面地对未来商业机会和风险进行分析预测；第六，发展战略是否有相应的人力、财务、信息等资源保障等。董事会在审议中如果发现发展战略方案存在重大缺陷问题，应当责成战略委员会对建议方案进行调整。企业发展战略方案经董事会审议通过后，应当报经股东(大)会批准后付诸实施。

案例 2-3

德隆集团的发展经历了实业公司、投资公司、资本集团、战略投资四个阶段。1992年,新疆德隆开始涉足股市,积累了发展的最初原始资本。1993年2月,以500万元流动资金作为注册资本成立乌鲁木齐德隆房地产开发公司。1994年成立新疆德隆农业开发公司,进行农牧业开发。1997年,德隆明确了由投资项目向投资行业转型,由“做企业”转向“做产业”。之后,德隆以新疆德隆国际实业总公司入股沈阳合金股份有限公司和株洲火炬火花塞股份有限公司,并以这三家上市公司为平台分别大举进行企业收购,涉足旅游业、矿业、文化产业、种业、林业、水电业等行业。2000年1月,注册成立德隆国际投资控股有限公司,控股新疆德隆集团。德隆国际专注于投资,成为一个类金融的机构投资者,而新疆德隆集团则负责打理下属的企业。然而在2004年4月,由于资金链的断裂引发债务危机,德隆系上市公司的股价开始狂跌,在不到一个月的时间内,总共蒸发掉了百亿多元人民币的流通市值,德隆帝国崩溃。究其实质来看,发展战略的缺陷是其投资失败的主要原因,在诸多收购和投资业务当中,并没有核心思想和主导思路,出于“占山为王”和“打一枪换一个地方”的投机心理,没有围绕企业发展的总体构想和目标进行战略设计。

第三节　人力资源管理

一、人力资源管理描述

人力资源是指企业组织生产经营活动而录用的各种人员,包括董事、监事、高级管理人员和一般员工,其本质是企业组织中各种人员所具有的脑力和体力的总和。

人力资源的作用有以下几方面:第一,良好的人力资源管理制度和机制是增强企业活力的内在源泉。第二,良好的人力资源管理制度和机制是提升企业核心竞争力的重要基础。“百年老店”经久不衰的根本原因在于良好的人力资源政策。第三,良好的人力资源管理制度和机制是实现企业发展战略的根本动力。发展战略决定了人力资源政策;反过来,良好的人力资源政策又对发展战略具有积极的促进作用。

人力资源主要包括企业高管人员、专业技术人员和一般员工。高管人员包括决策层和执行层。企业董事会成员和董事长构成企业的决策层,是决定企业发展战略的关键管理人员。决策层团队应具有战略眼光,具备国内、国际形势和宏观政策的分析判断能力,对同行业、本企业的优势具有很强的认知度。执行层通常又被称为经理层,应当树立“执行力”这一重要理念;专业技术人员是企业核心技术的创造者和维护者;一般员工是企业人力资源的主体。

人力资源管理的核心工作一般包括引进、开发、使用和退出四个方面。

(一)人力资源的引进

从人力资源的结构层次上看,人力资源的引进要注意区分高管人员、专业技术人员和一般员工，实施分类管理。

（1）高管人员的引进。企业引进的高管人员必须对企业所处行业及其在行业的发展定位、优势等有足够的认知，对企业的文化和价值观有充分的认同；必须具有全局性的思维；具有谋划重大事项的能力、解决复杂问题的能力、综合分析的能力、敏锐的洞察力、广阔的思路和前瞻性、宽广的胸怀等；必须精明强干并具备奉献精神。同时，在引进过程中，企业应坚持重视真才实学，不唯学历。高管人员引进的主要方式有公开选拔、竞争上岗和组织选拔以及综合上述方式的推荐、测评、票决等，其中公开选拔、竞争上岗这两种方式由于引入竞争机制，体现了“公开、平等、竞争、择优”的原则，能拓宽用人的视野，有利于优秀人才脱颖而出，是目前最主要的两种引进方式。公开选拔主要面向社会进行，竞争上岗适用于本企业或本系统内的选拔。

（2）专业技术人员的引进。专业技术人员是企业的核心竞争力，专业技术人员引进主要采取外部招聘方式进行。外部招聘的主要形式有：发布广告、借助中介法、上门招聘法、熟人推荐法、网络招聘法等。

（3）一般员工的引进。一般员工占据企业人力资源的大部分，主要在企业生产经营的一线，往往成为企业年度人力资源引进工作的重要内容。一般员工通常具有高流动性、更多关注短期物质激励、群体效应等特点。一般员工引进的主要方式是外部招聘，具体包括发布广告、借助中介法、网络招聘法等。

（二）人力资源的开发

人力资源开发是把人的智慧、知识、经验、技能、创造性、积极性当作一种资源加以培养、发展、发掘和利用的一系列活动，是使人力资源保值、增值的工作。

（三）人力资源的使用

人力资源的使用，应当重视打破“大锅饭”体制，形成“凭贡献、讲业绩、论才干”的考核激励机制。首先要建立完善的绩效考核指标体系。实际运用的绩效考评方法很多。一般而言，选择绩效考评方法应该考虑成本、实用性、工作性质三个因素，考评方法力求目的明确、方法简单、便于控制、易于执行。其次，建立科学合理的薪酬体系。薪酬作为分配的形式之一，设置时应当遵循按劳分配、效率优先、兼顾公平的原则。最后，科学地设置岗位，合理地配置人力资源。使员工感到轻微的压力，但又不至于感到压力过大，工作职位稍有挑战性，有助于激励人才奋发进取。

（四）人力资源的退出

对那些达不到要求的人员，依据程度的不同，采取降职、调岗、离职培训、解雇和退休等人力资源管理方式。

二、风险分析

人力资源管理风险可归纳为理念风险、管理制度风险和管理技术风险三个层次。理念往往深刻地影响着制度和实践。在“人才瓶颈”的背后，真正限制人力资源管理体系建设的障碍在于“观念瓶颈”。人力资源管理制度本身的不健全、制度的不系统也会造成人力资源管理的风险。另外，人力资源管理技术的选择与人力资源理念和制度不相符也会带来风险。目前,虽然有关人力资源管理的方法和技术铺天盖地,包括岗位管理技术、绩效管理技术(KPI、BSC)以及人才测评技术(心理测试、素质测试、评价中心、工作取样法)及形形色色的人力资源管理软件等,但关键在于先进技术本身的适用性。

(一) 人才结构不合理

人力资源缺乏或过剩、结构不合理、开发机制不健全,可能导致企业发展战略难以实现。这一风险侧重于企业决策层和执行层的高管人员。

人力资源过剩危机是因人力资源存量或配置超过企业经营战略发展需要而产生的危机。通常在三种情况下发生:一是企业并购活动中,重复机构撤并时,会造成人员富余;二是企业效益不佳,需撤销分支机构或缩减业务规模时,而产生人员富余;三是目标过高的战略失败后,高目标的人力资源配置造成大量冗员。

人力资源短缺危机是相对于企业面对激烈的市场竞争环境,生存和发展所需的竞争力而言的。企业为适应生存和发展的需要,确定了未来发展战略,并对企业核心能力提出了具体要求。此时许多企业往往发现,反映企业核心能力的关键资源——人力资源,不能满足经营战略的需要,开始意识到人力资源的严重不足。因而,在经营战略展开时,出现人力资源短缺危机。

(二) 激励约束机制不合理

人力资源激励约束制度不合理、关键岗位人员管理不完善,可能导致人才流失、经营效率低下或关键技术、商业秘密和国家机密泄露。这一风险侧重于企业的专业技术人员,特别是掌握企业发展命脉即核心技术的专业人员。

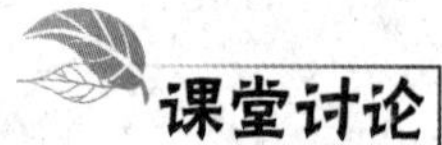

结合富士康人力资源管理情况分析其缺陷。

2010年让富士康受万人瞩目,不是因为它骄人的业绩,而是因为富士康员工接二连三的跳楼事件。究竟是什么原因导致一系列悲剧的发生呢?在富士康,底层的员工工作单一,每天长时间重复一项劳动,实行军事化管理,没有与人交流的机会。而富士康的保安基本上均是退伍军人,保安负责保护公司的财产和技术秘密,这赋予了保安相当大的权力,同时也导致了保安打人事件频发。在薪酬方面,员工的工作压力与得到的报酬不成正比;富士康还被曝出逃避缴纳员工公积金。

(三) 退出机制不合理

由于企业人力资源退出机制不当,造成人员辞退和解雇过程中的摩擦和纠纷,可能导致法律诉讼或企业声誉受损。

三、控制措施

(一) 高管人员的管控措施

1. 高管人员引进和开发阶段的管控措施

(1) 在高管人员的准入方面。第一,企业要拟订高管人员引进计划,并提交董事会;

第二，对拟任人员要进行任前考察，对其价值观、战略思维、企业家精神、综合素质和能力进行全局性评估，判断其创新、决策、管理和承担风险能力；第三，董事会要对高管人员的引进进行审议，关注高管人员的引进是否符合企业发展战略，是否符合企业当前和长远需要，是否有明确的岗位设定和能力要求，是否设定了公平、公正、公开的引进方式；第四，推行任前公示制度，广泛听取意见。

(2) 在高管人员的任用方面。企业对高管人员的开发要注重激励和约束相结合，创造良好的创业干事环境，让高管人员的聪明才智充分显现，真正成为企业的核心领导者。实行高管人员任职试用期制度、高管人员任职亲属回避制度和高管人员系统培训制度。

2. 高管人员使用及退出阶段的管控措施

企业高级管理人员，除了人性的弱点所引发的道德风险外，还有企业制度本身存在缺陷的原因。对企业高级管理人员缺乏有效的激励与约束，使得他能有机会利用手中掌握的权力，谋求个人利益，做出危害企业的事情。

在个人要素方面，主要防范的是高级管理人员的道德风险和能力风险。例如从心理素质、知识水平、个人能力、身体素质等方面入手，探寻高级管理人员是否具备领导企业的能力和素质，是否会因为个人知识能力问题引发人事风险。

在制度要素方面，主要考察企业制度方面的缺陷，评估企业在产权制度、治理结构、组织结构、管理制度等方面是否科学，是否能够有效地调动企业高级管理者的工作热情，有效监督约束他们的行为，避免因缺乏有效激励和监督约束导致高级管理人员心态失衡、有机可乘，产生风险。

对高管人员的管控，还可通过实施人力资源管理审计、离任审计、经济责任审计等来实现。

人力资源管理审计是预防和控制高管人员使用和退出风险的有效机制之一。人力资源管理审计的主要内容包括：第一，检查和评价与人力资源管理有关的内部控制制度的适当性与有效性；第二，利用会计指标和非会计指标判断人力管理信息的可靠性和有效性；第三，对企业人力资源管理者的责任审计，包括企业负责人任期内的人力资源资产的增减变动情况，任期内人力资源资产有关增长指标的完成情况，人力资源资产的利用情况等；第四，人力资源管理效益审计。

另外，企业高管人员(尤其是第一责任人)离职前，应当根据有关法律法规的规定进行工作交接或离任审计。

(二) 技术人员的管控措施

1. 技术人员引进和开发阶段的管控措施

该阶段的控制措施主要有：树立尊重知识、尊重人才的企业文化；建立合理的人才团队，形成人才队伍梯队；建立良好的专业人才激励约束机制等。

2. 技术人员使用和退出阶段的管控措施

对于掌握或涉及产品技术、市场、管理等方面关键技术、知识产权、商业秘密或国家机密的工作岗位的员工，企业要按照国家有关法律法规并结合企业实际情况，建立健全相关规章制度，加强日常管理，并与退出的技术人员约定相关保密责任和竞业限制期限，防止其泄露企业的核心技术、商业秘密和国家机密等。

（三）一般员工的管控措施

1. 一般员工引进和开发的管控措施

一般人员的流动性大，招聘的一般人员数量较多，所处岗位的物质待遇相对较低。因此在企业内部要弘扬和确立尊重知识、尊重人才的文化氛围；重视岗位练兵和现场管理工作，鼓励基层员工钻研业务，开展现场管理和挖潜活动，树立"工人专家"的典型；客观开展岗位评价工作，更重要的是，打通两类岗位之间的晋升通道，在员工和岗位之间形成科学有序的良性流动机制。

2. 员工使用和退出阶段的管控措施

主要内容为：①建立科学的绩效考核机制；②明确人力资源退出标准；③建立累加式惩戒制度；④建立员工培训机制；⑤建立环境支撑体系。

第四节　社会责任承担

企业的社会责任就是企业在创造利润、对股东利益负责的同时，还要承担对员工、对消费者、对社会和环境的社会责任，包括遵守商业道德、生产安全、职业健康、保护劳动者的合法权益、保护环境、支持慈善事业、捐助社会公益、保护弱势群体等。近年来，企业社会责任越来越成为社会关注的焦点。修订后的《公司法》也首次将"公司承担社会责任"写入法律条文中。2008 年 1 月，国资委发布《关于中央企业履行社会责任的指导意见》，建议并要求有条件的企业要定期发布社会责任报告。同年 12 月，沪深两地交易所同时鼓励上市公司在 2008 年年报中主动向社会提供企业社会责任报告。深交所要求深证 100 指数企业必须对外披露社会责任报告。

一、社会责任承担描述

根据《企业内部控制应用指引第 4 号——社会责任》规定，企业社会责任，是指企业在经营发展过程中应当履行的社会职责和义务，主要包括安全生产、产品质量（含服务）、环境保护、资源节约、促进就业、员工权益保护等。企业履行社会责任有很多积极意义。

首先，企业是在价值创造过程中履行社会责任。通过价值创造，不断通过税收、红利、工资和产品等形式为国家、股东、员工以及消费者提供财富，其本质就是在履行社会责任。其次，履行社会责任可以提高企业经济效益。企业承担社会责任，并不必然导致企业竞争力的削弱，反而会有助于改善企业形象、吸引更多的客户及强化企业的经济效益。可见，企业将履行社会责任融入产品之中会为企业带来额外的收益。最后，履行社会责任，可以帮助企业规避监管等风险，赢得品牌和声誉，赢得公信力和商机，得到社会尊敬的企业才能进入良性发展的轨道，实现企业价值最大化目标，这也是实现可持续长远发展的根本所在。

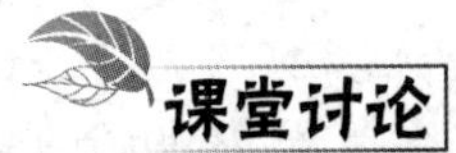

通过海尔集团案例讨论社会责任的重要性。

海尔集团是世界第四大白色家电制造商，全球建立了29个制造基地、8个综合研发中心、19家海外贸易公司，全球员工总数超过5万人，已发展成为大规模的跨国企业集团，2008年海尔集团实现全球营业额1 220亿元。

1985年，海尔集团总裁张瑞敏毅然决定，将76台存在一定质量问题的海尔冰箱，由责任者亲自用大锤砸毁，真正砸醒了海尔人的质量意识。此后，海尔集团通过"设计制造零缺陷、资源消耗零浪费、废物污染零排放"的企业追求，把节能减排工作与企业的生产过程、管理过程和经营过程紧密结合起来，形成了一个"绿色设计、绿色制造、绿色经营、绿色服务"的节能减排体系，不断提高参与全球化市场的竞争能力。

通过很好地履行社会责任，公司内外部发展环境得到优化，推动了公司又好又快发展。企业的品牌形象不断提升，"海尔"商标成为中国驰名商标，其品质卓越、服务一流的品牌形象得到社会的广泛认可。

企业的责任始于对股东的责任，企业的目标就是股东利益最大化。随着企业规模的扩大，企业在社会中作用的突出，企业作为社会公民其社会责任也在日益加强。但是，股东责任和社会责任并非对立关系，而是互为条件互相促进的，如图2-6所示。

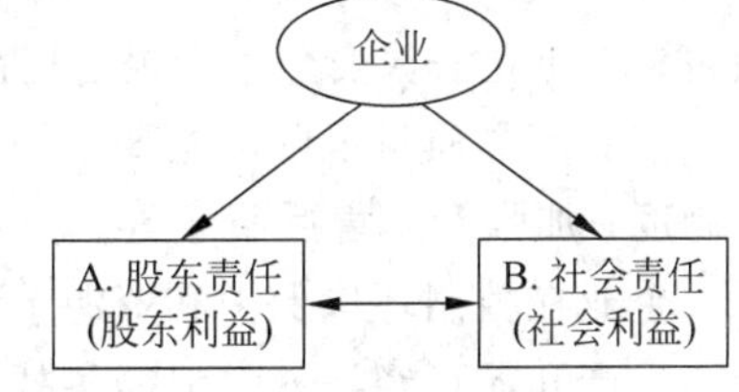

图 2-6　股东责任与社会责任关系

二、风险分析

（一）安全生产风险

安全生产要求最大限度地减少劳动者的工伤和职业病，保障劳动者在生产过程中的生命安全和身体健康。在我国，由于企业安全生产的意识非常淡薄，众多生产经营企业的生产安全条件差、安全技术装备陈旧落后、安全投入严重不足、企业负责人和从业人员安全执业素质低、安全管理混乱等原因，致使我国安全生产事故频发。

（二）产品质量风险

企业产品质量的优劣，事关消费者的身体健康和安全，保证产品质量是企业履行社会责任的一个重要方面。但企业的"逐利"行为常常成了企业发展的第一要务，忽视消费者权益的情况时有发生。企业如何忠实地履行对产品质量的承诺，真正尊重与维护消费者的权利，是一个企业最基本的道德准则和最重要的社会责任。

（三）环境保护与资源节约风险

企业环境保护和资源节约方面的风险包括：环境法律法规、行业政策的限制风险；绿色消费的推崇、绿色贸易壁垒的设置风险；企业所属行业的特点引起的环境风险；生产技术、管理水平的限制引起的环境风险等。

（四）促进就业与员工权益保护风险

企业在促进就业与保护员工合法权益方面的风险主要包括：①法律风险；②招聘失败风险；③人才过剩风险；④侵犯员工民主权利的风险；⑤侵犯员工人身权益的风险；⑥薪酬管理风险；⑦员工发展风险等。

三、控制措施

（一）建立完善的社会责任体制

高层领导的支持和承诺是企业社会责任管理体系的核心，对体系的建立、运行和保持具有十分重要的意义。解决企业负责人无视社会责任的问题，既要在遴选、任命环节严格把关，更应依赖于民主监督、法律制裁，将问题消灭于萌芽期。要把履行社会责任融入企业发展战略，落实到生产经营的各个环节，明确归属管理部门，建立健全预算安排，逐步建立和完善企业社会责任统计指标和考核体系，为企业履行社会责任提供坚实的基础与保障。

企业防范安全生产风险的控制措施有：①建立安全规章制度；②建立安全生产管理机构；③落实安全生产责任制；④加大安全生产投入，特别是高危行业的企业，应当将安全生产投入列为首位；⑤组织开展生产设备的经常性维护管理，及时排除安全隐患，切实做到安全生产；⑥加强安全生产教育；⑦实施岗位资格认证制度；⑧建立安全事故应急预警；⑨建立完善安全生产报告机制。

控制产品质量风险的主要措施有：建立健全产品质量标准体系；严格质量控制和检验制度；加强产品售后服务等。

企业在控制环境保护和资源节约风险方面的控制措施包括：①转变发展方式，实现清洁生产和循环经济。②依靠科技进步和技术创新，着力开发利用可再生资源。③建立环境保护和资源节约监测考核体系等。

企业在促进就业与保护员工合法权益方面的风险控制措施有：①提供公平就业机会；②加强对应聘人员的审查；③建立完善科学的员工培训和晋升机制；④建立科学合理的员工薪酬增长机制；⑤维护员工的身心健康。

（二）完善责任危机处理机制

企业首先应该建立责任危机处理制度，对于影响企业外部形象和自身发展的突发事件，要在第一时间及时处理，把损失降低到最低程度；对于可能对公众信心、消费者选择产生重大影响的事件，应由企业负责人在媒体予以说明并致歉；企业内部应保持畅通的沟通渠道，将平时的小问题及时反映、沟通并解决，避免形成大问题。

（三）健全社会责任报告制度

发布社会责任报告，是企业履行社会责任的重要组成部分，可使企业由外而内地深入审视企业与社会的互动关系，全面提高企业服务能力和水平，提高企业的品牌形象和价值。企业应当建立并完善社会责任报告制度，按照国家规定的社会责任报告披露要求，选择充分、恰当的指标，对本企业社会责任制度的建设情况和社会责任的履行情况进行披露，并明确相关责任人的责任。

第五节　企业文化建设

一、企业文化建设描述

企业文化是指企业在生产经营实践中逐步形成的价值观、经营理念和企业精神，以及在此基础上形成的行为规范的总称。企业文化的作用巨大。美国管理学界在研究日本企业成功的原因时，发现日本企业内部有一种强大的精神——企业文化，正是这种企业文化在推动着日本经济的崛起。美国知名管理和领导权威约翰·科特教授与其研究小组的研究成果表明：企业文化会产生极其强有力的经营业绩。美国兰德公司的研究也表明，世界500强之所以强，关键在于以文化力制胜。这是不可否认的事实。具体来讲，企业文化建设可以为企业提供精神支柱，可以提升企业的核心竞争力，还可以为内部控制有效性提供有力保证。

通过案例分析企业文化作为核心竞争力发挥的作用。

企业核心竞争力是企业所具有的不可交易和不可模仿的独特的优势因素，是企业竞争中最具有长远和决定性影响的内在因素。通常认为，拥有核心竞争力的企业具有以下特征：具有良好市场前景的关键技术、真实稳健的财务状况、内外一致的企业形象、真实诚信的服务态度、团结协作的团队精神、以客户为中心的经营理念、公平公正善待员工、鼓励员工开拓创新的激励机制等。所有这些特征中，几乎都与企业文化有关。我国中医药行业的著名老字号——北京同仁堂，之所以历经300多年而不衰，不可否认的是其拥有"核心技术"，但同样重要的在于历代同仁堂人前赴后继、不懈追求，始终恪守和培育"炮制虽繁必不敢省人工，品味虽贵必不敢减物力"的传统古训，树立"修合无人心，存心有天知"的自律意识，坚持"德、诚、信"的经营理念，生产了令广大消费者放心的精品良药。2001年同仁堂实施了企业形象战略，在继承与创新的基础上，形成了以"仁"为核心的价值观，围绕"仁"，建立了以义为上，义利共生的诚信文化；以质为先，质、量共存的品质文化；以人为本，人业共兴的和谐文化。为此，企业应当重视和加强企业文化建设，不断提升核心竞争力。

二、风险分析

（一）企业文化导向不力

企业文化缺失将无法实现通过文化将企业的领导者和职工建立文化连接，实现文化引导作用，也无法形成企业内部团结友爱、相互信任、和睦气氛和团体意识，丧失企业职工之间形成强大的凝聚力和向心力。

（二）企业文化约束无法实现

企业文化的约束功能主要是通过完善管理制度和道德规范来实现。文化缺失将导致员工道德无法被约束，导致企业诚信危机、质量危机，影响企业持续发展。

（三）企业文化缺失无法发挥激励功能

企业文化缺失导致企业无法形成共同的价值观念，每个职工无法感到自己存在和行为的价值，最后也无法形成强大的激励作用。

三、控制措施

（一）塑造核心价值观为主导

核心价值观是企业在经营过程中坚持不懈、努力使全体员工都必须信奉的信条，体现了企业核心团队的精神，往往也是企业家身体力行并坚守的理念。核心价值观是企业的灵魂，会渗透到企业行为的各个方面。核心价值观的作用机制为：核心价值观—企业的理念、原则—企业制度—员工的行为。

（二）打造企业品牌文化

品牌通常是指能够给企业带来溢价、产生增值的一种无形资产，其载体是用来和其他竞争者的产品或服务相区分的名称、术语、象征、记号或者设计及其组合。品牌之所以能够增值，主要来自于消费者脑海中形成的关于其载体的印象。品牌价值的核心是信誉，品牌管理的核心是对企业信誉的管理。

（三）打造人本文化

什么是企业？企业的“企”字，是上“人”下“止”，就是告诉人们，企业无人则止，企业无人不足以兴业。所以，一个企业经营的好坏关键看企业能不能聚人，能不能人尽其才，能不能才尽其用。有灵魂的企业，可以通过核心价值观、企业文化，使每个人充分发挥自己的才能。“以人为本”是企业文化建设应当信守的重要原则。

（四）树立领导者榜样作用

领导者在企业文化的形成方面起领导作用；企业的高级成员会通过日常的谈话，企业的特殊庆典、仪式反复讲述企业自身的重要价值观念；企业高级成员的更迭会削弱企业文化力量，甚至改变企业的文化。“企业文化源自于不受制度约束的企业家。企业内影响力最大最真实的人是谁？最受全体员工关注、追捧者最多的榜样是谁？在特殊时刻不受任何制度约束的人是谁？——企业家。不过，那些被聘请来延续以往的决策的职业CEO们，称不上企业家，他们只是职业经理人，他们依旧受制度的约束。这里所说的企业家，毋庸置疑，是企业的创始人、缔造者、变革领导人，他们是企业成长中的里程碑式领导。因为出于特殊的时段，他们可以从无到有地创建企业文化，或者可以变革企业文化。正是他们，制定了企业的文化，而不是其他任何人。”

（五）并购重组中高度重视文化整合

企业并购，应当特别注重文化整合。要在组织架构设计环节考虑文化整合因素。如果企业并购采用的是吸收合并方式，则必然会遇到各种参与并购企业员工“合并”工作的情况。为防止文化冲突，既要在治理结构层面上强调融合，也要在内部机构设置层级上体现“一家人”的思想，务必防止出现吸收合并方员工与被吸收合并方员工“分拨”的现象。

（六）推进文化创新

没有创新，企业文化建设就没有活力，就无法结出有生命力的硕果。企业文化建设不是静止和一成不变的，必须与时俱进，适应形势变化。

案例 2-4

中国航油（新加坡）股份有限公司是中国航空油料集团公司的海外控股公司。经国家有关部门批准，中航油新加坡公司在取得集团公司授权后，自 2003 年开始做油品套期保值业务。在此期间，新加坡公司总裁陈久霖擅自扩大业务范围，从 2003 开始从事石油衍生品期权交易。陈久霖在期货交易场外，购买了看跌期权，但国际油价一路攀升，中航油被迫向交易对方（银行和金融机构）支付 5 000 万美元保证金，其结果导致中航油现金流枯竭，引发了中航油集团的财务危机。可以说，中航油新加坡公司的企业文化中没有形成对绝对权力的质疑和限制，而是充斥着愚忠和顺从的弱势文化。

【本章小结】

组织架构是指企业按照国家有关法律法规、股东（大）会决议和企业章程，结合本企业实际，明确董事会、监事会、经理层和企业内部各层级机构设置、人员编制、职责权限、工作程序和相关要求的制度安排。

发展战略，是指企业在对现实状况和未来趋势进行综合分析和科学预测的基础上，制定并实施的长远发展目标与战略规划。

人力资源是指企业组织生产经营活动而任用的各种人员，包括董事、监事、高级管理人员和全体员工。

社会责任是指企业在发展过程中应当履行的社会职责和义务，主要包括安全生产、产品质量（含服务）、环境保护、资源节约、促进就业、员工权益保护等。

企业文化，是指企业在生产经营实践中逐步形成的、为整体团队所认同并遵守的价值观、经营理念和企业精神，以及在此基础上形成的行为规范的总称。

【延伸阅读】

1.《企业内部控制应用指引第 1 号——组织架构》

2.《企业内部控制应用指引第 2 号——发展战略》

3.《企业内部控制应用指引第 3 号——人力资源》

4.《企业内部控制应用指引第 4 号——社会责任》

5.《企业内部控制应用指引第 5 号——企业文化》

6. 丁瑞玲，王允平. 从典型案例分析看企业内部控制环境建设的必要性[J]. 审计研究，2005(5)：63-67.

7. 樊行健，肖光红. 关于企业内部控制本质与概念的理论反思[J]. 会计研究，

2014(2)：4-11.

8. 林钟高，王明虎，章铁生，等. 经济转型时期企业内部控制系统的构建与完善、资本市场财务会计与会计改革问题研究——中国商业会计学会 2013 年学术年会综述[J]. 会计研究，2013(9)：93-95.

【思考题】

1. 简要说明企业内部环境包括的主要内容。
2. 企业组织架构设计的要求有哪些？
3. 企业决策机制包括哪些制度？
4. 企业执行机制包括哪些内容？
5. 企业监督机制包括哪些制度？
6. 企业协同机制包括哪些内容？
7. 企业发展战略制定过程中的主要风险包括哪些？
8. 人力资源管理的主要风险有哪些？
9. 请简述企业履行社会责任的意义。

【自测题】

1. 单项选择题

(1) 下列内部环境因素中起保障性作用的是(　　)。

A. 企业文化　　B. 内部审计
C. 人力资源政策　　D. 公司治理结构

(2) 下列内部环境因素中起关键性作用的是(　　)。

A. 企业文化　　B. 内部审计
C. 人力资源政策　　D. 公司治理结构

(3) 企业按产品、客户、地区等来设立事业部，每一个事业部都是一个有相当自主权的利润中心，独立地进行日常经营决策，各事业部都相当于一个 U 型企业的组织结构是(　　)。

A. U 型结构　　B. M 型结构　　C. H 型结构　　D. 矩阵型结构

(4) 分别设置不同层次的管理人员及由各专业人员组成的管理团队，针对各项业务功能行使决策、计划、执行、监督、评价的权利并承担相应的义务，是保证业务顺利开展的支撑平台，这指的是企业(　　)。

A. 内部机构　　B. 治理结构　　C. 管理机构　　D. 董事会

(5) 对于国有独资企业的合并、分立、解散、增加或者减少注册资本和发行公司债券，有决定权的是(　　)。

A. 股东大会　　B. 董事会
C. 总经理　　D. 国有资产监督管理机构

(6) 战略委员会的主要职责是对公司的长期发展规划、经营目标、发展方针进行研究并提出建议,战略委员会的主席由(　　)担任。

A. 董事长　　B. 总经理

C. 独立董事　　D. 监事会主席

(7) 在内部资源的分析中,对企业现有资源的数量和利用效率,以及资源的应变能力等方面的分析是(　　)。

A. 企业资源分析　　B. 企业能力分析

C. 核心竞争力分析　　D. 企业资金结构分析

(8) 为了实现发展目标而制定的具体规划,表明企业在每个发展阶段的具体目标、工作任务和实施路径,这指的是(　　)。

A. 发展目标　　B. 战略规划　　C. 企业规划　　D. 企业战略

(9) 审议战略委员会的发展战略建议方案应提交给(　　)。

A. 股东大会　　B. 董事会　　C. 监事会　　D. 总经理

(10) 企业组织生产经营活动而录用的各种人员,包括董事、监事、高级管理人员和一般员工,其本质是企业组织中各种人员所具有的脑力和体力的总和,这指的是(　　)。

A. 人力资源　　B. 企业劳动力

C. 企业员工　　D. 人脉资源

(11) 企业核心技术的创造者和维护者是(　　)。

A. 股东　　B. 高管人员

C. 专业技术人员　　D. 一般员工

(12) 对企业社会责任管理体系构建起到关键作用的是(　　)。

A. 企业高管人员　　B. 企业的全体员工

C. 政府的强制要求　　D. 社会的呼吁

(13) 企业在经营过程中坚持不懈、努力使全体员工都必须信奉的信条,体现了企业核心团队的精神,往往也是企业家身体力行并坚守的理念,这说的是(　　)。

A. 企业的管理理念　　B. 总经理的信念

C. 企业的核心价值观　　D. 法律法规

(14) 为企业提供精神支柱,提升企业的核心竞争力,还可以为内部控制有效性提供有力保证的是(　　)。

A. 企业的规章制度　　B. 企业文化

C. 管理层的管理理念　　D. 管理者与员工的关系

2. 多项选择题

(1) 内部控制与内部环境的关系是(　　)。

A. 内部环境是内部控制的基础

B. 内部环境与内部控制相互联系又相互依存

C. 内部环境与内部控制相互制衡

D. 内部控制与内部环境是互动关系

E. 内部环境制约着内部控制

(2) 内部环境是企业实施内部控制的基础,具体包括(　　)。

A. 企业文化　　B. 内部审计
C. 人力资源政策　　D. 公司治理结构
E. 机构设置及权责分配

(3) 组织架构的设计原则包括(　　)。

A. 符合法律法规要求　　B. 符合发展战略要求
C. 符合管理控制要求　　D. 符合内外环境要求
E. 符合公司章程要求

(4) 治理架构可以分为(　　)。

A. 决策机构　　B. 执行机构　　C. 管理机构　　D. 监督机构
E. 生产机构

(5) 现代企业组织结构的基本形式包括(　　)。

A. U型结构　　B. M型结构　　C. H型结构　　D. 矩阵型结构
E. V型结构

(6) 具体而言,上市公司治理结构设计应重点关注的方面包括(　　)。

A. 独立董事制度的设立　　B. 董事会专业委员会的设置
C. 设立董事会秘书　　D. 国有资产监督管理机构
E. 监事会的设置

(7) 国有独资企业治理结构设计应反映的特点包括(　　)。

A. 国有资产监督管理机构代行股东(大)会职权
B. 国有独资企业董事会成员中应当包括公司职工代表,董事会成员由国有资产监督管理机构委派
C. 国有独资企业监事会成员由国有资产监督管理机构委派,但是监事会成员中的职工代表由公司职工代表大会选举产生
D. 监事会主席由国有资产监督管理机构从监事会成员中指定产生
E. 国有独资企业董事应由企业职工选取

(8) 内部机构的设计是组织架构设计的关键环节。内部结构的设计应满足的要求包括(　　)。

A. 明确各机构的职责权限,避免职能交叉、缺失或权责过于集中,形成各司其职、各负其责、相互制约、相互协调的工作机制
B. 企业应当对各机构的职能进行科学合理的分解,确定具体岗位的名称、职责和工作要求等,明确各个岗位的权限和相互关系
C. 企业应当制定组织结构图、业务流程图、岗(职)位说明书和权限指引等内部管理制度或相关文件,使员工了解和掌握组织架构设计及权责分配情况,正确履行职责
D. 企业对机构的职能无须进行科学合理的分解,而是要体现不相容岗位相分离原则,努力识别出不相容职务
E. 对于不相容的职务企业可以不进行分解,派一个人兼任即可

(9) 影响企业发展战略的因素包括(　　)。

A. 企业经营环境变化的风险　　B. 科学技术发展的风险

C. 走向国际化的风险　　D. 企业内部发展的风险

E. 资本运营的风险

(10) 企业制定科学合理的发展战略的重要意义体现在(　　)。

A. 发展战略可以为企业找准市场定位

B. 发展战略是企业执行层的行动指南

C. 发展战略也是内部控制的最高目标

D. 没有发展战略企业就不会成功

E. 发展战略是企业发展的基础

(11) 企业 A 要制定本企业的发展战略,它要做的工作有(　　)。

A. 建立和健全发展战略制定机构

B. 分析评价影响发展战略的因素

C. 科学制定发展战略

D. 保证发展战略的实施

E. 将发展战略分解成各个部门的目标

(12) 企业发展目标是指导企业生产经营活动的准绳。在制定企业发展目标过程中,应当重点关注(　　)。

A. 在编制发展目标时应突出主业,只有集中精力做强主业,才能增强企业核心竞争力,才能在行业发展、产业发展中发挥引领和带头作用

B. 发展目标不能过于激进,不能盲目追逐市场热点,不能脱离企业实际

C. 发展目标不能过于保守,否则会丧失发展机遇和动力

D. 发展目标应当组织多方面的专家和有关人员进行研究论证

E. 发展目标应当兼顾企业的非主营业务,不能过分损害企业的非主营业务

(13) 企业人力资源的组成部分包括(　　)。

A. 股东　　B. 高管人员

C. 专业技术人员　　D. 一般员工

E. 负责公司年审的外部会计师事务所人员

(14) 人力资源管理中的主要风险工作包括(　　)。

A. 人力资源缺乏或过剩、结构不合理、开发机制不健全,可能导致企业发展战略难以实现

B. 人力资源使用不恰当导致物不能尽其用,人不能尽其责

C. 人力资源退出机制不当可能导致法律诉讼或企业声誉受损

D. 人力资源激励约束制度不合理、关键岗位人员管理不完善,可能导致人才流失、经营效率低下或关键技术、商业秘密和国家机密泄露

E. 人力资源引进时,只注重企业短期利益,未考虑企业的实际需要

(15) 人力资源管理审计是预防和控制高管人员使用和退出风险的有效机制之一,其具体内容包括(　　)。

A. 检查和评价与人力资源管理有关的内部控制制度的适当性与有效性

B. 利用会计指标和非会计指标判断人力资源管理信息的可靠性和有效性

C. 对企业人力资源管理者的责任审计,包括企业负责人任期内的人力资源资产的增减变动情况,任期内人力资源资产有关增长指标的完成情况,人力资源资产的利用情况等

D. 人力资源管理效益审计

E. 企业高管人员(尤其是第一责任人)离职前,不需要根据有关法律法规的规定进行工作交接或离任审计

(16) 企业社会责任包括(　　)。

A. 安全生产、产品质量(含服务)

B. 环境保护

C. 促进就业

D. 员工权益保护

E. 资源节约

(17) 企业在发展过程中履行社会责任的意义是(　　)。

A. 履行社会责任是政府的强制要求

B. 企业是在价值创造过程中履行社会责任

C. 履行社会责任可以提高企业经济效益

D. 履行社会责任可以实现企业可持续发展

E. 履行社会责任必然会导致企业的竞争力下降,但会提高企业的社会形象

(18) 企业履行社会责任应关注的主要风险包括(　　)。

A. 安全生产措施不到位,责任不落实,可能导致企业发生安全事故

B. 产品质量低劣,侵害消费者利益,可能导致企业巨额赔偿、形象受损,甚至破产

C. 环境保护投入不足,资源耗费大,造成环境污染或资源枯竭,可能导致企业巨额赔偿,缺乏发展后劲,甚至停业

D. 促进就业和员工权益保护不够,可能导致员工积极性受挫,影响企业发展和社会稳定

E. 企业承担过多的社会责任,影响企业的正常经营

(19) 企业在保护员工合法权益方面的风险主要包括(　　)。

A. 侵犯员工民主权利的风险　　B. 侵犯员工人身权益的风险

C. 薪酬管理风险　　D. 员工发展风险

E. 缺乏足够的工作岗位

(20) 企业文化建设应关注的主要风险包括(　　)。

A. 缺乏积极向上的企业文化,可能导致员工丧失对企业的信心和认同感,企业缺乏凝聚力和竞争力

B. 缺乏开拓创新、团队协作和风险意识,可能导致企业发展目标难以实现,影响可持续发展

C. 缺乏诚实守信的经营理念，可能导致舞弊事件的发生，造成企业损失，影响企业信誉

D. 忽视企业间的文化差异和理念冲突，可能导致并购重组失败

E. 企业文化只存在于企业纸面上，没有落实到企业的日常工作中

(21) 企业文化建设过程中，应重点关注(　　)。

A. 塑造企业核心价值观

B. 充分体现以人为本的理念，强化企业文化建设中的领导责任

C. 高度重视并购重组中的文化整合

D. 推进文化创新

E. 打造以主业为核心的品牌

3. 判断题

(1) 公司治理结构是构成内部环境的因素之一，包括股东(大)会、董事会、监事会、经理层、审计委员会、内部机构及权责划分，发挥了基础性作用。(　　)

(2) 完善的内部环境是企业内部控制有效性的保障，有效的内部控制又将推进内部环境的不断完善。(　　)

(3) 不良的内部环境，必然导致企业缺乏一套行之有效的监督制衡机制，但是即使内部环境不佳，也不会影响内部控制发挥其最大效用。(　　)

(4) 完善的内部环境对内部控制运行至关重要，同时通过内部控制的深入和创新，可以改善和优化内部环境。(　　)

(5) 企业的组织架构存在缺失或缺陷，一切生产、经营、管理活动都会受到影响。(　　)

(6) 狭义公司治理结构是用来协调公司所有权益主体之间的制衡关系的体系。因此，它包括内部治理结构与外部治理结构。外部治理结构是指公司与外部各权益主体之间权益制衡关系的体系。(　　)

(7) 治理结构主要服务于促进企业实现发展战略、保证经营合法合规；而内部机构则主要服务于另外三类控制目标，即保证企业资产安全、保证财务报告及相关信息真实完整、提高经营效率和效果。因此二者是相互区别的，并没有联系。(　　)

(8) M型结构是一种在公司总部下设立若干子公司，公司总部作为母公司对子公司进行控股，承担有限责任的组织结构。(　　)

(9) 发展战略是企业在对现实状况和未来趋势进行综合分析和科学预测的基础上，制定并实施的中长期发展目标与战略规划。(　　)

(10) 经营环境分析最常用的工具是五力分析模型，用以确定企业在行业中的竞争优势和行业可能达到的最终资本回报率。(　　)

(11) 宏观环境分析一般通过政治和法律环境、经济环境、社会和文化环境、技术环境等因素分析企业所面临的状况。(　　)

(12) 要确保发展战略有效实施，加强组织领导是关键。企业董事会作为发展战略制定的直接参与者，往往比一般员工掌握更多的战略信息，对企业发展目标、战略规划和战略实施路径的理解和体会也更加全面深刻，应当担当发展战略实施的领导者。(　　)

(13) 发展战略决定了人力资源政策；反过来，良好的人力资源政策对发展战略却不具有积极的促进作用。（ ）

(14) 人力资源管理主要包括引进、开发、使用和退出四个方面。（ ）

(15) 社会责任只会增加企业的负担，不会给企业带来任何经济利益。（ ）

(16) 2008年1月，国资委发布《关于中央企业履行社会责任的指导意见》，要求有条件的企业必须要定期发布社会责任报告。（ ）

(17) 企业文化是指企业在生产经营实践中逐步形成的价值观、经营理念和企业精神，以及在此基础上形成的行为规范的总称。（ ）

(18) 可能导致并购重组失败的一个重要原因是忽视企业间的文化差异和理念冲突。（ ）

案例分析

2013年10月18日，证监会已依法将一家财务舞弊民营上市公司及主要责任人员移交司法机关处理，对未涉嫌犯罪部分的违法主体和责任人员，以及涉嫌犯罪部分未移送司法机关的责任人员予以了行政处罚，同时对相关责任人员采取了证券市场禁入措施。该上市公司于2011年在深圳证券交易所挂牌上市，主要经营范围是从事农产品加工系列产品的研发、生产和销售，应用于食品、医疗、饲料和保健品等，首次公开发行1 700万股(每股面值1元)，发行价为人民币25元。其被处罚的原因是2012年半年报中虚增营业收入1.88亿元，虚增营业成本1.46亿元，虚增利润4 023.16万元。

"作为一名扔掉铁饭碗自主创业的民营企业创始人，我可以自豪地告诉大家，公司的业绩是真实的。"公司董事长龚某在深交所互动交流平台信誓旦旦地说。据资料显示，董事长龚某和其妻杨某分别持有公司29.99%的股份。仅仅一个半月后，即2012年9月14日，公司上市一年后突然发布公告称：公司因涉嫌违反有关证券法相关法律法规，收到中国证券监督管理委员会《立案稽查通知书》，于2012年9月17日起对公司进行立案稽查，要求公司高管人员坚守岗位，积极配合调查。公司股价在2012年9月17日和18日两个交易日累计跌幅达11.59%。2012年9月18日，公司再次收到证监会稽查总队的立案调查通知。在2012年10月25日，该公司才发布公告承认2012年中报财务造假，存在虚假记载和重大遗漏。这份长达29页的中报更正报告显示，2012年半年报中虚增营业收入1.88亿元、虚增营业成本1.46亿元、虚增利润4 023.16万元，其收入前五大客户存在重大变动，存在着虚拟合同以及随意造假的行为，而且隐瞒了公司上半年循环经济型稻米精深加工生产线项目长期停产的事实，但该公司对该重大事项未及时履行临时报告义务，也未在半年度报告中披露。

对于该公司的重大财务舞弊，该公司解释为虚构业绩只为留好印象。该公司董事长龚某在接受记者采访的时候是这样解释这一财务造假的原因的："我们不想给投资者留下不好的印象嘛，虽然也不想这么做(财务造假)。我们的前景是好的，后续发展也是好的。""这个公司胆子也太大了吧！"同日，一家创业板公司高管感慨，"陈某在股市上已经很久没有见过财务造假这么猖狂的公司，目前来看这个事性质很严重"。可以说，该公司财务欺诈与内部控制缺陷有着直接关系。据该公司2011年年报披露，公司实际控制人龚某作为公司董事长，直接参与到公司日常经营管理中，与其妻杨某共持有该公司近60%的股份，并列为公司第一大股东，在公司的实际经营管理过程中，董事长权力独大、独断专行，在董事会中，拥有绝对领导地位。龚某曾在一次商务餐会上表示，上市时决定不给管理层授予股权，是觉得不应该给，要等到公司发展好了，利润到一定程度了再考虑施行股权激励。他认为，像他们那样的企业还是土办法更管用，搞不了现代企业制度那套东西。他担心的是，这批高管突然拥有那么多钱，就不知道该干什么了，可能会不思进取。一位跟该公司谈过生意的人表示，该公司上市的时候，原本按规定设立了会计事务室、证券事务室和内部审计事务室等，但后来有的合并了，有的还改成了洗手间，根本就不像公司所宣称的高科技概念公司该有的样子。

该公司共拥有三名独立董事，均由董事长龚某直接任命。2011年该公司共召开6次董事会，三名独立董事均参加，对于该公司财务欺诈行为，独立董事未发表任何独立意见。三名独立董事中，邹某作为知名国内会计师事务所合伙人，是唯一一名会计专业人员，该公司选择会计人士担任独立董事并非因为大股东青睐会计人士，而是为了满足中国证监会《关于在上市公司建立独立董事制度的指导意见》中“独立董事中至少包括一名会计专业人士”最低限度要求。另外两名独立董事分别是农业、生物领域的专家。据该公司2012年11月23日披露的致歉公告反映，该公司2012年半年度报告中存在虚假记载和重大遗漏，且导致公司2012年上半年财务报告盈亏方向发生变化，情节严重。2012年上半年该公司循环经济型稻米精深加工生产线项目因技改出现长时间停产，对该公司业务造成重大影响。但该公司对该重大事项未及时履行临时报告义务，也未在2012年半年度报告中披露。内部审计机构和审计委员会并没有对上述信息进行沟通和披露。

要求：试分析该上市公司整体层面内部控制的缺陷，并从业务层面角度分析该公司内部控制的不足。

第三章 风险评估

学习目标

通过本章学习，应达到以下学习目标：

1. 理解风险评估的概念和步骤；
2. 掌握风险识别的概念和过程；
3. 掌握风险分析的概念和方法；
4. 掌握风险应对的概念和策略。

引导案例

中国铁建利比亚项目停工未完合同36亿美元[①]

2011年，随着利比亚局势的持续动荡，一些与利比亚存在业务往来的上市公司引发市场担忧。继中国建筑公布利比亚业务暂时中止之后，中国铁建(601186)3月1日公告披露，公司在利比亚人员绝大多数已安全撤离，其余少数人员也已做好撤离准备。并称在利比亚有3个工程总承包项目，合同总额42.37亿美元，目前已完成6.86亿美元；未完成合同额35.51亿美元，占公司未完成合同总额约2.3%。项目目前全部暂时停工。据介绍，中国铁建在利比亚的三个项目分别是：沿海铁路及延长线(的黎波里—西尔特)、南北铁路(黑谢—塞卜哈)和西线铁路(的黎波里—加迪尔角)。三个项目的总承包合同均由中国铁建全资子公司中国土木工程集团有限公司与利比亚政府下属的利比亚铁路机构签订。参建单位除中土公司外，还有中国铁建全资子公司中铁十一局集团有限公司、中铁十三局集团有限公司、中铁十四局集团有限公司、中铁二十三局集团有限公司、中铁第四勘察设计院集团有限公司和中铁第五勘察设计院集团有限公司。公告称，利比亚动荡加剧使得公司在利比亚部分营地受到冲击，项目全部暂时停工。事件发生后，公司高度重视，立即启动了应急机制，成立了利比亚应急工作领导小组和办公室。中土公司、中铁十一局派出以副总经理为首的人员立即赶赴利比亚，做好前方的组织指挥工作。要求各单位尽快摸清在利比亚的人员、设备、资产状况，建立24小时值班制度，保持信息畅通，做好各种预案，保证人员安全、财产安全，维护公司利益。中国铁建表示，由于利比亚局势的不确定，项目现场设备、材料的保全情况以及后续进展将存在不确定性。可以说，利比亚国内局势在几年前就已经有大量端倪显现，而中国铁建等上市公司没有对这种潜在的风险因素进行识别，导致巨额损失。因此，为了降低企业经营的不确定性，风险评估机制对于现代企业起到至关重要的作用。

---

① 案例来源：陈丹蓉. 中国铁建利比亚项目停工未完合同36亿美元[EB/OL]. http://www.p5w.net/kuaixun/201103/t3469731.htm，2011-03-01.

第一节　风险评估概述

一、风险概述

（一）风险的含义

在英文中可译为“风险”的词有若干个，最常出现在风险管理论著中的有：Risk、Peril和Hazard。根据Risk的词义，风险指不利事件发生的可能性，如新产品推出后亏损的可能性大小。根据Peril的词义，风险是指所发生的不利事件本身，如火灾、洪水、车祸等；或引起不利事件发生的条件。根据Hazard的词义，风险是指不利事件发生的条件，即发生事故的前提、环境、诱因等。迄今为止，关于风险的定义，学术界尚无统一的认识，主要有以下几种观点。

1. 风险是损失或损害的可能性

美国学者海尼斯(Haynes)(1895)在《风险——一项经济因素》(*Risk as an Economic Factor*)一书中从经济学意义上提出了风险的概念。他认为：“风险”一词在经济学和其他学术领域中，并无任何技术上的内容，它意味着损害的可能性。某种行为能否产生有害的后果应以其不确定性界定，如果某种行为具有不确定性时，其行为就反映了风险的负担。

2. 风险是损失的不确定性

美国经济学者罗伯特·梅尔(Robert I. Mehr)1986年在其所著的《保险原理》(*Fundarnenta1s of Insurance*)一书中将风险定义为“在一定条件下损失的不确定性”。克布(C. A. Kulp)和约翰·W. 贺尔(John W. Hall)在其所合著的《意外伤害保险》(*Casualty insurance*)一书中将风险定义为“在一定条件下财务损失的不确定性”。

对于这一定义，我国台湾学者宋明哲将其归为“主观说”。他认为，“主观说”的特点是，强调“损失和不确定性”。事实上，自然灾害和意外事故所造成的损失其本身是确定的，而所谓“不确定性”，则是指人们由于个人的经验、精神和心理状态等不同，对事故所造成的损失在认识上或估计上的差别。这种“不确定性”包括事故发生与否不确定，发生的时间不确定，发生的状况不确定以及发生的结果不确定。

3. 风险是实际结果和预期结果的离差

美国学者佩弗尔认为，风险是一种客观存在，不论人们是否已经觉察到，它是以客观的概率来测定的。也就是说，客观事物按其自身的运动规律在不断发展变化，不管人们是否注意它们、观察它们，它们都有可能会出现各种不同的结果，因而才有风险。这是不以人的主观意志而存在的客观环境或客观条件变化的产物。这种观点被归为“客观说”。美国学者小阿瑟·威廉姆斯(C. Arthur Williams)和里查德·M. 汉斯(Richard M. Heins)在1985年合著的《风险管理与保险》(*Risk Management and Insurance*)一书中将风险定义为：“在给定情况下和特定时间内，那些可能发生的结果间的差异。如果肯定只有一个结果发生，则差异为零，风险为零；如果有多种可能结果，则有风险，且差异越大，风险越大。”这种观点强调风险是客观存在的事物，因而可以用客观的尺度来衡量，这就使得数学尤其是概率统计等科学方法在风险理论中有了用武之地。

4. 风险是可度量的不确定性

美国经济学家富兰克·H.奈特(Frank H. Knight)(1921)认为：风险是指“可度量的不确定性”。而“不确定性”是指不可度量的风险。风险的特征是概率估计的可靠性，概率估计的可靠性来自所遵循的理论规律或稳定的经验规律。与可计算或可预见的风险不同，不确定性是指人们缺乏对事件的基本知识，对事件可能的结果知之甚少，因此，不能通过现有理论或经验进行预见和定量分析。

上述四种观点都将风险同“不确定性”相联系。第一种观点认为风险是损失和损害的可能性。这种可能性包括发生损失的可能性和不发生损失的可能性两种结果，具有不确定性，且这种可能性可以用概率加以描述，这种观点与第二种观点比较接近；第二种观点强调风险是主观的不确定性；第三种观点强调客观的不确定性；第四种观点认为风险是可度量的不确定性。由此可见，“不确定性”是风险研究的出发点。

（二）风险的特征

风险的一般性质是风险本质的外延表现形式，正确认识风险的表现特征，有助于对风险的深入理解，有助于根据风险的特征建立和完善风险评估机制。风险具有以下一般特征。

1. 不确定性

不确定性是指不一定发生的事件或不确定的状态。有主观不确定性和客观不确定性之分。客观不确定性是指事物的未来按自身的运动规律发展而出现各种结果的可能性。主观不确定性是指人们对事件的未来变化结果进行预计，对事物发展的客观不确定性程度和结果做出种种推测。

2. 客观性

风险的客观性来源于产生风险的原因是客观的，产生风险的前提条件在完全消除之前，风险的发生具有必然性。但是人们在风险面前是具有主观能动性的，主观能动性的效果取决于主观的判断和选择是否与客观变化的规律符合。事件的风险与未来的时间是正向变化的，未来的时间越长，事件风险越大。从这一点来看，风险价值在性质上也属于时间价值的范畴。

3. 普遍性

人类历史就是与各种风险相伴的历史。自从人类出现后，就面临着各种各样的风险，如自然灾害、疾病、伤残、死亡、战争等。随着科学技术的发展、生产力的提高、社会的进步、人类的进化，又产生了新的风险，且风险事故造成的损失也越来越大。在当今社会，个人面临着生、老、病、残、死、意外伤害等风险；企业面临着自然风险、市场风险、技术风险、政治风险等；甚至国家和政府机关也面临着各种风险。风险无处不在，无时不有。正是由于这些普遍存在的对人类社会生产和人们的生活构成威胁的风险，才有了保险存在的必要和发展可能。

4. 可度量性

风险源于不确定性，又有别于不确定性，风险强调未来结果发生的可能性，风险表现为可测定发生可能性程度的不确定性。风险可以根据以往类似事件的统计资料，运用一定的技术方法,对各种结果发生的概率做出主观评估和判断。如果风险程度不能加以度量,便失去了风险评估的意义。例如,在人寿保险中,根据精算原理,利用对各年龄段人群的长期观察得到的大量死亡记录,就可以测算各个年龄段的人的死亡率,进而根据死亡率计算人寿保险的保险费率。

5. 损失性

一般的风险(投机风险除外)发生会给人们的生活带来损害(或称损失)。物质上损失往往是可以用货币来衡量的;但一旦造成人身损害,就比较难以用货币来衡量了。但通过其他途径也可以采取货币的形式表现出来,其通常表现为经济收入上的减少,或支出增加,或两者兼而有之。总之,风险的发生将会给我们的生活产生影响。

6. 潜在性

风险是客观存在的,但也只是可能发生的。认识风险的潜在性特征,有助于风险管理者通过一定的方式和措施来控制引发风险的客观条件,阻止或促进风险的潜在性转化为现实性,避免风险损失或谋取风险收益。人类社会自身进步和发展的同时,也创造和发展了风险。尤其是当代高新科学技术的发展和应用,使风险的发展性更为突出。风险会因时间、空间因素的不断变化而不断发展变化。

7. 可变性

随着诱发风险的客观条件的变化和风险管理措施的采取,风险的形态、结果、性质在一定条件下会发生变化。风险的可变性是指在一定条件下风险具有可转化的特性。世界上任何事物都是互相联系、互相依存、互相制约的,而任何事物都处于变动和变化之中,这些变化必然会引起风险的变化。例如科学发明和文明进步,都可能使风险因素发生变动。

基于以上对各种风险概念的观点并结合风险特征的分析,本书采用的观点为:风险就是一种不确定性,它是一种潜在的,可以预期和度量的不确定事件,且该不确定事件是一种不利事件,这种不确定性可能给企业带来损失。

(三)风险的分类

按照不同的划分依据,对风险有不同的分类,以下是几种常见的分类方法。

(1) 按风险后果的不同,风险可以划分为纯粹风险和投机风险。纯粹风险是指不能带来机会、无法获得利益可能的风险。投机风险是指既可能带来机会、获得利益,又隐含威胁、造成损失的风险。

(2) 按风险来源或损失产生的原因,风险可以划分为自然风险和人为风险。自然风险是指由于自然力的作用,造成财产毁损或人员伤亡的风险。自然风险一般是不可抗拒的,无法转移、分散,但可以通过一定措施加以防范。人为风险是指由于人的活动而带来的风险。人为风险可以细分为行为风险、经济风险、技术风险、政治风险和组织风险等。

(3) 按风险是否可以管理,划分为可管理风险和不可管理风险。可管理风险是指可以预测,并可以采取相应的措施加以控制的风险,反之则为不可管理风险。风险能否管理,取决于风险的不确定性是否可以消除以及活动主体的管理水平。要消除风险的不确定性,就必须掌握有关的数据、资料和其他信息。随着数据、资料和其他信息的增加以及管理水平的提高,有些不可管理的风险可以变为可管理的风险。

(4) 按风险的可预测性,风险可以划分为已知的风险、可预测的风险和不可预测的风险。已知的风险就是在认真、严格地分析之后就能够明确的那些经常发生的，而且其后果亦可以预见的风险。已知的风险发生概率较高，但一般后果轻微。可预测风险就是根据经验，可以预见其发生，但不可预见其后果的风险。这类风险有时可能后果相当严重。不可预测风险就是有可能发生，但其发生的可能性即使最有经验的人也不能预见的风险。不可预测风险也称为未知风险或未识别风险。它们是新的、以前未观测到的或很晚才显现出来的风险，一般有外部因素的作用。

二、风险评估的概念

风险评估是指单位及时识别、科学分析经营活动中与实现控制目标相关的风险，合理确定风险应对策略。风险评估是实施内部控制的重要环节，主要包括目标设定、风险识别、风险分析、风险应对。

（一）目标设定

风险评估首先要设定目标。设定目标是风险评估的前提条件。风险是与目标伴随的，首先必须有目标，管理层才能对实现目标的风险进行识别。需要设定的目标包括企业层面的目标（即战略目标）和业务层面的目标。企业的战略目标一般是稳定的，但与其相关的业务层面的目标具有动态性，会随着内部和外部的条件而调整。在企业风险管理目标的设计过程中，首先要确定企业层面的目标，即战略目标。战略目标需要通过董事会及员工的相互沟通后确定，同时还要有支持其实现的资金预算及战略计划。战略目标的设定需要经过以下四个步骤。

（1）明确企业发展目标。企业在其中长期规划中应明确自身的发展目标和发展方向，通过培训、宣传手册、领导讲话等方式将企业层面的目标清晰地传达给员工。

（2）制定实现目标的战略规划。企业通过 SWOT 分析，在了解自身的优势、劣势、机会和威胁的基础上制定帮助企业实现目标的战略规划。

（3）编制年度计划及资金预算。企业根据制定的中长期战略规划，编制年度经营计划、年度资金预算等。该年度经营计划及预算应符合企业中长期战略规划的效益目标、投资方向和投资结构。

（4）企业编制《企业预算管理办法》，明确编制预算的基础原则、内容、编制依据等。业务层面目标（包括经营目标、资产目标、报告目标和合规目标）来自于企业战略目标及战略规划，并且制约和促进企业战略目标的实现。业务层面的目标应具体并具有可衡量性，且与重要业务流程密切相关。业务层面目标的设定需要经过以下四个阶段。

① 设定业务层面目标。企业的总目标及战略规划为业务层面的目标指明方向，业务层面根据自身的实际情况及总体目标的要求提出本单位的目标，通过上下不断沟通最终确定。

② 根据企业的发展变化，定期更新业务活动的目标。

③ 配置资源以保证业务层面目标的顺利实现。企业在确定各业务单位的目标之后，将人、财、物等资源合理分配下去，以保证各业务单位有实现其目标的资源。

④ 分解业务目标并下达。企业确定业务层面的目标后，再将其分解至各具体的业务活动中，明确相应岗位的目标。

（二）风险识别

风险识别是用感知，判断或归类的方式对现实的和潜在的风险性质进行鉴别的过程。所谓潜在风险，是指来自企业内部和外部可能影响企业执行战略和实现目标的一件或者一系列偶发风险。企业应采用一系列技术来识别有关风险并考虑有关风险的起因，对企业过去和未来的潜在风险以及风险的发生趋势进行计量。

对于风险识别的概念，可以从以下几个方面理解。

(1) 风险识别是一项动态的、连续不断的、系统性的重复过程。风险识别需要针对环境的变化而持续进行，不可能做到一蹴而就，风险主体的风险仅凭一两次有限的识别是不可能解决问题的，许多复杂的和潜在的风险要经过多次调查和反复论证方能得到准确答案。随着主体的活动，新的风险会不断产生，风险识别是一个连续不断的过程。

(2) 风险识别是一项复杂的系统工程。风险识别的系统性是指风险识别过程不可能局限在某一个专门部门或者专门的环节，风险识别要把主体作为完整系统看待，不仅要识别主体可能面临的各种风险，而且要求主体的各个部门都要参与并密切配合。

(3) 风险识别是整个风险评估过程中重要的程序之一。企业开展风险评估，应当准确识别与实现控制目标相关的内部风险和外部风险，确定相应的风险承受度。风险识别是否全面、深刻，直接影响风险评估的质量。风险识别的目的就是确认所有风险的来源、种类以及发生损失的可能性，为风险分析和风险应对提供依据。

（三）风险分析

企业在对企业层面的风险和业务层面的风险识别后，则需要进行风险分析。风险分析是对风险影响和后果进行评价和估量，包括定性分析和定量分析。其中，定性分析是评估已识别风险的影响和可能性的过程，按风险对项目目标可能的影响进行排序。其作用和目的为：识别具体风险和指导风险应对；根据各风险对项目目标的潜在影响对风险进行排序；通过比较风险值(risk scores)确定项目总体风险级别(overall risk ranking for the project)。定量分析是量化分析每一风险的概率及其对项目目标造成的后果，也分析项目总体风险的程度。其作用和目的为：测定实现某一特定项目目标的概率；通过量化各个风险对项目目标的影响程度，甄别出最需要关注的风险；识别现实的和可实现的成本、进度及范围目标。定性分析法与定量分析法在实际应用中并非相互排斥，而是相互补充，相辅相成。

理论上讲，通过定量分析可以对风险进行精确的分析，且定量分析的结果很直观，容易理解，但定量分析法的应用是以可靠的数据指标为前提的。事实上，在信息系统日益复杂多变的今天，定量分析所依据的数据的可靠性是很难保证的，再加上数据统计缺乏长期性，获得更多的数据需要更高的成本，这都给分析的细化带来了很大的困难。此外，定量分析法虽然较精确，但许多非计量因素无法考虑。例如，国家的方针政策以及政治经济形势的变动，消费者心理以及习惯的改变，投资者的意向以及职工情绪的变动等，这些因素都是定量分析无法量化的。

与定量分析相比较，定性分析的准确性稍好但精确性不够。定性分析虽然可以将一些非计量因素考虑进去，但估计的准确性在很大程度上受分析人员的经验和能力的影响，这不可避免使风险分析结果因人而异，带有一定的主观随意性，且定性分析的结果也很难有统一的解释。

（四）风险应对

风险应对是指在确定了决策的主体经营活动中存在的风险，并分析出风险概率及其风险影响程度的基础上，根据风险性质和决策主体对风险的承受能力而制定的回避、承受、降低或者分担风险等相应防范计划。《企业内部控制基本规范》要求企业应当根据风险分析的结果，结合风险承受度，权衡风险与收益，确定风险应对策略。应对风险的措施分别为规避风险、接受风险、降低风险和分担风险。选择风险应对策略的主要依据有：

（1）风险承受能力。企业抵抗风险的能力决定了企业能够承受多大的风险，也决定了企业应对策略的选择。企业抵抗风险的能力取决于多种因素，包括管理者的风险偏好、企业的资源和财力水平、企业的风险态度等。

（2）成本与效益。实际上每一种风险应对策略在设计和实施过程中都会产生一些直接或间接的成本，这些成本要与其创造的效益相权衡。只有风险应对策略的成本小于其带来的收益时，这种风险应对策略才是可行的。

（3）风险的特性。制定风险应对策略，必须以风险的特性为依据，对不同特性的风险制定相应的应对措施。例如，对于风险较大（超出企业的风险承受度）的业务，企业一般采用风险规避策略；对于自然灾害等不可抗力风险，企业一般采用风险转移策略。

（4）可供选择的措施。对于某一特定风险，如果可以采取多种应对策略，那么风险应对措施的制定就需要在多种策略中进行比较，选择最有效的风险应对措施。

风险应对策略与企业的具体业务或者事项相联系，不同的业务或事项采取不同的风险应对策略，同一业务或者事项在不同的时期要采取不同的风险应对策略，同一业务或事项在同一时期也可以综合运用多种风险应对策略。一般情况下，对战略、财务、运营和法律风险，可采取风险承受、风险回避、风险分担等方法；对能够通过保险、期货、对冲等金融手段进行理财的风险，可以采取风险分担、风险降低等方法。风险应对策略的选择还可以从企业范围内组合的角度去考虑，一些情况对于一个部门在风险承受度之内，但从整体来讲却超过了风险承受度；还有一些情况是，企业内很多部门的风险可以相互抵消，不需要采取过多的风险应对策略。

三、风险评估主体的界定

风险评估这项工作必须有合适的人员来操作，否则，风险评估就会流于形式，从而导致内部控制制度没有任何意义。一般来说，企业风险评估的主体包括：①从风险评估报告验证方面考虑，风险评估主体是注册会计师；②从企业内部管理的角度讲，风险评估及评价的责任历史性地落在内部审计身上，而且其评价成本相对较低，同时在技术水平上也不成问题，但注册会计师面对各种各样的企业，再加上会计师事务所之间的业务竞争，风险评估可能超越其专业胜任能力。因此，经营者要重视企业内部审计的职责，以提高经营管理水平，健全以风险评估为目的的评价工作，从而为建立健全自身企业的内部控制奠定基础。

第二节　风 险 识 别

一、风险识别的概念

风险识别是用感知、判断或归类的方式对现实的和潜在的风险性质进行鉴别的过程。由于存在于人们周围的风险是多样的，既有当前的也有潜在于未来的，既有内部的也有外部的，既有静态的也有动态的等。风险识别的任务就是要从错综复杂环境中找出经济主题所面临的主要风险。风险识别的两个阶段：①感知风险。风险的识别可以通过感性认识和历史经验来判断。如在仓库设施风险中，可能致损的风险事故有火灾、爆炸、交通阻断等。②分析风险。风险识别可通过对各种客观的资料和风险事故的记录来分析、归纳和整理，以及必要的专家访问，从而找出各种明显和潜在的风险及其损失规律。如对引起火灾的风险原因的分析，像化学反应、自燃等。感知风险是风险识别的基础，分析风险是风险识别的关键。

风险主体面对的风险事项不仅隐蔽而且复杂多变，风险识别受到各种内外部因素的影响，例如内部的治理、组织、经营管理、技术、信息等因素，外部的经济、科技、法律、政治等因素。由此决定了风险识别是比较困难的，忽略任何一个重要因素，都可能导致整个风险识别进程的失败。同时这项工作也没有固定的模式可供借鉴，因为风险主体不同，其所面临的风险事项也不同。风险主体应综合考虑自身的内外部环境，结合自己的特点，设计和选择适当的风险识别方法，这无疑使得风险识别工作更具挑战性。

二、风险识别的过程

风险识别的过程主要包括三个步骤：筛选，检测，诊断。筛选指按一定的程序将具有潜在风险的产品、过程、事件、现象和人员进行分类选择的风险识别过程。检测指风险出现后，对事件、过程、现象、后果进行观测、记录和分析的过程。诊断指对风险及损失的前兆、风险后果与各种原因进行评价与判断，找出主要原因并进行仔细检查的过程。

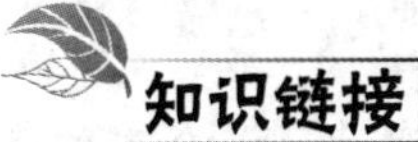

风险识别过程主要包括以下特点：①系统性。研究经济单位这样一个完整系统所具有的全部风险；②连续性。原因是风险的质和量在不断地变化，若不进行连续性的工作，很难发现经济单位所面临的潜在风险；③制度性。每一项管理活动都要有组织、制度，风险管理是一项管理活动，当然要有制度。

三、风险识别的方法

（一）风险识别的方法介绍

现在使用的风险识别方法，可以分为宏观领域中的决策分析（可行性分析、投入产出分析等)和微观领域的具体分析(资产负债分析、损失清单分析等)。下面介绍几种主要方法。

1. 生产流程分析法

生产流程分析法,又称流程图法。生产流程又叫工艺流程或加工流程,是指在生产工艺中,从原料投入到成品产出,通过一定的设备按顺序连续地进行加工的过程。该种方法强调根据不同的流程,对每一阶段和环节,逐个进行调查分析,找出风险存在的原因。

2. 风险专家调查列举法

风险专家调查列举法是由风险管理人员对该企业、单位可能面临的风险逐一列出,并根据不同的标准进行分类。专家所涉及的面应尽可能广泛些,有一定的代表性。一般的分类标准为:直接或间接,财务或非财务,政治性或经济性等。

3. 资产财务状况分析法

资产财务状况分析法是按照企业的资产负债表及损益表、财产目录等的财务资料,风险管理人员经过实际的调查研究,对企业财务状况进行分析,发现其潜在风险。

4. 分解分析法

分解分析法指将一复杂的事物分解为多个比较简单的事物,将大系统分解为具体的组成要素,从中分析可能存在的风险及潜在损失的威胁。

5. 失误树分析法

失误树分析方法是以图解表示的方法来调查损失发生前种种失误事件的情况,或对各种引起事故的原因进行分解分析,具体判断哪些失误最可能导致损失风险发生。

风险的识别还有其他方法,诸如风险清单分析法、风险因素分析法、事故树分析法等。企业在识别风险时,应该交互使用各种方法。

(二) 风险识别方法的运用

感知风险阶段主要的方法有:资产财务状况分析法、生产流程分析法、风险专家调查列举法。分析风险阶段主要的方法有:风险清单分析法、失误树分析法、事故树分析法、风险因素分析法。

案例 3-1　“风险识别五步法”走活老油矿

2011 年,大庆采油一厂七矿井场、站队面貌一新,原油产量稳中有升。这个矿的东油库是大庆首车原油外运地,现在承担着全厂原油产量中 2/3 的外输任务,成为油田原油输送的生命线。老油矿何以增添新光彩?外输岗女工张建芳一语道破:“矿里推行‘风险识别五步法’,基础牢了,风险控制住了,生产自然上去了。”七矿地处大庆萨尔图铁西闹市区,管理着油水井 1 474 口、计量间 71 座、各类油水站 23 座、联合站 1 座、油库 1 座。建矿 21 年来,繁杂的周边环境使这个矿的安全管理形势十分严峻。为打造适合本矿实际的安全管理长效机制,这个矿持续提高员工的技能水平,积极探索安全管理新方法。

这个矿以“管理风险、控制危险、预防事故”为主线,提出“风险识别五步法”,为强“三基”、反“三违”、控风险、保安全奠定了基础。“风险识别五步法”就是把员工在家中、上班途中、单位(岗位)、下班途中、回到家中作为闭环管理系统，将其归纳为行为、操作、管理、设备、环境五种识别方法，对风险进行全员、全方位、全过程、全天候识别和风险规避。“提炼‘风险识别五步法’是为了增强员工的责任心，锤炼真功夫，固化好习惯。”矿长董增有说，“威胁安全生产的是风险，只有把安全管理的重点放在防范风险上，有效识别、科学防范，才能够避免事故。”

为让全员尽快接受“风险识别五步法”，这个矿开展查找安全隐患活动，分步骤、分层次培训指导。2011 年 3 月初至 4 月末，这个矿鼓励员工自我查找身边的风险点，并召开推进会，给予写得最好的 10 名员工每人 1 000 元的奖励。接下来，这个矿将聚中十四队、508 队和中十四联合站作为典型，以他们的做法为蓝本做成指导教材，形成了矿《风险识别五步法管理手册》。中十四联合站为了确保风险削减措施的过程受控，对增压站高风险、易发生事故的重点要害部位进行了风险星级分类，在实际运行过程中收到良好效果。512 采油队维修班长葛会春说，这本手册全矿 1 237 名干部员工已全部配备，内容涵盖了亲情、集团公司禁令、HSE 原则、员工安全承诺书、风险识别五步法指导书、风险识别相关要求及奖励说明和风险识别记录等内容。“手册看似很严，但只要我们把纸上的内容落实到手上，执行到岗位上，风险识别就轻松愉快。”南一队女工陈书玲对手册偏爱有加，因为它涉及方方面面，惠及自身、单位和家人。为深入推广“风险识别五步法”，这个矿根据岗位生产特点，分成 16 个系统，编制《员工标准化操作指导书培训课件》，开展风险识别专业系统培训，采取培训内容更新、培训对象系统分区的阶梯式培训方式，先后培训 42 期 1 200 余人次。

为将“风险识别五步法”打造成长效机制，这个矿每月召开风险识别会，定期查看风险记录清单，组织评比活动。随后，这个矿又出台了《风险识别五步法管理暂行规定》，将风险识别实施程序、检查方式、评比方法、家庭文化有机整合，实现了风险识别由粗放管理到专业管理的转变。508 采油队党支部书记刘宜胜说：“手册规定很细很严，但有了抓手，员工都欣然接受。”推行“风险识别五步法”，提高了员工自我安全管理水平，提升了员工责任心，锤炼了硬功夫，固化了好习惯。目前，这个矿全员风险识别数量已由前 4 个月的 2 098 个上升为 20 981 个，员工违章事件为零，各类险情为零。

第三节 风险分析

一、风险分析的概念

风险分析是指结合各企业的特定条件(如企业性质、战略目标等)，运用定量和定性方法进一步分析风险发生的可能性和对企业目标实现的影响程度。企业对潜在问题可能导致的风险及其后果实行量化，并确定其严重程度。这其中可能牵涉到多种模型的综合应用，得到系统风险的综合印象。风险分析的最终目标是采取各种措施来减小风险及对风险实施监控。这也可以说是风险分析的最终目的。这个过程中需要在风险评估人员、风险管理人员、消费者和其他有关的团体之间就与风险有关的信息和意见进行相互交流。

知识链接

企业的风险来自多方面，根据风险损失的后果，风险可分为人身风险、财产风险、责任损失风险。人身风险——企业本身因劳动力疾病、伤残、死亡导致的风险；财产风险——企业的动产或不动产由于自然、人为和经济的风险遭受损失；责任损失风险——企业由于自身的过失、故意的行为造成他人的财产损失、人身伤害应负法律责任。

二、风险分析方法

（一）定性风险分析方法

1. 定性风险分析的概念

定性风险分析是评估已识别风险的影响和可能性的过程。它具有很强的主观性，往往需要凭借分析者的经验和直觉，或者国际标准和惯例，对风险因素的大小或高低程度进行定性描述，譬如高、中、低三级。这一过程用来确定风险对项目目标可能的影响，对风险进行排序。它在明确特定风险和指导风险应对方面十分重要。定性风险分析的目的是利用已识别风险的发生概率、风险发生对项目目标的相应影响，以及其他因素，例如时间框架和项目费用、进度、范围和质量等制约条件的承受度，对已识别风险的优先级别进行评价。

2. 定性风险分析的操作方法

定性风险分析的操作方法多种多样，有问卷调查、集体讨论、专家资讯、人员访谈等。最常见的定性分析方法是风险评估图法。风险评估图法是把风险发生的可能性、风险发生后对目标的影响程度，作为两个维度绘制在同一个平面上（即绘制成直角坐标系）。

影响企业目标实现的风险因素很多，但每项因素对目标的影响程度又各不相同，不同的管理人员对同一风险因素的重要性的认识也会不一致。为了统一评估标准，风险评估图法是通过识别某一风险因素是否会对企业目标产生重大影响，并将此结论与风险发生的可能性联系起来，进而为确定风险因素的优先次序提供框架。如图 3-1 所示，与影响较小且发生的可能性较低的风险（图中的点 B）相比，具有重大影响且发生的可能性较高的风险（图中的点 A）亟待关注。例如，营业外收入额、净利润额、每股收益等因素的变化，将会直接影响到企业经营目标的实现；资产负债率、现金流量等风险因素指标的变化直接影响企业偿债义务的执行，甚至会给企业带来致命的影响。因此，企业需要重点关注这些风险。此外，每种风险的重大程度及影响会因企业结构的不同而有所差别。所以企业应根据自身的经营特点来确定各风险因素影响程度的等级。

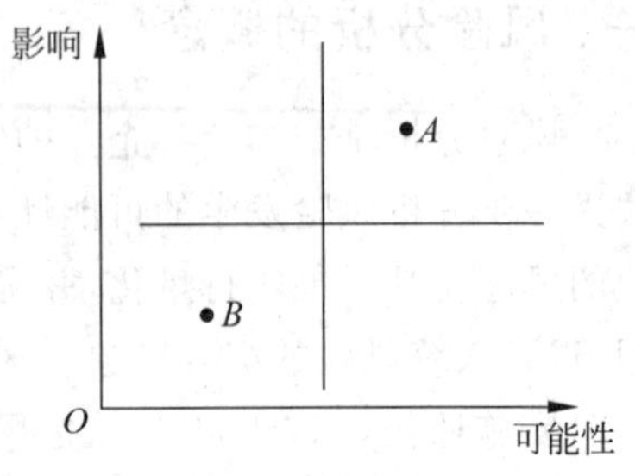

图 3-1 风险评估（一）

绘制风险评估图的目的在于对多项风险进行直观的比较，从而确定各风险管理的优先顺序和策略。例如，某公司绘制了风险评估图，如图 3-2 所示，根据风险发生的可能性和风险发生后的影响程度，将该图划分为 A、B、C 三个区域。A 区域是低风险区域，B 区域是中等风险区域，C 区域是高风险区域。公司决定承担 A 区域中的各项风险且不再增加控制措施；严格控制 B 区域中的各项风险且专门补充各项控制措施；确保规避和转移 C 区域中的各项风险且优先安排实施各项防范措施。

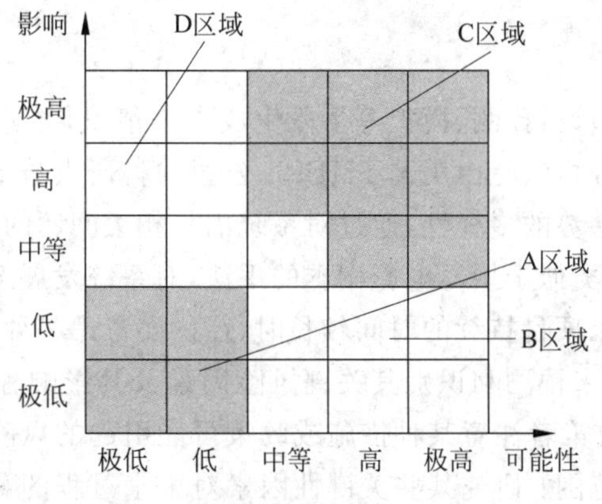

图 3-2　风险评估(二)

3. 定性风险分析的依据

定性风险分析依据以下几个方面。

(1) 风险管理计划。

(2) 已识别出来的风险。要对风险识别过程中发现的风险及它对项目的潜在影响一起进行评价。

(3) 项目状态。项目的不确定性在生命期的不同阶段会发生变化。边设计边施工项目刚开工时，设计不成熟，会有变更，因此会发现较多的风险；而当设计大部分完成时，项目的技术风险就会大大降低。

(4) 项目类型。使用最新或首次使用的技术的项目或者非常复杂的项目的技术不确定性大，海外工程管理风险大等。

(5) 数据精确度。进度、费用等方面数据的精确度表明了项目班子对风险了解和理解的程度。它不仅衡量出可利用数据的范围，而且还衡量出数据的可靠性。因此，在使用过去识别风险曾用过的数据时，要针对当前项目的具体情况重新进行评价。

(6) 计量标度。计量是为了取得有关数值或确定排列顺序。计量使用标识、序数、基数和比率 4 种标度。

(7) 假设。对识别出来的假设，要将其作为潜在的风险进行评价。

(二) 定量风险分析方法

1. 定量风险分析的含义

定量风险分析是对通过定性风险分析排出优先顺序的风险进行量化分析。尽管有经验的风险经理有时在风险识别之后直接进行定量分析，但定量风险分析一般在定性风险分析之后进行。定量风险分析一般应当在确定风险应对计划时再次进行，以确定项目总风险是否已经减少到满意。重复进行定量风险分析反映出来的趋势可以指出需要增加还是减少风险管理措施，它是风险应对计划的一项依据，并作为风险监测和控制的组成部分。

2. 定量风险分析的方法

比较常见的定量分析方法有情景分析、敏感性分析、风险价值(value-at-risk，VaR)、压力测试等。

(1) 情景分析

情景分析是通过假设、预测、模拟等手段生成未来情景，并分析其对目标产生影响的一种分析方法。情景分析法是由美国SHELL公司的科研人员Pierr Wark于1972年提出的。它是根据发展趋势的多样性，通过对系统内外相关问题的系统分析，设计出多种可能的未来前景，然后用类似于撰写电影剧本的手法，对系统发展态势作出自始至终的情景和画面的描述。当一个项目持续的时间较长时，往往要考虑各种技术、经济和社会因素的影响，可用情景分析法来预测和识别其关键风险因素及其影响程度。情景分析法对以下情况特别有用：提醒决策者注意某种措施或政策可能引起的风险或危机性的后果；建议需要进行监视的风险范围；研究某些关键性因素对未来过程的影响；提醒人们注意某种技术的发展会给人们带来哪些风险。

情景分析法适用于对可变因素较多的项目进行风险预测和识别。它在假定关键影响因素有可能发生的基础上，构造出多种情景，提出多种未来的可能结果，以便采取适当措施防患于未然。情景分析法在国外得到了广泛应用，并产生了一些具体的方法，如历史情景重演法、目标展开法、空隙填补法、未来分析法、因素分解法、随即模拟法、风险坐标图等。一些大型跨国公司在对一些大项目进行风险分析时都陆续采用了情景分析法，例如管理当局试图把增长、风险和利润连接起来，在战略计划编制中可以实施情景分析，这里的风险是用增加的股东价值来评价的，见表3-1。

表3-1 贯穿多个业务单元的关于增加的股东价值(SVA)的各种情景分析

单位：百万美元

业务单元	主要潜在业务情景	股东价值的增加(减少)
1	风险评级降低20%； 消费者贷款减少10%； 竞争增加一个新的市场进入者； 银团中的收入减少15%； 失去一个高层客户	(150) (120) (100) (80) (50)
2	竞争增加一个新的市场进入者； 因为客户服务，收入减少10%； 失去一个高层客户； 不成功的新产品推出； 一个新的未决的“大”(不是“非常大的”)诉讼	(50) (30) (20) (20) (20)
3	竞争增加一个新的市场进入者； 失去一个高层客户； 资产基数减少10%	(40) (30) (20)

(2) 敏感性分析

敏感性分析是通过分析，预测项目主要因素发生变化时对经济评价指标的影响，从中找出敏感因素，并确定其影响程度。项目对某种因素的敏感程度可以表示为该因素按一定比例变化时引起评价指标变动的幅度，也可以表示为评价指标达到临界点(如内部收益率等于基准收益率)时允许某个因素变化的最大幅度，即极限变化。简言之，敏感性分析就是从改变可能影响分析结果的不同因素的数值入手，估计结果对这些变量的变动的敏感程度。

例如，某企业打算在A市兴建一座大桥，但这个项目的不确定性因素很多，如项目总投资、银行贷款利率、过桥费收入。这些因素变化的可能性较大，例如，工程设计变更、不可抗力、材料上涨，从而导致项目的投资增加；银行贷款利率也会在一定范围内变化，因而会较大地影响该工程贷款金额；能否取得优惠贷款，对资金成本影响很大，进而对工程经济指标也产生影响；根据A市场物价局的规定，该大桥开始收费后每3年要重新报批收费标准，并且过桥车辆数量也会发生增减变化，这些都会导致过桥费收入的变化。这项新建项目总投资、银行贷款利率、过桥费收入都不是投资方所能控制的，因此敏感性分析将三个因素作为分析对象，分析每个因素的变化对该大桥内部收益率的影响。

以利润敏感性分析为例。利润敏感性分析是研究当制约利润的有关因素发生某种变化时对利润所产生影响的一种定量分析方法。它对于利润预测分析，尤其是对目标利润预测有十分积极的指导意义。影响利润的因素很多，如售价、单位变动成本、销售量、固定成本等。在现实经济环境中，这些因素又经常发生变动。即使它们的变动方向和变动幅度完全一样，对利润所产生的影响也可能不同。有些因素(如单价)增长会导致利润增长，而另一些因素(如单位变动成本)只有降低才会使利润增长；有些因素只要略有变化就会使利润发生很大的变动，而另一些因素虽然变化幅度较大，却只能对利润产生微小的影响。所以对企业的管理者来说，不仅需要了解哪些因素变动对利润增减有影响，而且需要了解影响利润的若干因素中，哪些因素影响大，哪些因素影响小。那些对利润影响大的因素称为敏感因素，反之则称为非敏感因素。

反映敏感程度的指标是敏感系数，其计算原理如下：

$$某因素的敏感系数=\frac{利润变化(百分比)}{该因素变化(百分比)}$$

如敏感系数的绝对值>1，即当某影响利润的因素发生变化时，利润会发生更大程度的变化，该影响因素为敏感因素；如敏感系数的绝对值<1，即利润变化的幅度小于影响因素变化的幅度时，该因素为非敏感因素；如敏感系数的绝对值=1，即影响因素变化会导致利润相同程度的变化，该因素也为非敏感因素。

一般而言，在对利润产生影响的各因素中，敏感程度最高的为单价，最低的是固定成本，销售量和单位变动成本介于两者之间。作为企业的管理者，在掌握了有关因素对利润的敏感程度之后，接下来的任务就是如何利用敏感性分析帮助决策，以实现企业的既定目标。在这里，抓住关键因素，综合利用各有关因素之间的相互联系采取综合措施，是成功的关键。虽然敏感性分析已得到广泛的应用，但也有其弱点。这种方法要求每一关键变量的变化是相互独立的。然而,管理层更感兴趣的是两个或两个以上关键变量的变化的综合影响。仅仅考虑独立的因素是不现实的,因为它们往往是相互影响的。

(3) 风险价值

风险价值(VaR),是指在正常的市场条件和给定的置信水平(通常是95%或99%)上,在给定的特有期间内,某一投资组合预期所面临的潜在的最大损失金额。或者说,在正常的市场条件和给定的时间段内,该投资组合发生VaR损失的概率为给定的概率水平(置信水平)。它是为适应当前风险管理的需求而产生的,以规范的统计全面权衡市场风险的方法。VaR把对预期的未来损失的大小和该损失发生的可能性结合起来,不仅让投资者知道发生损失的规模,而且知道其发生的可能性,是一种数量化市场风险的重要量度工具。

设 P_0 表示资产在初始时刻的价格,P_t 为资产在 t 时刻的价格,经过 t 时间后,市场价格的变化 P_t-P_0,即损益在 $1-\alpha$ 的置信水平下,不超过VaR(记为 VaR^P,上标 P 表示基于价格)。用数学公式表示为:

$$\mathrm{Prob}(P_t-P_0\geqslant-\mathrm{VaR}^P)=1-\alpha$$

定义 $r_t=\ln P_t-\ln P_t-1$,为 t 时刻的单期收益率;定义 $R_t=\sum r_t$ 为 t 期收益率;VaR^R 为 R_t 在置信度 $1-\alpha$ 下的最坏情况(通常为负数,上标 R 表示基于收益率),即

$$\mathrm{Prob}(P_t\geqslant\mathrm{VaR}^R)=1-\alpha$$

Robert F.(1999)证明了 VaR^P 和 VaR^R 之间的转换关系式,如果得到了 R_t 的分布,就可以求出指定置信度下的 VaR^R,即可得到 VaR^P。

计算VaR常用的方法主要有三种:历史模拟法、方差-协方差法和蒙特卡罗模拟法。①历史模拟法。这是一个完全估值模型,以历史可以在未来重复自身为假设前提,用给定时期所观察到的风险因子的变化来表示风险因子影响金融工具收益的市场因素,在此基础上,再得到整个组合收益的概率分布,最终求解出VaR值。②方差-协方差法。它假定风险因子的变化服从特定的分布通常是正态分布,通过历史数据分析和估计该风险因子收益分布的参数值(如方差),从而得出整个收益组合的特征值。③蒙特卡罗模拟法。即先建立一个概率模型或随机过程,然后以随机产生的风险因子回报值来模拟组合的收益分布。

VaR的特点主要有:首先,VaR值可以用来简单明了地表示市场风险的大小,单位是人民币、美元或其他货币,没有任何技术色彩,没有任何专业背景的投资者和管理者都可以通过VaR值对金融风险进行评判;其次,可以事前计算风险,不像以往风险管理的方法都是在事后衡量风险大小;最后,不仅能计算单个管理工具的风险,而且能计算由多个管理工具组成的投资组合风险,这是传统风险管理所不能做到的。

VaR可以帮助企业解决资源配置的问题,在对企业的投资或投资组合的总体风险评估的基础上进行分解,决策者可据此进行判断,设置某类投资的资金上下限;VaR限额分解到子公司中,各子公司又可将VaR再分解到各自的子公司中去。这样,利用VaR方法

进行风险控制，设置 VaR 限额，使各子公司都能明确自己的最大风险交易额（≤自身的 VaR），以防止过度投机行为的出现，确保公司稳健经营。如果执行严格的 VaR 管理，一些金融交易的重大亏损也许就可以避免。VaR 方法是机构投资者进行投资决策的有力分析工具。机构投资者应用该方法，在投资过程中对投资对象进行风险分析，将计算出的风险大小与自身对风险的承受能力加以比较，以此来决定投资额和投资策略，以减少投资的盲目性，尽可能减轻因投资决策失误所带来的损失。目前，VaR 方法除了被金融机构广泛运用外，也开始被一些企业所采用，来指导企业分析计量市场风险。

（4）压力测试

压力测试，是指在具有极端影响事件的情景下，分析评估风险管理模型或内控流程的有效性，发现问题，制定改进措施的方法。极端情景是指在非正常情况下，发生概率很小，而一旦发生，后果十分严重的事情。它与情景分析中关注一个更正常规模的变化相反，压力测试一般被用作概率度量方法的补充，用来分析那些通过与概率技术一起使用的分布假设可能没有充分捕捉到的低可能性、高影响力的事件的结果。与敏感性分析类似，压力测试通常用来评估经营事项或金融市场中各种变化的影响。例如，产品生产缺陷的增加，外汇汇率的变动，衍生工具所基于的一个基础因素价格的变动，固定收益投资组合价值的利率增加，影响一个生产厂家运营成本的能源价格提高等。目的是防止企业出现重大损失事件。

3. 定量风险分析的依据

（1）历史信息。从行业或企业得到类似的已完项目信息，风险专家对类似项目的研究资料，以及风险数据库。

（2）项目范围说明书。

（3）风险管理体系文件。风险管理体系文件规定的管理方法和制度包括执行风险管理的岗位职责、预算和计划时间的风险管理活动，风险分类，风险分解结构和修订的有关方面的风险承受度。

（4）风险清单。已识别风险的清单、项目风险的相对排序或优先级清单，以及按照分类分组的风险。

（5）有关项目管理计划。项目管理计划包括项目进度管理计划和项目费用管理计划。项目进度管理计划为项目进度的计划和控制规定了格式和标准；项目费用管理计划为项目费用的计划、组织、估算、预算和控制规定了格式和标准。

（三）两种方法的比较

定性风险分析法与定量风险分析法在实际应用中并非相互排斥，而是相互补充，相辅相成。

理论上讲，通过定量分析可以对风险进行精确分析，而且定量分析的结果很直观，容易理解。但定量分析法的应用是以可靠的数据指标为前提的。事实上，在信息系统日益复杂多变的今天，定量分析所依据的数据的可靠性是很难保证的，再加上数据统计缺乏长期性，获得更多的数据需要更高的成本，这就给分析的细化带来了很大的困难。此外，定量分析法虽然较精确，但许多非计量因素无法考虑。例如，国家的方针政策以及政治经济形势的变动，消费者心理以及习惯的改变，投资者的意向以及职工情绪的变动等。这些因素都是定量分析无法量化的。

与定量分析相比较，定性分析的可行性较好但精确性不够。定性分析虽然可以将一些非计量因素考虑进去，但估计的准确性在很大程度上受分析人员的经验和能力的影响，这不可避免地使风险分析结果因人而异，带有一定的主观随意性，且定性分析的结果也很难有统一的解释。

因此，风险分析中，定量分析与定性分析技术的结合是必要的，两者可以互补其不足。企业可以依据自身的特征决定采用具体的结合形式。

案例 3-2

2013 年 5 月 31 日，“煤化工风险分析”的率先涉足者——中国化学赛鼎工程有限公司传来一则好消息：山西焦化股份有限公司 60 万吨/年烯烃项目的社会稳定风险分析报告的编制工作顺利完成，这已经是他们继完成山西潞安高硫煤清洁利用油化电热一体化示范项目和山西华兆煤化工有限公司古交煤化工项目分析报告后的第三个重点项目，标志着该公司已经成为我国煤化工风险分析领域率先的涉足者。

国家发改委 2012 年 8 月 16 日专门发文要求对重大固定资产投资项目进行社会稳定风险分析评估，以减少或消除由于项目建设而导致产生的社会冲突、危及社会稳定和社会秩序的可能性，保障社会的安全运行和健康发展。重大项目决策，首先进行项目社会稳定风险分析评估程序，是项目审批、核准或备案决策的前提。近年来，随着我国煤化工项目建设和煤化工产业迅速发展，煤化工工程建设项目社会稳定风险概率也不断增大，对煤化工工程项目进行社会稳定风险分析就成为国家审批部门进行项目评估和审批的主要依据之一，对规范工程建设管理，从源头上预防、减少和消除建设工程影响社会稳定的隐患，保障社会和谐发展具有重要意义。

赛鼎工程公司是我国煤化工领域的龙头企业，其人才、技术、市场、工程化能力等得天独厚的优势为开展工程项目尤其是煤化工项目社会稳定风险分析提供了有力可靠的支撑。2012 年 9 月，赛鼎公司安全评价中心接受山西省发改委指定和潞安集团委托，对山西潞安高硫煤清洁利用油化电热一体化示范项目社会稳定进行了风险分析。接此重任后，赛鼎公司安全评价中心立即着手开始工作，聘请了环境工程、法律、国土、化工、设计、投资咨询等不同领域的专家组成了专家组。为给风险分析提供科学、客观、全面的第一手资料，他们首先从重大建设项目进行合法性分析。如发展规划分析——拟建项目是否符合法律法规，是否符合党和国家的方针政策，是否符合有关的国民经济和社会发展总体规划、专项规划、区域规划等要求，项目目标与规划内容是否衔接和协调；产业政策分析——拟建项目是否符合有关产业政策的要求；行业准入分析——项目建设单位和拟建项目是否符合相关行业准入标准的规定。

在此基础上，进行重大建设项目的合理性分析和生态环境影响分析。“这一阶段是最艰苦也是强度最大的工作。”赛鼎公司安全评价中心主任赵亚平介绍说，“我们多次组织专家和技术人员到项目拟建现场，通过公示、专题会议、论证会、听证会等，征求维稳、信访部门负责人、相关专家和公众意见。采用实地踏勘、走访群众、问卷调查、开座谈会等形式，对项目周边自然和社会环境现状，项目实施后可能对当地的土地、能源、水、大气等自然资源环境带来的影响，对区域经济、当地总体发展规划、关联行业发展等经济社会的影响进行调研。当面听取群众、利益相关者对项目规划、环境影响、土地房屋征收补偿、移民安置、污染物排放等问题的意见和诉求。还到国内有关单位咨询，赴国内类似项目现场调研这些项目在以前的建设、实施中是否出现过社会稳定风险，收集风险原因、后果和处置措施，包括报纸、期刊、网络等媒体对项目的意见、舆论导向等内容。还对主要风险因素提出防范、化解和应急预案，对措施后的预期风险等级做出定量分析、判断。”

用短短4个月的时间，经过缜密分析预测，围绕项目的合法性、合理性、可行性、稳定性及其他相关问题，进行全面分析评估，完成了该项目的分析报告。山西省发改委、山西省转型综改办和业主潞安集团均给予了充分肯定和高度评价，一致认为，其分析报告选取范围广泛、领域纵横、形式多样可靠、针对性强、分析深刻到位而又实事求是、风险防范可操作性强，为政府决策提供了可靠依据。随后，他们乘势而上，精益求精，先后完成了山西省转型综改标杆项目——山西华兆煤化工有限公司古交煤化工项目和山西焦煤集团洪洞工业园区1 500万吨煤焦化循环经济一体化项目率先推进的核心项目山西焦化股份有限公司60万吨/年烯烃项目。这两个规模投资都超过百亿元的大型煤化工项目社会稳定风险分析报告的完成，对促使项目早日落地，进而推进山西省转型发展，繁荣地方经济起到了积极作用。

据了解，目前已有多家拟建项目企业正在积极与中化赛鼎公司接洽和商谈，赛鼎公司在煤化工工程项目社会稳定风险分析领域已经领先一步，为公司多元化发展探索出了一条新路，同时为山西的经济转型和煤化工产业发展提供了有力的支撑和帮助。

第四节　风险应对

一、风险应对的概念

风险应对是指在确定了决策的主体经营活动中存在的风险，并分析出风险概率及其风险影响程度的基础上，根据风险性质和决策主体对风险的承受能力而制定的回避、承受、降低或者分担风险等相应防范计划。制定风险应对策略主要考虑四个方面的因素：可规避性、可转移性、可缓解性、可接受性。

风险应对过程的活动是执行风险行动计划，以求将风险降至可接受程度。包括以下内容。

(1) 对触发事件的通知做出反应。得到授权的个人必须对触发事件做出反应。适当的反应包括回顾当前现实以及更新行动时间框架，并分派风险行动计划。

(2) 执行风险行动计划。应对风险应该按照书面的风险行动计划进行。

(3) 对照计划，报告进展。确定和交流对照原计划所取得的进展。定期报告风险状态，加强小组内部交流。小组必须定期回顾风险状态。

(4) 校正偏离计划的情况。有时结果不能令人满意，就必须换用其他途径。将校正的相关内容记录下来。

二、风险应对策略

在评估了相关的风险之后,管理当局就要确定如何应对。应对包括风险回避、降低、分担和承受。在考虑应对的过程中,管理当局评估对风险的可能性和影响的效果,以及成本效益,选择能够使剩余风险处于期望的风险容限以内的应对。管理当局识别所有可能存在的机会,从主体范围或组合的角度去认识风险,以确定总体剩余风险是否在主体的风险容量之内。应对风险的措施有四种:风险规避、风险降低、风险分担、风险承受。

(一)风险规避

风险规避(risk avoidance)是企业对超出风险承受度的风险,通过放弃或者停止与该风险相关的业务活动以避免和减轻损失的策略。风险规避能将特定风险造成的各种可能损失完全消除,因此,也有人将其称为最彻底的风险管理技术。规避风险的办法有:

(1) 通过公司政策、限制性制度和标准,阻止高风险的经营活动、交易行为、财务损失和资产风险的发生。

(2) 通过重新定义目标,调整战略及政策,或重新分配资源,停止某些特殊的经营活动。

(3) 在确定业务发展和市场扩张目标时,避免追逐"偏离战略"的机会。

(4) 审查投资方案,避免采取导致低回报、偏离战略,以及承担不可接受的高风险的行动。

(5) 通过撤出现有市场或区域,或者通过出售、清算、剥离某个产品组合或业务,规避风险。

(二)风险降低

风险降低(risk reduction)是企业在权衡成本效益之后,准备采取适当的控制措施降低风险或者减轻损失,将风险控制在风险承受度之内的策略。风险降低的目的在于积极改善风险特性,使其能为企业所接受,从而使企业不丧失获利机会。因此,相对于风险规避而言,风险降低是较为积极的风险处理策略。采用的方法有:

(1) 将金融资产、实物资产或信息资产分散放置在不同地方,以降低遭受灾难性损失的风险。

(2) 借助内部流程或行动,将不良事件发生的可能性降低到可接受的程度,以控制风险。

(3) 通过给计划提供支持性的证明文件并授权合适的人做决策,应对偶发事件。必要时,可定期对计划进行检查,边检查边执行。

(三)风险分担

风险分担(risk sharing)又称风险转移,是企业准备借助他人力量,采取业务分包、购买保险等方式和适当的控制措施,将风险控制在风险承受度之内的策略。风险分担是一种事前的风险应对策略,即在风险发生前,通过各种交易活动,如业务外包、购买保险、租赁等，把可能发生的风险转移给其他人承担，避免自己承担全部风险损失。通过分担方式应对风险，风险本身并没有减少，只是风险承担者发生了变化。例如：

(1) 保险。在明确的风险战略的指导下，与资金雄厚的独立机构签订保险合同。

(2) 再保险。如有必要，可与其他保险公司签订合同，以减少投资风险。

(3) 转移风险。通过结盟或合资，投资于新市场或新产品，获取回报。

(4) 补偿风险。通过与资金雄厚的独立机构签订风险分担合同，补偿风险。

(四) 风险承受

风险承受(risk acceptance)是企业对风险承受度之内的风险，在权衡成本效益之后，不准备采取控制措施降低风险或者减轻损失的策略。风险承受是一种风险财务技术，企业明知可能有风险发生，但在权衡了其他风险应对策略之后，出于经济性和可行性的考虑将风险留下，若出现风险损失，则依靠企业自身的财力去弥补风险所带来的损失。风险承受的前提是自留风险可能导致的损失比转移风险所需代价小。具体做法：

根据不同条件，不同的环境或者不同的问题可以选择不同的对策。在风险应对措施中，风险发生概率有高有低，后果损失有大有小。概率高低以及后果损失大小，组成了一个四维空间。

(1) 概率发生率高，后果损失较小。

(2) 概率发生率比较低，后果损失小。

(3) 概率发生率高，后果损失大。

(4) 概率发生率比较低，后果损失大。

针对以上四种情况，可以采取不同的应对策略：

(1) 如果发生概率高，损失比较小，可以采用化解风险或者风险减轻的措施。

(2) 如果风险发生概率比较高，后果损失也较大，可以采用回避风险策略。即设法把工作通过保险、外包或其他方式转移出去。

(3) 如果发生概率比较低，后果损失较大，设法将风险转移。

(4) 如果发生概率比较低，后果损失也较小，这种风险适合自己承担。因为它本身不会对目标产生太大影响。应对措施如图 3-3 所示。

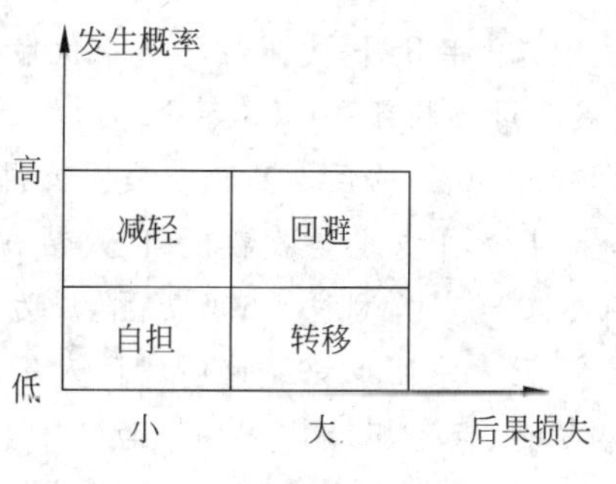

图 3-3 风险应对策略

三、选择风险应对策略

上述风险策略必须基于风险分析的结果，根据企业的实际情况进行选择性使用。可以选择使用某一风险应对策略，也可以选择两种或两种以上的应对策略进行综合使用。选择合理的风险应对策略的关键是要有针对性，要实现对风险的有效控制，风险和收益往往存在着对应关系，风险大，通常会带来较高的收益，如果一味地去回避高风险，有可能也就放弃了获得高收益的机会。具体采用什么样的风险应对策略，要根据项目所在的环境和不同的目标要求与项目干系人对风险的承受度决定。

（一）影响因素

《企业内部控制基本规范》第三章第二十五条明确规定企业应当根据风险分析的结果，结合风险承受度，权衡风险与收益，确定风险应对策略。选择风险应对策略的主要依据有：

（1）风险承受度。企业抵抗风险的能力决定了企业能够承受多大的风险，也决定了企业应对策略的选择。企业抵抗风险的能力取决于多种因素，包括管理者的风险偏好、企业的资源和财力水平、企业的风险态度等。《企业内部控制基本规范》尤其强调，企业应当合理分析、准确掌握董事、经理及其他高级管理人员、关键岗位员工的风险偏好，采取适当的控制措施，避免因个人风险偏好给企业经营带来重大损失。

（2）成本与效益。实际上每一种风险应对策略在设计和实施过程中都会产生一些直接或间接成本，这些成本要与其创造的效益相权衡。只有风险应对策略的成本小于其带来的收益时，这种风险应对策略才是可行的。

（3）风险的特性。制定风险应对策略，必须以风险的特性为依据，对不同特性的风险制定相应的应对措施。例如，对于风险较大（超出企业的风险承受度）的业务，企业一般采用风险规避策略；对于自然灾害等不可抗力风险，企业一般采用风险转移策略。

（4）可供选择的措施。对于某一特定风险，如果可以采取多种应对策略，那么风险应对措施的制定就需要在多种策略中进行比较，选择最有效的风险应对措施。

通过巨人集团的兴衰史可以得到哪些启示？

1989年8月，史玉柱和三个伙伴，用借来的4 000元钱承包了天津大学深圳科技工贸发展公司电脑部。1993年12月，发展成注册资金1.19亿元，下属38家全资子公司，公司员工290人的巨人高科技集团公司。集团推出中文手写电脑、中文笔记本电脑、巨人传真卡、巨人中文电子收款机、巨人钻石财务软件、巨人防病毒卡、巨人加密卡等产品。年销售额300亿元，利税4 600万元，成为中国极具实力的计算机企业。1993年计算机业步入低谷，巨人集团也受到重创。巨人集团开始迈向多元化经营之路——计算机、生物工程（脑黄金、巨不肥）和房地产（巨人科技大厦）。1995年，巨人集团的子公司228个，人员2 000人。1996年底巨人集团因财务状况不良而陷入了破产的危机之中。

巨人集团从兴旺走向衰落的因素很多，从资金管理的角度看：

第一，投资决策失误，摊子铺得太大。一方面生物工程对史玉柱来说，是一个完全陌生的领域，巨人集团不仅是一步跨进，而且陷得很深；另一方面巨人科技大厦设计从最初的18层一直涨到70层，投资也从2亿元涨到12亿元，对于当时仅有1亿元资本规模的巨人集团来说，根本无法承受。

第二，筹资与发展战略严重背离。房地产必须有金融资本作后盾，可史玉柱竟将银行搁置一边，大厦从1994年2月动工到1996年7月，史玉柱未申请过一分钱的银行贷款，全凭自有资金和大厦动工时卖楼花的约一亿元钱支持。到1996年下半年，巨人大厦缺少建设资金，集团领导人只能从生物工程上抽调资金来继续建设大厦。结果是抽血过度，把生物工程搞得瘫痪，使得整个巨人集团流动资金也因此枯竭，导致资金链条的断裂。

第三，对资金的管控不力，财务混乱，导致资金被挪用、抽逃。巨人集团出现各类违规、违纪、违法案件，截留、坐支、挪用公款，搞虚假广告的人屡见不鲜。“巨不肥”带来的利润还被一些人私分了。几万元、十几万元、几十万元甚至上百万元资产在阳光照不到的地方流失了。

第四，按卖楼花时签订的合同，1996 年底大楼一期工程（盖 20 层）完工后履约，如未能如期完工，应退还定金并给予经济补偿。但由于施工不顺利而没有完工。建大厦时卖给国内的 4 000 万楼花就成了导致巨人集团财务危机的导火索。巨人集团终因财务状况不良而陷入了破产的危机之中。

（二）注意事项

《企业内部控制基本规范》第三章第二十七条规定企业应当结合不同发展阶段和业务拓展情况，持续收集与风险变化相关的信息，进行风险识别和风险分析，及时调整风险应对策略。因此，风险应对策略与企业的具体业务或者事项相联系，不同的业务或事项采取不同的风险应对策略，同一业务或者事项在不同的时期要采取不同的风险应对策略，同一业务或事项在同一时期也可以综合运用多种风险应对策略。

（1）一般情况下，对战略、财务、运营和法律风险，可采取风险承受、风险回避、风险分担等方法。

（2）对能够通过保险、期货、对冲等金融手段进行理财的风险，可以采取风险分担、风险降低等方法。

（3）风险应对策略的选择还可以从企业范围内组合的角度去考虑。一些情况对于一个部门在风险承受度之内，但从整体来讲却超过了风险承受度。还有一些情况是，企业内很多部门的风险可以相互抵消，不需要采取过多的风险应对策略。

案例 3-3　民企涉足海外的进入方式与风险应对

一、民企涉足海外的进入方式

企业进入海外市场的方式有多种选择，其中主要包括贸易、契约和投资方式三种。

“贸易式”进入是以向目标国家出口商品而进入该市场，特点是风险最小、资源承诺以及在财务和管理等方面投入也最少。主要的出口渠道可以分为直接和间接出口。直接出口又可分为三种：一是利用国外中间商，即将产品直接卖给国外中间商或由国外中间商代理；二是在国外设立办事处；三是建立国外销售分支机构。间接出口，就是通过本国的中间商经销或代销其产品出口，本企业与国外市场无直接联系，也不涉及国外业务活动。

“契约式”进入是通过与目标国家的法人之间订立长期的、自始至终的、非投资性的无形资产转让合作合同而进入目标国家。主要包括：①许可经营，许可方与国外被许可方签订许可协议，授权对方使用本企业的专利权、版权、商标权以及产品或工艺方面的专有技术等从事生产和销售,然后向对方收取许可费用;②特许专营,在协议下,许可人不仅把自己的无形财产(通常是商标)销售给被许可人,而且还要求被许可人遵守严格的经营规则。③技术协议,指企业同外方签订协议,向对方提供为发展技术或解决技术难题而进行的各种技术咨询、技术培训等服务活动。其他契约式进入方式还包括管理合同、交钥匙工程、国际分包合同等。

"投资式"进入是通过直接投资进入目标国家,即企业将资本连带本企业的管理技术、销售、财务以及其他技能转移到目标国家,建立受本企业控制的分公司或子公司,包括独资经营、合作经营、新建与兼并。这种方式的特点是母公司具有更大的控制权,更密切地接近当地市场以及市场渗透的程度更深,"知识资本"的转移可以增强企业竞争优势。

根据国际化渐进过程理论,企业在国际化进程中,随着国际化经验和自身能力的提升,不断增加在海外市场的资源承诺,采取渐进的市场进入模式。中国民营企业仍处于国际化初期发展阶段,大部分企业通过贸易方式进入海外市场,其主要目的是找到产品的海外销售市场。如温州企业在从事国际贸易时,把间接出口代理作为一种过渡形式,大部分企业选择直接出口。其主要目的是控制出口渠道和出口产品的价格。更重要的是及时掌握海外市场信息,积累国际营销经验,培养国际化经营人才,从而提高企业的国际竞争能力。这说明温州企业并不满足于把产品卖到国外,而是着眼于向海外市场的逐步渗透。

二、民企涉足海外的风险应对

1. 东道国政府政策风险

政策风险是指影响商业环境的政府政策的不稳定性。包括无法预期的财政和货币改革、价格控制、贸易壁垒水平的变化、国有化的威胁、政府规章制度的变化以及收入转移回国内的限制等。

2. 政府政策风险的具体体现

在国际市场上,国际性标准是衡量产品质量优劣的"硬指标",是产品进入国际市场的通行证。国际标准化组织的质量管理体系 ISO 9000 系列已成为企业产品通行于国际市场的基本要求,在欧、美、日等高利润国家或地区市场有着各自更为严格的认证,这些更高要求的标准俨然给企业提出了更高的进入门槛。这是一个包括技术性壁垒、环境壁垒和社会壁垒在内的新型贸易壁垒,将严重影响我国轻工、纺织、化工等诸多行业的产品对欧出口。可见,中国民营企业的出口之路并不平坦,而技术性贸易壁垒已成为当前包括温州企业在内的我国民营企业一道难以逾越的门槛。

【本章小结】

企业应当根据设定的控制目标,全面系统持续地收集相关信息,结合实际情况,及时进行风险评估。企业开展风险评估,应当准确识别与实现控制目标相关的内部风险和外部风险,确定相应的风险承受度。风险承受度是企业能够承担的风险限度,包括整体风险承受能力和业务层面的可接受风险水平。

企业应根据运营目标的定位,结合内外部环境的变化,从企业自身情况入手,采用多种识别方法对内外风险进行识别。

企业应当采用定性与定量相结合的方法，按照风险发生的可能性及其影响程度等，对识别的风险进行分析和排序，确定关注重点和优先控制的风险。企业进行风险分析，应当充分吸收专业人员，组成风险分析团队，按照严格规范的程序开展工作，确保风险分析结果的准确性。

企业应当根据风险分析的结果，结合风险承受度，权衡风险与收益，确定风险应对策略。企业应当合理分析、准确掌握董事、经理及其他高级管理人员、关键岗位员工的风险偏好，采取适当的控制措施，避免因个人风险偏好给企业经营带来重大损失。企业应当综合运用风险规避、风险降低、风险分担和风险承受等风险应对策略，实现对风险的有效控制。

【延伸阅读】

1.《企业内部控制基本规范》

2. 方红星. 企业风险管理整合框架[M]. 大连：东北财经大学出版社，2006.

【思考题】

1. 与其他目标相比，战略目标的特点有哪些？
2. 战略目标设定的原则有哪些？
3. 风险识别具有哪些特点？
4. 定量分析和定性分析是风险分析的两类方法，如何理解两者的关系？
5. 选择风险应对策略时应考虑哪些因素？

【自测题】

1. 单项选择题

(1) 下列各项中，企业的主体目标是(　　)。

A. 报告目标　　B. 战略目标　　C. 经营目标　　D. 合规目标

(2) 战略目标持续的时间一般为(　　)。

A. 一年以内　　B. 一年到三年　　C. 三年以上　　D. 无所谓

(3) 下列表述中，可以作为一个可行的战略目标的是(　　)。

A. 逐步扩大企业的市场占有率

B. 逐步将销售收入提高18%

C. 在三年内使企业的市场占有率达到24%

D. 实现规模经济，降低单位产品成本

(4) 下列指标中，属于成长性业绩目标的是(　　)。

A. 资本利润率　　B. 销售利润率　　C. 利润增长率　　D. 成本降低率

(5) 下列各项中,属于资产保护目标的是(　　)。

A. 保护资产的完整性　　B. 实现利润的最大化

C. 执行控制完成　　D. 执行授权批准制度

(6)"企业在实现其目标的过程中愿意接受的风险的数量"被称为(　　)。

A. 风险承受能力　　B. 风险分担　　C. 风险偏好　　D. 风险数量

(7) 下列各项中,属于风险识别环节的是(　　)。

A. 感知风险和检测风险　　B. 计量风险和分析风险

C. 感知风险和分析风险　　D. 计量风险和监控风险

(8) 下列活动中,不属于风险管理流程的是(　　)。

A. 风险识别　　B. 风险承担能力确定

C. 风险计量　　D. 风险控制

(9) 在各种风险发生前,对风险的类型及其产生的根源进行分析判断,以便对风险进行估算和控制,这是(　　)。

A. 风险识别　　B. 风险计量　　C. 风险监测　　D. 风险控制

(10) 下列选项中,风险识别的财务分析法不包括(　　)。

A. 比率分析法　　B. 故障树法　　C. 杜邦分析法　　D. 趋势分析法

(11) 风险分析的核心内容是(　　)。

A. 风险发生的可能性　　B. 风险影响程度

C. 风险函数　　D. A、B两者均是

(12) 下列各项中,属于定性风险分析方法的是(　　)。

A. 情景分析法　　B. 风险评估图法

C. 压力测试　　D. 敏感性分析

(13) 进行风险分析时,适用于对可变因素较多的项目进行风险预测和识别的方法是(　　)。

A. 情景分析法　　B. 压力测试

C. 敏感性分析　　D. 风险评估图法

(14) 并不消灭风险源,只是风险承担主体发生改变的风险应对策略是(　　)。

A. 风险转移　　B. 风险规避　　C. 风险降低　　D. 风险承受

(15) 在风险发生之前,风险管理者因发现从事某种经营活动可能带来风险损失,因而有意识地采取规避措施,主动放弃或拒绝承担该风险。这种风险应对策略是(　　)。

A. 风险承受　　B. 风险转移　　C. 风险降低　　D. 风险规避

(16) 下列各项中,不属于风险分担方式的是(　　)。

A. 财务型非保险转移　　B. 损失抑制

C. 保险转移　　D. 控制性非保险转移

(17) 下列风险中,可以分散的是(　　)。

A. 宏观经济形势变动　　B. 经营风险

C. 税制改革　　D. 会计准则改革

2. 多项选择题

(1)《企业内部控制基本规范》规定，内部控制的目标包括(　　)。

A. 合理保证企业经营管理合法合规

B. 合理保证资产安全

C. 提高经营效率和效果

D. 合理保证财务报告及相关信息的真实完整

E. 促进企业实现发展战略

(2) 下列各项中，属于战略目标中业绩目标的有(　　)。

A. 资本利润率　　B. 新产品比率

C. 利润增长率　　D. 市场开发能力

E. 盈亏平衡点

(3) 下列各项中，属于平衡计分卡法测评的维度有(　　)。

A. 财务层面　　B. 客户层面

C. 内部运营层面　　D. 外部环境层面

E. 学习与成长层面

(4) 下列各项中，符合企业确定战略目标 SMART 原则的有(　　)。

A. 目标应当清晰明确　　B. 目标要可量化

C. 目标与使命必须是一致的　　D. 目标必须要有明确的截止期限

E. 目标应当是企业可以实现的

(5) 企业设定业务层面目标需要经过四个阶段，具体包括(　　)。

A. 设定业务层面目标

B. 制定实现目标的战略规划

C. 适时更新业务活动的目标

D. 配置资源以保证业务层面目标顺利实现

E. 分解业务目标并下达

(6) 进行风险识别时，常用的方法有(　　)。

A. 财务报表分析法　　B. 流程图分析法

C. 情景分析法　　D. 事件树分析法

E. 保单对照法

(7) 对于风险识别理解正确的有(　　)。

A. 风险识别是一项静态的，依靠专一部门完成的工作

B. 风险识别是连续不断的重复过程

C. 风险识别是一项系统工程，内外部因素均需考虑

D. 风险识别程度和准确性影响日后的风险分析和风险应对

E. 风险识别只需要识别出风险的存在即可

(8) 下列各项中，属于静态风险的有(　　)。

A. 经营风险　　B. 财务风险　　C. 财产风险　　D. 责任风险

E. 违约风险

(9) 下列关于 VaR 的表述中正确的有(　　)。

A. VaR 值可以用来表示市场风险的大小

B. 可以事前计算风险

C. 可以计算单个管理工具的风险

D. 也可以计算由多个管理工具组成的投资组合风险

E. VaR 方法是机构投资者进行投资决策的有利分析工具

(10) 企业可选择的风险应对策略有(　　)。

A. 风险规避　　B. 风险降低　　C. 风险忽略　　D. 风险分担

E. 风险承受

(11) 下列表述中,属于保险型风险转移优点的有(　　)。

A. 合同条款经过严密的审核

B. 直接成本较低

C. 保证系数大,重大事项的投保,可能有再保险的保证

D. 损失保证相对确定

E. 操作手法灵活多样

(12) 选择风险应对策略时应考虑(　　)。

A. 风险承受能力　　B. 成本与效益

C. 对待风险的态度　　D. 可供选择的措施

E. 风险的特性

3. 判断题

(1) 目标设定是企业风险评估的起点,是风险识别、风险分析和风险应对的前提。(　　)

(2) 平衡计分卡从财务、客户及市场、内部营运三个维度来梳理和明确战略目标。(　　)

(3) 将企业战略目标设定为“提高企业在同行业中的市场竞争力”是符合 SMART 原则的。(　　)

(4) 企业可以通过 SWOT 分析,在了解自身的优势、劣势、机会和威胁的基础上制定帮助企业实现目标的战略规划。(　　)

(5) 一般来说,风险分析即为分析风险发生的可能性和影响程度。(　　)

(6) 风险可能性分析的结果一般有五种,其中,“可能”意味着在多数情况下可能发生。(　　)

(7) 定量分析和定性分析相比,具有很强的主观性。(　　)

(8) 敏感性分析就是从改变可能影响分析结果的不同因素的数值入手,估计结果对这些变量的变动的敏感程度,属于定量分析方法。(　　)

(9) 一般而言,在对利润产生影响的各因素中,敏感程度最低的为单价。(　　)

(10) 企业所面临的一切风险都是可以规避的。(　　)

(11) 损失抑制是指在事故发生前，采取措施减少损失发生范围或损失程度的行为。（　）

(12) 财务型保险转移是指利用经济处理手段转移经营风险，比较常用的手段有保证、再保证、证券化、股份化等。（　）

案例分析

目的： 分析案例企业面对的风险。

资料： 双汇集团是以肉类加工为主的大型食品集团，目前总资产 60 多亿元，员工 4 万多人，在全国 10 多个省、市建有 20 多家现代化的肉类加工基地，年屠宰生猪 1 500 万头，年销售冷鲜肉及肉制品 200 多万吨，是中国最大的肉类加工基地。2011 年 3 月 15 日，央视《每周质量报告》报道了双汇集团下属子公司济源双汇食品有限公司收购屠宰喂养瘦肉精的"健美猪"的事件，并被停牌调查。先是双汇内部问责，多名高管被免职；继而政府相关部门介入，若干责任人得到行政处分。农业部、商务部也派人进入河南督察，彻查生猪养殖环节添加瘦肉精问题。但舆论对此事依旧反应强烈，更有媒体呼吁司法机关介入调查。媒体分析称，双汇集团将损失 100 亿元，最高可达 200 亿元，将近 20 年的利润。

事件回放：

2011 年 3 月 15 日，央视"3·15"特别节目《"健美猪"真相》披露了河南孟州、沁阳、温县等地含有"瘦肉精"的生猪流入济源双汇。济源双汇食品有限公司主要以生猪屠宰加工为主，有连锁店和加盟店，是双汇集团下属子公司。消息一出，双汇发展(000895)当日跌停。

3 月 15 日，双汇集团就"瘦肉精"猪肉事件做出回应，声明称济源双汇食品有限公司是双汇集团下属子公司，对此事给消费者带来的困扰，双汇集团深表歉意，并责令济源工厂停产自查。

双汇集团回应说：他们对于肉制品质量有非常严格的把关和审查过程，每批生猪屠宰前都要进行检验，也包括对瘦肉精的检测。公司已经派人前往位于河南省济源市的济源双汇食品有限公司进行调查，等详细检测报告出来后，将向社会公布。

2011 年 3 月 16 日起双汇发展(000895)将停牌，待相关事项核实清楚后复牌。

双汇集团 3 月 17 日晚间在其官方网站再次发布公开声明。声明称，双汇集团决定，将每年的 3 月 15 日定为"双汇食品安全日"，把食品安全落实到每一天。

双汇集团 17 日晚间再次发表公开声明：要求涉事子公司召回在市场上流通的产品，并在政府有关部门的监管下进行处理。同时，对济源双汇总经理、主管副总经理、采购部长、品管部长予以免职。声明最后表示，济源双汇公司将继续停产整顿。自 3 月 16 日起，双汇集团下属所有工厂除继续按照国家标准检验外，还将对生猪屠宰实施"瘦肉精"在线逐头检验。双汇集团将对下属所有工厂加强监管力度，确保出厂产品批批合格。

关于瘦肉精：瘦肉精被认为是肉制品业的"三聚氰胺"，它通常是指盐酸克仑特罗，一种肾上腺类神经兴奋剂，类似药物还有莱克多巴胺、沙丁胺醇和特布他林等。将这一类物质添加到饲料中，可以增加动物的瘦肉量，减少饲料使用，使肉品提早上市，从而降低成本。目前全球136个国家和地区都规定肉制品不得检出瘦肉精。2009年2月,瘦肉精导致广州70人中毒,成为近年最受关注的食品安全事故之一。

2002年,农业部、卫生部、国家食品药品监督管理局发布公告,明令禁止在饲料和动物饮用水中添加盐酸克仑特罗和莱克多巴胺等7种"瘦肉精"。

2008年,最高人民检察院、公安部规定新的刑事案件立案追诉标准,对使用"瘦肉精"养殖生猪,以及宰杀、销售此类猪肉的,将以生产、销售有毒、有害食品罪追究刑事责任。

"健美猪"是否罗生门?

纵观双汇"瘦肉精"事件,不难发现双汇乃至当地畜牧兽医部门的种种渎职行为,在饲料添加、生猪检测、产品追溯等各个方面都存在漏洞。瘦肉精严重危及食品安全,理应得到彻查。有分析人士指出,与遍布全国的销售网络以及迅猛扩张的产能严重不协调的是,双汇在产业链上游的资源相当有限。双汇目前生猪自养比例在1/3以下,即外购生猪超过2/3,而此次"瘦肉精风波"正是源自外购生猪环节。不可否认,双汇在生猪收购和瘦肉精检测环节存在重大疏漏,但从控制生产成本的角度考量,目前也只能对外购生猪采取抽检方式,世界上没有哪家企业能承担对所有产品全面检测的成本。可问题在于,来自千家万户的生猪,使用瘦肉精现象仍较为普遍,不全面检测,就难免有漏网之鱼,这或许恰是双汇瘦肉精事件的根源所在。在生猪养殖领域,要想严格控制食品安全,必须掌控整条产业链。

双汇是行业龙头企业、中国知名品牌,"健美猪"带给双汇自身、肉类加工业乃至食品加工业和消费者的伤害是显而易见的。"健美猪"伤的不只是消费者的胃,伤的是消费者、投资者、政府、民众的心。

要求:

1. 从上述材料分析说明双汇集团经营中可能存在的风险有哪些,应怎样进行风险识别?

2. 试对双汇集团的风险应对措施作出评价,并给出你的建议。

第四章

控制活动

学习目标

通过本章学习，应达到以下学习目标：

1. 理解内部控制的主要控制活动类型；
2. 熟悉各项控制活动的定义和内容；
3. 掌握各项控制活动的基本原理及其应用。

引导案例

中石油的会计系统控制①

第一次实现整个公司财务数据的集中共享；第一次完成了国际软件与国内软件的无缝集成；第一次完成了“表抵法”到“账抵法”的转变；第一次实现了总部直接查询整个公司的账务体系……所有这些第一次都属于中国石油会计一级集中核算系统。如果仅仅以为这些第一次只是中国级的，那你就错了，因为它们同样是世界级的第一次。

“中国石油的公司规模和每天的业务量非常巨大，在这个系统之上可以正常地运行，这是了不起的成果！”财政部财科所教授、会计信息化委员会委员杨周南如是评价。

2000年4月6日、7日，中国石油分别在纽约证券交易所、中国香港联合交易所上市，并从此进入了发展的崭新阶段。当时，中国石油就实现了会计核算的初步集中，建立了覆盖整个股份公司1 800多个会计实体、112个业务单元、4个专业公司和总部的中国最大的财务网络信息系统。但是报告层次多、流程长、速度慢，会计实体多，数据分散，信息共享差，难以监督控制等问题仍未彻底解决。

在复杂的监管环境下，没有一套集中高效的一级会计核算管理体系对国内外的各种规定进行统筹兼顾，并在全公司范围内统一贯彻执行，仅仅依赖地区公司的报表数据，很难全面满足以上方方面面的要求。2006年8月，中国石油一级会计集中核算项目正式启动。在中国石油这类国际大石油公司，实施会计一级集中核算是前无古人的事情，国内外都没有任何可供借鉴的经验。项目组大胆尝试、勇于创新，提出了公司财务报表从总部账务直接生成的崭新思路，建立了整个股份公司集中控制的标准编码体系，实现了地区公司之间交易的实时抵销，确立了全新的财务报告流程，创造性地实现了FMIS(财务管理信息系统)与SAP的无缝集成。经过一年的开发、建设后，2007年8月31日，“中国石油会计一级集中核算系统研制成功暨全面启动会”在北京召开。这标志着中国石油会计一级集中核算系统全面实施。

---

① 李一硕，杨雪. 中国石油：会计一级集中核算带来的那场变革[N]. 中国会计报，2009-06-12.

财政部副部长王军在实地调研了中国石油会计一级集中核算系统之后，高度评价该系统做到了“五个实现”和“五个创新”，并希望中国石油继续总结经验，将“一家经验变成万家实践”。

第一节　不相容职务分离控制

一、不相容职务分离控制的定义

《企业内部控制基本规范》第二十九条规定，不相容职务分离控制要求企业全面系统地分析、梳理业务流程中所涉及的不相容职务，实施相应的分离措施，形成各司其职、各负其责、相互制约的工作机制。不相容职务分离控制的核心是内部牵制。不相容职务分离控制贯穿于企业经营管理活动的始终，是企业防范风险的重要手段之一。

不相容职务是指某些如果由一名员工担任，既可以弄虚作假，又能够自己掩饰作弊行为的职务。这些职务通常包括：授权、批准、业务经办、会计记录、财产保管、稽核检查等。例如，某企业的出纳人员同时兼任货币资金的稽核与会计档案的保管，这就违反了不相容职务相分离的原则。如果该员工伪造签名，贪污企业的款项，他就有可能隐瞒对贪污款项的支票记录，使得舞弊行为被隐瞒而不被发现。可见，这三项职务必须由三个员工分别担任以便进行控制。由上可知，企业通过不相容职务分离控制活动，可以降低错误和不当行为发生的风险。

二、不相容职务分离的内容

企业在设置内部机构时应体现不相容岗位相分离的原则，特别是在涉及重大或高风险的业务处理程序时，必须考虑建立各层级、各部门、各岗位之间的分离和牵制。对于因机构人员较少且业务简单而无法分离处理的某些不相容职务，企业应当制定切实可行的替代控制措施，如轮岗制度、强制休假制度。企业应当遵循不相容职务分离的原则，综合考虑企业性质、发展战略、文化理念和管理要求等因素，形成各司其职、各负其责、相互制约、相互协调的工作机制，并确定具体岗位的名称、职责和工作要求等，明确各个岗位的权限和相互关系。

概括而言，不相容职务分离控制是经济业务的可行性研究与执行要分离、决策审批与执行要分离，执行与记录、监督要分离，物资财产的保管与使用、记录要分离。根据大部分企业的经营管理特点和一般业务性质，需要分离的不相容职务主要有以下六种，如图 4-1 所示。

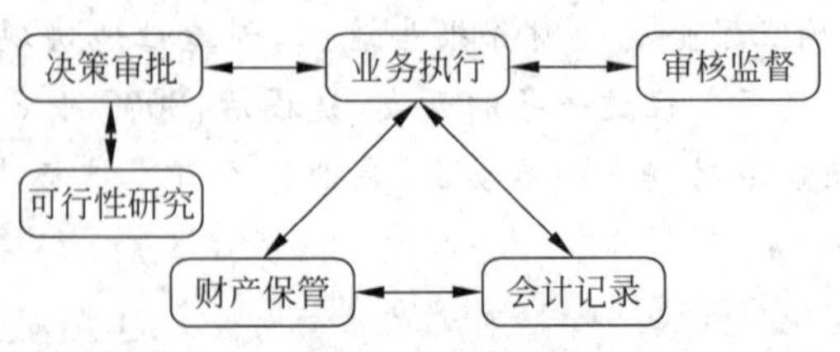

图 4-1　不相容职务分离控制图解

(1) 可行性研究与决策审批相分离;

(2) 业务执行与决策审批相分离;

(3) 业务执行与审核监督相分离;

(4) 会计记录与业务执行相分离;

(5) 业务执行与财产保管相分离;

(6) 财产保管与会计记录相分离。

案例 4-1　　中海集团再现“资金门”①

2008 年 1 月 31 日,中国海运(集团)总公司曝出一桩中国航运界罕见的财务丑闻。中海集团驻韩国釜山公司的巨额运费收入及部分投资款,在春节前后查出被公司内部人非法截留转移。目前已确认的抽逃资金总额大约 4 000 万美元(约合人民币 3 亿元),主要涉案人员中海集团韩国控股的财务部负责人兼审计李克江在逃。

中海集团成立于 1997 年 7 月,总部设于上海。釜山公司为中海集团韩国控股公司下属企业,主营集装箱业务。这起案件已是中海集团近年来发生的第二桩“资金门”事件。2006 年 6 月起,中海集团就曾将所获得的银行短期贷款近 25 亿元人民币违规进行股票投资。在 2007 年被查出后,受银监会通报批评。再次发生此类案件,足以说明中海集团内部控制的严重缺失。

据知情人透露,此次被挪走的 4 000 万美元是被分成一百多次逐步挪出公司账户的,且主要是从中海集团驻韩国釜山公司包括运费在内的各种日常经营现金流中非法截留的。经调查,主要涉案人员李克江,即中海集团韩国控股的财务部负责人,身兼审计一职,这严重违背了不相容职务分离的原则,同时也是造成“资金门”案件的主要原因之一。李克江身兼数职,使其对自己的工作进行评价,也就给予其可乘之机。

为了加强资金管理,尤其是海外子公司的管理,企业应明确筹资、投资、营运管理等环节的职责权限和岗位分离要求。其中不相容职务分离尤为重要,它要求授权、批准、业务经办、会计记录、财产保管、稽查监察六权分离,实现相互牵制。从“资金门”案件,我们可以看出,不相容职务分离控制不到位,是巨款被挪发生的一个重要原因。

三、轮岗与强制休假制度

对关键岗位的员工,可以实行强制休假制度,并确保在最长不超过五年的时间内进行岗位轮换,防范并及时发现岗位职责履行过程中可能存在的重要风险。

(一) 轮岗制度

1. 轮岗制度的定义

企业应当结合岗位特点和重要程度,明确关键岗位员工轮岗的期限和有关要求,建立规范的岗位轮换制度。轮岗是指员工在企业内部进行不同工作岗位的轮换,以防范并及

---

① 刘华.中海集团釜山公司内部控制案例分析[J].财政监督,2008(12).

时发现岗位职责履行过程中可能存在的重要风险。轮岗制度是不相容职务相分离控制的一种替代形式。

实行轮岗制度的最重要的作用就是控制风险。"常在河边走,哪有不湿鞋"这句大家耳熟能详的谚语形象地说明了轮岗制度的必要性与重要性。通常,一个人在某个岗位上如果工作了较长时间(特别是5年以上),都会积累很多资源,容易形成个人垄断资源而对企业利益产生潜在危险的局面。通过轮岗就可以避免这一风险。

2. 轮岗制度的内容

企业应当从本单位实际出发,制定各级管理人员和关键岗位员工定期轮岗制度,明确轮岗范围、轮岗周期、轮岗方式等,形成相关岗位员工的有序持续流动,全面提升员工素质,从而使本单位的轮岗工作有目的、有计划地进行。轮岗工作的组织要注意以下问题:第一,认真选择轮岗对象。第二,做好思想工作和培训组织工作。第三,轮岗一般不应提前通知。第四,企业关键岗位人员离职前,应当根据有关法律法规的规定进行工作交接或离任审计。交接时一般应三方在场,三方包括被轮岗人员、接岗人员、监督交接人员。

课堂讨论

企业为何要实行轮岗制度?其优缺点各是什么?

案例 4-2　法国兴业银行金融丑闻的教训[①]

2008年1月24日,法国兴业银行曝出世界金融史上最大的违规操作丑闻,现年32岁的权证市场交易员杰罗姆·凯维埃尔(Jerome Kerviel)以欺诈手段从事期货买卖,其违规头寸高达500亿欧元(约合735亿美元),至1月23日强行平仓止,造成法国兴业银行的直接损失近49亿(约合71亿美元)。

2000年,23岁的凯维埃尔进入法国兴业银行。随后5年,他一直在银行内部不同的中台部门工作。所谓"中台部门"就是管理交易员的机构,这个工作机会让他得以深入了解法兴集团内部处理和风险控制的程序以及步骤。2005年,他成为银行风险套利部门的交易员。从此,杰罗姆像蚂蚁一样,开始构筑他的"期货投机帝国"。

正是因为法国兴业银行具有享誉全球的风险控制系统,凯维埃尔的欺诈性交易在系统中触发了多达75次警报,但是大部分预警并没有按风险控制程序得到全面、准确、可信的查证,否则要绕过多达6重风险管理程序的监控几乎是不可能的。

可能也正是因为法国兴业银行具有享誉全球的风险控制系统,所以当出现异常现象时,风险监控部门依然沉浸在过去风险控制优秀的辉煌历史中,对超乎寻常的高收益、高额现金流和高额佣金都没有要求凯维埃尔提供详细的交易信息并进行深入分析;对欧洲期货交易所的询问函没有及时了解并回复;甚至在凯维埃尔对监控部门发现的问题做出不一致的解释时,也没有做出任何反应;凯维埃尔的越权回复也得到了监控部门的默认等。事后可以看到,无论是哪一次预警还是哪一次异常,只要能及时进行深入了解和分

---

① 刘奥南.法国兴业银行危机启示[J].金融实务,2008(7).

析，都会及早暴露问题，减少风险损失，即使是最基本的休假制度，凯维埃尔曾一年四次以其他理由拒绝休假。

凯维埃尔最初从事后台监管工作，熟悉银行内部的风险管理程序。法兴集团相关负责人说，在中台5年的工作经验被杰罗姆派上了用场。“他利用自己在操作控制系统上积累的知识，躲避了控制系统的检查。”而这些控制系统正是用于审核交易员所完成的操作行为的真实性和有关特性。通过伪造公司账户（技术性交易对手），建立了庞大的多头仓位；利用同事的名字登录系统，掩盖自己的交易痕迹；利用虚假交易记录来掩盖仓位出现的亏损；利用内部交易确认的时间差逃避监控；利用交易开始日期延迟（起息日大大晚于交易日期）的时间取消交易；风险控制的手段和方法被其悉数掌控和利用。这些都帮助凯维埃尔逃避了风险控制系统的有效监控，从而使得其欺诈性交易行为得以多次发生。

（二）强制休假制度

1. 强制休假制度的定义

强制休假制度是指对某些关键岗位的工作人员和主管在法定和例行的假期外由上级安排休假一段时间。这种安排都较突然，休假期间其岗位一般都安排较高级别业务主管或其他单位同级的业务骨干代理。

由于关键岗位部门的工作人员或业务主管的权力很大，对一家企业来说，有时他们的作为甚至影响一家大企业的生死存亡，其最典型的反面教材就是英国巴林银行被里森搞垮这一案例。因此，对这部分人员实行强制休假，不仅是体恤他们的辛劳，更重要的是通过这一假期，对其工作期间的业绩品行行为进行一次突击性的全面考查。

2. 强制休假制度的内容

强制休假制度是内控体系的一个重要组成部分，是强化内部监控、防范操作风险、消除风险隐患的有效手段之一。实行强制休假可以使员工在紧张的工作中得到必要的休整，促进员工的身心健康，提高工作效率，及时发现和有效预防各类违规违纪案件。

在实行强制休假制度时，企业应结合自身情况，合理安排，并注意以下几点：第一，强制休假方案的制定要明确，应包括休假人数、休假的组织方式、休假费用、工作交接、组织离岗检查等内容。第二，强制休假要实行临时决定制。确定好具体休假人员后，应即时通知，当天办理有关移交手续，及时实行离岗休假。第三，对强制休假人员组织离岗检查，采取现场方式进行，重点检查休假人员的岗位职责履行情况。第四，在对强制休假人员组织离岗检查后，形成的检查报告应上报。对检查中发现的问题及处理意见应及时解决。

知识链接

李晓慧，孟春. 有效内部控制的关键环节研究——来自巴林银行、兴业银行和瑞士银行的多案例对比[J]. 财政研究，2012-02-05.

第二节　授权审批控制

一、授权审批控制的定义

根据《企业内控基本规范》第三十条的规定，授权审批控制要求企业按照授权审批的相关规定，明确各岗位办理业务和事项的权限范围、审批程序和相应责任。企业内部各级管理人员必须在授权范围内行使职权和承担责任；业务经办人员必须在授权范围内办理业务。完善的授权审批控制有助于明确权利和义务，层层落实责任，层层把关，最大限度地避免经营风险的发生。毫无疑问，授权审批控制也是防范企业风险的一种重要手段。

案例 4-3 "豪赌"的代价——中信泰富外汇合约引亏空①

2008 年 10 月 20 日，中信泰富发出盈利预警，称公司为减抵西澳洲铁矿项目面对的货币风险，签订若干杠杆式外汇买卖合约而引致亏损，实际已亏损 8.07 亿港元。至 10 月 17 日，仍在生效的杠杆式外汇合约按公平价定值的亏损为 147 亿港元。换言之，相关外汇合约导致已变现及未变现亏损总额为 155.07 亿港元。事件发生后，集团财务董事张立宪和财务总监周志贤辞去董事职务，中国香港证监会和香港交易所对中信泰富进行调查，直至调查终止，中信集团高层人士对中信泰富在外汇衍生品交易中巨亏逾 105 亿港元极为不满，认为荣智健应对监管疏忽承担责任，对中信泰富董事会可能进行大改组。而中信泰富的母公司中信集团也因此受影响。2009 年 4 月 8 日，中信泰富发布公告，称荣智健已正式辞去中信泰富董事及主席职务。

这是一个很典型的授权审批案例，正如荣智健所说的，中信泰富巨亏的问题在于公司的财务董事未遵守公司政策。如此巨大数额的交易，本应由集体决策或联签制度来进行决议，而中信泰富仅仅是集团财务董事张立宪和财务总监周志贤私自决定，作为董事局主席的荣智健竟然全然不知情，公司设立的双重审批制度也形同虚设，未能发挥自己的作用。失败也就不足为奇了。

二、授权控制的形式

（一）授权控制的基本原则

清晰的权限指引可使不同层级的员工明确该如何行使并承担相应责任，也利于事后考核评价。"授权"表明了企业各项决策和业务必须由具备适当权限的人员办理，这一权限通过公司章程约定或其他适当方式授予。企业内部各级员工必须获得相应的授权，才能实施决策或执行业务。

1. 授权的依据——依事而不是依人

企业应该本着有利于实现战略目标，有利于资源配置的目的来设置职务并进行授权，而不是仅凭被授权者的能力。如果因人授权，虽然充分考虑了被授权人的知识与才能，但却不能确保职权被授予给了最合适的人员，不利于企业目标的实现。

2. 授权的界限——不可越权授权

授权者对下级的授权，必须在自己的权力范围内，不能超越自己拥有的权限进行授权。

---

① 案例来源：百度文库，http://wenku.baidu.com/view/6d8098115f0e7cd18425369d.html,2012-07-13.

3. 授权的“度”——适度授权

授权过程中对于“度”的把握是授权控制成败的关键，既不能贪恋权力，不愿下放，也不能过度授权。权力下放不到位会直接影响下级部门的工作效率和积极性；而过度授权则等于放弃权力，甚至出现滥用职权的现象。正确的做法是应将下级在行使职责时必需的权力下放，并且做到权力和责任相匹配。对于重大事项的权限，不可轻易下放。

4. 授权的保障——监督

相关人员在授权后应该给予适当的监督。如果放任不管，可能发生越权或滥用职权的行为；如果常加干涉，授权等于没授，不利于调动下属的主动性和创造性。对授权进行监督的重点主要是防止下级越权操作和“先斩后奏”的行为。

5. 授权的灵活性——弹性授权

所谓弹性授权，是指授权不是一成不变的，而是要随着经济业务活动的变化而不断发展变化。武侠小说里常说“天下武功，唯快不破”，这句话也同样适用于企业的经营。对于企业经营来说，这里的“快”字不应该仅仅体现在进攻速度上，更应该体现为迅捷的应变速度上。授权要保持灵活性，要能够快速地变化以适应企业各岗位职能的变化。

（二）授权的类型

1. 常规授权

常规授权是指企业在日常经营管理活动中按照既定的职责和程序进行的授权。这种授权可以在企业正式颁布的岗(职)位说明书中予以明确，或通过制定专门的权限指引予以明确。如销售部门确定销售价格的权利、财务部门批准费用报销的权利。《企业内部控制基本规范》第三十条规定，企业应当编制常规授权的权限指引。常规的授权一般应采用书面形式。

2. 特别授权

特别授权一般是由董事会给经理层或经理层给内部机构及其员工授予处理某一突发事件(如法律纠纷)、做出某项重大决策、代替上级处理日常工作的临时性权力。《企业内部控制基本规范》第三十条规定，企业应规范特别授权的范围、权限、程序和责任，严格控制特别授权。特别授权既可以采用书面形式，也可以采用口头形式。一般情况下，企业应当尽量采用书面授权的形式明确相关人员的权限和责任界限，以避免出现口头授权形式下误解权责范围、滥用职权，以及出事之后相互推诿、无法问责情况的发生。

三、审批控制

（一）审批控制的基本原则

1. 审批要有界限——不得越权审批

越权审批就是超越被授权权限进行审批，通常表现为下级行使了上级的权利。如资金的调度权按规定属于总会计师，但总经理直接通知出纳将资金借给其他企业就属于越权审批的行为。

普法办.越权审批合同违反内控和合同管理制[N].中国石化报,2009-09-28.

2. 审批要有原则——不得随意审批

审批控制的目的是保证企业的所有行为有利于经营效果和效率的提高，最终实现控制目标。因此，即便审批人有一定的审批权限，也不能随意批准，而应该依据企业的有关预算、计划或者决议进行。在审批中，应贯彻集体决策的原则，实行集体决策审批或者联签制度。在综合正反两方面意见的基础上进行决策，而不应由少数人主观决策。

（二）审批的形式

同授权的形式一样，审批也应该尽量采用书面形式，采用书面形式既可以方便上级进行批示，也可以避免口说无凭，责任不清。此外，还便于监督检查人员对该活动的监控。

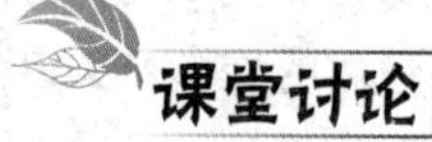

试从授权审批的角度点评中航油新加坡公司破产案例。

第三节　会计系统控制

一、会计系统控制的定义

会计系统是指公司为了汇总、分析、分类、记录、报告公司交易等而建立的方法和记录的工作系统，它对内向管理层提供经营管理信息，对外向投资者、债权人等提供相关决策信息。

会计系统控制是指利用记账、核对、岗位职责落实和职责分离、档案管理、工作交接程序等会计控制方法，确保企业会计信息真实、准确、完整。会计系统控制贯穿于企业整个经营管理活动，在控制投资业务、筹资业务、销售业务、担保业务、外包业务等风险方面发挥了重要的作用。根据《企业内部控制基本规范》第三十一条的规定，会计系统控制要求企业严格执行国家统一的会计准则制度，加强会计基础工作，明确会计凭证、会计账簿和财务会计报告的处理程序，保证会计资料真实完整。

二、会计系统控制的措施

（一）会计准则和会计制度的选择

企业管理层应当依据企业具体情况选择适用的会计准则和相关会计制度。例如根据规模和行业性质，分别采用《企业会计准则》、《企业会计制度》、《小企业会计制度》等。

（二）会计政策选择

企业的会计政策是指企业在会计确认、计量和报告中采用的原则、基础和会计处理方法。《企业会计准则》给企业会计处理留下了足够大的会计政策选择空间，这并不是说企业可以随便选择和变更会计政策，企业管理层应当以真实、公允地反映企业状况为标准来选择适当的会计政策，变更会计政策时要说明合理变更的原因。

（三）会计估计确定

会计估计是指企业对其结果不确定的交易和事项以最近可利用的信息为基础所做出的判断。企业管理层需要依据企业的真实情况，做出合理的会计估计。若资产和负债的当前状况及预期未来经济利益和义务发生了变化，则会计估计也需要做出相应改变。

（四）文件和凭证控制

企业应当对经济业务文件进行记录并且凭证需要连续编号，避免业务记录的重复或遗漏，同时也便于业务查询，并在一定程度上防范舞弊行为的发生。例如，企业对产品出入库单预先编号，这样可以有效控制产品的流动，不会出现产品的无故短缺。

（五）会计账簿登记和财务报表编制控制

一方面，企业应按照规定设置会计账簿，在填写“启用表”后启用会计账簿，会计账簿审核表无误后才能登记入账，对会计账簿的账页或账户应连续编号，并按照规定的方法与程序登记进行错误更正；另一方面，企业应按照规定的方法和时间编制及报送财务会计报告，并且一定要由单位负责人、总会计师以及会计主管人员审阅、签名并盖章。

（六）会计档案保管控制

会计档案是指会计凭证、会计账簿和财务报表等会计核算专业资料，是记录和反映经济业务的重要历史资料和证据。会计档案的内容一般指会计凭证、会计账簿、会计报表以及其他会计核算资料等。企业应当详细记录且妥善保管合同、协议、备忘录、出资证明等重要的法律文书，作为企业重要的档案资料以备查用。

（七）业务流程控制

企业应当采用业务流程图的形式清晰反映其业务流程（业务流程图是由特定的符号组成，反映在业务处理程序及部门之间相互关系的图表，它既是企业管理的有效工具，也是评价内部控制的重要手段），使得员工能够应充分理解企业的业务流程，从而清楚自己在整个业务流程中的地位，采取适当的工作方式实现自己的岗位责任。

（八）组织和人员控制

企业应当依法设置会计机构，配备会计从业人员。从事会计工作的人员，必须取得会计从业资格证书。会计机构负责人应当具备会计师以上专业技术职务资格。大中型企业应当设置总会计师。设置总会计师的企业，不得设置与其职权重叠的副职。

（九）建立会计岗位制度

企业应根据自身规模大小、业务量多少等具体情况设置会计岗位。一般大中型企业设置会计主管、出纳、流动资产核算、固定资产核算、投资核算、存货核算、工资核算、成本核算、利润核算、往来核算、总账报表、稽核、综合分析等岗位。小型企业因业务量较少，应适当合并减少部分岗位。这些岗位可以一人一岗、一人多岗，也可以一岗多人，但出纳人员不得兼任稽核、会计档案保管和收入、费用、债权债务账目的登记工作。

案例 4-4 会计控制缺失,企业资产受损[①]

2011 年 10 月 14 日,奥林巴斯英国籍社长伍德福德突然遭到奥林巴斯公司辞退。随后,伍德福德通过媒体称他是因为追究公司内以不当价码收购英国一家医疗器材公司,而突然遭到解职。伍德福德表示,关于奥林巴斯支付给 AXAM 投资公司的巨额费用一事,美国联邦调查局(FBI)正在调查。虽然现在这家公司已经注销,但却与一名位于美国的日本银行家存在联系。消息一出,国际投资大股东纷纷要求奥林巴斯公开财务内容,从而奥林巴斯"假账门"风波被全面引爆。2011 年 11 月 8 日,奥林巴斯上任仅两周的 CEO 高山修一在 140 名左右的国内外记者面前,向投资人鞠躬 90 度致歉。至此,奥林巴斯首次向外界承认在财务方面存在着"非常不恰当的"行为,高山修一把主要责任推在前董事长兼总裁菊川刚、负责财务的副总裁森久志、审计师三田秀雄这三个人身上。由此外界对奥林巴斯这起造假丑闻历史的关注顿时达到高潮。而事实上,奥林巴斯的造假手法并不算高明,但是却直到 20 年后的今天才被掀开。奥林巴斯承认,20 世纪 80 年代以来,奥林巴斯公司 3 名高管掩盖了投资证券所造成的亏损,他们通过向咨询机构支付天价费用等方式来掩盖亏损。在此期间,奥林巴斯通过并购的方式,将投资亏损转移至公司账外,毫无疑问,这是用欺骗手段侵吞了投资人的金钱。奥林巴斯被查出的造假金额可能高达 18 亿美元。受此影响,奥林巴斯公司的股价在短短一个多月的时间内跌去近五分之四,市值缩水额最高时超过 70 亿美元。奥林巴斯的股票更是面临退市的危险,虽然最后经过危机公关,避免了股票退市的恶果,但这家拥有 90 多年历史的知名企业已经大伤元气。

一家受到市场严密监管的世界 500 强企业,其管理水平、内控制度一直备受推崇,是很多学者研究的样本、职业经理人学习的模板,这样发展成熟的企业尚且因为会计系统控制不完善面临巨大危机。在我国企业内部控制体系建设中,加强对会计系统控制的建设,不断完善管控风险的能力仍是很有意义的方向。

第四节 财产保护控制

一、财产保护控制的定义

保证资产安全和完整是《企业内部控制基本规范》规定的内控目标之一。《企业内部控制基本规范》第三十二条规定,财产保护控制要求企业建立财产日常管理制度和定期清查制度,采取财产记录、实物保管、定期盘点、账实核对等措施,确保财产安全。

二、财产保护控制的措施

这里所述的财产主要包括企业的现金、存货以及固定资产等。它们在企业资产总额中的比重较大,是企业进行经营活动的基础,因此企业必须加强实物资产的保管控制,保证实物资产的安全与完整。

---

① 李喆.日本奥林巴斯社长因"假账门"将辞职[J].国际在线专稿,2012.

（一）财产档案的建立和保管

企业应当建立财产档案，全面、及时地反映企业财产的增减变动，以实现对企业资产的动态记录和管理。企业应妥善保管涉及财产物资的各种文件资料，避免记录受损、被盗、被毁。由计算机处理记录的文件材料需要有所备份，以防数据丢失。

（二）限制接近

《企业内部控制基本规范》第三十二条规定，企业应当严格限制未经授权的人员接触和处置财产。限制接近是指严格限制未经授权的人员对资产的直接接触，只有经过授权批准的人员才能接触资产。限制接近包括限制对资产本身的接触和通过文件批准方式对资产使用或分配的间接接触。

一般情况下，对货币资金、有价证券、存货等变现能力强的资产必须限制无关人员的直接接触。现金的保管与记账人员相分离，平时将现金放在保险箱并由出纳人员保管钥匙；支票、汇票、发票、有价证券等易变现的非现金资产一般采用确保两个人同时接近资产的方式加以控制，或在银行租用保险柜存放这些特殊资产；对于实物财产如存货、固定资产等的控制，可以让保管人员看管，或安装监视系统、采取防盗措施。

（三）盘点清查

盘点清查是指定期或不定期地对存货、固定资产等进行实物盘点和对库存现金、银行存款、债权债务进行清查核对，将盘点清查的结果与会计记录进行比较核对，并进行差异处理的过程。若在盘点中发现差异，应当及时分析原因，提出处理意见，出具清查报告，并将其结果及处理办法向企业的董事会或相关机构报告。一般来说，盘点清查范围主要包括存货、库存现金、票据、有价证券以及固定资产等。

案例 4-5　　监守自盗——河北邯郸农行被盗案[①]

5 100 万元巨款，堆在一起是什么感觉？就算都是百元大钞，叠在一起也有 50 米高，总重量将近两吨。可是，这笔谁都没办法一下搬动的巨款，居然从河北邯郸市农业银行的金库里消失得无影无踪。2007 年 4 月 14 日下午，河北邯郸农业银行发现，金库里的 5 100 万元现金被盗。案发后 5 天，犯罪嫌疑人任晓峰、马向景均被警方抓获，赃款的 4 300 万元被两名犯罪嫌疑人用于买彩票，有 500 万元无法追回。任晓峰、马向景这两名金库的保管员，从 2006 年 11 月到 2007 年 4 月，在长达 5 个月的时间里，偷走了金库的现金 5 100 多万元，可农业银行邯郸分行竟然没有检查出来，此次案件农业银行邯郸分行自然负有不可推卸的责任。随着两名犯罪嫌疑人的落网，6 天之后，农业银行总行也通报了对邯郸农行盗窃案的处理决定。

课堂讨论

从河北邯郸农行被盗案总结加强银行金库财产保护的措施。

---

① 郭长水. 邯郸农行金库被盗案揭示的八大漏洞[J]. 中国内部审计，2008(1).

（四）财产保险

企业可以据实际情况，对其重要或特殊的财产投保，使得企业可以在意外情况发生时通过保险补偿，减轻损失程度。

“睡虎地秦简”(以下简称“秦简”)是云梦睡虎地11号秦墓出土的竹简，从这些竹简上的记载可以看出，我国内部控制制度早在战国时期就已出现。因为那时人们比较重视财产，竹简上有关财产保护控制记载较为详细，主要有粮食管理制度和财产物资的盘存制度。到秦国时期，为了确保粮食的安全，对粮食的收、发、存建立了严格的责任制度。

资料来源：重庆工学院财会研究与开发中心内部控制课题组.从睡虎地秦简看秦国的内部控制[M].//中国会计学会高等工科院校分会2008年学术年会论文集.

第五节 预算控制

一、预算控制的定义

全面预算是指企业对一定期间的经营活动、投资活动、财务活动等做出的预算安排。全面预算作为一种全方位、全过程、全员参与编制与实施的预算管理模式，凭借其计划、协调、控制、激励、评价等综合管理功能，整合和优化配置企业资源，提升企业运行效率，成为促进实现企业发展战略的重要抓手。正如美国著名管理学家戴维·奥利所指出的那样：全面预算管理是为数不多的几个能把组织的所有关键问题融合于一个体系之中的管理控制方法之一。

《企业内部控制基本规范》第三十三条规定，预算控制要求企业实施全面预算管理制度，明确各责任单位在预算管理中的职责权限，规范预算的编制、审定、下达和执行程序，强化预算约束。

实施预算控制具有以下四个主要作用①。

（一）企业实施内部控制、防范风险的重要手段与措施

预算本身并不是最终目标，企业的最终目标是企业采取管理与控制手段来实现对企业风险的有效控制并达成企业目标，从而因此，全面预算的本质是企业内部管理控制的一项工具。全面预算的制定和实施过程，就是企业不断用量化的工具，使自身所处的经营环境与拥有的资源和企业的发展目标保持动态平衡的过程，也是企业在此过程中所面临的各种风险的识别、预测、评估与控制过程。因此，《企业内部控制基本规范》将预算控制列为重要的控制活动和风险控制措施，并专门制定了《企业内部控制应用指引第15号——全面预算》，旨在引导和规范企业加强全面预算管理各环节的风险管控。

---

① 财政部会计司.企业内部控制规范讲解[M].北京：经济科学出版社，2010：324-325.

（二）企业实现发展战略和年度经营目标的有效方法和工具

“三分战略，七分执行”，企业战略制定得再好，如果得不到有效实施，终不能实现企业的最终目标，甚至可能因实际运营背离战略目标而导致经营失败。通过实施全面预算，将根据发展战略制定的年度经营目标进行细化、分解、落实，可以使企业的长期战略规划和年度具体行动方案紧密结合，从而实现“化战略为行动”，确保企业发展目标的实现。《企业内部控制应用指引第 2 号——发展战略》中明确规定企业应当编制全面预算。

（三）有利于企业优化资源配置、提高经济效益

全面预算是为数不多的能够将企业的资金流、实物流、业务流、信息流、人力流等相整合的管理控制方法之一。全面预算以经营目标为起点，以提高投入产出比为目的，其编制和执行过程就是将企业有限的资源加以整合，协调分配到能够提高企业经营效率效果的业务、活动、环节中去，从而实现企业资源的优化配置，增强资源的价值创造能力，提高企业经济效益。

（四）有利于实现制约和激励

全面预算可以将企业各层级之间、各部门之间、各责任单位之间等内部权、责、利关系予以规范化、明细化、具体化、可度量化，从而实现出资者对经营者的有效制约，以及经营者对企业经营活动、企业员工的有效计划、控制和管理。通过全面预算的编制，企业可以规范内部各个利益主体对企业具体的约定投入、约定效果及相应的约定利益；通过全面预算执行及监控，可以真实反馈内部各个利益主体的实际投入及其对企业的影响并加以制约；通过全面预算执行结果的考核，可以检查契约的履行情况并实施相应的奖惩，从而调动和激励员工的积极性，最终实现企业目标。

二、预算控制的主体

《企业内部控制应用指引第 16 号——全面预算》对一个企业如何更好地通过建立与完善全面预算体系发挥预算控制的作用给出了更加详细的指导性意见。《企业内部控制应用指引第 16 号——全面预算》第四条指出，企业应当加强全面预算工作的组织领导，明确预算管理体制以及各预算执行单位的职责权限、授权批准程序和工作协调机制。企业设置全面预算管理体制，应遵循合法科学、高效有力、经济适度、全面系统、权责明确等基本原则。一个企业的预算控制主体一般分为全面预算管理决策机构、工作机构和执行单位三个层次，如图 4-2 所示。

（一）决策机构——预算管理委员会

预算管理委员会是预算管理的领导机构和决策机构，应作为预算控制的最高级别控制主体承担监控职责。预算管理委员会成员由企业负责人及内部相关部门负责人组成，总会计师或分管会计工作的负责人应当协助企业负责人负责企业全面预算管理工作的组织领导。预算管理委员会主要负责拟定预算目标和预算政策，制定预算管理的具体措施和办法，组织编制、平衡预算草案，下达经批准的预算，协调解决预算编制和执行中的问题，考核预算执行情况，督促完成预算目标。

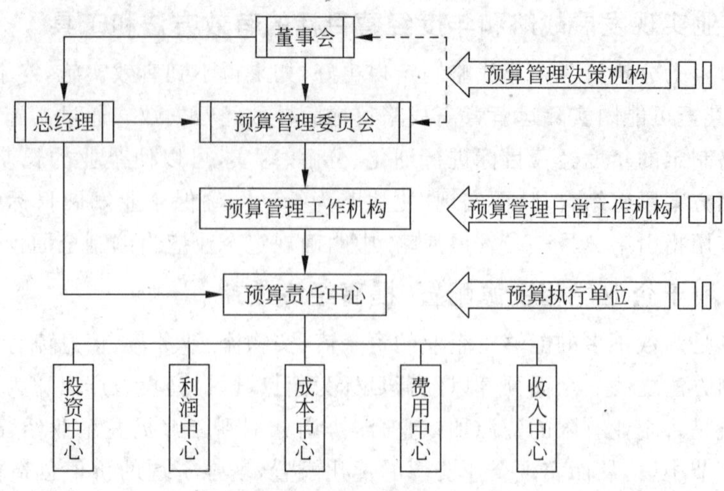

图 4-2 预算控制的主体

(二) 工作机构——预算管理工作机构

预算管理工作机构履行预算管理委员会的日常管理职责，对企业预算执行情况进行日常监督和控制，收集预算执行信息，并形成分析报告。预算管理工作机构一般设在财会部门，其主任一般由总会计师(或财务总监、分管财会工作的副总经理)兼任，工作人员除了财务部门人员外，还应有计划、人力资源、生产、销售、研发等业务部门人员参加。

(三) 执行单位——各责任中心

各责任中心既是预算的执行者，又是预算执行的监控者，各责任中心在各自职权范围内以预算指标作为生产经营行为的标准，同预算指标比较，进行自我分析，并上报上级管理人员以便采取相应措施。企业内部预算责任单位的划分应当遵循分级分层、权责利相结合、责任可控、目标一致的原则，并与企业的组织机构设置相适应。

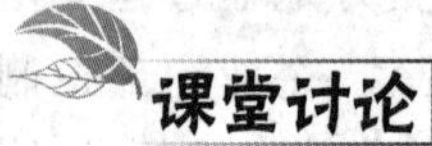

试分析预算管理工作机构设在财会部门的优缺点。

三、预算控制的流程

《企业内部控制应用指引第 16 号——全面预算》指出，完整的预算控制流程主要包括预算编制、预算执行和预算考核三个阶段，如图 4-4 所示。

(一) 预算编制

预算编制阶段主要包括预算编制、预算审批和预算下达三个环节。

预算编制是企业预算总目标的具体落实以及将其分解为责任目标并下达给预算执行者的过程。预算编制是预算控制循环的一个重要环节，预算编制质量的高低直接影响预算执行结果，也影响对预算执行者的绩效考评。因此，预算编制应根据企业实际需要选用合理的方法进行。

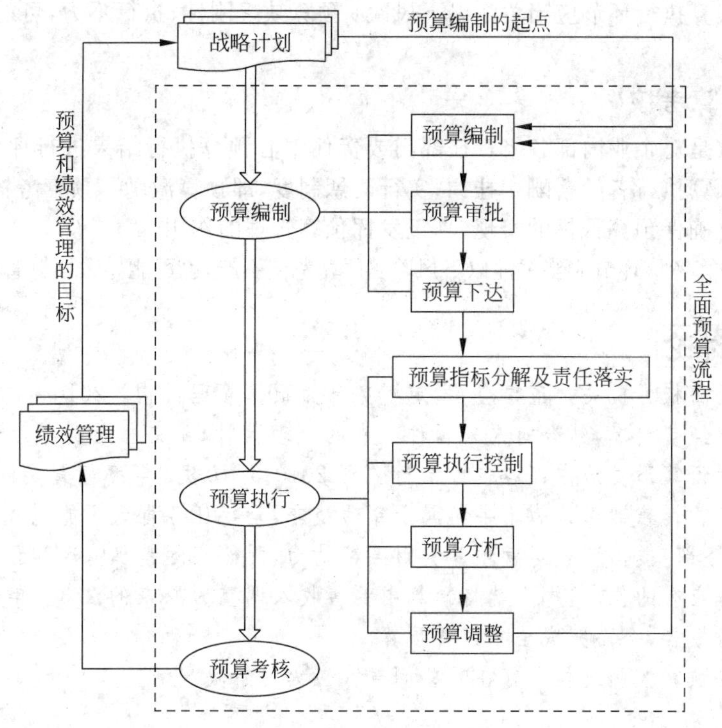

图 4-3 预算控制流程[①]

预算审批是指企业全面预算应该按照《中华人民共和国公司法》等相关法律法规及企业章程的规定报经审议批准。

预算下达是指企业全面预算经过审议批准后应及时以文件形式下达执行。

企业在预算编制环节应当关注以下风险：不编制预算或预算不健全，可能导致企业经营缺乏约束或盲目经营；预算目标不合理，编制不科学，可能导致企业资源浪费或发展战略难以实现。

（二）预算执行

预算执行是全面预算的核心环节。预算执行即预算的具体实施，它是预算目标能否实现的关键。预算执行主要包括预算指标的分解和责任落实、预算执行控制、预算分析和预算调整等四部分。

预算管理委员会以董事会批准的企业年度预算为依据，分解预算指标，将整个企业的预算分解为各责任中心的预算，并下达给各责任中心，以此来约束和考评责任主体；各责任中心按下达的预算为依据，安排生产经营活动，并制定专门预算管理员登记预算台账，形成预算执行统计记录，定期与财务部门核对；在预算执行的过程中，对于预算内支出按照预先授权审批，对于预算外支出需要提交预算管理委员会审议；财务部门对各责任中心的日常业务进行财务监督和审核，重点是财务支出的审核，尤其是成本支出和资本支出。

① 财政部会计司. 企业内部控制规范讲解[M]. 北京：经济科学出版社，2010.

企业在预算执行环节应当关注以下风险：预算缺乏刚性、执行不力，可能导致预算管理流于形式。

（三）预算考核

预算考核是对企业内部各级责任部门或责任中心预算执行结果进行评价，将预算的评价结果与预算执行者的薪酬相挂钩，实行奖惩制度，即预算激励。预算考核应该科学合理、公开公正，确保预算目标的实现，真正发挥预算管理的作用。

企业在预算考核环节应当关注以下风险：预算考核不严，也可能导致预算管理流于形式。

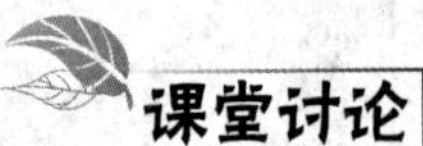

课堂讨论

某公司最高权力机关是董事会，指定财务部为预算管理机构。2010年初董事会根据上年度的生产经营状况，结合对未来各种因素的合理估计，制订当年的年度预算方案，并将内容详细的预算下发给内部各单位执行。到2010年10月，年度经营实际执行只完成了预计的一半。销售部门认为下半年属于销售淡季，全年任务肯定不能完成，因此向预算管理机构（财务部）提出调整经营预算。财务部认为，既然实际销售情况和预算相去甚远，预算不能发挥应有的作用，那么就将预算中销售收入调整为原来的2/3。年末，预算管理机构向董事会报告，全面完成全年经营预算。

该公司在预算控制过程中存在哪些问题？应如何解决？

第六节　运营分析控制

一、运营分析控制的定义

《企业内部控制基本规范》第三十四条规定，运营分析控制要求企业建立运营情况分析制度，经理层应当综合运用生产、购销、投资、筹资、财务等方面的信息，通过对比分析、比率分析、趋势分析、因素分析、综合分析等方法，定期开展运营情况分析，发现存在的问题，及时查明原因并加以改进。

二、运营分析控制的方法

（一）比较分析法

比较分析法是运营分析最基本的方法，有纵向比较法和横向比较法。纵向比较公司历史数据，可以知道公司某一方面的变动情况；横向与同行业其他上市公司比较，可以衡量公司在同行业中的竞争力和地位。

（二）比率分析法

比率分析法是利用两个或若干相关的数据之间的某种关联关系，运用相对数形式来考察、计量和评价，借以评价企业运营状况的一种分析方法。

课堂讨论

比率分析法主要用于财务报表分析，财务比率一般包括哪些类型？

（三）趋势分析法

趋势分析法，是根据企业连续若干会计期间（至少3期）的分析资料，运用指数或动态比率的计算，比较与研究不同会计期间相关项目的变动情况和发展趋势的一种财务分析方法，也叫动态分析法。

（四）因素分析法

因素分析法，是通过分析影响重要指标的各项因素，计算其对指标的影响程度，来说明指标前后期发生变动或产生差异的主要原因的一种分析方法。

因素分析法按分析特点可以分为连环替代法和差额计算法两种。连环替代法是在通过比较分析确定差异的基础上，利用各种因素的顺序“替代”，从数值上测定各个相关因素对指标差异的影响程度的计算方法。差额计算法是连环替代法的一种简化形式。它是利用各个因素的分析期值与基期值之间的差异，依次按顺序替换，直接计算出各个因素对指标变动影响程度的一种分析方法。

（五）综合分析法

综合分析法，是指将反映企业运营各个方面的指标纳入一个有机的整体之中，以系统、全面、综合地对企业运营状况进行分析与评价。目前在实践工作当中应用比较广泛的综合分析法包括杜邦财务分析体系、可持续增长率分析体系（见图4-4）、EVA价值树分析体系等。

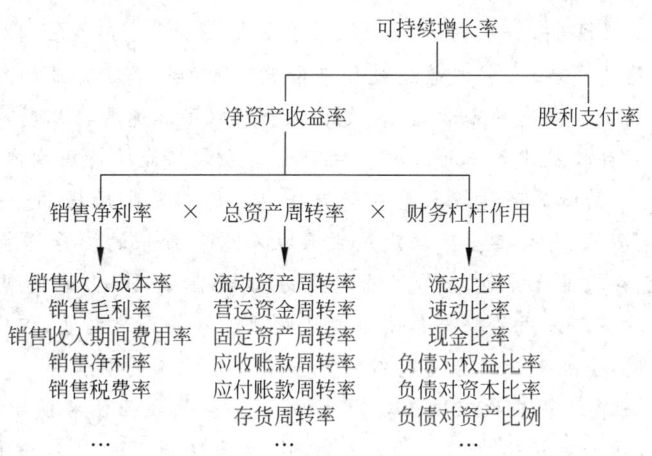

图4-4 帕利普财务分析体系

案例4-6　　帕利普财务分析体系的应用①

上海实业发展股份有限公司（600748，简称上实发展）是上海市人民政府重点扶持的大型企业集团，投资业务涉及房地产、高新技术、金融投资、工业投资、现代农业和国内贸易等。上实发展以房地产业为主，属于房地产行业上市公司。在国内房地产市场面临宏

① 马忠.公司财务管理：理论与案例[M].北京：机械工业出版社，2008：237.

观调控及行业整合不断加快的严峻形势下，在“加息、提高准备金率”等房地产宏观调控手段进一步趋紧的市场背景下，面对日益激烈的市场竞争环境，为持续、平稳地推进公司的经营发展，公司积极寻找优质项目资源，强化资本运作，加大并购力度，不断整合、提升公司资产质量和运行效率。

根据上实发展2004年年报数据计算出的2005年企业可持续增长率为4.58%（见表4-1）。如果企业保持2004年既定的财务政策和经营政策不变，则2005年的营业收入实际增长率应该等于可持续增长率，然而企业2005年的实际增长率为123.78%，是可持续增长率的27倍，如此高速的增长，企业是如何实现的呢？

表4-1　上实发展(600748)2004—2006年可持续增长率

会计年度	总资产周转率/次	销售利润率/%	权益乘数	留存收益比率/%	可持续增长率/%
2004	0.185 2	14.22	2.61	63.82	4.58
2005	0.334 9	10.22	3	68.51	7.56
2006	0.353 1	11.28	2.48	60.36	6.34

由表4-1可以看出，与2004年相比，上实发展除了销售净利率在2005年有一定幅度的下降，其他三项指标在2005年均有较大幅度的提高。可见，上实发展通过加速资产周转率、提高权益成熟、增加留存收益比率三个途径来支持营业收入高速增长。进一步分析企业的资产周转率发现，相对于2004年，企业在2005年的固定资产周转率、流动资产周转率都有较大幅度的提高，分别由19.80%、0.24%提高到52.66%、0.42%。进一步分析企业的资产负债结构发现，上实发展通过短期借款的增加提高了企业的负债程度。

为了支持营业收入高速的增长，上实发展联合采取了加速资产周转率、大幅度增加短期借款以及提高留存收益比率三种方式。然而这些方式只能维持短期内营业收入的高速增长，无法支持企业持续的高速增长。资产周转率不能够无限地提高。短期借款需要归还，如果企业高速增长，资金甚至无法满足营业收入增长带来的资产增长，更无法归还短期借款。此外，留存收益比率也不能无限地提高，其上限为100%。可见，上实发展在短期内虽然可以通过多种方式的联合作用来实现营业收入的高速发展，但从长远来看，这种高速增长无法实现，企业仍应结合可持续增长率来安排收入的增长。

2006年上实发展的营业收入增长率为－7.47%，说明企业已经认识到高速增长会带来资金链的断裂，开始对营业收入增长进行控制，适当降低营业收入增长率。经过2006年对营业收入增长的调整后，上实发展2007年的实际营业收入增长率为31.06%，可持续增长率为6.34%。由此可见，可持续增长率对企业管理营业收入起到了重要作用，可以使企业对营业收入增长及时进行控制，避免由于高速的增长带来资金链的断裂。

第七节　绩效考评控制

一、绩效考评控制的定义

《企业内部控制基本规范》第三十五条规定，绩效考评控制要求企业建立和实施绩效考评制度,科学设置考核指标体系,对企业内部各责任单位和全体员工的业绩进行定期考核和客观评价,将考评结果作为确定员工薪酬以及职务晋升、评优、降级、调岗、辞退等的依据。

如果缺乏对各级管理者的业绩评价,那么对管理者而言,就会缺乏执行战略、落实考核目标的主动性和积极性,就会导致管理者的行为偏离既定的考核目标；对公司而言,就可能难以掌握各级管理者执行战略、落实考核目标的效果效率,就可能难以实现公司整体目标。可见,业绩评价对于部门考核目标和公司整体目标的实现具有不可或缺的作用。

二、绩效考评控制的方法

目前,人们广泛接受并在实践中得到普遍应用的绩效考评方法主要有三种:财务绩效考评方法、价值绩效考评方法、战略绩效考评方法。

(一)财务绩效考评方法

财务绩效考评是主要依靠传统财务指标,如收入、利润、现金流量以及各种财务比率等对企业绩效进行评估的方法。这些常用的评价指标主要是建立在财务会计资料基础之上。财务绩效考评的内容和方法根据评价对象与评价目的的不同而有所不同。例如,它可以是对筹资活动、投资活动、经营活动和分配活动的综合评价,也可以是对盈利能力、营运能力、偿债能力和增长能力的综合评价。我国企业经济效益评价体系从评价指标体系看,是对盈利能力、偿债能力和社会贡献能力三个方面进行综合评价。我国的国有资本绩效评价体系从指标体系看,是对财务效益状况、资产营运状况、偿债能力状况和发展能力状况四个方面进行评价。① 财务绩效考评的方法有许多种,包括综合指数法、综合评分法、功效系数法等。企业经济效益评价使用的是综合指数法,国有资本效益评价使用的是功效系数法。

财务绩效考评方法的优点在于:会计基础指标计算数据相对容易取得,且严格遵循公认会计准则,此外具有较高程度的可比性和可靠性。

财务绩效考评方法的局限性在于:①会计收益的计算未考虑所有资本的成本,仅仅解释了债务资本的成本,然而却忽略了对权益资本成本的补偿;②由于会计方法的可选择性以及财务报表的编制具有相当的弹性,使得会计收益存在某种程度的失真,往往不能准确地反映企业的经营业绩;③会计收益是一种"短视指标",片面强调利润容易造成企业管理者为追求短期效益,而牺牲企业长期利益的短期行为。

(二)价值绩效考评方法

价值绩效考评方法是对传统的财务指标考评进行改进,其主要特点是采用价值基础的指标进行考评。与传统的财务绩效考评方法相比,价值绩效考评方法更注重于股东价值的创造和股东财富的增加。

经济增加值(EVA)是价值绩效考评方法的典型代表。EVA 指标衡量的是企业资本收益和资本成本之间的差额。将 EVA 指标用于价值绩效考评,主要原因包括:

(1) EVA 指标从股东的角度去考虑企业利润,投资者所有的真实利润是考虑了企业

---

① 2002 年国家财政部、经贸委、中央企业工委、劳动保障部和国家计委对这一体系进行了修订,并更名为"企业绩效评价体系"。

投入的所有资本的成本后的利润，也就是经济学上所说的经济利润。

(2) EVA 指标由于在计算上考虑了企业的权益资本成本，并且在利用会计信息时尽量进行调整以消除会计失真，因此能够更加真实地反映一个企业的业绩。

(3) EVA 指标的设计着眼于企业的长期发展，而不是像净利润一样仅仅是一种短视指标，因此，应用该指标能够鼓励经营者进行能给企业带来长远利益的投资决策，如新产品的研究和开发、人力资源的建设等。这样就能杜绝企业管理者短期行为的发生。

(4) 应用 EVA 能够建立有效的激励报酬系统，这种系统通过将管理者的报酬与从增加股东财富的角度衡量企业业绩的 EVA 指标相挂钩，正确引导管理者的努力方向，促使管理者充分关注企业的资本增值和长期经济效益。

EVA 指标的局限性包括：

(1) 由于 EVA 评价系统所选择的评价指标是唯一的，即 EVA 指标，从而造成评价主体只关心管理者决策的结果，而无法了解驱动决策结果的过程因素，结果 EVA 评价系统只能为战略制订提供支持性信息，而为战略实施提供控制性信息这一目标则不易达到。

(2) EVA 指标的计算十分复杂，其难点主要体现 EVA 的会计调整与资本成本的计算两个方面。由于这两个问题的存在增加了 EVA 计算的复杂程度，从而对 EVA 的应用造成了一定的负面影响。

(3) EVA 的概念与方法由美国的思腾思特公司率先提出，某些方面与中国企业的实际状况不符。因此，需根据我国的实际环境状况对 EVA 进行调整，只有这样，才能使 EVA 真正发挥出作用。

知识链接

从 2010 年开始，国资委对央企的考核"指挥棒"，将发生重大转换——国资委副主任黄淑和 2009 年央企负责人经营业绩考核工作会议上宣布，国资委决定从 2010 年开始，在央企全面实行经济增加值(EVA)考核。

根据这一评价体系，并非收入、利润越高的企业就是越好的企业，还要看它真正的价值创造能力。最近几年，央企盲目扩张、进入高风险领域的事例屡见不鲜，因为在忽视资本成本的情况下，收入越大、利润越高的就越是好企业，这给了很多企业以"冲动"的原动力。

"EVA 和原来我们做企业的思维模式有相当大的区别，现在规模大、利润高的，不一定是好的企业。"国资委综合局局长刘南昌对《第一财经日报》表示，"这是一个严谨体系，主要会对资本投入比较多、投资效益比较低的企业影响比较大。"

(三) 战略绩效考评方法

战略绩效考评方法源于 20 世纪 90 年代，引入非财务指标并将评价指标与战略相联系是战略绩效考评方法的显著特点。

战略绩效考评方法最具有代表性并具有广泛影响力的是平衡计分卡。1992 年，哈佛商学院教授罗伯特·卡普兰(Robert Kaplan)和复兴全球战略集团创始人戴维·诺顿(David Norton)在《哈佛商业评论》期刊上联合发表了一篇名为《平衡计分卡：驱动业绩的评价指标》的文章。该文章是以 1990 年参与项目小组的 12 家公司试用这一新型绩效考评方法所得到的实证数据为基础的。[①] 这篇文章在理论界和实务界引起了巨大轰动。之后，他们发表了一系列的文章和著作，进一步解释了企业在实践中应该如何运用平衡计分卡作为控制战略实施的重要工具。卡普兰和诺顿的这些文章和著作集中体现了平衡计分卡自产生以来的发展历程：不仅评价指标不断丰富和创新，而且系统本身逐渐也从单纯的绩效考评提升到了战略管理的高度。

平衡计分卡的基本形式如图 4-5 所示，就是将影响企业运营的各种因素划分为四个主要的方面，即财务、客户、内部业务流程和学习与成长等，并针对这四个主要的方面，设计出相应的评价指标，以便系统、全面地反映企业的整体运营状况，为企业的平衡管理和战略实现服务。因此，平衡计分卡是以企业的战略为导向，以管理为核心，以各个方面相互影响、相互渗透为原则，建立起来的一个网络式的绩效考评系统。

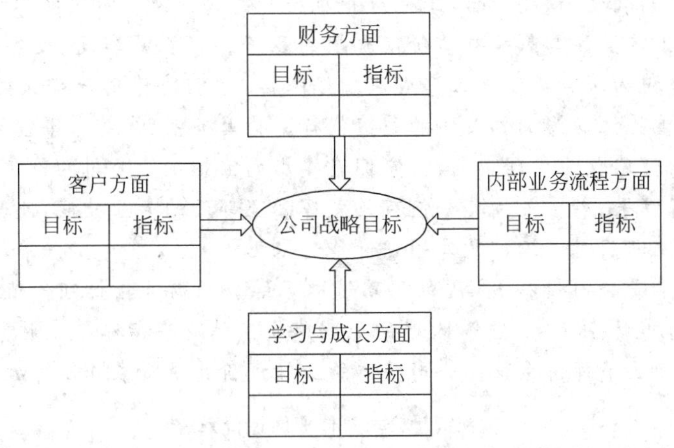

图 4-5 平衡计分卡的基本形式

课堂讨论

平衡计分卡的四个方面之间是什么逻辑关系？

平衡计分卡作为一种绩效考评系统，其优点在于：①将目标与战略具体化，加强了内部沟通；②有效地实现了指标间的平衡，强调了指标间的因果关系；③兼顾了不同相关利益者的利益，有利于获取和保持竞争优势；④兼顾非财务业绩计量，增强了过程控制和结果考核的联系。

平衡计分卡的局限性在于：①在评价目标的确定方面，尽管平衡计分卡从不同方面关注了客户、员工等利益相关者的利益，但忽略了通过利益相关者分析来认识企业经营目标和发展战略，因而可能导致不能准确地确定提高利益相关者满意度的关键动因。②在评价指标的选择方面，平衡计分卡对于如何选择特定的绩效考评指标并没有具体展开。正是由于这种因果关系的不明确，导致平衡计分卡遭到了许多质疑。另外，非财务评价指

---

① 1990 年，美国的诺兰诺顿学院设立了一个为期一年的项目，专门研究一个新的内部管理绩效考评模式的开发，一共有 12 家公司参与了这项开发项目，包括苹果电脑、杜邦、通用汽车、惠普、加拿大壳牌公司等。

标的设计和计算也是一个难题。③在评价方法方面，平衡计分卡并没有给出明确的答案，单个指标的计分方法、权重的确定是一个产生问题的重要领域。卡普兰和诺顿并没有对其所使用的不同指标说明如何进行权衡(trade-off)。不能明确表达如何在大量的指标中进行权衡，计分卡就无法达到"平衡"。

案例 4-7 宝钢钢管公司的业绩评价系统[①]

宝钢钢管公司从 2002 年开始尝试全面引入价值管理(VM)，并运用 EVA 和 BSC 等原理初步建立了自身的业绩评价系统。宝钢钢管公司称之为价值贡献模型。

首先，宝钢钢管公司建立了各级价值贡献中心。公司作为整体，是第一级价值贡献中心。将制造环节的轧管、精整、管加工分厂和市场营销室分为不同的第二级价值贡献中心形成主价值链，着重关注其影响整体价值贡献的程度。将能源车间、设备管理室、工具车间、质检、成品库视为服务提供单位形成基础保障链，它们的作用是确保主生产线流程稳定顺利运行，着重关注其影响作业线的关键指标。将财务室、组织人事室、技术研究室、生产技术室等管理部门作为管理部门链，它们直接影响宝钢钢管公司的价值贡献结果，而不是本部门的经济结果，着重关注其如何有效发挥管理部门的专业技能，使其他部门价值贡献增加，并以其他部门对其工作效果的评价作为依据。

其次，宝钢钢管公司借鉴 EVA 的思路选取了综合的财务指标即价值贡献，同时选取了一些战略型的非财务指标，结合 BSC 的原理建立了融财务指标与非财务指标于一体的价值贡献模型，即业绩评价系统。公司整体的业绩评价系统如表 4-2 所示。

表 4-2 宝钢钢管公司整体业绩评价系统

层面	指标	单位	第一层权重	第二层权重	得分	价值贡献
财务	公司整体价值贡献	万元	80%	—		
客户	用户满意度	分	20%	14%		
	战略产品销量(如油井管)	万吨		16%		
内部业务流程	壁厚控制 8%精度比例	%		15%		
	资源利用率	%		10%		
	质量异议(理赔额)	万元		5%		
学习与成长	新产品销售率	%		15%		
	科研效益	万元		10%		
	合理化建议效益	万元		10%		
	技术秘密数	个		5%		
权重小计	—	—	100%	100%		
将非财务指标转化为价值量化指标						
财务与非财务合计						

① 范松林，李文娟. 宝钢钢管公司构建价值模型探索[J]. 会计研究，2004(5).

【本章小结】

《企业内部控制基本规范》指出，企业应当结合风险评估结果，通过手工控制与自动控制、预防性控制与发现性控制相结合的方法，运用相应的控制措施，将风险控制在可承受度之内。控制措施一般包括：不相容职务分离控制、授权审批控制、会计系统控制、财产保护控制、预算控制、运营分析控制和绩效考评控制等。

企业应当根据内部控制目标，结合风险应对策略，综合运用控制措施，对各种业务和事项实施有效控制。同时，企业应当建立重大风险预警机制和突发事件应急处理机制，明确风险预警标准，对可能发生的重大风险或突发事件，制定应急预案、明确责任人员、规范处置程序，确保突发事件得到及时妥善处理。

不相容职务分离控制要求企业全面系统地分析、梳理业务流程中所涉及的不相容职务，实施相应的分离措施，形成各司其职、各负其责、相互制约的工作机制。

授权审批控制要求企业根据常规授权和特别授权的规定，明确各岗位办理业务和事项的权限范围、审批程序和相应责任。

企业应当编制常规授权的权限指引，规范特别授权的范围、权限、程序和责任，严格控制特别授权。常规授权是指企业在日常经营管理活动中按照既定的职责和程序进行的授权。特别授权是指企业在特殊情况、特定条件下进行的授权。企业各级管理人员应当在授权范围内行使职权和承担责任。企业对于重大的业务和事项，应当实行集体决策审批或者联签制度，任何个人不得单独进行决策或者擅自改变集体决策。

会计系统控制要求企业严格执行国家统一的会计准则制度，加强会计基础工作，明确会计凭证、会计账簿和财务会计报告的处理程序，保证会计资料真实完整。企业应当依法设置会计机构，配备会计从业人员。

财产保护控制要求企业建立财产日常管理制度和定期清查制度，采取财产记录、实物保管、定期盘点、账实核对等措施，确保财产安全。企业应当严格限制未经授权的人员接触和处置财产。

预算控制要求企业实施全面预算管理制度，明确各责任单位在预算管理中的职责权限，规范预算的编制、审定、下达和执行程序，强化预算约束。

运营分析控制要求企业建立运营情况分析制度，经理层应当综合运用生产、购销、投资、筹资、财务等方面的信息，通过因素分析、对比分析、趋势分析等方法，定期开展运营情况分析，发现存在的问题，及时查明原因并加以改进。

绩效考评控制要求企业建立和实施绩效考评制度，科学设置考核指标体系，对企业内部各责任单位和全体员工的业绩进行定期考核和客观评价，将考评结果作为确定员工薪酬以及职务晋升、评优、降级、调岗、辞退等的依据。

【延伸阅读】

1.《企业内部控制基本规范》

2.《企业内部控制应用指引》

3. 财政部会计司.企业内部控制规范讲解[M].北京：经济科学出版社,2010.

4. 范松林,李文娟.宝钢钢管公司构建价值模型探索[J].会计研究,2004(5).

5. 中华人民共和国财政部.企业内部控制规范2010[M].北京：中国财政经济出版社,2010.

【思考题】

1. 内部控制的主要控制活动有哪几种？它们之间具有什么关系？
2. 何为不相容职务分离控制？它的内容包括什么？
3. 何为授权审批控制？它的基本原则包括哪些？
4. 何为会计系统控制？它的内容包括什么？
5. 何为财产保护控制？它的具体控制措施有哪些？
6. 什么是预算控制？全面预算的作用有哪些？
7. 何为运营分析控制？它的具体方法有几种？
8. 何为绩效考评控制？实践中存在几种绩效考评方法？

【自测题】

1. 单项选择题

(1) 不相容职务分离控制的核心是(　　)。

A. 各司其职　　B. 各负其责　　C. 协调合作　　D. 内部牵制

(2) 下列控制活动中反映了内部牵制思想的是(　　)。

A. 不相容职务分离控制　　B. 会计系统控制

C. 授权审批控制　　D. 财产保护控制

(3) 在预算控制中作为最高预算控制主体的是(　　)。

A. 董事会　　B. 预算管理委员会

C. 预算管理工作机构　　D. 预算责任中心

(4) 作为全面预算的核心环节,关乎预算目标能否实现的关键是(　　)。

A. 预算编制　　B. 预算执行　　C. 预算控制　　D. 预算考核

(5) EVA属于(　　)。

A. 价值绩效考评方法　　B. 财务绩效考评方法

C. 成本绩效考评方法　　D. 战略绩效考评方法

(6) 以下措施中,不属于财产保护控制措施的是(　　)。

A. 限制接触　　B. 岗位轮换　　C. 强制休假　　D. 授权审批

(7) 授权的形式有多种,最好的形式是(　　)。

A. 面谈　　B. 电子邮件　　C. 电话　　D. 书面

(8) 预算分析属于(　　)。

A. 预算考核阶段　　B. 预算执行阶段

C. 预算控制阶段
D. 预算编制阶段

(9) 将反映企业运营各个方面的指标纳入一个有机的整体之中，以系统、全面、综合地对企业运营状况进行分析与评价的分析方法是(　　)。

A. 比率分析法
B. 趋势分析法
C. 因素分析法
D. 综合分析法

(10) 以下不属于经济增加值评价方法特点的是(　　)。

A. 注重资本增值
B. 着眼长期发展
C. 评价指标单一
D. 指标计算相对简单

2. 多项选择题

(1) 不相容职务通常包括(　　)。

A. 授权
B. 业务经办
C. 会计记录
D. 稽核检查
E. 财产保管

(2) 需要分离的不相容职务主要有(　　)。

A. 业务执行与决策审批
B. 业务执行与财产保管
C. 可行性研究与决策审批
D. 财产保管与会计记录
E. 会计记录与业务执行

(3) 授权审批控制中，授权的种类一般分为(　　)。

A. 长期授权
B. 短期授权
C. 中期授权
D. 常规授权
E. 特别授权

(4) 授权控制的基本原则有(　　)。

A. 依事不依人
B. 适度越权授权
C. 适度授权
D. 需要监督
E. 不得随意授权

(5) 一般来说，进行盘点清查的资产范围包括(　　)。

A. 库存现金　B. 有价证券　C. 固定资产　D. 票据
E. 存货

(6) 全面预算的阶段主要包括(　　)。

A. 预算编制　B. 预算执行　C. 预算控制　D. 预算考核
E. 预算分析

(7) 预算执行阶段包括(　　)环节。

A. 预算分析
B. 预算指标分解
C. 预算下达
D. 预算责任落实
E. 预算调整

(8) 会计系统控制的内容包括(　　)。

A. 会计政策选择
B. 会计估计确定
C. 会计档案保管控制
D. 组织和人员控制

E. 建立会计岗位制度

(9) 运营分析控制的方法主要有(　　)。

A. 比率分析法　　B. 趋势分析法

C. 因素分析法　　D. 综合分析法

E. 比较分析法

(10) 平衡计分卡包括(　　)方面的评价指标。

A. 财务　　B. 客户

C. 学习与成长　　D. 内部业务流程

E. 研究与创新

3. 判断题

(1) 虽然资金的调度权按规定属于总会计师,但总经理可以直接通知出纳将资金借给其他企业。(　　)

(2) 大中型企业应当设置总会计师,一般情况下应设置与其职权重叠的副职,以便相互牵制。(　　)

(3) 小型企业因业务量较少,应适当合并减少部分岗位。出纳人员可适当兼任收入、费用、债权债务账目的登记工作。(　　)

(4) 限制接近包括限制对资产本身的接触和通过文件批准方式对资产使用或分配的间接接触。(　　)

(5) 企业在授权过程中,一定要把充分考虑被授权人的知识和才能放在第一位,以便发掘员工潜力,提高人力资源利用率。(　　)

(6) 企业在为会计机构配备会计人员时,除会计机构负责人外其他会计人员无须取得会计从业资格证。(　　)

(7) 资产清查一般要采取定期清查和抽查相结合的形式,每个会计年度财务会计报告之前要进行一次全面的财产清查。(　　)

(8) 目前,国资委引入 EVA 对中央企业负责人的经营业绩进行考核,这是采用会计基础指标作为绩效考评指标的绩效考核方法。(　　)

案例分析

可口可乐瑞典饮料公司(CCBS)采纳了卡普兰和诺顿的建议,在公司治理中推广平衡计分卡,从财务方面、客户和消费者方面、内部流程方面以及组织学习与成长四个方面来测量其战略行动。

在构造公司的平衡计分卡时,高层管理人员已经设法强调了保持各方面平衡的重要性。为了达到该目的,CCBS 使用的是一种循序渐进的过程。

第一步,阐明与战略计划相关的财务措施,然后以这些措施为基础,设定财务目标并且确定为实现这些目标而应当采取的适当行动。

第二步,在客户和消费者方面也重复该过程。在此阶段,初步的问题是"如果我们打算完成我们的财务目标,我们的客户必须怎样看待我们?"

第三步,CCBS 明确了向客户和消费者转移价值所必须进行的内部过程。然后 CCBS

的管理层问自己的问题是：自己是否具备足够的创新精神，自己是否愿意为了让公司以一种合适的方式发展而变革。经过这些过程，CCBS能够确保在各个方面达到平衡，并且所有的参数和行动都会导致向同一个方向变化。

要求：

1. 在实践中普遍应用的绩效考评模式有哪三种？CCBS的绩效考评方法属于哪一种？

2. 目前平衡计分卡绩效考评方法在实际应用中还存在哪些局限性？

第五章 信息与沟通

学习目标

通过本章学习，应达到以下学习目标：

1. 理解信息的概念和种类以及沟通的意义和方式；
2. 理解财务报告业务的流程及总体要求；
3. 理解内部信息传递的内涵、基本流程和总体要求；
4. 熟悉信息系统的定义；
5. 熟悉信息系统业务控制和信息技术过程控制体系；
6. 掌握财务报告业务的主要风险点及其关键控制；
7. 掌握内部信息传递的主要风险点及其关键控制。

引导案例

中国的管理者不会沟通①

"中国的管理者不会沟通。"2012 年在北京大学教育学院四川南充校长培训班上，北京大学光华管理学院副教授王新超指出中国管理者最大的不足。王新超列出中国企业普遍存在的一些管理问题：管理者缺乏战略管理意识，员工对组织认识不一致；成员之间的沟通带有个人色彩，员工被贴上"圈内"与"圈外"的标签；信息流通不畅，上级对下级的命令多，下级向上级的汇报少，上下级之间几乎没有横向沟通；非正式沟通多，小道消息被错误利用等。

据王新超介绍，美国国家训练发展协会曾对世界各国经理人员进行综合能力评价，结果显示：参加测评的 7 000 多名中国管理者在 12 项关键管理能力中的平均得分为 48%，加拿大为 55%，美国为 56%，英国为 57%。中国经理人员在行政能力项目上明显高于其他国家经理人员，目标与标准设定高达 75%，但在沟通能力上表现明显不足。

"分析不同管理者的行为，我们发现，成功的管理者往往把 48%的时间用在建立人际关系网络上，28%的时间用来与下属沟通；而有效的管理者会用多达 44%的时间与下级交流工作，用 20%的时间建立人际关系网络。"王新超认为，无论成功的管理者还是有效的管理者，都有一个共同点——工作中的绝大多数时间都在与人沟通。沟通已成为现代管理者必备的基本素质。

"有效的工作关系是建立在相互理解与共同认识基础上的。"在王新超看来，一个睿智的管理者应该注重组织内部的双向沟通。随着社会经济迅猛发展，人们的独立性越来越

① 韩莉. 中国的管理者不会沟通[N]. 现代教育报，2012-04-18.

强，传统的“命令-控制”模式已很难控制下属，加强上下级之间的交流尤为重要。同时，提前明确组织目标，制定日常工作的规范和要求，让每个成员清楚地知晓自己的职责与义务，将有助于团队正常运转。此外，在发生意外、例外情况时，领导者要及时处理。

“沟通，可以交流工作信息，消除分歧，加强情感联系。沟通目的不同，其内容与形式都会有很大差别。”王新超说：“在管理学中存在一个80/20规律：组织内部80%的信息交流与沟通发生在20%的人员之间。”他指出，中层管理者用于内部沟通的时间一般应占工作时间的40%，对高层管理者来说，这个比率应更高。只有改善组织内部的沟通状况，才能有效提高管理的效率，管理者才能成为一个有效的管理者。

第一节　信息与沟通机制概述

一、信息的概念、作用和种类

（一）信息的定义

信息是信息论中的一个术语，常常把消息中有意义的内容称为信息。1948年，美国数学家、信息论的创始人仙农在题为《通讯的数学理论》的论文中指出：“信息是用来消除随机不定性的东西。”

可见，信息是对人们决策有用的一种特殊数据。但信息的有用性是相对的，某信息对一个决策目标是有用的，但对另一个决策目标是无用的甚至是有害的；同一信息在不同时间、不同地点对同一决策的效用也是不同的。

在报纸上和日常生活中，我们经常可以看到和听说这种故事：一条信息救活了一个工厂，一条信息使一个穷人变成小财主，这样的例子俯拾皆是。

例如，20世纪80年代初，日本三菱公司有一位驻北京的销售代表，他的任务就是每星期写一份关于中国汽车市场的报告。他经常深入市场，听顾客谈话，议论问题。很快了解到中国政府的有关规定，从中摸清了真实情况：各单位买进小轿车很难批准，但买装载生产用具、物料的面包车易获批准。他把这个情况很快报告了总部。三菱公司决策人员马上大批生产面包车。不久，日本面包车大量进入中国市场，赚了大钱。这个例子说明，推销员应善于捕捉信息并及时向企业传递，使产品在竞争中做到“人无我有，人有我好，人好我多，人多我早”。只有这样，才能使企业如虎添翼，在竞争中立于不败之地。

信息具有以下特征。

（1）有用性。信息是对人有用的、能够影响人们行为的数据。

（2）共享性。一方面，同一内容的信息可以在同一时间为多人所用；另一方面，同一内容的信息可以被多次使用，通过传递可实现信息共享。

（3）可编码性。信息可以用标准符号（如数字、字母等）来表示。在信息社会中将有更多的信息以数字形式表示。它的采集、存储、处理、传输都是数字化的，因此极易识别、转换、传递和接收，也更易于处理。

（4）可传递性。信息是事物存在方式的直接或间接显示。它依附于一定的载荷媒体（声、光、电、磁、语言、表情、文字、数字、符号、图形、图像等）进行呈现、传递和扩散。这些载荷媒体就是我们所说的广义的数据。信息技术极大地扩展了信息的扩散范围,提高了信息的传递速度和共享程度。

(5) 可加工性。信息的可加工性反映在两个方面:信息可以通过编码进行转换,如将信息存储在计算机里转换成二进制代码,便于存储或处理;信息可以被加工提炼,使杂乱无章的数据变为有使用价值的、有意义的知识。

(6) 价值性。信息是一种资源,同样有其效用和成本。信息的效用表现为,可能为使用者提供新的知识或创造新的价值,可能为使用者的特定决策减少不正确性。信息成本包括收集、输入、处理、存储以及信息形成与传递过程中的全部耗费。

信息的价值取决于效用与成本的关系:

信息价值=信息效用-信息成本

可见,信息效用越大,信息的价值就越大,而成本越高,信息的价值就越小。

案例 5-1　　一则消息成就一次商业机遇

韩国三星公司派驻在美国洛杉矶的员工看到一则这样的消息:由于廉价的韩国产品的进口,美国最后一家吉他工厂即将倒闭。该员工把此消息送回公司总部,总部的竞争情报部门立即对这则消息做了如下分析:吉他是美国独立和自由精神的象征,它的消失就好像牛仔的消失一样会令美国人难以接受,美国可能会对吉他进口采取限制措施,国会有可能会通过提高关税的手段来保护美国这一具有象征意义的产业。于是三星公司马上采取措施,抓紧时间,尽可能地抢先将更多的吉他运往美国,存入仓库。结果正如他们所分析的:美国国会马上提高了吉他进口关税,由于三星之前采取的有效措施,不仅避免了损失,还赚取了很高的利润。

分析:当今市场竞争激烈,信息无处不在,要想在纷繁复杂的信息中筛选加工出有用的情报,使企业在如此复杂与动荡的环境中立稳脚跟,就必须通过合法手段开展一切有关竞争对手、竞争环境等竞争情报的收集与分析工作,及早发现企业的机会与威胁、减少市场反应时间,避免市场中的意外,从而提高企业竞争优势。

(二) 信息的作用

信息在企业的管理、决策等方面具有越来越重要的作用。

(1) 信息是正确进行经营决策的基础。企业经营者要做出适应环境的正确决策,尤其是要做出战略决策,除了领先经营者的个人经验和直觉判断外,更重要的是必须掌握足够的外部环境信息和企业内部信息。这些信息必须要正确、可靠、及时,只有掌握准确而及时的信息才能做出正确的判断和决策,错误的或过时的信息将导致错误的判断和决策。从企业经营管理角度来讲,信息就是企业的生命。

(2) 信息是提高企业经济效益和竞争力的手段。由信息所具有的特征可知,要增强企业的竞争能力,最重要的是要增强企业的信息竞争能力,其关键在于要增强企业对信息的搜集、传递、加工、处理、利用上的竞争能力和敏感性,使企业能创造更大的经济效益。

(3) 信息是企业统一思想、统一行动的工具。信息不仅存在于环境预测、经营决策、市场营销、生产管理、计划与控制、原材料的供应等业务流程中，还贯穿于企业的生产、销售、技术开发、财务、人事等各职能部门之间。正是通过信息的传递和交流将企业内各部门各环节的各种人的思想与行动统一起来，为企业经营目标服务。

(4) 企业信息的沟通渠道还影响着企业的组织结构、权力关系和工作方式。企业的组织结构也是一种搜集、传递、加工、处理、利用信息的结构，企业内各种职位的权力及其相互关系、工作方式都受到它能够收集、掌握的信息量、信息内容和处理利用信息的能力的影响。从某种意义上来说，谁掌握了信息，谁能处理信息，谁就掌握了权力。

案例 5-2 熟读《孙子》善“用间”的日本：GDP54%来自情报

“消费情报站”、“时尚情报站”、“手机情报站”、“动漫情报站”、“留学情报站”、“触角商店”……日本企业非常重视市场信息的收集，近年来发明了一系列情报站。在触角商店，通过组织展销新产品、新技术，征询顾客意见获取重要信息，作为企业研制产品和开发技术的重要依据，成为日本企业的“市场传感器”。

日本视孙子为最伟大情报技巧专家而顶礼膜拜，而日本企业把《孙子兵法》的“用间”用到登峰造极、无以复加的地步。尤其是日本的经济情报活动在世界上名声赫赫，令西方经济界人士既怕又服，望洋兴叹。

《孙子兵法》的“知己知彼，百战不殆”被日本企业应用得炉火纯青。日本企业界有句名言：“人是设备，情报是金钱。”据统计，日本花 4 亿美元获取了 1 500 多项外国专利情报，创造出 74 亿美元的财富。日本一名情报专家曾经承认，日本国民生产总值的 54%来源于竞争情报。

第二次世界大战后日本经济情报搜集活动，仅日本的大型企业，在世界 187 个城市就有超过 800 家的分支机构。日本政府与此有着密切的联系，据透露，这一情报网的顶端就是通商产业省。如今，日本的经济情报网络几乎遍及全球。

此间专家称，日本企业加强对情报的搜集、分析和开发，已经成为其决策和生产的重要基础。第二次世界大战后日本经济的复兴和繁荣，在很大程度上依赖于拥有一支庞大的企业情报队伍并建立了最有效率的全球经济情报网。日本在海外的近万家企业中，大都设有情报机构，每天传递的情报信息量非常惊人。

日本电器企业的情报工作瞄准对手美国。索尼公司和松下电器入侵美国市场前，派遣了由设计人员和工程师等组成的专案小组到美国进行调查，研究如何设计适合美国消费者偏好的产品。松下公司从 1951 年起就在美国设有专人，在进入美国市场前从事情报搜集工作。

日本汽车企业非常重视对情报的整理和分析工作。美国福特当时是世界汽车生产的标准，为考证日本汽车能否占领美国的市场，日本派 1 000 名调查员去美国调查，搜集情报，然后再制造汽车。专家认为，日本的汽车、摩托车、电器、手表等产品进入并占领欧美市场，首先要归功于得力的情报工作。

日本许多中小型企业，也把主要精力放在市场调查、准确收集情报上。日本制造石英电子手表也是从瑞士得来的情报，认为这种手表价格低廉，走时准确，一定会赢得广大用户，畅销于世界各地。爱知县的一个公司经理1979年曾先后5次花了60天时间亲自到海外收集情报。1980年，该公司又先后派遣20人赴海外调查市场动态，根据情报制订生产、销售计划，结果利润比前一年上升了3倍。

近年来，日本最尖端的IT电子工业情报技术，汇集了电子通信领先企业而备受瞩目。日本电子信息技术产业协会、日本通信信息网络产业协会、日本电脑软件协会不遗余力地推进电子情报。日本软银公司将孙子的情报思想应用到软银的一次次投资并购中，做到了真正的“不战而胜”。该公司投资2亿日元打造通信网络，创办了网络情报大学院，建立起自己的“情报帝国”。

资料来源：韩胜宝.熟读《孙子》善“用间”的日本：GDP54％来自情报[EB/OL]. http://news.ifeng.com/history/shijieshi/detail_2011_06/24/7233791_0.shtml,2011-06-24.

课堂讨论

现代社会为何被称为信息社会？

（三）信息的种类

信息一般是由信息源、内容、载体、传输、接受者五个因素构成。

信息一般有4种形态：数据、文本、声音、图像。这4种形态可以相互转化，例如，照片被传送到计算机，就把图像转化成了数字。

信息可以从不同角度来分类。

（1）按照其重要性程度可分为：战略信息、战术信息和作业信息。

（2）按照其应用领域可分为：管理信息、社会信息、科技信息和军事信息。

（3）按照信息的加工顺序可分为：一次信息、二次信息和三次信息等。

（4）按照信息的反映形式可分为：数字信息、图像信息和声音信息等。

（5）按性质划分，可分为定性信息和定量信息。

信息还可按照企业管理者对信息需求的层次性分类，不同的企业管理者需要的信息不同。企业的高层领导者需要的是战略信息，中层管理者需要的是战术信息，而基层管理者需要的是业务和作业信息。

案例5-3　信息消费规模　2015年将达2万亿元　布局四类股

据透露，国家目前已确定信息消费产业发展的三大方向：积极推进基础设施建设，建立公共信息服务平台，丰富信息产品。

关于积极推进基础设施建设，就是要实施“宽带中国”战略，加快网络、通信基础设施建设和升级。推进光纤入户，大幅度提高网速。提升3G网络覆盖面和服务质量，推动年内发放4G牌照。全面推进三网融合，年内向全国推广。

建立公共信息服务平台，即要加快实施“信息惠民”工程，推进教育、医疗优质资源共享，普及应用居民健康卡，加快就业信息全国联网。推进金融IC卡在公共服务领域应用。在有条件的城市开展智慧城市试点示范建设。

丰富信息产品和信息消费内容方面，则是要鼓励智能终端产品研发，通过创新供给引导消费。拓展新兴服务业态，开展物联网重大应用示范，大力发展电子商务。

当前我国的信息消费规模与水平仍处于起步阶段。据世界银行统计，我国人均信息和通信技术支出远低于发达国家。2007年美国、日本人均信息和通信技术支出分别为3 417.38美元、2 455.47美元，我国仅为192.69美元。

据有关部门透露，下一阶段，国家将着力改善信息消费企业融资环境，对移动互联网、IPTV、手机电视、智能手机、智能电视等小微企业予以优先信贷支持。适当放宽创业板对信息消费小企业的准入标准，稳步扩大信息消费企业中期票据和中小企业私募债发行。鼓励融资性担保公司帮助信息消费小微企业增信融资，降低企业融资担保成本。鼓励民间资本以参股方式进入基础电信运营市场。

研究报告表示，信息消费已经成为近年来最活跃的消费热点，预计2015年我国最终信息消费规模将超过2万亿元，年均增长25%以上。信息消费预计将拉动国内生产总值0.7个百分点，带动行业新增产出超过1万亿元。工业和信息化部总工程师朱宏任说："国家将努力将信息消费培育成继房地产、汽车之后的又一新的消费领域、新的经济增长点，相关文件将会尽快出台。"

资料来源：腾讯财经[微博]. 信息消费规模 2015年将达2万亿元 布局四类股[EB/OL]. http://finance.qq.com/a/20130726/013016.htm,2013-07-26.

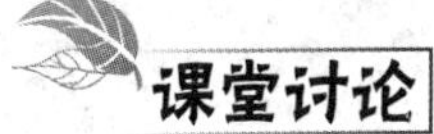

课堂讨论

为什么要把工业和信息化放在一起组成"工信部"？

二、沟通的意义和方式

（一）沟通的意义

沟通，即信息交流，是指将某一信息传递给客体或对象，以期客体做出相应反应的过程。

按沟通的渠道划分，沟通可以分为正式沟通和非正式沟通。正式沟通是指在企业正式结构、层次系统进行沟通。非正式沟通是指通过正式系统以外的途径进行沟通。按沟通的对象划分，沟通可以分为内部信息沟通和外部信息沟通。内部信息沟通是指企业经营、管理所需的内部信息、外部信息在企业内部的传递与共享。外部信息沟通是指企业与利益相关者之间信息的沟通。

现代企业中，如果沟通的渠道长期堵塞，信息不通畅，感情不融洽，关系不协调，就会影响工作，甚至影响到企业正常周转。沟通在内部控制中的作用是多方面的，其中突出的有以下四方面。

(1) 沟通有助于决策的制定。任何决策都会涉及企业内部各个部门或者个人权、责、利的分配问题。在决策前，管理者就需要广泛地从企业内部的沟通中获取大量的信息情报作为决策的基础，以便迅速解决问题。沟通对于下属人员也极为重要，上级管理人员对于下属工作中的实际情况的了解往往不够全面，如果下属能主动和上级积极沟通反映真实情况并提出自己的建议供领导者做出决策时参考，则工作效率能得到促进；反之由于沟通不足，信息的不畅通会导致企业管理层做出不切合实际的决策。

(2) 沟通能提高企业员工工作的协调性。企业中各个部门和各个职务是相互依存的。依存性越大,对协调的需要越高,而协调的实现需要充分的沟通才能实现。没有适当的沟通,管理者对下属的了解也不会充分,反过来下属也可能对管理者所分配给的任务和要求产生错误的理解,最终导致工作任务不能正确圆满地完成,效益受到影响。

(3) 沟通有利于对下属的激励。在企业中建立良好的人际关系和组织氛围以达到提高员工士气的目标需要充分沟通的支持。在沟通中,员工与管理者之间除了需要技术性和协调性的信息外,企业员工还需要鼓励性的信息。如果领导的表扬、认可或者满意能够通过各种渠道及时传递给员工,就会造成某种工作激励;同时,企业内部良好的人际关系更离不开沟通,思想上和感情上的沟通可以增进彼此的了解,使企业有和谐的组织氛围。

(4) 沟通是创造和提升企业精神及完成企业内部控制目标的主要方式和工具。内控的最高境界就是在企业经营管理中创造出一种企业独有的企业精神和企业文化,对企业这一组织赋予人性,使企业内控的外在要求转化为企业员工自己内在的观念和自觉的行为模式,认同企业核心的价值观念和目标及使命,从而形成创造性的合力。

案例 5-4 上市公司舆情周报:全聚德及时致歉表诚意

2012 年 5 月 25 日至 5 月 31 日舆情热度最高的 A 股上市公司分别是:全聚德、毒胶囊企业、比亚迪、格力电器和太极实业,见图 5-1。

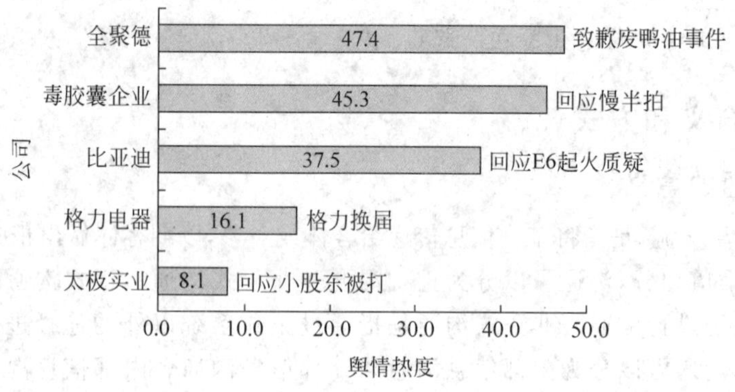

图 5-1 上市公司一周舆情热度表

(注:"上市公司舆情热度"是中国上市公司舆情中心根据传统媒体、网络媒体、网民、舆情分析师对一定时间段内沪深两市上市公司舆情热度的综合评估,系综合传统媒体报道量、新闻网络转载量、网络用户检索变化情况、舆情分析师评分等数据计算得出。)

1. 全聚德就废鸭油被倒卖公开致歉

2012 年 5 月 25 日,有媒体报道称,一位商贩连续 6 年从北京全聚德两个分店收购鸭油和废弃油脂,转卖给炸薄脆的商贩,该条消息迅速引来了媒体的转发和微博网友的讨论。对此,全聚德集团 5 月 29 日午间发布公开致歉信,向社会公众道歉,并称公司已经针对企业在废弃油脂管理中出现的监管疏漏问题制定整改方案。

公开致歉后,舆论给予的反馈偏向积极。全聚德 5 月 29 日午间发布致歉公告后,股价企稳回升。有媒体撰文称全聚德没有回避出现的问题,是"有良心的企业"。不过也有媒体指出，公司对于废油倒卖的处理滞后，认为致歉信来得有点迟。在微博平台上，网友的情绪逐渐由公告前的质疑转向了公告后的谅解，就此事件来看，企业主动致歉并不一定会引发更大规模的负面声讨，反而有可能会获得一定的舆论“正能量”。

2. 毒胶囊上市药企回应慢半拍

5月25日国家药监局通报了胶囊抽检结果名单，包括白云山、天方药业、佛慈制药、亚太药业、鲁抗医药的十多家上市药企赫然在列。对于此次抽检结果公布，有多家公司28日选择临时停牌，但迪康药业、天方药业、西南药业临时停牌未公告。截至29日10时，有7家发布公告澄清，而鲁抗药业、迪康药业和西南药业直到29日晚才发布公告回应。对于毒胶囊事件的再爆发，这几家企业被舆论质疑公告回应的及时性和主动性。

资料来源：证券时报网，http://www.stcn.com/，2012-06-01.

（二）沟通的原则

在企业内部实现有效沟通，需要掌握并实践企业信息沟通的“九大原则”，即在沟通过程中确保信息的准确性、完整性、真实性、及时性、安全性、有效性、交互性、灵活性、共享性等。其中，信息的准确性、完整性和真实性是信息沟通中首要也是必须要实现的原则，是确保信息沟通具有意义的基础条件。信息的及时性、安全性和有效性是信息沟通中的重要原则，是有效信息沟通得以实现的前提条件。信息的交互性、灵活性和共享性是信息沟通中的高级目标和原则，是有效信息沟通得以实现的保障条件。

案例 5-5　　杨瑞的满腔热情为何被冷处理？

杨瑞是一个典型的北方姑娘，在她身上可以明显地感受到北方人的热情和直率，她喜欢坦诚，有什么说什么，总是愿意把自己的想法说出来和大家一起讨论。正是因为这个特点她在上学期间很受老师和同学的欢迎。2006年，杨瑞从西安某大学的人力资源管理专业毕业，她认为，经过四年的学习自己不但掌握了扎实的人力资源管理专业知识，而且具备了较强的人际沟通技能，因此她对自己的未来期望很高。为了实现自己的梦想，她毅然只身去广州求职。

经过将近一个月的反复投简历和面试，在权衡了多种因素的情况下，杨瑞最终选定了东莞市的一家研究生产食品添加剂的公司。她之所以选择这家公司，是因为该公司规模适中、发展速度很快，最重要的是该公司的人力资源管理工作还处于尝试阶段，如果杨瑞加入，她将是人力资源部的第一个人，因此她认为自己施展能力的空间很大。但是到公司实习一个星期后，杨瑞就陷入了困境中。

原来该公司是一个典型的小型家族企业，企业中的关键职位基本上都由老板的亲属担任，其中充满了各种裙带关系。尤其是老板给杨瑞安排了他的大儿子做杨瑞的临时上级，而这个人主要负责公司研发工作，根本没有管理理念，更不用说人力资源管理理念，在他的眼里，只有技术最重要，公司只要能赚钱，其他一切都无所谓。但是杨瑞认为越是这样就越有自己发挥能力的空间，因此在到公司的第五天，杨瑞拿着自己的建议书走向了直接上级的办公室。

“王经理，我到公司已经快一个星期了，我有一些想法想和您谈谈，您有时间吗?”杨瑞走到经理办公桌前说。

“来来来，小杨，本来早就应该和你谈谈了，只是最近一直扎在实验室里就把这件事忘了。”

“王经理，对于一个企业尤其是处于上升阶段的企业来说，要持续企业的发展必须在管理上狠下功夫。我来公司已经快一个星期了，据我目前对公司的了解，我认为公司主要的问题在于职责界定不清；雇员的自主权力太小致使员工觉得公司对他们缺乏信任；员工薪酬结构和水平的制定随意性较强，缺乏科学合理的基础，因此薪酬的公平性和激励性都较低。”杨瑞按照自己事先所列的提纲开始逐条向王经理叙述。

王经理微微皱了一下眉头说：“你说的这些问题我们公司也确实存在，但是你必须承认一个事实——我们公司在赢利，这就说明我们公司目前实行的体制有它的合理性。”

“可是，眼前的发展并不等于将来也可以发展，许多家族企业都是败在管理上。”

“好了，那你有具体方案吗?”

“目前还没有，这些还只是我的一点想法而已，但是如果得到了您的支持，我想方案只是时间问题。”

“那你先回去做方案，把你的材料放这儿，我先看看然后给你答复。”说完王经理的注意力又回到了研究报告上。

杨瑞此时真切地感受到了不被认可的失落，她似乎已经预测到了自己第一次提建议的结局。

果然，杨瑞的建议书石沉大海，王经理好像完全不记得建议书的事。杨瑞陷入了困惑之中，她不知道自己是应该继续和上级沟通，还是干脆放弃这份工作，另找一个发展空间。

案例分析：本案例中沟通失败的一个重要原因就是沟通双方没有很好地掌握和运用这些原则。

第一，杨瑞忽略了信息组织原则。所谓信息组织原则就是沟通双方在沟通之前应该尽可能地掌握相关的信息，在向对方传递这些信息时应尽可能简明、清晰、具体。在本案例中杨瑞仅仅是到公司才不到一个星期的新员工，以前也没有任何工作经验，因此在提建议时很容易给同事或上级一种“异想天开、脱离实际、年轻气盛”的感觉。降低或消除这种感觉最好的办法就是尽可能充分准备，使自己的建议建立在事实基础之上从而具有说服力和可执行力。但是本案例中杨瑞却仅仅凭借自己的观察和主观判断就提出了问题，而且没有针对问题设计出解决问题的方案。

第二，杨瑞忽视了正确定位原则。沟通中的定位包括：问题导向、责任导向、事实导向定位等。本案例主要是下级向上级提建议，希望上级给予认可和支持。因此最好的做法是以事实为导向，先描述公司中存在的事实和问题使上级认识到问题的存在和解决的必要性，然后适时地提出自己的建议。但是案例中的杨瑞却没有仔细描述事实，而只是给出了自己对公司管理的主观评价，而且没有拿出初步可行的方案，只是做了许诺，这使王经理觉得很没有说服力，而且认为杨瑞提出这些建议只是一时冲动而已。

第三，沟通双方缺乏某些沟通技能。沟通是一门艺术，说话有说话的艺术，听也有听的艺术。说话的人要引起对方的兴趣，而听话的人也要及时地做出反馈鼓励对方透漏更多的信息，只有双方在信息交换的基础上了解了彼此的需要和意图，才能找到最佳的平衡点实现有效的沟通。在本案例中杨瑞在没有任何铺垫的情况下，就亮出了自己的观点——列数公司的管理问题，在某种程度上使王经理觉得这更像是一次抱怨的发泄而非建议。而王经理在刚听了没几句之后就“微皱眉头”表现出不耐烦的样子，最终以要方案为名打断了谈话。也就是说王经理根本没有给杨瑞表达观点的机会，从这一点上说王经理不是一个好的倾听者。

资料来源：佚名. 杨瑞的满腔热情为何被冷处理？［EB/OL］. http://edu. gongchang. com/f/zhichang-2011-10-10-22823. html，2011-10-10.

（三）内部沟通的方式

在信息技术飞速发展的今天，人们在信息传播中沟通方式的变化快速且多样化。从最早的书信往来到电话手机的使用，再到互联网时代下 QQ、飞信等应用程序的广泛利用，直到当前 Web 2.0 时代下交互网络平台的建立，博客、RSS、百科全书、网摘、社会网络、P2P、即时信息等技术的应用，更使得人们传统的信息沟通方式发生了根本性的转变。因此，如何在恰当的时机选择最为合适的沟通方式是企业关注的焦点。

企业内部沟通的方式主要有电子沟通、书面沟通、口头沟通等多种方式。

(1) 电子沟通包括互联网、电子邮件、电话传真等方式。这种沟通方式在现代企业中已经开始扮演越来越重要的角色，但是由于网络的开放性及技术上的要求，信息的安全性是值得考虑的问题。

(2) 书面沟通包括例行或专题报告、调查研究报告、员工手册、内部刊物、教育培训资料等方式。书面沟通以文字为媒体，其优点是比较规范、信息传递准确度高、信息传递范围广、有据可查、便于保护。但是，书面沟通也存在缺点，如为了形式规范而耗用较长的时间，导致成本效益不对等，并且缺少反馈或反馈机制不灵敏等。

(3) 口头沟通包括例行会议、专题会议、座谈会、讲座等形式。在这种形式下，沟通迅速、灵活且反馈及时，但是往往由于信息的汇总及传递机制不到位导致信息失真的可能性较大。

案例 5-6　　没有沟通就没有效能

一个优秀的企业，强调的是团队的精诚团结，这其中，如何沟通是一个大学问。对于企业管理者来说，要尽可能地与员工们进行交流，使员工能够及时了解管理者的所思所想，领会员工的所思所想，明确责权赏罚；而平级之间及下属与上级之间的沟通则消除彼此之间的误解，或者了解彼此心中的真实意图，使团队在工作中发挥出更大的效能。

1. 对上沟通没有“胆”

一般情况下，员工总是认为沟通是上司对下级，哪有下级主动去找上司沟通的。这种偏见贻误了员工主动与上司沟通的机会，结果是背着沉重的十字架而不能自拔。因此，企业员工要去掉“怕”字，主动大胆地与上司沟通，征求上司对自己的意见，及时消除上司对自己的误解，或者了解上司的真实意图，以便更好地工作。

春秋战国时期，耕柱是一代宗师墨子的得意门生，不过他老是挨墨子的责骂。有一次，墨子又责备了耕柱，令他觉得自己非常委屈，因为在许多门生之中，大家都公认耕柱是最优秀的人，但又偏偏常遭墨子指责，让他面子上过不去。一天，耕柱愤愤不平地问墨子："老师，难道在这么多学生当中，我竟是如此的差劲，以至于时常遭您老人家责骂吗?"墨子听后，丝毫不动肝火："假设我现在要上太行山，依你看，我应该用良马来拉车，还是用老牛来拖车?"耕柱回答："再笨的人也知道要用良马来拉车。"墨子又问："那么，为什么不用老牛呢?"耕柱答道："理由非常简单，因为良马担负重任，值得驱遣。"墨子说："你答得一点也没有错，我之所以时常责骂你，也只因为你能够担负重任，值得我一再地教导与匡正你。"耕柱从墨子的解释中得到欣慰，放下了思想包袱。

2. 平级沟通没有"肺"

寓言《偷斧子的人》说的是一个人丢了斧子，怀疑是他邻居偷的，当他看见邻居时，发现邻居走路都像偷斧子的，说话也像偷斧子的，一举一动没有不像偷斧子的。后来，他在山谷里找到了斧子，再看到邻居时，发现邻居走路、说话一点也不像偷斧子的了。这个故事也可以看作是在影射平级之间缺乏交流沟通而引起猜疑。而现实生活中，平级之间以邻为壑，缺少知心知肺的沟通交流，因而相互猜疑或者互挖墙脚。这是因为平级之间都比较看重自己的价值，而忽视其他人的价值。有的是人性的弱点，尽可能把责任推给别人，还有的是利益冲突，唯恐别人比自己强。

平级之间要想沟通好，必须开诚布公、相互尊重。如果虽有沟通，但不是敞开心扉，而是藏着掖着，话到嘴边留半句，那还是达不到沟通的效果。有一家企业，财务部和营销部长期缺乏沟通，有时召开联席会议，也是各自心怀鬼胎，没有诚意。因而在一些事情上，两个部门长期扯皮，影响了企业的声誉。心细的老总发现了这个症结，他把两个部门的负责人叫到一块儿，让他们推心置腹地沟通。原来两个部门长期有隔阂，是因为他们的部属背地里都在说对方的坏话，财务部说营销部做滥好人，总是把客户直接带到他们办公室讨债。财务部想把公司的流动资金多周转一次，对外谎称公司账户上暂时没有钱，而营销部的人却拆他们的台。经过老总做工作，两个部门的负责人都作了自我批评，相互赔礼道歉，表示要严格管束自己的手下人，团结一致，为公司的共同利益而密切合作。从此以后，这两个部门经常密切沟通，工作非常协调。

3. 对下沟通没有"心"

有些企业领导人错误地认为：决策是领导做的，部下只需要执行上级决策，不需要相互沟通。其实沟通是双向的，领导要使决策合理和有效，必须要广泛搜集信息、分析信息才能做出科学判断。如果企业管理者不信任自己的员工，不进行必要的沟通，不让他们知道公司的进展，员工就会感觉自己被当作"外人"，轻则会打击员工士气，造成部门效率低下；重则使企业管理者与员工之间相互不信任，产生严重的隔阂，无法达成共识，有时甚至会误解领导的意图而消极抵抗。因为在他们看来，决策是领导的事，与员工无关。在实际生活中，影响对下沟通的主要因素就是领导没"心"，缺少热忱。

一些企业领导人也注意与员工的沟通，但由于没有交心，隔靴搔痒，沟通的效果就大打折扣。上级对下级沟通，关键在于一个"诚"字，用心去沟通。作为一名企业管理者，要尽可能地与员工们进行交流，使员工能够及时了解管理者的所思所想，领会上级意图，明确责权赏罚，避免推卸责任，彻底放弃“混日子”的想法。而且，员工们知道得越多，理解就越深，对企业也就越关心。一旦他们开始关心，他们就会爆发出数倍于平时的热情与积极性，形成势不可当的力量，任何困难也不能阻挡他们。这正是沟通的精髓所在。

沃尔玛公司的股东大会是全美最大的股东大会，每次大会公司都尽可能让更多的商店经理和员工参加，让他们看到公司全貌，做到心中有数。萨姆·沃尔顿在每次股东大会之后，都和妻子邀请所有出席会议的员工约2 500人到自己的家里举办野餐会，在野餐会上与众多员工聊天，大家一起畅所欲言，讨论公司的现在和未来。为保持整个组织信息渠道的通畅，他们还与各工作团队成员全面注重收集员工的想法和意见，通常还带领所有人参加“沃尔玛公司联欢会”等。

萨姆·沃尔顿认为，让员工们了解公司业务进展情况，与员工共享信息，是让员工最大限度地干好其本职工作的重要途径，是与员工沟通和联络感情的核心。而沃尔玛也正是借用共享信息和分担责任，满足了员工的沟通与交流需求，达到了自己的目的：使员工产生责任感和参与感，意识到自己的工作在公司的重要性，感觉自己得到了公司的尊重和信任，积极主动地努力争取更好的成绩。

资料来源：蔡恩泽.没有沟通就没有效能[N].中华工商时报，2008-04-17.

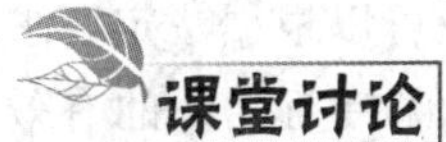

你与家人、同学、朋友、老师的沟通困难吗？障碍在哪里？

（四）外部沟通的方式

企业有责任建立良好的外部沟通渠道，对外部有关方面的建议、投诉和收到的其他信息进行记录，并及时予以处理、反馈。通过开放的沟通渠道，客户和供应商就能够对产品或服务的设计或质量提供非常重要的信息，从而使公司能够应对不断变化的客户需求和偏好。有效的外部沟通即可以扩大企业的影响力。

外部沟通主要有以下几个方面。

1. 与投资者和债权人的沟通

投资者和债权人是企业资本的提供者，也是企业风险的主要承担者。因此，企业有必要向他们及时报告企业的战略规划、经营方针、投融资计划、年度预算、经营成果、财务状况、利润分配方案以及重大担保、合并分立、资产重组等方面的信息。企业应当根据《中华人民共和国公司法》、《中华人民共和国证券法》等法律、法规以及企业章程的规定，通过股东(大)会、投资者会议、定期报告等方式，向投资者和债权人提供企业信息，听取他们的意见和要求，妥善处理企业与投资者和债权人之间的关系。

由证监会颁布的《上市公司与投资者关系工作指引》中规定：上市公司与投资者关系工作的基本原则包括充分披露、合规披露、投资者机会均等、诚实守信、高效低耗、互动沟通，以此来促使公司管理层高度重视与投资者之间的沟通。企业应当多渠道、多层次地与投资者和债权人进行沟通，增强他们以及潜在投资者对企业的了解和信心。

2. 与客户的沟通

客户是企业产品和服务的接受者或消费者。企业经营目标的实现依赖于客户的配合。企业可以通过客户座谈会、走访客户等多种形式，定期听取客户对消费偏好、销售政策、产品质量、售后服务、货款结算等方面的意见和建议，收集客户需求和客户的意见，妥善解决可能存在的控制不当问题。

3. 与供应商的沟通

供应商处于供应链的上游，对企业的经营活动有很强的制约能力。企业可以通过供需见面会、订货会、业务洽谈会等多种形式与供应商就供货渠道、产品质量、技术性能、交易价格、信用政策、结算方式等问题进行沟通，及时发现可能存在的控制不当问题。

4. 与中介机构的沟通

这里的中介机构主要包括外部审计师和律师。

外部审计师对企业的财务报告进行审计，通过一系列完善的审计程序通常能够发现企业日常经营以及财务报告中存在的问题。企业应当定期与外部审计师进行会晤，听取外部审计师关于财务报表审计、内部控制等方面的建议，以保证内部控制的有效运行以及双方工作的协调。

企业在组织经济活动时，不可避免地要与其他企业发生经济纠纷，因此需要聘请律师来帮助处理纠纷，以保障企业的利益。同时，由于我国的经济法规逐渐健全和明细，企业需要熟悉经济法规的专业人员参与经济项目的制定与实施过程。企业可以根据法定要求和实际需要，聘请律师参与有关重大业务、项目和法律纠纷的处理，并保持与律师的有效沟通。

5. 与监管机构的沟通

监管机构对企业的经营方针和战略有重要的影响。企业应当及时向监管机构了解监管政策和监管要求及其变化，并相应完善自身的管理制度。同时，企业应认真了解自身存在的问题，积极反映诉求和建议，努力加强与监管机构的协调。

沟通是双向的。在传递信息后，信息传递者的任务并没有结束，还应积极从信息接受者那里获取反馈信息，以促进信息获取质量的改进和信息传递程序的优化。通过沟通，企业员工能够明确他人的信息需求，并对自己的职责有更清晰的认识，从而有助于工作的顺利完成和效率的提高。

案例 5-7

重庆路桥董事会专业委员会形同虚设 委托贷款暗入关联方

重庆路桥公告，因公司存在投资理财项目未发行公告义务等七项违规事实，被证监会重庆监管局下发责令整改通知。

从违规内容来看，不仅包括信息披露违反规定，还有董事会专业委员会未实际运作、1.285 亿元委托贷款通过一家公司账户最终流入关联公司账户等，对此，证监局对重庆路桥提出六方面的整改要求，并要求公司在 2012 年 8 月 30 日提交书面报告。

公告显示，2011 年 3 月至 2012 年 1 月，重庆路桥曾累计投资 3.64 亿元购买理财产品，连续 12 个月内累计投资金额超过最近一期经审计净资产的 10%，但这一切公司未以临时公告披露相关事宜，违反了信披的相关规定。

此外，公司2012年2月8日召开的第四届董事会四十四次会议审议通过《关于授权公司经营班子进行短期投资降低财务费用的决议》，决议称，“授权公司经营层投资基金、债券、股票、股指期货(仅限于套利)等平均资金占用控制在4亿元之内，最大投资额在5亿元以内”，而这一规定，与公司章程的描述出现对立。

除上述内容外，公司还存在内幕信息知情人登记工作执行不到位、公司董事会专业委员会中提名委员会与战略委员会未实际运作、未充分发挥专业委员会作用等事实。

值得注意的是，据公告所示，2011年12月21日，重庆路桥第四届董事会第四十二次会议审议通过《关于向广西合山煤业有限责任公司提供29 000万元委托贷款的议案》。2011年12月28日，公司通过工商银行将2.9亿元资金划入广西合山煤业有限责任公司账户。同年12月30日，委托贷款资金中1.285亿元从广西合山煤业流入重庆路桥关联法人北京新领域投资有限公司账户。尔后，重庆路桥收回上述1.285亿元资金。

对于公司的违规行为，证监局要求立即停止违规行为，并在2012年8月30日前予以改正，且达到六方面的要求：规范投资管理及信息披露、完善公司治理、加强内幕信息知情人登记管理、强化资金管控、完善内部控制、落实责任追究，形成长效机制。

资料来源：桂小笋.重庆路桥董事会专业委员会形同虚设　委托贷款暗入关联方[N].证券日报，2012-08-01.

（五）沟通的机制

企业如果没有建立和形成良好的内外部沟通机制，会直接导致公司的各种指令、计划信息不能通过诸如例会、座谈会、交流会等形式及时上传下达，相互协调；同时由于沟通渠道的单一和缺乏，信息传递会受到限制，久而久之，领导、员工和组织的价值观和目标取向的一致性受到影响，进而会影响企业目标的实现。沟通机制不健全突出表现在缺乏信息反馈机制，尤其表现为上级难以获得下级的信息反馈，难以掌握和了解实际情况，影响步调一致和目标统一。

因此，企业应该不断强化信息与沟通机制建设。关注信息的收集、加工、传递、报告与反馈。第一，建立和制定与企业经营目标相结合的信息沟通制度，包括会议制度、报告制度、信息发布与披露制度、反馈制度等。建设信息收集与加工的组织机构，明确职责和任务，并予以监督考核。第二，完善信息传递的机制，明确不同等级之间、同一等级不同部门之间、企业组织内外部直接信息传递的管理办法和要求，合理保证信息传递的有序。第三，建设和完善信息传递系统，建设网络安全控制机制，保证信息的安全准确和传递的及时。第四，利用反舞弊机制建设，发挥举报监督的作用，改善经营管理和防范组织风险。

案例5-8　英特尔的沟通机制

英特尔非常重视公司内部沟通体系的建设。在英特尔总部，专门设有一个“全球员工沟通部”，促进英特尔沟通体系与团队发展。

1. 沟通渠道

英特尔在内部推崇并采取开放式的沟通模式，英特尔内部的沟通是双向的，既有自上而下的沟通,也有自下而上的沟通。自上而下的沟通主要指管理层面向员工的沟通,包括许多沟通的渠道。

2. 网上直播、网上聊天

英特尔为电脑制造了“奔腾的心”,推动世界进入网络信息时代,自身也成为网络科技的受惠者。公司的高层管理人员会经常通过英特尔内部网络,向全球员工介绍公司最新的业务发展以及某个专门问题的情况。

英特尔的管理层还通过网上聊天,和员工进行互动的沟通,回答员工现场提出的各种问题。

3. 季度业务报告会

季度业务报告会是英特尔公司进行员工沟通的重要方式,这是一种一对多或多对多的沟通,是一种面对面的沟通。在季度业务报告会上,不单是公司向员工通报公司最新的业务发展情况,还现场对员工所提出的问题进行回答,员工通过现场提问直接、面对面地与公司管理层进行交流。

4. 员工问答

在英特尔季度业务报告会之前,为了了解员工所关注的问题与所顾虑的事情,各部门内部会通过员工问答的方法,预先了解员工的心声。这也成为英特尔公司内部一种有效的沟通渠道。

5. 员工简报

在英特尔公司,每个季度会出版定期的员工简报,成为一种员工内部沟通的重要方式。在英特尔的工厂里,每个星期都会定期出版一期员工快报,让员工自由取阅,把公司及工厂里发生的最新重要事情、消息,通过简报的形式告知员工。

6. 一对一面谈

一对一的面谈是自下而上的沟通中比较常用的重要方式,公司与每一名员工之间就工作期望与要求进行沟通。通常通过员工会议的形式进行,要求员工来制定会议的议程,由员工来决定在会议上想谈的内容,包括员工对自己职业发展的想法,对经理人员的看法和反馈。

7. 定期的部门会议

英特尔各业务与职能部门会定期召开会议,经理人会定期和所有的下属进行及时沟通,听取员工的建议与想法,传达公司的政策与各项业务决策。

8. 全球员工关系调查

在英特尔全球,每年都进行一年一度的全球员工关系调查,英特尔总部会派人到全球各个国家与地区的分公司,对员工关系与沟通情况进行调查。

9. 门户开放式的沟通

英特尔同许多著名全球500强公司一样,采取门户开放式的沟通。很多时候,员工的顾虑与意见不愿意直接与其上司面谈。英特尔的人力资源部专门设有一名员工关系顾问,员工可以去与人力资源部的员工关系顾问进行面谈。员工关系顾问会对所了解的信息进行独立的调查,了解员工反映的情况,然后将调查结果通知公司有关部门,包括员工的经理。在这种沟通方式中,英特尔制定了一系列的规则来避免经理人员对员工采取一些不适当的方式,从而保护员工的权利。

无论是自上而下的沟通,还是自下而上的沟通,英特尔希望能够构建起一个完整的员工沟通的环,通过这些管道获得消息或者听到反馈与建议,然会采取后续的行动,给员工满意的回复,通过具体措施解决相关问题,而不是仅仅为沟通而沟通,让沟通浮于表面,起不到深层次的作用。所以,同时会通过这些管道把反馈的结果与具体的解决措施传递给员工。

资料来源:张广彦.基于内部控制的有效信息沟通机制建设探讨[J].商业会计,2012(2).

知识链接

中国沟通与谈判网,http://www.tanpanwang.com/;

美国谈判学会网址,http://negotiation.com/;

美国商务沟通学会网址,http://www.businesscommunication.org/;

美国沟通学会网址,http://www.americancomm.org/。

第二节　财务报告内部控制

一、财务报告业务控制概述

(一)财务报告业务概述

财务报告,是指反映企业某一特定日期财务状况和某一会计期间经营成果、现金流量的文件。

财务报告是企业投资者、债权人做出科学投资、信贷决策的重要依据。近年来,国内外发生的安然、世通、银广夏、琼民源等财务丑闻事件都产生了较为严重的不良后果,原因之一是由于企业财务报告内部控制缺失或不健全所致。为了防范和化解企业法律责任,确保财务报告信息真实可靠,提升企业治理和经营管理水平,促进资本市场和市场经济健康可持续发展,应当强化财务报告内部控制。

案例 5-9　ST 东盛虚假陈述遭股民索赔调解结案　赔千余万元

西安市中级人民法院 2012 年 12 月 12 日通报,148 位中小投资者诉上市公司东盛科技证券虚假陈述纠纷案全部调解结案,1 295 万余元执行款项全部到位,这也是西北地区最大的一起证券索赔案。

据了解,东盛科技于 1996 年 11 月 5 日在上海证券交易所挂牌交易,股票代码 600771。2006 年 10 月 30 日,东盛集团、东盛药业占用东盛科技资金以及未上账的银行借款,东盛科技发布股东资金占用及其解决方案和会计差错更正的提示性公告。2006 年 10 月 31 日,东盛科技存在未披露的对外担保事项,发布了对外担保补充公告。2006 年 12 月 19 日,东盛科技公告了关于大股东归还占用上市公司资金公告。

随后，以“财报揭黑”闻名资本市场的申草团队介入后，“东盛事件”迅速成为业界关注的焦点。2010 年 4 月 13 日，中国证监会对东盛科技郭家学、张斌等 15 名责任人因虚假陈述作出行政处罚决定。不久，认为东盛科技的虚假陈述行为使其在投资中遭受损失，王霞琴等来自全国各地的 148 名小股东向法院起诉赔偿。

受理案件后，西安市中级人民法院在全面评估后确定了以调解为重点的工作思路。针对双方争议较大的揭露日时点、系统性风险等主要焦点问题，法官积极引导当事人作出正确的分析判断，适度平衡双方利益。经过不断调解，双方分歧逐渐缩小，全部个案逐一得以确定具体赔偿方案。

从西安市中院了解到，现在 148 起案件全部调解结案，1 295 万余元的执行款项已全部到位，按照执行程序的要求，原告正在陆续向西安中院申请执行，执行工作正在有序进行。至此，西北地区最大的一起因虚假陈述导致的股民索赔案圆满调解。

资料来源：证券时报网，http://www.stcn.com/，2012-12-13.

（二）财务报告业务流程

财务报告业务流程主要包括制订财务报告编制方案、确定重大事项的会计处理、查实资产和负债、编制财务报告、财务报告的对外提供以及分析利用等，具体如图 5-2 所示。

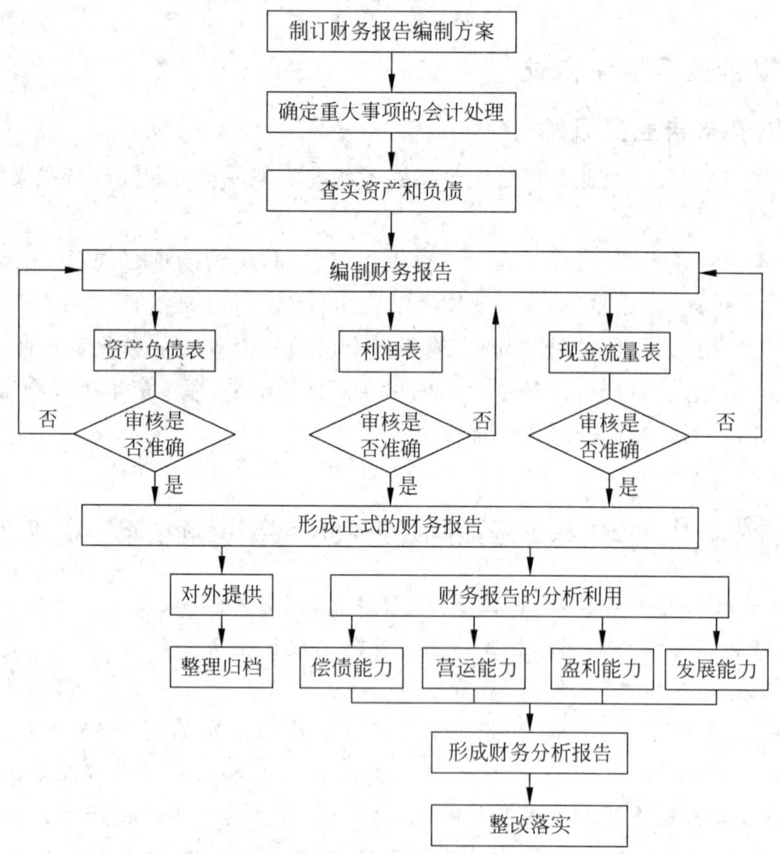

图 5-2 财务报告业务流程

（三）财务报告业务控制的总体要求

1. 规范企业财务报告控制流程

企业应当严格执行会计法律、法规和国家统一的会计准则和制度，加强对财务报告编制、对外提供和分析利用全过程的管理，明确相关工作流程和要求，落实责任制。

具体地讲，企业总会计师或分管会计工作的负责人负责组织领导财务报告编制和分析利用工作，企业负责人对财务报告的真实性和完整性承担责任，企业财会部门负责财务报告编制和分析报告编写工作，企业内部参与财务报告编制的各部门应当及时向财会部门提供编制财务报告所需的信息，参与财务分析会议的部门应当积极提出意见和建议以促进财务报告的有效利用，企业法律事务部门或外聘律师应当对财务报告对外提供的合法合规性进行审核。

2. 健全财务报告各环节授权批准制度

企业应当健全财务报告编制、对外提供和分析利用各环节的授权批准制度，具体包括：编制方案的审批、会计政策与会计估计的审批、重大交易和事项会计处理的审批，对财务报告内容的审核审批等。

为此，企业应做好以下几项工作：第一，根据经济业务性质、组织机构设置和管理层级安排，建立分级管理制度；第二，规范审核审批的手续和流程，确保报送和进行审核审批的级别符合所授的管理权限、申报材料翔实完整，签字盖章齐全、用印用章符合要求，切实履行检查审核义务而非流于形式等；第三，建立相关政策，限制对现有财务报告流程进行越权操作。任何越权操作行为，必须另行授权审批后方能进行，且授权审批文件应妥善归档。

3. 加强信息核对

企业应当从会计记录的源头做起，建立起日常信息定期核对制度，以保证财务报告的真实、完整，防范出于主观故意的编造虚假交易，虚构收入、费用的风险，以及由于会计人员业务能力不足导致的会计记录与实际业务发生的金额、内容不符的风险。

企业在日常会计处理中应及时进行对账，将会计账簿记录与实物资产、会计凭证、往来单位或者个人等进行相互核对，发现差异及时查明原因予以解决，并记录在适当的会计期间，以保证账证相符、账账相符、账实相符，确保会计记录的数字真实、内容完整计算准确、依据充分、期间适当。

4. 充分利用信息技术

企业应当充分利用信息技术，提高工作效率和工作质量，减少或避免编制差错和人为调整因素。同时，企业也应当注意防范信息技术所带来的特有风险。详见本章第四节。

案例 5-10　基于财务报告的内部控制——认知与实践

《企业内部控制应用指引第 14 号——财务报告》对财务报告的编制、对外提供和分析利用等有原则要求，但没有具体的评价标准。事实是，对于财务报告尤其是企业集团的合并财务报表，即使是业内专业人士也很难一时从财务报告中判断出内部控制有效性如何。但任何事有“果”就有“因”，可以“倒着”从报表“数据”去探究“控制”如何：从会计报表项目及其涉及的会计科目出发，确认各会计科目对应的经济业务和环节，根据业务流程及风险制订并实施的内控措施，按相关要求和标准评价/审计最终影响财务报告的真实、完整，包括针对与会计报表中所有重要科目和信息披露相关的会计认定所实施的内控的有效性。

为此，上市公司内控建设一般分为以下步骤：明确财务报告的内部控制目标；识别重要的会计科目和报表科目；划分企业的业务流程；确定财务报表重要会计科目与主要业务流程的关联关系；确定各主要业务循环的子流程，建立相关控制制度。

案例 5-11　　杉杉股份的实践

从 2008 年开始，杉杉股份明确了"目标—风险—控制—监督"的建设思路，开展了一系列的内控建设。2011 年，杉杉股份按照内部控制建设的总体规范，进一步深化内控建设的深度，构建其基于财务报告的内部控制体系。公司从报表项目和会计科目出发，确认了对这些科目产生影响的业务环节，并据此开展风险识别和制订控制措施。

经过建设，杉杉股份将公司合并报表涉及的 60 个左右的报表项目、90 个左右的会计科目以及财务报表编报及内部会计环境管理多个因素和总共包含的 620 个风险控制点，进行全方位整合，务求形成财务报表和内部控制的全面整合，构建出以财务报告为基础的内控体系。

这一建设过程分为 9 个步骤：对于报表所有项目进行细化和排序，根据报表项目在整个会计报表中所占的金额比重和事项的重要性进行评定，共分五级；将报表项目所涉及的主要经济业务与杉杉股份现行的内控 11 大业务循环进行对应；通过风险识别来查找企业各业务单元、各项重要经营活动及其重要业务流程中有无风险，有哪些风险；根据风险发生的频率和可能带来的损失，评估风险对企业目标实现的影响程度；完善控制措施，体现公司现行内控制度规范的各项管理流程；明确控制措施的重要性，分为重大、重要和一般三个级别；确认控制痕迹，将执行控制措施的过程中所生成的相关表单或文档性文件作为内控审计评价的重要依据；制定相关制度索引，包括 A、B、C 三类；将控制措施和影响的会计报表认定相对应，包括真实性、准确性、完整性、估价和分摊、权利与义务、表达和披露。

资料来源：王君杰．基于财务报告的内部控制——认知与实践[N]．中国会计报，2012-08-03.

知识链接

中国证券监督管理委员会/案情公告，http://www.csrc.gov.cn/pub/newsite/jcj/aqfb/

二、财务报告业务主要风险点及其关键控制

财务报告业务流程由财务报告编制流程、财务报告对外提供流程、财务报告分析利用流程三个阶段组成。其通用流程如图 5-3 所示。企业在实际操作中，应当充分结合自身业务特点和管理要求，构建和优化财务报告内部控制流程。

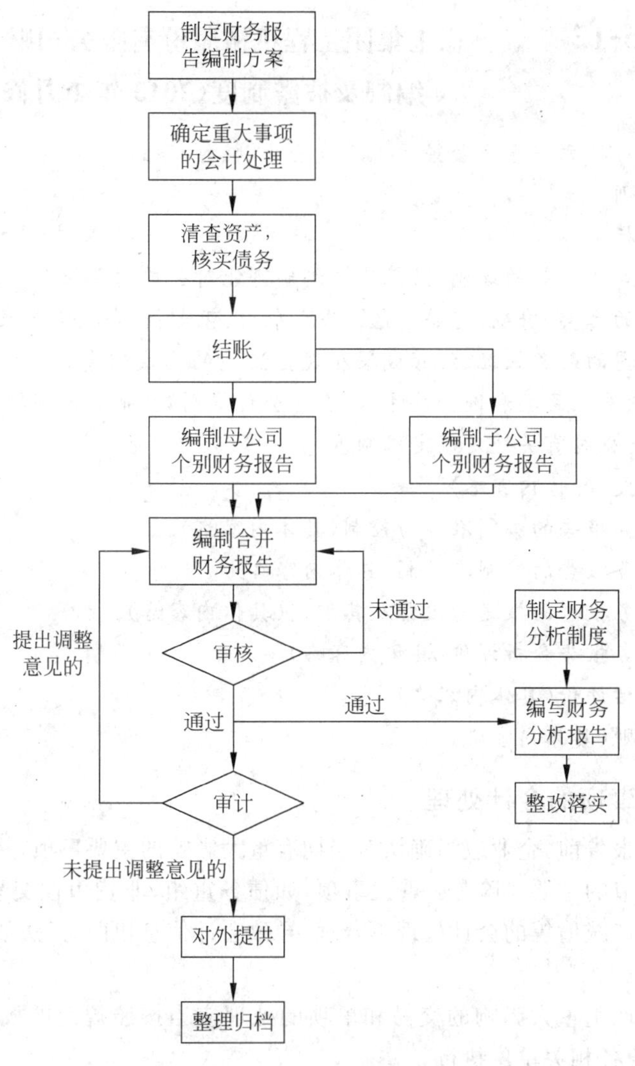

图 5-3　财务报告业务流程

(一) 财务报告编制方案

财会部门应在财务报告编制前制订财务报告编制方案，明确财务报告编制目标、编制原则、编制依据、编制方法、编制程序、职责分工以及时间安排等。

该环节的主要风险有：会计政策和会计估计使用不当或不符合法律、法规；重要会计政策、会计估计变更未经审批；各部门职责分工不清，时间安排不明确，延误编制进度等。

主要控制措施包括：第一，按照国家最新会计准则和制度，结合企业实际情况，选择恰当的会计政策和会计估计方法。第二，重要会计政策和会计估计的调整要按照规定的权限审批。第三，明确各部门职责分工。总会计师或分管会计工作的领导负责组织领导，财会部门负责编制，相关部门负责提供所需信息；合理安排编制时间，保证编制进度。

案例 5-12 徐工集团工程机械股份有限公司财务报告编制及披露制度(2013 年 1 月修订)

本制度经公司第六届董事会第三十八次会议(临时)审议通过

第一章 总则

第一条 目标

为规范公司财务报告的编制,防范不当编制可能对公司财务报告产生的重大影响,保证公司会计信息的真实、准确、完整;能够给股东、经营者、社会投资者及会计报告潜在使用者提供反映公司的财务状况、经营成果和现金流量的真实信息,借以提升改进管理、防范风险。根据《中华人民共和国会计法》、《企业会计准则》、《企业内部控制基本规范》等有关法律法规,以及公司有关规定制定本制度。

第二条 定义(具体内容略)

第二章 财务报告的编制准备与控制(具体内容略)

第三章 财务报告的编制与控制(具体内容略)

第四章 财务报告的报送与披露及其控制(具体内容略)

第五章 财务报告分析评价(具体内容略)

第六章 评估评价(具体内容略)

第七章 附则(具体内容略)

(二) 重大事项的会计处理

在编制财务报告前,企业应当确认对当期有重大影响的主要事项,并确定重大事项的会计处理。该环节的主要风险是:重大事项,如债务重组、非货币性交易、公允价值的计量、收购兼并、资产减值等的会计处理不合理,导致会计信息扭曲,无法如实反映企业实际情况。

对财务报告产生重大影响的交易和事项的处理应当按照规定的权限和程序进行审批,审批后下达给各相关单位执行。

案例 5-13 千足珍珠涉嫌信披违规被监管 公司正着手整改

针对千足珍珠涉嫌关联交易等市场质疑,证监会新闻发言人近日表示,千足珍珠存在同业竞争及部分关联交易未披露的问题,目前证监会已采取了相关监管措施。

1. 涉嫌违规被监管

2013 年 6 月,市场曝出,千足珍珠公司存在隐瞒关联交易、藏匿同业竞争、虚构募投项目、资产收购涉嫌利益输送、信息披露违规等行为,其保荐机构光大证券等形同虚设,一路为其开绿灯。

对此,证监会新闻发言人首次回应表示,经过调查,发现千足珍珠公司确实存在同业竞争及部分关联交易未披露问题,目前证监会已采取相关监管措施,千足珍珠业已公告相关内容并着手整改。

2. 公司正着手整改

千足珍珠6月初发布的公告显示，山下湖珍珠集团(香港)有限公司(千足珍珠大股东控制公司，简称山下湖香港)与公司之间存在同业竞争问题。公司决定采取三大步骤解决。首先，公司直接在香港出资设立全资子公司。其次，山下湖香港将其所持有的诸暨英发行珍珠有限公司25%股权、湖南千足珍珠有限公司25%股权、浙江英格莱制药有限公司25%股权，按照6月30日三家公司经审计的净资产值所对应的股权价值为作价依据，转让给公司新设立的香港全资子公司。上述股权转让协议将于公司香港全资子公司正式设立并依法可以运作之日起5个工作日内签署完毕。最后，山下湖香港对剩余资产进行清理，并于12月31日前完成注销手续。

此外，针对《关于对公司及控股子公司2007年10月购买华东国际珠宝城商铺的关联交易事项进行确认的议案》的问题，公告显示，购买商铺关联交易的金额合计未达到3 000万元。公司控股子公司英发行所购买的商铺属于固定资产，目前已取得房屋所有权证书。该资产现已抵押给银行为公司的借款进行担保，不存在重大争议、诉讼或仲裁事项，不涉及查封、冻结等司法措施事项。

资料来源：中国新闻网，http://finance.chinanews.com/stock/2013/06-14/4926778.shtml.

(三) 资产和负债的真实性

该环节的主要风险包括：资产、负债账实不符，如虚增或虚减资产、负债，未进行减值测试等。

主要控制措施包括：第一，制订资产、负债核实计划，明确人员配备、时间进度、方法等。第二，核实资产、负债。进行银行对账、现金盘点、固定资产盘点，明确资产权属，与债权债务单位通过函证等进行结算款项核查。第三，对于清查中发现的问题，应分析原因，提出处理意见。

案例5-14 曝北大荒资产黑洞 资金拆借通道计提2.6亿元

《21世纪经济报道》披露，苦恼于大量违规拆借资金难以收回的北大荒公司再度遭遇困境。2013年4月23日，伴随一笔高达8.45亿元的坏账浮出水面，即将于两天后发布年报的北大荒2012年净利润由此前预计的盈利44 085万元陡然变脸为亏损1.9亿元左右。

公告披露，北大荒子公司鑫亚经贸有限责任公司因涉及账款难以追回、债务挪移、以前年度虚增利润、货物失踪等问题，计提减值准备26 473万元；同期另一子公司"麦芽公司"则因拆借资金难以追回、存货跌价计提减值准备7 123万元，两者减值准备总计达33 596万元，对应的坏账总金额为8.45亿元。

蹊跷的是，就在发布该公告前不到一个月，北大荒公司刚以"0"元从全资子公司黑龙江省北大荒米业集团有限公司手中将鑫亚公司剩余51%股权全数回收，鑫亚公司由此成为公司全资子公司。而正是此次股权收购带来的审计，曝光了鑫亚公司存在的各种财务黑洞。

"现在监管挺严格的，鉴于监管的压力，不排除公司可能借着资产收购的由头，干脆把这些难以追讨的坏账、拆借资金危机等事情(一次性兜底)爆发,反正公司基本面已经很差了,破罐破摔吧。"一位农林牧渔行业券商研究员如是说。

资料来源:三秦都市报[微博].曝北大荒资产黑洞 资金拆借通道计提2.6亿元[EB/OL]. http://finance.qq.com/a/20130425/001135.htm,2013-04-25.

(四)个别财务报告的编制

该环节的主要风险包括:报表数据不完整、不真实;附注内容不完整、不真实等。

主要控制措施包括:第一,各项资产计价方法不得随意变更,如有减值,应当合理计提减值准备,严禁虚增或虚减资产。第二,各项负债应当反映企业的现时义务,不得提前、推迟或不确认负债,严禁虚增或虚减负债。第三,所有者权益应当反映企业资产扣除负债后由所有者享有的剩余权益,由实收资本、资本公积、留存收益等构成。企业应当做好所有者权益的保值增值工作,严禁虚假出资、抽逃出资、资本不实等。第四,各项收入的确认应当遵循规定的标准,不得虚列或者隐瞒收入,推迟或提前确认收入。第五,各项费用、成本的确认应当符合规定,不得随意改变费用、成本的确认标准或计量方法,虚列、多列、不列或者少列费用、成本。第六,利润由收入减去费用后的净额、直接计入当期利润的利得和损失等构成。不得随意调整利润的计算、分配方法,编造虚假利润。第七,企业财务报告列示的各种现金流量由经营活动、投资活动和筹资活动的现金流量构成,应当按照规定划清各类交易和事项的现金流量的界限。第八,附注是财务报告的重要组成部分,对反映企业财务状况、经营成果、现金流量的报表中需要说明的事项做出真实、完整、清晰的说明。企业应当按照国家统一的会计准则和制度编制附注。

案例 5-15 50余公司忙打财报补丁 漏表漏人无奇不有

2012年年报和2013年一季报刊发完毕仅两周,两市上市公司的"打补丁"潮再次涌来。《证券日报》记者统计,在这两周的时间内,有超过50家上市公司针对2012年年报和2013年一季报做出修订,而从更正的内容来看,可谓五花八门,从漏掉了财务报表到漏掉了会计师名字,再到漏掉高管持股数额,以及"万元"改"元"皆有发生。

当然,对于大多数补丁公告出现的原因,公司解释为"工作人员疏忽"。

1. 漏披信息涵盖多方面

友利控股称,因工作人员的疏忽,将刊登在信披媒体上的一季报全文及全文第三节"报告期主要会计报表项目、财务指标发生重大变动的情况及原因中'资产负债表项目、利润项目表、现金流量表仅录入了资产负债表项目,漏录了利润项目表、现金流量表,'对2013年1—6月经营业绩的预计属于上市公司股东的净利润为正值且不属于扭亏为盈的情形"进行了说明。

公司称,财务报表数据的变更不影响一季度业绩造成的影响。

ST澄海在公告中称,公司发现,由于工作人员在年报录入过程中出现错漏,董事、监事、高级管理人员的说明表格里,部分人员被漏,而审计会计师的姓名也被"漏填"。此外,财务报表的注释中,预付款项金额前5名单位中与公司的关联关系也发生了变更;一些报表注释，例如短期借款、应付利息等信息也被更正。

老板电器公告则解释，由于工作人员的疏忽，造成年度报告中部分信息披露有误，具体情况为：年报全文第五节重要事项，重大关联交易“与日常经营相关的关联交易”表格中，关联交易金额单位由“万元”更改为“元”。

年报全文第七节董事、监事、高级管理人员和员工情况，“董事、监事和高级管理人员持股变动”表格中，沈国良期初持股数以及期末持股数由“0”更正为“800 000”，合计期初持股数以及期末持股数由“8 000 000”更正为“8 800 000”。

2. 亦有被动打补丁者

相较许多在年报披露后主动发现问题并“打补丁”的上市公司而言，中国服装的补充公告引人深思。公司称，2013 年 4 月 12 日，深圳证券交易所发出《关于对中国服装股份有限公司的年报问询函》，要求公司就前 5 名供应商资料与前 5 名客户资料数据部分内容相同作出说明，同时要求补充披露控股股东经营成果、财务状况和现金流等情况。

而公司对此的解释是：财务人员操作失误，误将销售前 5 名中 1、2、5 大客户粘到采购前 5 名中，形成该客户销售金额与采购金额相等，造成误解。

凯乐科技的补充公告发布原因也是因为交易所的审核要求，公司对研发支出、存货等信息予以更正补充。

也有一部分公司发布补充公告的原因是因为事后审核发现，部分内容需要补充或更正。华纺股份即是如此。公司称，年报中董事会报告的部分里，关于“董事会关于公司报告期内经营情况的讨论与分析”项下“利润表及现金流量表相关科目变动分析表”中：“筹资活动产生的现金流量净额”变动比例原披露内容为“1 039%”，现更正为“不适用”。

此外，对于财务报告中营业外支出一项，更正公告也补充了详细的内容。

资料来源：桂小笋. 50 余公司忙打财报补丁　漏表漏人无奇不有[EB/OL]. http://news.xinhuanet.com/fortune/2013-05/15/c_124712171.htm，2013-05-15.

（五）合并财务报表的编制

该环节的主要风险包括：合并范围不完整、合并方法不正确、内部交易和事项不完整、合并抵销处理不正确等。

主要控制措施包括：第一，按照会计准则和制度，明确合并财务报表的合并范围和合并方法。第二，财会部门制订内部交易和事项的核对表，报财会部门负责人审批后，下发给纳入合并范围的各单位进行核对。第三，合并抵销分录编制应有相应的文件和证据支持，并提交复核人审核，保证其正确性。

案例 5-16　恒大地产遭遇做空机构“空袭”

总部位于洛杉矶的做空机构香橼研究（Citron Research）2012 年 6 月 21 日突然对恒大地产（03333.HK）发难，在一份 57 页的报告中称恒大地产财务作假，以此遮掩资不抵债的情况。受此影响，恒大地产股价当日一度大跌 17%，市值一度蒸发逾 130 亿港元。该股收盘跌 11.4%至 3.97 港元，当日成交额激增至 37.1 亿港元，占香港股市总成交额的7.8%。

对这一突如其来的“空袭”，恒大地产表示“该报告中的指控乃属失实”，公司董事长许家印在21日午间的电话会议中逐一予以反驳。

其他中资地产类股也受到上述消息的拖累。华润置地收盘跌5.3%至14.96港元、中国海外发展跌3.9%至16.60港元。

香橼研究在其报告中称，经过历时数月的研究分析之后，证实“恒大地产其实已经资不抵债。而在过去，该公司一直向投资者汇报虚假的信息”。

报告称：“恒大地产不是一个关于中国地产泡沫的故事；它讲述的是这样一个公司：它滥用了资本市场的支持以及中国政府慷慨的贷款，以换取一个人的中饱私囊、其自负的无限扩大，并将股东的钱挥霍在其个人的各种爱好上。”

在报告中，香橼研究详细分析了恒大的财务报表，举出2011年有两项内容有风险，包括没有计入资产负债表的相关回购和无偿土地交易，这两项涉及金额至少超过230亿港元，并可能多达560亿港元。该报告还认为，恒大通过大量囤积、贿赂购得的打折土地存在重大风险。

报告还强调，2011年10月，由于恒大地产未将下属57家子公司纳入合并财务报表，并少计长期股权投资2.51亿港元、少扣缴个人所得税5 033万港元。

香橼研究是近年来围剿中国概念股最为著名的第三方独立调查机构之一，此前曾成功做空东南融通并导致其退市，并多次狙击奇虎360。

资料来源：中证网，http://www.cs.com.cn/xwzx/zq/201206/t20120622_3380963.html.

（六）财务报告的对外提供

财务报告对外提供前，财务部门负责人需要审核财务报告的准确性；总会计师或分管会计工作的负责人需要审核财务报告的真实性、完整性、合法合规性；企业负责人需要审核财务报告整体的合法合规性，并分别签名盖章。该环节的主要风险包括：对外提供前，对财务报告内容的真实性、完整性以及合规性等审核不充分。

主要控制措施包括：企业财务报告编制完成后，应当装订成册，加盖公章，由财会部门负责人、总会计师或分管会计工作的负责人、企业负责人审核后，签名并盖章。

财务报告须经注册会计师审计的，注册会计师及其所在的事务所应出具审计报告，并随同财务报告一并提供。该环节的主要风险有未按有关规定接受审计、审计机构与被审单位串通舞弊等。

主要的控制措施包括：第一，财务报告须经注册会计师审计的，应聘请符合资质的会计师事务所对财务报告进行审计，并出具审计报告，并将其与财务报告一同提供。第二，企业不应影响审计人员的独立性，应加强与审计人员的沟通，及时落实审计人员的意见。

案例5-17　财政部会计质量检查　房产企业遭点名批评

中国财政部2011年10月11日公布了2010年会计信息质量检查公告，在对114户企业的会计信息质量和56户证券资格会计师事务所（分所）执业质量进行检查的过程中发现，部分房地产企业存在销售收入不实、多计成本费用、少缴或迟缴税款等问题。

部分国有及国有控股企业有意粉饰财务报表，少数企业还存在违规发放补贴、偷漏税款等问题。部分企业内部存在随意调节利润、以假发票报账、私设“小金库”、侵占国有资产等违规问题。

在财政部会计信息质量检查公告(第21号)中，恒大地产、远洋地产、中粮地产等知名房企被点名批评。

恒大地产集团有限公司未将下属57家子公司纳入合并财务报表，并少计长期股权投资2.51亿元、少扣缴个人所得税5 033万元。

远洋地产有限公司及下属单位存在资产不实5 374万元、收入不实7 063万元、利润不实3.1亿元等会计违规问题，少缴各项税款3 356万元。其下属林达华夏公司为母公司借款提供担保8.5亿元未进行披露。

重庆市地产集团有限公司2009年土地转让款2.31亿元结转不及时，下属重庆市地产集团，将应在其他应收款科目核算的危旧房改造项目政策性亏损8.93亿元，在储备项目中反映。

广东宏远集团房地产开发有限公司向税务部门报送的报表与审计报告后附报表不一致，资产相差2.44亿元。

而在此前，重庆市公布的“欠税公告2011年第2期”中，房地产开发企业占比逾五成。房地产企业财务管理不规范、信息披露不充分等问题较多。

同时，公告还指出，部分国有及国有控股企业出于业绩考核达标、获取银行贷款等目的，有意粉饰财务报表，少数企业还存在违规发放补贴、偷漏税款等问题。

南京江宁经济技术开发总公司，将上级主管单位纳入合并财务报表，多计资产91.53亿元、多计所有者权益78.59亿元、多计净利润14.12亿元。

中国石化集团资产经营管理有限公司长岭分公司，2009年度发放的职工工资津贴中，有1 416万元未扣缴个人所得税，另有3 592万元未按税法规定的超额累进税率代扣代缴个人所得税。

此外，财政部第22号公告披露，各地方财政部门2010年共检查企事业单位18 553户，会计师事务所969户，检查发现违规问题金额470.99亿元，查补税款6.44亿元。

资料来源：腾讯财经，http://finance.qq.com/a/20111012/004655.htm.

课堂讨论

财务报告内部控制与非财务报告内部控制比较有何特点？

第三节　内部信息传递控制

一、内部信息传递业务控制概述

（一）内部信息传递的内涵

内部信息传递是企业内部各管理层级之间通过内部报告形式传递生产经营管理信息

的过程。

企业在生产、经营和管理过程中需要不断地、反复地按照形式识别、采集、存储、加工和传递各种信息，以使得企业各个层级和各个岗位的人员能够履行企业担负的职责。信息在企业内部进行有目的地传递，对贯彻落实企业发展战略、执行企业全面预算、识别企业生产经营活动中的内外部风险具有重要作用。

案例 5-18　从德国国家发展银行事件看内部控制的重要性

2008 年 9 月 15 日，拥有 158 年历史的美国第四大投资银行雷曼兄弟控股公司向法院申请破产保护。消息转瞬间通过电视、广播和网络传遍世界各地，引起了全球金融界的巨大震动。但是令人不可思议的是，德国国家发展银行居然在 10 分钟后按照外汇掉期交易的协议，通过计算机自动付款系统，向雷曼兄弟即将冻结的银行账户转入了 3 亿欧元。

毫无疑问，这 3 亿欧元成为德国国家发展银行的一笔巨额损失。转账风波曝光后，德国社会各界十分震惊，在美国次贷危机呈明显蔓延之势的情况下，有关雷曼兄弟即将破产的消息已经传遍了全世界，人们普遍认为这笔损失本不应该发生。但不该发生的损失却发生了，此事件带给我们的启示是什么？

当雷曼兄弟破产的消息公布以后，银行董事会秘书史里芬曾经打电话给国际业务部催要风险评估报告，而恰在此时国际业务部经理正打电话预订去听音乐会的门票，因此史里芬未能打通电话。如果史里芬重视雷曼兄弟破产所带来的风险，他就会采取其他方法联系到国际业务部或其他业务部门的有关人员进行问询，但是他没有这样做，而是决定隔一会儿再打电话找国际业务部了解情况。当时国际业务部副经理正忙于其他事情，他并没有去关心雷曼兄弟的消息。因此可以这样认为，董事会秘书和国际业务部没有把雷曼兄弟破产的事情当作一件非常重要的风险事项进行跟踪，对雷曼兄弟破产的问题也没有充分地风险识别，仍然同往常一样按部就班地处理日常业务，造成了无法挽回的巨大损失。

德国国家发展银行事件给我们的启示是多方面的，其中之一就是企业一定要建立畅通有效的信息与沟通机制。信息与沟通旨在取得及时准确的信息，并进行有效的沟通，为内部控制提供必要的条件。企业要准确识别、全面收集来源于内部与外部同企业经营相关的信息，为内部控制的有效运行提供信息支持。在获取准确信息的基础上，还要采取及时有效的方式，将相关信息在企业内部各管理层级、责任单位、业务环节之间进行内部传递，使相关业务部门能够采取及时有效的控制措施。

资料来源：王洪华. 从德国国家发展银行事件看内部控制的重要性[J]. 财务与会计，2011(12).

信息传递是一种方式或几种方式的组合，可以自上而下传递，可以自下而上传递，也可以平行传递。传递的信息以不同形式或载体呈现。其中，对企业最为重要的、最普遍的信息传递形式就是内部报告，亦称内部管理报告。

内部报告是指企业在管理控制系统中为企业内部各级管理层以定期或者非定期的形式记录和反映企业内部管理信息的各种图表和文字资料的总称。内部报告在企业内部控制中起着非常重要的作用：一方面，内部报告可以为管理层提供更多的企业生产、经营和管理信息，为管理层合理有效地制定各种决策提供支持和服务；另一方面，内部报告还可以检查和反馈管理层决策的执行情况，帮助管理层监控和纠正在政策执行中出现的错误和偏差。

案例 5-19　企业内部会计报表体系的构建

现代企业规模庞大，业务繁杂，竞争激烈。面对复杂的经营环境，管理者需要掌握更多的信息。企业的管理者利用内部信息进行长短期预测，并作出相关的经济决策和投资决策，进而制定企业的近期目标和长远目标，然后根据目标编制全面预算并进行控制，最后根据预算和控制资料，定期进行单位的业绩评价和考核，这就要求我们要将大量的内部信息进行整理、筛选，将信息需要者所需要的信息以最有效的方式呈现出来，即编制各种内部管理报表。

企业内部报表是企业内部经营状况的综合反映，是企业管理者决策的重要依据。这些来自不同部门的报表，对领导决策、企业管理起到了重要作用。建立科学完善的企业内部报表体系是企业进行现代管理的重要手段之一。

资料来源：鲁晓敏.企业内部会计报表体系的构建[J].现代会计，2011(6).

1. 内部报表与外部报表的联系与区别

会计报表分为对外和对内两种。对外报送的报表是一个报告主体依法向国家有关部门提供或向社会公开披露的，反映该主体某一特定日期财务状况和某一会计期间经营成果、现金流量的文件。编制财务会计报表是对会计核算工作的全面总结，也是及时提供合法、真实、准确、完整会计信息的重要环节。而对内报表是为企业各管理部门提供的报表，其作用在于为管理部门及时提供必要的预测、决策所需要的会计信息。内部报表相对于其他对外报表，内容更具有针对性，指标更具有多样性，编制时间更具有灵活性。

企业内部会计报表与财务会计报表的联系在于：

(1) 它们都是企业运作过程中各种信息的载体。

(2) 它们的目标相同，即共同为企业经营管理服务，根本出发点是一致的。

(3) 内部报表的使用成果即企业经营成果最终要通过财务会计报表表现出来。

企业内部会计报表与财务会计报表的区别在于：

(1) 工作侧重点不同。内部会计报表是直接服务于企业内部管理的，侧重于为企业内部管理服务，而财务会计报表主要向企业外部报告，侧重于为企业外部服务。

(2) 提供信息的资料来源渠道不同。财务会计报表的资料来源是财务会计的核算资料，而内部会计报表资料来源不仅是财务会计核算资料，而且广泛涉及统计信息、企业计划与决策有关的经济信息。

(3) 报表的形成方法不同。财务会计报表指标体系、格式和编制方法等都由国家统一制定，而企业内部会计报表没有既定的程式和要求，企业根据实际需要确定。

(4) 报表反映的内容不同。财务会计报表全面完整地反映企业经营的财务状况，内部会计报表反映的是内部经营管理状况。

(5) 报表的法律责任不同。财务会计报表是正式的，具有法律效果，负有经济责任。

而企业内部会计报表主要是对企业管理领导层负责，对外不负有法律责任。

企业内部会计报表体系是企业整个会计报表体系的重要组成部分。以恰当的方式方法编制各种内部管理报表，对企业改善经营管理、提高经济效益具有重大意义。

2. 内部报表体系包括的内容

在一个企业中，从基层工作人员到高层主管，有很多层级。各阶层主管人员主管的业务不同，所负的责任也不同，他们的素质、能力各不相同，因此对报表的消化能力也不相同。一般来说，管理阶层越高，所需要的报表数量越少，但必须是经过汇总及精练后的高级信息资料；管理层次越低，所需报表内容就越详细，数量越多，因为这类报表大部分是原始的基础信息资料。

由上可知，不同层次管理者，他们所需报表的种类和内容不相同。作为高层管理者，笔者认为下列各类报表应是管理者所需要的。

(1) 综合性报表——显示整个企业经营情况和财务状况的报表。编制报表的时间是每月、每季或年度的结束，包括资产负债表、利润表、利润分配表、现金流量表、生产成本表、资金运用表等。

(2) 控制性报表——为报告业务的实际活动情形，以便管理者及时采取控制行动的报表。这类报表应该每日(至少是每周或每旬)上报，在时间上必须快速报送，最好是主管每天上班后，就能见到昨天的报表。包括：①销售报表，内容包括销售产品的种类、数量、金额等，并与预算数和上期实际数相比较；②生产报表，内容主要反映生产实际运行状况，并与预算数和上期实际数相比较；③存货报表，是各种产品的主要原材料结存日报表，注明该存货产销和购入与领用的重要情形；④现金报表，是现金和银行存款结存日报表，并注明未来需要用现金的重要事项及金额；⑤预算执行报表，按照各部门、各成本中心编报，说明成本及费用预算的执行情形，分科目列出预算数与实际数的比较，并注明差异的主要原因。

(3) 预测性报表——为预测未来可能发生情况的报表。可定期或不定期报送，主要包括盈亏预测表、销售预测表、成本预测表、资金预测表、财务变动预测表。

(4) 分析性报表——分析经营绩效的报表。列明实际数与预算数或标准数差异的分析，可作为改进措施、制订未来业务计划、衡量工作绩效作用的依据。这类报表季末报送，如销售分析、成本分析、经营绩效分析等。

(5) 明细性报表——详细列示各事项明细内容的报表。包括资产负债表各科目的明细表、营业收支明细表、成本和费用明细表。为查阅、参考和存查而编制。

(6) 临时性报表——管理者临时需要的报表。

以上分类仅供参考，在实际工作中，企业可以根据自己的实际情况进行分析，以确定所需内部报表的种类及具体的编报部门和时间。企业内部报表之间不是完全孤立的，它们之间应该形成一个有机的整体，共同为企业经营管理服务，这就需要管理者制定恰当的内部报表方案，构建企业内部会计报表体系。

（二）内部信息传递基本流程

企业内部传递的信息以不同形式或载体呈现。其中，对企业最为重要的、最普遍的信息传递形式就是内部报告，亦称内部管理报告。内部报告是指企业在管理控制系统中为企业内部各级管理层以定期或者非定期的形式记录和反映企业内部管理信息的各种图表和文字资料的总称。

内部报告在企业内部控制中起着非常重要的作用：一方面，内部报告可以为管理层提供更多的企业生产、经营和管理信息，为管理层合理有效地制定各种决策提供支持和服务；另一方面，内部报告还可以检查和反馈管理层决策的执行情况，帮助管理层监控和纠正在政策执行中出现的错误和偏差。

内部信息传递流程是根据企业生产经营管理的特点来确定的，其形式千差万别，没有一个最优的方案和唯一的标准。一般来说，内部信息传递至少包括两个阶段：一是信息形成阶段，二是信息使用阶段。

以内部报告为例，内部报告形成阶段的起点是报告中指标的建立，根据所确定的报告指标，确定所要搜集和存储的相关信息；对搜集的信息进行加工，以一种可以直观的和可理解的表现形式组织这些信息，形成内部报告；审核形成的内部报告，如果不符合决策要求，就要重新修订或补充有关信息，直到达到标准为止。内部信息传递的基本流程如图 5-4 所示。

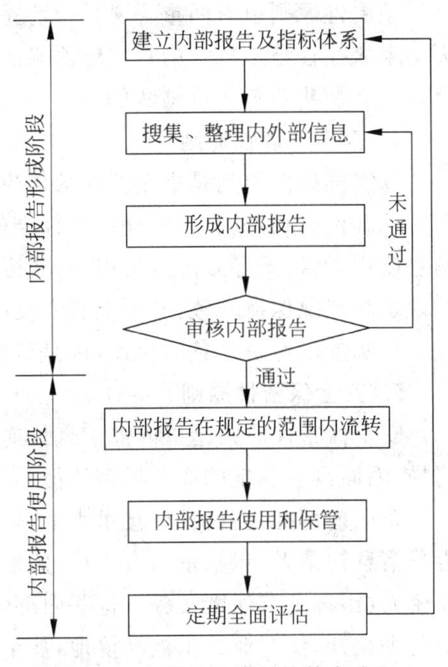

图 5-4　内部信息传递的基本流程

（三）内部信息传递的总体要求

1. 及时有效性原则

及时有效性原则有两重含义：一是收集信息要及时，对企业发生的经济活动应及时在规定期间内进行记录和存储，而不延至下期；二是报送及时，信息资料（如管理报告）应在决策制定时点之前及时报送到指定的信息使用者。

如果信息未能及时提供，则可能导致企业决策延误，甚至发生错误决策，增加经营风险，甚至导致企业管理陷入困境。比如，如果各种预算执行信息在企业内不能做到及时传递，那么，企业不能及时有效地对实际生产经营进行控制，产生的偏差也就无法得到及时纠正，这将给企业带来巨大的经营和财务风险。

2. 反馈性原则

反馈性原则有两重含义：一是要建立多种渠道，及时获得决策执行情况的反馈信息；二是用户要科学地分析和评价所获得的反馈信息，恰当地调整决策。

反馈性原则是指在信息传递过程中，相同口径的信息能够频繁地往返于信息使用者和信息提供者之间，把决策执行情况的信息及时反馈给信息使用者，帮助信息使用者证实或者修正先前的期望，以便其进一步决策。

3. 预测性原则

预测性原则是指企业传递和使用的经营决策信息需要具备预测性的功能。信息预测性的功能在于提供提高决策水平所需的那种发现差别、分析和解释差别，从而在差别中减少不确定的信息。

预测性原则也有两重含义：一是提供给使用者的信息不一定就是真实的未来信息，因为未来往往是不确定的；二是预测信息与未来的信息必须有着密切的关联，必须具有符合未来变化趋势的可预测的特征，即具有相关性。

4. 真实准确性原则

真实准确性原则是指企业内部传递的信息符合事件或事物的客观实际，包括范围的真实准确性、内容的真实准确性和标准的真实准确性。虚假或不准确的信息将严重误导信息使用者，甚至导致决策失误，造成巨大的经济损失。内部报告的信息应当与所要表达的现象和状况保持一致，若不能真实反映所计量的经济事项，就不具有可靠性。

真实准确性是信息的生命，也是对整个内部信息传递工作的基本要求。

5. 安全保密性原则

安全保密性原则是指内部信息传递的服务对象仅限于内部利益相关者，即企业管理当局，因而具有一定的商业机密特征。

企业内部的运营情况、技术水平、财务状况以及有关重大事项等通常涉及商业秘密，内幕信息知情者（包括董事会成员、监事、高级管理人员及其他涉及信息披露有关部门的涉密人员）都负有保密义务。这些内部信息一旦泄露，极有可能导致企业的商业秘密被竞争对手获知，使企业处于被动境地，甚至造成重大损失。这与财务会计信息，尤其是公众公司的财务会计信息不同。公众公司的财务会计信息必须公开和透明，而专供管理当局使用的管理信息则不一定要公开。

6. 成本效益原则

成本效益原则是经济管理活动中广泛适应性的要求，因为任何一项活动，只有当收益大于成本时才是可行的。判断某项信息是否值得传递，首先就必须满足这个约束条件。

具体来说，提供信息发生的成本主要包括：搜集、处理、审计、传输信息的成本，对已传递信息的质询进行处理和答复的成本，诉讼成本，因传递过多信息而导致的竞争劣势成本等。提供信息带来的可计量收益包括：增加营业收入、降低人工成本、降低物料成本、改善产品质量、提高生产能力、降低管理费用、提高资金周转率等。

提供信息带来的不可计量收益包括：企业流程与系统作业整合性的提高、生产自动化与透明化的提高、需求反应速度的提高、管理决策质量的改善、企业监控力度的加强等。

案例 5-20 建立内部沟通和信息传递系统

不管是老板对下属，还是下属员工之间，信息交流必须准确及时、传递到位，工作效率才能得到良好的保证。可是，在实际的管理工作中（尤其是中小型公司的管理工作中），总是有大量沟通不到位、信息传递不到位的情况发生，经常会出现老板前面说，员工过后就忘了的情况，或者同事之间的信息交流密度高，遗忘和记错的概率也高，导致工作效率下降，影响工作成效。

这类事情在每家公司都有出现，导致了各式各样的问题和损失。作为老板，都曾为信息沟通不到位的事情头疼过。许多老板认为，这属于典型的工作态度问题，是因为员工自觉性不够，或是缺乏责任心，所以，在问题的解决上，多是加大惩罚力度，强调员工的责任心等。

不过，除了工作态度的因素之外，还有一个很重要的原因，就是公司内部缺乏一套信息沟通确认的系统。只要是工作，都可以建立系统，在系统里制定流程标准。只有建立系统，才能量化，才能明确责任，保持良好的态度只能锦上添花而无法使工作量化，而无法量化的东西，自然也就无法确保效能。

那么，如何建立这套内部沟通和信息传递系统呢？

1. 确立宗旨

建立内部沟通和信息传递系统的目的就是把公司内部所有的沟通和信息传递工作规范起来，有标准，有流程，有制度，有记录，可追查，即便是处罚，也有明确的参考依据。

2. 重点要素

(1) 别拿脑袋记事情，所有的工作事务，哪怕只是突然想起来的一个思想闪光点，都要进行书面记录，并且是即刻记录，随身带一个小本，想到什么马上记录下来。再小的事情也要记录，因为这世界上根本就没有什么完全意义上的大事，任何一件大事都是由若干小事所组成的，若其中一两件小事没办好，那么整个事情也算黄了。很多的失败教训告诉我们，就是因为遗忘或是轻视了某些看起来微不足道的小事，从而导致了大事的失败。之所以会把这些小事遗忘，就是因为我们过于相信自己的记忆力。

总而言之，千万别相信自己的记忆力有多好，人的记忆力是靠不住的。

(2) 采取双向的工作事务交代制度，无论是老板向员工交代工作，还是员工之间相互交代工作，都必须有书面记录，并且双方都需保持记录，具体的记录形式可参考表 5-1。

表 5-1　　书面记录表

使用人：×××

	接收/发出	对方	时间	信息传递形式	事务	要求	完成情况
说明	是接收信息还是发出信息	发出信息或传递信息的对象	信息接收或发出的时间	电话、电邮、当面、短信等传递形式	具体事务内容	目标要求	任务完成情况
例	发出	财务小张	2012-09-18，14：30	当面	城东批发部上半年返利的核算	次日核算完毕	
例	接受	赵总	2012-09-18，16：34	短信	安装仓库报警器	当日下班前安装完毕	已完成

若能坚持使用这个工作事务双向记录表，将有效地解决上下级之间、同级之间交代事务时出现遗忘、错记等问题。由于信息传递的双方均有记录，便于随时查对，并且还可以

以周或月为单位，进行核对，及时发现其中的漏记错记等情况。

(3) 工作计划的上墙图表。每位员工当前阶段究竟在做些什么事情，要通过某种形式体现出来，让老板一目了然，也让员工知道其他人都在做些什么事情。员工的工作事务安排可通过图表来简要体现(见表 5-2)。

表 5-2　　本周业务人员工作安排计划表

时间：　月　日——　月　日

	周一	周二	周三	周四	周五	周六	周日
张三							
李四							
王二							

这张表格要做得足够大，张贴在办公室的墙上，把各员工的工作事务计划、未来几天需要处理的事情集中体现在一起。

同时，每位员工手头负责的具体工作，也需要分出轻重缓急，这也可以通过图表来体现(见表 5-3)。

表 5-3　　员工手头工作表

紧急工作
说明：指马上就要处理的工作事务
当日工作
说明：指当天需要办理的工作事务
近阶段完成的工作
说明：指在近阶段内需要完成的工作事务
长期维系性工作
说明：指那种没有明确约束性，但需要长期维系、重复进行的工作事务
需要关注的
说明：指没有实际目标要求，但需要保持关注观察的工作事务

这一表可张贴在每位员工的桌子上，让员工对手头的工作一目了然。

3. 落实执行

设计制度简单，而让大家遵守制度并形成工作习惯比较难。人往往喜欢用自己以往的工作习惯来处理新问题，为了确保制度的贯彻落实，这就需要老板带头了。例如，在开会或是员工向老板传递信息时，老板要在第一时间掏出个小本子，当着员工的面马上记录下来，不能再口头说，“我知道了，我记住了”。在老板给员工发布指令时，同步在本子上做书面记录，并定期对员工的记录本进行核对。老板亲自做到位了，这对下属员工也自然有着一定的示范作用。

同时，还要设计一定的奖罚制度，对工作事务记录及时准确的员工要给予一定的奖励，而对那些因为没有及时记录，而导致出现工作差错的员工，则要加倍处罚。

内部沟通和信息传递的系统结构很简单，执行成本也很低，无非是每位员工发两个记录本，墙上和每位员工的办公室各有一个图表板，但要求凡事记录、定期核对。

全部员工的全年投入也就在一两千元左右，相信绝大多数部门或小企业都能够承担得起。

资料来源：潘文富.经销商须建立内部信息传递系统[N].华夏酒报，2012-09-18.

二、内部信息传递主要风险点及其关键控制

（一）内部报告和指标体系的建立

决定企业内部信息传递有效性最关键的问题在于报告中承载的信息。企业首先应该理清究竟应该编制哪些内部报告，进而确定各个报告中的指标如何设置。内部报告信息的采集和加工都是由报告中的指标来决定的。

在建立内部报告指标环节，主要风险点又可以具体细分为以下几方面。

(1) 未以企业战略和管理模式为指导设计内部报告及指标体系。当内部报告指标远离了企业战略或者企业自身没有明确的战略时，内部信息传递就无法实现为企业战略实施提供的服务，企业战略也就难以实现了。

(2) 内部报告体系或者指标体系不完整或者过于复杂。

(3) 指标体系缺乏调整机制。社会经济发展日新月异，企业的内部和外部环境瞬息万变。如果内部报告指标体系确定后始终一成不变，就很难与生产经营快速变化的环境相适应。

(4) 指标信息难以获得或者成本过高。在实际操作中，有些指标所需信息的辨认和采集工作难度很大，成本很高。那么，这样的指标就不应该设置，否则将降低内部信息传递的效率和效果。

（二）搜集整理内外部信息

在搜集整理内外部信息的过程中，主要风险点又可以具体细分为以下几方面。

(1) 收集的内外部信息不足或者过多。在收集信息的过程中，由于某些原因，未能搜集或者未能及时搜集到反映经济活动的信息，就会造成无法决策或者决策拖延；信息过多不但增加了信息处理的成本，也降低了总体信息的相关性，同样会干扰决策。

(2) 信息内容不准确。目前，企业内外部各种信息的来源复杂，有些信息的准确性无法保证。决策者如果根据不准确的信息进行决策，很可能导致决策错误。

(3) 信息搜集和整理成本过高。

（三）编制及审核内部报告

在编制及审核内部报告的过程中，主要风险点又可以具体细分为以下几方面。

(1) 内部报告内容不完整或难以理解。

(2) 内部报告编制不及时。缺乏及时性的内部报告，不能及时反馈信息，无法支持决策，也就失去了其存在的价值。

(3) 未经审核即向有关部门传递。内部报告编制完成后,要经过一个独立于报告编制岗位的审核。如果没有对内部报告进行审核,就不能及时发现内部报告中由于人为故意或者疏忽造成的错误,也就无法保证内部报告的质量。

(四) 内部报告传递

在内部报告传递的过程中,主要风险点有:一是缺乏内部报告传递规范流程;二是内部报告误传递或丢失;三是内部报告传递系统中断。

(五) 内部报告使用和保管

在内部报告使用的过程中,主要风险点有:一是企业管理层在决策时没有使用内部报告提供的信息;二是商业秘密通过企业内部报告被泄露。

(六) 内部报告的评估

在内部报告评估的过程中,主要风险点有:一是企业缺乏完善的内部报告评估机制;二是未能根据评估结果对内部报告体系及其传递机制进行及时调整。

企业内部是否存在信息流?它的作用及形式是什么?

第四节 信息系统内部控制

一、信息系统业务控制概述

(一) 信息系统的定义

信息系统是指企业利用计算机和通信技术,对内部控制进行集成、转化和提升所形成的信息化管理平台。信息系统是由计算机硬件、软件、人员、信息流和运行规程等要素组成的。

(二) 信息系统业务控制

信息系统中的控制可分为两大类:一般控制和应用控制。

1. 一般控制

一般控制指在总体上确保企业对其信息系统控制有效性的控制。一般控制的目标是保证计算机系统的正确使用和安全性,防止数据丢失。一般控制在人员控制、逻辑访问控制、设备和业务连续性这些方面进行控制。

(1) 人员控制。涉及人员招募、训练和监督的人员控制必须确保程序和数据职责完成。人员控制包括部门内部职责的分离和数据处理部门的分离。例如,企业应立即停止已离开公司职员所有的访问权限。

(2) 逻辑访问控制。逻辑访问控制对未经授权的访问提供了安全保护。最普遍的安全访问是通过密码,可对密码定义其格式、长度、加密和常规的变化。

(3) 设备控制。设备控制是对计算机设备进行物理保护,如把它们锁在一间保护室或保护柜中，并使用报警系统，如果计算机从其位置上发生移动，报警系统将被激活。

(4) 业务连续性。在系统故障、设备操作系统、程序或数据丢失或毁坏的情况下，业务持续性或灾难恢复计划可从信息系统中恢复关键的业务信息。

2. 应用控制

应用控制与管理政策配合，对程序及输入、处理和输出数据进行适当的控制，可以弥补一般控制的某些不足。包括：

(1) 输入控制。输入控制的目的是发现和防止错误的交易数据的录入，其中包括：第一，交易前的数据录入，如在发票与收到的货物，文件和采购订单相匹配后，核准供应商的发票；第二，数据输入屏幕的规定格式令使用者不得跳过强制输入字段；第三，输入体系内容的合理检查，如检查给予顾客的折扣是否在允许的限度内。

(2) 过程控制。过程控制确保过程的发生按照公司的要求进行，没有被忽略或处理不当的交易发生。最常见的控制是交易记录、分批平衡和总量控制系统。

(3) 输出控制。输出控制确保输入和处理活动已经被执行，而且生成的信息可靠并分发给用户。主要的输出控制形式是交易清单和例外报告等。

下面以A公司为例，从一般控制和应用控制两个方面，探讨如何加强企业信息系统内部控制风险管理。

案例 5-21　信息系统内部控制风险管理——以A公司为例

1. 信息系统一般控制风险管理

A公司是一家在美国上市的电信运营企业的省级分公司，其信息系统已经达到了较高的应用水平。A公司的信息系统主要包括三大系统域：运营支撑系统域(OSS)、业务支撑系统域(BSS)和管理支撑系统域(MSS)。运营支撑系统域属于生产管理系统，面向服务和资源，为综合运营提供支持；业务支撑系统域属于业务管理系统，为市场营销、客户服务等企业经营活动提供全面支撑；管理支撑系统域属于管理支持系统，为企业管理活动提供有力的支撑和保障。A公司自2005年开始着手内部控制建设工作，经过几年的摸索、实践，已逐步建立和健全了具有自身特点和控制重点的内部控制体系。

信息系统内部控制是A公司内部控制的重要组成部分，在内部控制建设过程中，A公司对2 200多个风险点(其中信息系统关键控制点349个)进行了详细分析，制定了对应的控制措施。

信息系统内部控制包括一般控制和应用控制。在一般控制方面，A公司强调对信息系统整个生命周期的管理，从系统规划、系统分析、系统设计、系统实施、系统运行维护等系统生命周期的各个阶段，加强对信息系统风险的管理。

(1) 系统规划阶段的风险管理

为了有效降低系统开发风险，提高系统开发的成功率，企业进行信息化建设时，应当根据企业发展战略，结合企业的业务范围、企业文化、技术能力、组织架构、地域分布等特点，制订信息系统战略规划，并对规划方案进行可行性研究。如果方案可行，才能进行后续的开发工作；否则，必须终止或修改方案直到方案可行为止。

A 公司的信息系统规划工作由信息化部(IT 管理部门)负责,信息系统战略规划方案经信息化部及公司决策机构批准后才能实施。为了加强对系统开发的管理,A 公司制定了《信息系统项目建设规程》、《信息系统开发管理细则》等制度。

(2) 系统分析阶段的风险管理

没有明确的需求分析,往往会导致开发的系统不能满足用户的要求而返工,这样的例子在国内企业屡见不鲜;没有明确的需求分析,还会造成软件商与应用企业之间的责任不明确。因此,系统最终用户部门应当对信息系统的功能、性能、控制要求、安全性等提出明确需求并形成书面需求文档(即系统需求规格说明书);系统最终用户及流程责任人应当积极参与系统需求分析工作。

A 公司在系统开发过程中,由相关业务部门(系统最终用户部门)提出系统需求,信息化部(IT 管理部门)和开发商积极参与讨论;A 公司的《系统需求规格说明书》必须经过信息化部、相关业务部门(系统最终用户部门)以及开发商的签字确认,并且作为系统开发、系统测试及系统验收的依据。

(3) 系统设计阶段的风险管理

系统设计是系统开发的重要环节。在系统设计过程中,应当利用信息技术优势,优化流程,完善控制点,将处理规则嵌入到系统程序中,实现手工处理环境下难以实现的控制功能,以更加高效地预防、发现和纠正错误和舞弊。在系统设计完成后,应当对系统设计方案进行审核和评价,以保证系统设计方案的正确性,不要将系统设计的错误带到系统实施阶段。

在系统开发过程中,A 公司要求开发商提交《系统概要设计》,并组织相关的技术人员和业务人员(系统最终用户)进行审核确认,确保开发商提供的《系统概要设计》涵盖了实际的业务需求。

(4) 系统实施阶段的风险管理

系统实施是系统开发过程中投入人力、物力和财力最多的一个阶段。系统实施阶段的主要任务包括:购置和安装计算机系统与网络系统、编程、测试、人员培训、数据准备、试运行、系统上线等。其中,测试和上线是系统实施的两个重要环节。

(5) 系统运行维护阶段的风险管理

系统运行维护阶段的任务是进行系统的运行管理、维护和评价,具体包括:权限管理、备份管理、问题管理、故障/灾难恢复、变更管理、第三方管理、系统评价等内容。为了加强对系统运行维护的管理,A 公司制定了《信息系统运行维护规程》、《信息系统变更管理细则》、《数据备份管理细则》、《信息系统管理职责分工标准》、《信息安全管理规程》等一系列制度。

2. 信息系统应用控制风险管理

信息系统应用控制是指利用信息系统对业务处理实施的控制,信息系统应用控制与具体的业务处理联系在一起。以下结合会计信息系统,对信息系统应用控制进行探讨。

会计信息系统是 A 公司管理支撑系统域中的一个非常重要的应用系统。会计信息系统应用控制包括资本性支出、收入、成本费用、资金及资产管理、财务信息披露等多个方面,下面以财务信息披露为例,对会计信息系统应用控制的风险管理方法进行讨论。

3. 启示

(1) 应用信息技术，减少人工控制，提高管理效率

A公司在信息系统开发过程中，充分利用信息技术优势，将业务处理规则嵌入系统程序中，固化了相应的流程。一方面使得公司的各项管理工作制度化，规范了员工和管理者的行为，从而促进了管理水平的提升，为业务的发展奠定了坚实的基础；另一方面增加了系统控制，减少了人工控制，从而减少了人为的干预和差错，大大提高了公司的管理效率。

(2) 以信息系统生命周期为基础，加强信息系统一般控制

A公司的生产经营完全依赖信息系统的支持，在强化管理控制的同时也会产生新的风险，因此必须加强对信息系统的控制。A公司通过加强对系统开发过程的管理、强化信息系统安全管理等手段加强对信息系统的一般控制。

(3) 优化业务流程，完善控制点，加强信息系统应用控制

A公司对各项业务进行了认真研究和梳理，充分利用信息技术，优化了业务流程，完善了控制点，制定了《A公司内部控制制度规范》，并用文字、流程图、风险控制文档等多种形式，将各项业务和事项的风险类型、控制目标、关键控制点、控制措施、控制频率加以规定和说明，形成了与经营管理制度有机结合的内部控制规范。《A公司内部控制制度规范》的制定为信息系统应用控制提供了依据，有力地强化了信息系统的应用控制。

(4) 通过CRM系统与会计信息系统的信息集成，确保会计数据与业务数据一致

为了确保业务信息能准确、及时地从业务管理系统传递到会计信息系统，提高信息系统的数据处理效率，A公司完成了CRM系统(包括代理商佣金系统、卡资源管理系统等)与会计信息系统的接口建设工作，实现了CRM系统与会计信息系统的信息集成，解决了"一套数据，重复录入"的问题，确保了业务系统与会计系统数据一致，提高了会计数据的准确性与及时性。

资料来源：吴彦太. 信息系统内部控制风险管理——以A公司为例[J]. 财务与会计(理财版)，2011(6).

(三) 信息技术过程控制体系

信息技术过程控制体系(COBIT)是国际信息系统审计与控制协会(ISACA)提出的《信息和相关技术的控制目标》的英文缩写(COBIT标准认证机构网址：http://www.isaca.org/)。COBIT最早发布于1996年。现有版本COBIT 5发行于2012年4月，其使命是"为企业管理人员、IT人员和审计人员的日常使用研究、开发、宣传和推广一套权威的、最新的、国际上认可的信息技术控制目标"。它是一个基于IT治理概念的、面向IT建设过程中的IT治理实现指南和审计标准，被认为是COSO框架的补充框架。

COBIT框架以业务为中心，以流程为导向，以控制为基础，以绩效测评为驱动，将为满足业务目标而应符合的控制标准定义为效果、效率、保密性、完整性、可用性、符合性和可靠性，统称业务需求，将为满足业务需求而需要投入的IT资源定义为应用系统、信息、基础设施和人员，然后将业务目标与IT资源紧密结合起来，定义为一个流程模型，分为4个域：计划与组织(plan and organise，PO)、获取与实施(acquire and implement，AI)、交付与支持(deliver and support，DS)、监控与评价(monitorand evaluate，ME)。这些域覆

盖了传统的 IT 职责：计划、建设、运行和监控。通过这 4 个域，COBIT 归纳了 34 个 IT 流程，每个流程均指明了业务目标与其所支持的 IT 目标之间的联系，同时也提供了如何衡量目标、关键活动、主要交付物以及由谁负责等相关信息。[①] COBIT 组件间的相互关系如图 5-5 所示。

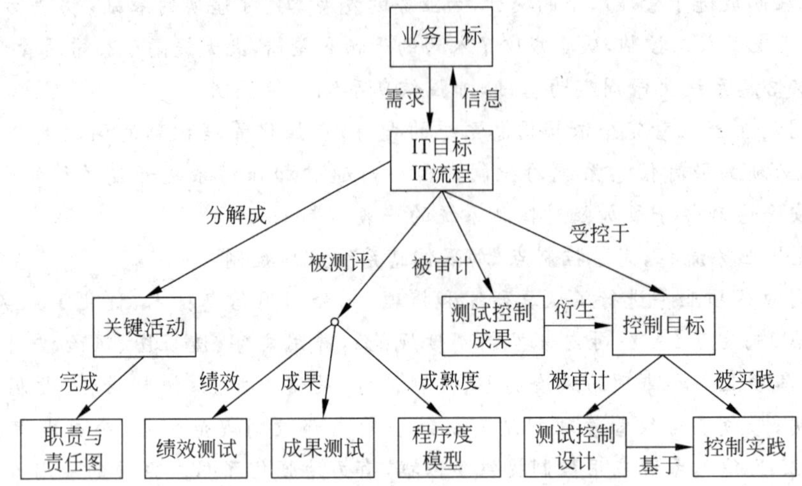

图 5-5 COBIT 组件间的相互关系[②]

案例 5-22

当一家公司存在较大规模的内部应用程序开发活动时，它的过程如图 5-6 所示。

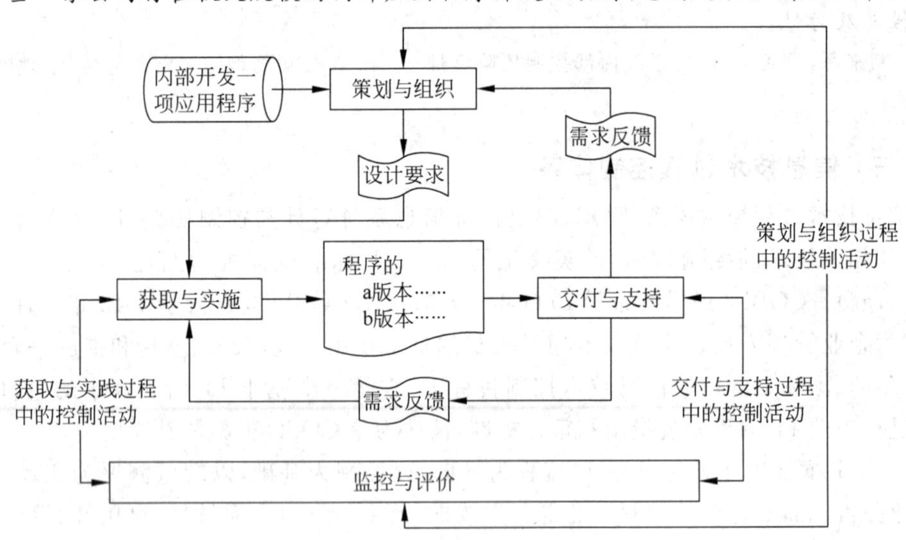

图 5-6 某企业内部应用程序开发过程

① 燕超源，郝立涛，李淼. 基于 COBIT 框架的电网企业 IT 审计模型研究与实践[J]. 电力信息化，2013，11(1).

② 燕超源，郝立涛，李淼. 基于 COBIT 框架的电网企业 IT 审计模型研究与实践[J]. 电力信息化，2013，11(1).

图 5-7 为 COBIT 4.1 所定义的公司在建立 IT 相关的架构、职责分离和内部控制过程中所实施的一般构建步骤。

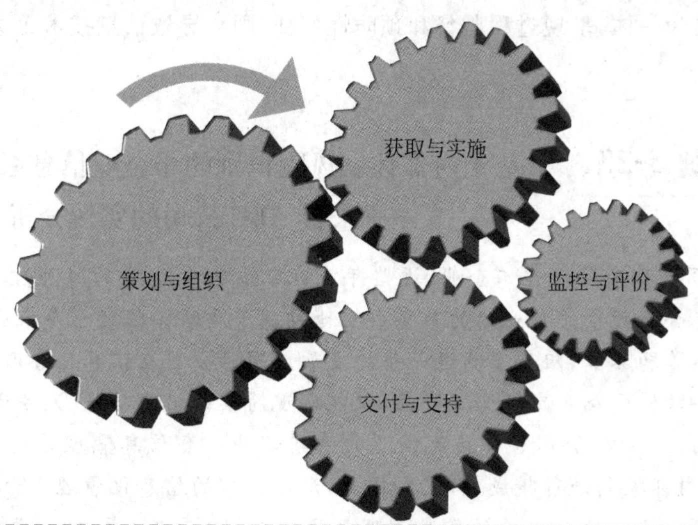

策划与组织
- 定义IT战略计划
- 定义IT信息架构
- 确定技术导向
- 定义IT过程、组织和关系
- IT投资管理
- 传达管理目标和方向
- IT人力资源管理
- 质量管理
- IT风险评估及管理
- 项目管理

获取与实施
- 识别自动化解决方案
- 获取(或采购)并维护应用软件
- 获取并维护技术基础设施
- 获取IT资源
- 变更管理
- 安装、授权解决方案和变更

交付与支持
- 定义和管理软件服务层级
- 管理第三方服务
- 性能与容量管理
- 确保服务的连续性
- 确保系统安全
- 确定并分配成本
- 教育和培训客户
- 服务台和紧急事件管理
- 配置管理
- 数据管理
- 物理环境管理
- 运营管理

监控与评价
- 监控与评价绩效
- 监控与评价控制
- 确保对于外部要求的合规性
- 提供IT治理架构

图 5-7　COBIT 4.1 所定义的 IT 架构

资料来源：友联时骏网，http://www.ustrength.com/chs/research/sox/text/801.html.

二、信息系统主要风险点及其关键控制措施

（一）信息系统规划

信息系统战略规划是信息化建设的起点。战略规划是以企业发展战略为依据制定的企业信息化建设的全局性、长期性规划。制定信息系统战略规划的主要风险是：①信息系统规划风险，即缺乏战略规划或规划不合理，可能造成信息孤岛或重复建设，导致企业经营管理效率低下。②信息技术无法有效满足业务需求的风险，即没有将信息化与企业业务需求结合，降低了信息系统的应用价值。

企业的信息系统规划应该服从于企业总体战略规划，为企业总体战略规划服务。只有满足“战略、组织、技术”三项特征，把信息系统规划作为常规工作循环开始建立，才能把企业的信息化建设推进到一个更高的“战略、组织、技术”层次和水平。

当前IT系统越来越多地对业务经营活动进行自动化处理，这就需要IT提供必要数量的控制程序。如果内部控制呈现的是独立于业务活动、事后反映和检查性特征，而不能与业务活动融为一体，呈现过程监督和预防性特征，则会导致信息技术无法有效满足业务需求的风险。

案例5-23 基于内部控制风险识别的小企业信息系统实施——来自ABC公司的实践分析

ABC公司系国有小型化工企业，近些年来在江浙民营企业的激烈冲击下，凭借本身的技术领先优势和数十年行业内的声誉成功地站稳了脚跟。但近十年来公司在内部控制上出现了一些薄弱环节，阻碍了其进一步的发展。同时公司在信息化管理上比较落后，集中体现在财务软件已属于市场淘汰产品，仅能实现简单的记账功能，无法满足日趋快速的信息沟通。因此，ABC公司领导层有强烈的意愿实施一套信息管理系统，利用计算机和通信技术，对内部控制进行集成、转化和提升，形成公司的信息化管理平台。

目前市场上已经比较成熟的信息管理系统工具例如SAP系统、用友ERP系统和金蝶ERP系统等基本上涵括了企业经营的所有业务流程，能够利用信息系统来管理和监控业务流程，同时还能利用系统功能克服在人工控制下存在的较多管理漏洞，因此具有良好的内部控制风险规避功能。但是这些完整的系统对实施单位的内部控制水平和员工的素质要求较高，往往只适用于一些内部控制良好的大型集团公司，并且这些系统的采购成本和实施成本都非常高昂，一般的中小型企业往往无法承受，不符合成本效益原则。因此对于中小型企业来说，比较合适的方式是先进行风险识别，找出公司内部控制的薄弱点和关键点，在此基础上有针对性的实施信息管理系统中的特定模块，这样不仅可以降低成本，也能达到加强和完善内部控制的目标。

按照基本规范重要性原则和适应性原则规定，公司拟根据设定的控制目标，全面系统持续地收集相关信息，结合实际情况，及时进行风险评估，准确识别与实现控制目标相关的内部风险和外部风险。

首先，公司通过定性分析确定企业的风险重点是内部风险，接下来，企业采用定性与定量相结合的方法，按照风险发生的可能性及其影响程度等，通过对企业全体骨干进行问卷调查的方式来识别企业内部风险，并利用专业统计软件SPSS对调查问卷进行因子分析，从而确定关注重点和优先控制的风险。

1. 问卷设计

依据配套指引规定，系统实施项目组参照内部控制评价手册设计了调查问卷。问卷根据公司内部控制实际情况从多个方面设置了42项问题，并按风险强弱进行打分，计分采用十分制。

2. 研究样本和数据来源

为准确确定内部风险，提高风险识别的可靠性，系统实施项目组从公司115名员工中选取有代表性的员工进行问卷调查。

在具体挑选时，先将员工按职能分成了生产人员、生产管理人员、辅助生产人员、管理人员、科技人员、销售人员等六类，然后在其中按技术等级和岗位系数类别进行同比例挑选，最终项目组挑选了有代表性的60位员工进行调查，人员占比52%。同时为了保证调查的质量和效率，在正式调查之前对60位员工进行了专项培训，因此问卷调查实际发放60份，回收60份，有效数据60份，回收率和有效率均为100%。以上即构成了本次的研究样本和数据来源。

3. 研究方法

本文在借鉴以往研究的基础上，通过建立多维度、多指标的衡量体系来对企业的内部风险进行衡量，在统计方法上使用SPSS统计软件对样本数据进行分析，使用主成分分析进行因子萃取，从而归纳出公司的内部控制关键点。

4. 结果与分析

根据本文需要，通过因子萃取从42项基础指标中萃取出了两个公因子。这两个公因子累积方差贡献率已达到80.135%，从统计角度已经可以认为基本上代表了所有指标的特性。

成分矩阵表是上述两个公因子的成分构成情况。从该成分矩阵来看，根据统计理论判断，第一个公因子与信用管理的相关系数为0.662，与合同款项收付的相关系数为0.607，与合同款项收付、收入确认及记录、账龄分析、客户对账、赊销管理、发票及入库、应收账款催讨等项的相关系数都基本在0.6以上，具有较高的相关性，而与其他项目则相关系数很小，基本不相关。从定性分析来看，合同款项收付、收入确认及记录、账龄分析、客户对账、赊销管理、发票及入库、应收账款催讨等都可归入公司的往来款业务类别，因此可以将第一个公因子归纳为往来款管理因子；同样原理第二个公因子主要包括生产过程、购货退回、存货管理、生产成本核算、退货管理、领料、存货盘点等项，可以归纳为存货管理因子。

通过风险识别，ABC公司确定了内部控制的重点是财产保护控制中的往来款控制和存货控制。以上两项重点企业可以通过实施信息系统，将相关生产经营管理业务流程、关键控制点和处理规则嵌入系统流程来加强控制，达到规避风险的目标。考虑到当前市场主流的ERP信息系统都包含了完善的往来款和存货管理模块，ABC公司根据实际情况并考虑成本效益原则后决定采用公开招标形式择优确定供应商或开发单位。

资料来源：何刚.基于内部控制风险识别的小企业信息系统实施——来自ABC公司的实践分析[J].中国外资，2012(5).

（二）信息系统开发

虽然信息系统的开发方式有自行开发、外购调试、业务外包等多种方式，但基本流程大体相似，通常包含项目计划、系统分析、系统设计、编程和测试、上线等环节。

1. 项目计划环节

项目计划环节的主要风险是：信息系统建设缺乏项目计划或者计划不当，导致项目进度滞后、费用超支、质量低下。

2. 系统分析环节

系统分析环节主要存在可行性研究的风险和需求分析的风险。可行性研究要考虑新的系统对企业原来的管理模式的影响及员工素质的差异。系统分析主要应考虑企业的内部控制节点。如考虑不当将会带来巨大的损失。

系统分析环节的主要风险是：第一，需求本身不合理，对信息系统提出的功能、性能、安全性等方面的要求不符合业务处理和控制的需要。第二，技术上不可行、经济上成本效益倒挂，或与国家有关法规制度存在冲突。第三，需求文档表述不准确、不完整，未能真实、全面地表达企业需求，存在表述缺失、表述不一致甚至表述错误等问题。

3. 系统设计环节

系统在设计环节要保证其规范性和适应性。系统设计环节的主要风险是：第一，设计方案不能完全满足用户需求，不能实现需求文档规定的目标。第二，设计方案未能有效控制建设开发成本，不能保证建设质量和进度。第三，设计方案不全面，导致后续变更频繁。第四，设计方案没有考虑信息系统建成后对企业内部控制的影响，导致系统运行后衍生新的风险。

4. 编程和测试环节

这一环节的主要风险是：第一，编程结果与设计不符。第二，各程序员编程风格差异大，程序可读性差，导致后期维护困难，维护成本高。第三，缺乏有效的程序版本控制，导致重复修改或修改不一致等问题。第四，测试不充分。单个模块正常运行但多个模块集成运行时出错，开发环境下测试正常而生产环境下运行出错，开发人员自测正常而业务部门用户使用时出错，导致系统上线后可能出现严重问题。

5. 上线环节

系统上线是将开发出的系统(可执行的程序和关联的数据)部署到实际运行的计算机环境中，使信息系统按照既定的用户需求来运转，切实发挥信息系统的作用。这一环节的主要风险是：第一，缺乏完整可行的上线计划，导致系统上线混乱无序。第二，人员培训不足，不能正确使用系统，导致业务处理错误，或者未能充分利用系统功能，导致开发成本浪费。第三，初始数据准备设置不合格，导致新旧系统数据不一致、业务处理错误。

案例 5-24 运用信息管理系统强化上市公司内部控制和审计

根据内控体系建设目标，西昌电力建立了一套基于内控规范的新型信息管理系统(简称“C-SOX 信息系统”)，按照 IT 治理框架，整合西昌电力原有的关键业绩指标考核体系、人力资源管理、办公自动化、财务电算化、客户管理、电力系统数据采集与监控等信息管理系统，将内控和内审流程嵌入系统并进行固化，保证所有的内控和内审工作按照《企业内部控制基本规范》及配套指引的定义开展，实现内控、内审电子化系统鉴证与控制。

这套“C-SOX 信息系统”采用了目前流行的页面缓存技术、内存线程池技术，并将负载均衡机制加载到系统中，充分利用主机、端口、数据存储的均衡性原则实现负载均衡和访问控制。根据内部审计和内部控制作业在多个人或单位之间流转的特点设计了“工作流引擎”，使多个参与者间按照预定义的规则传递文档、信息或任务的过程可以自动进行，从而实现预期业务目标。

西昌电力以内部控制规范建设工作为契机，将“C-SOX 信息系统”应用于内部控制和内部审计工作中，初步实现了对经营决策过程的实时控制，以及内部控制的自我完善和持续改进，提高了公司的营业收入。

而实践证明，提高公司法人治理水平能够有效促进公司经营业绩增长；通过电子信息管理系统实现和固化内部控制体系，是推动上市公司可持续发展、进一步提高经营效率的有效途径。

资料来源：谭卫国. 运用信息管理系统强化上市公司内部控制和审计[N]. 证券日报，2013-07-10.

（三）信息系统运营与维护

信息系统的运行与维护主要包含三方面的内容：日常运行维护、系统变更和安全管理。

1. 日常运行维护的主要风险点

日常运行维护的目标是保证系统正常运转，其主要工作内容包括系统的日常操作、系统的日常巡检和维修、系统运行状态监控、异常事件的报告和处理等。这一环节的主要风险是：第一，没有建立规范的信息系统日常运行管理规范，计算机软硬件的内在隐患易于爆发，可能导致企业信息系统出错。第二，没有执行例行检查，导致一些人为恶意攻击会长期隐藏在系统中，可能造成严重损失。第三，企业信息系统数据未能定期备份，可能导致损坏后无法恢复，从而造成重大损失。

针对日常运行维护的关键风险点，应该采取如下控制措施：第一，企业应制定信息系统使用操作程序、信息管理制度以及各模块子系统的具体操作规范，及时跟踪、发现和解决系统运行中存在的问题，确保信息系统按照规定的程序、制度和操作规范持续稳定运行。第二，切实做好系统运行记录，尤其注意系统运行不正常或无法运行的情况，应将异常现象、发生时间和可能的原因做出详细记录。第三，企业要重视系统运行的日常维护。在硬件方面，日常维护主要包括各种设备的保养与安全管理、故障的诊断与排除、易耗品的更换与安装等。这些工作应由专人负责。第四，配备专业人员负责处理信息系统运行中的突发事件，必要时应会同系统开发人员或软硬件供应商共同解决。

2. 系统变更的主要风险点

系统变更主要包括硬件的升级扩容、软件的修改与升级等。系统变更往往会“牵一发而动全身”。硬件升级、软件的任何修改都是非同小可的事情，所以必须得到授权与批准。

系统变更是为了更好地满足企业需求，但同时应加强对变更申请、变更成本与进度的控制。这一环节的主要风险是：第一，企业没有建立严格的变更申请、审批、执行、测试流程，导致系统随意变更。第二，系统变更后的效果达不到预期目标。

针对系统变更的关键风险点，应该采取如下控制措施：第一，企业应当建立标准流程，来实施和记录系统变更，保证变更过程得到适当的授权与管理层的批准，并对变更进行测试。信息系统变更应当严格遵照管理流程进行操作。信息系统操作人员不得擅自进行软件的删除、修改等操作，不得擅自升级、改变软件版本，不得擅自改变软件系统的环境配置。第二，系统变更程序（如软件升级）需要遵循与新系统开发项目同样的验证和测试程序，必要时还应当进行额外测试。第三，企业应加强紧急变更的控制管理。第四，企业应加强对将变更移植到生产环境中的控制管理，包括系统访问授权控制、数据转换控制、用户培训等。

3. 安全管理的主要风险点

安全管理问题，应该像每家每户的防火防盗问题一样，做到防患于未然。

安全管理的目标是保障信息系统安全。信息系统安全是指信息系统包含的所有硬件、软件和数据受到保护，不因偶然和恶意的原因而遭受破坏、更改和泄露，信息系统能够连续正常运行。这一环节的主要风险是：第一，硬件设备分布物理范围广，设备种类繁多，安全管理难度大，可能导致设备生命周期短。第二，业务部门信息安全意识薄弱，对系统和信息安全缺乏有效的监管手段。少数员工可能恶意或非恶意滥用系统资源，造成系统运行效率降低。第三，对系统程序的缺陷或漏洞安全防护不够，导致遭受黑客攻击，造成信息泄露。第四，对各种计算机病毒防范清理不力，导致系统运行不稳定甚至系统瘫痪。第五，缺乏对信息系统操作人员的严密监控，可能导致舞弊和利用计算机犯罪。

针对信息系统安全的关键风险点，应该采取措施：

(1) 建立信息系统相关资产的管理制度，保证电子设备的安全。

(2) 企业应成立专门的信息系统安全管理机构，由企业主要领导负总责，对企业的信息安全作出总体规划和全方位的严格管理。

(3) 企业应当按照国家相关法律、法规以及信息安全技术标准，制定信息系统安全实施细则。

(4) 企业应当有效利用信息系统技术手段，对硬件配置调整、软件参数修改严加控制。

(5) 企业委托专业机构进行系统运行与维护管理的，应当严格审查其资质条件、市场声誉和信用状况等，并与其签订正式的服务合同和保密协议。

(6) 企业应当采取安装安全软件等措施防范信息系统受到病毒等恶意软件的感染和破坏。

(7) 企业应当建立系统数据定期备份制度，明确备份范围、频度、方法、责任人、存放地点、有效性检查等内容。

(8) 企业应当建立信息系统开发、运行与维护等环节的岗位责任制度和不相容职务分离制度，防范利用计算机舞弊和犯罪。

(9) 企业应积极开展信息系统风险评估工作，定期对信息系统进行安全评估，及时发现系统安全问题并加以整改。

4. 系统终结的主要风险点

系统终结是信息系统生命周期的最后一个阶段。在该阶段，信息系统将停止运行。停止运行的原因通常有：企业破产或被兼并、原有信息系统被新的信息系统代替。这一环节的主要风险是：第一，因经营条件发生剧变，数据可能泄密；第二，信息档案的保管期限不够长。

针对系统终结环节的关键控制点，应该采取如下主要控制措施：第一，要做好善后工作。不论因何种情况导致系统停止运行，都应将废弃系统中有价值或者涉密的信息进行销毁、转移。第二，严格按照国家有关法规制度和对电子档案的管理规定（比如审计准则对审计证据保管年限的要求）妥善保管相关信息档案。

案例 5-25　兖州煤业信息系统内部控制的实践与启示

兖州煤业股份有限公司(简称兖州煤业)于 1998 年分别在中国香港、纽约、中国上海三地上市,是由兖矿集团有限公司控股、拥有 15 个直属业务单位和 10 个子公司的境内外同时上市的公司。为了防范经营风险,提升企业管理水平,自 2005 年起公司开始全面启动内部控制体系建设。在内部控制体系建设过程中,公司高度重视信息系统在内部控制中发挥的作用,根据内部控制的要求,结合组织架构、业务范围、技术能力等因素,整合了 ERP 信息系统、OA 办公自动化系统、全面风险管理系统、安全管理系统、调度管理系统、计划统计信息系统、机电管理系统、人资管理信息系统、供应商管理系统等信息管理平台,梳理了信息系统业务流程并明确了控制目标及风险点,健全了信息系统内部控制制度,为公司基于风险管理的内部控制体系建设提供了有力的保障。

1. 建立专门的信息化管理组织机构

公司总部设置了专门的信息系统管理部门——信息管理部,主要负责以下工作:从公司整体层面提出信息化发展规划和建设的建议;对总部及下属业务单位信息化安全和信息技术创新等项目的实施、运营成果推广和风险控制评估;对公司信息资源的积累、协调和支配;提高公司全员职工对信息化的认知度和理解力等。

信息管理部采用授权分散化界定各岗位职责。在部门访谈、调查问卷的基础上,首先明确公司总部以及下属业务单位信息系统管理的每一个风险控制点;其次进一步明确部门信息化管理的关键任务;再次按照不相容职务相互分离的原则在职能分工上进行合理划分,借以对信息系统风险建立预防性控制,并在此基础上形成《信息管理部岗位职责表》等文件。

2. 制定企业信息系统总体控制策略

在现代企业管理中,信息能力已经成为影响企业经济效益的关键因素之一。公司根据发展的总体战略和业务发展方向,以提高信息能力、有效发挥信息技术优势作为信息化建设的重点,将信息化内部控制上升到企业战略高度。

(1) 明确信息化治理目标

公司将总部各职能部门及下属各业务单位的信息系统控制均纳入信息管理部统一管理,主要控制范围涵盖业务范围、外购或自行开发、操作系统、数据库、版本号、服务器所在地等。公司的信息化治理由首席运营官(以下简称 CIO)负责,CIO 对总经理负责,确保信息系统能够支持和扩展公司的发展战略和目标。通过信息化与公司治理、全面风险管理相结合,合理利用信息化资源,管理信息技术相关风险,推动业务发展,保持信息化与业务目标、战略目标的一致。

(2) 制定信息化战略规划及年度规划

依据公司未来五年的生产经营发展规划并结合信息化技术发展方向,信息管理部会同各业务部门制定信息化五年发展规划,并由部门领导向总经理、董事会逐级汇报,由董事会会议审阅通过后制定发布。考虑到公司外部环境因素的变化对公司信息化发展方向的影响,长期发展规划会随外部环境因素的变化进行及时修订和调整。

信息管理部依据信息化五年发展规划，结合公司每年度实际业务以及年度最新的信息化技术发展动态，制定年度信息化规划，包括对现有信息系统进行评估、新系统实施的可行性方案、信息化人力资源安排、其他资源的调配、时间进度安排等内容。

(3) 建立顺畅的信息沟通渠道

公司管理层负责制定信息政策和信息标准，由信息管理部通过政策手册、公司网站、电子邮件、信息公告板等一系列信息发布平台及时进行发布。同时，利用内部网站、电子邮箱、热线电话等沟通渠道及时收集各类反馈意见，并汇总上报公司管理层，从而对信息政策和标准进行不断的完善和更新。为保证公司信息沟通渠道的畅通，信息管理部在重要政策发布、新系统实施、系统发生变更时，负责制定培训计划对最终用户进行培训并记录，同时对培训结果进行考核和评估。

(4) 建立多层次、考评结合的内部控制监督机制

公司建立了多层次的信息系统内部控制监督机制。第一层：信息管理部结合信息化业务日常管理活动，每月对信息系统运行、安全等方面进行专项评估，及时将发现的问题进行汇总，并提出改进措施。第二层：公司内部审计部门采用会议讨论、问卷调查、人员访谈、实地考察、抽样调查等方式对所有与公司财务信息有关的信息系统进行一次专题审计。审计部门提出相应的整改意见并提交公司总经理批准后，上报公司审计委员会。第三层：中介机构结合上市公司财务报表审计，每年对包括信息系统的内部控制的适当性、有效性以及经营活动、财务收支的真实性、合法性和效益性进行监督和评价，并将评价结果中存在的重大缺陷与公司高管层进行沟通。信息管理部根据上述监督中提出的整改意见在规定的时间内进行整改，并由审计部对整改情况进行追踪和评估。

此外，根据公司信息系统管理的需求，依据信息系统内部控制评价的结果，重点对总部和下属各业务单位 ERP 系统的运行管理制定了详尽的内部控制标准，并通过量化评价考核指标进行考核。根据各业务单位系统运行的复杂程度给予一定的系数，最终计算综合得分并确定优秀、优良、合格、不合格四个等级，同时依据考核结果进行奖惩。

资料来源：李冬梅，赵文革，曹志德. 兖州煤业信息系统内部控制的实践与启示[J]. 财务与会计，2013(1).

三、基于信息系统风险开展内部控制活动

1. 对信息系统进行风险评估，确定风险类别

信息系统内部控制的重要目标之一是有效防范和化解信息系统风险。仍以兖州煤业为例，其风险管理部门定期通过会议讨论、文档复查、实地考察、调查问卷等方式对全公司范围内的信息系统运行状况、系统的安全性、信息技术的使用等方面存在的风险进行评估，风险评估模型见图 5-8。

根据公司风险现状，兖州煤业将信息系统风险确定为技术风险和管理风险两类。技术风险来自于缺乏对信息系统高效集成所带来的员工灵活处理、提高效率的控制；管理风险则来自于对业务流程管理以及重组的失控。

2. 确定风险的等级及威胁影响，明确风险管理要求采取的行动

风险管理部根据风险等级矩阵定义信息系统的风险等级，并通过量化指标进行风险

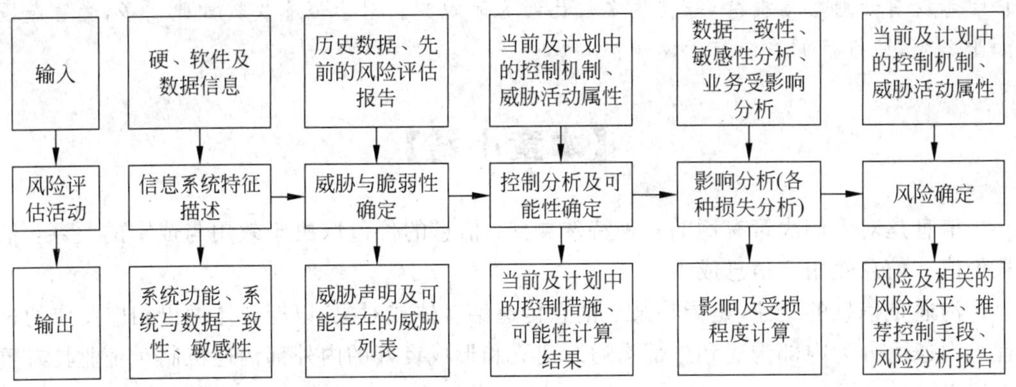

图 5-8　兖州煤业信息系统风险评估模型

确定,同时提出下一步进行风险管理的要求。信息系统的风险等级、衡量标准及对风险管理提出的要求见表 5-4。

3. 制定信息系统内部控制的具体措施

公司制定了《兖州煤业股份有限公司信息系统管理条例》、《兖州煤业股份有限公司计算机设备管理办法》、《兖州煤业股份有限公司信息系统开发管理规范》、《兖州煤业股份有限公司信息系统故障应急管理办法》、《兖州煤业股份有限公司信息反馈制度》等一系列文件,以规范信息系统运行和管理行为。

表 5-4　　信息系统风险等级、衡量标准及风险管理要求采取的行动

风险等级	威胁的可能性	威胁的影响	风险管理要求采取的行动
高	1.0	100	强烈要求有控制及纠正措施,当前系统可能继续运行,但是必须立即部署有关控制及纠正的行动计划
中	0.5	50	对控制及纠正措施要求比较强烈,系统可以继续运行,有控制及纠正的行动计划要在短期内进行
低	0.1	10	要求系统管理员确定是否需要纠正行动或者是否接受风险

结合信息系统风险评估结果,公司将安全管理和系统日常运行作为关键风险区域进行控制。针对每一关键风险控制点,明确了控制目标,绘制业务控制流程图并设计了文档记录。以不相容职务相互分离和满足业务需求为原则,确保每一业务流程由不同岗位和权限的人员负责,对于每一环节都要求相关人员对申请、批准、执行、检查做详细记录。

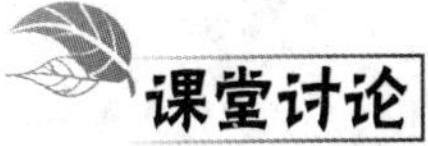

据中国之声《新闻纵横》报道,不断有某银行的客户投诉说,自己的储蓄卡被盗刷,里面的钱不翼而飞。而且,这些被盗刷的该银行储蓄卡,都是在多天内被连续小额盗刷,单次被刷掉的金额最少才二十多元,最多有几百元。这牵扯 51 个分支银行的大规模盗刷,涉及地域十分广阔,北至辽宁,南至广东。有的受害人甚至被盗刷了 68 次之多。很多用户因为没有开通短信提醒，等发现之后已经为时晚矣。对于盗刷次数如此之多，受害范围如此之大，该银行的系统有无漏洞？

【本章小结】

信息是对人们决策有用的一种特殊数据；信息的价值取决于效用与成本的关系：信息价值＝信息效用－信息成本。

沟通是信息的交流，是指将某一信息传递给客体或对象，以期客体做出相应反应的过程。沟通可分为内部沟通和外部沟通。建立和形成良好的内外部沟通机制对企业具有重大意义。

财务报告业务流程由财务报告编制流程、对外提供流程、分析利用流程三个阶段组成。企业应当充分结合自身业务特点和管理要求，构建和优化财务报告内部控制流程。

内部信息传递是企业内部各管理层级之间通过内部报告形式传递生产经营管理信息的过程。内部报告是企业最重要、最普遍的信息传递形式。内部信息传递流程千差万别，没有一个最优的方案和唯一的标准。内部信息传递至少包括信息形成阶段和信息使用阶段。

信息系统是指企业利用计算机和通信技术，对内部控制进行集成、转化和提升所形成的信息化管理平台。信息系统控制可分为两大类：一般控制和应用控制。

【延伸阅读】

1.《企业内部控制引用指引第 17 号——内部信息传递》
2.《企业内部控制引用指引第 14 号——财务报告》
3.《企业内部控制引用指引第 18 号——信息系统》
4. 白华，高立. 财务报告内部控制：一个悖论[J]. 会计研究，2006(10).

【思考题】

1. 信息的特征有哪些？
2. 信息的作用和种类分别有哪些？
3. 沟通的意义是什么？
4. 内部沟通的方式有哪些？
5. 外部沟通有哪些方面？
6. 财务报告业务控制的总体要求是什么？
7. 财务报告业务主要风险点有哪些？如何进行控制？
8. 内部信息传递的基本流程和总体要求是什么？
9. 内部信息传递各环节的主要风险点及其控制措施有哪些？

10. 信息系统业务控制的类型有哪些?

11. COBIT 的意义和内容是什么?

12. 信息系统开发方式有哪几种?

13. 信息系统开发的主要风险点有哪些?相应的控制措施是什么?

14. 信息系统运营与维护的主要风险点有哪些?相应的控制措施是什么?

【自测题】

1. 单项选择题

(1) 内部报告指标体系的设计,最重要的依据是(　　)。

A. 社会公众的需求　　B. 企业内部报告使用者的需求

C. 企业的外部环境　　D. 企业财务状况

(2) 下列方式中适用于特殊需求较少的企业,或者市场上已有成熟的商品化软件和系统实施方案的是(　　)。

A. 业务外包方式　　B. 外购调试方式

C. 自行开发方式　　D. 接受赠予

(3) 信息系统自行开发的缺点是(　　)。

A. 开发周期较短、技术水平和规范程度有较好保证,成功率相对较高

B. 可以培养锻炼自己的开发队伍,便于后期的运行和维护

C. 成熟的商品化软件质量稳定,可靠性高

D. 开发周期较长、技术水平和规范程度较难保证,成功率相对较低

(4) 下列业务类型中,适合信息系统外包的是(　　)。

A. 附加值较低、成本较高的非核心信息系统业务

B. 附加值较低、成本较高的核心信息系统业务

C. 附加值较高、成本较低的非核心信息系统业务

D. 附加值较高、成本较低的核心信息系统业务

(5) 内部信息沟通是指(　　)。

A. 在企业正式结构、层次系统进行的沟通

B. 通过正式系统以外的途径进行的沟通

C. 企业经营、管理所需的内部信息、外部信息在企业内部的传递与共享

D. 企业与利益相关者之间信息的沟通

2. 多项选择题

(1) 信息系统内部控制的目标是(　　)。

A. 促进企业有效实施内部控制

B. 提高企业现代化管理水平,减少人为操纵因素

C. 增强信息系统的安全性、可靠性和合理性

D. 确保相关信息的保密性、完整性和可用性

E. 为建立有效的信息与沟通机制提供支持保障

(2) 良好的外部沟通有利于企业(　　)。

A. 对外部有关方面的建议、投诉和收到的其他信息进行记录,并及时予以处理、反馈

B. 通过开放的沟通渠道,客户和供应商就能够对产品或服务的设计或质量提供非常重要的信息,使公司能够应对不断变化的客户需求和偏好

C. 扩大企业的影响力

D. 使企业获得很多有效内部控制的重要信息

E. 帮助企业实现良好的内部控制体系

(3) 财务报告的业务流程包括(　　)。

A. 制订财务报告编制方案　　B. 确定重大事项会计处理方法

C. 查实资产和负债　　D. 编制财务报告

E. 对外提供以及分析利用等

(4) 公开发行证券的公司在年度报告中应披露的财务报告内部控制信息包括(　　)。

A. 公司财务报告内部控制的建立健全及其运行情况的说明

B. 董事会对评价基准日财务报告内部控制的自我评价报告

C. 注册会计师对公司财务报告内部控制的审计报告

D. 报告年度财务报告内部控制审计费用情况

(5) 企业编制、对外提供和分析利用财务报告,应当关注的风险有(　　)。

A. 编制财务报告违反会计法律法规和国家统一的会计准则制度,可能导致企业承担法律责任和声誉受损

B. 提供虚假财务报告,误导财务报告使用者,造成决策失误,干扰市场秩序

C. 不能有效利用财务报告,难以及时发现企业经营管理中存在的问题,可能导致企业财务和经营风险失控

D. 因财经媒体或外部财务分析师发布负面评价而导致股价下跌

(6) 企业应当切实做好信息系统上线的各项准备工作,包括(　　)。

A. 培训业务操作和系统管理人员

B. 制订科学的上线计划和新旧系统转换方案

C. 考虑新旧系统顺利切换和平稳衔接的应急预案

D. 系统上线涉及数据迁移的,应制订详细的数据迁移计划

3. 判断题

(1) 传递的信息以不同种形式或载体呈现,其中,对于企业最为重要的、最普遍的信息传递形式就是内部报告。(　　)

(2) 内部信息传递流程是根据企业生产经营管理的特点来确定,虽然形式千差万别,但总有一个最优的方案。(　　)

(3) 企业做决策时需要提供相关预测性的信息,信息越多越好,不用考虑传递成本等,因为信息无成本。(　　)

(4) 根据信息提供的预测性原则,提供给使用者的信息一定是真实的未来信息,才能做出与未来相关的确定的决策。(　　)

（5）内部报告的组成和内容不用配合企业内部管理控制的程序和方法，也可以使得内部报告更好地为企业管理控制服务。（　）

（6）内部报告指标体系形成以后，要根据企业内外部环境因素的变化进行适时的调整，更好地为企业服务。（　）

（7）信息系统是由计算机硬件、软件、人员、信息流这四个要素组成的。（　）

案例分析

目的：判断企业信息与沟通中存在的问题、掌握内部控制风险点和关键控制点。

资料：

1. A公司在2010年与软件商B公司签订了ERP系统建设合同。合同约定B公司在6个月内完成系统建设工作，若B公司不能按时交工，将按合同标的5‰支付违约金，这一赔偿金比例远远高于当时市场平均违约金赔偿率2‰。据悉，所要安装的ERP软件系统是由B公司的独家代理商C公司提供的M型计算机管理信息系统。系统建设过程中，B公司发现C公司设计的软件产品与企业生产经营状况有所脱节，造成软件安装后A公司的一些经营性表格、单据等无法正确生成。由于C公司负责该产品的项目经理正在国外参加技术培训，使得此问题暂时搁置起来。在A公司的再三催促下，B公司请C公司的其他技术人员对软件产品进行技术修改，但一些关键技术问题仍无法彻底解决，导致系统建设工程最终失败。此后，A公司委托其他软件公司承担系统建设工作，并按照合同约定要求B公司赔偿150万元违约金。后经调解，考虑到B公司为系统建设工作付出了一定的财力、物力，赔偿违约金100万元。

资料来源：田明.北大东奥轻松过关——公司战略与风险管理[M].北京：北京大学出版社，2010.

要求：结合材料，从信息与沟通的角度，分析B公司的内部控制中存在的突出问题。

分析提示：

B公司在信息与沟通方面存在的突出问题有：

第一，在接手A公司的ERP系统建设订单前，B公司与A公司的交流沟通不足，对客户生产经营状况和项目实施难度缺乏足够了解。同时，B公司对违约赔偿金的市场平均水平了解不够，也说明其在信息搜集方面存在严重不足。

第二，在系统建设过程中，针对存在的问题，B公司未能与A公司进行灵活有效的沟通，导致问题被搁置而贻误了妥善解决问题的时机。

第三，对于C公司仍然无法解决的技术难题，B公司显得束手无策。实际上，B公司可以寻求其他软件商的技术帮助，力争避免赔偿或将损失降到最低，这也反映了B公司在信息搜集、处理、利用等方面的能力确实比较薄弱。

2. 2010年4月开始，三泰集团内部审计部联合管理咨询公司组成内部控制项目组（以下简称项目组），依据《企业内部控制基本规范》、《企业内部控制应用指引第18号——信息系统》等有关规定，对三泰集团控股的三泰公司信息系统内部控制进行设计。

项目启动前，三泰集团整体规划不健全，有规划的部分也存在不少不合理之处，这是企业形成信息孤岛的一个隐患，有可能会使企业因重复建设而导致资源浪费。三泰当前所使用的系统授权管理不当，不符合内部控制要求，可能导致无法利用信息技术实施有效控制。而且系统运行维护和安全措施不到位，信息泄露或毁损现象时有发生，导致系统无法正常运行。

项目组对识别出来的风险点认真分析和评估后，确定新的信息系统在以下几个方面尤为关注：一是职责分工、权限范围和审批程序明确规范，机构设置和人员配备科学合理，重大信息系统开发与使用事项审批程序；二是信息系统开发、变更和维护流程；三是访问安全制度，操作权限、信息使用、信息管理制度的有效性，硬件管理和审批程序的合理性。

问题：根据材料，总结出三泰集团信息系统内部控制的风险点和关键控制点，并尝试提出一些相应的控制措施。

资料来源：李三喜，武战伟. 三泰公司信息系统内部控制案例及分析[J]. 中国内部审计，2010(6).

分析提示：

三泰集团信息系统内部控制的风险点主要有：①前期规划阶段，缺乏整体规划或者规划不合理，可能导致企业形成信息孤岛、重复建设、资源浪费。②信息系统开发阶段，系统开发不符合内部控制要求，授权管理不当，可能导致无法利用信息技术实施有效控制。③信息系统运行与维护阶段，系统运行维护和安全措施不到位，可能导致信息泄露或毁损，系统无法正常运行。

关键控制点主要有：①明确规范职责分工、权限范围和审批程序，机构设置和人员配备科学合理。②信息系统开发、变更和维护流程。③访问安全建设，操作权限、信息使用、信息管理制度的有效性，硬件管理和审批程序的合理性。

相应的控制措施主要有：①根据企业内部控制要求建立信息系统岗位责任制。根据信息系统开发要求设定系统分析、编程、测试、程序管理、数据控制信息系统管理岗位，明确岗位职责。②明确系统开发和变更过程不相容岗位和职责，开发或变更、立项、审批、编程、测试环节要分离；系统访问过程申请、审批、操作、监控不相容岗位和职责要分离。信息系统战略规划、重要信息系统政策等重大事项应当经由管理层审批通过后，方可实施。③成立专门的信息系统安全管理机构，由企业主要领导负总责，并制定信息系统安全实施细则来规范信息的使用和管理；要采取安装安全软件等措施防范信息系统受到病毒等恶意软件的感染和破坏，应有相应措施对硬件进行保护，还要建立系统数据定期备份制度保护数据。

3. 菲尔房地产开发有限公司是一家国有控股的企业，公司于2003年承建“祥瑞家园”商品房开发项目。项目正在轰轰烈烈的建设中，接到群众的举报，发现该公司多处房屋重复销售。市审计局接受该案的调查工作，经过一年的调查发现，该公司在项目中利用虚假商品房买卖合同将同一处房屋重复对外销售，最多达四次之多，销售一次，向信用社抵押贷款一次，向个人高息融资一次，对外抵债一次，累计数额达3 000多万元。

该公司的总经理和副总经理称不是虚假的买卖合同，而是利用签订商品房的买卖合同融资，解决资金的短缺问题。但经过审计发现，该公司的内部控制制度形同虚设，一片混乱，最终导致企业的资金短缺，不得不采用上述虚假的手段筹集资金。同时，我们也注意到，从建委、国资委、银行等部门取得的财务报告都显示企业的财务状况良好，甚至财务报告是经过会计师事务所的审计，并出具了无保留意见报告。深入究其原因，外部政府部门的监管不到位是一方面，但是内部管理混乱，缺乏一个健全有效的内部控制体系是其根本的原因。

要求：根据材料，从信息与沟通的角度，分析菲尔房地产开发有限公司内部控制中存在的突出问题。

资料来源：中华会计网校.新企业内部控制规范及相关制度应用指南[M].北京：人民出版社，2008.

分析提示：

(1) 建筑材料的采购和付款是由一个副经理一手经办，没有执行材料采购的采购和付款相分离的内部控制制度，由该副经理个人的公司向公司供应，材料的价格高于市场的售价，导致资金大量外流，造成资金短缺。

(2) 另一副经理向公司借款100万元，后用两辆价值40万元的轿车抵债，套取公司的现金。这一交易在会计处理上是资产形态的转变，资产的总额没有变化，如果在报表的附注中进行披露，报表的使用者是不能了解这个信息的。

(3) 预付外包工程款是根据总经理的批条，谁与总经理关系好就可以先拿工程款，许多工程款已经多付，财务只要见到总经理的签字批条，就付款，没有人来监管工程的支款进度。工程款的发票，到项目完工时也没有收回。

(4) 公司为了筹集资金，通过签订商品房买卖合同，用商品房抵押向个人高息融资，用职工个人的名义按揭贷款，以虚假的手段骗取银行的项目贷款。

通过上述几个事件说明菲尔公司的内控制度存在严重的缺陷。事项(1)、(2)在财务报表的附注中没有披露这一关联方，及其关联方的交易定价和交易的数量。事项(3)这一控制环节上，没有外包工程的付款预算、付款授权审批制度，缺乏付款的控制制度。

该公司由于没有一个行之有效的内部控制系统，存在虚假记载，误导性陈述、重大差错、舞弊、欺诈而导致财务报告编制与披露违反国家法律法规，由此在资金的管理、采购的管理、工程项目的管理、筹资的管理等环节严重失真，编制的财务报表是虚假的报告。最终使企业遭受严重的损失，责任者将接受法律的制裁。

第六章 内部监督

学习目标

通过本章学习，应达到以下学习目标：

1. 掌握内部监督的内涵；
2. 理解内部监督体系的构成及其职责；
3. 理解内部监督的基本要求；
4. 理解内部监督的程序；
5. 理解内部控制缺陷的分类；
6. 熟悉日常监督和专项监督方法。

引导案例

报账只看领导签字　凸显内部监督漏洞①

据人民网南宁2010年8月22日报道，广西桂林市七星区党政办女接待员白某通过涂改发票金额和冒充领导签名等方式，贪污诈骗1 235万元，被桂林市中院一审判处无期徒刑。此案引发热议。

只要有领导签字，就可以从财政局的财务中心领到钱，报账多少是没有问题的。广西桂林市某区党政办公室一个小小的接待员，模仿领导签名报账。3年来，上至区委书记、区长，下至领导秘书、司机签名等，都在她的模仿之列。因为报账较多，曾有核算人员怀疑过她，但因有"领导签字"，也没人敢说什么。

经查实，在2006年9月28日至2008年9月27日，3年贪污诈骗1 235万元，一年365天平均每天入账1万多元，数目之大、时间之久令人瞠目结舌。更加不可思议的是，这1 235万元的贪污款居然没有一分钱是该区政府的正常开销，所有款项全部是该接待员个人通过各种渠道以政府办公务费的名义报账所得。只要有领导签字，想报就报，报多少都可以，发票报销成了一个筐，杂七杂八都可往里装。究竟这"奇迹"是怎么创造的？

据了解，桂林市七星区会计核算中心对城区区直机关各部门、单位预算内和预算外资金等财务收支采取"集中管理、统一开户、分户核算"。纳入中心核算的部门、单位取消会计岗位，只保留一名报账员到会计核算中心报账。在这个流程中，报多报少，几乎完全取决于报账员的操作。只要有领导签字，就可以从财政局领到钱，因此，白某才能通过冒充

---

① 庞革平，谢建伟. 报账只看领导签字　凸显内部监督漏洞[EB/OL]. http://society.people.com.cn/GB/42733/12508333.html，2010-08-23.

领导签名轻而易举地虚假报账。

有网友认为，财务会计人员不可能前后3年都没发现报账单上的瑕疵，他们是怕得罪领导而不敢提出质疑。

检察机关办案调查时发现，曾有会计人员对白某的报账行为起过疑心，但因有“领导签字”，就这样一笔一笔给她报了。据会计业内人士分析，报账有几个人签字，再由会计审核，程序上看似没有问题。但是，内部审计部门进行内审时，只是随便翻翻财务报表，看看账单，检查成为走过场，预算约束和群众监督也未发挥作用，内部监督完全失效。

第一节　内部监督概述

一、内部监督的定义

按照《企业内部控制基本规范》的定义，内部监督是企业对内部控制建立与实施情况进行监督检查，评价内部控制的有效性，发现内部控制缺陷，并及时加以改进。

内部控制是一种自我约束、自我监督的自律机制，其自身也具有不足和脆弱性，很容易因管理层超越、合伙舞弊等失效，因而特别需要有相对独立于其建立者和执行者的监督体系作保证。例如2004年“中航油(新加坡)公司巨亏事件”，尽管中航油(新加坡)公司有完善的风险管理制度，而且其内部控制制度还是由国际“四大”之一的安永会计师事务所制定的，在风险管理委员会设置、风险控制流程等方面的制度都比较完备。但由于这些制度并未得到有效的遵守，公司与风险管理有关的内部控制系统形同虚设，最终给公司造成了超过5亿美元的灾难性损失。

二、内部监督的意义

保持内部控制体系的有效性是内部控制体系建设的难点。这一点从已经建立了一套详尽内控制度，仍出现内控失效的诸多案例中得到了印证。

影响内部控制体系有效性的原因有：控制制度没有被有效执行；内部控制设计者自身认识的局限性，控制活动本身有缺陷，重大风险缺乏应有控制；公司经营内外部环境的变化，或者公司经营业务的变化带来新的风险，或使原有控制活动失效，新的控制活动没有及时制定；控制执行人的变化，如新员工加入等。因此，企业内部控制建设的难点及核心在于保持并持续改进其有效性。

可见，在内部控制体系建设中运用内部监督对内部控制有效性的持续改进有着非常重要的意义。有效的内部监督能够起到以下三个作用：发现不执行制度或流程的行为，督促制度或流程的有效执行；在控制缺陷造成损失前发现并及时加以改进；在保持和改进内部控制有效性的同时，较容易地满足外部监管的要求。因此，企业一方面应继续加大内部监督这一要素在内部控制体系建立中重要性的宣讲；另一方面加强内部监督在内部控制建设中的实践指导。

案例 6-1 联想集团做实检查监督的案例[①]

1. 控制环境方面

主要包括以下几点：

(1) 管理层高度重视。联想集团拥有严格的执行文化，是企业领导层长期一贯坚持的结果。如在联想发展早期，财务借款报销制度相比当时国内一般企业严格得多，几近"苛刻"，很多员工以制度不符合实际情况为由不执行制度，一些中高层干部也理解甚至默许。当时的公司总裁明确提出了"有制度按制度执行；没有制度本着对公司有益的原则执行；有制度但制度不合理，向制度的责任部门提出改进建议，但制度修订前仍要按制度执行"的行为准则，身体力行，并对高管层严格要求。因此统一了认识，不但维护了公司制度的严肃性，还促进了企业管理制度化建设的不断完善。制度的严肃性和权威性是检查监督进行的前提条件，具备这个条件检查监督才"有据可查"。

(2) 内部控制责任层层落实。各级管理人员兼有保证所负责业务内部控制有效的职责，部门负责人因而有较强的动力对其下属部门或人员内部控制职责履行情况实施检查监督。每个制度或流程都有其负责人，对流程的有效执行和改进负责，这一点对横跨多个部门的流程尤为重要。明确的责任分解为检查监督提供了有效发挥作用的环境。检查出问题后找不到明确的责任部门或责任人将极大削弱其应有作用，是检查监督者面临的最大困难。

(3) 公司设有专业内控部门，独立于内审业务，负责公司内部控制体系的规划和推进(内审部门的责任是独立审计评价)。各业务单元和部门设有专职或兼职的内控岗位，辅助部门负责人健全内部控制，接受部门负责人考核。部门内控岗位业务上接受公司内部控制的专门训练，在其辅助下，业务部门负责人不仅有能力而且也能履行好自身内部控制职责。

(4) 有奖有罚的激励机制。在联想集团，一个问题暴露出来后，及时解决问题，并找出其产生的根本原因、从流程或机制上改进已成为日常工作要求，而这一过程相关人员也将根据责任履行情况有奖有罚。几种典型的情形有：违规而造成公司损失者将受到相应处罚；如一项制度或流程执行方面存在严重问题而其负责人未及时采取应对措施，该负责人将会得到处罚；员工违规或未充分履行职责时，其直接上级甚至更高层上级也将因监管责任而接受调查。另一方面公司鼓励员工发现问题、纠正问题、改进流程。发现自身问题并及时改正，如未给公司造成损失将免于处罚；对发现流程漏洞并主动跟踪解决的员工，将根据为公司带来的利益而进行激励。如某管理一具体专项营销资源的员工，在收到合作经营商的资源申请时，意识到该申请类别与另一部门管理的资源项目接近，于是主动与该部门沟通联系，结果发现该部门已向经销商发放了营销资源，为公司挽回了损失，该员工还主动建立了跨部门的横向联系机制，从流程上杜绝了类似问题的再发生。

---

① 吴志华，程六满．有效内部控制关键因素分析——兼议联想集团做实检查监督案例[J]．财会通讯(综合版)，2008(4)．

2. 信息沟通方面

首先,公司比较注重收集来自销售商、供应商等合作伙伴的意见反馈,并专门成立客户关系部,主动了解客户对公司各方面的意见,受理客户投诉,在提高客户满意度、打击员工商业贿赂方面取得到不少成绩。其次,公司对内设立员工意见箱。这是一个建立在公司办公系统平台上的数据库管理系统,员工可以在线署名或匿名反映公司存在的各种问题,提出自己的看法和建议。员工意见箱由一个专门的公司级部门管理,根据意见涉及内容确定具体的落实部门。意见或建议的处理方案及处理进程在系统中实时更新,可以随时在线查询。员工可对意见或建议的最终处理结果做出评价。员工意见的处理情况是部门考核的一个依据,而公司对提出有价值意见或建议的员工也有奖励。再次,建立逐级通报制度、反腐大会。对于违规、违纪问题,公司将根据问题的性质在不同范围内进行通报,对产生问题的员工进行处罚,同时警示其他员工。偶尔发现员工收受贿赂等舞弊案件,公司会召集全员反腐动员大会,并邀请司法人员到会宣讲相关法律。

3. 多层次的检查监督活动

在联想集团,检查监督和管理是紧密结合在一起的。公司管理层深刻认识到检查监督对于发现隐藏问题、改进工作的价值。如一项新的流程只有包括了检查监督环节才被认为是完整的、闭环的,才可能被审批通过。而自上而下,管理层对使用公司资源部门的要求是,资源使用有规范、规范执行有检查,力求做到"该花的一分钱不能少花,不该花的一分钱不能多花"的效益最大化。

(1) 制度或流程的负责人检查监督。控制活动在设计时就考虑检查监督的要求。每一项制度或流程都有明确的责任部门和责任人,对制度的执行和改进负责。若制度或流程未有效执行或不合理情形未及时更新,则责任人及部门负责人将可能被追究。而检查过程中发现有违规现象,公司人力资源部将按相关规定进行通报处罚。

(2) 内部审计。内部审计对内部控制有着独立评价的关键作用,必须要敢查、会查,才能发挥出其独立评价作用。在联想,内审部门被要求必须要审计出问题,因为最高管理层认为,"审计不出问题就是审计部有问题"。

(3) 控制自我评估。由于各级部门负责人同时对业务范围内的内部控制有效性负责,因而有动力开展控制自我评估,公司也有鼓励,自查出问题的从轻或免于处罚。联想集团 2003 年在全公司范围内进行了一次系统的控制自我评估。首先公司内控部门制定并发布公司内部控制标准,而后要求公司各部门对照标准开展控制自我评估,重点是拥有较大财务资源支配权的部门和岗位。公司内控部门联合内审部门进行组织、协调,提供具体的方法指导,内审部门对部门的评估结果进行抽审,以对部门形成监督。通过控制自我评估检查出很多内部控制的薄弱环节,公司内部控制体系得到全面加强,各级管理层和关键岗位员工得到内部控制从意识到方法的系统培训。而这一轮控制自我评估也使公司内部控制体系上升到一个新的运行台阶。

三、内部监督体系的构成及其职责

我国现行的企业内部监督体系规范主要体现在《公司法》、《上市公司治理准则》和《企业内部控制基本规范》三个法律文件中。通过这三个法律文件中的有关规定可以发现,我国企业内部监督体系是由监事会、审计委员会和内部审计共同组成的。①

(一) 监事会的监督职能

监事会在我国企业内部监督体系中占有重要地位。2014年《公司法》第五十条规定:"有限责任公司设监事会,其成员不得少于三人。股东人数较少或者规模较小的有限责任公司,可以设一至二名监事,不设监事会。"第五十二条规定:监事会有权"对董事、高级管理人员执行公司职务的行为进行监督,对违反法律、行政法规、公司章程或者股东会决议的董事、高级管理人员提出罢免的建议;当董事、高级管理人员的行为损害公司的利益时,要求董事、高级管理人员予以纠正"。监事会有权"对董事、高级管理人员提起诉讼"。"监事可以列席董事会会议,并对董事会决议事项提出质询或者建议。""监事会、不设监事会的公司的监事发现公司经营情况异常,可以进行调查;必要时,可以聘请会计师事务所等协助其工作,费用由公司承担。"

2002年《上市公司治理准则》根据上市公司的特殊性,对《公司法》中有关监事会的条款进行了细化和补充。《上市公司治理准则》第五十九条明确规定:"上市公司监事会应向全体股东负责,对公司财务以及公司董事、经理和其他高级管理人员履行职责的合法合规性进行监督。"第六十三条规定:"监事会发现董事、经理和其他高级管理人员存在违反法律、法规或公司章程的行为,可以向董事会、股东大会反映,也可以直接向证券监管机构及其他有关部门报告。"

我国《企业内部控制基本规范》从内部控制的角度,在第十二条中对《公司法》中有关监事会的职能作了补充规定:"监事会对董事会建立与实施内部控制进行监督。"

(二) 审计委员会的监督职能

审计委员会在企业内部监督体系中居于主导地位。《上市公司治理准则》第五十四条规定:"审计委员会的主要职责是:(1)提议聘请或更换外部审计机构;(2)监督公司的内部审计制度及其实施;(3)负责内部审计与外部审计之间的沟通;(4)审核公司的财务信息及其披露;(5)审查公司的内控制度。"

《企业内部控制基本规范》第十三条规定:"审计委员会负责审查企业内部控制,监督内部控制的有效实施和内部控制自我评价情况,协调内部控制审计及其他相关事宜等。"第二十八条规定:"审计委员会在企业内部控制建立和实施中承担的职责一般包括:审核企业内部控制及其实施情况,并向董事会作出报告;指导企业内部审计机构的工作,监督检查企业的内部审计制度及其实施情况;处理有关投诉与举报,督促企业建立畅通的投诉与举报途径;审核企业的财务报告及有关信息披露内容;负责内部审计与外部审计之间的沟通协调。"

案例 6-2 中航油的金融衍生工具投机

中国航油(新加坡)股份有限公司(简称中航油)是中国航油集团的海外控股公司,是

① 徐黎.企业内部控制框架中内部监督体系的架构[J].财务与金融,2009(2).

新加坡交易所主板挂牌企业。中航油于2004年由于石油衍生品交易导致5.54亿美元的亏损，被迫于2004年11月30日向新加坡高等法院申请债务重组。而之前，中航油曾被评为2004年新加坡最具透明度的上市公司；中航油成立有风险委员会，还曾聘请安永会计师事务所编制了公司的《风险管理手册》和《财务管理手册》；风险管理手册明确规定，损失超过500万美元，必须报告董事会。

经国家有关部门批准，中航油自2003年开始做油品套期保值业务。但总裁陈久霖擅自扩大业务范围，从事石油衍生品期权交易，一直未向中国航油集团公司报告，中国航油集团公司也没有发现。陈久霖一直独立于中国航油集团公司班子的领导之外，集团公司派出的财务经理两次被换，集团公司却没有约束办法。

陈久霖和日本三井银行、法国兴业银行、英国巴克莱银行、新加坡发展银行和新加坡麦戈利银行等在期货交易场外，签订了合同。陈久霖买了“看跌”期权，赌注每桶38美元，但是没想到国际油价一路攀升。中航油从事石油期权交易从最初的200万桶发展到出事时的5 200万桶，致使中航油在清算时造成账面实际损失和潜在损失总计约5.54亿美元。

2005年6月3日，普华永道发布了有关中航油巨额亏损的最终调查报告。报告认为以下因素单独或共同地造成了公司在期权投机交易上受到损失：①后来被证明从2003年第3季度开始的对油价走势的错误判断；②不想在2004年披露损失；③没有按照行业标准对期权仓位进行估值；④没有正确地在公司的财务报表上记录期权组合的价值；⑤缺乏针对期权交易的适当的及严格的风险管理规定；⑥公司管理层有意违反本应该遵守的风险管理规定；⑦整个董事会，尤其是审计委员会，就公司投机衍生品交易的风险管理和控制未能完全履行各自的职责。

案例补充：

中航油从事场外石油期权投机是我国政府明令禁止的。国务院1998年8月发布的《国务院关于进一步整顿和规范期货市场的通知》中明确规定：“取得境外期货业务许可证的企业，在境外期货市场只允许进行套期保值，不得进行投机交易。”1999年6月，以国务院令发布的《期货交易管理暂行条例》第四条规定：“期货交易必须在期货交易所内进行。禁止不通过期货交易所的场外期货交易。”第四十八条规定：“国有企业从事期货交易，限于从事套期保值业务，期货交易总量应当与其同期现货交易量总量相适应。”2001年10月，证监会发布《国有企业境外期货套期保值业务管理制度指导意见》，第二条规定：“获得境外期货业务许可证的企业在境外期货市场只能从事套期保值交易，不得进行投机交易。”

对从事金融衍生业务操作来看，中航油在国际金融市场上还只是个新手，直接与国际大型基金进行对垒，无疑“以卵击石”。

中航油事件最突出表现在“管理层凌驾”，导致监控机制的失效，直接抵触了内部控制的经营合规性目标和报告可靠性目标。其违规之处有三点：一是做了国家明令禁止不许做的事；二是场外交易；三是超过了现货交易总量。其报告不可靠表现在：从事期权场外交易没有在财务报告上披露，也没有直接向母公司汇报。

（三）内部审计机构的监督职能

内部审计是指企业内部的一种独立客观的监督、评价和咨询活动，通过对经营活动及内部控制的适当性、合法性和有效性进行审查、评价和建议，促进企业改善运行的效率和效果，实现企业发展目标。

《企业内部控制基本规范》第四十四条规定："企业应当明确内部审计机构（或经授权的其他监督机构）和其他内部机构在内部监督中的职责权限，规范内部监督的程序、方法和要求。"第二十九条规定：企业应当"保证内部审计机构具有相应的独立性，并配备与履行内部审计职能相适应的人员和工作条件。内部审计机构不得置于财会机构的领导之下或者与财会机构合署办公"。"内部审计机构依照法律规定和企业授权开展审计监督。""内部审计机构对审计过程中发现的重大问题，视具体情况，可以直接向审计委员会或者董事会报告。"

案例 6-3　　向辛西娅·库柏致敬[①]

"曾是美国第二大电话服务和数据传输公司的世通公司因财务造假、欺诈投资者而倒闭7个年头，名声却依然显赫"，不仅被世界各名牌大学商学院作为经典教学案例，在中国各类企业管理培训班上，也同样被频频提起。

那么，这起美国有史以来最大的财务造假诈骗案是如何暴露的呢？2002年2月，公司审计委员会与"安达信"讨论2001年会计报表时，双方并不存在任何分歧，公司所采用的会计政策也得到"安达信"的认可。出乎意料的是，此案是由不起眼的公司内部审计人员发现的。

在2002年6月的一次例行的资本支出检查中，世通公司内部审计部副总经理辛西娅·库柏在履行审计公务中发现，2002年一季度及2001年资本账户有几笔可疑费用转入，这些转入的成本在公司以前财务报表中是作为当期费用列支的。关于38.52亿美金数额的财务造假，辛西娅·库柏直接向董事会审计委员会主席进行了报告，随即通知了外部审计毕马威（毕马威当时新近接替安达信成为公司的外部审计）。丑闻迅即被揭开，苏利文被解职，Myers主动辞职，安达信收回了2001年的审计意见。美国证券管理委员会（SEC）于2002年6月26日发起对此事的调查，发现在1999年到2001年的两年间，世通公司虚构的营收达到90多亿美元；截至2003年底，公司总资产被虚增约110亿美元。

2002年6月，美国证券交易管理委员会正式起诉世通公司欺诈投资者，随后世通公司申请破产保护。2005年7月13日案件尘埃落定，前CEO伯尼·艾伯斯以诈骗罪被判25年徒刑；前CFO斯科特·沙利文以同罪被判5年徒刑。而公司10名外部董事（包括独立董事）与原告股东达成协议，赔偿原告1 800万美元，占其除住房和养老金以外资产的20%。

---

① 赵险峰. 向辛西娅·库柏致敬[N]. 中国经济时报，2009-10-29.

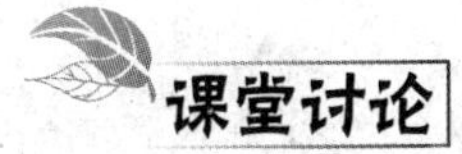

现在，部分单位或企业的内部审计部门设在财务部门中，作为财务部门的下属机构进行工作。请对此种机构设置方式进行讨论。

四、内部监督的基本要求

（一）监督主体明确

我国的《公司法》赋予了监事会监督的权利，但并没有对监事会的动作程序作出详细规定，而是交给企业自己设计。同时，《公司法》又要求设立独立董事制度，这就引出了公司治理中的第二个监督主体——独立董事及其组成的审计委员会，从而形成了上市公司监事会和审计委员会的双重监控模式。如果公司不能明确监事会与审计委员会的职责权限，可能会导致监督功能重叠、关系模糊，最终有名无实、流于形式。

（二）监督意识强烈

首先，要强化企业领导班子成员的个人监督意识。负责人是企业的统帅，企业负责人在思想上有了正确的认识，在工作中才可能带头执行，从组织领导层面解决内部控制执行不力的问题。如果他本身都不重视，根本就谈不上内部控制制度的制定和执行。

在企业内部要加强宣传培训并结合考核工作，提高管理层和制度执行相关人员对内部监督制度重要性的认识。使企业各方面、各环节了解内部监督的基本原理和积极作用，从而使强化内部监督成为企业的自觉行动和切身需要，为贯彻实施内部监督制度营造良好的舆论氛围和社会环境。

（三）具备胜任能力和独立性

负责监督的人员应具有胜任能力和客观性。胜任能力，是监督人员在内部控制和相关流程方面的知识、技能和经验。独立性，是指在不考虑可能的个人后果，而且不会为了追求个人利益或者自我保护而操纵结果时，负责监督的人员执行监督和提供信息的公允程度。一般而言，独立性依自我监督、同级监督、上级监督和完全独立监督而逐级增强。

（四）不断完善监督制度

完善审计等部门的职能监督制度。如建立并落实企业内部审计制度，针对企业实际，突出审计重点，发现问题及时督促整改，有效扼制经济运行中的不良行为，把问题消灭在萌芽状态。

（五）落实举报信访制度

首先要畅通信访举报渠道，建立信访举报受理、登记、核查制度，对群众举报的重要违规违法线索，及时核查处理；其次是引导群众坚持实事求是举报，通过合法途径举报，提倡署名举报；最后是注意为举报人保密，确保举报人不受打击报复。

知识链接

据中国网新闻中心 2013 年 12 月 20 日报道，中纪委网站开设“严禁元旦春节期间公款购买赠送年货节礼”专题，设置举报窗口，欢迎广大群众参与监督。

登录网站，单击页面上的“欢迎举报”按钮，可进入举报专区。举报分匿名举报和署名举报两种。匿名举报可越过反映人姓名及联系方式等信息，直接填写要举报的人和事件，填写完毕后单击“提交”按钮即可。举报专区设查询平台，举报人可输入查询密码，查询相关状态。

在节日来临前，设专项举报的举措已不是第一次。2013 年中秋国庆前夕，中纪委网站就设立了举报专题网页，当时共收到相关举报 917 件，有关地区和部门进行了严肃查处，部分典型问题已被通报。

资料来源：http://news.china.com.cn/rollnews/news/live/2013-12/20/content_23970484.htm.

案例 6-4 南方航空的委托理财

南方航空集团公司 2004 年 7 月曝出了巨额委托理财投资损失的丑闻，随后，国家审计署广州特派办对南方航空实施了专项审计；广东证监局也在 2005 年 10 月对南方航空股份公司进行了检查。2004 年绩效考核的 179 家中央企业中，南航集团由于重大财务违纪事件，从 B 级降至了 C 级。2006 年 4 月底，在中国香港、纽约和中国上海三地上市的中国南方航空股份有限公司宣布，2005 财年巨亏 17.94 亿元人民币；公司将其归结为航空燃油价格持续暴涨，以及近年收购北方航空、新疆航空两家公司导致的费用攀升。但这显然难以说服市场。

南方航空集团属于国有大型企业，在银行贷款方面具备良好的信誉凭证，不用任何抵押即可以从每个商业银行获得 10 亿～20 亿元的贷款。用银行的钱来进行投资理财，确实是赚钱的商机。南航集团从 2001 年就开始进行委托理财业务；与南航集团有过委托理财业务的有汉唐证券、中关村证券、世纪证券。南航集团调集巨额资金乃至账外资金进行委托理财，其中仅流向深圳世纪证券公司的委托理财资金即达 12 亿元。

南航给世纪证券的委托理财资金基本上被世纪证券用于重仓持有南航集团旗下的南方航空(600029.SH)。南方航空 2003 年 7 月 25 日上市，当时因“非典”的影响，南方航空上市首日收于 3.88 元，是四大上市航空公司中股价最低的。世纪证券在此低位入货，不到 3 个月，南方航空从 4.2 元上涨到 6.8 元，升幅超过 60%，世纪证券也获得了丰厚的账面利润。但随后，在油价不断攀升的压力下，航空股开始萎靡不振，世纪证券因此损失惨重。从世纪证券账面上看，南航委托理财的 12 亿元资产已经无法偿还。也正是由于对南航所形成的巨大债务压力，世纪证券被迫走上重组之路。世纪证券无力归还南航集团 12 亿元委托理财中的 7.15 亿元，南航集团无奈只得将其实行债转股。

2005 年 8 月，南航集团副总裁兼上市公司董事彭安发、南航集团财务部部长陈利明因涉嫌违法，先后被司法机关依法逮捕；2006 年 3 月二人被广东省反贪局移交广州市检察院起诉。2006 年 10 月 16 日，中国南方航空集团原财务部部长陈利民因涉嫌挪用、贪污、受贿等罪，接受广州市中级法院公开庭审。据检察机关侦查证实，2001 年 8 月至 2005 年 5 月，陈利民利用经办委托理财的职务便利，采用先办事，后请示或不请示；只笼统汇报理财收益，不汇报合作对象或隐瞒不报等方式，大肆超范围地开展委托理财业务，已侵吞集团部分理财收益，收受回扣；超权限地从银行贷款供个人、朋友注册公司、经营所用；收受汉唐证券、世纪证券、姚壮文贿赂近5 400万元，挪用公款近12亿元，贪污公款1 200多万元。

案例简评：

南航集团的委托理财业务，实际上是南航集团用自己的钱，借助于证券公司进行操作自己的股票。从法律法规方面来说，不论是国有资金入股市炒股，还是利用自有资金操作自己的股票，都是被明令禁止的。

从内部控制的角度说，南航集团几十亿元的委托理财业务集中于公司两三个人的运作，企业董事会、监事会、审计委员会、内部审计的监督都没有发挥作用，虽然不能肯定存在管理层纵容，但对重大投资活动的内部监督失效是毋庸置疑的。

第二节　内部监督程序

具有内部控制监督职能的部门在执行监督和检查工作之前，首先要明确监督的目的和要求，监督的直接目的是检验内部控制制度的执行效果，最终结果是服务于内部控制目标。内部监督的基本要求是查找内部控制缺陷，因此明确内部控制缺陷的认定标准是内部监督工作的关键步骤，它直接影响内部监督工作的效率和效果。

一、制定内部控制缺陷标准

企业在对内部控制进行内部监督发现内部控制缺陷时，需要对内部控制的缺陷进行认定和报告。为此，企业应当根据自身的实际情况，制定本企业内部控制缺陷认定标准。另外，在对内部控制进行内部监督的过程中，根据确定的标准对内部监督所发现的内部控制缺陷进行认定，分析缺陷的性质和产生的原因，提出整改方案，采取适当的形式及时向董事会、监事会或者经理层报告。

内部控制缺陷包括设计缺陷和运行缺陷。所谓设计缺陷，是指缺少为实现控制目标所必需的控制，或现存内部控制设计不适当、即使正常运行也难以实现控制目标而形成的内部控制缺陷，即建立的内部控制不能充分实现内部控制目标而形成的内部控制缺陷。所谓运行缺陷，是指现存设计完好的控制没有按设计意图运行，或执行者没有获得必要授权或缺乏胜任能力以有效实施控制而产生的内部控制缺陷，即内部控制不能按照建立阶段的意图运行，或运行中错误很多，或实施内部控制的人员不能正确理解内部控制的内容和目标等而产生的内部控制缺陷。某一企业的内部控制体系虽然设计得很完善，但如果实施过程中发生偏差，就会导致内部控制运行缺陷产生。内部控制的缺陷可以是单项的缺陷，也可以是多项组合的缺陷。

按照内部控制缺陷影响整体控制目标实现的严重程度，内部控制缺陷分为一般缺陷、重要缺陷和重大缺陷。重大缺陷是指一个或多个一般缺陷的组合，可能严重影响内部控制整体的有效性，进而导致企业无法及时防范或发现严重偏离整体控制目标的情形。重要缺陷是指一个或多个一般缺陷的组合，其严重程度低于重大缺陷，但导致企业无法及时防范或发现偏离整体控制目标的严重程度依然重大，须引起企业管理层关注。除重要缺陷和重大缺陷以外的其他缺陷为一般缺陷。

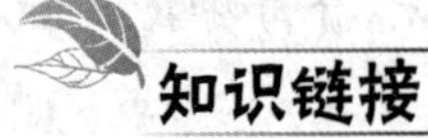

企业内控缺陷认定标准有望年内出台

据2012年10月25日证券时报网报道，财政部会计司有关部门负责人表示，企业内控缺陷认定标准年内有望出台。他还表示，监管部门将制定政策支持鼓励企业披露内控缺陷。根据有关部门安排，从2012年开始沪深主板上市公司将分批实施内控规范，其中内控缺陷是企业内控信息所要披露的主要内容。

二、实施监督

对内部控制建立情况与实施情况进行监督检查，最直接的动机是查找出企业内部控制存在的问题和薄弱环节。一方面，针对已经存在的内部控制缺陷，及时采取应对措施，减少控制缺陷可能给企业带来的损害。比如，在监督检查中发现销售人员直接收取货款的控制缺陷，应采取对客户进行核查和对应收账款进行分析等方法加以补救。另一方面，针对潜在的内部控制缺陷，采取相应的预防性控制措施，尽量限制缺陷的产生，或者当缺陷发生时，尽可能降低风险和损失。比如，在监督检查中发现企业对汇率风险缺少控制，经理层应及时设立外汇交易止损系统，预防风险扩大。

对于为实现单个或整体控制目标而设计与运行的控制不存在重大缺陷的情形，企业应当认定针对这些整体控制目标的内部控制是有效的。内部控制的有效性，是指企业的内部控制政策和措施应符合国家法律、法规的相关规定，同时内部控制制度也要设计完整、合理，在企业生产过程中能够得到有效的贯彻执行，并实现内部控制的目标。有效性以其完整性与合理性为基础，内部控制的完整性和合理性则以其有效性为目的。

对于为实现某一整体控制目标而设计与运行的控制存在一个或多个重大缺陷的情形，企业应当认定针对该项整体控制目标的内部控制是无效的。内部控制的无效性，是指企业的内部控制政策和措施可能有与法律、法规相抵触的地方，或者内部控制制度设计不够完整、合理，在企业生产过程中没有得到有效的贯彻执行，从而无法实现内部控制的目标。

我国境内外同时上市公司逾七成存在内控缺陷①

财政部会计司及证监会会计部联合发布报告显示，2011年，在我国67家境内外同时上市的公司中，有49家公司以不同形式披露公司存在内控缺陷，占比超过七成。

这份报告分析了截至2010年12月31日，我国67家境内外同时上市公司2011年执行企业内控规范体系的情况。在49家披露存在内控缺陷的公司中，有44家公司提出了

① 杨敏，贾文勤. 我国境内外同时上市公司2011年执行企业内控规范体系情况分析报告[N]. 中国会计报，2012-09-21.

整改计划、整改措施或者要求对缺陷进行整改,5 家公司并未提出相应的整改方案或者措施。

报告指出,从这些多地上市的公司内控报告看出,企业内部对内部控制的认识有待提升,内控专业人才缺乏成为制约企业内控建设的瓶颈,企业内部控制建设及评价仍需要方法上的指导,且内控评价报告信息有效性有待提升。

三、记录和报告内部控制缺陷

《企业内部控制基本规范》第四十七条规定,企业应当以书面或者其他适当的形式,妥善保存内部控制建立与实施过程中的相关记录或者资料,确保内部控制建立与实施过程的可验证性。也就是说,内部控制建立与实施过程应当"留有痕迹"。按照内部控制要素分类,相关文档记录包括:①内部环境文档,一般包括组织结构图、权限体系表、岗位职责说明、员工守则等;②风险评估文档,一般包括风险评估流程、风险评估过程记录、风险评估报告等;③控制活动文档,一般包括系列应用指引中的各项流程控制文档;④信息与沟通文档,一般包括客户调查问卷、财务报告、经营分析报告,以及董事会、经理办公会等主要会议纪要;⑤内部监督文档,一般包括往来询证函、资产盘点报告、审计计划、审计项目计划、审计意见书、整改情况说明书、员工合理化建议记录、专项监督实施方案和过程记录、专项监督报告等。

企业应制定相关的管理规定,明确缺陷报告的职责和内容,对缺陷报告程序及跟进措施等方面进行规范。例如,企业下属业务部门和其他控制人员在工作中发现内部控制的缺陷,及时以书面形式向其上级主管部门和内部控制主管部门报告;内部控制主管部门向管理层随时或定期汇报新出现的风险,或业务活动中存在的风险控制缺陷,涉及重要风险的控制方案及重大整改事项由内部控制委员会审查;内部控制主管部门在对企业内部控制体系进行评价的基础上,编制企业内部控制综合评价报告,经内部控制委员会审核确认后报董事会审议。

内部控制缺陷的报告对象至少应包括与该缺陷直接相关的责任单位、负责执行整改措施的人员、责任单位的上级单位。针对重大缺陷,内部监督机构有权直接上报董事会及其审计委员会和监事会。

案例 6-5　内控披露"紧箍咒"　证监会严惩走过场[①]

2012 年,财政部会计司和证监会会计部发布了《我国境内外同时上市公司 2011 年执行企业内控规范体系情况分析报告》,报告所附"内控缺陷披露汇总表"中,中国人寿和交通银行两家金融机构上榜,一时在业内引起轩然大波。面对质疑,自愿披露内部控制缺陷的公司对是否继续披露有所动摇,陷入两难之境。

然而,中国证监会会计部副主任李筱强表示,2012 年上市公司内控评价报告应以充

① 王丽英. 上市公司内控披露有了"紧箍咒"　证监会严惩"走过场"[N]. 财会信报,2012-12-17.

分披露为主,上市公司对内控缺陷的披露并不意味着后续惩罚,而是希望出现个性化披露。但是,对于“走过场”、不重视尤其是有财务舞弊行为的上市公司,证监会将坚决予以查处,这无疑为上市公司带上了“紧箍咒”。

2011 年 1 月 1 日起,财政部等五部委联合发布的企业内部控制规范体系在境内外同时上市的公司中施行,2012 年 1 月 1 日起在主板上市公司施行。业内人士称,由于要求上市公司执行内控制度的时间不长,有些上市公司可能会披露一些无关痛痒、与财务报告关系不大的内控缺陷。那么,究竟该如何判断上市公司的内控披露是“走过场”呢?

中国资深注册会计师、江苏南通市注册会计师协会副秘书长刘志耕认为,所谓“个性化披露”是针对上市公司的实际情况进行披露,特别是针对存在的内部控制缺陷进行实事求是的披露,而不是在披露时说一些套话、空话,如果仅是套话、空话,那就是对内部控制披露的“走过场”。“走过场”式的披露看起来语言表达很准确、很全面、很工整,甚至很优美,但实际上往往很不充分、很不到位,阅读者从披露内容上看不出这家上市公司内控建设的特点,也看不出存在的缺陷,这不免会让投资者怀疑上市公司是不是根本没有认真对待内部控制方面的信息披露问题。

四、内部控制缺陷整改

通过内部监督,可以发现内部控制在建立与实施中存在的问题和缺陷,进而采取相应的整改计划和措施,切实落实整改,促进内部控制系统的改进。

企业还应当跟踪内部控制缺陷整改情况,并就内部监督中发现的重大缺陷,追究相关责任单位或者责任人的责任。

课堂讨论

企业进行内部监督的难点在哪里?

第三节 内部监督方法

《企业内部控制基本规范》将内部监督分为日常监督和专项监督。企业应当结合内部监督情况,定期对内部控制的有效性进行自我评价,出具内部控制自我评价报告。

一、日常监督

(一)日常监督的定义

日常监督,是指企业对建立与实施内部控制的情况进行常规、持续的监督检查。日常监控通常存在于单位基层管理活动之中,能较快地辨别问题。日常监督越全面深入,其有效性就越高,企业所需的专项监督就越少。日常监督是内部控制实施的重要保证。

案例 6-6　依云矿泉水频陷质量门：看如何完善企业内控　持续提升产品质量[①]

2012 年 4 月，法国高端矿泉水品牌依云公司在针对国家质检总局披露的进境食品化妆品不合格信息中，披露 2.376 吨依云矿泉水因亚硝酸盐超标不合格一事进行公告。依云方面否认产品质量安全有问题，而把问题归于进口渠道上。不过，这样的交代显然不能令外界满意。据了解，这已经是依云矿泉水连续第 6 年登录"黑榜"。一些业内声音认为，在屡次出现问题后，依云只是一再强调自己的产品合格，而对非官方渠道给不出任何解决方案，暴露出依云渠道管理的混乱。

任何高质量项目的一个前提条件是要强调持续改进、不断完善的循环过程。产品质量管理的过程也不例外，应当将企业产品质量保证的内部控制体系当作一项可持续发展的系统工程来建设。

根据国际内控协会(ICI)企业内控体系设计的理念，只要内部控制目标定义准确，业务流程与控制活动设计完善，能够识别高风险领域和建立关键控制点，而且各部门和员工严格执行计划，在检查和整改环节就不需要花费很多的时间和精力。相反，如果内控系统的目标定义不准确，设计有缺陷，其业务流程可能将经历一系列的重新设计、反复检查、返工重建的过程。这就需要通过日常监督保证企业内部控制的有效性，进而持续保证产品的质量。

（二）日常监督的主体

按照监督的主体，一般分为管理层监督、单位(机构)监督、内部控制机构监督、内部审计监督等。

1. 管理层监督

董事会和经理层应充分利用内部信息与沟通机制，获取适当的、足够的相关信息来验证内部控制是否设计合理和运行有效，并对日常经营管理活动进行持续监督。管理层监督包括但不限于以下措施。

(1) 董事会召开董事会会议或专业委员会会议，获取来自经理层的风险评估与控制活动信息。同时，董事会可以利用内部审计、外聘专家及外部审计师、政府监管的力量，也可以通过询问非管理层员工、客户(供应商)等方式，持续监督经理层权力的行使情况。

(2) 经理层召开经理办公会、生产例会、经济活动分析例会等，收集、汇总内部各机构的经营管理信息，持续监督内部各机构的工作进展、风险评估和控制情况。经理层听取员工的合理化建议，不断完善员工合理化建议机制，明确相应的责任部门征集方式、评审办法、奖励措施等内容，对员工提出的问题予以及时解决。

(3) 董事会(或授权审计委员会)、经理层组织实施内部控制评价，听取内部控制评价报告，获取内部控制设计和运行中存在的缺陷，积极采取整改措施并督促整改，促进实现

---

① 邱健庭. 依云矿泉水频陷质量门：看如何完善企业内控　持续提升产品质量[EB/OL]. http://www.neikong.com/Ic_view.asp? id=6333&classid=196&pclassid=189,2012-07-15.

内部控制目标。

2. 单位(机构)监督

企业所属单位及内部各机构定期对职权范围内的经济活动实施自我监督,向经理层直接负责,包括但不限于以下措施。

(1) 企业所属单位及内部各机构召开部门例会或运营分析会等,汇集来自本单位(机构)内外部的有关信息,分析并报告存在的问题,对日常经营管理活动进行监控。

(2) 企业所属单位及内部各机构对内部控制设计与运行情况开展自我测评,至少每年检查一次。企业所属单位及内部各机构对与本单位(机构)环境变化、相关的新增业务单元以及业务性质变化、业务变更等导致重要性改变的业务活动进行跟进确认,进一步评价并完善相关的内部控制。

3. 内部控制机构监督

有条件的企业,应当设置专门的内控机构。内部控制机构结合单位(机构)监督、内外部审计、政府监管部门的意见等情况,根据风险评估结果,对企业认定的重大风险的管控情况及成效开展持续性的监督。

内部控制机构还可以通过控制自我评估的方法,召集有关管理层和员工就企业内控制度设计和执行中存在的特定问题进行面谈和讨论,同时可以通过开展问卷调查和管理结果分析等方式进行监督测试。

4. 内部审计监督

内部审计机构接受董事会或经理层委托,对日常生产经营活动实施审计检查,包括但不限于以下措施。

(1) 制订内部审计计划,定期组织生产经营审计、内部控制专项审计和专项调查等,主要对企业董事、高级管理人员和下属单位负责人的廉洁从业状况、管理制度的落实情况、内部控制的实际效果等进行监督检查,并向董事会或经理层提出管理建议。

(2) 内部审计机构对审计中发现的违反国家法律、法规和企业章程规定的事项提出审计建议,做出审计决定,并对审计建议和审计决定的落实情况进行跟踪监督。

(3) 内部审计机构应当接受审计委员会的监督指导,定期或应要求向董事会及其审计委员会、监事会、经理层报告工作。

案例 6-7　　摩根大通内控三宗罪[①]

2012 年 6 月,摩根大通银行在向美国证券交易委员会提交的季度文件中披露,3 月底至今,公司的首席投资部在进行信贷信用投资时遭受了 20 亿美元的巨额亏损。而所有的一切,都和一个交易员有关。

这位名叫布鲁诺·埃克西尔的交易员在圈内早就知名。他任职于摩根大通的首席投资部,每年都为摩根大通赚取约 1 亿美元。2012 年,他为摩根大通建立了巨额的信用违

---

① 邱健庭.摩根大通内控三宗罪[EB/OL]. http://www.neikong.com/Ic_view.asp?id=6158&classid=196&pclassid=189,2012-06-15.

约掉期(CDS)头寸,在3月底之前空翻多卖出,押注美国经济的持续改善将推升企业债的价值。现在他一下子亏了20亿美元,彻底抹光了过去他给公司带来的"赢头"。

从企业内控管理的角度,我们很容易发现以下问题。

完善内部控制环境的建设,高管要重视用制度约束人的问题。大家都知道,现在企业有很多制度,但为什么风险来的时候还是不堪一击?一个很重大的原因就是公司治理的架构不太完善,董事长、总经理由一个人担任,在这种情况下董事会很难有效地对高管进行监控。埃克西尔作为交易员之所以可以随意操控债券市场,也正是因为他的权力太大,超越了内部控制制度,又不受相关部门的约束。

首席投资部(CIO)是摩根大通企业分部之下的一个业务部门。

根据摩根大通的招聘广告,对这个部门的正式描述是负责"管理整个公司所有主要业务线的日常运营所产生的结构性利息、汇率和某些信用风险"。摩根大通曾公开宣称:"我们的CIO运营可以对冲结构性风险,并投资于使公司的资产和债务处于更好的组合状态。"

虽然,监管机构和摩根大通高管即将启动的追查可能集中在CIO可能导致多大的亏损,但不容忽视的是,CIO存在的目的原本是平衡风险而不是加大风险甚至豪赌。此次巨亏事件无疑凸显了风险控制部门由谁控制的问题。里昂证券(CLSA)分析师指出:"CIO似乎存在一个大问题。关键在于,亏损居然发生在一个旨在降低风险的部门,而不是一个需要冒险的部门。最大的问题是谁来监督CIO?这事关摩根大通这一家表现好于其他同业公司的资产总额2万亿美元银行的内部制衡问题。"

(三)日常监督的具体方式

1. 获得内部控制执行的证据

获得内部控制执行的证据,即企业员工在实施日常生产经营活动时,取得必要的、相关的证据证明内部控制系统发挥功能的程度。内部控制执行的证据包括:企业管理层搜集汇总的各部门信息、出现的问题,相关职能部门进行自我检查、监督时发现问题的记录及解决方案等。

2. 内外信息印证

内外信息印证,是指来自外部相关方的信息支持内部产生的结果或反映出内部的问题。主要包括来自监管部门的信息和来自客户的信息。来自监管部门的信息,是指企业接受监管部门的监督,汇总、分析监管反馈的信息;来自客户的信息,是指企业通过各种方式与客户沟通所搜集的信息。

例如,与外部有关监管部门沟通,以验证单位遵循各项法律、法规的情况;定期与客户沟通,以验证单位销售交易处理及采购业务处理是否正确,验证应收、应付账款记录是否完整、正确。

3. 数据记录与实物资产的核对

例如,企业定期将会计记录中的数据与实物资产进行比较并记录存在的差额,对产生差额的原因进行分析。

4. 内外部审计定期提供建议

审计人员评估内部控制的设计以及测试其有效性,识别潜在的缺陷并向管理层建议采取替代方案,同时为做出决策提供有用的信息。

5. 管理层对内部控制执行的监督

管理层主要通过以下渠道进行监督:审计委员会接收、保留及处理各种投诉及举报,并保证其保密性;管理层在培训、会议等活动中了解内部控制的执行情况;管理层审核员工提出的各项合理建议等。

案例 6-8　运用内部监督持续改进内部控制体系建设①

下面笔者将结合内部控制体系建设的实践经验,分享运用内部监督在改进内部控制体系有效性的一些具体做法,供读者参考。为方便理解与记忆,将实践经验总结为"一表"、"两阶段"、"三结合"。

一表。一表即内部控制计分表,企业将内部控制点进行分类,首先为保证内部监督的全面性,将内部控制按照组织架构、公司战略、采购业务、销售业务、会计核算、财务管理、研究与开发、工程项目等划分为若干方面,然后对每一方面根据业务开展状况、实际风险水平等再划分为若干控制点,再将每一控制点细分为若干控制基点,最后将每一控制基点分为制度或流程建设情况和执行情况两方面进行评价,并将各控制基点落实到相应责任人。该表贯穿内部监督工作的全过程,并依据该表形成内部控制缺陷报告。

两阶段。两阶段是指内部监督工作的开展应分两阶段进行:第一阶段根据内部控制计分表开展内部监督工作,发现内部控制中存在的缺陷,加以书面记录,并明确改进的责任者和改进的时间要求;在改进时间到期后,实施第二阶段工作,即跟踪控制缺陷改进的实际情况。

三结合。三结合是指在推进内部监督工作的时候,应做好三方面的结合,统筹推进工作。

第一,内设机构与外部审计相结合。这里的外部审计并不是外部监督,是属于内部监督的有机组成部分,主要指企业为提高内部监督的有效性,避免内设机构作为监督执行者对企业过于熟悉造成的对有些可能存在的问题熟视无睹,或因其他原因造成的评价不恰当,而聘请外部审计对内部控制有效性的审查。值得强调的是,不论是来自企业内设机构还是外部审计的监督均应保持其独立性,不能是内部控制体系的设计者。利用外部审计的监督也有利于发现和纠正管理当局对内部控制遵循的不恰当之处。

第二,实地审查与资料审阅相结合。企业应做好内部监督的资料积累,在历史经验的基础上合理确定内部监督开展的方式和频次。这里的实地审查和资料审阅相结合指的是,为避免内部监督的执行成本过高,可适当通过对被监督主体开展自我评价的资料审阅的方式进行内部监督,如发现重要缺陷可再安排实地审阅。

第三,缺陷报告与整改提高相结合。缺陷报告不是内部监督的最终目的,应将缺陷报告与整改提高相结合。之所以将内部监督分两阶段实施,也是为了更好地进行整改提高。有时为避免推进工作的阻力,确保工作的顺利开展,应根据企业内部控制体系建设的不同阶段,将缺陷报告和整改提高在推进内部控制体系建设的不同阶段各有侧重。

---

① 李宝智.运用内部监督持续改进内部控制体系建设[J].会计师,2011(5).

二、专项监督

（一）专项监督的定义

专项监督，是指在企业发展战略、组织结构、经营活动、业务流程、关键岗位员工等发生较大调整或变化的情况下，对内部控制的某一或者某些方面进行有针对性的监督检查。为了及时发现内部控制缺陷，修正与完善内部控制系统，专项监督不可或缺。

案例 6-9　　数据敏感性加强　数据库安全备受重视[①]

那对于安全管理人员来说是个好消息，他们现在越来越受重视，对于数据库安全厂商来说也是个好消息，他们看到了人们对这个现在还很小（一般估计第三方产品少于1亿美元），但正在发展中的市场的越来越多的兴趣。

"这个领域的许多公司在两年里每年翻了一倍，"一个位于 Boston 的 Yankee Group 高级分析师 Andrew Jaquith 说，"在2007年它们很可能再翻一倍。在资金优势方面它是个大领域。"

这个市场包括三种产品：

数据库检测/审计：公司用这些工具来观察未经许可或不寻常的访问活动，并不用消耗数百或上千的人时去细查 log 文件就可以产生全面的审查报告。这些供应商包括 Application Security，Inc.，Embarcadero，Guardium，Imperva，IPLocks. Lumigent technologies，RippleTech，Sentrigo，Symantec 和 Tizor Systems。"数据库本身并不能智能到能查看通过网络的可疑活动或是否授权用户执行一个命令一百万次，"位于 Cambridge 的 Forrester 研究机构的一个首席分析师 Noel Yuhanna 说道，"这就是为什么你需要有这些工具。"

脆弱性评估：来自于 Application Security 和 Next Generation Software 这样的公司的专门的 VA 扫描器，评估数据库的安全强度，检测安全漏洞和错误配置。

加密：采用集中的管理、策略创建和强大的密钥管理的高度粒状加密。厂商包括 Protegrity，Ingrian Networks 和 Application Security。

增强的安全敏感度拉动了市场的发展，因为违规一个接着一个地被揭露出来，破坏了客户的信任，还有对有点模糊的调整遵从性检查压力的要求也带动了市场发展。对于企业来讲，由于数据库的重要性，对其可能发生的问题应该进行专项监督。

（二）专项监督的主体

企业内部控制（审计）机构、财务机构和其他内部机构都有权参与专项监督工作，也可以聘请外部中介机构参与其中，但参与专项监督的人员必须具备相关专业知识和一定的工作经验，而且不得参与对自身负责的业务活动的评价。

---

① Neil Roiter. 数据敏感性加强　数据库安全备受重视[EB/OL]. http://www.searchsecurity.com.cn/showcontent_2465.htm，2008-01-13.

案例 6-10　“三位一体”的特色内控体系为平安保驾护航①

中国第一家股份制保险公司，第一家引进外资的保险公司，第一家聘请国际会计师按国际标准审计的保险公司……中国平安保险（集团）股份有限公司（下称“平安”）在我国金融类企业中拥有很多“第一”，而在构建企业内控体系方面，平安同样“先知先觉”，许多创新理念和实践也引人深思。

平安合规部副总经理张云平引用董事长马明哲的话诠释了平安在风险管理与内部控制方面的理解与实践：“要建设国际领先的综合金融集团，保持公司可持续、快速、健康地发展，构建一个国际标准的风控平台和现代企业的公司治理制度，是实现这一战略目标的基础和保障。它让平安更经得起各种风暴的洗礼、检验，让平安更加成熟、茁壮成长，成就全体平安人‘综合金融、百年老店’的共同夙愿。”因此，平安以“促进综合金融战略目标的顺利实施及有效益可持续健康发展”为目标，构建了“三位一体”的特色内控体系。

对风险事后监督报告：

稽核检查的目的不光是责任追究，更是在探索建立平安案件预警机制，避免缺陷升级为案件。“越战中的覆盖式轰炸，成本高，效率低；海湾战争中精确定位，成本低，效率高。所以平安采用‘远程全面监测，现场重点检查’的精确稽核模式。”张云平的类比十分贴切。

风险管理部门归集的风险数据提供给稽核监察部门选择管控重点，而不是对不同的单位和业务都采用统一的稽核方案。而且，与传统稽核检查不一样的是，平安改进了常规稽核模式，能够在非现场做的检查就尽量不去现场做，比如数据分析。那些非到现场才能完成的检查，才作为现场工作任务内容。

在去现场检查之前，稽核监察部门总是会把分析性测试做在前面，而且，稽核小组通常会先同合规部门沟通，确保稽核方案的重点准确。

目前，平安更多借助 IT 手段开展稽核工作，根据以前稽核结果进行“发现项分析”，包括一般发生问题都有哪些方面的表象，会有哪些方面的信号，IT 稽核人员都会把这些表象和信号设计成脚本放到 IT 系统数据中去筛选，然后将异常数据交基层稽核人员到业务端进行核查。

可以说，通过 IT 系统，能够减少很多现场稽核检查的工作量，还可以集中力量管控重点领域。根据稽核结果，涉及违规的，平安将对责任人进行“红黄蓝牌”处罚，包括批评、警告、记过、降职、撤职、辞退等。而且，这种问责已逐渐系统化，实现单向违规处罚向综合内控问责的转变。如果内控评价不合格，各单位和各部门相关负责人就会被问责。

监管也在推动行业形成防控违规的合力，营造合法合规经营的环境，如《保险机构案件责任追究指导意见》就明确规定：“相关责任人已经调离原工作岗位的，由发案保险机构追究其案件责任，并将处理决定通知其现工作的单位；对不能通知的，由作出处理决定的保险机构将处理决定予以公告。被处罚人在整个保险行业都将受到区别对待。”

目前，平安仍然在不断改进稽核检查模式，而且稽核检查的目的不光是责任追究，更

---

① 罗晶晶. “三位一体”的特色内控体系为平安保驾护航[N]. 中国会计报，2011-08-26.

是在探索建立平安案件预警机制，让各个公司主动预警，强化自查，及时整改缺陷，避免缺陷升级为案件。

“合规管理及内部控制发展至今已不仅仅是风险控制手段，它更是一种做事的模式，探寻最佳实践的途径，获得他人信赖的方法，持续成功的秘诀。我们这样理解，也在往这方面努力。”张云平说。

（三）专项监督的范围和频率

尽管日常监督可以持续地提供内部控制其他组成要素是否有效的信息，但是针对重要业务和事项而实施的控制活动进行重点监督也是必不可少的。专项监督的范围和频率应根据风险评估结果以及日常监督的有效性等予以确定。一般来说，风险水平较高并且重要的控制，企业对其进行专项监督的频率应较高。

专项监督的范围和频率取决于以下因素：①风险评估的结果。重要业务事项和高风险领域所需的专项监督频率通常较高；对于风险发生的可能性较低但影响程度大的业务事项（突发事件），进行日常监督的成本很高，为此应更多地依赖专项监督。②变化发生的性质和程度。当内部控制各要素发生变化，可能对内部控制的有效性产生较大影响的情形下，企业应当组织实施独立的专项监督，专门就该变化的影响程度进行分析研究。③日常监督的有效性。日常监督根植于企业日常、反复发生的经营活动中。如果日常监督扎实有效，可以迅速应对环境的变化，对专项监督的需要程度就较低；反之，对专项监督的需要程度就较高。

案例 6-11　“花旗危机”对我国商业银行内部控制的启示①

1. “花旗危机”的背景

2007 年，美国次贷危机爆发。次贷也称次级按揭贷款，是给信用状况较差、没有收入证明和还款能力证明及其他负债较重的个人提供的住房按揭贷款。贷款机构向信用分数较低、收入证明缺失、负债较重的人提供的次级按揭贷款，不必持有到期就可以出售给一些机构进行资产证券化，打包成不同等级的按揭抵押证券出售给机构投资者或个人。随着利率水平出现逆转，许多处于还款中后期的次级借款人无法承受利率大幅提高后的偿还义务，只能选择违约，不良贷款迅速积累，次贷危机开始显现并愈演愈烈。

由于众多机构投资者参与其中，因此次债危机不断蔓延至全球金融市场，曾是全球第一大银行的花旗银行受到破产冲击。2008 年初，花旗集团宣布 2007 年四季度亏损高达 98 亿美元，这是该公司 196 年历史中最大的亏损。2008 年 11 月 16 日至 21 日，一周之内花旗银行股价跌幅高达 68%。从 2007 年高点的 35 美元左右一路狂跌到 21 日的 3.77 美元。之后，花旗银行的股价继续下挫。最低时每股只有 1.6 美元，其市值甚至不到 2006 年年底时 2 740 亿美元的 5%。花旗银行墙倾楫摧，随时可能崩溃倒下，迫使美国政府不

---

① 钱诗曼．“花旗危机”对我国商业银行内部控制的启示[EB/OL]．http://www.neikong.com/Ic_view.asp?id=1778&classid=197&pclassid=189，2011-02-06.

得不于2008年10月在短期时间内，连续三次对花旗银行进行救助，注入巨资。

2. “花旗危机”产生的成因

花旗银行从全球银行竞相模仿学习的榜样到濒临破产被救助的境地，背后有着深层次原因。其中，内控机制的缺陷是危机爆发的内因。

(1) 内控机制难以对建立在房价上涨以及低利率假设基础上的次级抵押贷款发挥作用。作为证券化衍生品的设计、发售和承销者，花旗银行通过资产证券化，将贷款转手，赚取手续费，把相当部分的信贷风险转移到了外部。可是由于次级抵押贷款借款人自身不具备拥有房屋的能力，所依赖的外部条件是房价不断上涨以及低利率环境，但这两个外部因素又是最不确定的，也是内控机制鞭长莫及的。因此，在房价低迷、利率上升时，次级抵押贷款拖欠率就会上升，这必然导致次级抵押贷款证券的购买者锐减，银行的利润来源被掐断，增加了银行风险。

(2) 花旗银行作为次级债的债权人，有关信息是不对称的，风险状况无法评估。作为美国资产证券化交易市场的重要参与者，花旗银行同时又进行证券化基础资产的收购，以及二级市场的证券产品交易业务和相关信用支持业务，从而导致已经转移出去的信贷风险，又通过资本及衍生品市场业务再次循环回来。由于花旗银行又是一二级市场的主要交易商，其他银行发行的许多证券化产品所蕴藏的风险也更多地集中到了花旗银行身上。在这个过程中，原始贷款人的信用状况和其他信息是不通畅的，投资者与基础资产持有人之间信息高度不对称。金融衍生产品具有的不透明性，使其内在价值和风险状况无法准确评估，其真实风险无法知晓，花旗银行的内控机制难以发挥作用。这种信息不对称使花旗银行失去了及时采取措施规避风险的时机。根据2008年2月美国媒体调查显示，花旗银行的次级债损失高达180亿美元。

(3) 激励机制具有短期性。长期以来，华尔街奉行高盈利就可以高分红，且宣扬80%的收益是由20%的人创造的。因而金融机构高管们薪酬与业绩的正相关性，往往成几何级数上升。华尔街的这一激励模式，甚至被人们奉若神明地奉为绩效评价模式，从而决定着人们的行为方式。问题是，这种激励机制具有明显的当期性、短期性和不对称性。当公司获得高盈利时，高管们就可以获得巨额奖金和红利，动辄上亿上千万美元，而当经营失败时又可以不承担损失，甚至是再巨大的损失，都可以扔给股东和整个社会。这种激励模式毫无疑问地将经营风险偏好大大提高，助长为追求短期回报而不断地去冒险、去“赌博”去冒更大的险、去进行更大的“赌博”。随着花旗银行日益综合化，投资银行短期激励的风气势必影响到银行其他业务条线，在冒险就可能获得巨额奖励的诱导下，作为商业银行的花旗银行，传统商业银行的审慎经营逐步让位于冒险扩张，而且还给披上了银行就是承担风险和管理风险这件华丽的外衣，实质上已经将商业银行的经营变为了投资银行的赌博。

花旗危机警示我们：第一，银行应坚持“审慎经营”的理念，按照“成本可算、风险可控，提高透明度”的原则，在自身发展战略的框架内进行金融创新，金融创新应面向实体经济并为实体经济服务；第二，不管是在经济高峰还是低谷，风险管理应贯穿始终，面对新的市场变化，风险模型应根据新形势的变化迅速更新；第三，商业银行必须及时将新业务、新情况纳入现有的风险管理框架中，不断改革与完善现有的内控制度，否则，一成不变的内控制度面对新的业务内容将变得苍白无力，不能发挥其应有的作用。

（四）专项监督的重点

进行专项监督主要应关注以下两个方面。

(1) 高风险且重要的项目。审计部门依据日常监督的结果，对风险较高且重要的项目要进行专项监督。考虑到成本效益原则，对风险很高但不重要的项目或很重要但是风险很小的项目可以减少个别评估的次数。应该将高风险且重要的项目作为个别评估对象。

(2) 内控环境变化。当内控环境发生变化时，要进行专项监督，以确定内部控制是否还能适应新的内控环境。例如，业务流程的改变和关键员工发生变化时，就要进行个别评估，以确保内控体系能正常运行。

案例 6-12　识别潜在内控缺陷的风险暴露点模型[①]

控制目标-风险暴露点模型是帮助设计人员在系统中确认点位的一种工具，这些点位因系统的风险暴露会有损失的高风险。

研发人员评估了在交叉点上损失的风险暴露变为实际损失的可能性。通过识别具有最高损失可能性的点位，组织可以洞察业务系统最有可能遭受损失的地方，从而确定实施控制措施的位置。

控制目标-风险暴露点模型是一个二维的模型。控制目标在一维，另一维是系统中损失的潜在风险暴露点。其目的是使组织关注最高风险点的控制。没有任何组织愿意其业务系统遭受损失，因此，在高风险点设置控制措施，可以提高预防或发现损失的可能性。表 6-1 是这一模型的一个应用示例。

表 6-1　内控目标风险-暴露点模型

风险暴露点 / 控制目标	1	2	3	4	5	6	7	总数
A	1	2	3	—	—	—	—	6
B	1	2	1	3	1	1	1	10
C	—	—	3	2	1	1	—	7
D	1	1	1	1	—	—	—	4
E	—	—	—	—	1	2	3	6
F	—	—	1	1	1	2	—	5
G	3	1	1	—	—	—	—	5
H	—	—	2	2	2	—	—	6
I	1	1	2	—	—	—	—	4
J	3	2	3	1	2	2	1	14
K	—	—	—	—	1	2	1	4
L	3	2	3	1	—	—	—	9
M	—	—	1	—	2	1	1	5
总点数	13	11	21	11	11	11	7	

① 中国内部控制网. 识别潜在内控缺陷的风险暴露点模型[EB/OL]. http://www.neikong.com/Ic_view.asp?id=897&classid=196&pclassid=189,2010-03-31.

（五）专项监督的步骤

专项监督一般包括三个阶段：

（1）计划阶段，主要任务包括规定监督的目标和范围；确定具有该项监督权力的主管部门和人员；确定监督小组、辅助人员和主要业务单元联系人；规定监督方法、时间、实施步骤；就监督计划达成一致意见。

（2）执行阶段，主要任务包括获得对业务单元或业务流程活动的了解；了解业务单元或流程的内部控制程序是如何设计运作的；应用可比、一致的方法评价内部控制程序；通过与企业内部审计标准的比较来分析结果，并在必要时采取后续措施；记录内部控制缺陷和拟订纠正措施；与适当的人员复核并验证调查结果。

（3）报告和纠正措施阶段，主要任务包括与业务单元或业务流程的管理人员以及其他适当的管理人员复核结果；从业务单元或业务流程的管理人员处获得情况说明和纠正措施；将管理反馈写入最终的评价报告。

总之，日常监督和专项监督应当有机结合。前者是后者的基础，后者是前者的有效补充。如果发现某些专项监督活动需要经常性地开展，那么企业有必要将其纳入日常监督中，以便进行持续的监控。通常，二者的某种组合会确保企业内部控制在一定时期内保持其有效性。

案例 6-13　理财事件拷问银行　内控配套机制亟待完善[①]

随着银行理财产品市场的火爆发展，各类理财事件亦随之层出不穷。

2012 年 1 月 1 日开始施行的《商业银行理财产品销售管理办法》明确提出，商业银行应当建立包括理财产品风险评级、客户风险承受能力评估、销售活动风险评估等在内的科学严密的风险管理体系和内部控制制度，对内外部风险进行识别、评估和管理，规范销售行为，确保将合适的产品销售给合适的客户。

然而，在实际操作过程中，上述规定却又成为一纸具文的隐忧。

一位接近监管层人士向《第一财经日报》表示，近期发生的华夏银行员工违规代销理财产品事件所暴露出的商业银行内控管理问题引起了监管层的高度重视，银监会已经要求银行进一步加强理财产品代售管理，规范从业人员操作行为，并强化违规问责等配套制度建设。

1. 反思内控体系

多位受访的银行业人士均表示，银行目前都在进行内部“自查”，包括对即将发售和已经发售的理财产品做进一步的风险排查。对于它们而言，银行内控体系的“警钟”已经响起。

某股份行零售部副总经理称，一款代销的理财产品一般要经过三大环节才能进入商业银行的销售渠道。

---

① 洪偌馨，夏心愉．理财事件拷问银行　内控配套机制亟待完善[N]．第一财经日报，2013-01-10．

首先是筛选环节。候选的理财产品既有从各分行找来的，也有从总行找来的，还可能是直接对接某些金融机构合作设计的产品。“不管是哪个层面，在选择推荐理财产品之前肯定就已经过一轮筛选，然后会对这些产品做尽职调查，而这又包括了前线尽职调查、分行尽职调查及总行尽职调查等好几轮。”上述副总经理说。

几轮尽职调查通过以后，产品将会上报到“产品审议委员会”——一个由行内多个部门负责人组成的审议小组，这些委员将会从不同的角度来审视和考量这个产品，包括风控、计财、信审、法律合规等各个方面。“这是一个反复质疑和验证的过程。大家会提出各式各样的问题。例如一个私募产品，在市场波动的情况下可能会出现哪些风险？如果合伙人未来‘拆伙’了怎么办?”上述副总经理表示，通过不记名投票，超过半数以上才算通过，便可以进入下一环节。

“最后一个步骤是总行主管领导再审批、签字、准许发行，这样一款代销的产品就能进入银行的销售体系了。”他称。

2. 配套机制待完善

上述副总经理表示，大家对于银行是否应该对理财产品“兜底”的问题争议已久，事实上近年来，随着国内理财产品爆发式的增长，因出现亏损进而发生纠纷的事件并不在少数。尽管银行坚持表示不会直接偿付，但为了自己的声誉往往还是会通过其他方式间接“兜底”。

某国际投行香港区高管表示，解决方案令各方如此“纠结”，其折射出的本质问题在于内地理财市场发展尚不成熟，相关配套机制还未完善。

他以香港地区为例解释道，投资者在购买理财产品前必须通过严格的风险评估，而银行亦会根据评估结果对投资者进行分级，例如普通投资者、机构投资者、私人银行投资者等。

“不同等级的投资者其风险属性和对产品的需求是不同的，而银行也不可‘越级’销售产品。”该高管表示，尽管内地的银行也会在出售理财产品前对客户进行风险评估，但大都流于形式，并没有严格执行。

另一位台湾银行业人士称，在台湾，如果客户要买一个比较“激进”的产品，即便只买1万元的，银行也会先了解客户的风险属性，并且每隔一段时间就会重新考量一次。

他表示，如果评估的结果显示风险属性是保守型，那么银行就不可以向其推荐或者让其申购风险较高的理财产品。另外，还规定对于年纪较大或者学历过低的投资者，银行也不可随意向他们销售理财产品，因为他们的年龄或知识水平不足以清楚地了解那么复杂的金融产品。

“2008年受金融危机影响，台湾当时有不少投资者出现巨亏，关于理财赔付的纠纷数量暴增。最后约有10%的投资者申诉成功获得了赔偿。事后分析申诉成功的案例，我们发现，风险评估表是一个重要的证据。例如，客户测评出来的风险属性是保守的，但银行向他推荐了高风险的理财产品，所以这是银行的失职。”上述台湾银行业人士说。

上述香港区高管表示，除了规范理财产品本身之外，当务之急应该是规范和健全银行理财产品的销售和监管体系，以及强化对于违规事件的惩治制度。

在企业内部监督中,监事会和审计委员会如何协调?如何提高内部监督的效率性和效果性?

【本章小结】

内部监督是企业对内部控制建立与实施情况进行监督检查,评价内部控制的有效性,发现内部控制缺陷,并及时加以改进。内部监督对内部控制有效性的持续改进有着非常重要的意义。

我国企业内部监督体系是由监事会、审计委员会和内部审计共同组成的。

内部监督程序中最关键的是明确内部控制缺陷的认定标准,它直接影响内部监督工作的效率和效果。

内部监督分为日常监督和专项监督。企业进行专项监督主要关注两个方面:高风险且重要的项目和内控环境变化。

【延伸阅读】

1. 韩洪灵,郭燕敏,陈汉文.内部控制监督要素之应用性发展——基于风险导向的理论模型及其借鉴[J].会计研究,2009(8).

2. 谢志华.内部控制:本质与结构[J].会计研究,2009(12).

3. 樊行健,宋仕杰.企业内部监督模式研究——基于风险导向和成本效益原则[J].会计研究,2011(3).

4. 宋仕杰,樊行健.企业内部监督有效性策略研究[J].会计之友,2011(21).

【思考题】

1. 何为内部监督?
2. 内部监督的意义是什么?
3. 内部监督的机构及其职责有哪些?
4. 内部监督的基本要求有哪些?
5. 内部监督的程序如何?
6. 日常监督的方式有哪几种?
7. 专项监督的范围和频率取决于哪些因素?
8. 专项监督主要关注哪些方面?
9. 专项监督包括哪些阶段?
10. 日常监督和专项监督的区别表现在哪些方面?

11. 如何理解设计缺陷和运行缺陷？

12. 如何区分一般缺陷、重要缺陷和重大缺陷？

【自测题】

1. 单项选择题

(1) 我国企业内部监督体系的构成不包括(　　)。

A. 审计委员会　　B. 监事会

C. 股东大会　　D. 内部审计机构

(2) 专项监督的范围和频率的决定因素不包括(　　)。

A. 内部控制环境的强弱　　B. 风险评估的结果

C. 变化发生的性质和程度　　D. 日常监督的有效性

(3) 内部控制执行的证据不包括(　　)。

A. 管理层搜集汇总的各部门信息

B. 定期与客户沟通，以验证应收、应付账款记录是否完整正确

C. 管理层搜集汇总的各部门出现的问题

D. 相关职能部门进行自我检查、监督时对发现问题的记录及解决方案

(4) 内部监督的意义不包括(　　)。

A. 内部监督可以节约企业运营成本

B. 内部监督以内部环境为基础，并与内部环境有极强的互动关系

C. 内部监督与风险评估、控制活动形成了三位一体的闭环控制系统

D. 内部监督离不开信息与沟通的支持

(5) 下面关于日常监督和专项监督的关系的表述，错误的是(　　)。

A. 日常监督是专项监督的基础

B. 专项监督是日常监督的有效补充

C. 日常监督有效性高时，可以不设置专项监督

D. 如果发现某些专项监督活动需要经常性地开展，那么企业有必要将其纳入日常监督中

2. 多项选择题

(1)内部控制的一套严密、高效的闭环控制系统的因素包括(　　)。

A. 内部监督　　B. 风险评估

C. 信息与沟通　　D. 控制活动

E. 内部环境

(2) 审计委员会的监督职责包括(　　)。

A. 提议聘请或更换外部审计机构并审查公司的内部控制制度

B. 监督公司的内部审计制度及其实施

C. 负责内部审计与外部审计之间的沟通

D. 审核公司的财务信息及其披露

E. 审核企业内部控制及其实施情况，并向董事会作出报告

(3) 内部监督的基本要求包括(　　)。

A. 监督人员应具有独立性　　B. 监督人员应具有胜任能力

C. 关注关键控制　　D. 监督人员应评估相应的风险水平

E. 进行常规、持续的监督检查

(4)内部监督的程序包括(　　)。

A. 建立健全内部监督制度并制定内部控制缺陷标准

B. 制定内部控制缺陷标准

C. 实施监督

D. 记录和报告内部控制缺陷

E. 内部控制缺陷整改

(5) 按照内部控制缺陷的重要程度来划分，内部控制缺陷可以分为(　　)。

A. 一般缺陷　　B. 重要缺陷

C. 重大缺陷　　D. 执行缺陷

E. 系统缺陷

(6) 日常监督的监督主体包括(　　)。

A. 管理层　　B. 单位(机构)

C. 内部控制机构　　D. 内部审计机构

E. 外部审计机构

3. 判断题

(1) 内部监督是企业对内部控制建立与实施情况进行监督检查，评价内部控制的有效性，发现内部控制缺陷，并及时加以改进。(　　)

(2) 监事会有权对董事、高级管理人员执行公司职务的行为进行监督，但是无权对董事、高级管理人员提起诉讼。(　　)

(3) 监事会发现公司经营情况异常，可以进行调查；必要时，可以聘请会计师事务所等协助其工作，费用由监事会承担。(　　)

(4) 按照缺陷的来源，内部控制缺陷可以分为设计缺陷与执行缺陷。(　　)

(5) 日常监控通常存在于单位基层管理活动之中，能较快地辨别问题。日常监督的程度越小，其有效性就越高，则企业所需的专项监督就越少。(　　)

(6) 专项监督是指在企业发展战略、组织结构、经营活动、业务流程、关键岗位员工发生较大调整或变化的情况下，对内部控制的某一或者某些方面进行有针对性的监督检查。(　　)

(7) 如果日常监督扎实有效，可以迅速应对环境的变化，对专项监督的需要程度就较低；反之，对专项监督则需要程度就较高。(　　)

(8) 为保证内部监督的客观性，内部监督应由独立于内部控制执行的机构进行内部监督。(　　)

(9) 内部审计机构对审计过程中发现的问题，不可以直接向审计委员会或者董事会报告。(　　)

(10) 明确内部控制缺陷的认定标准是内部监督工作的关键步骤,它直接影响内部监督工作的效率和效果。 (　　)

(11) 企业内部控制审计机构、财务机构和其他内部机构都有权参与专项监督工作,但是不可以聘请外部中介机构参与其中。 (　　)

案例分析

目的:对企业内部审计中存在的问题提出对策和措施。

资料:企业内部审计工作调查与思考。

笔者近年对一些企业的内部审计状况进行了调查分析。目前,一般企业中的内部审计,从内容上已围绕信息的可靠性与完整性,政策、计划、程序、法律和规定的遵循,保护资本的安全,资源的节约和有效使用,经营目标的完成等方面来展开工作。但内部审计从目前的普遍成效来说还未发挥出应有的支持内部管理的作用,更无法适应现代企业内部控制制度的目标要求。

第一,工作浮于表面。满足于完成了多少个审计项目、发现了多少个问题、开展了多少种审计类型、提出了多少审计建议等"走过场"的数字游戏,未落实于查处解决问题的实际意见和措施及跟踪考核。不恰当地说就像"烂尾楼"工程。

第二,审计处于低级阶段且专业知识不足。目前内部审计的职能应是查错防弊型与管理服务型紧密结合。但现状是由于基础管理的缺陷,一般企业的内部审计人员还要每月度将大量精力用于复核纠正会计科目及经营管理数据的正确性上,然后才能将部分精力投入到数据的真实性、合法性的查证及生产经营的监督,加上目前内审人员普遍现代企业管理知识匮乏,审计理论与方法钻研不精,因此更难对企业经营管理做出有效的审计分析、评价和管理整改建议,审计的对象主要是会计报表、账本、凭证及其相关资料,工作都集中在财务领域的浅表层次,对企业经营管理中的资本运作、投资、成本管理、产品定价方案评审与选择等重要领域,一般都无能力和条件开展审计工作。

第三,审计人员事业心不强。现在的企业中员工为薪酬而工作是普遍现象,人际关系在个人价值中具有十分重要的取向,再加上一些企业对绩效考评的不明确预期,因而内部审计人员满足于审计工作"过得去",即使钻研审计理论与技术方法也主要是为了提高职称资格,真正事业心强、勇于追求实际审计成效的审计人员实在是"凤毛麟角"。

第四,领导授权不明确、不充分。一个企业内控制度的执行力与企业文化的建设有很大关系,但客观上受利益驱动的影响更大,而企业决策层基本上没有授予内审对查证违纪违规问题的直接考核处分权,对被审计者缺乏直接的利益约束力,不能对违纪违规行为形成强有力的威慑,依靠揭示、审计建议等审计职权很难实现审计纠错的期望目标,对审计人员提出的问题与改进意见有相当部分被审计者"虚心接受,屡教不改"。

第五,审计人员的考核激励不科学。审计固有的监督性与批判性很少带来他人善意的理解,相反,经常会遭受冷遇、对抗、行政干涉等方方面面的压力,甚至受到心理和生理上的伤害。缺乏安全感的审计人员思想趋向消沉,工作缺乏责任心,工作中显得"顾虑重重",严重影响审计行为的有效性。而绝大部分企业对内审人员工作的考核评价标准忽视了这种特定现象,多采用惩罚激励而少采用奖励激励,往往使得内审人员辛辛苦苦工作,却换来“里外不是人”的感觉。

要求：根据材料，给出强化企业内部审计的对策与措施。

分析提示：

第一，内部审计机构要合理定位。在科学的现代企业管理及法人治理内部控制组织框架中，内审机构应是一个独立部门，它应直接对监事会负责，如有必要，遇有重大的内部审计事项或企业内部发生重大的违规、违法事件时，还可直接向股东大会及其常设机构董事会报告。在企业内部监督机制中，内审部门应有不可置疑的权威性，并具备股东大会或其常设机构董事会明确授予的适度的审计事项直接处置权，以保证内部审计报告能引起企业管理当局的足够重视。针对内审报告中提出的整改、处置意见和建议，应及时予以研究并给予反馈，这样才能保证在科学、完善的决策、执行、监督机制下，最大力度地完成企业的经营目标。

第二，建立和完善企业内部审计人员的考核选拔制度。对企业内部审计人员要实行公开竞聘、多级考试等选拔制度，采用“不拘一格选人才”的机制全方位地开发事业心强、业务素质高、能主动尽职的优秀审计人才资源，从而培养造就一批符合现代审计发展需要的各类型人才，并把他们配置到适合的管理或主管岗位上，不断提高审计人才的使用效果，同时也从一定程度上满足了审计人员的成就感和自我实现的需要。

第三，以激励机制为手段充分调动审计人员的工作能动性。激励有精神激励、物质激励、考评激励、业绩激励、奖惩激励等多种方式。在制定了科学化的考核标准基础上，要严格执行考核制度，使审计人员的业绩公正地计量出来，从而实施有效的激励。一般应多采用奖励激励而少采用惩罚激励，因为奖励激励的正面刺激比惩罚的反面刺激更为有效。如果在审计管理中正确认识这一特点并加以合理利用，就可以找到最佳的富有人文精神的奖惩方案，更好地利用审计人力资源，使审计员处在最佳的行为状态，并以自觉性、积极性、能动性和创造性来提高工作质量和效益，促使其有效实现审计目标。

第四，要十分明确企业内部审计工作的目标与发展趋向。①堵塞漏洞、消除隐患，防止并及时发现和纠正各种欺诈、舞弊行为，保护企业财产完整，是内部控制所要达到的基本目标，同时这也是内部审计机构的基本职责。通过对企业经济业务活动的内部审计，防微杜渐，及时发现管理中存在的漏洞和违法、违章的苗头，就是内部审计人员在日常内部审计工作中的重点。②规范企业会计行为，保证会计资料真实完整，提高会计信息质量，确保国家有关法律、法规和内部规章制度的贯彻执行，是内部控制的又一基本目标。内部审计在保证内部控制达到这一目标上是责无旁贷。企业内部财务审计是内审的基本内容之一，内审是对企业会计资料真实完整的再监督。③根据企业的发展目标，在切实提高传统的财务审计质量并改进完善企业各项会计管理基础工作的前提下，将审计工作的重心转移到内控制度与经济效益审计范畴，为宏观管理服务。促进内部审计的职能由单一的监督职能向监督、管理与服务多种职能转变，以适应现代企业发展的要求。内部审计的根本目的是改善经营管理，提高经济效益。因此，内部审计的重心必须趋向内控制度和经济效益上，真实正确地对企业的经营管理和经济效益作出评价，提出有建设性的建议，为企业取得最佳经济效益出谋划策。将日常的财务收支审计与单位负责人经济责任审计、预警审计等方式相结合，提高经营管理人员的诚信意识。另外，在审计方法上变事后审计为事前、事中审计。如何提高企业的生产、经营、销售等环节的控制质量，是审计所要解决企业管理的重点问题之一。因此，内部审计必须广泛采用事前、事中、事后审计相结合的方法。

第五，建立健全各项审计业务管理制度，实施审计质量考核。应重点推行“主审负责制”，对审计项目的整个过程，应建立有效约束、严格把关的质量控制机制，按照过错原则追究审计质量问题的有关人员责任及领导连带责任，即谁的过错谁负责，主管领导负连带责任。审计员对各自分管的工作负责，主审对整个审计项目负责，并与奖金、荣誉挂钩。主管审计的领导主要对评价、定性、处理意见是否恰当审签，从而各司其职。

第六，全面提高审计人员素质。要结合企业先进文化建设，舍得花钱于智力投资，适时采用“请进来、走出去”的方式，加强对审计人员的思想与业务素质教育培养。首先，要更新审计理念，树立审计风险防范意识，建立审计责任约束机制，保持较高的职业道德水准，建立严谨踏实的工作作风；其次，要加强培训，强化审计人员的逻辑思维和综合分析能力，提高审计人员对内审工作的综合驾驭能力；最后应注意后备补充，吸收新鲜血液，优化审计人员结构，建设一支精干高效、战斗力强的审计队伍。

资料来源：佚名.企业内部审计工作调查与思考[EB/OL]. http://china.findlaw.cn/jingjifa/shenji/lunwen/29161.html,2008-10-20.

第七章 业务层级内部控制（上）

学习目标

通过本章学习，应达到以下学习目标：

1. 了解资金活动的业务流程，掌握资金活动的关键风险点及其控制措施设计；
2. 了解采购业务的业务流程，掌握采购业务的关键风险点及其控制措施设计；
3. 了解资产管理的业务流程，掌握资产管理的关键风险点及其控制措施设计；
4. 了解销售业务的业务流程，掌握销售业务的关键风险点及其控制措施设计。

引导案例

中国证券市场上第一份否定意见的内控审计报告——新华制药[①]

2012年3月23日，山东新华制药股份有限公司(000756)(以下简称“新华制药”)公布了2011年度内部控制审计报告。在该内部控制审计报告中，信永中和会计师事务所对新华制药内部控制出具了否定意见的审计报告。

这是我国证券市场中有关上市公司的第一份否定意见的内部控制审计报告。由于否定意见的内部控制审计报告的签发，引起了社会各界的强烈关注，掀起了一股巨大的“浪潮”。新华制药到底是怎么了？

新华制药的前身是1943年成立于胶东抗日根据地的山东新华制药厂。公司占地近300多万平方米，现有职工15 000多人，是我国重点骨干大型制药企业。目前，公司年产化学原料药总量2.5万吨以上，是全球最大的安乃近、布洛芬、阿司匹林、咖啡因、左旋多巴等药物生产企业，拥有乙氧苯柳胺等10个原料药独家品种，8个原料药主导品种市场占有率居国内第一位，制剂年生产能力为片剂达80亿片、针剂3亿支、胶囊2亿粒。

然而，就是这样一家医药行业的龙头企业，却在业务层级的内部控制上出现了问题。根据内部控制审计报告显示，新华制药内部控制存在如下重大缺陷。

(1) 新华制药下属子公司山东新华医药贸易有限内部控制制度对多头授信无明确规定，在实际执行中，医贸公司的鲁中分公司、工业销售部门、商业销售部门等三个部门分别向同一客户授信，使得授信额度过大。

(2) 新华制药下属子公司医贸公司内部控制制度规定对客户授信额度不大于客户注册资本，但医贸公司在实际执行中，对部分客户超出户注册资本授信，使得授信额度过大，

---

① 资料来源：邓越，符丹. 新华制药内部控制失效案例分析[J]. 合作经济与科技，2013(15).

同时医贸公司也存在未授信的发货情况。

上述重大缺陷使得新华制药对山东欣康祺医药有限公司及与其存在担保关系方新宝医药、华邦医药、山东药材高新分公司、百易美医药形成大额应收款项 6.07 亿元。其中,应收欣康祺医药 40 606 千元,应收华邦医药 9 796 千元,应收百易美医药 3 996 千元,应收山东药材高新分公司 3 343 千元,应收新宝医药 2 991 千元。欣康祺医药为新宝医药、华邦医药、山东药材高新分公司、百易美医药等四家公司尚未支付的上述货款向本公司下属子公司医贸公司提供了担保,华邦医药为欣康祺医药尚未支付的上述货款提供了担保。根据淄博中联资产评估事务所对查封资产出具的中联评咨字[2012]第 01 号资产评估报告书和山东大地人律师事务所出具的《关于山东新华医药贸易有限公司诉山东欣康祺医药有限公司等五个重大诉讼案件损失挽回认定的法律意见书》,该公司下属子公司医贸公司参照查封资产可收回金额,对应收欣康祺医药及与其存在担保关系方新宝医药、华邦医药、山东药材高新分公司、百易美医药货款合计 60 731 千元按 80%比例计提坏账准备,计提坏账准备金额合计 48 585 千元。

销售业务是企业的主要业务,包括出售商品(或提供劳务)及收取款项等相关活动,主要涉及订单接受、货物交接、货款回收、退货折让等多个环节和多个部门。销售与收款循环的顺利流转直接关系到企业的现金流的稳定,对于企业的生存和发展至关重要。

然而在本案例中,我们可以看到,新华制药的多头授信导致对个别客户的应收账款余额过大,而在公司的内部控制规范中并没有对此明确指出,这是业务层级的内部控制制度设计缺陷;并且在业务具体执行过程中,存在违反既有规定的情况,对不满足授信条件的客户超额授信,致使内部控制的规定成为一纸空文。制度设计的缺陷以及执行上的疏忽产生的潜在风险最终反映在了财务报表的大额的坏账准备中。新华制药在内部控制设计和执行方面的缺陷具有通性,应当作为其他企业的前车之鉴。

内部控制的设计与执行最终都应该落实到业务层级上,加强对业务层级的内部控制对于实现企业内部控制目标具有重要意义。因此本章就将从资金活动、采购业务、资产管理、销售业务等涵盖企业日常经营活动的角度介绍业务层级的内部控制。

第一节　资金活动内部控制

资金活动是企业筹资、投资和资金营运等活动的总称。资金在企业中的作用就好比血液在身体的各个器官中的循环作用,是企业的生存和发展的重要基础。资金在企业中的流转存在于企业的方方面面,对企业的经营发展有着广泛而重大的影响。资金活动中的潜在风险一旦转变为现实,会对企业造成重创。因此,保证资金安全,提高资金使用效益,防范资金链断裂风险,对企业有着重要意义。

一、筹资活动内部控制

筹资活动是企业资金活动的起点,也是企业整个经营活动的基础。通过筹资活动,企业取得投资和日常生产经营活动所需的资金,从而使企业投资、生产经营活动能够顺利进行。企业应当根据经营和发展战略的资金需要，确定融资战略目标和规划，结合年度经营计划和预算安排，拟定筹资方案，明确筹资用途、规模、结构和方式等相关内容，对筹资成本和潜在风险做出充分估计。

（一）筹资活动业务流程描述

筹资活动是指导致企业资本及债务规模和构成发生变化的活动，包括吸收投资、发行股票、举借及偿还债务、支付利息、分配利润等。

筹资活动的业务流程主要包括筹资方案的提出、论证与审批，筹资计划的编制与执行以及对筹资活动的监督、评价与责任追究，如图 7-1 所示。

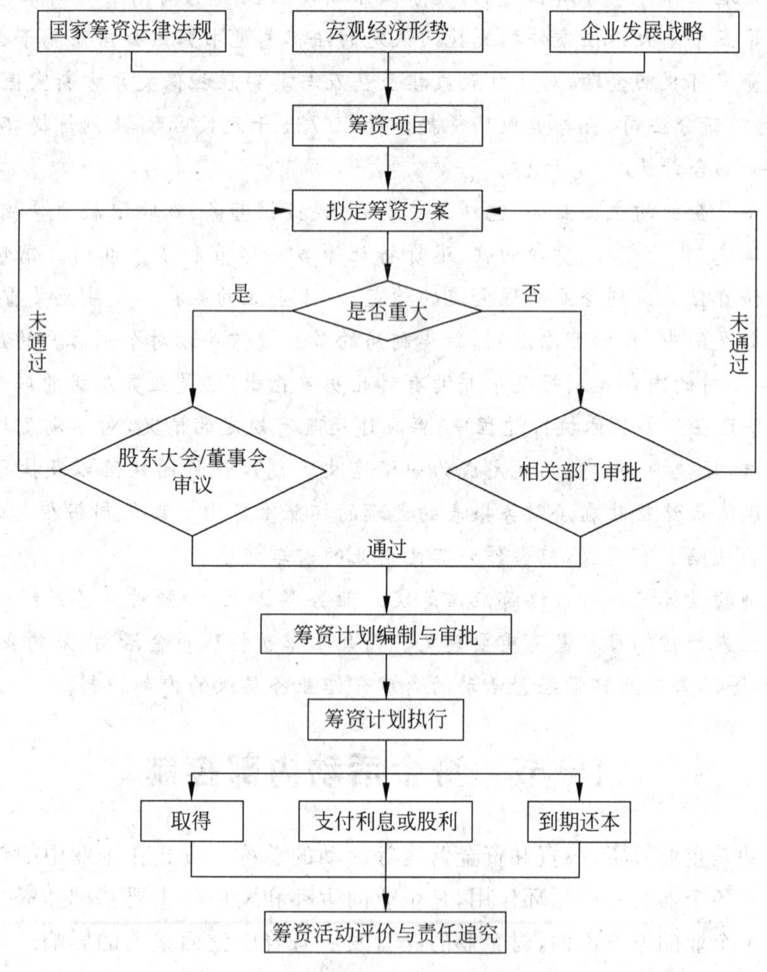

图 7-1 筹资活动业务流程

（1）提出筹资方案。一般由财务部门根据经营和发展战略的资金需要，确定融资战略目标和规划，结合年度经营计划和预算安排，提出筹资方案，明确筹资用途、规模、结构和方式等相关内容；提出筹资方案的同时还应与其他生产经营相关业务部门沟通协调，保证资金筹集和使用相互协调一致，避免二者发生脱节。

(2) 筹资方案论证。企业应组织相关专家对筹资方案进行可行性论证，包括对筹资方案的战略性评估、经济性评估以及风险性评估。评价筹资方案是否符合企业整体发展战略；企业筹资规模是否适当；筹资方案是否以最低的筹资成本获得了所需的资金；以及筹资方案面临包括利率、汇率、货币政策、宏观经济走势等不确定性因素带来的风险的评估。

(3) 筹资方案审批。通过可行性论证的筹资方案，应按照分级授权审批的原则进行审批。重大筹资方案，应当实行集体决策审批或者联签制度。筹资方案需经有关管理部门批准的，应当履行相应的报批程序。

(4) 筹资计划编制与执行。企业应根据审核批准的筹资方案，编制较为详细的筹资计划，经过财务部门批准后，根据不同的筹资方式，严格按照相关程序筹集资金。

(5) 筹资活动的监督、评价与责任追究。企业应严格按照筹资方案确定的用途使用资金，确保款项的收支、股息和利息的支付、股票和债券的保管等符合有关规定。筹资活动完成后要按规定进行筹资后评价，对存在违规现象的，严格追究相关责任人责任。

(二) 筹资活动关键风险点分析

企业在相应的内部控制活动中应注意识别关键风险点，设计相关内部控制制度，有效地进行风险控制。筹资活动的主要风险包括：

(1) 缺乏完整的筹资战略规划。企业未能对筹资活动做出完整的战略规划，缺乏对目标资本结构的清晰认识，很容易导致盲目筹资，使得企业资本结构、资金来源结构、利率结构等处于频繁变动中，给企业的生产经营带来巨大的财务风险。

(2) 缺乏对企业资金现状的全面认识。企业未能全面深入地了解资金现状，导致无法正确评估资金的实际需要以及期限等，很容易造成筹资过度或者筹资不足，降低了资金的利用效率，加大了企业财务风险。

(3) 缺乏完善的授权审批制度。企业未能建立完整的授权审批流程，对筹资方案进行严格把关，可能导致未能发现筹资方案潜在风险，给企业经营埋下隐患。对重大的筹资方案未能实行集体审批，导致决策错误或发生舞弊行为，给企业造成损失。

(4) 无法保证支付筹资成本。企业未能合理安排资金，无法按期足额支付债权人利息，对股权投资者报酬过低，将会导致债权人收回借款或不再续借，股权投资者抛售股票等，给企业的经营带来不利影响。

(5) 缺乏严密的跟踪管理制度。企业未能对筹资活动进行持续的监督管理，可能会使企业资金管理失控，因资金被挪用而导致财务损失，也可能因此导致利息没有及时支付而被银行罚息，这些都会使得企业面临不必要的财务风险。

(三) 筹资活动基本控制措施设计

上述各种筹资风险，可以按照筹资活动流程进一步进行系统分析，以便针对各个筹资环节实施具体控制措施。表 7-1 列示了针对筹资活动业务流程中的关键风险控制点实施的基本控制措施。

表 7-1 筹资内部控制的关键控制点、控制目标与控制措施

关键控制点	控制目标	控制措施
提出筹资方案	进行筹资方案可行性论证	1. 进行筹资方案的战略性评估,包括是否与企业发展战略相符合,筹资规模是否适当; 2. 进行筹资方案的经济性评估,如筹资成本是否最低,资本结构是否恰当,筹资成本与资金收益是否匹配; 3. 进行筹资方案的风险性评估,如筹资方案面临哪些风险,风险大小是否适当、可控,是否与收益匹配。
筹资方案审批	选择批准最优筹资方案	1. 根据分级授权审批制度,按照规定程序严格审批经过可行性论证的筹资方案; 2. 审批中应实行集体审议或联签制度,保证决策的科学性。
制订筹资计划	制订切实可行的具体筹资计划,科学规划筹资活动,保证低成本、高效率筹资	1. 根据筹资方案,结合当时经济金融形势,分析不同筹资方式的资金成本,正确选择筹资方式和不同方式的筹资数量,财务部门或资金管理部门制定具体筹资计划; 2. 根据授权审批制度报有关部门批准。
实施筹资	保证筹资活动正确、合法、有效进行	1. 根据筹资计划进行筹资; 2. 签订筹资协议,明确权利义务; 3. 按照岗位分离与授权审批制度,各环节和各责任人正确履行审批监督责任,实施严密的筹资程序控制和岗位分离控制; 4. 做好严密的筹资记录,发挥会计控制的作用。
筹资活动评价与责任追究	保证筹集资金的正确有效使用,维护筹资信用	1. 促成各部门严格按照确定的用途使用资金; 2. 监督检查,督促各环节严密保管未发行的股票、债券; 3. 监督检查,督促正确计提、支付利息; 4. 加强债务偿还和股利支付环节的监督管理; 5. 评价筹资活动过程,追究违规人员责任。

案例 7-1 "光伏巨人"——无锡尚德太阳能破产重组[①]

2013 年 3 月 20 日,昔日的"光伏巨人"——无锡尚德太阳能电力发展股份有限公司(简称尚德)被依法裁定破产重组。资金链断裂是导致其破产的最主要原因,这和其不合理的筹资活动具有直接关系。

无锡尚德成立于 2001 年 1 月,主要从事晶体硅太阳能电池、组件、光伏应用产品的研

① 王玉红,郎文颖.以管窥豹——由资金链断裂看尚德破产重组[J].财务与会计,2013(7).

究。经过多年超常规、跨越式的发展，尚德的产品技术和质量水平均达到国际光伏行业的先进水平。2005年至2007年，其销售额从2亿美元增加到13.48亿美元，利润从3 000多万美元增加到1.7亿美元，2011年总收入更是增长到31.46亿美元，然而不容忽视的是当年的净亏损也达到10.06亿美元，尚德的财务状况变得岌岌可危。2012年9月，无锡市成立了拯救尚德的领导小组和工作服务小组，最终尚德获得2亿元人民币的银行贷款，暂时规避了破产风险。截至2013年2月底，包括工商银行、农业银行、中国银行等在内的9家债权银行对尚德的本外币授信余额折合人民币已达到71亿元。2013年3月，尚德电力(尚德100%控股公司)发布公告称于15日到期的可转债仍有5.41亿美元的未支付金额，已经违约并被要求尽快付款；20日无锡市中级人民法院依据《中华人民共和国破产法》的相关规定做出裁定并发布公告，因尚德无法归还到期债务，依法裁定破产重组。

从表7-2中可以看出，从2011年第一季度开始，尚德的负债水平均保持在接近36亿美元的高位，而同期的资产总额则徘徊在40亿～50亿美元之间。表明其偿债能力水平的资产负债率指标一直呈递增趋势，在2012年一季度更是达到81.66%的水平，说明尚德的债务偿付能力相当弱。流动比率指标则呈下降趋势，且均小于1，表明尚德的流动资产用来偿还到期债务都不够，更不用说用于正常生产经营。可以说尚德面临的到期债务偿还压力已超过其能承担的水平，资金链断裂不可避免。

表7-2　尚德公司相关数据

项目	2012年1季度	2011年4季度	2011年3季度	2011年2季度	2011年1季度
负债总额/百万美元	3 575.4	3 584.9	3 810.4	3 773.5	3 581.34
资产负债率/%	81.66	78.80	70.2	69.42	65.34
流动比率	0.64	0.81	0.88	0.92	0.99

断裂的现金流与多方面的原因相关，不合理的筹资难逃其咎。

首先，大量债务融资导致企业债务风险敞口过大。筹资决策来源于企业的投资目标，无锡尚德多年的超常规、跨越式的发展使得企业形成了一种冒进的投资风格，面对市场机会往往可行性论证不充分的情况下就盲目投资，不谨慎的筹资决策导致债台高筑。一旦投资发生偏差，到期负债的偿还缺乏营业现金流支撑将会导致债务违约。

其次，债务融资的期限结构不合理。表7-2显示2011年以来，尚德的流动比率一直小于1，这意味着尚德在用短期负债来支撑长期资产，债务违约的风险自然大。

筹资决策应当作为投资决策的牵制，而不应当作为投资决策的附庸，这样既可以提升投资效率，也可以保证企业债务总量与结构的合理性。正是因为盲目的筹资，尚德最终尝到了苦果。

知识链接

可转换债券是指其持有者可以在一定时期内按一定比例或价格将之转换成一定数量的另一种证券的证券。可转换债券是可转换公司债券的简称，又简称可转债。它是一种可以在特定时间、按特定条件转换为普通股票的特殊企业债券。可转换债券兼具债权和期权的特征。

发行可转换债券的风险包括发行风险、利率风险、转换风险、非上市发债公司股票上市风险。

二、投资活动内部控制

企业投资活动是筹资活动的延续，也是筹资的重要目的之一。投资活动作为企业的一种盈利活动，对于筹资成本补偿和企业利润创造具有举足轻重的意义。企业应该根据自身发展战略和规划，结合企业资金状况以及筹资可能性，拟定投资目标，制订投资计划，合理安排资金投放的数量、结构、方向与时机，慎选投资项目，突出主业，谨慎从事股票或衍生金融工具等高风险投资。

（一）投资活动业务流程描述

投资活动的业务流程一般包括投资方案的提出、论证与决策，投资计划的编制、审批及执行，以及投资项目的到期处理。如图 7-2 所示。

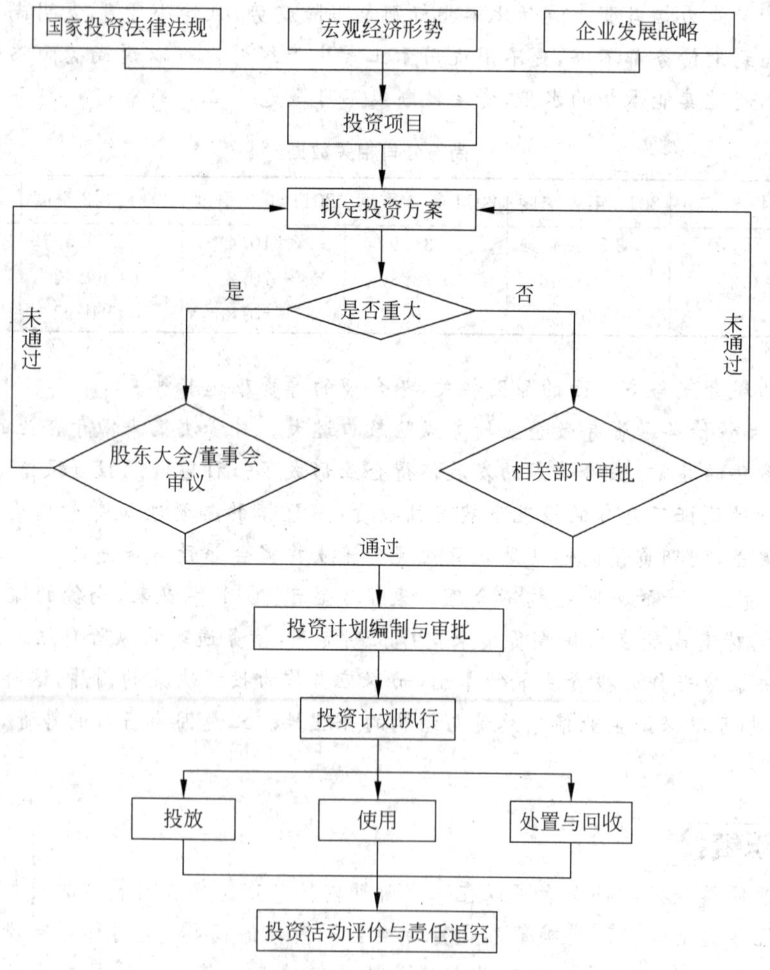

图 7-2 投资活动业务流程

(1) 拟定投资方案。应根据企业发展战略、宏观经济环境、市场状况等，提出本企业的投资项目规划。

(2) 投资方案可行性论证。包括对投资方案资金来源可靠性、投资收益稳定性、投资风险可控性等方面的论证。对重大投资项目，必须委托具有相应资质的专业机构对可行性研究报告进行独立评估。

(3)投资方案决策。按照规定的权限和程序对投资项目进行分级审批，对重大投资项目，应实行集体决策或联签制度。投资方案需要经过有关管理部门审批的，应当履行相应的报批程序。

(4) 投资计划编制与审批。根据审批通过的投资方案，编制详细的投资计划。与被投资方签订投资合同或协议，明确出资时间、金额、方式、双方权利义务和违约责任等内容，并按程序报经有关部门批准。

(5) 投资计划实施。企业应当指定专门机构或人员对投资项目进行跟踪管理，及时收集被投资方经审计的财务报告等相关资料，定期组织投资效益分析，关注被投资方的财务状况、经营成果、现金流量以及投资合同履行情况，发现异常情况，应当及时报告并妥善处理。

(6) 投资项目的到期处置。对已到期投资项目的处置同样要经过相关审批流程，按照规定的决策和审批程序处理投资的收回、转让、核销等，妥善处置并实现企业最大的经济收益。

（二）投资活动关键风险点分析

投资活动从投资方案的提出到审批及执行以及投资项目的到期处理，涉及环节多，项目周期长，面临的风险也高。具体来说投资活动的主要风险包括：

(1) 投资活动与企业战略不符。企业未能根据自身发展战略和规划，正确选择投资项目、合理确定投资规模、恰当权衡收益与风险，导致盲目投资，加大企业风险、损害企业利益，不利于企业战略的实现。

(2) 投资与筹资不匹配。企业筹集的资金在数量、期限、成本等方面与投资活动所需资金不能匹配，导致筹资不能满足投资需求，可能导致企业出现财务困难，影响企业的正常经营。

(3) 忽略资产结构与流动性。企业的投资活动会形成特定资产，并由此影响企业的资产结构与资产流动性。若企业忽视投资活动对资产结构与流动性的影响，可能会导致企业资产结构不合理，盈利能力下降，给企业造成损失。

(4) 缺乏严密的授权审批制度和不相容职务分离制度。企业未能建立或执行严格的授权审批制度和不相容职务分离制度，可能导致企业投资呈现出随意、无序、无效的状况，容易出现舞弊行为，导致投资失误和企业生产经营失败。

(5) 缺乏严密的投资资产保管与会计记录。企业未能建立严密的资产保管制度可能导致资产损失、投资失败；未能健全账簿体系，可能导致对投资资产管理失控，投资会计核算差错及舞弊行为。

（三）投资活动基本控制措施设计

上述各种投资风险，可以按照投资活动流程进一步进行系统分析，以便针对各个投资环节实施具体控制措施。表 7-3 列示了针对投资活动业务流程中的关键控制点实施的基本控制措施。

表 7-3　　投资业务的关键风险控制点、控制目标和控制措施

风险控制点	控制目标	控制措施
提出投资方案	进行投资方案可行性论证	1. 进行投资方案的战略性评估，包括是否与企业发展战略相符合； 2. 投资规模、方向和时机是否适当； 3. 对投资方案进行技术、市场、财务可行性研究，深入分析项目的技术可行性与先进性、市场容量与前景，以及项目预计现金流量、风险与报酬，比较或评价不同项目的可行性。
投资方案审批	选择批准最优投资方案	1. 明确审批人对投资业务的授权批准方式、权限、程序和责任，不得越权； 2. 审批中应实行集体决策审议或者联签制度； 3. 与有关被投资方签署投资协议。
编制投资计划	制订切实可行的具体投资计划，作为项目投资的控制依据	1. 核查企业当前资金额及正常生产经营预算对资金的需求量，积极筹措投资项目所需资金； 2. 制订详细的投资计划，并根据授权审批制度报有关部门审批。
实施投资方案	保证投资活动按计划合法、有序、有效进行	1. 根据投资计划进度，严格分期、按进度适时投放资金，严格控制资金流量和时间； 2. 以投资计划为依据，按照职务分离制度和授权审批制度，各环节和各责任人正确履行审批监督责任，对项目实施过程进行监督和控制，防止各种舞弊行为，保证项目建设的质量和进度要求； 3. 做好严密的会计记录，发挥会计控制的作用； 4. 做好跟踪分析工作，及时评价投资的进展，将分析和评价的结果反馈给决策层，以便及时调整投资策略或制定投资退出策略。
投资资产处置控制	保证投资资产的处理符合企业的利益	1. 投资资产的处置应该通过专业中介机构，选择相应的资产评估方法，客观评估投资价值，同时确定处置策略； 2. 投资资产的处置必须经过董事会的授权批准。

案例 7-2　　中国远洋“巨亏门”①

中国远洋控股股份有限公司于 2005 年 3 月 3 日成立，是中国远洋运输（集团）总公司的资本平台。所处海上运输业，通过下属各子公司为国际和国内客户提供涵盖整个航

① 资料来源：叶菁. 中国远洋巨额亏损的原因分析[J]. 商品与质量，2012 (10).

运价值链的集装箱航运、干散货航运、物流、码头及集装箱租赁服务。作为大型国有跨国企业，中国远洋拥有和控制各类现代化商船近 800 艘，5 600 多万载重吨，年货运量超 4 亿吨，远洋航线覆盖全球 160 多个国家和地区的 1 500 多个港口，船队规模稳居中国第一、世界第二。

2011 年中国远洋净亏损达到 104.48 亿元，成为名副其实的 2011 年度"A 股亏损王"。中国远洋发布的财务报告显示：2011 年，中国远洋实现营业收入 689 亿元，同比下降 14.5%；实现归属于母公司所有者的净利润为－104.5 亿元，同比下降 254.4%；基本每股收益为 1.02 元，每股经营活动产生的现金流净额为－0.49 元。在中国股市疯狂的 2007 年，中国远洋的股票最高价曾达到 67.84 元，市值约为 6 800 亿元，而如今中国远洋的股价已经跌落到 5 元下方，市值也只有 500 多亿元。

尽管中远高层将中远的巨额亏损归因于航运业的低迷，但从中远粗放的投资方式来看，其决策失误亦难辞其咎。

近年来，航运业产能过剩的格局初定，而中国远洋则在前两年处于盲目扩张的状态。比如在 2008 年 4 月，金融危机初现之时，中国远洋还宣布将订造 25 艘新船，为集团增加 10.68 万标准箱运力和 211.3 万载重吨运力，总共耗资将近 22.961 亿美元，而现在造船价格跌到了近三年的低点。截至 2011 年 12 月 31 日，中国远洋购买船舶的资本承诺为 161.9 亿元人民币，其中 122.2 亿元人民币用于集装箱船，39.7 亿元人民币用于干散货船。2011 年中国远洋全年新交付使用的集装箱船舶为 6 艘，合计 69 458 标准箱。而目前公司还持有 32 艘船舶订单，合计 24 万标准箱。2012 年将有 14 艘交付，合计 9 万标准箱。尽管远洋已试图控制运力，但由于以前年度的盲目扩张，控制运力的努力短期内难以见效。

从百亿盈利到百亿巨亏的"A 股亏损王"，中国远洋只用了两年时间。中国远洋的业绩之所以总是在大盈利与大亏损之间摆动，与中国远洋过于激进的扩张战略有关，这也反映出中国远洋在投资活动内部控制上的缺陷。

课堂讨论

中国远洋"巨亏门"事件的风险点有哪些？该如何设计中国远洋在投资活动上的内部控制？

三、营运活动内部控制

企业资金营运，是一个货币资金、采购资金、生产资金和销售资金等不同形态的资金循环周转的过程，同时也是企业在资金营运过程中保持生产经营各环节资金顺畅流转的动态平衡过程。在这个过程中，要求不同形态的资金在时间上继起，在空间上并存，保持恰当的配置比例，实现生产经营过程的顺利进行。企业投资活动决定了企业要"做什么"，为企业生产经营决定了方向和目标；而企业资金营运活动则决定了再投资形成项目或资产后，企业将"怎么做"，即如何在投资形成项目或资产以后，通过合理组织和使用资金，保证投资项目或资产的正常运转，实现预期目标。因此，资金营运活动是投资目标能否实现的保证，是投资活动的自然延续。

（一）营运活动业务流程描述

企业资金营运活动是一种价值运动。企业资金营运过程，从资金流入企业形成货币资金开始，到通过销售收回货币资金、成本补偿确定利润、部分资金流出企业为止，形成资金营运的一个完整循环。企业资金运营表现为一个循环结束，下一个新的循环重又开始。企业资金的不断循环，构成企业的资金周转。资金在运转的过程中形成了不同的资金形态和阶段，具体包括：货币资金、储备资金、生产资金三种形态和货币资金、储备资金、生产资金、新的储备资金、新的货币资金五个阶段。对于制造业企业，通过筹资取得资金以后，进入企业的资金首先一般表现为货币资金形态，随后通过采购原料、辅助材料、备品备件等形成企业的储备资金，原材料等储备资金投入生产过程，形成企业的生产资金，生产阶段结束，产品完工入库，就形成以产成品存货为代表的、可供销售的新的储备资金，最后通过销售、收回货款，重新回到货币资金的形态。企业资金营运业务流程如图 7-3 所示。

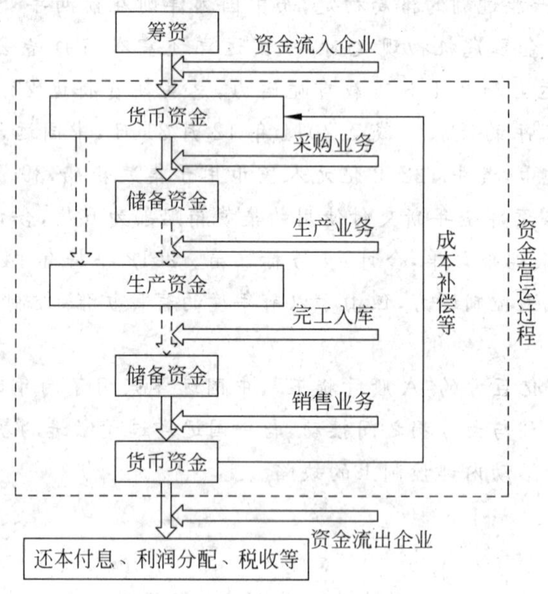

图 7-3 企业资金营运业务流程

（二）营运活动关键风险点分析

资金营运是企业日常生产经营中各类资金的组织和调度。资金营运活动中的主要风险包括：

1. 货币资金环节关键风险点

（1）资金持有量风险。货币资金收益性差和流动性强的特点，带来了资金管理过程中的一对矛盾：如果现金持有量过多，导致资金冗余、盈利能力降低；但是如果资金持有量不足，又会出现支付困难。储备资金同样具有持有量风险，储备资金过多，将导致资金积压，增加资金成本，影响盈利水平；储备资金不足，会导致生产经营所需存货无法及时补充，致使企业生产经营中断，造成经营损失。

（2）资金管控不严风险。货币资金是最容易出现贪污、舞弊等错漏的资产，缺乏严格的管控措施可能会导致资金被挪用、侵占、抽逃或遭受欺诈。现金收支业务中的主要风险是贪污和挪用现金，常见手法有多列少列金额，涂改、撕毁、盗用票据或凭证，虚构业务等。银行存款业务中可能存在的风险包括将公款转入自己的银行账户、通过外单位的银行账户套取现金、私自签发现金支票提取现金、存款利息不入账等。

案例 7-3 “赌球”背后的漏洞[①]

2012 年 11 月 30 日，《京华时报》报道：高通公司出纳丁然由于痴迷网络赌球，一年时间内利用职务便利多次套取公司的资金超过 1 100 万元用于赌球，结果输得血本无归。该出纳套用公款赌球的犯罪从 2010 年 7 月开始，直到 2011 年 12 月公司被告知缴纳税款所需银行账户存款不足才暴露出来，“潜伏”时间长达一年半。出纳“赌球”背后藏着巨大的资金管控漏洞，这个漏洞让高通公司付出 1 100 万元的沉重代价。

高通公司出纳痴迷网络赌球，难以控制赌博的欲望，构成了个人道德方面失控的倾向；赌球次数频繁，输光了全部积蓄，打起公款的主意，这构成了舞弊者的经济压力。个人的道德与经济上的双重压力，刺激着丁然为其自身利益走向舞弊犯罪的深渊。丁然具备了舞弊的动机，是什么给他舞弊造就了机会？首先，丁然一人负责在中国银行的收支业务，去银行办理业务时，私自购买了一本转账支票。其次，公司货币资金的内部控制措施完全失效，正是高通公司财务漏洞给了丁然一个“天赐良机”。高通公司货币资金的内部控制完全失效主要表现在出纳可以虚构采购设备、物品等支出项目将转账支票开出，没有对转账支票的日常使用进行严格管控，银企对账管理失控，丁然伪造银行业务章与工作人名章来虚假对账，致使公司无法发现银行资金的异常情况，公司虽发现了丁然所掌管的账目的一些问题但未加警觉与深究，财务账务核算管理混乱。最后，高通公司对货币资金的内部控制失效，无法及时发现出纳舞弊行为，也未对账目异常进行追查，“默许”了丁然舞弊的发生。

高通公司在资金的内部控制上表现出明显的缺陷：企业资金活动控制不严，给了舞弊者可乘之机，导致资金被挪用、侵占、抽逃或遭受欺诈；不相容职务未分离，出纳一人负责中国银行的收支业务，虚构本应由采购部门实施的采购付款业务，银企对账也由出纳经手，这些均有违内部控制措施中的“不相容职务分离原则”。

知识链接

根据我国内部审计准则规定，建立、健全并有效实施控制，预防、发现及纠正舞弊行为的主要责任在组织管理层。企业应当建立反舞弊机制，坚持惩防并举、重在预防的原则，尤其应将“未经授权或采取其他不法方式侵占、挪用企业资产，牟取不当利益”作为反舞弊的重中之重。

---

① 资料来源：丘永年.“赌球”背后的漏洞——浅谈企业货币资金的内部控制设计[J].福耀人，2013(3).

2. 储备资金环节关键风险点

(1) 储备资金数量不合理,或者储备资金过多,资金浪费积压,影响资金使用效率或者储备资金不足,导致生产经营难以为继,出现生产或经营中断或脱节。

(2) 储备资金日常收入、发出、结存管理控制不严,导致毁损、遗失、偷盗等舞弊发生,造成储备资金损失。

3. 生产资金环节的主要风险点

(1) 没有严格的生产预算或生产计划,无序、盲目生产。

(2) 材料领用、发料没有严密的制度控制,导致偷盗、毁损、浪费等现象发生。

(3) 未建立目标成本管理制度,未确定料、工、费消耗定额,材料、人工、固定资产使用效率不高,成本控制不严密。

(4) 未建立车间、班组生产台账、生产进度表,车间、产品工序之间无严格交换手续,管理松散。

(5) 未建立严格质量检验制度,未实行生产责任制,产品质量责任不明确,生产效率低下。

(6) 未建立完善的成本核算和会计账簿体系,成本核算不准,成本分析考核不及时,不准确。

(三) 营运活动基本控制措施设计

针对上述资金营运活动中的货币资金、储备资金、生产资金的主要风险,可以根据不同的货币资金形态实施具体控制措施。表 7-4 列示了针对资金营运活动业务流程中的关键风险控制点实施的基本控制措施。

表 7-4　　资金营运活动的关键风险控制点、控制目标和控制措施

关键控制点	控制目标	控制措施
货币资金环节	合理确定货币资金持有量; 防止舞弊,保证货币资金安全完整	1. 编制现金预算,对货币资金需要量、收付时间和金额、支付标准等进行严密控制; 2. 使用最佳现金持有量模型进行最佳现金持有量决策; 3. 加强货币资金日常管理; 4. 建立货币资金收支两条线制度,集团公司还应同时建立货币资金集中管理制度,严格对货币资金的管控; 5. 建立严格的货币资金收支授权审批制度和职务分离制度,防止发生错弊的风险。
储备资金环节	合理确定储备资金占用数量; 保证储备资金安全完整	1. 编制各种储备资金预算,对储备资金占用进行严格控制; 2. 采用经济订货量模型进行储备资金采购决策; 3. 采用 ABC 法、ERP 系统、JIT 制度等进行存货控制; 4. 建立严密的存货收发保管制度,防范存货收发存储环节的错弊,保证存货安全完整。

续表

关键控制点	控制目标	控制措施
生产资金环节	合理组织生产，有效控制成本	1. 编制生产预算，有计划组织生产； 2. 按生产通知单领料，严格履行领料手续； 3. 制定产品目标成本和消耗定额，严格控制成本发生； 4. 建立生产台账，编制生产进度表，对产品生产和交接进行严格控制； 5. 建立质量检验制度和责任成本制度，开展成本差异分析，落实责任制，促进产品质量和生产效率提高； 6. 建立完善的成本核算制度和会计账簿体系，准确核实产品成本。

第二节　采购业务内部控制

企业采购是指购买物资(或接受劳务)及支付款项等相关活动。一项采购业务通常要经过编制需求计划和采购计划、请购、选择供应商、确定采购价格、订立框架协议或采购合同、管理供应过程、验收、退货、付款、会计控制等环节，需要供应、仓储及财务等多个部门共同协作完成。采购环节作为企业生产经营的起点，既是企业"实物流"的重要组成部分，又与"资金流"密切相关。因此，建立健全采购业务内部控制以规范采购过程中涉及的各种行为，防范采购过程中可能出现的差错和舞弊，合理降低采购成本、提高采购工作效率，对于企业的生存和可持续发展具有重要的意义。

一、采购业务流程描述

(一) 请购与审批

为了实现合理、高效地组织采购活动，降低采购物资的成本，保证企业资源分配的科学性，采购业务通常从编制采购预算开始。采购预算是企业未来一定时期内经营决策目标的具体化、数量化。生产部门根据年度内的目标任务提出需采购物资的数量、品种、质量，然后编制需求预算，采购部门根据该需求预算归类汇总，平衡现有库存物资后，统筹安排采购预算，并按规定的权限和程序审批后执行。零星小商品的采购一般作为预算外管理，常由仓储部门根据库存和平均每天耗用情况，估算出物资的实际需求数量，直接编制采购申请报告。

请购是指企业生产经营部门根据采购预算和实际需要，编制申请报告，提出的采购申请。采购申请报告经部门负责人签字，然后报告给相关有权审批的领导审核、批准后实施采购。

(二) 购买与验收

购买过程具体又包括供应商的选择、采购方式和采购价格的确定、采购合同的订立以及供应过程的管理等环节。采购部门首先根据经审批的请购单，搜集主要供应商的资料，在综合比较和考评之后初步确定合格的供应商清单；然后根据市场情况和请购要求选择合理的采购方式，根据市场行情及企业采购物资的定价机制确定采购价格，力求以最优性价比采购到符合需求的物资；最后采购人员与供应商订立采购合同或协议。订立的采购合同或协议应当符合《中华人民共和国合同法》的相关规定，对所购物品的名称、品种、规格、数量、价格、交货期、交货地点、运输方式、结算方式、验收方式、质量要求、验收标准和违约责任等内容做出清楚明确的规定。采购部门在签订合同或协议后，应编制采购订单，并经相关审批人员审批、确认后，转达给供应商。

验收是指企业对采购物资和劳务的检验接收，以确保其符合合同相关规定或产品质量要求。验收工作需要企业质检人员和仓储保管人员同时参与。企业质检部门应参照合同条款或样本对所购物资进行质量检验，仓储人员应检查物资的规格、型号、数量是否与订购单相符。验收合格后，由仓储保管人员与供应商在入库单上签字确认，并记录仓库存货日记账簿。对于不合格物资，采购部门依据检验结果办理让步接收、退货、索赔等事宜。

（三）付款与记录

付款是指企业在对采购预算、合同、相关单据凭证、审批程序等内容审核无误后，按照采购合同规定及时向供应商办理支付款项的过程。对供货单位传来的发票，由会计部门审核相关付款依据或凭证，审核无误后，办理结算付款手续。企业可根据资金状况和供应商要求选择预付款、货到付款、验货后付款等多种付款形式。付款人员应根据合同的规定填制付款单，经审批后支付相关款项。

这里的记录是指在财务部门对采购业务所做的会计记录。财务部门在取得采购业务的原始凭证后，审核其真实性、合法性，按照相关的准则和法规，编制记账凭证和登记账簿，并定期与仓储部门的存货日记账以及供应商的对账单进行核对。

采购业务基本流程如图 7-4 所示。

二、采购业务关键风险点分析

（一）采购关键风险点分析

1. 采购预算风险

企业采购预算作为企业预算的一部分，在规划和执行采购预算的过程中，存在诸多不确定因素和风险影响到企业经营预算的实现。其中主要有以下几个方面。

(1) 采购预算编制缺乏合理依据。由于对物资的需求量预测建立在对未来产销量的预期之上，企业未能合理预测产销量，可能导致出现存货积压或不足。

(2) 采购预算编制缺少前瞻性。企业未能关注生命周期、消费者需求变化、科学技术进步、生产工艺的改进以及新产品的开发更新等影响因素，导致对特定物资的计划采购数量的预测不准确，盲目采购原料，引起原料积压、变质。

(3) 采购预算未及时修正。企业未能根据经营环境的重大变化及时调整预算，严重影响到采购预算的正确实施和考核。

(4) 采购预算与生产不协调。企业在编制预算过程中，未能充分考虑其与生产计划的协调，导致企业所购材料与生产批次、生产数量、产品品级、产品规格不相适应，引起生

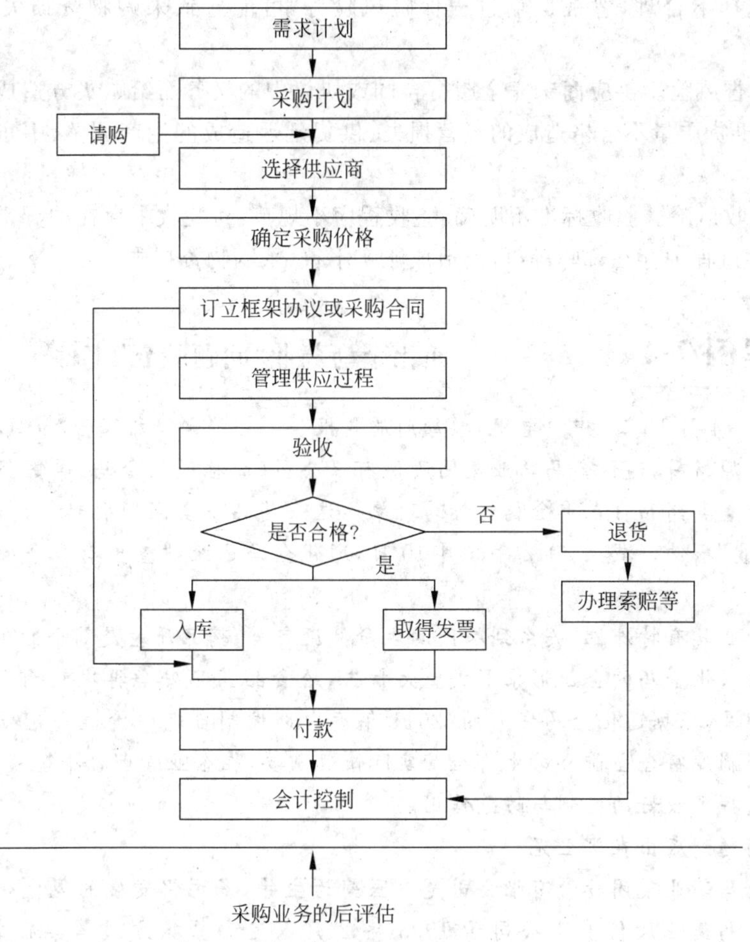

图 7-4　采购业务基本流程

产延误或材料积压。

(5) 采购预算未有效执行。领导对预算不够重视,缺乏配套的预算管理制度,预算本身不合理等都可能导致预算不被认真执行。

2. 采购执行风险

需求部门提出请购申请并通过审批后,由采购部门执行,该过程的主要风险包括:

(1) 供应商选择不当。企业缺乏对供应商的评估准入制度或未能及时更新供应商信息,可能导致采购物资质次价高,甚至出现舞弊行为。

(2) 采购价格不合理。企业采购定价机制不科学,采购定价方式选择不当,缺乏对重要物资品种价格的跟踪监控,可能引起采购价格不合理,造成企业资金损失。

(3) 采购合同不规范。未经授权对外订立采购合同,合同对方主体资格、履约能力等未达要求,合同内容存在重大疏漏和欺诈等,可能导致企业合法权益受到侵害。

3. 合同履行与采购验收风险

该过程主要风险包括:

(1) 缺乏对供应过程的管理。企业未能对采购合同履行情况进行持续有效的跟踪,运输方式选择不合理，忽视运输过程保险风险等，可能导致采购物资损失或无法保证供应。

（2）信誉风险。供应商未完全履行合同或协议中的义务而给购买方造成经济损失的风险，包括供货质量不合格造成的经营损失、供货延迟造成的生产调整、中止供货造成的停产等。

（3）验收风险。验收标准不明确、验收程序不规范、对验收中存在的异常情况不作处理以及验收过程中存在舞弊等，可能造成账实不符、采购物资损失。

案例 7-4　通化金马药业"问题胶囊"事件[①]

2012年4月15日，中央电视台《每周质量报告——胶囊里的秘密》节目披露，由于采用了违规的原材料，通化金马药业集团股份有限公司（简称通化金马）等医药企业生产的某些批次胶囊类药品存在重金属超标的现象。这一药品安全问题引起了广泛关注，被称为"问题胶囊"事件。截至2012年5月10日，通化金马已经被查出有6个批次的胶囊类药品铬超标。

医药行业具有特殊性，关系到人民的生命健康安全，药品质量是药企的生命。此次事件的爆发对通化金马的企业形象形成重大打击，给食品药品安全再次敲响了警钟。颇具讽刺意味的是，根据通化金马发布的《2011年度内部控制自我评价报告》显示，公司现有的内部控制制度符合当前公司生产经营实际情况需要，在企业管理各个过程、各个关键环节等方面发挥了较好的控制与防范作用。

那么问题到底出在哪里呢？

通化金马药业集团股份有限公司是以医药为主导，多元化发展的现代企业集团。其前身通化金马药业股份有限公司于1993年2月以定向募集方式筹集股本成立，并于1997年公开发行4 000万元人民币普通股，在深圳股票交易所上市。目前，该公司总股本为44 902万元。通化金马拥有三家全资子公司，分别为通化神源药业有限公司、吉林省金马医药有限公司和福建金马医药有限公司。

通化金马公司所涉业务较为广泛，包括以中药和生物化学药品为主的20余种高科技新药、70余种市场畅销的非处方药品以及20余种生物保健品。大量的产品决定通化金马在原材料采购的过程中渠道较为多样化，在生产过程中也需要对繁多的生产线进行控制。特别是其生产的生物保健品，需要深海鱼油、大蒜油、卵磷脂等多种原材料。

繁多的产品与原材料决定了通化金马原材料采购、生产具有较高的风险，而与之相关的内部控制也存在着缺陷。

企业的内部控制与风险管理包含内部环境、目标设定、事项识别、风险评估、风险应对、控制活动、信息和沟通、监督八个方面的要素。这些要素贯穿于企业各项活动之中，只有高效地协同这些要素，才能保证企业内部控制的完整有效。但通化金马公司内部控制

① 张洪秋.医药企业采购与生产内部控制探索——基于通化金马公司"问题胶囊"事件的分析[J].行政事业资产与财务，2013(2).

制度的设定并不完善，特别是在采购和生产环节存在缺陷，也直接导致了"问题胶囊"事件的出现。

(1) 通化金马在原材料采购环节供应商选择不当。根据其发布的公告，由于原胶囊供应商产量不足，为保证正常生产，通化金马公司临时购入100万粒"问题胶囊"。通化金马缺乏完善的供应商管理办法，在选择供应商时并未对其生产资质、产品质量进行分析，导致采购到的原材料不符合规定。同时，采购渠道单一，没有设定备用供应商。这导致在常规供应渠道出现问题时影响企业正常生产。

(2) 通化金马对原材料和产品检验缺失。原材料的验收环节是安全生产的第一道保障，医药企业对其购进的原材料需要进行严格的检验，保证购进原材料在数量、质量上符合供货合同的规定。如果出现问题需要责令供货商更换该批次原材料，并且可以追究法律责任。通化金马对胶囊的检测存在缺陷，没有购进重金属检测设备，显然无法保证胶囊质量。在产品供应市场前，同样需要对其进行检验，使其符合市场要求。通化金马在这一环节的检验同样存在不足，致使"问题胶囊"流入市场。

(3) 通化金马的内部控制缺乏连贯性。该企业进行内部控制的动力主要来自上级主管部门的监督，以及对上市公司的硬性规定，本身并没有充分意识到内部控制的重要性。这导致其内部控制投入不足，只是突击性的应对，并没有贯穿于企业生产经营的整个过程中。这会导致控制活动被割裂等严重问题。

通化金马在采购环节有违反既有规定的情况，临时从不符合条件的供应商处采购原材料，并且这一环节的审批控制也存在缺陷。在验收环节，企业缺乏必要的检验措施，导致问题胶囊进入企业，最终进入生产环节流向市场，产生了恶劣影响。从这个事件中，我们应当意识到采购环节的内部控制的重要性，企业在设计内部控制时，需要从业务流程出发，充分识别业务流程的风险，确定关键控制点，充分考虑例外事项的处理方法并且注重控制的连贯性，使控制活动贯穿业务流程的始终。

（二）付款关键风险点分析

(1) 付款审核不严。缺乏完善的付款流程，未明确付款审核人的责任和权力，没有严格审核采购预算、合同、相关单据凭证、审批程序等相关内容，可能导致企业资金损失。

(2) 付款方式不当。未根据国家有关支付结算的相关规定和企业生产经营的实际，合理选择付款方式，可能导致款项被业务员欺诈、冒领，或给企业带来法律风险，影响资金安全。

(3) 付款不及时。企业没有足够的资金用于支付货款，出现长期拖欠货款，影响企业的信誉；超过折扣期或到期仍未付款，由此带来支付风险。

(4) 预付款管理不当。对涉及大额或长期的预付款项，未定期核查期限、不可收回风险等情况，不能及时发现问题，可能造成款项不能回收。

(5) 价格波动风险。一个国家、一个地区的经济、社会、政治、环境、金融政策的变化会深刻、广泛地影响到世界其他各国商品价格的变化。这些影响商品价格的因素相互交杂在一起，日趋复杂，引起市场上的商品经常出现重大波动。如果企业对采购价格风险管理不当，将引起采购成本上升，企业利润下滑。

三、采购业务基本控制措施设计

（一）总体要求

为了建立好采购业务的控制体系，应建立起一个总体的内部控制体系，以便于全面、完整地对采购活动进行控制。

1. 职责分离

采购业务中的不相容职务主要有：申购（决定采购数量）、采购（询价、查询供应商）、验收（检验入库商品的质量、数量）、付款、记账业务等，不相容职务相分离有助于员工之间相互制约、相互牵制。

2. 明确工作任务

在上下级对企业协商一致的基础上，将任务（既包括员工的工作范围，也包括与其他员工的协作关系）进行层层分解，下达给每一员工。并定期检查各个部门、每一员工的工作进度，对工作进度差异进行分析和评价，控制不利差异的发生。

3. 建立企业规章制度

全面梳理采购业务流程，完善采购业务相关管理制度，统筹安排采购计划，明确请购、审批、购买、验收、付款、采购后评估等各环节的职责和审批权限，规定业务操作规程和处理手续，明确纪律规则和检查标准，达到职、责、权、利相统一。

4. 采购人员基本素质和职业道德的培训

建立适当的培训和考核机制，加强对员工职业技能的培训，使采购人员具备一定的专业素质，包括掌握与客户进行谈判的技巧，熟悉合同法规、商品特性、市场价格行情以及交易规则等。

5. 奖罚制度

定期对采购人员进行考评，检查工作任务完成情况，以及完成工作的质量，并将考评结果中的员工缺点反馈给员工，以便员工纠正；建立奖惩机制，根据对员工的评价结果作出对员工的奖惩，奖惩办法应参照企业的奖惩规则，做到有奖有罚、奖罚分明，进一步强化员工的工作积极性和工作责任心。

（二）具体措施

在识别企业采购业务流程中的主要风险的基础上，企业应针对关键风险点采取控制措施。

1. 采购预算

该环节的基本控制措施包括：

（1）生产、经营、项目建设等部门，应当根据实际需求准确、及时编制需求计划，以为采购预算的编制提供合理依据。

（2）采购预算应当具有一定的灵活性，当经营环境发生重大变化时，应及时调整采购预算。

（3）采购计划是企业年度生产经营计划的一部分，在制定年度生产经营计划过程中，企业应当根据发展目标实际需要，结合库存和在途情况，科学安排采购计划，防止采购过高或过低。

(4) 采购预算经相关负责人审批后，作为企业刚性指令严格执行。

2. 采购申请

该环节的基本控制措施包括：

(1) 建立采购申请制度。企业应根据所购物资的具体类型，确定具体的归属申购部门，明确该部门的申购权限、责任和申购程序。企业也可根据实际需要设置专门的请购部门，对需求部门提出的采购需求进行审核，并进行归类汇总，统筹安排企业的采购计划。

(2) 对于预算内的采购项目，申购部门应当严格按照预算表中的预算进度执行请购，并根据市场变化提出合理采购申请。对于超预算和预算外采购项目，应先调整相关预算，并经具备审批权限的部门或人员审批后，再办理申购手续。

(3) 申购人员填制的采购申请单应由具有审批权限人员进行审核。审批人员应当审查：请购单的内容是否填制正确、完整，申购项目是否遵照采购预算执行。对不符要求的采购申请，应返还给请购部门做出修正或拒绝批准。

3. 供应商的选择

该环节的基本控制措施包括：

(1) 建立供应商准入制度

为企业供应大宗物质的供应商必须经过企业相关部门认真考核合格后，才能编入企业的合格供应商清单中。新增供应商的市场准入以及调整照规定程序审核批准后，才能修改、调整合格供应商清单。

(2) 建立供应商信息系统

企业应对供应商建立正式档案，详细记录供应商的经营地址、营业执照、经营状况、联系方式、提供物资或劳务的质量与价格、交货及时性、供货条件等信息，并及时更新。

(3) 供应商的考评与淘汰

企业应对供应商的主体资格、信用状况、产品价格、履约能力等定期进行考评。企业可建立供应商的综合评价体系，规定考评内容、考评方法、考评部门以及考评程序等。根据考核评价结果，提出供应商淘汰和更换名单，经审批后对供应商进行合理选择和调整，并在供应商管理系统中做出相应记录。

案例 7-5　严格选择供应商，狠把商品质量关[①]

沃尔玛在全球有 5 160 家商场，在中国 20 多个城市开设了 342 家商场，因此，没有哪家供应商能够拒绝沃尔玛合同的诱惑。但是沃尔玛给供应商设置的进入门槛很高，对供应商进行严格的挑选，而对供应商质量的管理甚至近乎苛刻。沃尔玛看重产品，但更看重供应商。可以说，沃尔玛看中的是企业，其次才是产品，它对供应商的选择高于对商品质量的选择。

---

① 资料来源：王为人．采购案例精选[M]．北京：电子工业出版社，2007：190-199.

为确保采购质量，沃尔玛主要采取以下措施。

(1) 沃尔玛和供应商之间有一个不成文的规定：如果供应商提供的某商品在单店出现质量问题，供应商需赔偿5 000元左右，如果是很多店或者是造成重大损失，沃尔玛可能会通过诉诸法律的途径索赔。

(2) 沃尔玛的供应商大都是经过筛选的长期合作商业伙伴。每增加一种新产品，除了采购部把关，法律部也将参与审核，包括审核该商品的商标注册证或者授权证书等文件，以确保商品的合法性，防止假冒产品。

(3) 为了杜绝供应商和采购员"勾结"，避免采购人员对商品把关不严而造成损失，沃尔玛还有几个部门专门对供应商进行长期培训：防损部给供应商上课，告知他们如何拒绝采购员的索贿和如何投诉等内容，同时也要求供应商不得行贿、请客吃饭或者给沃尔玛员工家属提供便利；财务部也会教供应商如何快速结账；而采购部的商品行政部将负责培训供应商使用沃尔玛的网络电子工具等。

对供应商的挑选，沃尔玛首先进行初试，高达2/3的供应商被淘汰；然后在剩下的1/3中，进行实地考察，又刷下一大批"含有水分的供应商"，最后只剩下1/10符合要求；而这1/10中，未来可以作为长期合作对象的可能只有一两家。沃尔玛的"严酷"可见一斑。

在采购业务中应该如何选择和评价供应商？

4. 控制采购价格

该环节的基本控制措施包括：

(1) 市场总体价格风险控制

为了避免原料价格上涨给企业带来的不利影响，企业采购部门应当定期或不定期地了解大宗商品的市场供求状况，分析大宗商品价格变动趋势，以便于及时做好应对准备和风险控制。

(2) 垄断价格风险控制

当供应商的产品处于市场垄断的情形下，采购商在价格谈判方面处于弱势地位，采购价格较高。当企业对该价格难以承受，且投资成本较低时，企业可以选择自己生产部分原料，以增强自己的谈判地位，有效降低原料采购价格。

(3) 单项物资采购价格控制

健全采购定价机制，采取协议采购、招标采购、询比价采购、动态竞价采购等多种方式，科学合理地确定采购价格。对标准化程度高、需求计划性强、价格相对稳定的物资，通过招标、联合谈判等公开、竞争方式签订框架协议。

5. 订立采购合同

该环节的基本控制措施包括：

(1) 签订合同前应当严格审查对方当事人的主体资格，评估其信用状况等，确保供应商具备履约能力。

(2) 根据确定的供应商、采购方式、采购价格等情况，拟订采购合同，准确描述合同条款，明确双方权利、义务和违约责任，按照规定权限签署采购合同。对于影响重大、涉及较高专业技术或法律关系复杂的合同，应当组织法律、技术、财会等专业人员参与谈判，必要时可聘请外部专家参与相关工作。

(3) 重大合同在签署前，应当经过相关审查人员进行合法性、可行性审查。合同的合法性一般由企业法律事务部门进行审查。合同的可行性审查由企业组织有关部门以会议的形式进行，也可以通过召开有关部门负责人会议的形式进行。

(4) 企业应由专人负责保管公司合同及合同专用章，以防止合同遗失或被员工盗用于采购欺诈。

6. 管理供应过程

该环节的基本控制措施包括：

(1) 采购人员应参照合同中的交货条款，持续跟踪合同履行情况，对有可能影响生产或工程进度的异常情况，出具书面报告并及时提出解决方案，采取必要的措施来保证物资的及时供应。

(2) 对重要物资的采购，应在合同履约过程中到供货方进行巡视、点检或监造。对需要监造的物资，择优确定监造单位，签订监造合同，落实监造责任人，审定监造报告。

(3) 根据生产建设进度和采购物资特性等因素，选择合理的运输工具和运输方式，办理运输、投保等事宜。

(4) 实行全过程的采购登记制度或信息化管理，确保采购过程的可追溯性。

7. 验收

该环节的基本控制措施包括：

(1) 明确采购验收的程序、方法和标准，防范验收过程不规范和违规行为。

(2) 验收人员应当确认货物的名称、规格、型号与订购单相一致，质检部门须检查供应商提供的质量保证书、商检证书或合格证等证明文件。验收时涉及技术性强或者大宗采购的物资，检测部门还应进行专业测试，必要时可委托具有检验资质的机构或聘请外部专家协助验收。

(3) 对于验收过程中的异常情况，验收机构或人员应当立即向企业有权管理的相关机构报告，相关机构应当查明原因并及时处理。对于不合格物资，应及时办理让步接收、退货、索赔等事宜。对延迟交货造成生产建设损失的，采购部门要按照合同约定索赔。

8. 付款

该环节的基本控制措施包括：

(1) 完善付款流程，进行严格的付款审核。包括票据的真实性、合法性、完整性审核。如审查发票是否由国家统一监制的正式销售发票或运输发票；填制的内容是否完整，是否加盖正式的公章；数量、单价等是否正确等。如果发现异常情况，应当拒绝向供应商付款，避免出现资金损失和信用损失。

(2) 合理规划资金的筹集和使用，及时付款。为了保证资金的及时支付，企业应当做好资金的预算工作，科学、合理地预测资金的收支情况。并根据资金的盈余状况，做好投资或融资规划工作，避免拖延支付货款给企业带来不良声誉或法律风险。

(3) 选择恰当的付款方式。根据《现金管理暂行条例》和《支付结算办法》的规定，结合所采购物资的实际情况、合同的规定等，选择适当的付款方式，防范付款方式不当带来的法律风险，保证资金安全。除了不足转账起点金额的采购可以支付现金外，采购价款应通过银行办理转账。

(4) 加强预付账款和定金的管理，对于按合同规定支付的预付款项，应当定期进行追踪核查，分析预付账款的期限、占用款项的合理性、不可收回风险等情况，发现有疑问的预付款项，应当迅速采取措施，尽快收回款项。

9. 会计控制

该环节的基本控制措施包括：

(1) 建立会计系统控制，详细记录供应商情况、采购申请、采购合同、采购通知、验收证明、入库凭证、退货、商业票据、款项支付等情况，财务部门定期与仓储记录进行核对，检查物料的收、发、存是否核对一致，确保会计记录、采购记录与仓储记录的一致性。

(2) 加强对原始凭证的控制，为会计记录提供可靠依据。如原始采购单据连续编号，以便于核对和复查；办理采购业务的员工应在相应的原始单据上签字确认，以明确各自的责任等。

(3) 指定专人通过对账等方式，定期向供应商寄发对账单，核对应付账款、应付票据、预付账款等往来款项，对供应商提出的异议应及时查明原因，报有权管理的部门或人员批准后，做出相应调整。

10. 采购后评估与监查

该环节的基本控制措施包括：

(1) 建立采购业务后评估制度。企业应当定期对物资需求计划、采购计划、采购渠道、采购价格、采购质量、采购成本、协调或合同签约与履行情况等物资采购供应活动进行专项评估和综合分析，及时发现采购业务薄弱环节，优化采购流程，同时，将物资需求计划管理、供应商管理、储备管理等方面的关键指标纳入业绩考核体系，促进物资采购与生产、销售等环节的有效衔接，不断防范采购风险，全面提升采购效能。

(2) 对采购业务内部控制的监督检查。企业应当建立专门的监督检查机构，检查采购业务内部控制的有效性，包括不相容职务是否分离；是否执行审批制度；会计人员账务处理是否规范；采购活动中是否存在欺诈舞弊行为等。

案例 7-6　H电力公司的采购业务[①]

H电力公司作为国家电网公司的全资子公司，以经营、管理、建设电网为主营业务。供电营业区面积18.74万平方千米，拥有供电客户1 012万户，供电服务人口2 739.6万人。公司设有供电公司9家，超高压公司1家，农电、施工、科研、培训单位各1家。现行的H电力公司物资集中采购流程由以下几部分组成：计划制订和汇总、委托招标、合同

① 资料来源：赵野. H电力公司集中采购业务内部控制研究[D]. 吉林大学，2012.

签订、验收结算。

H 电力公司集中采购流程如图 7-5 所示。

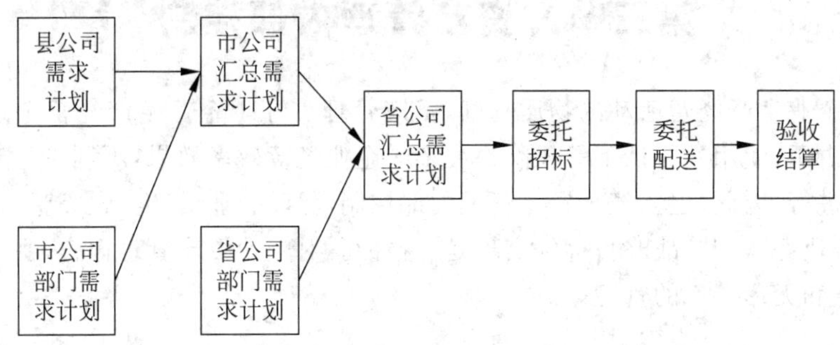

图 7-5　H 电力公司集中采购流程

自 2010 年伊始，H 电力公司集中采购业务的开展和新形势下转变物资管理工作思路的方式，虽然取得了较大的成效，但因为 H 电力公司实行集中采购业务时间尚短，在采购计划的合理制定、供应商选择等方面还存在一些问题。

(1) 集中采购业务缺乏有效的计划性。电力工程开工受到多方面因素的影响，而现行的一个年度统计上报一次的集中采购计划并不能合理地安排整个年度内工程开工进度。

(2) 缺乏科学有效的供应商管理手段。由于 H 电力公司集中采购业务的大量激增，采购的电力物资所涉及的供应商数量和涉及的地域范围相当庞大，导致供应商群体过度分散。

(3) 集中采购方式呆板，缺乏灵活性。目前 H 吉林电力公司的集中采购业务中，部分应急物资响应不及时，现行的集中采购方式因需要层层审批环节和节点，在面对应急电力物资需求时无法在短时间内进行响应。

(4) 过分追求过低的采购价格。H 电力公司目前单纯按照采购价格的因素进行招标管理。一旦电力行业开放市场，从目前的垄断性市场变成公平竞争市场时，将会给公司带来不可估量的价格挑战。

针对以上问题，H 电力采购业务内部控制可做如下改进。

(1) 进一步加大框架招标的范围。H 电力公司招投标公司组织专业化团队和大量专家和技术人员将各类电力物资的技术标准相对统一地编制技术指标参考文件，逐渐完善和扩大框架招标的物资范围。

(2) 进一步改进框架协议与合同签订模式。最大限度缩短集中采购时间，减少中间过程耽误的时间，当各分公司、子公司和成员公司突发紧急事件需要应急物资时，可以直接联系签署框架协议的供应商，由其直接供货至现场，省去中间计划上报、审批、下发、预算等一系列环节。

(3) 利用信息共享平台对应急物资需求进行快速反应。利用信息平台同供应商及时沟通，按照框架合同或是近期同类物资的中标价格直接让供应商发货到建设现场，确保工程项目的不间断建设。

(4) 实施价格管理控制。公司在进行集中采购业务之前，应利用多方查询或第三方询价等多种方式预测集中采购执行期间的价格趋势。

第三节 资产管理内部控制

资产是企业生产经营活动的物质基础，资产管理贯穿于企业生产经营全过程。资产被盗或非法占用、使用效能低下等风险都会影响企业经营效率效果，不利于生产经营活动的平稳有序进行，因此，建立健全资产管理内部控制，保障企业资产安全完整，提高资产使用效率，对企业经营和其战略目标的实现是有益的。对企业资产管理而言，主要是指对存货、固定资产和无形资产的管理。

一、存货管理内部控制

（一）存货管理业务流程描述

不同类型的企业有不同的存货业务特征和管理模式；即使同一企业，不同类型存货的业务流程和管控方式也可能不尽相同。

一般生产企业的存货业务流程可分为取得、验收、仓储保管、生产加工、盘点处置等四个阶段，历经取得存货、验收入库、仓储保管、领用发出、原料加工、装配包装、盘点清查、销售处置等主要环节。具体到某个特定生产企业，存货业务流程可能较为复杂，不仅涉及上述所有环节，甚至有更多、更细的流程。

商品流通企业的批发商的存货，通常经过取得、验收入库、仓储保管和销售发出等主要环节；零售商从生产企业或批发商（经销商）那里取得商品，经验收后入库保管或者直接放置在经营场所对外销售。

无论生产企业还是商品流通企业，存货基本业务流程都应该包括存货的取得、验收入库、仓储保管、领用发出、盘点清查和销售处置等环节，如图 7-6 所示。

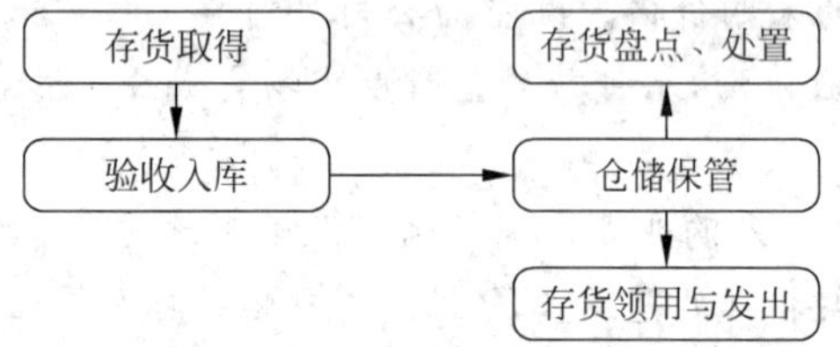

图 7-6 存货基本业务流程

1. 存货取得

存货的取得有外购、委托加工或自行生产等多种方式。对以外购方式取得的存货，一般包括请购和采购两个步骤。存货请购是需求部门根据生产需要提出采购申请，填写请购单，由相关部门（一般为采购部）进行汇总、审批。常备原料和物料一般由仓储部门提出申请，非常备原料和紧急采购则由使用部门提出申请。存货采购是采购部门依据审批过的请购单从供应市场获取产品或服务，以保证企业生产及经营活动正常开展。

2. 验收入库

存货的验收入库是指企业采购部门按照合同执行采购之后，采购部、质量管理部、物资使用部门对到货物资的数量、质量、技术规格等方面进行检查和验收，对符合要求的存货办理入库手续。对于本企业生产的产品，也必须经过验收（质检）环节，以保证存货的数量和质量符合合同等有关规定或产品质量要求。

3. 仓储保管

存货的仓储保管是指企业仓储部门按仓储物资所要求的储存条件对存货的日常保管工作。其工作内容一般包括防火、防盗、防潮、防鼠、防变质以及防浪费和防流失等。

4. 存货领用和发出

存货的领用是企业存货的使用部门对存货的领用，办理相应手续后到仓库领用，如生产企业、生产部门领用原材料、辅料、燃料和零部件等用于生产加工；存货的发出是指仓库管理部门审核后将存货按规定发出，如仓储部门根据销售部门开出的发货单向经销商或用户发出产成品。

5. 存货盘点和处置

存货的盘点是企业定期或临时对库存商品的实际数量进行清查、清点，以便及时、真实地掌握存货资产的流动情况。存货盘点清查一方面要核对实物的数量，看其是否与相关记录相符、是否账实相符；另一方面也要关注实物的质量，看其是否有明显的损坏。盘点清查中发现的存货盘盈、盘亏、毁损、闲置以及需要报废的存货，需要查明原因、落实并追究责任，按照规定权限批准后处置。

（二）存货管理关键风险点分析

1. 采购环节

该环节的主要风险是：存货预算编制不科学、采购计划不合理，可能导致存货积压或短缺，采购过程中价格过高导致成本上升，采购合同条款不清晰、不符合企业采购目标等。

2. 验收入库环节

该环节的主要风险是：验收程序不规范、标准不明确、验收手段落后，可能导致数量克扣、以次充好、账实不符等问题，以及运输过程中存在非定额内损耗的风险。

3. 仓储保管环节

该环节的主要风险是：存货仓储保管方法不适当、监管不严密，可能导致损坏变质、价值贬损、资源浪费。

4. 领用与发出环节

该环节的主要风险是：存货领用发出审核不严格、手续不完备，可能导致货物流失。

5. 盘点环节

该环节的主要风险是：存货盘点清查制度不完善、计划不可行，可能导致工作流于形式、无法查清存货真实状况。

6. 处置环节

该环节的主要风险是：存货报废处置责任不明确、审批不到位，可能导致企业利益受损。

案例 7-7 存货管理有"漏洞" 联创节能遭责令整改[①]

山东联创节能是一家以节能环保材料为主要产品的高新技术企业。公司依托于中国北方化工重镇淄博，凭借化工行业的产业链优势、化工区域的人才优势、地理区位的物流优势，经过多年发展已经成长为国内主要环保材料——组合聚醚供应商。

环保作为热门行业，国家政策积极鼓励；同时，为了给中小企业提供更方便的融资渠道，为风险资本营造一个正常的退出机制，加速调整产业结构、推进经济改革，我国在2009年设立了创业板。正是在这样的背景下，2012年8月1日，联创节能公司在深圳创业板成功上市，股票代码300343，募集资金2.8亿元。

但作为一个新生事物，中国创业板设立时间短，制度规则还不完善，加之较低的进入门槛，一些在创业板上市的公司自身存在一定的问题。联创节能就是其中之一。

2013年5月13日，联创节能发布公告称，山东证监局检查后认定公司在规范运作、存货管理、财务核算及募集资金管理和使用方面存在问题。其中，存货管理存在较大问题，与公司披露的《内部控制自我评价报告》中存货管理账实相符、内部控制健全有效的自评结论不符；以及未充分披露与供应商置换募集资金的行为。

根据公告，山东证监局于2013年3月5日至3月8日对联创节能进行了现场检查。联创节能被检查发现存货管理存在较大问题，与公司披露的《内部控制自我评价报告》中存货管理账实相符、内部控制健全有效的自评结论不符。其存货存管理存在的主要问题有：

(1) 仓储记录与财务记录存在较大差异。公司出入库单编号不连续，产成品出库单与原材料入库单编号均不连续，甚至存在重号现象，且保管混乱。相关财务入账单据打包散乱存放，难以保证存货收发管理的规范性和相关数据的准确性，公司2012年财务留存出入库单与仓库留存出入库单(仓库存根联)核对不一致。

(2) 未设立仓库保管台账，存货记录不完善。公司产品发货明细由销售部门统计，仓储部门未设立仓库保管台账，未对存货入库、出库及库存情况进行详细记录，无法反映存货收发存的实时状况。

(3) 账实难以核对，成本核算不准确，公司财务部门未按照仓库管理的原材料品种进行明细核算，且主要原材料品种串号现象严重，财务数据无法与仓库核对，成本核算也难以反映各种原材料的价格差异，无法保证成本结转及存货余额的准确性。

作为一家高新技术制造业，存货的管理应当是日常控制的重点内容。联创节能在存货管理的一系列流程上都存在问题，在存货的入库和出库环节，企业没有建立完善的存货记录制度，导致企业实物流和会计信息流脱节，会计信息无法真实反映企业的真实经营状况。在存货的盘点环节，企业无法正确核算企业的存货水平，无法做到账实相符，给存货的安全完整带来风险。混乱的控制将会导致存货的减损与丢失，影响企业正常经营活动。

---

① 本案例主要改编自山东证监局于2013年5月11日下达至联创节能(证券代码：300343)的《关于对山东联创节能新材料股份有限公司采取责令改正措施的决定》([2013]4号)。

证监会：三举措推进上市公司内控规范

截至 2012 年底，沪、深交易所共有上市公司 2 492 家。按照《关于 2012 年主板上市公司分类分批实施企业内部控制规范体系的通知》的要求，纳入实施范围的上市公司共 853 家。这 853 家上市公司全部披露了内部控制评价报告。从执行情况看，我国上市公司内控实施主要存在部分公司在内控设计、评价方面走过场；内控评价报告披露格式不统一造成信息可比性差；部分内控审计意见准确性、恰当性存在问题；内控技术标准需进一步细化，需要统一监管标准等问题。下一步证监会将在现有工作的基础上，继续稳妥有效地推进上市公司实施企业内控规范，重点做好三方面工作：第一，及时总结经验、完善制度。第二，进一步强化监督检查。第三，深入开展调查研究。

（三）存货管理基本控制措施设计

1. 采购环节

该环节的基本控制措施包括：

(1) 存货的预算编制控制。存货预算是企业全面预算的一部分，与其他业务的预算紧密相关，编制存货预算要从企业实际生产状况出发，确定合理的存货需求量，避免存货积压或短缺。

(2) 存货的采购控制。一是存货的采购必须按程序提出申请，由采购部门根据企业生产经营的计划和请购单编制采购计划，提出具体的采购目录，经审核后报主管领导审批方可实施；二是存货采购合同的订立必须取得授权，采购人员无权在授权之外签订合同和变更合同的内容；三是存货采购资金的支付应严格制定并遵循付款、审核的手续和要求，保证货款支付正确、合法、及时。

2. 验收入库环节

该环节的基本控制措施包括：

(1) 检查验收控制。所购存货运达后，要由材料供应部门、有关业务部门和质检部门根据运单、发票、合同以及产品说明书与采购、运输验收部门或人员进行数量和质量查验，符合要求的出具检验报告或填制验收合格单，经过相关授权部门审核无误后予以入库；不符合要求的，应当及时办理退换货等相关事宜。

(2) 入库验收控制。经验收合格的存货进入入库或销售环节。仓储保管部门编制入库单，登记存货台账，将发票、运单连同收料单送财会部门付款记账。入库记录要真实、完整，定期与财会等相关部门核对，不得擅自修改。其中，外购存货的验收应当重点关注合同、发票等原始单据与存货的数量、质量、规格等核对一致。涉及技术含量较高的货物，必要时可委托具有检验资质的机构或聘请外部专家协助验收；自制存货的验收应当重点关注产品质量，通过检验合格的半成品、产成品才能办理入库手续，不合格品应及时查明原因、落实责任、报告处理；其他方式取得存货的验收应当重点关注存货来源、质量状况、实际价值是否符合有关合同或协议的约定。

3. 仓储保管环节

该环节的基本控制措施包括：

(1) 存货的限制接近。企业内部除存货管理部门及仓储人员外，其余部门和人员接触存货时，应由相关部门特别授权，对于进入仓库的人员应办理进出登记手续，未经授权人员不得接触存货。对于属于贵重物品、危险品或需保密物品的存货，应当规定更严格的接触限制条件，必要时，存货管理部门内部也应当执行授权接触。

(2) 存货的流转控制。存货在不同仓库之间流动时，应当办理出入库手续。

(3) 存货的保全控制。一是存货保管人员与验收、记录、批准人员相互独立；二是存货仓储期间要按照仓储物资所要求的储存条件妥善贮存，做好防火、防洪、防盗、防潮、防病虫害、防变质等保管工作，不同批次、型号和用途的产品要分类存放；三是生产现场的在加工原料、周转材料、半成品等要按照有助于提高生产效率的方式摆放，同时防止浪费、被盗和流失；四是代管、代销、暂存、受托加工的存货应单独存放和记录，避免与本单位存货混淆；五是企业可以结合实际情况，对存货加强保险投保，保证存货安全，合理降低存货意外损失风险。

(4) 存货的记录控制。仓储部门应对库存物料和产品进行每日巡查和定期抽检，详细记录存货的购进、发出和库存情况，及时登记材料卡片和数量金额式明细账，定期将收料单送交财务部门。发现毁损、存在跌价迹象的，应及时与生产、采购、财务等相关部门沟通，财务部门在月末应与采购部门和仓储部门进行核对，保证采购业务的记录正确，做到账实相符。

4. 存货领用与发出环节

该环节的基本控制措施包括：

(1) 领用审批控制。对于一般的生产企业，由生产部门或管理部门根据核定消耗或核定费用定额填制领料单，领料单须经部门负责人审核批准，仓储部门根据经审批的销售(出库)通知单发出货物。

(2) 记录制度控制。存货出库要做到单据齐全，名称、规格、计量单位等准确，并保证其质量；符合条件的准予领用或发出，并与领用人当面核对、点清交付经部门负责人批准后实施，物料出库手续须齐全，并有相应单据和相关的会计记录等；物料出库当面及时点清；发货通知单根据销售部门的销售情况和仓储部门的存货情况进行编制；发货通知单应事先连续编号；无论是何种企业，对于大批存货、贵重商品或危险品的发出，均应当实行特别授权。

(3) 手续与合同控制。发出存货时应有手续齐备的提货单，领用材料时应有手续齐备的领料单。领料单应根据生产部门进行生产的情况，根据物料等需求情况编制，事先连续编号；企业销售各类商品或其他存货，一般应与购货单位签订合同，以加强双方责任，保证按期供货，及时收回货款。

5. 存货盘点环节

该环节的基本控制措施包括：

(1) 盘点人员控制。盘点工作应由负责保管、使用、记账职能的人员和独立于此职能的其他人员共同进行。

(2) 盘点程序控制。一是企业应当建立存货盘点清查工作规程，结合本企业实际情况确定盘点周期、盘点流程、盘点方法等相关内容，定期盘点和不定期抽查相结合；二是企业应拟订详细的盘点计划，并由经授权的人员进行审核，合理安排相关人员，使用科学的盘点方法，以保证盘点的真实性、有效性；三是盘点人员应如实对盘点情况进行记录，对盘点清查结果要及时编制盘点表，形成书面报告，包括盘点人员、时间、地点，实际所盘点存货名称、品种、数量、存放情况以及盘点过程中发现的账实不符情况等内容；四是对盘点清查中发现的问题应及时查明原因，落实责任，按照规定权限报经批准后处理；五是企业至少应当于每年年度终了开展全面的存货盘点清查，及时发现存货减值迹象，将盘点清查结果形成书面报告。

6. 存货处置环节

该环节的基本控制措施包括：

(1) 处置程序控制。企业应定期或不定期对存货进行检查，及时、充分了解存货的存储状态和毁损情况，对于存货变质、毁损、报废或流失的处理要分清责任、分析原因。

(2) 处置审批控制。存货毁损丢失处置单由相应的授权人审批确认；经过确认的存货毁损丢失处置单，由相关报废审核组进行审核，其组成人员为管理部门、仓储部门、财务部门和有关技术人员。报废部门根据经审核的存货毁损丢失处置单实施存货报废；财务部门根据存货毁损丢失单进行相关的账务处理。

案例 7-8　青岛德固特节能装备股份有限公司存货业务流程再造①

青岛德固特节能装备股份有限公司（以下简称德固特）始建于 2004 年，公司注册资本 6 000 万元人民币，是一家集科研、生产、销售于一体的高新技术企业，是燃烧和传热节能解决方案的供应商，公司致力于环保、节能减排、降耗等领域的发展。自成立以来凭借先进的技术和良好的服务发展，2012 年迅速实现销售收入 2.35 亿元人民币。

随着企业经营规模的不断扩大，产品的种类逐步增多，新市场的不断开拓，内控基础薄弱、各项管理制度不完善的问题逐渐暴露出来。为此企业积极进行内部控制制度建设，以期提高管理水平，增加经济效益。

在具体流程的构建上，这里主要介绍存货的内部控制，包括从采购到生产、出库的全环节。

现有问题：

在采购方面，企业缺乏必要的预算控制，存货的采购具有随机性。对采购商的选择具有随意性，没有定性的标准。对存货控制薄弱，没有存货管理的规定，也没有相应的库存盘点制度，只注重存货的仓储与保管，有些原材料、半成品、外购件在仓库存储时间较长，既占用空间又造成大量的资金浪费。由于没有定期地盘点库存物资，账物不符的情况也时有发生。

业务流程再造(见图 7-7)：

1. 物资采购

(1) 采购计划

需求部门按照公司年度生产经营计划，编制《物资采购需求计划》，由需求部门负责

① 资料来源：葛宝荣. 德固特公司内控体系研究[D]. 吉林大学，2013.

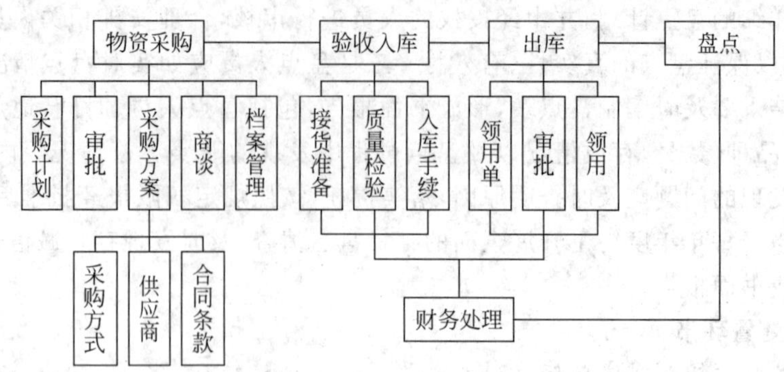

图 7-7 业务流程再造示意图

人、分管副总经理审批、提交采购部。采购部根据上报的需求计划进行汇总，形成《物资采购计划》，采购部长复核后，提交采购部分管副总及总经理审批。需求部门按需求计划和实际需要，首先核实库存，确认无库存或库存流量不足时，填制《采购请购单》，部门负责人审核确认。需求部门对申请的正确性和合理性负责。

（2）确定采购方式

采购部收到需求部门提交的《采购请购单》后，选择采购方式，编制采购方案。

① 招标采购方式：市场价格较高的采购物资，单项合同估算价在100万元以上；其他物资的采购、大型设备的采购或外协加工，单项合同估算价在50万元以上。

② 非招标方式：不满足招标规定条件的采购行为，采购部根据公司的有关规定进行不少于三家（不足三家的做出解释）的询价采购。

（3）寻找供应商

采购寻找不少于三家同类物资的供应商进行初评，根据收集的信息，编制《合格供应商审批表》，包括但不限于供应商的基本信息、资质证明、生产能力、质量保证能力等相关信息。

（4）信息传递与沟通

采购部负责信息收集、整理采购信息，传递给评定合格的供应商。采购信息一般包括产品信息，产品名称、规格、数量、标准等。

（5）商务报价

可采取以下方式取得供应商的商务报价：协商定价和招标定价。

（6）价格审批

通过协商定价、招标定价确定采购价格后，采购部应及时编制《报价汇总表》，注明拟选择的供应商和价格，连同相应资料报给采购分管副总经理或总经理审批。

（7）签订合同或框架协议

公司领导审批后，采购部根据领导审批结果，填制采购订单，同时编制起草采购合同（或框架协议），需求部门负责提供合同的技术附件。合同起草完毕后，采购专员编制《合同评审表》，连同技术附件等，按合同管理制度的规定执行合同流程的审批。

（8）管理供应过程

采购部要随时了解合同执行情况，跟踪采购进度。对有可能影响生产进度的异常情况，应及时与供应商沟通，提出解决方案，采取必要措施，保证需求物资的及时供应。

(9) 通知收货

与供应商达成供应协议后，采购部应及时将供方供货的情况通知仓库相关人员，通知其预计到货时间，使其做好收货准备。

(10) 验收入库

物资抵达后，采购部根据送货单开具到货通知单，一式四联。质量部、仓库、生产部(需求部门)各一联，采购部留存一联备查。质量部接到到货通知单后负责物资的验收，仓库和生产部(需求部门)协助验收。待验物资存放于待验区等待检验，负责验收人员要在两个工作日内完成对物资的验收工作，验收合格的，质量部要及时通知仓库办理入库手续。仓库保管员根据验收合格记录、送货清单、到货通知单办理物资入库。物资入库后，由仓库核算员填制入库单，入库单一式三联，采购部、财务部各一联，仓库留存一联备查。接受人应当将收货信息及时反馈给采购部，并每月与采购部核对入库情况，财务部根据入库单进行账务处理。

(11) 结算与付款

合同规定需要预付款和定金的，由采购部提出付款申请。供应商交货后，按照合同约定条款开具销售发票。发票必须与采购合同一一对应，尽量避免多张采购合同的产品混在一起开具发票。供应商将发票交给采购部核算员，采购核算员核对无误后根据采购合同提出的付款申请，按照审批流程审批后到财务部办理挂账。采购部核算员时时关注采购动态，根据采购合同约定的时间节点填写《付款申请单》，每次付款前应与财务部、供应商进行对账，对账无误后按照付款审批流程交财务部办理付款事宜。

2. 存货内控管理

(1) 物资日常保管

所有的物资原则上存放在物资库房内，严禁未经批准或授权的人员进入库房或接触物资，入库存储确有困难的，应采取有效措施加强护理监管，确保物资的安全、完整、有效。物资管理员对入库物资要有序地分门别类、摆放整齐、定期检查、及时整理，克服库房物资存储管理混乱，杜绝材料变质、偷盗丢失、私自挪用等不良现象的发生，同时要建立起相关的规章制度，如货品标牌、货品存储卡，制定保安、防火、卫生制度等，实施有效管理。领发料、产品出库，凭《领料单》发放物资，《领料单》上准确地记录物资种类、数量及批准人、经办人姓名，是仓库发出物资的原始凭证。所有的销售业务，必须先由销售部门依据销售合同制作《发货前审批表》，然后由销售部门将《发货前审批表》送交财务部，财务部门审查达到销售合同规定的销售货款结算比例后或取得赊销审批后，由财务部门在《发货前审批表》上签字盖章。此表一式三份，销售部留存一份，交财务部一份，送仓库一份。

(2) 存货盘点

企业应当建立定期或不定期的存货盘点制度。盘点能全面清查库存物资，检查物资的实际库存数量是否与账面数量相符，及时发现问题，采取有效措施纠正错误、堵塞漏洞。要求各部门至少每半年对库存材料进行一次全面盘点，盘点工作必须有财务人员参加。财务部门应根据财务账册上核算的库存品种、规格、数量与仓库记载的存货品种、规格、数量以及实际盘点的结果进行核对分析、编制盘点情况汇总表，列明差异情况和差异原因及相关责任部门的责任原因，提交给企业管理层。管理层根据盘点情况汇总表进行分析讨论，确定差异处理的决定和对相关责任人的处罚决定。财务部门根据企业管理层的决定再对存货的盘盈、盘亏按照会计核算的要求进行处理。财务部应将盘点工作表、盘点情况汇总表、企业管理层的处理决定按照时间顺序装订成册，作为会计档案进行妥善保管。仓库配合财务部每年的年末进行存货清查和分析工作，对有减值迹象的存货进行减值测试。

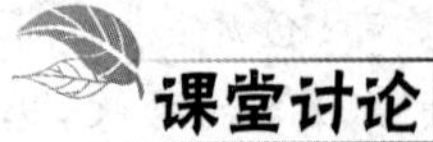

假设你所在的企业是一家全国服装连锁零售企业，所有的连锁店都是自营店，那么各连锁店存货的风险点有哪些？该如何设计存货的内部控制？

二、固定资产管理内部控制

（一）固定资产管理业务流程描述

固定资产业务流程，通常可以分为取得、验收移交、日常维护、更新改造和淘汰处置等环节，如图 7-8 所示。

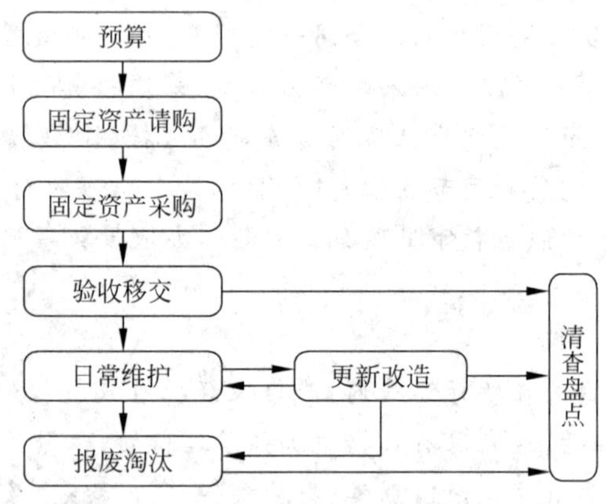

图 7-8　固定资产基本业务流程

1. 固定资产取得与验收

固定资产的取得方式一般有外购、自行建造、非货币性资产交换换入等。不同类型的固定资产有不同的验收程序和技术要求。通常来说，标准化程度较高的固定资产验收过程较为简约，对一些复杂的大型生产设备，则需要一套规范、严密的验收制度。企业取得每项固定资产后均需要进行详细登记，编制固定资产目录，建立固定资产卡片，以便固定资产的统计、检查和后续管理。

2. 固定资产日常维护

固定资产的日常维护主要指其使用和运行维护，包括日常维修和保养。

3. 固定资产更新改造

固定资产更新改造是指以新的固定资产替换到期报废的旧的固定资产，或以新的技术装备对原有的技术装备进行改造。一般分为部分更新与整体更新两种方式。部分更新的目的通常包括局部技术改造、更换高性能部件、增加新功能等方面，需权衡更新活动的成本与效益综合决策；整体更新主要指对陈旧设备的淘汰与全面升级，更侧重于资产技术的先进性，符合企业的整体发展战略。

案例 7-9　　扎实推进，步步为营[1]

2007 年 7 月，奇瑞公司与克莱斯勒签署了一份具有里程碑意义的协议，奇瑞将生产一系列冠以克莱斯勒旗下"道奇"品牌的小型轿车。克莱斯勒已表示，它计划从明年起在拉美和其他发展中国家出售这些轿车，并将在 2009 年之前把这些车推向美国和西欧市场。作为国有企业的奇瑞公司虽然成立还不满十年，但已经成长为中国最大的独立轿车生产商，并决心与世界汽车业巨头一争高下。如果现在去奇瑞公司参观，你会见到奇瑞巨大的厂区内，多条汽车生产线每天连续 16 个小时运转。奇瑞的汽车生产设备大多很先进，主要进口自欧洲。发动机厂使用的是德国产精密铣床以及意大利产工业机器人。喷漆厂的生产设备也是从德国引进的。然而，在 1996 年，奇瑞公司刚刚起步时，公司的创始人之一周必仁却为了获取生产发动机的生产线而远赴英格兰，购买已经被福特汽车生产厂弃用的发动机组装设备。

对照奇瑞公司的发展历程，不难发现固定资产升级改造与企业战略发展历程之间的密切关系。

因此，企业在固定资产投资方面需要未雨绸缪，及时根据战略的需要制定固定资产更新改造计划和预算。

4. 固定资产报废淘汰

固定资产因不能继续使用或不合格而作废，包括使用期满、正常报废和使用期未满、非正常报废两种情况。

5. 固定资产的清查盘点

企业应建立固定资产清查制度，至少每年全面清查，保证固定资产账实相符、及时掌握资产盈利能力和市场价值。固定资产清查中发现的问题，应当查明原因，追究责任，妥善处理。

6. 固定资产抵押、质押

抵押是指债务人或者第三人不转移对财产的占有权，而将该财产抵押作为债权的担保，当债务人不履行债务时，债权人有权依法以抵押财产折价或以拍卖、变卖抵押财产的价款优先受偿。质押也称质权，就是债务人或第三人将其动产移交债权人占有，将该动产作为债权的担保，当债务人不履行债务时，债权人有权依法就该动产卖得价金优先受偿。

（二）固定资产管理关键风险点分析

1. 固定资产取得环节

该环节的主要风险：一是固定资产预算管理风险，因可行性分析不到位、预算不当而造成项目搁置，无法为企业带来效益；二是外购固定资产的采购风险，因授权审批制度不

① 资料来源：http://auto.china.com/zh_cn/dongtai/yejie/11012724/20070704/14198360.html。

健全、岗位分工不合理等产生舞弊行为的风险。

2. 固定资产验收移交环节

该环节的主要风险是：新增固定资产验收程序不规范，可能导致资产质量不符要求，进而影响资产运行效果；固定资产登记内容不完整，可能导致资产流失、资产信息失真、账实不符；对固定资产的登记内容不完整，可能导致资产流失、资产信息失真、账实不符。

3. 固定资产日常维护环节

该环节的主要风险是：固定资产因保管不善、操作不当引起的被盗、毁损、事故等；失修或维护过剩，可能造成资产使用效率低下、产品残次率高，甚至发生生产事故或资源浪费；因长期闲置造成资产毁损，失去使用价值；未及时完整办理保险或投保制度不健全，可能导致应投保资产未投保、索赔不力，从而不能有效防范资产损失风险而带来巨大经济损失。

4. 固定资产更新改造环节

该环节的主要风险是：固定资产更新改造不够，可能造成企业产品线老化、缺乏市场竞争力。

5. 固定资产报废淘汰及处置环节

该环节的主要风险是：固定资产报废和处置方式不合理、不规范，可能造成企业经济损失。

6. 固定资产清查盘点环节

该环节的主要风险是：固定资产丢失、毁损等造成账实不符或资产贬值严重。

7. 固定资产抵押环节

该环节的主要风险是：固定资产抵押制度不完善，可能导致抵押资产价值低估和资产流失。

（三）固定资产管理基本控制措施设计

无论在固定资产的取得、验收，还是运行维护与清查盘点等环节，首先应关注授权审批控制和岗位分工控制措施。

1. 固定资产取得环节

该环节的基本控制措施包括：

(1) 固定资产预算控制。一是由工程技术、计划、财务、采购、生产等部门的人员共同参加编制资本支出预算，编制时必须考虑投资预算额、该投资的机会成本、资本成本、预计现金净流入等因素；二是对于投资额较大的专案，资本支出预算应有各分项投资预算额，以便日后对投资实际支出额的控制；三是重大的固定资产投资项目应当考虑聘请独立的中介机构或专业人士进行可行性研究与评价，并实行集体决策和审批，防止出现决策失误。

(2) 固定资产采购过程控制。外购固定资产应当建立请购制度，明确请购部门(或人员)和审批部门(或人员)的职责权限及相应的请购与审批程序。采购过程应当规范、透明。一般固定资产采购应由采购部门采取比质比价的办法确定供应商；重大固定资产采购，应采取招标方式进行，成立专门管理小组，成员应包括工程部，审计、财务，投资、专家及使用单位，共同参与项目论证、公开招标等环节的工作。

2. 固定资产验收移交环节

该环节的基本控制措施包括：

(1) 验收制度控制。企业外购固定资产应当根据合同、供应商发货单等对所购固定资产的品种、规格、数量、质量、技术要求及其他内容进行验收，出具验收单，编制验收报告；企业自行建造的固定资产，应由建造部门、固定资产管理部门、使用部门共同填制固定资产移交使用验收单，验收合格后移交使用部门投入使用。未通过验收的不合格资产不得接收，必须按照合同等有关规定办理退换货或其他弥补措施。对于具有权属证明的资产，取得时必须有合法的权属证书。

(2) 投保控制。企业应当通盘考虑固定资产状况，根据其性质和特点确定和严格执行固定资产的投保范围和政策。投保金额与投保项目力求适当，对应投保的固定资产项目按规定程序进行审批，办理投保手续。对于重大固定资产项目的投保，应当考虑采取招标方式确定保险人。已投保的固定资产发生损失的，及时调查原因及受损金额，向保险公司办理相关的索赔手续。

(3) 资产登记造册。取得每项固定资产后须编制固定资产目录进行详细登记，建立固定资产卡片。固定资产目录和卡片均应定期或不定期复核，保证信息的真实和完整。

案例 7-10　A 公司资产登记造册方法的与众不同之处①

A 公司是中石化集团下属的公司，在全国十几个省内有二级分支机构，每个二级分支机构又下属有十几个三级分支机构，分布在不同的地区。目前，需要资产总数为 2 万余件，总价值约 70 亿元，远期需要管理的资产在 5 万件左右。公司的资产统一由总部的资产处管理，资产处有专职管理人员 3 名，各地二级分支机构没有专职的资产管理人员，由一两名兼职的人员管理，业务上归口总部资产处。

该公司每年都需要进行定期资产清查和盘点，曾经采用过资产铭牌的方式对资产进行标识。由于徐州管道储运公司的资产众多，分布于 100 多个单位，通过最近的一次清查表明，资产的实际情况和企业 ERP 系统中财务模块中的记录出入比较大，许多资产的基本信息账实不符，资产的实际状态和财务系统中也多有不符。针对这种情况，A 公司借助条码标签对资产进行标识，避免人为差错和清查工作中弄虚作假行为，进而减少账实不符的现象，从而避免资产的流失。

这是一个资产登记造册管理的成功案例，在过去手工卡片管理的基础上升级为条码管理。通过条码技术和移动计算技术的应用，实现了固定资产生命周期和使用状态的全程跟踪，标识后的资产在进行清查或日常管理中显示出条码技术最突出的特点：方便、快速、准确，大大提高了清查工作的效率，同时保证了信息流和资产实物流的对应。为解决固定资产实物管理中长期存在的工作量大，烦琐、账实不符等问题提供了一个有效的途径。

---

① 资料来源：http://www.topoint.com.cn/html/anli/2009/12/268224.html。

3. 固定资产日常维护环节

该环节的基本控制措施包括：

(1) 固定资产使用部门及管理部门建立固定资产运行管理档案，并据以制定合理的日常维修和大修理计划，并经主管领导审批。

(2) 单位应当对固定资产进行定期检查、维修和保养，及时消除安全隐患，降低固定资产故障率和使用风险。

(3) 固定资产需要大修的，应当由财务部门、固定资产管理和使用部门共同组织评估，提出修理方案，经单位负责人或其授权人员批准后实施。

(4) 操作人员需持证上岗，必须对资产运转进行实时监控，保证资产使用流程与既定操作流程相符，确保安全运行，提高使用效率。

4. 固定资产更新改造环节

该环节的基本控制措施包括：

(1) 定期对固定资产技术先进性评估，与财务部门一起进行预算可行性分析，并且经过管理部门的审核批准。

(2) 管理部门需对技改方案实施过程适时监控、加强管理，有条件企业建立技改专项资金并定期或不定期审计。

5. 固定资产报废淘汰及处置环节

该环节的基本控制措施包括：

(1) 对使用期满、正常报废的固定资产，应由固定资产使用部门或管理部门填制固定资产报废单，经企业授权部门或人员批准后对该固定资产进行报废清理。

(2) 对使用期限未满、非正常报废的固定资产，应由固定资产使用部门提出报废申请，注明报废理由、估计清理费用和可回收残值、预计处置价格等。

(3) 对拟出售或投资转出及非货币交换的固定资产，应由有关部门或人员提出处置申请，对固定资产价值进行评估，并出具资产评估报告。

(4) 对出租的固定资产由相关管理部门提出出租或出借的申请，写明申请的理由和原因，并由相关授权人员和部门就申请进行审核。

6. 固定资产清查盘点环节

该环节的基本控制措施包括：

(1) 企业应当组成固定资产清查小组对固定资产定期进行清查，明确资产权属，确保实物与卡、财务账表相符。

(2) 根据盘点结果详细填写固定资产盘点报告表，并与固定资产账簿和卡片相核对。

(3) 清查过程中发现的盘盈(盘亏)，应分析原因，追究责任，妥善处理，报告审核通过后及时调整固定资产账面价值，确保账实相符，并上报备案。

7. 固定资产抵押环节

该环节的基本控制措施包括：

(1) 企业应加强固定资产抵押、质押的管理，明晰固定资产抵押、质押流程，规定固定资产抵押、质押的程序和审批权限等，确保资产抵押、质押经过授权审批及适当程序。

(2) 财务部门办理资产抵押时，如需要委托专业中介机构鉴定评估固定资产的实际价值,应当会同金融机构有关人员、固定资产管理部门、固定资产使用部门现场勘验抵押品,对抵押资产的价值进行评估。对于抵押资产应编制专门的抵押资产目录。

三、无形资产管理内部控制

(一)无形资产管理业务流程描述

无形资产管理的基本流程包括无形资产的取得、验收并落实权属、自用或授权其他单位使用、安全防范、技术升级与更新换代、处置与转移等环节,如图7-9所示。

1. 无形资产取得与验收

无形资产的取得方式主要有外部取得和内部自创两种,通过外部取得方式获得的有外购无形资产、通过非货币性交易换入无形资产、投资者投入无形资产、通过债务重组取得无形资产、接受捐赠取得无形资产等;内部自创的有企业自行研究与开发取得的无形资产。

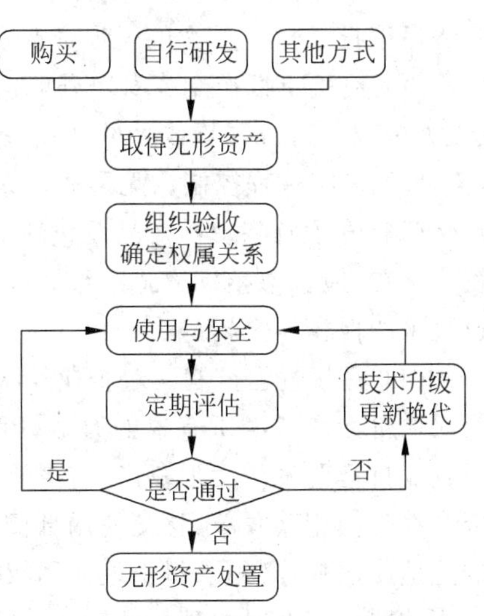

图7-9 无形资产基本业务流程

2. 无形资产使用与保全

由企业授权的具体部门或者人员负责无形资产的日常使用和保全管理,保证无形资产的安全与完整。

3. 无形资产技术升级与更新换代

企业应在保持无形资产内在特色的前提下及时对无形资产进行技术升级和更新换代,使企业生产经营与市场和消费者的需要保持同步。

4. 无形资产处置与转移

企业拥有的无形资产,可以出售、出租或赠送他人,如果无形资产预期不能为企业带来经济利益时,应当将该无形资产的账面价值予以转销。

(二)无形资产管理关键风险点分析

从无形资产的基本业务流程来看,其各个环节的主要风险点分析如下。

1. 无形资产取得与验收环节

该环节的主要风险是:缺乏先进技术自主权、无形资产权属不清、无形资产计价高估、取得的无形资产不具先进性、可能导致企业资源浪费或引发法律诉讼等。

2. 无形资产使用与保全环节

该环节的主要风险是:无形资产使用效率低下,效能发挥不到位;缺乏严格的保密制度,致使体现在无形资产中的商业机密泄露;由于商标等无形资产疏于管理,导致其他企业侵权,严重损害企业利益。

3. 无形资产技术升级与更新换代环节

该环节的主要风险是:无形资产内含的技术未能及时升级换代,导致技术落后或存在重大技术安全隐患。

4. 无形资产处置环节

该环节的主要风险在于：无形资产长期闲置或低效使用，就会逐渐失去其使用价值；无形资产处置不当，往往造成企业资产流失。

（三）无形资产管理基本控制措施设计

1. 无形资产取得与验收环节

该环节的基本控制措施包括：

（1）预算管理控制。对项目可行性进行研究、分析，编制无形资产投资预算，并按规定程序审批。对于重大的无形资产投资项目实行集体决策和审批。

（2）授权审批控制。对于外购的无形资产应当建立请购与审批制度，明确请购部门（或人员）和审批部门（或人员）的职责权限及相应的请购与审批程序。

（3）采购过程控制。无形资产采购过程应当规范、透明。一般无形资产采购应由采购部门充分了解和掌握产品及供应商情况，采取比质比价的办法确定供应商；重大无形资产采购，应采取招标方式进行；非专有技术等具有非公开性的无形资产，还应注意采购过程中的保密保全措施。

（4）验收过程控制。对企业外购无形资产，必须仔细审核有关合同协议等法律文件，及时取得无形资产所有权的有效证明文件，同时特别关注外购无形资产的技术先进性；对企业自行开发的无形资产，应由研发部门、无形资产管理部门、使用部门共同填制无形资产移交使用验收单，移交使用部门使用；对企业购入或者以支付土地出让金方式取得的土地使用权，必须取得土地使用权的有效证明文件。当无形资产权属关系发生变动时，应当按照规定及时办理权证转移手续。

2. 无形资产使用与保全环节

该环节的基本控制措施包括：

（1）无形资产的使用。企业应当充分重视无形资产在经营管理中的关键作用和长远影响，充分发挥无形资产对提升企业产品质量和市场影响力的重要作用。

（2）无形资产的保全。一是建立健全无形资产核心技术保密制度，严格限制未经授权人员直接接触技术资料，对技术资料等无形资产的保管及接触应保有记录，实行责任追究，保证无形资产的安全与完整；二是通过法律手段确立无形资产的合法地位，主动配合执法部门整顿市场秩序，依法打假治劣，及时利用媒体揭露侵权行为；对侵害本企业无形资产的，要积极取证并形成书面调查记录，提出维权对策，按规定程序审核并上报；三是定期核查无形资产的价值，对预计可收回金额低于账面价值的，应当计提减值准备，进行相应的调整；四是妥善保管无形资产各种文件资料（尤其是资产、财务、会计等资料），避免记录受损、被盗、被毁，尤其应在计算机环境下对重要资料留有后备记录。

3. 无形资产技术升级与更新换代环节

该环节的基本控制措施包括：定期对专利、专有技术等无形资产的先进性进行评估。发现某项无形资产给企业带来经济利益的能力受到重大不利影响时，应当考虑淘汰落后技术，同时加大研发投入，确保企业在市场经济竞争中始终处于优势地位。

4. 无形资产处置环节

该环节的基本控制措施包括：

（1）授权审批控制。应当选择合理的方式确定处置价格，并报经企业授权部门或人员审批；重大的无形资产处置，应当委托具有资质的中介机构进行资产评估，并建立集体审批记录机制。无形资产处置涉及产权变更的，应及时办理产权变更手续。

（2）处置方式控制。一是使用期满、正常报废的无形资产由使用部门或管理部门填制无形资产报废单，经企业授权部门或人员批准后进行报废清理；二是使用期限未满、非正常报废的无形资产由使用部门提出报废申请，注明报废理由、估计清理费用和可回收残值、预计出售价值等，经有关部门进行技术鉴定，按规定程序审批后进行报废清理；三是拟出售或投资转出的无形资产由有关部门或人员提出处置申请，列明该项无形资产的原价、已提折旧、预计使用年限、已使用年限、预计出售价格或转让价格等，报经企业授权部门或人员批准后予以出售或转让；四是出租、出借无形资产，应由无形资产管理部门会同财会部门按规定报经批准后予以办理，并签订合同协议约定出租、出借期间所发生的维护保全、税负责任、租金、归还期限等相关事项；五是无形资产内部调拨应填制无形资产内部调拨单，明确无形资产名称、编号、调拨时间等，审批通过后办理调拨手续。

案例 7-11　架起无形资产的“网”，垒起内控“防火墙”[①]

天士力集团是以制药业为中心，包括现代中药、化学药、生物制药，涵盖科研、种植、提取、制剂、营销的高科技企业集团。无形资产对于天士力集团公司来说意义重大，因为制药企业主要靠研发新产品来支撑企业的持续发展。企业如果希望获得长久的发展，必须得到无形资产强有力的支撑，如果对无形资产管理不当，那么企业承担的风险将是巨大的。

天士力集团公司从几个方面搭建了无形资产管理框架，经过多年的不断完善，已经形成了一个较为完整的体系。

第一，无形资产战略要“合身”。结合自身的发展阶段和经济实力，天士力集团公司制定了适合自己的无形资产战略：以拥有自主知识产权的产品和专有技术来支撑天士力大健康产业的快速发展；以在消费者中间具有美誉度的品牌形象支持天士力集团公司素质的快速提升；以满足自身发展需要为主、技术转让为辅的策略，确定产品和技术的研发方向和实际应用；以取得专利授权、国家药品保护、注册商标和法律诉讼等手段，有效保护无形资产；以建立生命安全和生命健康为中心，树立天士力和金士力的双品牌战略。

第二，将知识产权保护进行到底。天士力集团公司将无形资产保护分为申请专利、商标注册和知识产权维护。截至2010年，天士力集团公司共申请专利约1 000项，共涉及20多个国家和地区。面对如此众多的专利，天士力集团公司将其分为基础专利（核心专利）、外围保护专利、防御专利、竞争专利和产品专利5类进行分别管理，建立起专利保护体系框架。

第三，周密细致的无形资产管理。天士力集团公司根据实际情况对无形资产的组织、人员、管理进行了周密的安排。

---

① 资料来源：http://wenku.baidu.com/view/97a8513043323968011c9265.html。

天士力集团公司设置科学发展委员会，专门负责审查批准企业的无形资产发展战略、年度的无形资产工作计划、重大的无形资产开发项目的立项以及项目的转让、授权使用和对外投资。

同时，天士力集团公司还设立法务总监，领导知识产权部和法律事务部全面负责企业无形资产管理的领导工作。知识产权部下设流程制度管理、商标管理、专利项目管理、专有技术管理、其他无形资产管理、无形资产档案管理六个岗位，全面负责企业无形资产的管理工作。

在无形资产管理人员配备方面，天士力集团公司形成了由具有知识产权与法律背景的专家、专业人士及后备人才组成的合理的知识产权人才梯队，专门处理知识产权和相关的法律事务。

除此之外，天士力集团公司对无形资产的财务管理、档案管理、保密管理以及审计监督都进行了制度安排。在财务管理中，公司建立了包括无形资产经济技术指标体系和搜集、整理无形资产统计信息两方面完善的无形资产统计管理制度，为领导进行无形资产的决策提供了重要的参考依据。

对具体的研发项目而言，由于项目之间可比性差，而且项目周期比较长，为了方便管理，天士力集团公司在已有的无形资产管理体系的基础上进行了改进和完善，并且专门从美国引进了科学指数管理方法，对项目进行跟踪考核。

第四节　销售业务内部控制

销售业务是指企业出售商品(或提供劳务)及收取款项等相关活动。销售业务是企业的主要经营业务之一，稳定的销售增长、不断扩大的市场份额，是企业持续发展壮大的直接表现。销售业务涉及订单接受、货物交接、货款回收、退货折让等多个环节和多个部门，出现差错和舞弊的风险较大。因此，建立销售业务内部控制以规范销售行为、防范销售风险，对于企业经营目标和发展战略的实现是必要的。

一、销售业务流程描述

企业销售业务流程，主要包括销售计划管理、客户开发与信用管理、销售定价、订立销售合同、发货、收款、客户服务和会计系统控制等环节，如图 7-10 所示。

(一) 销售计划管理

销售计划是企业结合自身生产能力，在销售预测的基础上，设定销售总目标额及不同产品的销售目标额，并据此制定具体营销方案，以实现销售目标。

1. 销售预测

企业进行销售预测首先要进行市场调查分析，对现有市场状况、企业自身状况、竞争对手状况以及顾客状况等各方面进行分析。具体包括对人口、经济、科技、政治法律、自然风俗和文化、区域发展等影响市场状况的因素进行的分析；对营运资源、企业影响力等影响企业自身状况内容的分析；对竞争对手的财务实力、现行战略、发展战略、核心竞争力等的分析；以及对顾客范围、顾客结构、顾客收入水平等涉及顾客状况方面的分析。企业

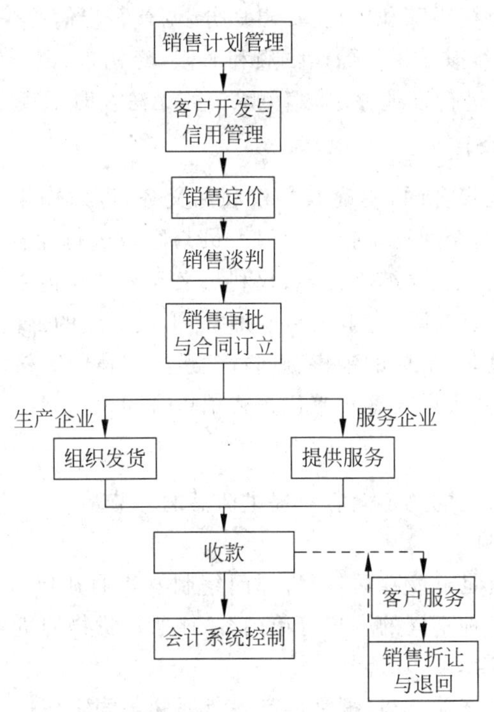

图 7-10　销售业务基本流程

可以责成销售部门进行销售预测，或者成立专门的销售预测委员会，也可以聘请专家参与预测。预测的方法一般包括趋势分析法、因果分析法等定量预测方法以及判断分析法、周期分析法等定性预测方法。预测过程中，企业应关注市场的发展变化，充分考虑市场占有率和存在的风险，以对销售量做出合理预测。

2. 销售计划编制

销售部门以销售预测为基础，根据发展战略和年度生产经营计划，结合企业实际情况，制订年度销售计划，在此基础上，结合客户订单情况，制订月度销售计划，内容包括销售品种结构、销售季节性、销售价格以及销售策略等。

3. 销售计划审批

编制完成的销售计划，首先应交销售部门主管进行批准，编制人员根据批准意见进行修改，直至通过主管审批签字，方可上交预算委员会审批。预算委员会以书面形式对销售计划提出修改意见，送回销售部门修改。只有通过预算委员会审议通过并签字的销售计划，才能生效执行。

（二）客户开发与信用管理

企业应当积极开拓市场份额，在充分的市场调查基础上，合理细分市场并确定目标市场，根据不同目标群体的具体需求，确定定价机制和信用方式，灵活运用销售折扣、销售折让、信用销售、代销和广告宣传等多种策略和营销方式，促进销售目标实现，不断提高市场占有率。同时企业应加强现有客户的管理，开发潜在目标客户，对有销售意向的客户进行资信评估。不断建立和更新维护客户信用档案，由与销售部门相对独立的信用管理部门对客户付款情况进行持续跟踪和监控，提出划分、调整客户信用等级的方案；根据客户信用等级和企业信用政策，拟定客户赊销限额和时限，经销售、财会等部门具有相关权限的人员审批；对信用额度进行合理评定，避免赊销款无法及时足额收回。

（三）订立销售合同

企业与客户订立销售合同，明确双方权利和义务，以此作为开展销售活动的基本依据。在订立销售合同前，企业通常指定专门人员与客户进行业务洽谈、磋商或谈判，关注客户信用状况，明确销售定价、结算方式、权利与义务条款等相关内容，对于重大的销售业务谈判还应当吸收财会、法律等专业人员参加，并形成完整的书面记录。然后根据合同订立程序和审批管理制度，对形成的销售合同草案进行严格的审核，销售合同草案经审批同意后，由获得授权的有关人员与客户签订正式销售合同。

（四）发货

发货是根据销售合同的约定向客户提供商品的环节。

1. 发货通知单编制

在确认所订货物有足够库存后，销售部门编制发货通知单。发货通知单应事先连续编号，统一格式，登记各种不同的客户订单内容，如所订货物的货号、数量、价格等。

2. 发货通知单证实

发货通知单正式执行前，应根据需要就发货通知单同客户进行证实，避免由于执行发货通知单后客户改变或取消订单而发生损失。

3. 发货

仓储部门对发货通知单进行审核，严格按照所列的发货品种和规格、发货数量、发货时间、发货方式、接货地点等，按规定时间组织发货。运输部门取得仓储部门转来的发货通知单及销售部门编制的运输单后，按照运输合同或条款等明确的运输方式运送货物，运输合同同时应对商品短缺、毁损或变质的责任、到货验收方式、运输费用承担、保险等内容做出规定。

不管是仓储还是运输部门，发货业务执行者的行为必须受到其他独立职员（通常是门卫）的监督，它包括对所发运货物的清点及同发货通知单上列明的品种和数量的核对。发运人和清点复核应在有关凭证上签字。

（五）收款

收款指企业经授权发货后与客户结算的环节。按照发货时是否收到货款，可分为现销和赊销。对于现销，由财务人员对销售发票进行合规性、合法性审核，并盖章签字。审核无误后，根据销售发票“结算联”与客户办理货款结算手续。对于赊销，则形成应收账款。销售部门负责应收款项的催收，催收记录（包括往来函电）应妥善保存；财会部门负责办理资金结算并监督款项回收。对于以应收票据形式收回货款的，应严格审查其真实性和合法性。

（六）客户服务

客户服务是在企业与客户之间建立信息沟通机制，对客户提出的问题，企业应予以及时解答或反馈、处理，不断改进商品质量和服务水平，以提升客户满意度和忠诚度。客户服务包括产品维修、销售退回、维护升级等。

二、销售业务关键风险点分析

（一）销售环节关键风险点分析

1. 销售计划管理

该环节的主要风险是：

(1) 销售无计划或不合理，或未经授权审批，会导致产品结构和生产安排不合理，难以实现企业生产经营的良性循环。

(2) 销售计划缺乏灵活性。当市场环境发生变化时，销售计划不能及时做出调整，导致销售目标难以实现。

(3) 销售计划缺乏全局性。未从企业整体角度对销售做出统筹安排，各分公司的销售计划是分公司与公司总部讨价还价的结果，不利于企业的整体经营发展。

(4) 销售计划缺乏可执行性。企业制定的销售计划，只包含目标数字，未包含实施方案，导致各销售单位难以根据分解到自己的指标和内容制定具体的销售活动方案。

2. 客户开发与信用管理

该环节的主要风险是：

(1) 现有客户管理不足、潜在市场需求开发不够，可能导致客户丢失或市场拓展不利。

(2) 信用额度评定不合理。对客户的信用情况缺乏了解和调查，没有合理地按照公司信用标准评定客户的信用额度，可能导致公司赊销货款无法及时足额收取。

(3) 缺乏信用审核登记。客户提出的赊销购货订单、信用的批准缺乏信用部门经理或其他被授权人复核审查。

(4) 客户档案不健全，缺乏合理的资信评估，可能导致客户选择不当，销售款项不能收回或遭受欺诈，从而影响企业的资金流转和正常经营。

3. 销售定价

该环节的主要风险是：

(1) 定价或调价不符合价格政策，未能结合市场供需状况、盈利测算等进行适时调整，造成价格过高或过低、销售受损。

(2) 商品销售价格未经恰当审批，或存在舞弊，可能导致损害企业经济利益或者企业形象。

(3) 价格差异幅度不合理。不同地区、不同客户的价格差异导致市场价格体系混乱，客户利用这种价格差异在不同地区市场中窜货。

(4) 滥用销售政策。未能就销售折扣、销售折让等政策的运用建立适当的权限限制，可能导致舞弊行为，如销售经理可能利用销售折扣、销售折让等政策低价销售企业产品，谋取个人私利。

4. 订立销售合同

该环节的主要风险是：

(1) 合同内容存在重大疏漏和欺诈，未经授权对外订立销售合同，可能导致企业合法权益受到侵害。

(2) 销售价格、收款期限等违背企业销售政策,可能导致企业经济利益受损。

5. 执行销售合同

该环节的主要风险是:

(1) 生产安排不当,一方面库存大量积压,另一方面又交不上货。这样不仅会影响企业的现金流,而且会增加因满足交货而发生的紧急空运费用等。

(2) 对订单更改失去控制,轻易满足客户的要求,造成大量产成品因合同更改或取消而呆滞。这样的更改对企业来说其损失不仅仅是产成品,而且还要考虑增加的物流费用及额外的管理费用。

(3) 对于季节性交货明显的企业,在淡季可能产生闲置,在旺季又有可能交不上货。

(4) 一旦不能及时交货,按照合同约定,可能要承担违约责任。

6. 发货

该环节的主要风险是:

(1) 未经授权发货或发货不符合合同约定,可能导致货物损失或客户与企业的销售争议、销售款项不能收回。发货品种和规格、发货数量、发货时间、发货方式、接货地点与合同要求不一致,影响公司的正常销售。

(2) 货物运输途中,可能由于管理不善、不可抗力等原因导致货物毁损、丢失,无法满足客户原有要求。

(3) 填制销售通知单与发货为同一人,可能发生舞弊。

7. 客户服务

该环节的主要风险是:

(1) 客户服务水平低,消费者满意度不足,影响公司品牌形象,造成客户流失。

(2) 缺乏有效的客户服务人员薪酬激励制度,客户服务人员工作积极性低。

(3) 仅重视售中服务,售前服务及售后服务意识薄弱,降低消费者的满意程度。

(4) 销售退回政策滥用。客户服务人员出于个人私利允许将非正常损坏、非退货范围内损坏的货物退回,影响公司利益。

8. 会计系统控制

该环节的主要风险是:

(1) 缺乏有效的销售业务会计系统控制,可能导致企业账实不符、账证不符、账账不符或者账表不符,影响销售收入、销售成本、应收款项等会计核算的真实性和可靠性。

(2) 缺乏销售收入监控,从而造成大量虚假销售收入。

(3) 缺乏销售费用使用规范和监督。销售人员采取不正当的手段与相关人员合伙套取大量销售费用,造成销售费用的虚假性。

(4) 会计人员同时控制销售全部环节或部分不相容环节,可能发生舞弊。

(二) 收款环节关键风险点分析

该环节的主要风险是:

(1) 企业信用管理不到位,未能及时更新客户资信状况的变化或未获得授权,发生不合理赊销业务,可能导致货款不能收回,给企业造成财务困难。

(2) 结算方式选择不当，可能导致销货款回收不及时，降低企业资金的使用效率。

(3) 票据管理不善，未能建立票据管理制度，对票据的取得、贴现、背书、保管等活动予以明确规定，导致票据违规使用或发生舞弊行为；未能严格审查票据的真实性和合法性，导致票据欺诈；未指派专人保管应收票据，导致票据处理不及时、票据丢失等。

(4) 收款过程中存在舞弊，使企业经济利益受损。如销售收款过程中出现的销售经理私吞货款行为。

案例 7-12　莲花味精应收账款账龄结构恶化[1]

河南莲花味精股份有限公司是国务院确定的520家重点企业之一，被农业部等八部委认定为全国第一批农业产业化龙头企业，号称国内味精生产的龙头老大。2010年4月29日，莲花味精收到河南证监局《关于对莲花味精信息披露问题的监管关注函》。2010年4月25日正式对公司立案调查。

调查显示，莲花味精在应收账款上管理混乱，突出体现为各类应收账款账龄结构的持续恶化。

2006年中期，其一年以内的应收账款占总应收款比例51.5%，到了年末这一比例降至50.21%；2007年，尽管公司一年以内的应收账款占总应收款比例在上半年一度提升至62%，但到了年底却陡降至31.14%；2008年，莲花味精一年以内应收账款进一步减少，占总应收款比例进一步降低到17.44%；到了2009年中期，一年以内应收款占比略有提高，但只有区区的19.07%。

随着一年以内应收账款占比的持续减少，一年以上的应收款比例开始大比例攀升，1～3年的应收款占比从2006年中期的43.88%增加至2009年中期的48.22%，3年以上应收款占比则从2006年中期的4.27%大幅增加至32.71%，在2008年年末时，3年以上应收款占总应收款比例最高曾达34.09%，如表7-5所示。

表 7-5　莲花味精 2006—2008 年应收账款账龄结构一览表　单位：%

账龄时间	1年内	1～2年	2～3年	3年以上	合计
2006	50.21	29.3	15.74	4.75	100
2007	31.14	29.49	22.71	16.66	100
2008	17.44	19.45	29.02	34.09	100

莲花味精畸形的应收账款账龄分布结构演化，与上市公司通常一年以内应收款占总应收款比例达70%以上的情形形成了鲜明对比。

此外，莲花味精其他应收款账龄结构与应收款账龄分布结构同样畸形、恶化。2006年中期，一年以内的其他应收款占比为96.8%，而到了2009年中期，一年以内其他应收款占其他应收款的比例却只有18.7%，三年以上的其他应收款占比则从三年前的1.15%大幅增加至56.27%。受各类应收款大量被外部占用影响，莲花味精自身的现金流却已

[1] 资料来源：施天霞，李奇丽，陈蓉. 莲花味精应收账款内部控制案例研究[J]. 会计之友，2011(5).

到了捉襟见肘之地步。

销售业务的循环包含着从订单接收、货物交接、货款回收、退货折让等多个环节。其中订单接受环节的信用审批将直接关系到企业应收账款的质量。莲花味精为了最大限度地调动销售人员的积极性，只将工资报酬与销售任务挂钩，忽视产生坏账的可能性，对授信控制认识不足，才最终导致应收账款账龄结构的持续恶化。

应收账款账龄是指资产负债表中的应收账款从销售实现、产生应收账款之日起，至资产负债表日止所经历的时间。简言之，就是应收账款在账面上存在的时间。对应收账款的账龄进行分析，有利于评价销售部门的经营绩效，加快货款回笼，减少坏账损失；有利于会计报表使用者更好地理解公司资产状况。

三、销售业务基本控制措施设计

（一）总体要求

1. 不相容岗位分离

具体来讲，单位不得由一人办理销售业务的全过程，必须做到：

（1）信用管理岗位和销售业务岗位应当分别设置，分别由不同人担任。接受客户订单的人不能同时负责核准付款条件和客户信用调查工作。

（2）办理各项业务的人员不能同时负责该项业务的审核批准工作。

（3）开具发票的人不能同时负责发票的审核工作。

（4）记录应收账款的人员不能同时负责货款的收款和退款工作。

（5）销售业务的经办、审核和销售通知单的签发岗位必须由不同人员负责，三个岗位应相互监督、相互制约，实现这三个不相容岗位的分别控制。

（6）财会部门的开票、出纳和记账这三个岗位应当相互分离，分别由三个不同的人员担任，实行相互牵制、互相监督。

（7）收款、管理应收账款、向欠款客户发放对账单这三个岗位应当相互分离，分别由不同人员担任。

（8）应收票据及票据抵押或质押物的保管岗位与应收票据记录岗位应当相互分离，分别由不同人员负责。

销售业务不相容岗位见表 7-6。

表 7-6 销售业务不相容岗位示意表

岗位	销售定价申请	销售定价审批	销售合同的申请	销售合同的审批	开具发票	销售收款	财务系统账务处理	会计凭证复核	应收账款对账
销售定价申请		×							
销售定价审批									
销售合同的申请				×		×			
销售合同的审批					×	×		×	

续表

岗位	销售定价申请	销售定价审批	销售合同的申请	销售合同的审批	开具发票	销售收款	财务系统账务处理	会计凭证复核	应收账款对账
开具发票						×		×	×
销售收款							×	×	×
财务系统账务处理								×	×
会计凭证复核									×
应收账款对账									

2. 岗位责任制度

各岗位职责分工见图 7-11。

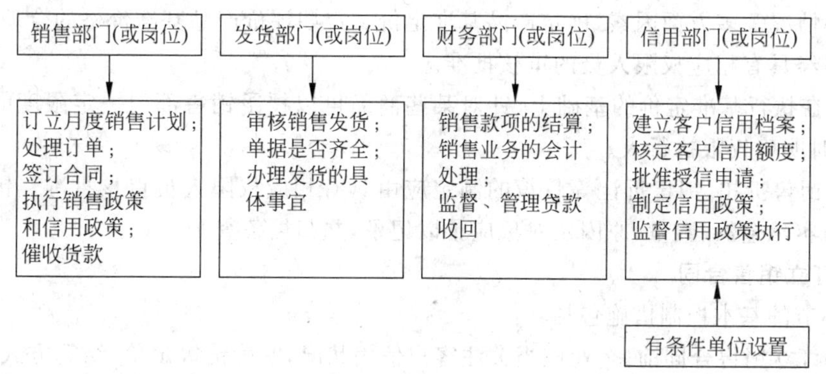

图 7-11 岗位职责分工图

（二）具体措施

1. 销售计划管理

该环节的基本控制措施包括：

（1）根据企业发展战略和年度生产经营计划，结合客户订单情况，制订年度、月度销售计划，并按规定的权限和程序审批后下达执行。

（2）定期对各产品（商品）的区域销售额、进销差价、销售计划与实际销售情况等进行分析，结合生产现状，及时调整销售计划，调整后的销售计划履行相应的审批程序。

（3）从企业整体利益出发，在总公司与分公司、各分公司之间合理协商的基础上制订销售计划。

（4）销售计划应包含实施方案，使各销售单位能够据此制定实现其具体销售目标的营销方案。

2. 客户开发与信用管理

该环节的基本控制措施包括：

（1）企业应当在进行充分市场调查的基础上，灵活运用销售折扣、销售折让、信用销售、代销和广告宣传等多种策略和营销方式，不断提高市场占有率。

（2）进行信用额度评定。信用部门通过调查分析客户的信用状况，与信用标准进行综合比较，对申请赊销的客户进行信用额度评定书面意见稿，送交信用部门经理审批。

(3) 信用额度审核登记。客户提出的赊销购货订单、信用的批准必须有经信用部门经理或其他被授权人复核审查、签字同意的书面证明，且必须送交信用部门经理审查签字后，方可执行。

(4) 建立和不断更新维护客户信用动态档案。客户档案应包括客户的基本资料、信用资料、以往交易资料、客户的市场网络、销售能力等。对于境外客户和新开发客户，应当建立严格的信用保证制度。客户的信用档案内容应根据客户近期的实际情况，及时调整更新，保证信用档案的及时性。

3. 销售定价

该环节的基本控制措施包括：

(1) 应根据有关价格政策、综合考虑企业财务目标、营销目标、产品成本、市场状况及竞争对手情况等多方面因素，确定产品基准定价。定期评价产品基准价格的合理性，定价或调价需经具有相应权限人员的审核批准。

(2) 在执行基准定价的基础上，针对某些商品可以授予销售部门一定限度的价格浮动权，同时明确权限执行人。

(3) 销售折扣、销售折让等政策的制定应由具有相应权限人员审核批准。销售折扣及销售的实际金额、数量、原因及对象应予以记录，并归档备查。

4. 订立销售合同

该环节的基本控制措施包括：

(1) 订立销售合同前，企业应当关注客户信用状况，明确销售定价、结算方式、权利与义务条款等相关内容。

(2) 企业应当建立健全销售合同订立及审批管理制度，确定具体的审核、审批程序和所涉及的部门人员及相应权责。审核、审批应当重点关注销售合同草案中提出的销售价格、信用政策、发货及收款方式等。

(3) 销售合同草案经审批同意后，企业应授权有关人员与客户签订正式销售合同。

5. 执行销售合同

该环节的基本控制措施包括：

(1) 协调生产与销售，避免过多库存对企业流动资金的压力，同时也可以尽量减少呆滞库存的产生。

(2) 对订单更改的前提、批准与执行实行适当控制。从外部来说，企业要向客户传达这样一种信息，订单的更改是要付出代价的，是需要客户来买单的。从企业内部来讲，订单的更改或取消都要经过相应级别的审批，以保持对销售部门不能轻易取消订单的压力。一旦某种原因不得不接受订单的取消或更改，对造成的库存，要有明确的消化计划及责任人，并定期跟踪进展，绝对不能放任。

(3) 标准产品与客户化产品的区分。对于季节性交货明显的企业，尽量缩短生产周期。对于标准产品，企业可以维持一定量的库存水平，在生产的安排上可以不拘泥于按单定制，同时对销售部门的交货承诺也可以适当放宽。

6. 发货

该环节的基本控制措施包括：

(1) 销售部门应当按照经审核后的销售合同开具相关的销售通知交仓储部门和财会部门。

(2) 仓储部门应当落实出库、计量、运输等环节的岗位责任,对销售通知进行审核,严格按照所列的发货品种和规格、发货数量、发货时间、发货方式、接货地点等,按规定时间组织发货,形成相应的发货单据,并应连续编号。

(3) 应当以运输合同或条款等形式明确运输方式、商品短缺、毁损或变质的责任、到货验收方式、运输费用承担、保险等内容。货物交接环节应做好装卸和检验工作,确保货物的安全发运,由客户验收确认。

(4) 应当做好发货各环节的记录,填制相应的凭证,设置销售台账,实现全过程的销售登记制度。

7. 收款

该环节的基本控制措施包括:

(1) 结合公司销售政策,选择恰当的结算方式,加快款项回收,提高资金的使用效率。

(2) 建立票据管理制度,特别是加强商业汇票的管理:一是对票据的取得、贴现、背书、保管等活动予以明确规定;二是严格审查票据的真实性和合法性,防止票据欺诈;三是由专人保管应收票据,对即将到期的应收票据,及时办理托收,定期核对盘点;四是票据贴现、背书应经恰当审批。

(3) 加强赊销管理。一是需要赊销的商品,应由信用管理部门按照客户信用等级审核,并经具有相应权限的人员审批。二是赊销商品一般应取得客户的书面确认,必要时,要求客户办理资产抵押、担保等收款保证手续。三是应完善应收款项管理制度,落实责任、严格考核、实行奖惩。销售部门负责应收款项的催收,催收记录(包括往来函电)应妥善保存。

(4) 加强代销业务款项的管理,及时与代销商结算款项。

(5) 收取的现金、银行本票、汇票等应及时缴存银行并登记入账,不得擅自坐支现金。以银行转账方式办理的销售收款,应当通过企业核定账户进行结算。企业应当防止由销售人员直接收取款项,如必须由销售人员收取的,应由财会部门加强监控。

8. 客户服务

该环节的基本控制措施包括:

(1) 结合竞争对手客户服务水平,建立和完善客户服务制度。

(2) 设专人或部门进行客户服务和跟踪。有条件的企业可以按产品线或地理区域建立客户服务中心。

(3) 建立产品质量管理制度,加强销售、生产、研发、质量检验等相关部门之间的沟通协调。

(4) 做好客户回访工作,定期或不定期开展客户满意度调查;建立客户投诉制度,记录所有的客户投诉,并分析产生原因及解决措施。

(5) 加强销售退回控制。销售退回需经具有相应权限的人员审批后方可执行;销售退回的商品应当参照物资采购入库管理。

9. 会计系统控制

该环节的基本控制措施包括：

(1) 企业应当加强对销售、发货、收款业务的会计系统控制，详细记录销售客户、销售合同、销售通知、发运凭证、商业票据、款项收回等情况，确保会计记录、销售记录与仓储记录核对一致。具体为：财会部门开具发票时，应当依据相关单据(计量单、出库单、货款结算单、销售通知单等)并经相关岗位审核。销售发票应遵循有关发票管理规定，严禁开具虚假发票。财会部门对销售报表等原始凭证审核销售价格、数量等，并根据国家统一的会计准则制度确认销售收入，登记入账。财会部门与相关部门月末应核对当月销售数量，保证各部门销售数量的一致性。

(2) 建立应收账款清收核查制度，销售部门应定期与客户对账，并取得书面对账凭证，财会部门负责办理资金结算并监督款项回收。

(3) 及时收集应收账款相关凭证资料并妥善保管；及时要求客户提供担保；对未按时还款的客户，采取申请支付令、申请诉前保全和起诉等方式及时清收欠款。对收回的非货币性资产应经评估和恰当审批。

(4) 企业对于可能成为坏账的应收账款，应当按照国家统一的会计准则规定计提坏账准备，并按照权限范围和审批程序进行审批。对确定发生的各项坏账，应当查明原因，明确责任，并在履行规定的审批程序后作出会计处理。企业核销的坏账应当进行备查登记，做到账销案存。已核销的坏账又收回时应当及时入账，防止形成账外资金。

课堂讨论

据 Wind 统计，最早一批共 482 家上市公司公布的 2011 年年报中“应收账款”项目显示，3～5 年账龄的应收账款总共有 918 笔，金额为 89 亿元，应收账款总额为 3 050 亿元。可见，应收账款占用太多资金且 3～5 年应收账款的回收性值得注意。企业应该如何控制应收账款呢？

【本章小结】

业务层级的控制活动主要包括资金活动、采购业务、资产管理、销售业务等。

资金活动是企业筹资、投资和资金营运等活动的总称。保证资金安全，提高资金使用效益，防范资金链断裂风险，对企业有着重要意义。筹资活动业务活动的业务流程包括筹资方案的提出、论证与审批，筹资计划的编制与执行以及对筹资活动的监督、评价与责任追究。筹资活动的主要风险包括缺乏完整的筹资战略计划、缺乏对企业资金现状的全面分析、缺乏完整的授权审批制度、无法保证支付筹资成本、缺乏严密的跟踪管理制度。投资活动的业务流程包括投资方案的提出、论证与决策，投资计划的编制、审批及执行，以及投资项目的到期处理；投资活动的主要风险包括投资活动与企业战略不符、投资与筹资不匹配、忽略资产结构与流动性、缺乏严密的授权审批制度和不相容职务分离制度、缺乏严密的投资资产保管与会计记录。营运活动中的主要风险包括货币资金环节关键风险点、储备资金环节关键风险点、生产资金环节关键风险点。

企业采购是指购买物资(或接受劳务)及支付款项等相关活动。一项采购业务通常要经过请购、审批、购买、验收、付款等多个环节,需要供应、仓储及财务等多个部门共同协助完成。既是企业“实物流”的重要组成部分,又与“资金流”密切相关。采购关键风险点包括采购预算风险、采购执行风险、合同履行与采购验收风险;付款关键风险点包括付款审核不严、付款方式不当、付款不及时、预付款管理不当、价格波动风险。采购业务的总体要求包括职责分离、明确工作任务、建立企业规章制度、采购人员基本素质和职业道德的培训、奖惩制度。

资产是企业生产经营活动的物质基础,资产管理贯穿于企业生产经营全过程。资产被盗或非法占用、使用效能低下等风险都会影响企业经营效率效果,不利于生产经营活动的平稳有序进行。企业资产管理主要是指对存货、固定资产和无形资产的管理。存货基本业务流程包括存货的取得、验收入库、仓储保管、领用发出、盘点清查和销售处置等环节。固定资产业务流程,通常可以分为取得、验收移交、日常维护、更新改造和淘汰处置等环节。无形资产管理的基本流程包括无形资产的取得、验收并落实权属、自用或授权其他单位使用、安全防范、技术升级与更新换代、处置与转移等环节。

销售业务是指企业出售商品(或提供劳务)及收取款项等相关活动。销售业务涉及订单接受、货物交接、货款回收、退货折让等多个环节和多个部门,出现差错和舞弊的风险较大。

销售业务流程,主要包括销售计划管理、客户开发与信用管理、销售定价、订立销售合同、发货、收款、客户服务和会计系统控制等环节。销售业务管理的总体要求是不相容岗位分离和岗位责任制度。

【延伸阅读】

1.《企业内部控制基本规范》

2.《企业内部控制应用指引》

3. 财政部会计司解读《企业内部控制应用指引第6号——资金活动》

4. 财政部会计司解读《企业内部控制应用指引第7号——采购业务》

5. 财政部会计司解读《企业内部控制应用指引第8号——资产管理》

6. 财政部会计司解读《企业内部控制应用指引第9号——销售业务》

7. 财政部会计司. 企业内部控制规范讲解[M]. 北京:经济科学出版社,2010.

8. 刘永泽,池国华,等. 企业内部控制制度操作指南[M]. 大连:大连出版社,2011.

9. 企业内部控制编审委员会. 企业内部控制配套指引解读与案例分析[M]. 上海:立信会计出版社,2010.

【思考题】

1. 资金活动的关键风险点有哪些?

2. 采购业务控制的总体要求是什么?

3. 简要描述资产管理的基本流程。

4. 销售业务的关键风险点有哪些？如何进行控制？

【自测题】

1. 单项选择题

(1) 企业筹资、投资和资金营运等活动的总称是(　　)。

A. 资金活动　　B. 资产管理　　C. 担保业务　　D. 工程项目

(2) 资金活动中的采购环节、生产环节、销售环节这三个环节具体属于(　　)。

A. 投资活动　　B. 营运活动　　C. 筹资活动　　D. 经营活动

(3) 缺乏对供应过程的管理,企业未能对采购合同的履行情况进行持续有效的跟踪,运输方式选择不合理,忽视运输过程保险风险等,可能导致采购物资损失或无法保证供应这一风险属于(　　)。

A. 合同履行与采购验收风险　　B. 采购执行风险

C. 采购预算风险　　D. 采购信誉风险

(4) 缺乏对采购合同履行的跟踪管理,运输工具和方式选择不当,忽视投保等,造成采购物资损失或无法保证供应这一风险点属于(　　)。

A. 订立采购活动

B. 确定采购方式和采购价格

C. 管理供应过程

D. 验收

(5) 以下不属于固定资产管理业务流程的是(　　)。

A. 资产取得与验收　　B. 日常维护

C. 资产更新维护　　D. 验收入库

(6) 以下不属于销售业务风险点的是(　　)。

A. 销售计划管理　　B. 销售过程管理

C. 客户信用管理　　D. 订立销售合同

(7) 以下不属于销售业务流程的是(　　)。

A. 销售计划管理　　B. 客户开发与信用管理

C. 销售定价　　D. 会计系统控制

(8) 销售业务中收款环节存在的主要风险不包括(　　)。

A. 结算方式选择不当

B. 账款回收不力

C. 销售业务会计记录和处理不及时

D. 票据审查和管理不善

2. 多项选择题

(1) 关于企业筹资内部控制,下列说法正确的有(　　)。

A. 企业应当对筹资方案进行严格审批,对于重大筹资方案,应当由企业“一把

手”审批

B. 企业财务部门可以根据市场变化等情况，自行决定是否改变资金用途

C. 企业应当按照筹资方案或合同约定的本金、利率、期限、汇率及币种，准确计算应付利息，与债权人核对无误后按期支付

D. 企业的股利分配方案应当经过公司董事会批准，并按规定履行披露义务

(2) 资金活动内部控制的总体要求是(　　)。

A. 树立战略导向观念　　B. 完善管控制度

C. 严格执行制度　　D. 集中管控模式

E. 查找薄弱环节

(3) 筹资活动业务流程主要包括(　　)。

A. 提出筹资计划　　B. 筹资方案论证

C. 筹资方案审批　　D. 筹资计划编制与执行

E. 筹资活动的监督、评价与责任追究

(4) 采购业务流程包括(　　)。

A. 请购　　B. 审批　　C. 购买　　D. 验收

E. 付款

(5) 销售业务的流程包括(　　)。

A. 销售计划管理　　B. 客户信用管理

C. 确定定价机制和信用方式　　D. 销售谈判以及订立销售合同

E. 发货、收款、客户服务等

(6) 下列选项中属于无形资产的是(　　)。

A. 品牌　　B. 商标　　C. 专利　　D. 专有技术

E. 土地使用权

(7) 无形资产取得与验收环节的基本控制措施包括(　　)。

A. 预算管理控制　　B. 授权审批控制

C. 采购过程控制　　D. 验收过程控制

E. 处置方式控制

(8) 针对资金营运内部控制的关键控制，下列说法正确的有(　　)。

A. 印章要与空白票据分管

B. 由一人办理资金全过程业务

C. 严禁收款不入账、设立“小金库”

D. 出纳人员根据资金收付凭证登记日记账

(9) 关于企业采购业务内部控制，下列说法正确的有(　　)。

A. 应采取多头采购或分散采购的方式，避免采购业务集中

B. 应当对办理采购业务的人员定期进行岗位轮换

C. 任何采购都不得安排同一机构办理采购业务全过程

D. 重要和技术性较强的采购业务，应当组织相关专家进行论证，实行集体决策和审批

(10) 关于存货保管内部控制，下列说法错误的有(　　)。

A. 存货在不同仓库直接流动时可以不必办理出入库手续

B. 按仓储物资所要求的储存条件贮存

C. 为便于集中管理，代管、代销、受托加工的存货与本单位存货一同存放和记录

D. 对存货进行保险投保，保证存货安全

3. 判断题

(1) 投资活动是指企业日常生产经营中各类资金的组织和调度，保证资金正常运转的活动。(　　)

(2) 编制需求预算和采购预算、选择供应商、管理供应过程是采购业务的关键风险点。(　　)

(3)《企业内部控制应用指引第8号——资产管理》中所称资产是指存货、固定资产、无形资产。(　　)

(4) 企业代管、代销、暂存、受托加工的存货，不应纳入本企业的存货管理。(　　)

(5) 规范销售行为、防范销售风险，可以促进企业扩大销售、拓宽销售渠道、提高市场占有率，对于增加收入、实现企业经营目标和发展战略具有重要意义。(　　)

(6) 未经授权发货、发货不符合合同约定或者发货程序不规范，可能造成货物损失或发货错误，引发销售争议，影响货款收回。(　　)

(7) 企业应当根据市场情况和采购计划合理选择采购方式。大宗采购应当采用招标方式；一般物资或劳务等的采购可以采用询价或定向采购的方式并签订合同协议；小额零星物资或劳务等的采购可以采用直接购买等方式。(　　)

(8) 某企业销售部门正在开发客户管理系统，该部门负责人认为，将客户管理业务流程、关键控制点和处理规则嵌入系统程序就实现了建立该信息系统的控制目标。(　　)

案例分析

目的：销售业务内部控制。

资料：浙江景兴纸业股份有限公司地处长三角杭嘉湖平原中心地带，濒临上海，地理条件优越，交通便利，是全国最大的三家以专业生产A级、AA级牛皮箱板纸为主的造纸企业之一。自成立以来，公司一直重视管理制度的建设和完善。公司的检查小组在对一家子公司销售业务内部控制进行检查时，发现该子公司的现有业务流程如下：

在销售过程中，公司销售业务按照销售合同进行，当生产车间产品完工后，填制产成品入库单，验收合格后入库。销售部门根据销售合同编制发货通知单，分别通知仓库发货和运输部门办理托运手续。产品发出后，销售部门根据仓库签发后转来的发货通知单开具发票，并据以登记产成品明细账，运输部门将其与销售发票一并送交财务部门。财务部门将其与销售合同核对后，开具运杂费清单，通知出纳人员办理货款结算，并进行账务处理。但是，公司未设独立的客户信用调查机构，在财务部门和销售部门也没有专人负责此项工作。同时发现：①该厂厂长甲某可以处理与销售和收款有关的所有业务；②财务科

根据甲某的指令开具销售发票时，甲某说多少就是多少；③仓储部门发货人员根据甲某的指令给客户发运货物；④仓库里没有库存明细账及货物进出库记录，销售成本按估算的毛利率计算；⑤从甲某担任厂长以来，销售合同、销售计划、销售通知单、发货凭证、运货凭证以及销售发票等文件和凭证从未进行过核对；⑥财务科根据销售发票确认应收账款。

要求：运用销售业务有关知识，分析这一案例违背了销售业务的哪些关键风险点，应运用何种控制措施加以预防？

第八章 业务层级内部控制(下)

学习目标

通过本章学习,应达到以下学习目标:

1. 掌握研究与开发活动的主要风险和控制措施;
2. 掌握工程项目活动的主要风险和控制措施;
3. 熟悉担保业务活动的主要风险和控制措施;
4. 熟悉业务外包的主要风险和控制措施;
5. 掌握全面预算管理的主要风险和控制措施;
6. 理解合同管理的主要风险和控制措施。

引导案例

苹果公司新产品开发失败案例汇总①

作为一家知名IT公司,苹果公司如今已走过三十多年的发展历程。同许多公司一样,苹果在创新过程中也走过许多弯路,虽然以失败告终,但帮助其积累了不少宝贵经验。以下便是苹果创新败笔。

1. Lisa电脑

苹果Lisa电脑以乔布斯女儿的名字命名,是全球首款将图形用户界面(GUI)和鼠标结合起来的个人电脑。然而,在Lisa电脑于1983年面市时,苹果公司没有充分考虑到消费者对电脑消费的承受能力,当时售价为令人难以置信的1万美元。高昂的售价令不少用户退避三舍,导致其销量不佳。据有关苹果公司成长历程的传记*Apple Confidential* 2.0记述,1989年,苹果公司将数千台没有售出的Lisa电脑扔进了犹他州的垃圾堆。

2. Macintosh Portable

你会将15.5磅(约合7千克)重的电脑看作是便携式的吗?恐怕大多数消费者不会。苹果公司于1989年推出售价6 500美元的Macintosh Portable电脑,但市场反应极差。在对Macintosh Portable的设计重新思考后,苹果公司在1991年推出PowerBook。PowerBook同苹果公司的Macbook一样,至今仍是标准的笔记本设计。

3. Taligent操作系统

苹果公司极少会被打上"雾件"承销商的标签。"雾件"指远在开发完成前就开始作宣传的产品,也许这些产品根本就不会问世。但Taligent就曾让苹果公司遭遇过这样的尴

---

① 资料来源:积木.苹果公司那些失败的产品回顾[EB/OL].http://tech.it168.com/a2011/0808/1229/000001229146.shtml,2011-08-08.

尬。Taligent是一套操作系统,名称由"Talent"(天才)和"Intelligence"(智力)组合而成。按照苹果公司的构想,这将是性能卓越、面向未来的新一代PC操作平台,并于20世纪80年代末开始实施这一计划,但Taligent的结局却是无疾而终,在1995年悄悄消失。

4. Newton掌上电脑

从今天的视角看来,Newton好像既是一款超前设备,又是价格高昂、体积硕大的PDA。但在1993年的时候,Newton与上述两个方面都不搭边:消费者根本不清楚怎样使用。Newton售价在700～1 200美元之间,机长8英寸,宽4.5英寸,刚刚有巴掌大小。然而,由于屏幕分辨率不佳,字迹辨认能力极差,一度成为人们的讽刺对象,甚至连《辛普森一家》也拿它来调侃。在更薄、更便宜、更易使用的Palm Pilot于1996年问世后,Newton更没了出头之日,最终消失在人们的视野之外。

5. QuickTake数码相机

说起世界上第一个发行数码相机的厂商,你肯定不会想到苹果公司。事实上,苹果公司1994年推出的QuickTake是世界上第一台数码相机。同Newton一样,苹果公司可能出于自身利益,对QuickTake做了大胆创新,但这些创新并不成功。QuickTake售价750美元,记忆存储容量只有1MB,只能存储8张0.3MB像素的相片,没有LCD屏幕和变焦功能。另外值得一提的是,QuickTake拍摄的照片只能下载至Mac机上,苹果的用意不言自明。

6. Macintosh TV

苹果公司高层的想法似乎很简单:开发一种可将显示器当作电视使用的电脑,将至少一件电子用具从起居室清除出去。Macintosh TV就像是拥有电视调谐器的苹果LC 520 PC,用户可以在电视和电脑之间切换,也就是说可以将其作为电视和电脑使用。但Macintosh TV的处理速度比相同配置的PC慢得多,而售价却超过2 000美元,比一般的电视要贵,市场定位一时难以解决。在Macintosh TV停产之前,其出货量不到1万台。

7. Rokr手机

苹果公司的拥趸不厌其烦地强调,摩托罗拉Rokr并非苹果在iPod方面的第一次尝试。但苹果确实让Rokr搭载了公司iTunes播放软件,并在2005年9月联手摩托罗拉推销这款产品。Rokr存储量有限,只能装载100首歌曲,最终结果令人失望,尽管它确实预示着引爆市场的iPhone手机即将问世。

8. Power Mac G4 Cube

在苹果公司于2000年刚刚推出Power Mac G4 Cube时,其8英寸的创新外观和独特的光盘驱动一度使业内人士认为PC设计可能会从此被重新定义。美国媒体也是纷纷高唱赞歌。《华尔街日报》惊呼G4 Cube"华丽无比",《纽约时报》将其比作Parthenon。但是,由于G4 Cube的200美元售价高于具有类似配置的苹果G4 PC,消费者并不买它的账。在推出G4 Cube一年后,苹果公司悄悄发表了一份声明,称公司将暂停销售G4 Cube。

从以上案例中可以看出导致苹果公司失败的主要原因是决策失误和盲目创新。可见,导致苹果公司的创新失败是由于其创新盲目性。既没有顾及市场的需求,也没有考虑自己的产品链,是一种非良性的创新。另外,苹果公司技术创新过于夸大,并未找到一种适宜自己发展的系统创新模式。实际上，技术创新的最终目的还是通过服务市场来增大企业价值。也就是说，要建立以价值驱动的创新模式，即技术创新与市场需要有效的销售策略相结合。而这样的模式正是苹果公司所缺乏的。

后来，当乔布斯重新回到苹果公司后，他意识到盲目创新的危害，很快改变战略，使苹果公司"再放异彩"。IMAC电脑的成功便是最好的证明。

从案例中可以看出创新与战略是相辅相成的。当企业处于创新初期，创新可以帮助企业寻找市场机会，把握先机优势；当企业进入稳步发展时期，则应该在保持自身核心创新能力的基础上，结合市场需求和竞争态势，对原来的战略机会做出调整，这样才能实现增加企业价值的目标。企业的发展需要创新，只要创新可以生存长久。但创新的同时也要考虑到与市场的结合，更需要考虑消费者的真正需求是什么，而不是盲目地去创新。在一个新产品出来之前一定要做深入的市场调查和市场分析，这种新产品是不是符合当时的消费观念和消费者对产品的接受能力。这样一个创新出来的新产品能成功地迎合市场，迎合消费者。

第一节　研究与开发活动内部控制

科学技术是第一生产力，研究与开发作为科技创新的主要活动，成为现代社会企业获得持续竞争力的源泉，也作为企业发展战略的核心要务。企业要想在日趋激烈的市场竞争中占有一席之地，必须从知识经济的要求出发，从市场环境的变化出发，不断进行技术、管理、制度、市场、战略等诸多方面的创新，其中又以技术创新为核心。只有源源不断地研究与开发，企业才能不断向市场推出新产品，不断提高产品的知识含量和科技含量，改进生产技术，降低成本，进而提高产品价值，提高产品的市场竞争力和市场占有率，并适时开拓新的市场领域。

在国内外已有大量有关企业研究与开发活动与企业价值创造能力关系的宏观面研究，大量经验研究结果表明：一个国家、一个行业、一个公司在研究与开发方面的投入与经济的增长、生产率的提高、公司盈利的增加之间呈显著的正相关关系。企业研究与开发活动对企业的经营活动发挥了重要作用，上市公司披露的无形资产与股价之间存在着显著的正相关关系。

一、研究与开发业务流程概述

（一）研究与开发的含义

研发(research & development，R&D)，即研究开发、研究与开发、研究发展，是指各种研究机构、企业为获得科学技术(不包括人文、社会科学)新知识，创造性运用科学技术新知识，或实质性改进技术、产品和服务而持续进行的具有明确目标的系统活动。一般指产品、科技的研究和开发。研发活动是一种创新活动，需要创造性的工作。按照定义，研究开发活动可理解为由科技研发与技术研发两大部分构成。科技研发是指为获得科学技术的新知识、创造性地运用科学技术新知识、探索技术的重大改进而从事的有计划的调查、分析和实验活动。对科学原理、规律、理论的研究称为基础研究，而科学技术的应用性研究和开发称为应用研发。科技研发情况，例如，研发经费、研发人员数量、研发成果包括发表的论文、申请的专利等，是衡量一个国家创新能力的重要指标。技术研发是指为了实质性改进技术、产品和服务，将科研成果转化为质量可靠、成本可行、具有创新性的产品、材料、装置、工艺和服务的系统性活动。研发包含四个基本要素：创造性；新颖性；科学方法的运用；新知识的产生。研究开发活动的产出是新的知识(无论是否具有实际应用背景)，或者是新的和具有明显改进的材料、产品、装置、工艺或服务等。

联合国教科文组织认为研究与开发是指增加知识总量，以及运用这些知识去创造新的应用而进行的系统性创造活动。与这一定义相联系的国际通用的研究与开发三阶段划分标准是：研究与开发由基础研究、应用研究和技术开发三项活动组成。第一，基础研究。基础研究主要是为获得关于现象和可观察事实的基本原理而进行的实验性或理论性工作。基础研究可细分为完全不考虑任何应用的纯基础研究和为某种技术应用的可能性而做的应用性基础研究两类。基础研究主要成果的表现形式是科学论文和科学著作。第二，应用研究。应用研究是利用基础研究的成果，去满足具体的需要。应用研究主要针对某一特定的，而又比较广泛的应用目标。应用研究成果，主要表现为学术论文、著作、原理性模型或实验性模型。第三，技术开发。技术开发是指利用从研究和实际经验中获得的现有知识，为生产新的材料、产品和装置，建立新的工艺、系统和服务，以及对已生产和已建立的上述各项进行实质性改进而进行的系统性工作。技术开发分为两个阶段：实验开发和工程开发。实验开发是开发新的产品和过程，其成果一般是样品、样机、装置原型及相应的图纸与其他技术文件。工程开发是以具体的产品或过程为对象，它要解决从样机或原型到生产之间的全部技术与工艺问题，其成果要满足正式生产的全部技术需要。

我国科技部对研究与开发的定义：研究与开发活动指为增加知识的总量(包括人类、文化和社会方面的知识)，以及运用这些知识去创造新的应用而进行的系统的、创造性的活动。包括基础研究、应用研究、试验发展三类活动。第一，基础研究指为获得关于现象和可观察事实的基本原理及新知识而进行的实验性和理论性工作，它不以任何专门或特定的应用或使用为目的。第二，应用研究指为获得新知识而进行的创造性的研究，它主要是针对某一特定的实际目的或目标。第三，试验发展指利用从基础研究、应用研究和实际经验所获得的现有知识，为产生新的产品、材料和装置，建立新的工艺、系统和服务，以及对已产生和建立的上述各项作实质性的改进而进行的系统性工作。我国科技部对研究与开发定义内涵与联合国教科文组织的定义内涵是一致的。

国内外会计组织对研究与开发的定义和分类主要包括以下几种。第一，《国际会计准则第 38 号——无形资产》中对研究与开发的定义：研究，指为获取新的科学或技术知识并理解它们而进行的具有创造性和有计划性的调查；开发，指在开始商业性生产或使用前，将研究成果或其他知识应用于某项计划或设计，以生产新的或具有实质性改进的材料、装置、产品、工序、系统。第二，我国《企业会计准则第 6 号——无形资产》中对研究与开发的定义：研究是指为获取并理解新的科学或技术知识而进行的独创性的有计划调查；开发是指在进行商业性生产或使用前，将研究成果或其他知识应用于某项计划或设计，以生产出新的或具有实质性改进的材料、装置、产品。第三，我国《企业内部控制应用指引第10号——研究与开发》中对研究与开发的定义：研究与开发，是指企业为获取新产品、新技术、新工艺等所开展的各种研发活动。本条款规范了研究与开发的内容和定义。其中，“三新”中的“新产品”是指在结构、材质、工艺等方面比老产品有明显改进，显著提高了产品的性能或扩大了产品的使用功能以及采用新技术原理设计构思的新产品。但根据用户要求生产的单台非标准设备，用进口元器件、零部件组装的国内尚无生产的产品以及单独改变花色、外观、包装的产品除外。“新技术”是指在一定地域、时域和行业内有所创新并具有竞争能力的技术，包括首次发明创造的开拓性技术；在原有技术基础上发展的，性能有重大突破和显著进步的技术；以及对原有技术进行一定程度改革，使之有所进步的技术。“新工艺”是指在工艺要求加工方法等流程路线某一方面或几方面与老工艺相比有明显改进，具有独创性、先进行、实用性，并在一定范围内首次应用的工艺。

一般来讲，研究与开发活动由科学研究活动与技术开发活动两大部分构成。科学研究活动是指为获得科学技术的新知识、创造性地运用科学技术新知识、探索技术的重大改进而从事的有计划的调查、分析和实验活动。研究活动的例子包括：旨在获取知识而进行的活动；研究成果或其他知识的应用研究、评价和最终选择；材料、设备、产品、工序、系统或服务替代品的研究；以及新的或经改进的材料、设备、产品、工序、系统或服务的可能替代品的配制、设计、评价和最终选择。研究活动的特点在于：

第一，计划性。研究阶段是建立在有计划的调查基础上，即研发项目已经董事会或者相关管理层的批准，并着手收集相关资料、进行市场调查等。例如，某药品公司为研究开发某药品，经董事会或者相关管理层的批准，有计划地收集相关资料、进行市场调查、比较市场相关药品的药性、效用的活动。

第二，探索性。研究阶段基本上是探索性的，为进一步的开发活动进行资料及相关方面的准备，这一阶段不会形成阶段性成果。从研究活动的特点看，其研究是否能在未来形成成果，即通过开发后是否会形成无形资产均有很大的不确定性，企业也无法证明其研究活动一定能够形成带来未来经济利益的无形资产，因此，研究阶段的有关支出在发生时应当费用化计入当期损益。

技术开发活动是指为了实质性改进技术、产品和服务，将科研成果转化为质量可靠、成本可行、具有创新性的产品、材料、装置、工艺和服务的系统性活动。开发活动的特点在于：一方面，具有针对性。开发阶段是建立在研究阶段基础上，因此，对项目的开发具有针对性。另一方面，形成成果的可能性较大。进入开发阶段的研发项目往往形成成果的可能性较大。由于开发阶段相对于研究阶段更进一步，且很大程度上形成一项新产品或新技术的基本条件已经具备，此时如果企业能够证明满足无形资产的定义及相关确认条件，所发生的开发支出可资本化，确认为无形资产的成本。

会计组织对研究与开发的定义与联合国教科文组织的定义和我国科技部的定义在本质上是一致的，但二者存在一定的区别：会计组织对研究与开发的定义中，改变了研究与开发阶段的划分，将研究与开发分为研究、开发两个阶段。从企业研究与开发支出的角度考虑，基础研究与应用研究并没有很大区别，可归为“研究”，有利于企业研究与开发支出

入账，其阶段划分的动机是进入不同账户的需要。研发是创新成模的过程。产品创新、技术创新是企业创新的核心内容，企业研发一般指产品研发、技术研发。产品研发和技术研发有密切关系。新技术的诞生，往往可以带来全新的产品，技术研发往往对应于产品或者着眼于产品创新；而新的产品构想，往往需要新的技术才能实现。鉴于两者的紧密关系，不少公司将产品研发和技术研发合为一体，研发部门不仅负责技术研发，而且负责产品研发。这种模式的缺陷在于，由于产品研发的主导权在技术部门，因而容易忽视顾客的需求和市场的可行性。以技术来主导产品研发，常常会导致商业上的失败。产品创新的成功，首先需要商业上的适当研究、谋划和权衡，然后才是考虑技术、设计和商业的完美结合。因此，企业应当尽可能设置独立的产品研发职能。

（二）研究与开发的意义

技术进步是现代经济增长最主要的推动力，一个国家的研究与开发能力将直接影响其技术进步，从而影响国家工业化进程、经济发展后劲和国际竞争力。不仅如此，研究与开发活动对产业升级、产业发展也有重要影响，一个产业的蓬勃发展往往都是以技术的突破为基础的，一个产业的不断衰退往往也是由于其技术落后而引起的。对于企业而言，研究与开发活动是企业长期战略的重要组成部分，对企业的生存与发展意义深远。

1. 研究与开发对经济增长模式转变的促进作用

研究与开发主要是通过基础研究、应用研究和试验发展来产生技术创新，提高产品技术含量、增强企业核心竞争力、优化和提升产业结构等方式来推动经济增长。研究与开发是企业生产经营活动的重要组成部分。“科学技术是第一生产力”，研发活动是企业自主创新的重要手段，其可以为企业提供核心技术，增强企业的核心竞争力。现在全球经济已经进入后金融危机时代，总结金融危机的经验和教训，结合我国的实际，我们提出了通过调整经济结构，促进发展方式的转变。同时，由于环境的不断恶化，现在环境保护已经引起了全球的注意，各国纷纷提出应当限制“三高”行业、要求加大节能减排的力度，我国也提出了未来几年的减排目标，这就对企业研究与开发提出了更高的要求，要求企业进行生产、发展方式的转变。

2. 研究与开发对产业结构升级的作用

在经济发展过程中，产业结构即各产业部门在国民经济中所占的比例是不断变化的。产业结构的变化受多种因素的制约，其中科学技术的进步是关键因素，而科学技术进步是从研究与开发活动开始的。每一次重大的研究与开发成果都对产业结构产生重大影响，形成一批新的产业群，大大提高社会生产率，使得社会生产水平迅速提高，促使新的产业和产业部门形成。在研究与开发成果作用下，一方面原有产业和产业部门分解，某些产品或原有生产过程的某一阶段随着生产技术的变革和社会需求的扩大而分离出来，形成新的产业和产业部门；另一方面，新产品、新能源、新材料、新工艺、新技术的发明和利用，扩大了社会分工的范围，创造了生产活动的新领域，形成了原来没有的新的生产门类和生产部门。几次产业革命的事实表明了这一点。随着研究与开发知识积累的增多，研究与开发成果促进产业结构变化和改造的速度日益加快，不仅使得新产业创立和形成的过程加速，原有产业的改组和改造也加快了。同时产业结构不断向高级化发展。

知识链接

可通过刺激需求结构变化,促进劳动生产率提高,从而改变产业结构。研究与开发成果通过影响产品成本、最终产品,从而影响消费者的需求。消费者需求结构的变化必然对产业结构产生直接影响,从这一点讲,需求结构的变动是产业结构变动和研究与开发活动的中介环节。研究与开发成果促使劳动生产率提高快的部门游离出一部分劳动力,分流到产品需求上升的新兴产业部门或服务部门,使得劳动力在产业部门间的分配比例发生变化。劳动力的转移,促进了产业结构的升级。

3. 研究与开发对企业产品和服务提升的作用

企业通过多种手段在市场上竞争,可以按照这些手段替代的速度对其分类。在短期刚性成本结构和产品特性的背景下,价格是企业容易变更的常用主要手段,其他手段包括广告、营销等,因而在短期内价格竞争是常用的竞争手段。在比较长的时期内,成本结构和产品特性一起分别地替换:生产技术可以重新安排并予以改进;生产能力可以提高;产品特性如质量、产品设计、发货方案、销售网络都可以改变。消费者对产品的态度,可以由广告来施加影响。从长期来看,产品特性与成本结构,不仅可以通过简单调整现行的产品与可行成本的集合来加以改变,而且可以通过修改这一集合加以改变。研究与开发活动使得企业能够扩大它们的选择范围。产品创新能够创造出新产品,工艺创新能够改变生产成本。研究开发可以促进企业的自主创新,增强其核心竞争力,有效控制研发风险,实现企业的发展战略。同时,国际财务报告准则(IAS)以及我国企业会计准则(CAS)关于无形资产的准则中研发费用的处理,开发费用符合条件的可以予以资本化,通过未来期间的分摊,从而起到了鼓励企业进行研发活动,加大投入促进企业的可持续发展。而在新准则实施之前研究费用和开发费用都要费用化,使企业当期利润减少,不利于企业进行研发投入。图 8-1 表示研究与开发活动在企业战略中的地位。

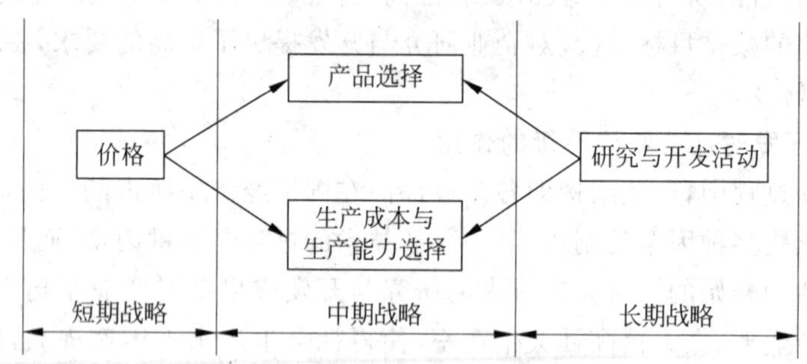

图 8-1 研究与开发活动在企业战略中的地位

(三)研究与开发的业务流程

企业的研发项目不仅注重项目的目标与结果,还要对中间过程建立起有效的管理和控制。而一个流程化、结构化的研发业务工作流程应该是采取了对过程的层层控制以及有效的反馈来逐步达到最终目标的完整的过程。建立规范的研究与开发项目管理的流程,不仅可以指导和帮助团队成员的研发实践,而且可以降低研发风险,改善研发质量,极大地提高研发工作的效率和效益。研究与开发的基本流程，主要涉及立项、研发过程管理、结题验收、研究成果的开发和保护等。

1. 立项

研究项目的立项是项目决策部门按照自己的意图和目的，在调查研究、分析的基础上，对研究项目的规模、投资、基本方案，研发周期和预期效益等方面进行技术和经济分析，决策研究项目是否必要和可行的过程。立项主要包括立项申请、评审和审批。

2. 研发过程管理

研发过程是研发的核心环节。实务中，研发通常分为自主研发和研发外包。

（1）自主研发

自主研发是指企业依靠自身的科研力量，独立完成项目，包括原始创新、集成创新和在引进消化基础上的再创新三种类型。

（2）研发外包

研发外包根据外包程度可以分为委托研发和合作研发两种形式。

委托研发是指企业委托具有研发能力的企业、科研机构等开展新技术研究开发工作，研究所需经费由委托人全额承担，受托人交付研究开发成果。企业受研发技术人员、资金、时间、信息等因素的制约，将自身的研发任务通过契约的形式整体委托给外部其他企业完成，或者是通过购买，将研发技术整体从外部企业购得，这样企业就可以集中精力去完成企业自身实力可以完成的研发任务，从而不仅避免了重复研发，还可以有精力去增强自身的核心竞争力。研发外包形式下，企业就整个研发任务本身来说，企业之间事前达成协议，不进行研发活动的过程合作，但是最后共享研发的技术成果，进而实现企业自身利益最大化。在这种情况下，由一个企业独立研发、独立完成，研发活动只在一个企业中进行，但最终的结果是两个企业共享最终的研发成果，从而实现了成本共享。

合作研发是指企业与其他企业、科研机构、高等院校之间的联合研发行为，合作各方共同参与、共同出资、共享效益、共担风险，共同研发完成同一科技研发项目。合作研发是以合作创新为目的，以优势互补为前提，由多个组织共同参与的研发模式。通过合作研发可以有效利用组织外部资源，降低研发成本并分担研发风险。

3. 结题验收

研发项目完结后，对于按政策法规需要由政府科技管理部门或其他相关部门验收的研发项目，按相关法规办理验收。对于不需要政府主管部门验收的项目，企业应当组织相关专家自行验收。企业应当建立验收人员的议事规则，确定符合国家标准或行业标准的可操作的验收标准，制定规范的验收程序。对项目分专题进行的，企业可以先分专题验收再进行综合验收，但最终验收结论应以综合验收为准。

4. 核心研发人员的管理

一个研发项目，通常由学术、技术、制造、市场、采购、财务等不同领域人员组成。参与人员按职责分工分为项目评审人员、技术顾问、咨询专家、项目负责人、主要研发骨干、项目一般参与人员等。

产品开发团队是具体的产品开发任务实施者，负责制订具体产品策略和业务计划，确保按计划完成各项研发任务，及时地将产品投放到市场。产品开发团队一般由一个项目负责人(通常称谓有项目经理、产品经理、首席科学家等)负责项目的总体运作,拟订具体研发计划,组织研发团队开展研发工作。项目可以按产品研究、测试、制造、成本控制等设置若干子项目(课题),并指定相应的负责人(研发经理、测试经理、制造经理、成本经理等),各子项目还可以进一步细分为不同模块,由承担不同任务的项目组负责研究、测试、制造等任务。

研发项目核心研发人员一般包括:产品开发团队负责人、主要研究骨干和在测试、制造、成本控制等各方面承担主要责任的业务人员等。

核心研发人员是掌握企业核心技术的人物,是企业研究开发正常运行的关键,因此,加强并不断完善企业的核心研发人员管理制度,是企业研究与开发活动的重要环节。

5. 研究成果开发

研究成果的开发是企业技术研究的目的和必然要求,研究成果经过开发,转化为企业的产品,成为企业研发活动接受市场检验的直接对象。

6. 研究成果保护

企业的研发成果一般表现为知识产权。国家知识产权制度为知识产权的保护提供了一整套法律方法和措施,是企业研发成果保护的重要依据和途径。企业应当充分利用国家的知识产权保护制度保护自身的研发成果。除此之外,企业还应当通过内部控制制度的建立与国家知识产权保护制度相衔接,对研发成果实施全方位的保护。有条件的企业还应当制定自己的知识产权战略,将知识产权提升到企业战略的高度,加强知识产权的管理和保护。

7. 研发项目评估

研发项目评估指的是在研发项目通过评审验收一定时间以后,由各方面具备资格的代表对研发工作所做的正式的、全面的、系统的检查,针对项目成果的应用效果进行评价,并对研发成果对企业发展的贡献做出客观评估,其作用是为全面衡量企业研发项目的研发价值,有效监督研发项目执行的规范度,为提升后续研发项目申报质量提供科学可靠的依据。一般生产企业研究与开发活动的业务流程如图 8-2 所示。

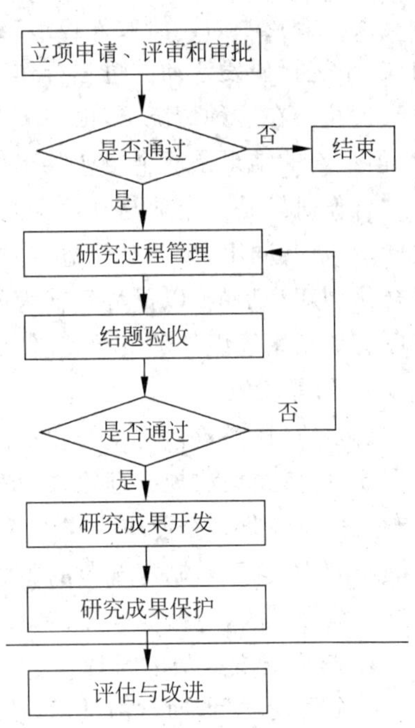

图 8-2 一般生产企业研究与开发活动的业务流程[①]

二、研究与开发风险点分析

(一) 总体风险分析

研发活动的目的就是形成新产品、新技术、新工艺,提升企业核心竞争力,为企业创造价值,而如果转化应用不足,研发活动的目标将不能实现。而保护措施不利,将导致企业的商业秘密泄露使企业受

① 《企业内部控制规范讲解》,财政部会计司,2010。

损。各阶段的主要风险点：

(1) 论证阶段中的主要风险是研究项目未经科学论证或论证不充分，可能导致创新不足或资源浪费。从前期论证阶段的风险点来说至少包括：研究计划、可行性研究报告的编制、专业评估、立项审批、项目决策等。

(2) 过程管理阶段中的主要风险是研发人员配备不合理或研发过程管理不善，可能导致研发成本过高、舞弊或研发失败。从过程管理阶段的风险点来说至少包括：经费管理、进度管理、质量管理、合作模式的选择、知识产权的归属、成果的验收、研究人员的管理等。

(3) 研究成果转化阶段中的主要风险是成果应用不足、保护措施不力，可能导致企业利益受损。从成果转化阶段的风险点来说至少包括：试生产的验证、知识成果的保护、研发活动的评估等。

（二）风险点分析

本书按照研究与开发业务在不同阶段中的环节，对风险点进行分析。

(1) 研究项目未经科学论证或论证不充分，可能导致创新不足或资源浪费。

研究项目在立项之前，必须经过科学论证，否则，不进行论证程序或者论证不充分，可能导致创新不足或资源浪费。研发项目的可行性论证一般会涉及项目立项必要性、技术可行性、合作方的研发实力，研发成果和知识产权分配、合作方的考核指标、对企业科技进步的促进作用、资金匹配与投入能力以及研发项目的管理等问题。研发项目技术不可行，合作方或者企业自己配制的研发小组成员研发实力与研发项目的创新要求不匹配，会造成创新不足，继而导致企业资源的不良配置。

研发项目必须经过严格的审批程序方可进行，未经立项审批的研发项目，企业不应也不能予以认可。

(2) 研发人员配备不合理或研发过程管理不善，可能导致研发成本过高、舞弊或研发失败。

企业必须具备科学合理的研发人员选拔标准和聘任程序，同时，要注意对研发人员工作业绩的考评，制定发动研发人员研究开发积极性的激励与约束机制，并据此决定员工的续聘、调动、升迁、降职或辞退。

对研发过程进行管理，是为了防范风险。一般企业的研发项目研制和生产的过程都比较长，因此，其间必定环节多、耗费资金多、不确定因素多，经济风险和技术风险大、系统操作复杂。故而，在研发过程中，企业所面临的风险种类繁多、各种风险之间的相互关系错综复杂。此外，由于研发过程的进行主要是依靠研发人员进行，因此，研发人员的经验、知识结构，以及其自信度，都会造成不同程度的风险。对于项目风险的管理，比较普遍运用的技术方法包括事故树分析(FTA)和事件树(ETA)分析方法。

研发过程管理不善，或者激励约束机制不到位，很可能引起研发成果外露、研发人员中途离任、研发效率降低等风险，给企业造成巨大的经济损失。

(3) 研究成果转化应用不足，保护措施不力，可能导致企业利益受损。

将研究成果转化为真正的经济效益，一般要经过四个阶段：第一，技术产品化，即将质化或者实验室成果转为有形的产品；第二，产品商品化，即将成型的产品转变为市场需要的商品；第三，商品社会化，即通过规模化生产运营，以可接受的成本将产品提供给社会大众，产生经济效益；第四，技术扩散化，即成果的进一步转化在于把本企业的工艺技术向适用的企业进行技术扩散。在这四个过程中，缺少任何一个环节，都有可能导致企业利益受损。要降低此类问题的发生，一是要在研发、企业和市场之间真正建立起一个合理的利益结合点，对研究成果进行市场分析，使得企业研发与市场效益挂钩；二是通畅转化渠道，扩大企业新产品的受众范围，让企业研发创新性产品获得市场的更多支持。

研发结果一旦成型，其产品则应成为受保护的对象。企业应及时制定科学成果的产权保护措施，确定权益和责任，申请专利保护。否则，企业的研发过程被商业竞争对手窃取，其损失将非常惨重。

三、研究与开发控制措施设计

（一）总体要求

研究与开发体现着企业的核心竞争力，在对研发业务流程和研发过程中的风险点进行识别和评估的基础上，设计一套科学、有效的控制程序和措施，是保证研发工作合理、有序、高效开展的关键，也是形成并凝聚企业核心竞争力的保障。

（二）具体措施

企业应当重视研发工作，根据发展战略，结合市场开拓和技术进步要求，科学制定研发计划，强化研发全过程管理，规范研发行为，促进研发成果的转化和有效利用，不断提升企业自主创新能力。具体措施应遵循以下三项原则：第一是制订研发计划阶段企业应当根据发展战略，结合市场开拓和技术进步要求，重点关注科学制订研发计划；第二是研发阶段要强化研发的全过程管理，重点规范研发行为；第三是成果转化阶段要重点关注促进研发成果的转化和有效利用。

1. 项目立项申请

立项申请与评估直接关系到企业的研发项目是否可以实施的问题。企业可以根据实际需要，结合研发计划，提出研究项目立项申请，开展可行性研究，编制可行性研究报告，这本身就是一项控制措施。企业可以组织独立于申请及立项审批之外的专业机构和人员进行评估论证，出具评估意见。这是为了提高评估的充分性，避免决策失误导致的重大风险。同时这也体现了《企业内部控制基本规范》第一章总则中提到的，企业建立与实施内部控制应当遵守的五项原则中的“制衡性原则”，不能由一个人既进行可行性研究又进行评估论证，这也是七项控制措施中“不相容职务分离控制”的体现。

企业应当结合研发计划，提出研究项目立项申请，开展可行性研究，编制可行性研究报告。企业研发项目的立项申请与可行性研究是确定研发项目的第一步。立项申请时，项目的可行性报告应该明确研发项目的理由、开发内容与方式、开发项目的技术路线、工艺流程、技术和经济目标、开发进度与完成期限、项目的预算、研发人员（或合作方）的基本条件与概况等。

企业应该对研发项目的立项过程进行跟踪与管理。立项管理是企业研发过程管理的第一个关键环节，应该遵循一定程序与步骤。对立项进行管理，其主要目的是通过规范化的流程，判断并采纳符合企业根本目标的立项建议，提供合理的资金和资源，使立项建议成为正式的项目，避免浪费企业的人力资源、资金和时间。立项管理可以分为立项建议阶段、立项评审阶段与立项筹备阶段。在立项建议阶段，主要的任务是立项建议小组的成员进行立项调查、产品构思、可行性分析并申请立项，随之进入立项评审阶段，如果通过评审，则进行项目的筹备阶段，开展正式的研发活动；如果没有通过评审，则返回到立项建议阶段，直到项目立项通过为止。

立项项目的评审和可行性论证，应该组织专家组进行。专家组成员的构成必须遵循规避原则。一般而言，专家组成员都是独立于申请及立项审批制之外的专业机构和人员，可能包括行业技术专家、管理专家和财务专家，其中以技术专家为主。此外，企业还可以借助中介机构的服务。

2. 项目决策与审批

研究项目应当按照规定的权限和程序进行审批，重大研究项目应当报经董事会或类似权力机构集体审议决策。决策的科学性也是非常重要的。这也是“授权审批控制”的重要体现。比如国资委要求央企的“三重一大”事项（重大决策、重大项目、重要人事变动、大额资金的支付）都应当通过集体审议决策。审批过程中，应当重点关注研究项目促进企业发展的必要性、技术的先进性以及成果转化的可行性。授权审批本身就是一项重要的控制措施，体现了科学决策的理念。

对于研发项目的管理，企业可按照重要性原则，对项目进行分类管理。比如，重大研究项目一般是指新产品研发和关键性技术之类的研发项目，或者在审批权限上必须经过决策委员会审批的项目；重要研究项目，比如对于引进的新产品或新技术进行评估、产品和技术的实验验证，企业从未生产过的新品种的实验、研究改进，对企业长期存在的产品生产技术、质量、工艺等问题进行攻关、解决现有生产技术难题，提高质量控制标准以及项目金额不多但可构成重要影响（比如高于规定限额）的项目等；一般研究项目，比如项目金额不大（比如低于规定限额），对企业生产经营构不成实质性影响的项目等。

在分类管理的基础上，研究项目应当按照规定的权限和流程进行分类审批。比如，重大研究项目应当报经董事会或类似权力机构集体审计决策。非重大项目由战略委员会审批，重大项目由战略委员会审议同意后报董事会审批。

立项阶段应重点关注未来市场风险和研发失败风险。如果对于企业研发项目的技术先进性与市场经济效益不能准确地估计，则研发项目可能会给企业带来严重的经济损失，因此，项目的立项审批，应当重点关注研究项目促进企业发展的必要性、技术的先进性以及成果转化的可行性。

3. 项目过程管理

企业应当加强对研究过程的管理，合理配备专业人员，严格落实岗位责任制，确保研究过程高效、可控。企业应当跟踪检查研究项目进展情况，评估各阶段研究成果、提供足够的经费支持，确保项目按期、保质完成，有效规避研究失败的风险。《企业内部控制基本规范》中提到了企业应当将手工控制与自动控制、发现性控制与预防性控制相结合，而这里的跟踪检查就是发现性控制的一种。企业研究项目委托外单位承担的，采取的措施：应当采用招标、协议等适当方式确定受托单位，签订外包合同，约定研究成果的产权归属、研究进度和质量标准等相关内容。企业与其他单位合作进行研究的,采取的措施:应当对合作单位进行尽职调查,签订书面合作研究合同,明确双方投资、分工、权利义务、研究成果产权归属等。风险的应对措施无外乎以下四个措施:风险规避,如不合理的研发项目不予上马;风险降低,如采取控制方法来降低风险;风险分担,如合作开发、业务外包就是很好的分担方法;风险承受,如果研发过程中的风险在企业风险可承受度之内,那么企业将选择承受。而在业务外包、合作研发中研究成果的归属问题是最重要的风险,成果是归企业所有还是合作双方共同拥有应当在合同中详细列明。

具体来说,企业应当加强对研究过程的管理,合理配备专业人员,严格落实岗位责任制,确保研究过程高效、可控。研究与开发人员的配置,应当与企业研发项目的产品生命周期相匹配,激励约束机制并行。在产品的形成阶段,产品开始进入市场,企业的产品在市场上具有独占性。这一阶段产品的开发,技术等风险仍然很大,产品表现为品种单一,产品没有附加功能,此阶段需要配置的研发人员数量多,市场推广工作是重点,因此,此期间的管理效率不是企业面临的主要矛盾,在激励约束机制上,提倡以长期激励机制(比如期权、股权等)为主;在产品的成长阶段,产品的发展前景基本明朗,企业及其产品在市场上也有了一定的知名度和美誉度,但是竞争对手的产品开始在市场上出现。该阶段科研人员的主要任务是对所推出的产品进行产品改进和功能附加,这时所需要的研发人员数量减少,但此时,企业在研发人力资源控制方面的管理工作应该跟进,逐渐兑现前期激励机制的承诺;到了产品的成熟阶段,企业的产品已不再具有垄断性,企业的利润也逐渐趋于行业平均利润,年平均增长率保持相对稳定。所需的科研人员数量应该大大减少,专业市场营销人员和管理人员数目增多,企业应该从研发项目管理转向企业管理。落实岗位责任制,内部控制工作成为企业管理工作的重点之一。

企业研发项目立项后,应当继续跟踪检查研究项目的进展情况,评估各阶段研究成果,提供足够的经费支持,确保项目按期、保质完成,有效规避研究失败风险。此规定包含两方面的含义:一是对阶段性成果的管理,研发各阶段的成果是研究项目最终成果的组成部分,企业应当制定管理程序和制度,将阶段性成果视同最终成果进行严格管理;二是研究过程中的费用管理。一般来讲,项目费用管理包括涉及费用规划、估算、预算和控制的过程,目的是要保证能在已批准的预算内完成项目,同时在项目研发过程中,研发费用能够与研发发展阶段对费用的需求相匹配。项目的费用管理主要包括项目费用规划、费用结构、费用估算、费用预算和费用控制的标准。企业严格执行费用管理的规定,能够降低研发费用,缩短研究时间,提高项目提交成果的质量和绩效,并优化决策过程。

企业合作方的获得,应该遵循一定的程序,以防止舞弊或者增加研究项目的风险。企业研究项目委托外企业承担的,应当采用招标、协议等适当方式确定委托企业,签订外包合同,约定研究成果的产权归属、研究进度和质量标准等相关内容。

4. 项目验收制度

企业应当建立和完善研究成果验收制度,组织专业人员对研究成果进行独立评审和验收。这本身就是一项重要的控制措施。企业对于通过验收的研究成果,可以委托相关机构进行审查,确认是否申请专利或作为非专利技术、商业秘密等进行管理。企业对于需要申请专利的研究成果,应当及时办理有关专利申请手续,对研究成果进行分级管理。同时研发活动还会受到企业内部和外部风险因素的影响，其中外部的风险包括经济、法律、科学技术进步、工艺改进的科学技术因素，所以为了避免遭受风险，应当保证研究成果的时效性和先进性。企业对研发活动的控制应该是全过程控制，这不仅包括对立项阶段的可行性分析控制与研发过程的控制，还包括研发结束后对研究成果的验收和结题控制。验收时，企业应该组织专家组进行，其验收的内容一般包括：项目产品开发进度与取得成果情况，项目资金落实与支出情况，项目产品市场开拓与销售情况，合同技术、经济、质量、资产指标完成情况，项目验收与立项时企业资产、销售、利税情况，项目执行过程中存在的问题，及其他相关的说明等。

验收后，企业应当采用一些技术方法对研究成果进行保护。比如，信息技术手段、防伪技术等。在法律保护上，一般可以采取的方法是申请专利。申请专利的时间要及时，否则研究成果一旦推迟申请法律保护，很可能为商业竞争对手抢先注册而延误商机。对于作为非专利技术、商业秘密等形式存在的无形资产，则更应该严加管理。企业应该建立无形资产的管理制度并建立有效的监督机制。

5. 项目保密制度

为了防范掌握关键环节、关键技术、核心技术的研发人员可能被竞争对手挖墙脚，对外泄密或者恶意破坏等风险，以下是应采取的措施：企业应当建立严格的核心研究人员管理制度，明确界定核心研究人员范围和名册清单，签署符合国家有关法律法规要求的保密协议。企业与核心研究人员签订劳动合同时，应当特别约定研究成果的归属、离职条件、离职移交程序、离职后保密义务、离职后竞业限制年限及违约责任等内容。

具体来说，企业应当明确界定核心研究人员范围和名册清单，签署保密协议，并在劳动合同中约定研究成果归属、离职条件、离职移交程序、离职后保密义务、离职后竞业限制年限及违约责任等内容。研发骨干人员的管理，应当引起研发型企业的高度重视。企业对于核心研发人员的管理，应该关注两个方面：一是企业应该建立研发项目核心人员的岗位责任制，并与研发人员签订《项目研发责任书》。其内容一般包括研发人员在本项目中详尽的责任、利益、时间结点、考核办法等。在此基础之上，明确各岗位的工作职权、责任和范围。二是企业应该建立与研发人员工作业绩挂钩的业绩考核体系。考核指标可以界定为两个方面：一方面是效益指标，另一方面是效率指标。效益指标是研发的成果在市场中产生的价值反映，如产品销售额、市场占有率等。效率指标则是指企业内部的研发效率和阶段成果完成情况，比如产品开发周期、研发费用、产品规划符合度、批次整改率、产品数据准确率等。具体操作，因企业而异。

研发核心人员应当与企业签订保密协议，以降低企业研发风险，保护企业研发成果。主要约定条款应该包括研究成果归属、离职条件、离职移交程序、离职后保密义务、离职后竞业限制年限及违约责任等内容。

6. 项目成果转化

企业应当加强研究成果的开发，形成科研、生产、市场一体化的自主创新机制，促进研究成果转化。研究成果的开发应当分步推进，通过试生产充分验证产品性能，在获得市场认可后方可进行批量生产。这样做的目的是在了解市场的基础上，防范市场风险。

企业应当加强研究成果的开发与保护，形成科研、生产、市场一体化的自主创新机制，促进研究成果转化为实际生产力。市场经济体制下，企业竞争力的大力提升，离不开自主创新机制。自主创新能力是产品结构升级、推进产业升级、优化企业资源配置的中心环节。企业研发活动的最终目的是将潜在的生产力转化为实实在在的经济效益，因此，企业应该在科研、生产与市场之间建立有机联系，最终促进成果的转化。

虽然企业的研发项目在立项之初就应该进行广泛的市场调研，但是研发期间时间的递延，以及可能存在的潜在的调查偏差都可能使市场消费者偏好发生变化而增加市场风险。因此，在成果转化过程中，由于企业自主创新的成果多数为市场率先上市的产品，消费者的接受能力尚不清楚，因此，企业应首先进行试生产，以充分验证产品性能，在得到市场认可的基础上进行大规模的批量化生产，否则，一开始就将研发的新产品进行大规模生产，很可能会给企业带来经济损失。

7. 项目成果保护

企业应当建立研究成果保护制度，加强对专利权、非专利权、商业秘密及研发过程中形成的各类涉密图纸、程序、资料的管理，严格按照制度规定借阅和使用。禁止无关人员接触研究成果。

企业应该建立对各项研究成果的保护制度，科研资料和文献的管理是其中重要的环节。企业研发项目在结题、鉴定、验收或者获奖后一定时间内，项目负责人应该将结题涉及的文本资料（任务书、合同书、实验、测试、图纸、调研、考察等原始资料、论文、专著、结题报告），结题鉴定、验收、报奖及获奖证书等材料收集完整，按形成日期整理并归藏专门机构档案室审查，并进行装订。除非发生特殊情况，与研发无关的人员应该遵循禁止原则，不得接触研究成果。

8. 项目研发后评估

企业应当建立研发活动评估制度，加强对立项与研究、开发与保护等过程的全面评估，认真总结研发管理经验，分析存在的薄弱环节，完善相关制度和办法，不断改进和提升研发活动的管理水平。其控制措施为运营分析控制，即通过分析查找风险所在以及薄弱环节而进行充分论证，从而制定措施进行改进并提升研究开发活动的管理水平和效率。

研发项目的评估制度主要包括三个阶段：立项阶段的评估、研究开发过程的跟踪评估与信息反馈、研发结果的评估与保护。这三个阶段环环相扣，相互衔接，缺一不可。企业对其建立评估制度的严格执行，能够不断改进和提升研发活动的管理水平。

案例 8-1　内控缺失导致研发项目失败

某软件公司一直从事小型办公自动化软件系统的开发，其研发的 OA 软件凭借过硬的研发技术、完善的售后服务和专业化的发展方向，已经成为小型企业办公自动化的首选软件。随着公司规模的扩大，公司股东想向其他领域扩展。由于公司创始人原从事金融行业，认为开发该行业软件发展前途大，利润高，于是软件公司选择金融行业作为未来实施跨越的方向。

为了实现这一战略目标，公司将原先的研发人员一分为二，一部分仍然继续从事小型企业 OA 软件的开发，另外一部分研发人员成立项目组，针对银行和证券公司研发大型办公自动化软件。由于研发人员都是原先开发团队成员，互相之间较为熟悉，且公司要求时间紧，费用投入大，项目组成立后立刻进行分工开发。

随着开发过程的深入，出现的问题越来越多，研发人员水平不够、项目经费开支过大、技术难题解决缓慢，而且同类软件已经在市场上出现，整个项目面临失败的风险。

该软件公司针对研发项目面临失败的风险进行了分析，最重要的原因在于项目未按照正常的程序进行立项。

首先，按照研发项目的立项流程，第一步就要进行项目立项评审工作。在上述案例中，该公司决策者仅仅凭借自己曾经在金融行业工作过，对于市场情况较为熟悉，就决定进行大型金融软件的开发，既没有进行市场调研，也没有邀请外部专家进行评审，注定了该项目从出生开始就面临着极大的市场风险。

其次，在完成了市场调研的基础上，就要编制项目可行性研究报告，详细描述整个研发计划的背景、技术方案、预计经费、完成时间、预期目标等内容。而在上述案例中，由于公司决策层已经同意研发该项目，因此研发团队在面临时间和编制研究报告的选择中，只顾抢时间而忽略了整个计划的筹划，所以在后续过程中研发费用超支、完成时间一再延期，陷入了困境。

最后，该软件公司对于自己不熟悉的领域，面临的技术风险估计不足。由于该公司一直是从事小型企业的软件系统开发，软件环境基本是以桌面操作系统为主。而银行和证券公司等大型企业采用的一般都是大型服务器，原有的研发人员对于大型服务器的操作系统并不熟悉，导致在开发的过程中面临着很多技术难题，直接导致系统完成时间一拖再拖。而竞争对手的产品已经提前问世，致使整个项目面临失败的风险。

第二节　工程项目内部控制

工程项目的流程复杂，环节较多，风险较大，故对于工程项目的管理要求就会很高。制定《企业内部控制应用指引》的目的就是为了加强工程项目管理，提高工程质量，保证工程进度，制定工程成本，防范商业贿赂等舞弊行为。如果不能很好地加以控制和防范，就可能会导致项目失败，给国家和企业带来严重的经济损失，甚至还有可能破坏环境、造成人员伤亡，酿成严重后果。反之，则能够产生巨大的经济效益和社会效益。因而工程项目内部控制对于企业实现工程项目管理目标，提高企业资金使用效率具有重要的意义。

一、工程项目流程概述

（一）工程项目的含义

企业自行或者委托其他单位所进行的建造安装工程，是企业扩大生产规模、发展战略的重要基础，是企业做大做强的重要手段。如建造厂房、扩大再生产等，具有一定专业性，通常是通过招投标或者发包方式，委托建筑企业或安装公司承建，当然企业也可自行组织安装建造。《企业内部控制应用指引》是针对一般所有企业而言即发包单位，而并非施工单位。企业做大做强的两种方式如下：第一种是通过固定资产投资、扩建厂房等项目建设；第二种是通过兼并、重组等方式扩充企业实力。但对于第二种方式而言，根基也脱离不开项目的投资。所以工程项目建设对于所有企业都是很重要的。

工程项目，是指企业根据经营管理需要自行或者委托其他企业所进行的建造、安装工程。其方式通常为自行建造和委托他人代建。自行建造指企业参与工程项目建造的全过程或绝大部分，并在该过程中发挥主导作用。委托他人代建指企业将工程项目的主要部分或全部以出包的方式交由其他企业，企业主要负责筹集工程项目所需的资金、按期与承包商结算、参与竣工决算等。工程项目包括企业自行建造房屋、建筑物、各种设施以及进行大型机器设备的安装工程、固定资产建筑工程、安装工程、技术改造工程、大修理工程、信息化工程等，工程项目会形成新的固定资产或维护、提升既有固定资产的性能。

工程项目具有的特点决定了工程项目管理与一般的企业管理有很大不同。一次性、不重复的工程项目管理与虽具阶段性但却是循环的、可重复的企业日常经营管理有着显著的区别。其具备如下特征。

(1) 投入资金多，开发周期长。工程项目的规模往往很大，涉及大额物流、资金流。因为工程建材需要大量砖石、水泥等物料，且要与不同的施工单位、监理单位办理工程价款结算，故自然物流、资金流较大。耗资也从几十万元到上亿元甚至更多。工程项目需要一定的建设时间，通常跨越一个会计年度，对于我们国家的特大型项目时间更耗时，短则半年，长则三五年，甚至长达十几年。同时，工程项目的建设涉及的方面也极广，如建设规划部门、银行、税务、法律、设计、施工、材料供应、设备、交通、城管等，有大量的协调工作要做。这就需要企业具备高水平的管理手段，否则项目一旦失败，将会给企业、社会造成巨大损失。

(2) 关联方较多，涉及建设单位、施工企业、设计单位、监理单位、政府部门，如工程设计监理、土地征用、环保规划、建设许可等诸多方面均要与不同部门单位进行接洽协调。

(3) 技术要求高，工艺复杂。工程项目的使用寿命往往较长，因而对工程项目的质量提出了很高的要求。而且随着科学技术的发展，越来越多的新材料、新工艺、新设备被用于工程项目建设中，对技术和工艺的要求日臻提高。

(4) 影响因素多，环境复杂。工程项目必须是在其使用地点建设，受到诸如气候条件、水文地质、地形地貌等环境制约，不可控因素多且复杂，为工程项目建设目标的实现带来了很大困难。

(5) 具有一次性，风险较大。工程项目是典型的一次性事业，任何工程项目都有一个独立的管理过程，其计划、控制、组织都是一次性的，即使是相同的设计，也会因为空间、时间及其他外界条件的不同而使得建设过程有很大区别，必须针对不同的工程项目进行管理和协调。正因为工程项目的一次性使其不确定性要比其他经济活动大，因而其风险的可预测性也就差很多。重复性的生产和业务活动若出现了问题，常常可以在以后找到机会补偿，而工程项目一旦出现了问题，则很难补救。

（二）工程项目的意义

工程项目周期长、投资多、风险大且建成后无法逆转，由许多前后衔接的阶段和各种各样的生产技术活动构成，所处环境开放、复杂多变，有较大的风险性和不确定性，涉及包括建设企业、承包商、供应商、设计企业及咨询中介机构等多个不同的利益主体等。原本在管理体系中实现良好的内部控制就比较困难，再加上随着科技的发展和项目自身环境的变化，它所涉及的不确定因素、随机因素和模糊因素越来越多、不断变化，因而面临的风险也越来越大，造成的损失越来越严重，直接威胁到工程项目的顺利实施和建设。因此，为了保护工程项目的安全和质量可靠，保证建设中资产的安全性、完整性和有效性，保证工程信息的真实性、正确性和合法性，提高项目资金使用效率，企业就更应该遵循客观规律，按特定目的、原则和程序建立和实施比较完善的内部控制体系来保证工程项目建设目标的实现。

（三）工程项目的业务流程

根据工程项目程序性的特点可以将工程项目的全过程划分为工程立项、工程设计、工程招标、工程建设、工程验收五个环节（见图 8-3）。各阶段既有明显的界限，又相互有机衔接，不可间断，并且有些阶段之间互有穿插，例如招标工作就可能会贯穿工程项目的全过程。

1. 工程立项环节业务流程

工程项目立项是建设企业在调查分析的基础上，根据自己的需要对投资方向、投资规模、投资结构进行决策的一种判断行为，以确定工程项目是否有必要进行以及是否可以实施。这实际上就是选择和决定投资行动方案的过程，是对拟建项目的必要性和可行性进行技术经济论证，对不同建设方案进行技术经济比较选择及做出判断和决定的过程。这一阶段的工作量虽然不大，但在整个项目周期中却最为重要。项目决策正确与否，直接关系到项目建设的成败，关系到投资的多少及投资效果的好坏，它对项目长远经济效益和战略方向起着决定性的作用，任何一项决策的失误都有可能导致整个项目建设的失败。

工程项目立项环节的业务流程主要包括编制项目建议书、可行性研究、项目评审和项目决策几个阶段（见图 8-4），应在这些阶段进行相应的内部控制。

(1) 项目建议书

项目建议书是拟建项目的承办企业（项目法人和其代理人）向其主管部门上报的法定文件，它主要是根据国民经济和社会发展的长远目标、行业和地区规划、国家的技术经济政策以及企业的经营战略目标，结合本地区、本企业的资源状况和物质条件，经过市场调查，分析需求、供给、销售状况，寻找投资机会，构思项目投资概念，并用文字形式对项目的轮廓进行描述，从宏观上论证项目设立的必要性和可能性。概括地说，项目建议书就是把对工程项目投资的设想变为概略的投资建议。

项目建议书应当包含以下几项内容：项目提出的目的、必要性和依据；项目的产品方案、市场需求、拟建生产规模、建设地点的初步设想；资源情况、建设条件、协作关系和引进技术的可能性及引进方式；投资估算和资金筹措方案及偿还能力预计；项目投资的经济效益和社会效益的初步估计；项目建设进度的初步安排计划。

项目建议书编制完成后要经过内部和外部两道审批。内部审批是指编制人员应将项目建议书连同所依据的原始市场调研资料一并转交建设企业的审批部门进行审批，审批部门组织相关专业技术人员对项目建议书进行技术、经济分析和论证，并发表具体的书面意见。外部审批是指为实现工程项目建设的总体协调统一，我国项目建议书实行的分级审批制度。项目建议书编制完成后，应按照国家的有关规定，根据建设总规模和限额划分权限进行严格审批。

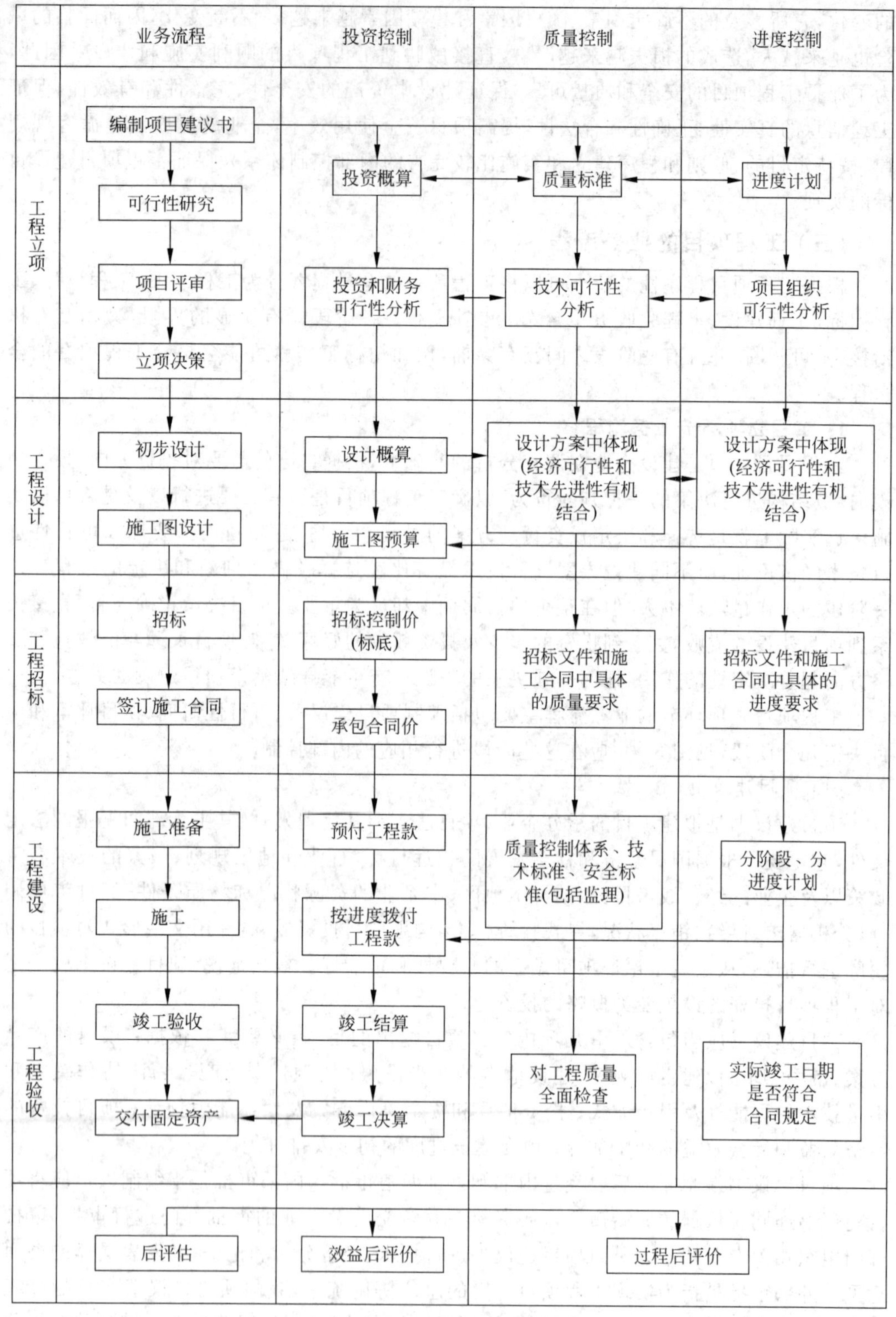

图 8-3 工程项目一般流程

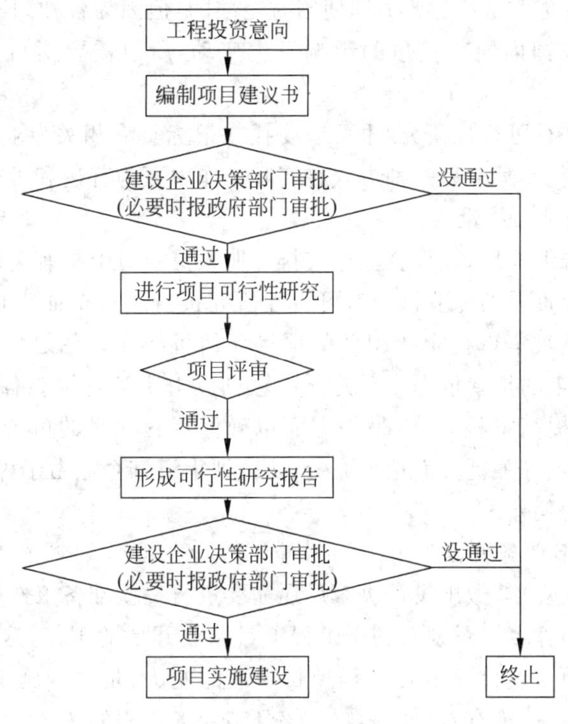

图 8-4　工程立项业务流程

(2) 可行性研究

工程项目可行性研究是指对某工程项目做出是否投资的决策之前,先对于该项目相关的技术、经济、社会、环境等所有方面进行调查研究,对项目各种可能的拟建方案进行技术、经济分析论证,研究项目在技术上的先进适用性、在经济上的合理性和建设上的可能性,对项目建成后的经济效益、社会效益、环境效益等进行科学的预测和评价,据此提出该项目是否应该投资建设,以及选定最佳投资建设方案等结论性意见,为项目投资决策提供依据。可行性研究是工程立项环节中的一个决定性阶段,是项目前期工作的核心内容。

工程项目可行性研究内容一般来讲包括市场、资源、技术、经济和社会等五人方面,其中比较重要的集中在以下三个方面：市场分析、技术分析以及财务经济分析。

① 市场研究分析占重要地位,市场现存或潜在的需求是一切投资的动因,原料的投入或者基础设施情况是重要内容,具体包括建设必要性分析、市场研究、生产规模的确定等。

② 技术分析,主要指建设和生产条件分析,包括工程项目适用技术在一定范围的同行中的地位、具体制造与工艺技术、设备选型、土建施工、安装和经营管理技术等。

③ 财务状况和经济分析,这是确定项目是否可行的决定因素。包括投资估算和资金筹措的来源、方式及成本,财务数据估算、财务效益分析、不确定性分析等。此外还有国民经济评价、社会评价、结论与建议等。

在市场经济条件下,企业进行机会研究或可行性研究时对市场需求、价格及项目投产后的生产与销售不可能掌握得很准；即使当时是准的，但因为各种因素会发生变化，例如供求与价格受进口或国内同行竞争的影响发生变动，所以需要对可盈利率进行敏感性分析。

企业可以自行进行可行性研究，也可以委托或招标具有相关专业技术能力的设计企业或咨询企业来编制，实际上后一种方式在实际工作中更为普遍和可行。

(3) 项目评审与项目决策

可行性研究报告形成后，建设企业应安排专职人员及时上报有关部门审批，组织有关部门或委托具有相应资质的专业机构对可行性研究报告进行全面审核和评价，并提出评审意见。特别是注意收集审批企业聘请的项目评估机构在评估之后所提出的问题和意见，这将作为项目决策的重要依据。对此评审意见应由决策者组织各专业人员进行讨论修改和审核，一方面提高审核效率，另一方面也确保工程项目的可行性研究报告编制完整，在技术、经济、市场等关键方面论证充分，防范评审咨询企业由于种种原因导致可行性研究报告结果出现的偏差。

2. 工程设计环节业务流程

工程项目在获准立项、做出投资决策后还需要进行一些准备工作，包括建设方将要开展的勘察、设计、概预算等一系列有利于工程项目顺利开展的工作，这些都属于工程项目的设计环节。工程项目设计环节是工程项目管理的龙头，是工程施工的依据、质量的基础，对工程质量、功能、造价有着重大影响。该环节业务流程如图 8-5 所示。

如图 8-5 所示，完整的大型工程建设项目设计阶段基本流程分为设计合同、技术协调、总体设计、初步设计、施工图设计、审查等环节。其中，根据规定，一般工业项目设计可按初步设计和施工图设计两个阶段进行；对于技术上复杂而又缺乏设计经验的重要工程，经主管部门批准，在初步设计审批后可以增加技术设计阶段；有些大型建设项目，如大型矿区、油田、大型联合企业的工程，还应在上述三个阶段外进行总体规划设计；技术上较为简单的小型工程项目经批准也可以简化为施工图设计一个阶段。

(1) 总体设计

总体设计是依据设计任务书而编制的文件。主要由设计说明书、设计图纸、投资估算、透视图等组成。一些大型或重要的建筑，根据工程的需要可加做建筑模型。建筑企业首先应该了解国家及地方有关工程建设的政策和法令，工程项目应该符合国家现行的工程建设标准、设计规范和制图标准以及确定投资的有关指标、定额和费用标准规定。其次总体设计的内容和深度应符合有关规定的要求，一般应包括自然条件、城市规划对建设物的要求、基础设施状况等，例如建筑工程总体设计应当包含总平面、建筑、结构、给水排水、电气、采暖通风及空调、动力和投资估算等专业。除总平面和建筑专业应绘制图纸外，其他专业以设计说明简述设计内容，但当仅以设计说明还难以表达设计意图时，可以用设计简图进行表示。工程项目总体设计可以由建设企业直接委托有资格的设计企业进行设计，也可以采取竞选的方式进行设计。总体设计竞选可以采用公开竞选和邀请竞选两种方式。对于非大型建设项目，总体设计可以并入初步设计阶段的工作中。

(2) 初步设计

初步设计是根据批准的可行性研究报告或设计任务书而编制的初步设计文件。初步

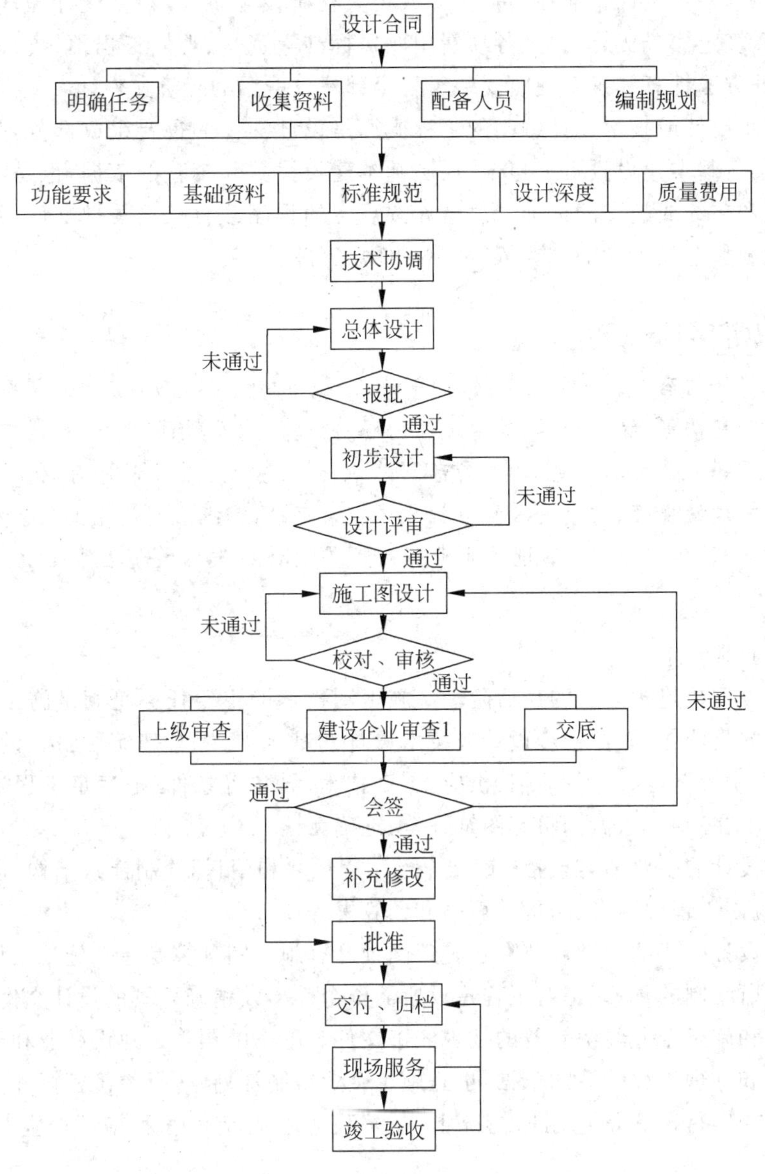

图 8-5　工程设计基本流程

设计文件由设计说明书(包括设计总说明和各专业的设计说明书)、设计图纸、主要设备及材料表和工程概算书等四部分内容组成。

在初步设计阶段,各专业应对本专业内容的设计方案或重大技术问题的解决方案进行综合技术经济分析,论证技术上的适用性、可靠性和经济上的合理性,并将其主要内容写进本专业初步设计说明书中。设计总负责人对工程项目的总体设计在设计总说明中予以论述。为编制初步设计文件,应进行必要的内部作业,有关的计算书、计算机辅助设计的计算资料、方案比较资料、内部作业草图、编制概算所依据的补充资料等,均须妥善保存。其中最为重要的一部分内容是编制设计概算。

设计概算，是指设计企业在初步设计或扩大初步设计阶段，根据设计图样及说明书、设备清单、概算定额或概算指标、各项费用取费标准等资料、类似工程预(决)算文件等资料，用科学的方法计算和确定建筑安装工程全部建设费用的经济文件。

根据初步设计或技术设计编制的工程概算是设计文件的重要组成部分，是编制基本建设计划、实行基本建设投资大包干、控制基本建设拨款和贷款的依据，也是考核设计方案和建设成本节约或超支的标准。总概算按规定的程序经有权机关批准后，就成为国家控制该建设项目总投资额的主要依据，不得任意突破。

知识链接

设计概算的内容包括：企业工程(如土建工程、机械设备及安装工程)总概算、单项工程(如车间、教室楼等)综合概算、其他工程的费用概算、建设项目(如工厂、学校等)总概算以及编制说明等。是由单个到综合，局部到总体，逐个编制，层层汇总而成。设计概算应按建设项目的建设规模、隶属关系和审批程序报请审批，审批后建设企业据以编制投资计划，进行设备订货和委托施工；设计企业作为评价设计方案的经济合理性和控制施工图预算的依据。

(3) 施工图设计

施工图设计是建筑设计的最后阶段。施工图设计的主要任务是满足施工要求，将初步设计的内容具体化，即在初步设计或技术设计的基础上，综合建筑、结构、设备各工种，相互交底，核实校对，深入了解材料供应、施工技术、设备等条件，把满足工程施工的各项具体要求反映在图纸上，做到整套图纸齐全，准确无误。

施工图设计的主要内容包括：确定全部工程尺寸和用料，绘制建筑结构，设备等全部施工图纸，编制工程说明书、结构计算书和预算书等。

施工图设计阶段的关键环节在于施工图预算。施工图预算是指在施工图设计阶段根据设计要求所编制的预算，是对工程建设所需资金作出较精确计算的设计文件，它还是关系建设企业和施工企业经济利益的技术经济文件。施工图预算是建设企业和施工企业签订承包合同和办理工程结算的依据，也是施工企业编制计划、实行经济核算和考核经营成果的依据。在实行招标承包制的情况下，是建设企业确定标底和施工企业投标报价的依据。

3. 工程招标环节业务流程

工程项目招标是招标人(建设企业)通过招标文件对拟建的工程发布公告，将内容和要求告知自愿参加的投标人，他们按规定的条件提出实施计划或价格，然后通过评审比较选出中标人，并以合同的形式完成委托的一种经济活动。

《中华人民共和国招标投标法》规定，在我国境内进行下列工程建设项目包括项目的勘察、设计、施工、监理以及与工程建设有关的重要设备、材料等的采购，必须进行招标：大型基础设施、公用事业等关系社会公共利益、公众安全的项目；全部或者部分使用国有资金投资或者国家融资的项目；使用国际组织或者外国政府贷款、援助资金的项目。

工程项目招标主要有设计招标、监理招标、施工招标和物资采购招标等，通过招投标程序可以选择到优质优价的参建企业，以确保工程质量，控制投资成本。

国际通行的招标方式主要有三类，分别是竞争性招标、谈判招标和两段招标。其中竞争性招标又分为公开投标和选择性招标（又称邀请招标）。我国法律规定招标分为公开招标和邀请招标。工程项目金额在一定数额之上的必须进行公开招标并报上级主管部门备案。以公开招标为例，其业务流程如图 8-6 所示。

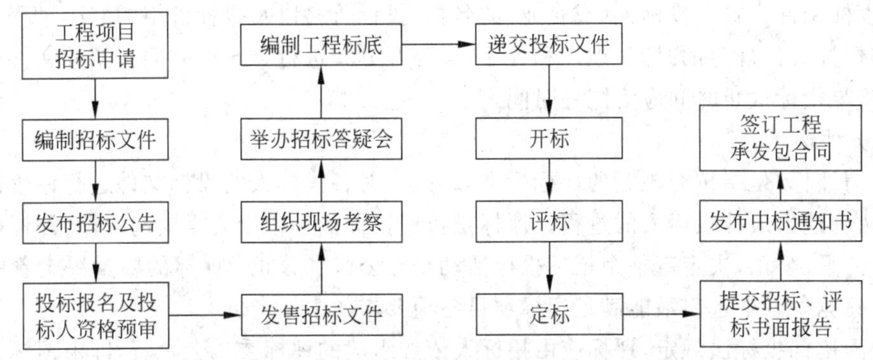

图 8-6　工程招标业务流程

从图 8-6 可以看出，招标程序基本可以分为三个阶段。①招标准备阶段。招标准备阶段的工作由招标人单独完成，投标人不参与。主要工作内容包括：选择招标方式、办理招标备案、编制招标有关文件。②招标阶段。对于公开招标，是从发布招标广告开始，如果是邀请招标，则是从发出投标邀请函开始到投标截止日期为止的期间。工作内容包括：发布招标广告或发出投标邀请函、资格预审（对于公开招标）、出售招标文件、现场考察、解答投标人的质疑。③决标成交阶段。从开标日到签订合同这一期间称为决标成交阶段。这一阶段主要工作内容有：开标、评标和定标。其中最主要的有招标、投标、开标、评标和定标五个环节。

(1) 招标

招标这一环节的主要工作包括建设企业提出工程项目招标申请、编制招标文件、发布招标公告、资格预审、发售招标文件。其中，招标公告内容应当包含招标企业名称、建设项目资金来源、工程项目概况和本次招标工作范围的简要介绍，以及购买资格预审文件的地点、时间和价格等有关事项；招标文件的内容应当包含投标须知、合同条件、技术规范、图纸和技术资料及工程量清单等；只有资格预审合格的承包商才能购买招标文件。

(2) 投标

投标是与招标相对应的概念，它是指投标人应招标人的邀请或投标人满足招标人最低资质要求而主动申请，按照招标的要求和条件，在规定的时间内向招标人递价，争取中标的行为。

投标的基本流程是投标人首先购买招标文件，经分析研究和现场考察后编制和递交投标文件。其中，标底是工程造价的表现形式之一，是建设企业对工程的期望价格，主要包括招标企业对招标人技术力量情况、信誉、预期工程造价和质量标准等综合文件；标底反映的是建筑工程产品的价格，而不是市场行情价。主要根据现行的国家定额、费用、设备、材料价格、设计工程量等规定计算出来。投标文件必须对招标文件的实质性要求和条件作出响应。

(3) 开标

招标企业在规定的时间、地点内，在有投标人出席的情况下，当众公开拆开投标资料(包括投标函件)，宣布投标人(或企业)的名称、投标价格以及投标价格的修改过程。开标应当按招标文件规定的时间、地点和程序，以公开方式进行。开标时间在招标文件中已事先确定，与投标截止时间应为同一时间。

(4) 评标

所谓评标，是指按照规定的评标标准和方法，对各投标人的投标文件进行评价比较和分析，从中选出最佳投标人的过程。评标是招标投标活动中十分重要的阶段，评标是否真正做到公平、公正，决定着整个招标投标活动是否公平和公正；评标的质量决定着能否从众多投标竞争者中选出最能满足招标项目各项要求的中标者。

我国招标投标法规定，评标应由招标人依法组建的评标委员会负责，即由招标人按照法律的规定，挑选符合条件的人员组成评标委员会，负责对各投标文件的评审工作。招标人组建的评标委员会应按照招标文件中规定的评标标准和方法进行评标工作，对招标人负责，从投标竞争者中评选出最符合招标文件各项要求的投标者，最大限度地实现招标人的利益。

(5) 定标

定标也即授予合同，是采购机构决定中标人的行为。定标是采购机构的单独行为，但需由使用机构或其他人一起进行裁决。在这一阶段，采购机构所要进行的工作有：决定中标人，通知中标人其投标已经被接受，向中标人发放授标意向书，通知所有未中标的投标，并向他们退还投标保函等。招标人应当从评标委员会推荐的中标候选人中确定中标人。中选的投标者应当符合下列条件之一：①满足招标文件各项要求，并考虑各种优惠及税收等因素，在合理条件下所报投标价格最低的；②最大限度满足招标文件中规定的综合评价标准的。

4. 工程建设环节业务流程

工程项目施工阶段虽然不是风险控制的最为重要的阶段，但却是整个项目周期中工作量最大，投入的人力、财力、物力最多的一个阶段，也是将施工建设目标变为现实最为主要、重要的阶段，因而工程项目经理的管理、协调、配合难度也最大，成为历来工程项目控制的重点阶段。

工程施工阶段的基本工作流程如图 8-7 所示。

在图 8-7 中，除图中所示基本流程外，工程监理、工程物资采购和工程价款结算、工程变更等工作也贯穿在工程施工阶段。

(1) 工程监理

工程监理就是在贯彻执行国家有关法律、法规的前提下，促使工程承包合同得到全面履行。工程监理的主要工作内容是控制工程建设的投资、建设工期、工程质量；进行安全

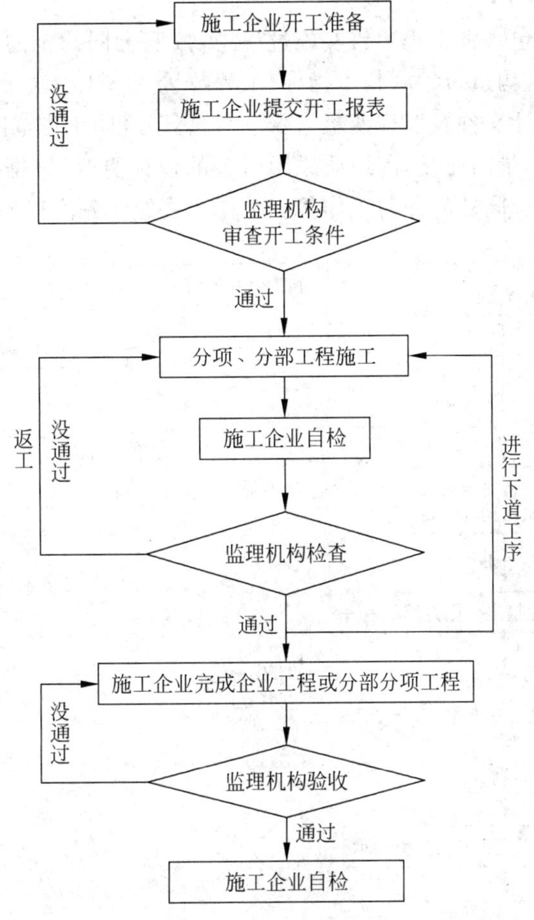

图 8-7　工程施工业务流程

管理、工程建设合同管理；协调有关企业之间的工作关系。《中华人民共和国建筑法》规定："国家推行建筑工程监理制度。""建筑工程监理应当依据法律、行政法规及有关的技术标准、设计文件和建筑工程合同，对承包企业在施工质量、建设工期和建设资金等方面，代表建设企业实施监督。"

(2) 工程价款结算

工程价款结算主要涉及工程预付款、工程进度款、工程竣工价款的给付、结算问题。一般在确定项目施工大纲后，财务部准备好所需资金，施工企业开始施工后，根据进度要求支付工程款，工程进度经项目管理部门和相应审批部门审核后，由财务部门审核工程价款支付情况并进行账务处理，如图 8-8 所示。

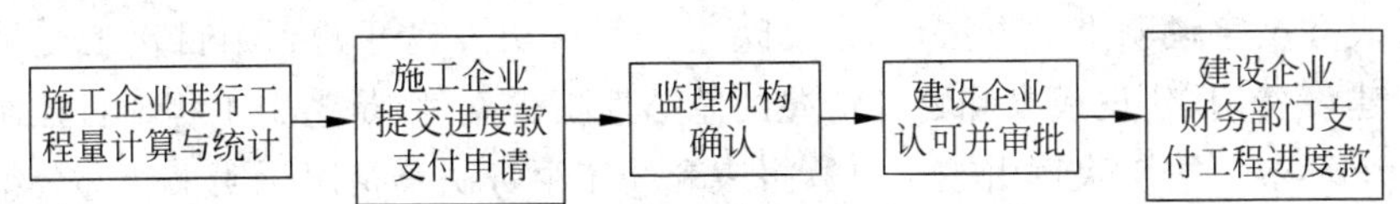

图 8-8　工程进度款结算流程

(3) 工程变更

工程变更是指承包人在工程项目实施过程中，按照合同约定的程序对部分或全部工程在材料、工艺、功能、构造、尺寸、技术指标、工程数量及施工方法等方面做出改变。变更必须根据监理签发设计文件及监理变更指令进行，属于合同工作范围之内，包括合同工作内容的增减，合同工程量的变化，因地质原因引起的设计更改，根据实际情况引起的结构物尺寸，标高的更改，合同外的任何工作等。工程变更的业务流程如图 8-9 所示。

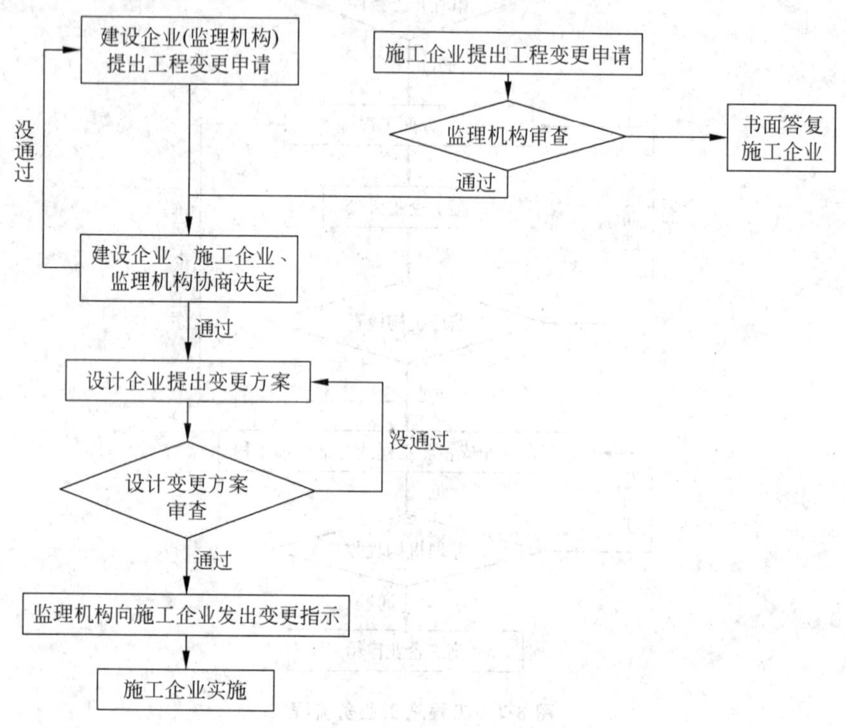

图 8-9 工程变更业务流程

5. 工程验收环节业务流程

在工程项目竣工决算阶段，一般要经过工程项目验收、竣工决算、竣工结算等几个环节。工程项目验收即是在建设企业、勘察设计企业、施工企业分别对工程项目的决策论证、勘察设计及施工过程进行最后的评价后，办理工程项目的交接手续，交付使用。验收环节的一般流程如图 8-10 所示。

工程项目结算一般是由施工企业编制的，再交由建设企业和监理工程师审查签证，其编制不涉及建设企业。

工程项目决算是以实物数量和货币指标为计量企业，以日常核算资料为主要依据，通过编制报表和文字说明书的方法，综合反映竣工项目从筹建开始到项目竣工交付使用为止的全部建设费用、建设成果和财务情况的总结性报告文件，是整个工程项目控制中非常重要的一个环节。竣工决算由竣工决算报表和竣工财务决算情况说明书两部分组成。竣工决算报表一般包括：竣工工程概况表、竣工财务决算表、交付使用资产总表、建设成本总表、未完工程项目表等。

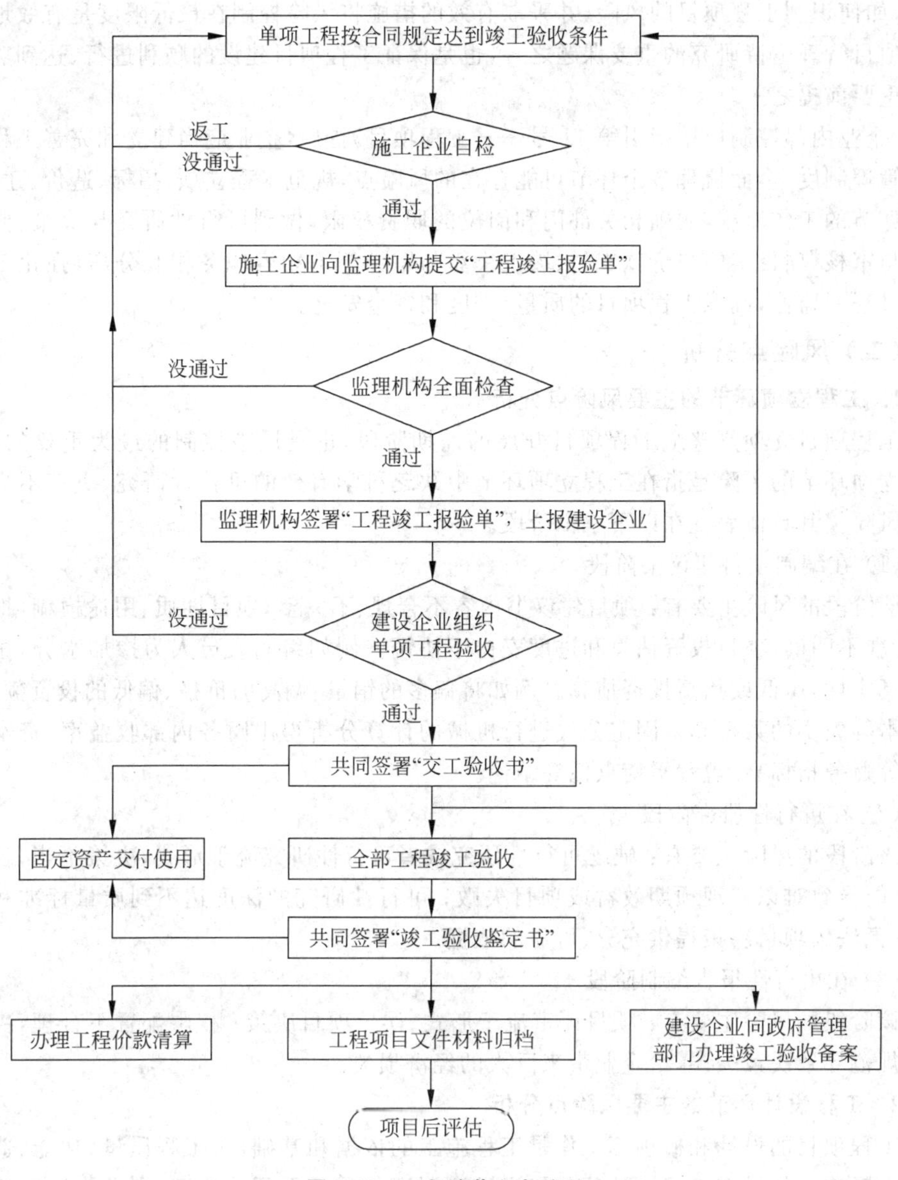

图 8-10 工程验收业务流程

二、工程项目风险点分析

（一）总体风险分析

工程项目风险指所有对工程项目目标的实现和生产运营产生消极后果的潜在可能性，或可能导致项目受到损失或损害的潜在可能性。工程项目的不同阶段会有不同的风险。风险大多数随着项目的进展而变化，不确定性也随之减少；最大的不确定性存在于项目的早期，因此早期阶段作出的决策对以后阶段和项目目标的实现影响最大。为减少损失而在早期阶段主动付出必要的代价要比拖到后期阶段才迫不得已采取措施好得多。

因此,如何识别工程项目的风险,并采取有效的措施将风险控制在最低限度是有效地加强工程项目管理亟待研究的重要课题之一,也是保证工程项目建设的顺利进行、达到项目目标的重要前提之一。

《企业内部控制应用指引第 11 号——工程项目》指出,企业应当建立和完善工程项目各项管理制度,全面梳理各个环节可能存在的风险点,规范工程立项、招标、造价、建设、验收等环节的工作流程,明确相关部门和岗位的职责权限,做到可行性研究与决策、概预算编制与审核、项目实施与价款支付、竣工决算与审计等不相容职务相互分离,强化工程建设全过程的监控,确保工程项目的质量、进度和资金安全。

(二) 风险点分析

1. 工程立项环节的主要风险点分析

工程项目立项是整个工程项目开展的前期阶段,也是风险控制的最为重要的阶段。工程立项环节的风险是指在工程立项环节中缺乏科学有效的可行性研究、决策不当而引起的风险。其具体表现在以下三个阶段。

(1) 在编制项目建议书阶段

该阶段的风险主要有:项目建议书内容不合规、不完整,项目性质、用途模糊,拟建规模、标准不明确,项目投资估算和进度安排不协调。例如编制人员人为掺加水分,扭曲预测的真实性,压低或抬高投资估算。例如将偏多的销量、偏高的价格、偏低的投资额、偏低的成本等失实的数据套入固定公式进行机械的计算分析得出财务内部收益率、资本金利润率等财务指标高、盈亏平衡点低等结论。

(2) 在可行性研究阶段

该阶段的风险主要有:缺乏可行性研究或者可行性研究流于形式,决策不当,盲目上马,可能导致难以实现预期效益或项目失败;可行性研究的深度达不到质量标准和实际要求,无法为项目决策提供充分、可靠的依据。

(3) 在可行性报告编制阶段

该阶段的风险主要有:项目评审流于形式、误导项目决策;权限配置不合理,决策程序不规范导致决策失误,给企业带来巨大的经济损失。

2. 工程设计环节的主要风险点分析

工程项目的设计和概预算工作是工程施工的依据和基础,对工程质量、功能、造价有着重大影响。如果在工程设计环节忽视设计深度与质量而开始施工,则会为以后工程项目的施工和质量问题埋下隐患。例如,有的企业施工设计流于形式,设计内容不科学,存在严重问题,还有的甚至根本就不进行勘察设计,导致工程的施工无依据可循,增加了工程施工的随意性,同时也就增加了工程的风险,给工程项目带来巨大损失。

这一阶段的主要风险点主要表现在:

(1) 在初步设计阶段表现为设计企业未达到相关资质要求;初步设计未进行多方案比较选择;初步设计出现较大疏漏;设计方案不合理、设计深度不足,导致工程质量存在隐患、投资失控以及投产后运行成本过高等。

(2) 在施工图设计阶段表现为概预算脱离实际;技术方案未能有效落实;设计标准引用不当、设计错误或缺陷、设计变更频繁等风险,更严重的是会扩大工程项目的质量风险。

3. 工程招标环节的主要风险点分析

工程投标包括招标、投标、开标、评标、定标等环节。

(1) 招标环节的主要风险表现为：招标人肢解建设项目，致使招标项目不完整，或逃避公开招标；投标资格条件因人而设，未做到公平、合理，可能导致中标人实质上难以承担工程项目、中标价格失实及相关人员涉案。

(2) 投标环节的主要风险表现为：招标人与投标人串通投标，存在商业贿赂等舞弊行为；投标人的资质条件不符合要求或挂靠、冒用他人名义投标，可能导致工程质量难以达到规定标准等。

(3) 开标、评标、定标环节的主要风险表现为：开标不公开、不透明，损害投标人利益；评标委员会成员缺乏专业水平，或者建设企业向评标委员会施加影响，使评标流于形式；评标委员会与投标人串通作弊，损害招标人利益。

4. 工程建设环节的主要风险点分析

工程建设环节的主要风险包括施工进度、施工质量和施工安全方面的风险，以及工程物资采购、工程价款结算、工程变更方面的风险。具体表现为：盲目赶进度，牺牲质量、费用目标带来的质量低劣、费用超支；质量、安全监管不到位带来的质量隐患；工程物资质次价高引起的成本风险；工程监理不到位；项目资金不落实、使用管理混乱可能导致工程质量低劣，进度延迟或中断的风险；现场控制不当、工程变更频繁导致的费用超支、工期延误。

5. 工程验收环节的主要风险点分析

这一阶段的风险主要表现为竣工验收不规范，最终质量检验把关不严，可能导致工程交付使用后存在重大隐患；虚报项目投资完成额、虚列建设成本或者隐匿结余资金，竣工决算失真；固定资产达到预定可使用状态后，未及时进行估价、结转的风险。

三、工程项目控制措施设计

（一）总体要求

企业应当建立和完善工程项目各项管理制度，全面梳理各个环节可能存在的风险点，规范工程立项、招标、造价、建设、验收等环节的工作流程，明确相关部门和岗位的职责权限，做到可行性研究与决策、概预算编制与审核、项日实施与价款支付、竣工结算与审计等不相容职务相互分离，强化工程建设全过程的监控，确保工程建设全过程的监控，确保工程项目的质量、进度和资金安全。内控五原则中的制衡性原则就要求不相容职务分离，不相容职务分离对于整个工程项目都是极为重要的。工程项目是由立项、设计、招标、施工、验收等各个阶段构成的，各阶段既有明显的界限，又相互有机衔接。工程项目内部控制是阶段性的控制，工程项目每一阶段控制程度的好坏对后一阶段工程的顺利进行有很大影响，控制体系中呈现出一种因果关系。

（二）具体措施

1. 工程立项环节的关键控制措施设计

(1) 项目建议书

企业应当指定专门机构或委托具有相应资质的企业，根据发展战略和年度投资计划，提出项目建议书。项目建议书的呈报可以供项目审批机关作出初步决策。它可以减少项目选择的盲目性，为下一步可行性研究打下基础，因而把好对其的控制关就显得尤为重要。可以从以下几方面入手。

第一，项目建议书的内容控制。项目建议书的主要内容必须包括：项目提出的目的、必要性和依据及项目获利能力的财务预测；项目的产品方案、市场需求、拟建生产规模、建设地点、项目建设进度等初步设想；企业现有资源情况；投资估算和资金筹措方案及偿还能力预计；项目投资的经济效益和社会效益的初步估计、环境影响的初步评价等，侧重分析其合理性，稽核其引用数据的正确性，检验其使用方法的恰当性，并发表书面意见。

第二，项目建议书的编制控制。应当坚持真实客观的原则，不得随意缩小或扩大项目的投资规模，人为压低或提高投资估算，夸大项目的经济效益。项目建议书可由项目法人组织人员编制，也可委托中介公司代理编制，决策者可根据企业实际情况选择，中介机构的选择必须经过集体决策才能拟定，以确定拟委托的中介结构比较合理合规。但建设企业的财务人员应当直接参与项目建议书的编制，并会同工程技术人员对项目建议书进行技术、经济分析和论证，对项目建议书中涉及财务指标的内容进行分析、稽核与检验。

第三，项目建议书的审批控制。项目建议书编制完成后，应按照国家的有关规定，根据建设总规模和限额划分权限进行严格审批。建设企业审批部门在收到编制完成的项目建议书后，应该组织会计、技术、工程等部门的相关专业技术人员对项目建议书进行技术、经济分析和论证，并且建设企业的会计机构或人员应当对项目建议书中财务分析和预测结论的可靠性发表具体的书面意见。以此保证建议书的客观真实性和投资项目与本企业的战略目标的一致性。

在这一阶段不相容的岗位或职务有：工程项目需求申请与审核、审定分离，项目建议书编制与审查、审定决策分离。根据不相容岗位由不同人员来完成的控制原则，不得由一人或同一批人来完成所有工程项目建议书的工作。

(2) 可行性研究报告

由相关职能部门根据企业的发展战略提出项目建议书，再根据项目建议书编制可行性研究报告，项目建议书主要包括施工时间、地点、资金来源等未来规划。通常可行性研究都是委托专业机构进行，是这个工程项目非常重要的研究手段，主要是保证决策的科学合理。由于工程项目的可行性报告可作为工程项目投资决策和编制设计任务书的依据，作为向银行申请贷款的依据，作为环保部门审查建设工程项目对环境影响的依据，作为工程项目设计、设备订货、施工准备等建设前期工作的依据，作为工程项目目标考核的依据，因而对其控制也是至关重要的。可以从以下方面来加以控制。

第一，可行性研究报告的内容控制。可行性研究报告的内容控制应当包括项目概况，项目建设的必要性，市场预测，项目建设选址及建设条件论证，建设规模和建设内容，项目外部配套建设，环境保护，劳动保护与卫生防疫，消防、节能、节水，总投资及资金来源，经济、社会效益，项目建设周期及进度安排，招投标法规定的相关内容等，应重点关注国家产业政策和环境保护要求等因素。

第二，可行性研究报告的编制控制。可行性研究具有一定专业性，需要根据不同的研究对象的性质特点而有所侧重，使研究的内容和深度要达到行业标准和决策者的需求。

企业应当自行或委托具有相关资质的设计企业或咨询部门编制项目的可行性研究报告，不得要求设计企业或咨询部门编制虚假的可行性研究报告，选择中介机构时应严格审核其专业能力，并经过集体决策，如股东大会决策。在委托或招标决定中介机构时，必须确保拟定的委托或招标方案比较合理合规，确保委托或招标过程公开、公平、公正，防范招投标过程中的舞弊现象。建设企业的财务人员应当参与可行性研究报告编制的全过程，从经济合理性方面进行研究并发表意见。

第三，可行性研究报告审批控制。可行性研究报告审批控制包括两方面内容。一是大中型建设项目的可行性研究报告(总投资在 3 000 万元以上者)，通常要交由各主管部的各省、市、自治区或全国性工业公司负责主审，报国家计委审批，或由国家计委委托有关企业审查。重大和特殊项目的可行性研究报告(投资总额超过 2 亿元)则由国家计委会同有关部门主审，报国务院审批。小型建设项目的可行性研究报告，需按隶属关系由各主管部的各省、市、自治区或全国性专业公司负责审批①。二是从事项目可行性研究的专业机构不得再从事可行性研究报告的评审。在项目评审过程中，应当重点关注项目投资方案、投资规模、资金筹措、生产规模、投资效益、布局选址、技术、安全、设备、环境保护等方面，核实相关资料的来源和取得途径是否真实、可靠和完整。

第四，可行性研究报告的不相容职务。根据岗位分工的原则，可行性研究的执行、可行性研究报告的编制和可行性研究报告的审查评定、委托或招标编制可行性研究报告方案的制定与审核、招标的组织实施与监督分离等都应由不同的人员来完成。

(3) 项目评审与项目决策

企业应当组织规划、工程、技术、财会、法律等部门的专家对项目建议书和可行性研究报告进行充分论证和评审，出具审计意见，作为项目决策的重要依据。工程项目决策失误应当实行责任追究制度，任何单位不得单独决策或者擅自改变集体决策意见。可以自行论证评审，也可以委托专业机构进行评审。记录评审意见，作为项目决策的重要依据。具体在《企业内部控制应用指引》中有详细的介绍。但需要注意的是保持可行性研究的独立性，不相容职务分离，从事可行性研究的专业机构不得再进行项目评审。

这一环节的控制措施主要是指决策控制。企业应当按照规定的权限和程序对工程项目进行决策。决策依据应当充分、适当，决策过程应当科学规范。对于重大工程项目，企业应当实行集体决策，报经董事会或者类似决策机构集体审议批准，并根据客观经济条件的变化及时做出调整。任何个人不得单独决策或者擅自改变集体决策意见。决策过程必须有完整的书面记录，对工程项目的决策失误实行责任追究制度，明确相关部门及人员的责任，定期或不定期地进行检查。企业应当按照规定的权限和程序对工程项目进行决策，决策过程应当留有完整的书面记录。授权决策是一项非常重要的控制措施，涉及企业的组织架构(内控的基础)，但决策过多，不可能全部报于董事会决策，故要各司其职，做好分工授权，依据企业的管理制度执行。

2. 工程设计环节的关键控制措施设计

企业应加强对工程项目施工前的设计、概预算等准备工作的控制，以降低其潜在风险

---

① 肖洪，等. 工程项目管理与建设法规[M]. 武汉：湖南大学出版社，1998.

扩大化的可能性和引发风险的可能性。

(1) 初步设计

第一,初步设计的前期工作。通过招标程序,遵循公平公正的原则,依据设计方案比选确定设计企业。设计企业资质应能满足工程建设的要求,并且具有类似项目成功的设计业绩,鼓励设计企业优化设计。为概预算人员提供收集和应用信息资料的必要条件,以保证概预算编制合理、准确。

第二,合同的完整性控制。初步设计合同的内容应该基本包含以下几个方面:①初步设计的对象和内容;②初步设计所依照的质量标准和设计结果所要达到的质量要求;③初步设计费用的计算依据和计算方法,以及支付方式、地点、期限等;④违约责任,明确双方的权利和义务,以及在一方违约时其应承担的责任、支付的赔偿金额等。

第三,初步设计的编制控制。初步设计的深度应满足施工图编制、设计概算编制、施工准备及主要设备和材料订货的要求,概算工程量应与初步设计图纸、设备与材料清册保持一致;初步设计概算、施工图预算编制范围应当完整,编制依据及采用规范、标准应严格执行国家有关概算的编制规定和费用标准,设计方案应经济合理;概算文件内容应包括总概算表、单项工程综合概算表和企业工程概算表。概算编制的建设规模和建设标准应控制在核准文件标准范围内,初步设计提出的总概算不得超过可行性研究报告确定的总投资估算的规定比例。

(2) 施工图设计

第一,施工图预算的编制控制。施工图预算必须控制在初步设计概算之内。当某些单项工程的施工图设计预算超过设计概算时,应当分析原因,如果是设计造成的,应修改施工图设计,直至与批准的设计概算平衡为止。

第二,概预算审查控制。首先自行组织各相关专业人员对编制的概预算进行审核,主要审核概算编制依据的合法性、初步设计深度、概算文件内容是否完整,设计概算是否完整包括全部投资;其次应按规定履行初步设计及概算报批手续,请内部审计或工程部门参与概算对比分析与修改。设计概算超过经报批的投资估算的规定比例,应重新办理报批。详细的设计和设计概算是项目投资审批的重要依据。要深入现场进行调查研究,弄清工程建设的内外条件,了解设计是否经济合理,概算采用的定额、指标、价格、费用标准是否符合现行规定和施工现场实际,了解有无扩大规模、多估投资或预留缺口等情况。财务人员还应根据工程的特点,选择适当的方法,还要对施工图预算进行审核。审查的内容包括工程量的准确性、定额套用的正确性、费用计取和汇总的合理性。同时还可以请会计师事务所参与概预算演算和复核。

3. 工程招标环节的关键控制措施设计

企业的工程项目一般应当采用公开招标的方式,择优选择具有相应资质的承包单位和监理单位。在选择承包单位时,不得违背工程施工组织设计和招标设计计划,将应由一个承包单位完成的工程肢解为若干部分发包给几个承包单位。工程项目招标主要有设计招标、监理招标、施工招标和物资采购招标等,通过招投标程序可以选择到优质优价的参建企业,以确保工程质量,控制投资成本。企业应当依法组织工程招标的开标、评标和定标,并接受有关部门的监督。企业应当组建评标委员会,评标委员会应当按照招标文件确定的标准和方法，对投标文件进行评审和比较，择优选择中标候选人。要按照招标法的规定，防止暗箱操作，保证客观公正。要做好招投标工作应加强招标、投标、开标、评标、定标五个环节的控制。

(1) 招标和投标

企业应当按照招投标法的规定，遵循公开、公正、平等竞争的原则，发布招标公告，提供招标文件。企业可以根据项目特点决定是否编制标底，标底编制过程和标底应当严格保密。确定中标人之前，企业不得与投标人就投标价格、投标方案等实质性内容进行谈判。对于标底必须要保密，不可泄露于投标单位，也不可与投标单位就投标价格等因素进行谈判，否则即构成舞弊行为。企业应当根据项目性质和标底金额，明确招标范围和要求，规范招标程序，不得人为肢解工程项目规避招标。企业应当采用招标形式确定设计企业和施工企业，明确工程项目预期实现的目标和具体要求，确保招标过程公开、公正、透明，重点在于招标文件的编制、投标人资格的审查、标底的制定保护三个方面。

第一，资格审查控制。按照工程建设规模和设计文件的要求，从企业资质、施工等级、人员资格、企业和负责人业绩、经营状况、企业信誉等方面对潜在投标人的资格进行审查，选择确定合格的投标人，以更好地体现公平、公正的原则，提高评标质量和效果。

第二，招标文件的编制控制。招标文件的内容控制：按照建设部《建设工程施工招标文件范本》规定，施工招标文件应包括：投标须知、评分标准、合同条款、投标文件格式、合同格式、履约担保书格式、技术规范标准、工程的技术要求、图纸和资料、已批准的项目建议书或者可行性研究报告、对投标人资格审查的标准、投标报价要求等所有实质性要求和条件以及拟签订合同的主要条款。企业应当根据招标项目的特点和需要自行或委托相关机构编制招标文件。招标文件中关于审查投标人资格的财务标准和投标报价要求等内容必须经过企业财务部的认可。

第三，标底控制。①标底的合理性、准确性控制：为了保证标底的合理性，编制标底必须给予足够的时间，自行或委托具有相应资质的中介机构编制标底。企业财务部应当审核标底计价内容、计价依据的准确性和合理性，以及标底价格是否在经批准的投资限额内。②标底的规范性和保密性控制：工程招标应体现“统一量、指导价、竞争费”这一基本指导原则，不能任意压低工程直接费和背离定额计价依据，否则一旦中标，受损的不仅是承包商，建设企业的损失会更大；从标底的编制开始，实施责任人制度，指定专门部门，专人负责。标底一经审定应密封保存至开标时，所有接触过标底的人员均负有保密责任，不得泄露。一旦出现泄露，即按照规定追究有关责任人的法律责任。

(2) 开标控制

招标人在招标文件约定的时间和地点如期组织开标，开标前需检查各投标人投标文件的密封情况是否符合招标文件要求，开标时应当当众予以拆封、宣读，开标过程应当记录，并存档备查。

(3) 评标控制

① 评标组织控制。招标人应当根据招标项目的性质，分别成立招标领导小组和评标小组，评标小组人数应为五人以上单数，技术经济方面的专家应不少于成员总数的2/3，内聘专家应不超过专家总数的1/3，小组成员与投标人之间不得有利害关系。

② 评标过程控制。评标小组应采用招标文件规定的评标标准和方法进行评标,评标小组不得违规采用招标文件以外的标准和方式进行评标;评标小组对评标过程应进行记录,评标结果应有充分的评标记录作为支撑。

③ 评标的公正性控制。企业应依法组建评标委员会负责评标。评标委员会应由企业的代表和有关技术、经济等方面的专家组成。企业的代表应当包括会计人员。评标委员会应当按照招标文件确定的标准和方法,对投标文件进行评审和比较,并择优选择中标人。

(4) 定标控制

评标小组将评标结果上报招标领导小组,招标领导小组按照规定对评标结果进行审查,并按照招标文件的规定确定中标企业,及时发出中标通知,按程序对中标结果进行公示。

4. 工程建设环节的关键控制措施设计

企业应当加强对工程建设的监控,实行严格的概预算管理,切实做到及时备料,科学施工,保障资金,落实责任,确保工程项目达到设计要求。工程项目建设阶段虽然不是风险控制最为重要的阶段,但却是整个项目周期中工作量最大,投入的人力、财力、物力最多的一个阶段,也是将工程建设目标变为现实最为主要、重要的阶段,因而工程建设环节成为历来工程项目控制的重点阶段。工程建设环节的关键控制措施包括:

(1) 工程物资采购控制

企业自行采购工程物资的,应当按照《企业内部控制应用指引第 7 号——采购业务》等相关指引的规定,组织工程物资采购、验收和付款。由承包企业采购工程物资的,企业应当加强监督,确保工程物资采购符合设计标准和合同要求。严禁不合格的工程物资投入工程项目建设。重大设备和大宗材料的采购应当根据有关招标采购的规定执行。可自行采购,也可由承包单位采购,对于重大设备和大宗材料的采购应当根据有关招标采购的规定进行。实际工作中,对于建筑材料等用料一般由施工单位采购(因一般是包工包料),但对于建造生产线所用的生产设备、专业设备一般是企业自行采购,具体按照第 7 号指引进行。对于采购物资的监管必须注意,要严格按照规格把关,遏制豆腐渣工程。

(2) 工程监理制度控制

企业应当实行严格的工程监理制度,委托招标确定的监理单位进行监理,同时监理人员应当具备良好的职业操守,保持客观公正。未经监理人员签字,工程物资不得在工程上使用或者安装,不得进行下一道工序施工,不得拨付工程价款,不得进行竣工验收。监理人员对于工程项目的全过程——工程物资质量、施工工序、工程进度等各方面因素进行监管。故对监理人员的专业素质、职业操守有着极高的要求。工程建设监理的控制重点主要包括以下几点。

第一,企业应当指定工程项目的负责人及组织机构,或委托具有相应资质的监理企业,对项目施工全过程的质量、投资、进度和安全进行管理控制。财务部要配备专人管理基本建设财务与会计核算。

第二,工程监理人员应当深入施工现场,监控工程进度和质量,及时发现和纠正建设过程中的问题。工程监理人员应当具备相应的资质和良好的职业操守。在开工前,建设企业应该核查监理企业编制的监理规划、监理细则，了解其具体内容是否切合工程项目的实际情况，是否有针对性、可操作性，工作目标是否明确，机构的人员配备是否齐全等。建设企业应要求监理企业严格执行原材料进场报审和见证取样送检制度，主动出击，进行随机抽查，既抽查现场的实物质量情况，又抽查现场监理人员的旁站、巡查到位情况及隐蔽验收资料的签证情况。

(3) 工程价款结算控制

企业财会部门应当加强与承包单位的沟通，准确掌握工程进度，根据合同约定，按照规定的审批权限和程序办理工程价款结算，不得无故拖欠。因项目建设周期长、资金流大，一般都是分批支付工程价款。每次的付款都需按照企业程序进行。企业应当加强对工程价款结算的管理，按照规定使用工程资金，将实际投资额控制在批准的范围内。对价款支付的条件、方式以及会计核算程序作出明确规定，确保价款支付及时、正确。财务部应对各项建设资金的筹集和到位情况进行审查，保证工程项目资金来源的合法性、可靠性，不得非法集资，不得挤占生产资金。在未经批准开工之前，不得支付工程款。财务人员要督促企业不得将项目资金用于计划外项目，不得随意列支工程管理费。

① 严格的工程款、材料设备款和其他费用的支付审批制度。工程预付款应在建设工程或设备、材料采购合同签订、施工或供货企业提交了经财务部门认可的银行履约保函后，按合同规定的条款支付。工程进度款应严格按建设工程合同规定条款、实际完成的工作量及工程监理情况结算和支付。设备、材料款按采购合同规定的条款支付。工程结束后，建设企业应按合同规定的金额或比例提留质量保证金，并在质量保证期满，经有关部门验收合格后，将其支付给施工方。

② 严格控制材料用量，合理确定材料价格。按照合同内容的规定严格控制材料的用量，合理确定材料的价格，从而实现工程造价的有效控制。材料的供应渠道多种多样，品种繁杂，价格不一，因而预算人员和现场管理人员要及时了解建筑材料的市场行情，掌握最新的施工情况及材料信息，为施工工程的竣工决算提供可靠的依据。工程进度款的支付要按工程项目进度或者合同协议约定进行，不得随意提前支付。企业会计人员在办理价款支付业务过程中发现拟支付的价款与合同协议约定的价款支付方式及金额不符，或与工程实际完工进度不符等异常情况，应当及时报告。

③ 对于自行建造的工程项目，以及以包工不包料方式委托其他企业承担的工程项目，企业应当建立针对材料采购、收发、保管和记录相关的控制程序。计划部门应当合理安排施工任务和进度，选择最佳施工方案，配合财务部门做好成本计划的编制工作。材料供应部门应当建立和健全材料制度，加强对材料采购和收、发、领、退的管理，努力降低材料的采购成本、节约仓储保管费、降低材料费支出。劳动工资部门应当加强对劳动力的管理，改善劳动组织，严格控制非生产用工，调动职工的积极性，提高劳动效率，节约工资支出。生产技术部门则需做好技术组织措施计划的编制和贯彻工作，以保证降低成本计划的实现。设备管理部门必须加强机械设备的调度和维修，以保证企业机械设备的完好率和利用率。行政管理部门应当精简机构，紧缩开支，节约行政管理费用等。建立健全材料的收、发、领、退制度。实行限额领料制度是节约材料费支出的重要措施。

④ 企业应当加强对工程项目资金筹集与运用、物资采购与使用、财产清理与变现等业务的会计核算，真实、完整地反映工程项目成本费用发生情况、资金流入流出情况及财产物资的增减变动情况。企业会计人员应当定期清查工程物资，核实基本建设支出，及时编制准确、完整的会计报告，如实反映建设资金的来源和占用、建设成本和投资效果、概预算和年度投资计划的完成情况。同时，建立工程项目定期或不定期会计分析制度，财务部应及时发现各种问题，并向有关方面反映，有关部门及责任人员必须纠正并作出书面报告。

(3) 工程变更控制

企业应当严格控制工程变更。对于确需变更的工程项目，应当按照规定的权限和程序，经过相关部门或中介机构(如工程监理、财务监理等)的审核。重大的项目变更应比照项目决策和概预算控制的有关程序加以严格控制。企业不得通过设计变更扩大建设规模、增加建设内容、提高建设标准。因工程变更等原因造成价款支付方式及金额发生变动的，应当提供完整的书面文件和其他相关资料。企业会计人员应当对工程变更所涉及的价款支付进行审核。需要追加投资的重大变更，必须经过财务部的审查论证，并落实资金来源。

5. 工程验收环节的关键控制措施设计

(1) 竣工决算控制

企业受到承包单位的工程竣工报告后，应当及时编制竣工决算，开展竣工决算审计，组织设计、施工、监理等有关单位进行竣工验收。整个项目的竣工决算要依据国家相应的要求和规定进行。工程项目的确认、计量和报告应当符合国家统一的会计准则制度的规定。企业应当组织审核竣工决算，重点审查决算依据是否完备，相关文件资料是否齐全，竣工清理是否完成，决算编制是否正确。企业应当建立竣工决算审计制度，及时组织竣工决算审计。竣工决算的编制和审核属不相容职务，不相容职务需分离，应由企业的不同人员进行。审核之后必须进行审计，未经审计的工程项目不得办理竣工验收手续，审计须由专门的中介机构、会计师事务所、工程造价师等进行，保持独立性。

具体控制政策和措施应当包括：

第一，建立竣工清理制度，明确竣工清理的范围、内容和方法，如实填写并妥善保管竣工清理清单。财务部在工程竣工后，应及时开展各项清理工作。主要包括各类会计资料的归集整理、账务处理、财产物资的盘点核实及债权债务的清偿，做到账账、账证、账实、账表相符。

第二，企业应当依据国家法律法规的规定及时编制竣工决算。在工程完工后，应当依据工程项目合同及项目管理部签字认可的设计、施工、监理工作等完工资料以及工程结算情况等，对施工企业提交的竣工结算书进行审核，并及时办理工程项目的财务决算，编制财务决算报告，以降低由于财务决算滞后所造成的财务风险。

第三，企业应当建立竣工决算审计制度，应当委托具有工程决算审计资质的中介机构对工程项目财务决算报告进行审计，对建设成本、交付使用财产、结余资金等内容进行全面审查，及时核实工作量，正确计算全部工程决算金额，并出具决算审计报告。未实施竣工决算审计的工程项目，原则上不得办理竣工验收手续。

(2) 竣工验收控制

企业应当及时组织工程项目竣工验收,确保工程质量符合设计要求。验收合格的工程项目,应当及时编制交付使用财产清单,办理资产移交手续,并加强对资产的管理。这是工程项目的最后一道关口,如若验收通过,项目便可投入使用;如若工程验收把关不严,验收不合格却通过,便对整个项目的未来埋下很大的隐患。企业应会同监理企业、设计企业对施工企业报送的竣工资料的真实性、完整性进行审查,并依据设计与合同的要求组织竣工预验收。对存在的问题,应及时要求施工企业进行整改。对符合竣工验收条件的工程项目,企业应及时组织竣工验收。验收合格的工程项目,财务部应建立交付使用财产明细表,并转增固定资产。未经验收或验收不合格的工程不得交付使用。对于竣工验收后留有收尾工程的项目,企业应按照验收中审定的收尾工程内容、数量、投资和完成期限组织扫尾。加强对工程剩余物资的管理,对需处置的剩余物资,应当明确处置权限和审批程序,并将处置收入及时入账。对竣工验收进行审核的重点,是审查验收人员、验收范围、验收依据、验收程序等是否符合国家有关规定,并可聘请专业人士或中介机构帮助企业验收。验收合格的工程项目,应当及时编制财产清单,办理资产移交手续,并加强对资产的管理。竣工决算应如实反映工程项目的实际造价和投资效果,不得将应计入当期经营费用的各种支出计入建设成本。

(3) 工程项目后评估制度

应由财务部负责对完工工程项目进行成本效益分析,如果其经济性严重低于项目建议书和可行性研究报告提出的预期经济目标,则应作为绩效考核和责任追究的基本依据,追究相关人员的决策责任。企业应当建立由财务部参与的概算、预算及决算分析考评制度,在竣工决算后组织分析概算、预算执行情况及差异产生原因。对于实际投资规模超过审定的投资规模的项目,应当追究相关决策者和执行人员的责任。后评估制度以及绩效考核制度都属于控制措施。尤其对于绩效考核措施,作为内部控制基本规范基本控制措施之一,其重要性溢于言表,前提是进行评估,根据评估结果进行绩效考核,奖惩分明。此外,企业应当按照国家有关档案管理的规定,及时收集、整理工程建设各环节的文件资料,建立完整的工程项目档案,便于以后有史可查。

案例 8-2　工程项目控制缺陷导致巨额损失

2005 年初,A 公司投资兴建小水电站项目获批。当地某负责人表示,为节约成本,可为 A 公司指定可靠的设计和施工单位。A 公司接受了这一建议,将设计任务交给了该县水利局干部李某,当水电站工程进行到中途时,有关部门发现李某不具备“注册结构工程师”资质,对 A 公司处以罚款。A 公司不得不让市水利勘测设计院重新设计,但具体工程仍按李某设计的图纸进行。施工任务也被交给了由某负责人指定的一家建筑公司,但该建筑公司从未从事过水利工程。2007 年,水电站工程被施工方宣布“竣工”,A 公司共投入了 1 000 万元。由于存在诸多质量问题,水电站建成后无法正常使用。经当地质检部门鉴定:工程设计存在重大问题,施工未严格依据合规的设计图纸,使用的工程材料不符合水电站建设要求;一旦大坝遇到一定程度的水量,将会因为耐力强度不够而被冲垮。

更为严重的是，该水电站存在的严重质量问题，直接威胁到下游三个村庄村民的人身财产安全。2008年，该水电站被炸毁。

该案例在设计、施工和竣工验收阶段都存在明显的控制缺陷。设计阶段的错误和内部控制缺失往往在施工阶段得到反映。

首先，设计阶段方面，在选聘设计单位上存在明显缺陷，该设计任务既未通过招标形式，图纸设计者也不具有设计水电站工程的资质条件；在发现原设计者不具备相应资质后，A公司如果及时做出补救措施，暂停施工，按照新的设计图纸进行施工，也不会造成之后的重大损失。A公司在设计审查方面也存在明显缺陷，A公司未建立初步设计审查和批准制度，对李某提供的设计方案未进行复核和审查，这一控制措施的缺失，导致李某的设计错误直接被放行。

其次，在施工阶段，选聘施工单位时存在明显控制缺失，既未采用招标形式，也未全面考虑施工单位的资质、信誉、业务能力和经验。A公司对施工单位的监督方面也存在明显缺失，表现在A公司未委托监理单位对施工过程进行监督，也没有采取必要的措施对施工单位购买的工程物资进行监督，多方面因素导致工程质量低下。

再次，在竣工验收阶段，竣工验收流于形式，把关不严。

以上种种内部控制措施的缺失，导致水电站工程无法投产使用，最终只能被炸毁，给公司带来巨大经济损失。

第三节　担保业务内部控制

一、担保业务流程概述

（一）担保业务的含义

担保是指企业作为担保人按照公平、自愿、互利的原则与债权人约定，当债务人不履行债务时，依照法律规定和合同协议承担相应法律责任的行为。债权人与债务人及其他第三人签订担保协议后，当债务人由于各种原因违反合同时，债权人可以通过执行担保来确保债权的安全性。担保作为一种法律行为，是债务人在订立合同时为保证合同的履行而向债权人做出的一种承诺。担保既是信用范畴，同时还是一个法律范畴。它是商品货币经济发展到一定时期的必然产物，随商品货币经济的产生发展而不断变化其活动领域和表现形式。担保业务活动的领域十分广泛，从范围上看，担保涉及金融、商品交易、信用交易等；从担保品种看，担保包括贷款担保、租赁担保、发放债券担保、票据担保、工程担保、备用信用担保、商业信用担保、纳税担保等。按照《中华人民共和国担保法》规定，担保方式分为保证、抵押、质押、留置、定金等五种。其中抵押、质押、留置、定金等属于物的担保；保证属于人的担保，即通常所说的信用担保。保证与其他四种担保方式最大的区别在于保证人是市场合同交易双方之外的第三方；而抵押、质押、留置和定金这四种担保方式都是在合同当事人之间进行，并以物的方式提供的担保。本章主要介绍信用担保方式。

《企业内部控制应用指引第12号——担保业务》所称担保，是指企业作为担保人按照公平、自愿、互利的原则与债权人约定，当债务人不履行债务时，依照法律规定和合同协议承担相应法律责任的行为，即上文所介绍的信用担保。其中，保证人是指具有代为清偿债务的企业法人、其他经济组织或者公民个人。可见，作为保证人，既可以是专业性保证机构，也可以是非专业性的企业公司或其他经济组织，其中以专门的信用担保机构最为常见；既可以是固定的，也可以是一次性的。就银行来说，由于有保证的贷款以借款人以外的第三人的信用作为担保，能将全部或部分贷款风险转嫁给保证人，因而为其贷款债权增加了一道安全屏障，有利于减少贷款损失。就借款人而言，由于有保证人为其债务提供担保，可以在其资信等级较低时获得贷款方的信贷支持，有利于生产经营的持续进行。

（二）担保业务的意义

担保企业凭借自己资金雄厚、信誉卓越的优越条件，接受客户的委托，以自有财产为其提供担保，保证其能切实履行义务，保障债权人应享权利实现的一种社会服务。企业可以通过担保业务将闲置资金集中投资，在信用审查的基础上，对担保对象进行担保，获得担保利得，可以视为一项投资行为。企业应当依法制定和完善担保业务政策及相关管理制度，明确担保的对象、范围、方式、条件、程序、担保限额和禁止担保等事项，规范调查评估、审核批准、担保执行等环节的工作流程，按照政策、制度、流程办理担保业务，定期检查担保政策的执行情况及效果，切实防范担保业务风险。

（三）担保业务的流程

担保机构是信用担保行为的主要承担者。担保机构的运作主要是在银行和企业之间形成一个连贯的链接，依据银行与担保机构在这个链接中主导性的强弱，担保机构的运作方式可以分为授权保证方式和直接征信方式两类。授权保证方式的特点是企业与信用担保机构不发生直接关系，由银行负责贷款的审查并决定贷款的发放，实际操作中又分为普通授权（或全授权）方式和专项授权保证方式两种。主要运作程序如下：由信用担保机构选定协作银行或金融机构，就信贷审核方式、信贷担保比例、信用担保规模、损失赔付方式等内容进行协商，并签订长期协议；由银行对企业的担保申请进行审查，并同时进行信用审查；普通授权方式下，银行初审后发放贷款，并通知信用担保机构；专项授权方式下，银行进行审查后，将申请材料交由信用担保机构再次审查，经批准后，由信用担保机构签发保证书，银行发放贷款。授权保证方式和直接征信方式的运作程序见图 8-11 和图 8-12。

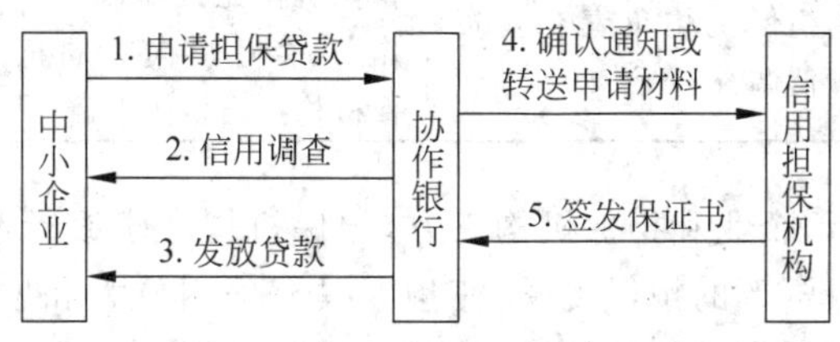

图 8-11　授权保证方式[①]

① 资料来源：陈晓红，等. 中小企业融资创新与信用担保[M]. 北京：中国人民大学出版社，2003.

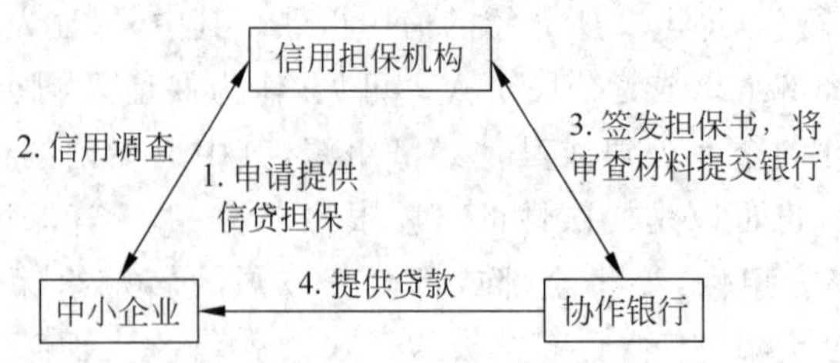

图 8-12 直接征信方式

在直接征信方式下，银行、中小企业与担保机构之间是一种三角关系，信用担保机构是决定银行提供贷款的核心，它与中小企业直接接触，完成信贷审查工作。运作程序是：第一，信用担保机构选定协作银行或金融机构，就被担保的贷款的担保比例、信用担保规模等内容同协作银行达成协议；第二，中小企业向信用担保机构提出担保申请，由担保机构对其直接进行信用调查，在批准担保申请后向银行签发担保证书；第三，银行在收到担保证书后，根据与信用担保机构达成的协议，向中小企业发放贷款。

授权保证和直接征信两种运作机制各有优缺点：第一，授权保证方式下，银行是信用调查的核心。由于银行对中小企业信息的掌握比较全面，会使调查的成本相对较低，但同时也可能会由于担保机构的担保而使银行放松信贷审查，产生银行的道德风险；直接征信方式下，由担保机构完成信用调查，而银行为保证其资金的安全性可能还要对企业进行重复调查，使得贷款担保申请手续复杂，耗时长，成本高。第二，授权保证方式下，对信用担保机构的规模要求不高，只要处理好与银行的关系即可；直接征信方式下，担保机构是信用审查的核心，这就要求其具备一定数量的分支机构和较高素质的信用分析人员。第三，授权保证方式下，遭到银行拒绝的中小企业没有其他补救方式或者程序继续申请信用担保；直接征信方式下，企业可以向不同担保机构提出多次申请。两种信用担保运行机制优缺点比较如表 8-1 所示。

表 8-1 两种信用担保运行机制优缺点比较

优缺点运行机制	优点		缺点
授权保证方式	银行负责资信调查，担保机构和企业不直接接触	效率高，成本低	易发生银行道德风险，被拒企业没有其他途径再次申请
直接征信方式	担保机构负责企业资信调查	担保机构充分发挥中介作用，企业可向不同担保机构提出多次申请	易发生重复调查，效率低，成本高

信用担保涉及银行、企业和担保机构三方，担保机构介于银行和企业之间，凭借自身的实力承担数倍于自身资产的担保责任，使担保具有信用放大和增强功能。担保机构为银企之间进行贷款交易提供了信用保证，化解了银行贷款的风险，使银行资产的安全性得到了保证。担保机构对信用放大的同时，也对风险进行了放大，担保机构的运行机制与其面临的风险密切相关。担保机构为企业进行担保时，其业务流程主要包括以下步骤。

1. 担保业务的受理

受理担保业务时，要求被担保企业提供完整的资料，如被担保企业出具的担保申请书、被担保事项的经济合同、协议及相关文件资料、有关反担保的资料等。在担保业务的受理阶段，企业对担保业务材料审查的主要内容包括：①完整性。主要审查被担保企业提交的文件、资料种类是否完整、齐全。②合法性。审查被担保企业提交的文件、资料以及申请的担保事项是否真实、合法、有效。③条件。主要审查被担保企业是否符合企业规定的担保原则、标准和条件。

2. 调查了解被担保企业的经营和财务状况

企业可以以被担保企业经有资格的机构审计的财务报表为基础，通过调查被担保企业财务部门和主要管理者，必要时向被担保企业有商业往来客户、供货商和其他债权人询问被担保企业情况，核对财务报表和主要凭证，查看库存，了解和掌握被担保企业的动态情况以及走访外部管理部门，了解其对被担保企业的评价，核实有关情况等方式，获取第一手材料。

3. 担保业务的审批

担保业务审查人员通过对调查审批报告及相关材料的审查，分析被担保企业的履约能力、反担保情况及本企业相关利益，对照本企业的担保责任、担保标准和条件等政策规定，决定是否办理该担保业务。

4. 签订担保合同

根据调查了解的被担保企业的财务与经营情况和企业界的担保原则、担保标准和条件，经审批后，与被担保企业签订担保合同。担保合同一般一式三份。一份交受益人；一份由会计部门做表或表内科目登记的附件；一份由经办部门存档。担保合同签订后，担保经办人员应及时登记担保业务台账。

5. 担保检查

在担保有效期内，担保业务经办人员应对被担保企业资格、经营管理和担保等事项进行检查，并了解担保事项的进展情况，促使被担保企业按时履约或在本企业履行担保责任垫付款项后以及时得到追偿。企业可以规定检查的时限，如担保期在 1 年以内或风险较大的担保业务，担保业务经办人员需每个月进行一次跟踪检查；担保期在 1 年以上的担保业务，至少每季度进行一次跟踪检查。

6. 担保合同的履行

担保合同的履行，是指担保合同签订后，企业应被担保企业和受益人要求对担保合同进行修改或应受益人要求履行担保责任，或在保证期满担保合同的注销过程。具体包括修改、展期、终止、垫款、收回垫付款项等环节。

(1) 担保合同的修改。担保期间，被担保企业和受益人因合同条款发生变更需要修改担保合同内容的，应按要求办理。例如，对增加担保范围或延长担保期时间或者因变更、增大担保责任的，按拟重新签订的担保合同的变更内容进行审查后，形成调查报告，同时要求被担保企业提出修改担保合同的意向文件。经批准的，经办部门再重新与被担保企业签订担保合同。

(2) 担保合同的展期。对于担保合同的展期，应视同新担保业务进行审批，重新签订担保合同。

(3) 担保合同的终止和注销。当出现以下情况时，担保业务经办部门要及时通知被担保企业，担保合同终止：①担保有效期届满；②修改担保合同；③被担保企业和受益人要求终止担保合同；④本企业替被担保企业垫付款项。企业已经承担担保责任的，在垫付款项未获全部清偿前，经办部门不得注销担保合同，并要向被担保企业和反担保企业发送催收通知书，通知被担保企业还款。

7. 垫付款项及其催收

(1) 担保业务垫付款项的前提条件和内部批准手续。担保期间，担保业务执行部门收到受益人的书面索赔通知后，核对书面索赔通知是否有有效签字、盖章，索赔是否在担保规定的有效期内，索赔的金额、证据是否与担保合同的规定一致等内容。核对无误后，经负责人同意后对外支付垫付款项。

(2) 垫付款项的催收和处理。担保业务经办人员要在垫款当日或第二个工作日内，向被担保企业发出垫款通知书，向反担保企业发送《履行担保责任通知书》，并加强检查的力度，以便及时、全额收回垫付款。

担保业务流程如图 8-13 所示。

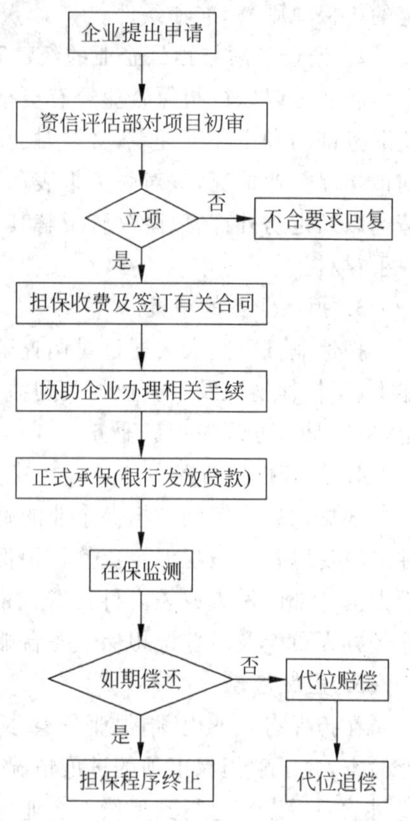

图 8-13 担保业务流程

二、担保业务风险点分析

(一) 总体风险分析

担保机构是一类提供特殊金融服务的非金融机构，承担了银行或其他债权人不愿意或不能够承受的高风险，与此同时极大地提高了债务人的信用级别。信用担保机构在担保过程中的每一个业务流程都面临了诸多方面的风险。企业办理担保业务至少应当关注下列风险：第一，对担保申请人的资信状况调查不深，审批不严或越权审批，可能导致企业担保决策失误或遭受欺诈。第二，对被担保人出现财务困难或经营陷入困境等状况监控不力，应对措施不当，可能导致企业承担法律责任。第三，担保过程中存在舞弊行为，可能导致经办审批等相关人员涉案或对企业利益受损。

(二) 风险点分析

1. 受理申请风险

受理申请是企业办理担保业务的第一道关口。

这一环节的主要风险是：企业担保政策和相关管理制度不健全，导致难以对担保申请人提出的担保申请进行初步评价和审核；或者虽然建立了担保政策和相关管理制度，但对担保申请人提出的担保申请审查把关不严，导致申请受理流于形式。

2. 调查和评估风险

企业在受理担保申请后对担保申请人进行资信调查和风险评估，是办理担保业务中不可或缺的重要环节，在相当程度上影响甚至决定担保业务的未来走向。

这一环节的主要风险是：对担保申请人的资信调查不深入、不透彻，对担保项目的风险评估不全面，不科学，导致企业担保决策失误或遭受欺诈，为担保业务埋下巨大隐患。

3. 审批风险

审批环节在担保业务中具有承上启下的作用，它既是对调查评估结果的判断和认定，也是担保业务能否进入实际执行阶段的必经之路。

这一环节的主要风险是：授权审批制度不健全，导致对担保业务的审批不规范；审批不严格或者越权审批，导致担保决策出现重大疏漏，可能引发严重后果；审批过程存在舞弊行为，可能导致经办审批等相关人员涉案或企业利益受损。

4. 签订担保合同风险

担保合同是审批机构同意办理担保业务的直接体现，也是约定担保双方权利义务的基础载体。

这一环节的主要风险是：未经授权对外订立担保合同，或者担保合同内容存在重大疏漏和欺诈，可能导致企业诉讼失败、权利追索被动、经济利益和形象信誉受损。

5. 日常监控风险

担保合同的签订，标志着企业的担保权利和担保责任进入法律意义上的实际履行阶段。切实加强对担保合同执行情况的日常监控，通过及时、准确、全面地掌握被担保人的经营状况、财务状况和担保项目运行情况，最大限度地实现企业担保权益，最大限度地降低企业担保责任，是一项艰巨而重要的任务。

这一环节的主要风险是：重合同签订，轻后续管理，对担保合同履行情况疏于监控或监控不当，导致企业不能及时发现和妥善应对被担保人的异常情况，可能延误处置时机，加剧担保风险，加重经济损失。

6. 会计控制风险

担保业务直接涉及担保财产、费用收取、财务分析、债务承担、会计处理和相关信息披露等，决定了会计控制在担保业务经办中具有举足轻重的重要作用。

这一环节的主要风险是：会计系统控制不力，可能导致担保业务记录残缺不全，日常监控难以奏效，或者担保会计处理和信息披露不符合有关监管要求，可能引发行政处罚。

7. 代为清偿和权利追索风险

被担保人在担保期间如果顺利履行了对银行等债权人的偿债义务，且向担保企业及时、足额地支付了担保费用，担保合同一般应予终止，担保双方可以解除担保权利责任。但在实践中，由于各方面因素的影响，部分被担保人无法偿还到期债务，“连累”担保企业不得不按照担保合同约定承担清偿债务的责任。因此，在代为清偿后依法主张对被担保人的追索权，成为担保企业降低担保损失的最后一道屏障。

这一环节的主要风险是：违背担保合同约定不履行代为清偿义务，可能被银行等债权人诉诸法律成为连带被告，影响企业形象和声誉；承担代为清偿义务后向被担保人追索权利不力，可能造成较大经济损失。

三、担保业务控制措施设计

（一）总体要求

担保业务控制措施要求在对担保对象进行信用调查的基础上，严格按照担保业务流程进行申请、审核与审批，签订和履行担保合同。

（二）具体措施

1. 受理申请业务环节的关键控制措施设计

依法制定和完善本企业的担保政策和相关管理制度，明确担保的对象、范围、方式、条件、程序、担保限额和禁止担保的事项。严格按照担保政策和相关管理制度对担保申请人提出的担保申请进行审核。比如，担保申请人是否属于可以提供担保的对象。一般而言，对于与本企业存在密切业务关系从而需要互保的企业、与本企业有潜在重要业务关系的企业、本企业的子公司及具有控制关系的其他企业等，可以考虑提供担保；反之，则必须十分慎重。又如，对担保申请人整体实力、经营状况、信用水平了解情况。如果担保申请人实力较强、经营良好、恪守信用，可以考虑接受申请；反之不应受理。再如，担保申请人申请资料的完备情况，如果资料完备、情况翔实，可予受理；反之不予受理。

2. 调查和评估环节的关键控制措施设计

(1) 委派具备胜任能力的专业人员开展调查和评估。调查评估人员与担保业务审批人员应当分离。担保申请人为企业关联方的，与关联方存在经济利益或近亲属关系的有关人员不得参与调查评估。企业可以自行对担保申请人进行资信调查和风险评估，也可以委托中介机构承担这一工作，同时应加强对中介机构工作情况的监控。

(2) 对担保申请人资信状况和有关情况进行全面、客观的调查评估。在调查和评估中，应当重点关注以下事项：担保业务是否符合国家法律法规和本企业担保政策的要求，凡与国家法律法规和本企业担保政策相抵触的业务，一律不得提供担保；担保申请人的资信状况，包括基本情况、资产质量、财务状况、经营情况、信用程度、行业前景等；担保申请人用于担保和第三方担保的资产状况及其权利归属；企业要求担保申请人提供反担保的，还应对与反担保有关的资产状况进行评估。企业应当综合运用各种行之有效的方式方法，对担保申请人的资信状况进行调查了解，务求真实准确。比如，在对担保申请人的财务状况进行调查时，要深入分析其短期偿债能力、长期偿债能力、盈利能力、资产管理能力和可持续发展能力等核心指标，从而做到胸有成竹、防患于未然。涉及对境外企业提供担保的，还应特别关注担保申请人所在国家和地区的政治、经济、法律等因素，并评估外汇政策、汇率变动等可能对担保业务造成的影响。

(3) 对担保项目经营前景和盈利能力进行合理预测。企业整体的资信状况和担保项目的预期运营情况，构成判断担保申请人偿债能力的两大重要方面，应当予以重视。

(4) 划定不予担保的“红线”，并结合调查评估情况作出判断。《企业内部控制应用指引第 12 号——担保业务》明确规定了以下 5 类不予担保的情形：担保项目不符合国家法律法规和本企业担保政策的；担保申请人已进入重组、托管、兼并或破产清算程序的；担保申请人财务状况恶化、资不抵债、管理混乱、经营风险较大的；担保申请人与其他企业存在较大经济纠纷，面临法律诉讼且可能承担较大赔偿责任的；担保申请人与本企业已经发生过担保纠纷且仍未妥善解决的，或不能及时足额交纳担保费用的。各企业应当将上述5类情形作为办理担保业务的“高压线”，严格遵守、不得突破；同时，可以结合企业自身的实际情况，进一步充实、完善有关管理要求，切实防范为“带病”企业提供担保。

(5) 形成书面评估报告，全面反映调查评估情况，为担保决策提供第一手资料。企业应当规范评估报告的形式和内容，妥善保管评估报告，并作为日后追究有关人员担保责任的重要依据。

3. 审批环节的关键控制措施设计

(1) 建立和完善担保授权审批制度，明确授权批准的方式、权限、程序、责任和相关控制措施，规定各层级人员应当在授权范围内进行审批，不得超越权限审批。企业内设机构不得以企业名义对外提供担保。企业应当加大对分公司对外提供担保的管控力度，严格限制分公司的担保行为，避免因分公司违规担保为本企业带来不利后果。

(2) 建立和完善重大担保业务的集体决策审批制度。企业应当根据《公司法》等国家法律法规，结合企业章程和有关管理制度，明确重大担保业务的判断标准、审批权限和程序。上市公司的重大对外担保，应取得董事会全体成员2/3以上签署同意或者经股东大会批准，未经董事会或者类似权力机构批准，不得对外提供重大担保。

(3) 认真审查对担保申请人的调查评估报告，在充分了解掌握有关情况的基础上，权衡比较本企业净资产状况、担保限额与担保申请人提出的担保金额，确保将担保金额控制在企业设定的担保限额之内。

(4) 从严办理担保变更审批。被担保人要求变更担保事项的，企业应当重新履行调查评估程序，根据新的调查评估报告重新履行审批手续。

4. 签订担保合同环节的关键控制措施设计

(1) 严格按照经审核批准的担保业务订立担保合同。合同订立经办人员应当在职责范围内，按照审批人员的批准意见拟订合同条款。

(2) 认真审核合同条款，确保担保合同条款内容完整、表述严谨准确、相关手续齐备。在担保合同中应明确被担保人的权利、义务、违约责任等相关内容，并要求被担保人定期提供财务报告和有关资料，及时通报担保事项的实施情况。如果担保申请人同时向多方申请担保的，企业应当在担保合同中明确约定本企业的担保份额和相应的责任。

(3) 实行担保合同会审联签。除担保业务经办部门之外，鼓励和倡导企业法律部门、财会部门、内审部门等参与担保合同会审联签，增强担保合同的合法性、规范性、完备性，有效避免权利义务约定、合同文本表述等方面的疏漏。

(4) 加强对有关身份证明和印章的管理。比如，在担保合同签订过程中，依照法律规定和企业内部管理制度，往往需要提供、使用企业法定代表人的身份证明、个人印章和担保合同专用章等。

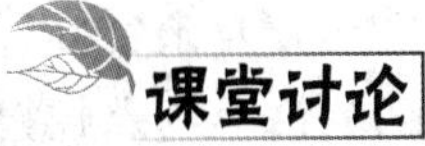

从近年来暴露出来的一些担保典型案例看，一些企业在有关人员身份证明、印章管理

中存在薄弱环节，导致身份证明和印章被盗用，造成了难以挽回的严重后果。结合这种问题试分析如何加强印章管理。

(5) 规范担保合同记录、传递和保管，确保担保合同运转轨迹清晰完整、有案可查。

5. 日常监控环节的关键控制措施设计

(1) 指定专人定期监测被担保人的经营情况和财务状况，对被担保人进行跟踪和监督，了解担保项目的执行、资金的使用、贷款的归还、财务运行及风险等情况，促进担保合同有效履行。企业财会部门要及时，最好是按月或者按季收集、分析被担保人担保期内的财务报告等相关资料，持续关注被担保人的财务状况、经营成果、现金流量以及担保合同的履行情况，积极配合担保经办部门防范担保业务风险。

(2) 及时报告被担保人异常情况和重要信息。企业有关部门和人员在实施日常监控过程中一旦发现被担保人存在经营困难、债务沉重，或者违反担保合同的其他情况，应当按照《企业内部控制应用指引第 17 号——内部信息传递》的要求，在第一时间向企业有关管理人员作出报告，以便于及时采取有针对性的应对措施。

6. 会计控制环节的关键控制措施设计

(1) 健全担保业务经办部门与财会部门的信息沟通机制，促进担保信息及时有效沟通。

(2) 建立担保事项台账，详细记录担保对象、金额、期限、用于抵押和质押的物品或权利以及其他有关事项；同时，及时足额收取担保费用，维护企业担保权益。

(3) 严格按照国家统一的会计准则制度进行担保会计处理，发现被担保人出现财务状况恶化、资不抵债、破产清算等情形的，应当合理确认预计负债和损失。属于上市公司的，还应当区别不同情况依法予以公告。

(4) 切实加强对反担保财产的管理，妥善保管被担保人用于反担保的权利凭证，定期核实财产的存续状况和价值，发现问题及时处理，确保反担保财产安全完整。

(5) 夯实担保合同基础管理，妥善保管担保合同、与担保合同相关的主合同、反担保函或反担保合同，以及抵押、质押的权利凭证和有关原始资料，做到担保业务档案完整无缺。当担保合同到期时，企业要全面清查用于担保的财产、权利凭证，按照合同约定及时终止担保关系。

7. 代为清偿和权利追索环节的关键控制措施设计

(1) 强化法制意识和责任观念，在被担保人确实无力偿付债务或履行相关合同义务时，自觉按照担保合同承担代偿义务，维护企业诚实守信的市场形象。

(2) 运用法律武器向被担保人追索赔偿权利，在此过程中，企业担保业务经办部门、财会部门、法律部门等应当通力合作，做到在司法程序中举证有力；同时，依法处置被担保人的反担保财产，尽力减少企业经济损失。

(3) 启动担保业务后评估工作，严格落实担保业务责任追究制度，对在担保中出现重大决策失误、未履行集体审批程序或不按规定管理担保业务的部门及人员，严格追究其行政责任和经济责任，并深入开展总结分析，举一反三，不断完善担保业务内控制度，严控担保风险，促进企业健康稳健发展。

案例 8-3　担保评估调查控制不力酿成大祸

2000 年，A 集团公司下属北京子公司和其他三家股东合资设立 SD 再生资源有限公司（以下简称 SD 公司），持股比例为 10%。2002 年，SD 公司分别向中国银行某市分行（以下简称某市中行）和中国建设银行某市支行（以下简称某市支行）各借款 100 万美元，合计 200 万美元。A 集团公司总经理在担保合同上签字，为 SD 公司中行借款 100 万美元及建行借款 50 万美元提供了负连带责任的全额担保。2003 年 5 月，又继续为 SD 公司延期贷款提供担保。

2008 年 3 月，因 SD 公司不能按时归还 100 万美元借款本息，某市中行向法院提起诉讼；2008 年 6 月底，经该市第二中级人民法院一审判决，A 集团公司负连带给付责任。A 集团公司对判决不服，向该市高级人民法院提出上诉；2008 年 11 月，该市高级人民法院判决"在强制执行原审被告 SD 公司财产后仍不足清偿的债务范围的，由 A 集团公司承担赔偿责任"。2009 年 4 月，该市第二中级人民法院就此案作出执行裁定，并查封了 A 集团公司有关房产，A 集团公司不得已为 SD 公司归还借款本息，支付现金 13 206 005.09 元。另外，因 SD 公司不能按时归还 50 万美元借款本息，2006 年 10 月，某市支行向法院提起诉讼，经该市高级人民法院复审，2007 年 10 月，判令 A 集团公司为 SD 公司的 27 万美元借款余额的本息承担连带给付责任。

在 2006 年某市支行提起诉讼后，A 集团公司多次派人了解 SD 公司资产和负债情况，并派员对北京子公司和 SD 公司查账。查账结果显示：首先，SD 公司基本没有实物资产，只有大量的无据可查的预付和应收款项。其次，SD 公司存在不良图谋。查账结果显示，SD 公司取得借款后，没有用于正常业务经营和投资。自 SD 公司成立以来，有多位高级管理人员利用职权，自批自用、自批他用，以借款等名目，大肆侵占、挪用 SD 公司资金，将公司资产转入个人账户，非法占为己有。

A 集团公司担保损失的形成，其主要原因是担保调查评估环节的控制不完善。A 集团公司在调查评估 SD 公司的担保申请时，没有严格执行集团公司的担保控制制度，存在以下控制缺陷：

一是对担保申请人的整体实力、经营状况、信用水平等并没有做详细了解。A 集团公司稍加调查就能发现，SD 公司成立不过两年，既没有良好业绩，也没有良好信用记录。A 集团公司对 SD 公司经营及财务情况不了解，就为其提供 150 万美元的巨额担保，实属草率之举。事后的查账结果证明 SD 公司本身就是虚假出资设立，基本没有实物资产。如果一开始就对这些情况进行调查，SD 公司的不良图谋就能被 A 集团公司察觉。

二是对关联企业申请担保放松了警惕。A 集团公司认为 SD 公司是自己下属子公司参股成立的公司，由此放松了警惕，没有按照既定的程序受理担保，也没有进行有效的担保风险评估，更没有详细审核合同有关条款而草率签订担保合同。事实上，A 集团公司对其北京子公司和 SD 公司都没有实施有效监督，对借款用途也一无所知。由此草率地作出担保，发生损失自难避免。

第四节 业务外包内部控制

一、业务外包流程概述

(一) 业务外包的含义

业务外包(business outsourcing)是指企业利用专业化分工优势,将日常经营中的部分业务委托给本企业以外的服务机构或其他经济组织完成经营行为。外包是一种资源整合的管理模式,即企业首先确定自己的核心竞争优势,将一部分非核心业务通过合同的方式承包给外部专门机构,其目的是通过业务外包实现对企业资源的重新配置,将企业的资源集中到那些具有核心优势的活动上,充分发挥核心业务的竞争优势,促进企业持续健康地发展。企业在决定是否将非核心业务外包时,应当考虑业务外包的经济效益。如果内部业务流程效率较低,服务成本较高,企业应将该业务外包给效率更高的外部专业化厂商去做,以便专注自己的核心业务。业务外包的方式有多种,按照业务职能可将业务外包划分为研发外包、资信调查外包、可行性研究外包、委托加工外包、物业管理外包、客户服务外包、IT 服务外包等。

1. 研发外包

研发外包是指企业将产品研究、开发项目承包给企业外部研发水平更高的科研机构、组织或者高校,以达到充分利用外部资源弥补自身开发能力的不足,增强企业产品研发水平的目的。产品研发一般需要投入巨大的人力、物力和财力,投资成本大,研发风险高,越来越多的企业开始寻求外部技术支持,将研发工作外包给技术实力雄厚的科研机构和院校。研发外包有助于转移研发风险、缩短研发周期,降低产品的研发成本。

2. 资信调查外包

资信调查外包是指企业委托专业资信调查机构,调查与企业发生交易的另一方的资历、信用状况,调查机构在专业调查的基础上,出具专业调查意见和建议,用作企业决策者评选商业伙伴、签订合约、提供信用额度、处理逾期账款等方面的参考依据。资信调查有助于企业取得商业伙伴的公司资料,了解商业伙伴在历史付款记录、商业信誉、履约能力等方面的真实情况,避免商业欺诈的发生。资信调查专业机构具有经验丰富的团队、广阔的信息来源、灵活多样的调查方法,吸引越来越多的企业将资信调查业务外包给专业调查公司。

3. 可行性研究外包

可行性研究广泛地应用于科学技术、生产、建设领域。它是指国家机构、企事业企业在规划生产、基建、科研等投资活动的前期,通过调查研究、分析论证建设项目,科学研究商业活动是否切实可行而做的相关工作。

项目研究小组通过全面调查影响投资项目的社会、经济、技术、政策、环境等因素,权衡各种投资方案的利弊,预测项目完工后的经济、社会效益,为该项目是否值得投资以及如何进行建设提供咨询意见。可行性分析的内容一般包括:市场需求、原料供应、工程建设条件、建设规模、选址、施工、生产工艺、生产设备、环境影响、融资、经济效益等方面。许多企业没有配备专门的项目分析人员，缺乏对可行性分析所需信息的搜集、整理和分析过程，导致可行性分析报告的效果不佳。为了确保可行性分析报告的质量，越来越多的企业将项目可行性分析外包给专门的咨询服务机构。

4. 委托加工外包

委托加工业务是指由委托方提供主要材料，受托方只代垫部分辅助材料，并按照委托方的要求加工货物并收取加工费的经营活动。外包业务中，委托加工极为常见。采用委托加工进行业务外包主要是基于三方面原因：①企业不具备相应的加工能力；②企业生产能力不足；③为了降低加工成本。

5. 物业管理外包

物业管理是指受特定业主或业主集体委托的物业管理机构，依据委托合同或契约，运用现代经营手段和修缮技术，维护受托管理的物业设施，监管、保护物业园区的公共秩序，以及为业主或物业使用人提供特约服务，并按合同约定收取一定物业管理费用的专业服务活动。物业管理的范围一般包括：房屋建筑及附属配套设备、公用设施及场地、房屋周围的环境、清洁卫生、安全保卫、公共绿化、道路维护，以及向住户提供的各种经营服务。

6. 客户服务外包

客户服务是一种以客户为导向的价值观，帮助客户了解和解决与产品消费有关的各种问题，满足客户消费需求，提高消费满意度。企业提供的客户服务包括：接待和回访顾客；服务咨询；质量“三包”服务；安装和调试服务；技术培训服务；维修服务；其他特种服务。为了更好地接近顾客、方便顾客，许多企业将部分客户服务活动及其业务流程进行外包。例如电视机厂将维修服务转包给当地的维修部门，航空公司将售票服务外包给各地的售票点。客户外包有助于提高客户满意度，降低服务成本。

7. IT 服务外包

IT 服务外包是指企业将信息化建设工作交由专业化服务公司来做。包括信息化规划(咨询)、设备和软件的选购或开发代理、网络系统和应用软件系统的建设，以及企业网络系统的日常维护和升级等。IT 服务外包有助于加快数字信息化的建设，提高信息管理质量，节约信息处理成本。

（二）业务外包的意义

1. 提高企业的核心竞争力

通过业务外包将非核心业务转移到企业外部，借助外部优质资源弥补和改善自己的弱势项目，转移弱势项目资源以强化核心业务，有助于提高企业优势项目的市场服务质量，加速核心产品的创新，优化、升级产业链的结构，提高企业的竞争力。

2. 提高资源利用率，降低成本

将非核心业务外包给专业公司，有利于社会分工合作向纵深化发展，充分发挥各个生产协作企业的规模经济。企业应当合理区分核心业务与非核心业务，将非核心业务外包给经营运作水平更高、运作成本更经济的承包商，降低终端产品成本，节约管理费用，提高企业经营效率。

3. 降低风险

产品寿命周期不断缩短，市场风云多变。由于固定资产具有专用性的特点，不利于企业产品的结构调整和战略转向,影响经营的灵活性。业务外包有助于降低固定资产投资,改善企业生产的柔性和敏捷性,提高企业对环境的应变能力,降低企业经营风险。

(三) 业务外包的业务流程

企业实施业务外包需要完成一系列的具体活动,对这些活动按照实施过程的先后顺序进行描述,就形成了业务外包的流程图。如图 8-14 所示,业务外包流程中的活动主要有:制定业务外包实施方案、审核批准、选择承包方、签订业务外包合同、组织实施业务外包活动、业务外包过程管理、验收、会计控制等环节。该图所列示的业务外包流程适用于各类企业的一般业务外包。企业在实际开展业务外包时,可以参照此流程,并结合自身情况进行扩充和具体化。

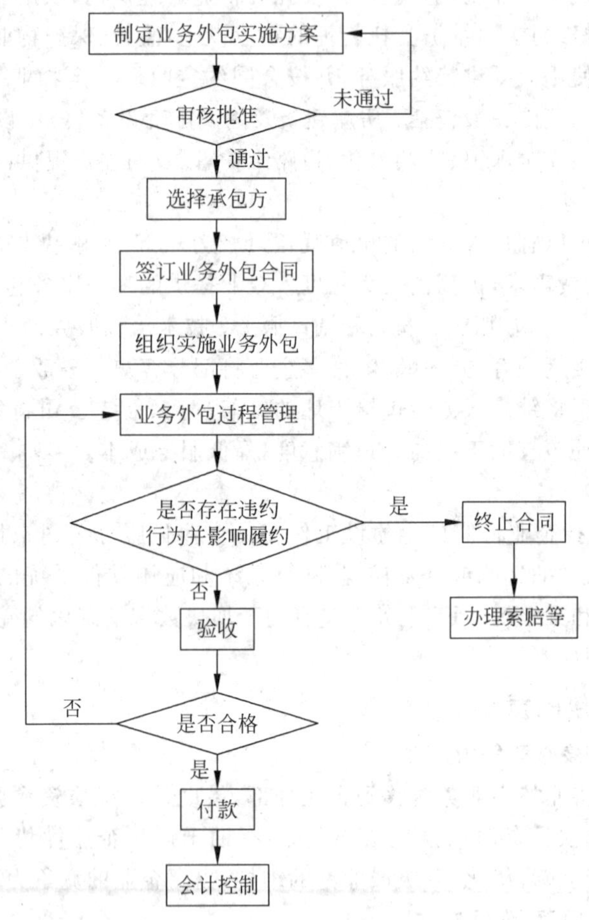

图 8-14 外包业务流程

1. 制定业务外包实施方案

制定业务外包实施方案是指企业根据年度生产经营计划和业务外包管理制度,确定业务外包范围,制定实施方案。

业务外包具有很多优点,在当前信息化、交通便捷的条件下,世界各国掀起业务外包的新高潮。但在实施业务外包的过程中,也伴随着外包业务失控、知识产权纠纷、核心能力丧失等风险。为了减轻或避免业务外包过程中所面临的各种风险，企业在制定外包实施方案时，应当全面、系统地分析企业内部环境和外部环境，考虑和解决好以下几个问题：①企业的经营战略是什么；②在当前内部、外部环境下，企业存在什么样的问题可能影响企业的生存和发展；③企业采用外包是否有助于解决这些问题，企业外包将对企业经营活动产生什么样的影响，外包是否有助于公司战略目标的实现，是否有利于提高组织的核心竞争能力；④如果业务外包可行，如何决定业务外包的方式；⑤业务外包的风险如何控制。

企业在分析、权衡业务外包利与弊的基础上，决定是否实施业务外包，制订业务外包详细计划和实施方案。

2. 审核批准

审核批准是指企业审批人员应当按照规定的权限和程序审核、批准业务外包实施方案。为了防范业务外包过程中的风险，企业应当遵照《企业内部控制基本规范》建立起业务外包的审核批准控制制度，以帮助企业管理人员对外包业务的真实性、可行性、合法性进行监督和控制，减少舞弊和不恰当决策给企业带来的损失。

3. 选择承包方

选择承包方是指企业应当按照批准的业务外包实施方案选择承包方。外包供应商的选择在制定业务外包策略中占有比较重要的位置。在业务外包过程中，厂商与外部供应商之间形成一种经营协作的伙伴关系，外包供应商的服务水平、服务效果在很大程度上影响到企业的经营活动。因此，如何选择最为适当的供应商是企业管理者需要认真考虑的问题，一旦选择失当，企业将会面临重大风险。

知识链接

企业在选择供应商时，首先应当设定选择承包方的依据及标准。其次，应对供应商进行定期评估与考核，评价业务外包是否达到预期的战略目标。最后，在适当的情形下，对承包方实行优胜劣汰的制度。

4. 签订业务外包合同

外包合同是开展外包服务工作的法律依据，签订外包合同有助于合同双方明确各自的权利和义务，减少不必要的纠纷，维护双方的正当权益。企业选定承包方后，应及时与承包方签订合约，约定业务外包的内容和范围、双方权利和义务、服务质量标准、保密、费用结算标准和违约责任等事项。

5. 组织实施外包业务

组织实施外包业务是指企业严格按照业务外包管理制度、工作流程和相关合约的要求，组织实施资源配置，建立与承包方的合作机制，为业务外包下一环节的管理工作做好准备，确保承包方严格履行业务外包合同。与承包商签订好外包服务合同后，企业相关部门应当做好与承包方的对接工作，落实双方应当投入的人力资源、资金以及其他专有资产，协商制订服务项目的培育计划、质量标准、工艺流程等内容，并将与外包业务相关的技术资料提交给承包商。

6. 业务外包过程管理

尽管业务外包合同受到法律保护，但合同双方并不能对所有不确定事项都加以预料并写入合同条款，并且合作双方存在理念、文化、利益追求的差异，导致外包服务可能偏离预期，给外包业务造成一定的风险。企业通过建立管理、协调机构，监督供应商的服务质量和服务进度，协商解决业务过程中存在的问题，确保服务合同能够按质按量地完成。

7. 商品验收

商品验收是指企业按照业务外包验收业务作业流程，对外包业务进行数量和质量检验。企业应当按照合同约定的验收方法，组织相关部门或人员对承包商提交的服务成果进行验收并办理相关验收手续。仅当验收合格后，承包商才算对相关义务履行完毕。

8. 会计控制

会计控制是指企业应当根据国家会计准则和企业会计制度，加强对外包业务的核算与监督，并做好外包费用结算等工作。外包服务的结算方式主要有阶段结算和完工结算两种结算方式，阶段结算是指根据外包业务进展情况分阶段、分次进行结算，完工结算是指项目全部完成验收合格后一个月内进行结算。企业应当依照合同的相关规定进行结算，并做好相关会计记录。

二、业务外包风险点分析

（一）总体风险分析

20世纪90年代以后，跨国公司为了降低成本，发达资本国家将一些劳动密集型的低端产业转向新兴经济体，而将高端的核心产业保留在自己国家，既实现了发达国家的产业调整和升级，也推动了业务外包的发展。随着业务外包的不断发展，业务外包业从最初的IT业逐步发展到信息技术、人力资源、金融、保险、会计服务等多个领域。然而，调查表明，许多企业在业务外包过程中，并没有达到预期的目的，最终将外包业务收回企业自己经营。为了防止业务外包的失败，企业应当建立健全业务外包的风险管理制度，强化外包业务的风险防范和管理。

（二）风险点分析

1. 制定实施方案面临的风险

业务外包是对企业资源的重新配置，是企业对经营活动的重新调整。一些重大的业务外包项目将对企业未来的经营、发展产生深远的影响。企业应当在风险评估、科学决策的基础上，科学、合理地制定外包实施方案。制定业务外包方案存在的风险主要有以下几方面。

(1) 缺乏完善的业务外包管理制度

规范化、制度化工作流程管理制度有助于保证企业在外包决策、制定外包方案、组织实施外包工作时做到有据可依、有章可循，防止公司资产因外包管理混乱而发生流失。由于业务外包发展迅速，企业容易出现外包管理制度不健全、不完善的情形，导致企业在业务外包管理过程中出现一系列失误和损失，给企业造成重大的经营风险，主要体现为：决策机制不健全、不科学，出现外包决策失误；缺乏外包流程管理制度，容易出现舞弊行为；对外包风险认识不足，缺乏风险应对措施，引起风险损失；缺乏外包业务流程监督措施，导致企业外包预期目标难以实现。

(2) 将不宜外包的核心业务进行外包

从长期看,核心业务是公司增长的发动机,直接影响企业未来的创新能力、市场竞争能力。一般应保留在公司的内部,不宜进行外包。研究表明,部分企业将核心业务进行外包,是导致业务外包失败的原因之一。不恰当地将核心业务外包的原因主要有以下几方面。

① 不能正确地识别核心业务,将核心业务与主营业务相混淆。核心业务是指企业内部那些最具行业竞争力的业务,核心业务的识别主要根据公司在行业中所处的地位,以及企业技术的领先程度来决定。而主营业务的识别主要是根据业务规模的大小(如收入、利润)来决定。一些企业将主营业务视同核心业务,而将一些正在成长阶段的非主营核心业务视作非核心业务而进行外包。

② 对企业优势业务作出错误评价。企业评估自身业务时,常常低估业务部门的能力,忽视他们未来的潜在价值,没有考虑他们熟悉业务、沟通便利的优势;同时又过高估计外部供应商的能力和经验,对企业业务部门的竞争能力不能做出科学、合理的评价。例如,某公司研发部门的员工在该行业具有较强的研发能力,然而该公司低估了研发部门的研发能力,将研发部门解散,将研发工作外包给某科研机构。然而,这个科研机构将该公司的研发部门的员工重新招聘进来继续为该公司进行服务。

③ 追求短期利益。企业管理层为了追求短期利益,将一些具有潜在核心竞争力的业务外包出去,导致公司长期利益受损。

④ 舞弊行为。企业没有制定明确的业务外包范围,部分领导为了谋求私利,擅自将公司的核心经营业务外包出去,给企业带来难以挽回的重大损失。

(3) 实施方案不合理或不完善

每个企业在所处的行业、地域、市场、经营理念、资源占有等方面都存在巨大差异,企业需要根据自身的实际情况决定自己的发展战略和投资规模,并根据战略目标确定具体的经营方式和工艺流程,由此形成各自的生产经营特点。企业在制定业务外包实施方案时,应当充分考虑到企业的生产经营特点。如果外包服务与企业的生产经营活动出现冲突,将会给企业造成难以估量的损失。

① 外包服务与公司的发展战略不一致

企业将业务外包基于各种原因,或为了发展低成本战略,或是为了取得外部技术支持,或者满足顾客季节性需求等。不论基于什么原因,业务外包根本目的是增加企业的核心竞争能力,提高企业的经济效益。企业应当围绕公司的战略目标合理确定公司的外包策略。有些公司本末倒置,往往只注重降低成本,没有考虑业务外包是否会损害企业内部的研发能力、资源获取能力以及市场竞争能力,没有关注业务外包是否会引起核心技术的泄密,是否会引起企业服务质量的降低。简单地将业务外包理解成是为了削减成本,从而导致企业的长期战略受损,危害企业的长期发展。

② 外包服务与企业经营运作不相匹配

企业外包服务的一个关键问题是外包业务如何与企业的生产经营活动紧密衔接,保证经营活动顺畅、有序、高效地运转。如果企业在外包时,忽略企业自身的情况,一味追求高质量、高标准，要求服务的内容超出公司的经营现状；或者取得的服务跟不上企业生产经营的发展变化，难以与企业业务进行对接，都将给企业的经营活动造成重大损失。

③ 外包服务的模式选择不当

服务外包的模式有多种，企业可以选择整体外包、部分外包或者混合外包，也可以选择国内外包或者离岸外包。每种选择都有一定的优点和缺点。企业在选择外包模式时，需要结合自身实际情况、业务外包预期目的等进行综合权衡，确定外包服务的具体策略和模式。企业选择不恰当的外包服务模式主要由以下两方面的因素引起。

一方面，一些企业在确定外包模式时，只是单纯为了降低外包服务成本，盲目引入竞争机制，导致企业选取外包模式不恰当，服务成果达不到预期的目标。在选择外包方式时，企业应当充分搜集资料、详细考察、充分论证后做出决定。

另一方面，将一些重要的隐性成本忽略。业务外包的成本不只局限于支付给承包商的外包费用。事实上，业务外包还存在许多隐性成本。例如，业务外包前企业的专用固定资产可能出现报废，外包后支付员工解散的费用，业务外包发生的通信费用、文化培训成本、外包规划和启动成本、监控成本、外包交付时间延后引起的潜在损失。另外，承包双方由于文化、利益冲突引起的摩擦，也将占用和耗费高层管理人员大量精力。企业在外包时，应当充分预计到这些隐性成本和潜在不确定因素。否则，可能导致业务外包成本过高，造成经营损失。例如一些产品(如飞机发动机)的生产过程极为精密，其质量需要经过严格监控。如果将发动机的生产业务进行外包，将会导致企业监控成本大幅上升，或者产品出现重大质量事故而引起质量成本增加。

④ 承包周期不恰当。企业应当根据公司战略、外包业务的性质等确定承包周期。承包周期过短，可能会导致企业耗费大量时间重新寻找承包商，重新拟订合同。承包周期过短也容易导致企业的外包目标难以见到成效。例如一些企业急功近利，花费大量资金聘请高级营销策划师，希望通过营销外包在短期内实现销售业绩的大幅上升，然而给予对方了解企业、制定方案、实施计划的时间过于短暂。在短期未见成效时，又选择新的营销策划伙伴，从而给企业造成损失。承包周期过长则不利于引入竞争机制，不利于企业的生产经营的调整。

2. 审批风险

企业建立审核批准制度是为了确保外包业务在外包之前都经过相关部门的认真分析和论证，企业外包业务相关人员严格按照外包业务操作流程实施外包活动，业务外包归口管理部门严格遵守企业外包管理制度。尽管业务外包审批制度对于防范外包业务过程中可能出现的各种违规、违法操作行为具有重要意义，部分企业在执行外包业务审批的过程中，仍然存在以下种种问题。

(1) 审批制度不健全，业务外包审批不规范。尽管有的企业明确规定业务外包应当经过审批，但是对于审批人的权限、责任、审批依据等并没有做出详细、具体的说明。这将导致没能对外包业务审批人建立起约束机制，容易出现故意的舞弊行为；审批人在审批时没有明确的审批依据，容易出现依赖个人经验判断实施方案是否符合企业战略目标、是否遵循成本效益原则，或者在审批时完全忽略了这方面的分析和判断，导致业务外包不经济或者业务外包不恰当的风险。

(2) 审批不严格或者越权审批。有的企业具有严格的业务外包审核批准制度，但是缺少相应的监督机制（如企业内部的审计部门），导致企业在实施外包业务的过程中没有严格按照企业制度执行，出现审批不严格或者越权审批，导致业务外包决策出现重大疏漏，从而引发严重后果。

(3) 业务外包未经适当审核。有的企业管理极为混乱，存在内控缺失，或者内部控制没能得到认真执行的情形，导致业务外包未经适当审核就已实施，由此引发外包业务出现重大差错、舞弊、欺诈等行为。

3. 承包方选择不当引起的风险

(1) 承包方的选择不当

一般而言，具有较好资质的承包方一般具有成熟管理方法、标准化的质量控制体系，以及具有熟练技能的员工，能够较好地完成发包方交付的目标任务。正确选择承包方是业务外包成功的关键。许多业务外包失败，一个重要的原因就是企业选择了不恰当的承包方，导致服务成果达不到预期的要求。企业选择承包方的风险主要有：

① 承包方不是合法设立的法人主体。按照国家法律合法设立的法人主体具有稳定的场所，有明确的宗旨和业务范围，有与其业务范围相适应的从业人员、开办资金和经费来源，能够独立承担民事责任，具有较好的技术、财务实力，风险承受能力较强，能够较好地履行合同义务。而不具有法人主体身份的承包商，难以全面提供外包服务所需人力、物力、财力和技术保证。如果企业选择的承包商不是合法设立的法人主体，可能会出现承包商不能全面、认真履行外包业务合同中相关义务的情形，甚至可能出现欺诈行为。一旦发生法律纠纷，企业的正当权益也难以得到法律的合理保护。

② 承包方资历不足，缺乏应有的专业能力、项目经验。承包商接受外包业务后，应当依据合同的要求按时、按质、按量完成外包服务。这就客观要求承包商应当具备胜任该项工作的能力，配备具有专业技能的从业人员，拥有完成外包业务所需的设施、资金。一些承包商为了揽取业务，在不具备相关资质，或者缺乏相关项目经验的情形下，夸大自身的实力，骗取承包合同。造成交货时间严重滞后，或者所提供的服务成果不能达到合同要求，给企业的经营活动造成重大损失。企业在评估承包方的资质时，应当合理考虑供应商的交货质量、交货速度等诸多方面是否能够达成企业目标的实现，能否及时满足客户的需求变化。

③ 供应商的信誉不佳。信誉较差的承包商容易出现故意违约或毁约的情形，给企业的利益造成重大损失。承包商信誉不佳主要表现为：供应商未按合同要求按时、按质、按量完成工作任务；承包商故意毁约，不再继续履行合同条款；承包商故意欺诈；承包方管理不善，缺乏适当的知识产权保护机制，将企业重要商业秘密、专有技术泄露出去，使企业遭受重大损失。例如，在2004年，中国一家承包商为客户加工雷达，该承包商在研发过程中，因为没有按事先约定为有功人员颁发奖金，引起一名员工的不满，将机密信息盗取带走。无独有偶，2002年，在一家印度公司，一名被解聘的员工将客户的源程序代码盗去，打算将其出售给客户的竞争对手。

④ 承包商的地理位置不适合外包条件。承包商所处地理位置是选择承包商的重要影响因素。承包商所处的地理位置不同，其所在地的人力资源、运输成本、税收制度、地理

气候等方面都存在显著差异。这些因素会对业务外包的成功与否产生重要影响。企业在选择供应商时，常常忽略这些问题。例如日本一家销售时尚生活用品的企业，为了降低成本，将业务外包给一家沿海企业，虽然承包商的报价较低，但由于该地处于台风多发地带，导致交货时间经常被延误，产品错过销售季节。

⑤ 将企业承包给自己的直接竞争对手或潜在竞争者。将业务承包给自己的竞争对手，将会壮大竞争者的实力，削弱企业的竞争优势。

(2) 外包价格不合理

企业外包是为了改善和提高企业的经营效益。外包价格过高将难以实现业务外包的初衷，损害企业的经营效益。外包价格过高主要是由以下四方面的原因引起：企业没有对外包业务的生产成本进行认真测算，对业务外包的价格底线不清楚；企业没有引入价格竞争机制，导致外包价格过高。企业内部受到资金、技术等方面因素的制约，而外包市场又处于垄断状态；企业制度不健全，存在舞弊嫌疑。

(3) 承包商以商业贿赂或者不正当关系取得合同

企业没有健全的内部控制体系时，常常容易出现商业贿赂或舞弊行为。承包商利用金钱或者其他方式贿赂业务外包人员，或者利用不正当关系发挥影响力，寻求获取业务外包合同。而个别业务人员为了一己私利，滥用职务权力或者利用内部控制存在的漏洞，将业务外包给不合格承包商。一般情况下，通过这种方式签订的业务外包合同一般容易出现服务质量问题或是价格过高，给企业造成经济损失。

4. 合同风险

(1) 合同条款不完善

合同条款是合同双方当事人在协商一致的基础上，共同订立的、用以明确合同双方各自权利、义务的具体条文。合同条款是否齐备和准确决定着合同能否顺利履行。如果订立的合同条款不完善，容易引起法律纠纷，甚至还会承担败诉的后果。业务外包合同条款不完善主要是由于合同双方没有对外包服务所要达到的要求进行合理量化，或者没有做出详细、明确的规定。企业外包服务包括人力资源、物流、IT、客户服务等，对这些业务的质量界定相对比较困难。如果定义不清晰，容易导致合同双方在理解上出现偏差，难以保证服务要求的顺利实现。

(2) 违约责任规定不明确

为了保证合同的切实执行，企业应当在合同条款中对违约责任做出明确约定。如果未能对业务外包的违约责任做出明确约定，或者对违约的界定不够清晰，合同一方发现继续履行该合约将对自己产生不利影响时，容易出现违约行为，导致外包业务的失败。

5. 业务外包实施风险

签订外包合同只是企业与供应商建立协作伙伴关系的开始。完成合同签订后，企业需要对外包业务进行具体落实，包括建立与供应商的沟通渠道，确定具体服务品质标准、说明服务流程与工艺，制定业务外包实施过程的跟踪与控制方式，将外包资产、原料、资金落实到位等内容。部分企业在订完合同后就撒手不管，导致业务外包的组织工作未落实到位，影响业务实施的进度，以及业务执行的正确性。

6. 业务外包管理风险

业务外包过程的管理是为了确保承包方按照合同的条款进行履行，并在出现不可抗力事件或者出现违约行为时，采取补救办法进行解决。在业务外包过程中，导致承包方可能出现违约的情形有：

(1) 因不可抗力事件而难以履行合约

承包商在合同期内因经营失败、财务困难而破产，或因技术能力不足等原因，导致原合同难以继续执行下去，引起合同中止。

(2) 承包方未按合同要求履行合约

承包方未按照业务外包合同约定的质量要求持续提供合格的产品或服务，或者单方决定中止合约，导致合同难以继续维持下去。

(3) 管控不力

企业没有设立专门监管机构，缺少业务监管的评价体系，监管方法不当，监管人员缺乏责任心，都会造成监管失控。监管不力将会导致企业信息缺失，外包服务不到位，给企业造成重大影响，具体如下。

① 难以及时了解承包商的工作规划以及工作进度，影响对交货时间的控制。

② 缺乏对外包业务实施过程的跟踪和控制，难以保证外包业务的质量。例如，企业将物流部门的业务外包给专门的物流公司，如果企业未对货运的准时率、投诉率、货物破损率等方面进行监督，可能会导致物流服务质量低，企业客户流失。

③ 难以及时改进外包服务存在的问题。如果承包商在服务质量方面存在问题，企业应当及时与承包商进行沟通，要求承包商提出整改意见，并监督和评价整改活动，防止类似问题的再度发生。如果企业缺乏监管，可能导致服务质量问题长期不能得到有效的解决。

7. 验收风险

(1) 验收方式与业务外包成果交付方式不匹配

业务服务的类型多样，服务成果也存在多种形式，如软件、物流运输、客服服务、委托加工的产品等，企业应当针对不同类别的服务成果制定不同的验收方法。例如外包 IT 一般在服务结果完成后采取一次性验收，全面测试软件程序是否达到合同规定的要求。而物流运输、客户服务则更多采取分阶段验收，以便于结算服务费用和加强监管。部分企业在验收时，没有考虑外包服务的具体特点，选用不适当的验收方式，导致验收效果不佳。

(2) 验收标准不明确，验收程序不规范

企业在验收外包服务时，没有依照规范的程序，或者没有规定具体、明确的验收方法和标准，造成验收混乱。例如，一家企业将人力资源培训进行外包，尽管企业领导和职工对培训的效果均不满意，但是由于在合同中没有规定具体的验收标准和验收方法，最后企业只能全额支付相关外包费用。

(3) 验收工作流于形式

企业在验收服务成果时，应当严格遵守企业的验收程序和检测方法，对服务质量进行认真测试。由于部分外包服务(如客户服务、销售策划)极为特殊，验收比较困难，有的员工在验收时流于形式，未能认真查处外包业务的质量问题，导致企业遭受损失。

8. 会计控制风险

(1) 缺乏健全的外包业务会计控制系统

企业应当构建完善的外包信息系统，记录和反映交付承包方代管的固定资产、材料、预付款、接收的服务成果等，真实、公允地反映业务外包的交易事项，保护企业资产的安全。部分企业由于各种原因未能建立与业务外包相关的会计控制系统，未能全面、真实地记录和反映业务外包各个环节的资金、实物流动状况，容易引起企业资产的流失。

(2) 业务外包相关会计处理不当

业务外包涉及诸多不确定因素和复杂交易，要真实、公允地反映这些经济业务，财务人员需要认真分析交易的实质，预计外包可能存在的损失。如果财务人员对业务不熟悉，或者对外包信息了解不充分，都将可能导致会计信息失真。

(3) 结算审核不严格、支付方式不恰当

部分企业内部的财务管理混乱，企业员工在办理业务外包结算时，容易违反外包合同规定的结算进度、结算金额、结算方式，提前或延后支付货款，损害公司的商业信誉。

三、业务外包控制措施设计

(一) 总体要求

业务外包是企业内部经营活动的外部化，企业通过业务外包形成了与承包的经营协作关系。由于承包双方属于不同的经济主体，双方之间信息不对称，并存在一定的利益冲突，如果企业对外包业务监管不到位，极有可能引发重大违约事件，给企业造成严重损失。为了防范业务外包可能存在的各种风险，企业应当建立完善的业务外包控制体系，对业务外包的整个流程进行全面、系统的监管。

(二) 具体措施

1. 建立健全业务外包的管理机构

企业应当建立业务外包的岗位责任制，确定负责业务外包的具体部门和岗位，明确各个部门的职责权限以及工作流程。在确定业务外包的具体部门和岗位时，应当遵循不相容职务相分离的原则，将业务授权与执行职务相分离，将业务执行、验收、付款、记录相互分离，实现各岗位之间相互制约和相互监督。

(1) 集团公司职责

集团公司的主要职责是建立业务外包的规章制度，对重大业务外包事项进行审批，并对集团内部的业务外包进行监督、考核。具体包括：①制定外包业务质量管理规章；②制定外包业务实施办法和评估标准；③对子公司的外包业务进行监督、指导和考核；④对重大业务外包实施方案进行审批；⑤对承包方提供的产品或服务质量信息进行汇总、分析和发布，及时通报集团内部所属各有关企业；⑥对子公司提供的合格外包方名单进行审批和建档；⑦组织对重大业务承包方和承包方提供的产品或服务质量保证情况进行审核和监督检查。

(2) 集团内部各企业职责

集团内部各企业部门应当依照集团相关制度制定具体的外包业务管理工作程序和要

求，具体负责实施业务外包项目。工作职责主要包括：①明确业务外包各归口管理部门的职责；②分析、评价外包业务风险(如战略风险、法律风险、声誉风险、国别风险等)；③调查和评估供应商；④确定合格承包方名单，并按规定上报审批；⑤招标和签订外包合同；⑥审查承包方的业务设计、工艺和质量控制体系；⑦负责外包业务质量管理或者参与监制；⑧对承包方提供的产品或服务进行验收；⑨负责解决本企业外包业务在进度、质量等方面存在的问题；⑩及时记录和上报外包业务质量信息。

2. 明确各归口管理部门的职责

负责管理业务外包的归口部门一般包括：人力资源部负责对承包方工作人员的培训工作；质检部门负责外包业务的质量监督检查；财务部负责外包费用核算与结算。法律事务部对业务外包涉及法律法规的部分进行监督检查，加强对业务外包合同的管理，处理业务外包法律纠纷。外包业务部门负责与承包商进行沟通，对承包商的履约能力进行评价。

3. 制定业务外包实施方案

业务外包方案是企业对业务外包做出的总体规划，是企业实施业务外包的依据。科学制定业务外包方案，有助于保证业务外包的成功，降低业务外包的风险。企业应对业务外包制订详细的实施计划，并经相关部门审批后实施。业务外包方案主要包括以下内容。

(1) 外包业务的经营目标

企业实施外包业务存在各种动机，按照服务外包动机将服务外包分为：①专业性外包，即企业为了促进专业化大生产，提高公司效率或者降低成本，将企业原来的某些效率低下的非核心业务承包给企业外部的一些专业化公司，建立起专业化协作关系。②扩大再生产分包，即市场需求量出现迅猛增加，而企业现有流程和资源难以完全满足业务的快速扩张时，企业将新增生产任务承包给外部企业，利用外部资源解决企业业务活动的弹性变化。③弥补自身技术水平的不足，将业务外包给专业化的大公司或科研机构。多数情况下，企业实施外包业务是为了满足经营战略的需要。

企业在做外包决策时，除了考虑企业经营目标外，还需要分析业务外包的内部、外部条件是否满足。内部条件是企业在业务外包后，需要在企业内部重建组织架构，对工作流程进行重组。外部条件包括企业所在的产业已具备相当程度的标准化，使承包方提供的产品或服务能为企业所用等要求。

只有业务外包符合公司经营目标，并且具备内部、外部条件时，才能进一步考虑需要对哪些业务进行实施。

(2) 业务流程的划分

业务流程是企业为完成某一任务(目标)而执行的一系列逻辑相关的活动、作业的集合。通过执行这些业务活动，企业对外输出产品或服务。业务流程一般可以划分为两大类：一是企业后勤支援服务流程，如人力资源服务、会计服务、供应服务、财务中心、信息处理中心、客户服务等企业内部服务活动。二是企业基本业务运作流程，如技术研发、生产制造业务、产品销售及售后服务(售后电话指导、维修服务)及其他业务流程。这些业务流程又可进一步细分为具体的各项活动，例如供应流程包括采购、运输、验收、仓储等具体活动。通过流程分析，可以明确企业包含哪些具体的业务项目。

(3) 确定外包业务的具体范围

一般情形下,企业不能将具有核心竞争力的业务进行外包。在制定外包方案时,首先需要识别出企业内部具有核心竞争力的业务。具有核心竞争力的业务一般具有三方面的特征:①有助于扩大企业的市场规模和经营能力;②能够满足公司客户最关注、最核心的需求;③难以被竞争对手模仿。业务的核心竞争力受到多种因素影响,包括经营业务的管理水平、技术水平、战略性资产的获取能力、市场竞争能力等方面。通过评比企业内部各个业务在这些因素上的得分高低,逐一识别出企业内部具有核心竞争力的业务。然后依据企业业务与核心业务的关联程度,初步将公司业务划分为四类:①企业核心业务;②与核心业务密切相关的业务;③支持性业务;④可抛弃性业务。在此基础上,综合考虑业务外包的风险、效益以及公司的经营目标,确定业务外包的范围。企业外包的业务既可以将公司的后勤服务(如供应业务、会计业务、信息处理业务等)进行外包,也可以将企业部分基本主营业务(如生产业务、研发业务、销售业务)进行外包。

(4) 业务外包模式的选择

企业应当根据自身的实际情况,合理选择业务外包的方式。业务外包既可以采用整体外包,也可以选用部分外包或者复合业务外包。整体外包是指将业务的整个流程及相关资源全部委托给承包方运营管理,双方根据该业务运营所承担的工作量、材料和管理成本等为基础确定外包价格,公司一般对结果性指标进行管控,对承包方内部运营过程和方式不做干预。例如 A 企业将公司的审计业务完全委托给专业会计公司负责,企业不再设立专门的审计机构。整体外包有利于实现企业之间的分工协作。部分外包是指在外包过程中,公司仍然以某种形式参与业务运营的部分流程环节,或者承担业务运营的部分职能,双方以承包方负责环节的成本费用为基础确定外包价格。例如 B 企业设有内部审计机构,负责组织日常的财务审计和经营管理审计,同时委托外部专家对企业内部审计中的特殊项目进行审计。复合业务外包模式是将某项业务的全部,或者某项业务的部分活动按业务的不同环节分别外包给不同服务供应商;或者是企业将几项业务的部分或全部承包给一个供应商。例如 C 企业将人力资源业务、会计业务全部承包给一家咨询服务公司。

企业在确定业务外包方式时,应以成本效益原则为基础,综合考虑业务运营具体特点、外包市场成熟程度、公司管控水平等因素,选择最有利于企业的外包方式。

(5) 制定业务外包的实施程序

随着外包业务不断发展和日益复杂,外包厂商需要为承包商提供广泛的协作和监管,包括物料供应、现场管理、质量检验、技术支持等。这就要求企业建立管理协调机构,制订业务外包实施计划,详细说明外包业务的组织方式、作业程序、监管方法以及风险应对措施,以保证业务外包的顺利实施。

(6) 复核、评估业务外包实施方案

实施方案应经过相关部门的复核和评估,检查外包方案是否存在缺陷。复核人员应当根据企业的年度预算、生产经营计划,对实施方案的重要方面进行深入评估和复核,检查方案编制是否正确,方案本身是否可行。复核内容包括:检查承包方的选择方案、外包业务的成本效益及风险、外包合同期限、外包方式、员工培训计划等。在评估和复核的过程中，应当认真听取外部专家的意见和建议，完善外包业务实施方案。

4. 审核批准

(1) 建立和完善审核批准制度

为了加强对外包业务的监管，防范业务外包过程中可能出现的违规、舞弊行为，企业应当建立业务外包审核批准制度，明确规定授权批准的范围、方式、程序、权责以及相关奖惩制度。审批人员应当在授权范围内进行审批，避免越权审批外包业务给企业带来不利后果。

(2) 审批机构

重大业务外包方案应当提交董事会或类似权力机构审批。

(3) 外包决策参与者

总会计师或企业分管会计工作的负责人应当参与重大业务外包的决策，对业务外包的经济效益做出合理评价，当外包业务特别重大或者特别复杂时，应当考虑是否聘请外面的专家、机构进行协助评估工作。

(4) 明确审批的依据

外包业务批准前，审批人员应当对业务外包实施方案进行审查和评价，着重检查外包是否符合公司的战略目标，对比分析该业务项目在自营与外包两种情形下各自的风险和收益，检查实施方案是否与企业的经营特点相适应，确定业务外包是否合理、可行。

5. 选择承包方

企业在选择承包商时，应当建立科学的评价体系，对候选供应商进行考察、评估。综合考评候选供应商的品质、成交价格、服务水平、交货能力、协作便利程度等方面，择优选取承包方。

(1) 对候选承包方的调查与评估

企业对承包方进行候选，是对承包方进行初步了解和考察，评估承包方是否能够按照企业的预期完成承包工作。考察、评估供应商主要分为以下步骤。

① 调查候选承包方的资质。调查候选承包方的合法性。即考察承包方是否为依照国家相关法律成立的合法经营机构，是否具有相应的固定办公场所，以及了解承包商的经营范围；考察候选承包商的技术专业背景、从业人员的履历和专业技能；现场了解承包商的企业文化、质量管理体系、生产经营组织能力；考察候选承包方从事类似项目的成功案例和业界评价；评价过去的业务外包合作情况。

② 划分候选承包方的质量层次。在对候选承包商进行综合考评的基础上，完成对候选承包商的综合评分工作，确定合格承包商的名单，将不符合企业备选条件的候选承包方剔除。

③ 确定业务外包价格。一方面，要确定外包价格的底线。企业在确定外包价格时，应当做到胸中有数。一般情况下，企业外包价格的确定是参照企业自制成本，测算分析自制业务的人工成本、营销成本、业务收入、人力资源等指标，结合考虑企业内部、外部因素，合理确定外包价格，防止外包成本报价过高。另一方面，引入承包方竞价机制。对于重大的承包业务，企业应当按照有关法律、法规，依照公开、公平、公正的原则，选用招标等适当方式，按照规定的程序择优选择承包方。在招标过程，企业应当严格执行回避制度和监督

处罚制度，避免相关人员在选择承包方过程中出现受贿和舞弊行为。

(2) 对承包方的选择

按照规定的程序和权限从候选承包方中做出选择，并建立严格的回避制度和监督处罚制度，避免相关人员在选择承包方过程中出现受贿和舞弊行为。

6. 签订业务外包合同

选定供应商后，企业应与承包商将业务外包的相关事宜以合同的方式确定下来，签订一份完善的业务外包合同。签订外包合同有助于界定外包合同双方各自的权利和义务，调节外包双方可能发生的争议行为，化解发包商在业务外包中可能遭遇的风险，保证业务外包的顺利实施。

(1) 建立和完善业务外包合同的管理制度

企业应当确定外包合同的归口管理部门，制定合同归口管理部门的管理权限和职责，建立业务外包合同草拟、复核、审批的流程，确定解决业务外包合同争议的办法。

(2) 合同风险评估

业务外包的内容越来越复杂，不确定因素增多，定义服务范围、服务质量的难度加大。企业在订立外包合同前，应当充分考虑业务外包方案中因定义不当而容易引发法律纠纷的重要风险。

(3) 完善业务外包合同的内容

企业应当在识别合同风险的基础上，明确界定外包服务合同的内容与范围、双方权利与义务，有效规避或降低外包风险。针对外包业务的特殊性，拟订外包业务合同条款时应当注意以下几方面。

① 合同的内容和范围方面，详细界定要求承包方提供的服务类型、质量标准、服务数量和成本，明确服务环节、作业配备要求、作业方式、作业时间、服务费用支付标准与方式、考核标准、激励与惩罚，以及合同变更、终止、解除条件等细节内容，规定承包方最低的服务水准以及针对未达标服务应实施的补救措施。

② 合同的权利和义务方面，应当约定企业有权了解、监督承包商的服务进度，监控外包服务的质量，督促承包方改进不合规定或不合理的作业流程及方法；承包方有责任按照合同协议规定，将外包实施的进度和现状告知企业，并对存在问题及时沟通和共同协商解决。

③ 合同的保密事项方面，应当评估企业的知识产权、商业秘密被承包商泄露的可能性，并在合同中具体确定数据资料的所有权及保密事项，以及承包人违约应当承担的补救措施或者相关责任。承包方应当按约定严格履行保密义务，加强保密管理。

④ 费用结算标准、结算方式方面，在确定费用结算标准，选择结算方式时，应当严格控制业务外包成本，防范违约风险。企业应当综合考虑业务外包的成本、外包方式及风险等因素，合理确定外包价格、结算方式。

⑤ 违约责任方面，企业应当在合同条款中明确违约责任。由于部分合同的履行期限较长，为了适应环境、技术和企业自身业务的变化，合同条款应当既注重原则性，又具有一定的灵活性。

7. 组织实施业务外包

为了开展业务外包工作，企业相关部门应在业务外包合同签订后，与承包方进行沟通、接洽，开展外包业务的前期准备工作，组织实施外包项目。

(1) 建立顺畅的沟通机制，收集和反馈业务外包实施过程的相关信息

顺畅信息交流渠道有助于合约双方及时交流外包业务的开展、落实和推进情况，协调和沟通需要相互协作的事项，了解和处理外包业务实施过程中可能出现的问题，及时收集和反馈业务外包实施过程的相关信息。

(2) 做好与承包部门的对接工作

在实施外包业务前，企业需要落实外包资产、外包原料、资金的到位，负责对承包商的员工进行培训，确保承包方相关人员充分了解任务目标、技术工艺标准、工作流程、质量要求以及相关注意事项，防止承包方因理解差异引起服务成果与预定目标出现重大偏离。

(3) 建立和落实外包实施全过程的管控措施

企业应当对工作流程进行梳理，分析外包业务工作流程的各个环节，评估外包业务偏离预定目标的各种风险，提出外包业务岗位职责分工、运营模式、管理机制、质量水平等方面的具体要求，并建立对应的检查和监控机制，对外包业务的工作流程的运行状况进行检查。

(4) 建立应急机制

企业应当充分估计重大业务外包可能出现的各种意外情况，事先建立应急机制，设计适当的临时替代方案，避免出现因业务外包失败而造成企业生产经营活动的中断。

8. 业务外包过程管理

(1) 建立和完善监控机制

检查承包商的员工配备是否适当，工作规划是否合理，以及外包业务的完成进度和质量是否符合合同要求。如果发现存在偏离合同的情形，应及时查明原因，并根据具体情况要求承包方做出相应的改进和调整，以保证任务的顺利实施。

(2) 定期考核、评价承包商

在业务外包过程中，应当对承包商进行考评，一旦考评认为承包商难以胜任或者按时完成服务，企业应当及时采用应对办法，防止外包服务出现长期拖延现象或者服务质量不合格。对承包方的履约能力进行评估的内容包括：承包方的人力资源、财务状况、生产能力、技术创新能力能否继续满足该项目的要求；承包方是否投入了足够的资源以满足外包服务的需要；承包商的信誉能力等。

(3) 解除、中止合同

通过考核，如果有确凿证据表明承包商因缺少足够资源，从而难以继续履行该项业务时，应当与承包商进行协商、讨论解决方案。如果经协商后仍然难以解决，或者有确凿证据表明承包方存在重大违约行为，应当终止合同，并按照合同的约定向承包方提出索赔。

9. 验收

(1) 建立外包服务验收管理制度

企业应当根据外包服务合同的相关规定、外包服务的具体特点，制定一套与外包业务相适应的验收程序、验收标准和方法。

① 验收方式。企业可以根据业务外包的实际情况，对最终产品或服务选用一次性验收，也可以在整个外包过程中分阶段验收。

② 验收标准。企业应当根据外包合同的相关规定，结合日常绩效评价，对外包业务质量是否达到预期目标进行总体评价，并确定评价方法体系和评价标准。

(2) 组织验收

负责验收的各职能部门相关人员，应当严格按照验收标准对承包方交付的产品或服务进行验收、测试，以评价产品或服务是否符合合同要求，并出具相应验收证明文件。如果在验收过程中发现存在异常情况，各职能部门应当向企业有权处理部门进行汇报，有权处理部门在查明原因的基础上，与供应商进行协商、解决。

(3) 总体评价和业务改进措施

根据验收结果，企业对业务外包是否达到预期目标作出总体评价，并针对业务外包存在的问题，改进和优化管理制度和流程。

10. 会计控制

企业应当建立外包业务的会计控制流程和会计控制制度及实施细则，明确相关职能部门在外包业务活动中的权限和职责。

(1) 结算管理制度

① 确定外包业务支付结算的归口管理部门。

确定支付结算的归口管理部门，有助于分清各个部门的具体职责，保证支付结算工作的顺利实施。业务外包管理部门一般负责协调、办理付款申请事宜，财务部门负责办理外包费用的结算工作。相关结算部门应当按照外包业务管理制度的规定，认真、负责地办好外包费用结算，以保证外包业务的顺利实施。

② 设计外包业务结算管理流程。

每个企业的外包业务结算流程不尽相同。

对于直接付款，一般涉及以下具体结算程序：a. 承包方提出结算申请报告；b. 外包业务管理部门牵头组织相关业务部门对服务成果的质量、数量进行核实和检测，出具验收报告；c. 财务部门负责按照合同的结算条款、验收报告对申请报告的支付金额进行核实并签署意见；d. 财务部门将核实后的结算申请报告转总经理批准；e. 出纳根据批准文件以及承包商提交的发票支付相关款项。

对于预付款，具体结算程序一般是：a. 承包方提出预付款申请报告；b. 外包业务管理部门对合同进行审核后移交财务部门；c. 财务部门负责按照合同的结算条款对预付款进行复核并签署意见；d. 财务部门将复核后的结算申请报告转总经理批准；e. 出纳根据批准文件支付相关款项。

(2) 会计核算

① 企业财会部门应当根据企业会计准则的要求，对业务外包过程中交由承包方使用的资产、涉及资产负债变动的事项以及外包合同诉讼等进行会计核算与会计监督。

② 根据企业会计准则的规定，结合外包业务特点、企业管理机制建立完善外包成本的会计核算办法，进行相关会计处理，并在财务报告中进行合理披露。

案例 8-4　运动产品业务外包风险控制引发的思考

A 公司是一家运动鞋生产销售公司。近年来,公司狠抓产品质量,加大市场推广力度,产品适销对路,目前已经出现供货不及时的现象。

针对这一问题,公司召开了高层会议讨论如何应对当前的货源供不应求问题。各位高管献计献策,其中总经理提出的将生产业务外包的主意得到了参会高管的认同。

以下是各位高管关于业务外包的一些讨论。

总经理:生产业务外包将有效缓解我们公司的生产能力不足问题,可以使公司将更多的人力、物力投入到技术研发和市场拓展方面。

财务总监:业务外包是个好主意,我同学小张的工厂生产工艺不错,目前生产能力过剩。

生产主管:以前我们没有业务外包的经验,而且在外包的过程中可能涉及关键的生产技术诀窍,所以我认为选择熟人比较好。

营销总监:我们部门压力也很大,人手不够,是否也可以将我们的部分营销业务外包出去?

这些发言中的可取之处和问题:

(1) 总经理的发言很有道理,企业专注于核心竞争力的建设,把非核心业务外包将提升企业的运营效率,提高企业的核心竞争力。

(2) 财务总监的发言有问题,业务外包应通过公平、公正、公开的程序遴选供应商。

(3) 生产主管的发言有问题。首先,业务外包的选择应公开、公正、公平;其次,业务外包的范围应不涉及核心竞争力的技术和诀窍。

(4) 营销总监的发言值得考虑。营销业务中大部分工作涉及客户关系的建立和维持,属于公司的核心业务,一般不在业务外包的范围内。但诸如物流等营销业务环节,可以考虑进行外包,以节省成本。

若公司决定生产业务外包,需要注意以下几方面。

在承包方选择环节:

(1) 企业应当综合考虑成本效益原则,权衡利弊,避免将核心业务外包。

(2) 企业应当根据年度生产经营计划和业务外包管理制度,结合确定的业务外包范围,拟订实施方案,按照规定的权限和程序审核批准。总会计师或分管会计工作的负责人应当参与重大业务外包的决策。重大业务外包方案应当提交董事会或类似权力机构审批。

(3) 企业应当按照批准的业务外包实施方案,遵循公开、公平、公正的原则,择优选择外包业务的承包方。采用招标方式选择承包方的,应当符合招投标法的相关规定。

(4) 企业应当综合考虑内外部因素,合理确定外包价格,严格控制业务外包成本,切实做到符合成本效益原则。

(5) 企业应当按照规定的权限和程序从候选承包方中确定最终承包方,并签订业务外包合同。

(6) 企业外包业务需要保密的,应当在业务外包合同或者另行签订的保密协议中明确规定承包方的保密义务和责任,要求承包方向其从业人员提示保密要求和应承担的责任。

外包业务实施环节的关键控制点及控制措施:

(1) 企业应当加强业务外包实施的管理,严格按照业务外包制度、工作流程和相关要求,组织开展业务外包,并采取有效的控制措施,确保承包方严格履行业务外包合同。

(2) 企业应当做好与承包方的对接工作,加强与承包方的沟通与协调,及时搜集相关信息,发现和解决外包业务日常管理中存在的问题。对于重大业务外包,企业应当密切关注承包方的履约能力,建立相应的应急机制,避免业务外包失败造成本企业生产经营活动中断。

(3) 企业应当根据国家统一的会计准则制度,加强对外包业务的核算与监督,做好业务外包费用结算工作。

(4) 企业应当对承包方的履约能力进行持续评估,有确凿证据表明承包方存在重大违约行为,导致业务外包合同无法履行的,应当及时终止合同。承包方违约并造成企业损失的,企业应当按照合同对承包方进行索赔,并追究责任人责任。

(5) 业务外包合同执行完成后需要验收的,企业应当组织相关部门或人员对完成的业务外包合同进行验收,出具验收证明。验收过程中若发现异常情况,应当立即报告,查明原因,及时处理。

案例 8-5 百安居中国公司的 IT 外包项目

百安居隶属于世界 500 强企业之一的英国翠丰集团,是世界第三、欧洲第一的大型国际装饰建材零售企业。翠丰集团是一个拥有三十多年成功管理经验的大型国际装饰建材零售集团,该集团在全球十多个国家拥有 600 多家连锁店、65 000 多名员工。自 1999 年以"百安居"为品牌登陆中国市场以来,百安居在中国发展迅速,截至 2006 年 7 月,已相继在上海、苏州、杭州、深圳、昆明、青岛、武汉、广州、北京、福州、南京等 22 个城市开设了 52 家分店。目前,百安居已经成为中国装潢建材市场中的佼佼者。到 2009 年,百安居将在全国共三十多个城市开设分店,连锁店总数达到 100 家。

目前 IT 服务市场上主要有支持服务、集成服务、IT 咨询、IT 外包这四个层面。在 IT 外包里又分为基础设施外包、应用管理外包和业务流程外包等。与百安居零售业务相关的 IT 服务主要有三部分:开店支持系统(即前台与消费者有关的 POS 系统)、日常系统的支持服务和核心业务的后台服务(ERP 软件的托管服务)。这三个部分中,西门子旗下的德利多富拿到了开店支持系统、惠普获得了日常 IT 系统,而 IBM 则签下了后台服务的单子。

面对快速增长的业务,要抢得中国建材零售行业先机、占领市场,百安居需要迅速完成在中国市场的店面布局,在核心业务领域取得成功,同时还要尽可能控制成本,包括对 IT 系统运营与维护的投入。百安居的 IT 管理团队,在保证 IT 系统的有效运营,解决 IT 设备使用者,尤其是桌面系统使用者在日常工作中遇到的诸多问题的同时,还要考虑一系列的问题：如何快速灵活地部署新设备？如何应对新技术和设备的更新换代？如何控制和降低IT运营成本？

基于百安居中国公司与惠普的沟通和分析，总结百安居对IT服务需求如下：覆盖全国的集中式用户支持体系，支持百安居特定的工作时间范围，并提供非工作时间的应急响应支持；与第三方供应商的协调管理；资产跟踪与资产管理；对于已开张和计划开张的超市提供灵活支持服务，覆盖所有百安居所在城市；对新开业的超市的IT支持团队和最终用户进行IT技术培训等。

(1) 惠普为百安居提供的IT服务外包解决方案包括：IT热线响应中心与现场桌面支持、IT资产管理、多厂商基础架构管理(包括对服务器及网络设备的7×24小时的监控)、商业应用客户端支持(包括SAP、数据仓库、POS应用系统及其他零售业应用)、应用系统日常运营管理及机房设备日常检查、IT设备维护以及包括新店开业的用户培训和日常IT培训等。惠普向百安居中国提供技术支持热线响应中心(Help Desk)，响应中心设在中国惠普的集中热线响应中心。通过惠普向百安居中国用户提供的800免付费电话，在百安居中国与惠普之间建立起统一的联系。百安居遇到任何与IT相关的使用问题，包括软件及硬件，均可通过响应中心热线寻求技术支持。对于无法通过电话解决的问题，惠普将通过派驻的现场工程师进行有针对性的现场技术支持，从而保证现场技术人员按SLA对用户的及时、准确响应。

(2) IT资产管理服务提供对百安居IT资产的管理，例如PC硬件、软件、打印机、显示器、掌上电脑、服务器和网络设备等。百安居拥有大量的桌面办公设备，分别于不同时期购买，情况复杂。其中既有出保修期设备，也有在保修期设备；既有需要升级维护的设备，也有需要及时处置的设备。如何管理好这些资产，使其发挥出最大效能，是考验服务提供商自身服务水平和服务理念优劣差别的关键。惠普定期向百安居中国提交“资产管理分析报告”，对不能满足业务需要但有升级空间的设备，提前制订升级计划，或购买配件，或安排升级；对于不能满足业务需要且无升级空间的设备，做降级使用，或进行资产处置；遇有新增业务或新增人员，首先从内部调拨资源，若无可调拨资源，则制订采购计划，进行设备采购等。

(3) 为了帮助客户降低异构IT环境的管理难度，降低管理成本，惠普为百安居中国用户提供了单点联系接口，帮助百安居中国的内部IT系统运维，建立同一标准的IT基础架构的支持服务，从而把百安居中国从烦琐的异构IT运维环境中解脱出来，进而将宝贵的资源投入到更重要的业务支持上，获得更大的投资回报，进一步降低风险。

(4) 作为零售业的重要应用系统，惠普对百安居的报表系统进行服务器托管。工作内容包括：服务器硬件维护，操作系统维护，SAP Basis的维护监控，工作程序的7×24小时监控，并且对服务器的整体运行状况进行监控，提供系统健康状况的日报表及周报表。

(5) 外包服务管理。一方面，项目实施的成功与否很大程度上取决于管理水平的高低。为了保证项目的顺利展开，在百安居中国项目中，惠普设立了严格的服务管理体系，其中包括客户服务满意度管理、工程师服务质量管理、定期的服务质量回顾，通过一系列的调查、分析、回访等形式严格管理项目运行以及相关人员。另一方面，新店开业的用户培训和日常IT培训。为了提升百安居用户的IT知识水平和工作效率，配合百安居在新超市开张时对于培训的特定需求，惠普通过对用户问题的统计和分析，与百安居中国的信息技术部共同设计和实施有针对性的用户培训。惠普也根据需求，对百安居中国的IT队伍或设备的现状及发展提供必要的、专业的指导和咨询。IBM向百安居提供应用管理外包服务(application management services，AMS)。通过这个项目，IBM将为百安居在账款结算、物流配送、库存管理等方面即时提供所需的IT后台支援，帮助百安居建立随需应变的企业业务环境，进一步扩大在中国市场的竞争优势。IBM提供的软件应用管理外包服务(AMS)，旨在整合百安居的后台IT资源，使其满足零售行业复杂、庞大的数据量以及严格的时间要求。比如，服务项目提出，系统在当日完成账款结算，包括账单的即时处理以及物流配送和库存管理等相关业务需求。在这种背景下IBM为百安居提供的应用管理外包服务(AMS)更加关注客户的实际业务需求，服务内容涉及销售、财务、物流等核心业务。

通过IT外包，百安居中国公司的IT硬件维护状况得到了很大的改善，为百安居中国完善IT服务和资产管理开创了新的途径，形成了良性的循环机制。此外，百安居中国在新技术的运用、紧跟业务发展的需求等方面均有了长足的进步，并且有效降低了总体IT拥有成本。

第五节 全面预算内部控制

一、全面预算流程概述

全面预算是贯彻落实企业发展战略的需要，也是很重要的控制手段，更是协调各部门、各单位、各有关人员行动的需要，还是有效配置资源和科学评价企业绩效和考核的需要，实现防范和降低企业经营和财务风险的目标。全面预算是企业对一定期间经营活动、投资活动、筹资活动等做出的预算安排。全面预算管理系统主要由预算编制、执行、分析、调整和考核等一系列程序组成，往往涉及企业的整体业务和管理。因此，规范预算编制、审批、执行、分析与考核等的控制流程，建立健全全面预算管理制度，强化预算约束，提高预算的科学性和严肃性，是企业完善内部控制体制，提高企业经济效益、实现企业发展战略和经营目标的首要任务。

（一）全面预算的含义

1. 预算的含义

计划是为了达到预期的目标而对未来事项进行安排的过程。预算是计划的一种形式，它是企业为达到一定目的在一定时期对资源进行配置的计划，以货币编制预算，以数字编制出来的某一时期的计划。可见预算是计划的一种形式，计划可分为总目标或使命、一定时期目标、策略、政策、程序、规划和预算几个类别和层次，如图8-15所示。

图8-15 计划的等级层次

图 8-15 说明，预算是计划的有机组成部分，是计划的基础和落脚点。预算的计划职能反映了预算的本质，因此也有人将预算称为预算计划。预算计划的内涵可概括为三个方面：第一是反映"多少"，如为实现经营目标的投入是多少，产出是多少等；第二是说明"为什么"，即为什么投入和产出是这些；第三是反映"何时"，即什么时候发生投入和产出。

尽管预算与计划之间存在密切的联系，但是由于转轨经济时期的国有企业长期受计划经济时代的影响，计划经济痕迹依然明显，人们通常将预算与计划混为一谈，认为预算与计划是一回事，甚至觉得在市场经济体制之下企业有计划就没有必要搞预算。预算与计划本质上是一致的，都是对未来经营活动的一种预测与安排，但是预算所具有的功能与计划经济时代的计划还是存在区别的。国有企业的计划往往侧重于经营计划，是对未来经营活动的一种量化说明，但不是以货币形式反映，也就是没有对未来经营活动进行价值量化，如销售计划只是对计划年度销售品种、数量及时间进行安排，生产计划只是对计划年度的生产品种、数量及进度进行安排，一般不涉及价值量。而预算则主要是以货币或价值形式对未来经营活动进行说明，不仅仅包括财务预算，即使经营预算，也侧重于价值量的反映，比如销售预算，不仅仅有销售量预算，而且还有销售收入预算。

知识链接

目前，我国国有企业还存在着计划和预算"两层皮"的现象，也就是企业内部既存在计划，也存在预算，两者之间各行其是，互不搭界，甚至互相抵触，其结果是影响了预算的实施效果，不利于预算的推行。其实，计划和预算本质是一致的，两者应该相互融合，可以将战略计划涵盖传统的经营计划，使战略计划成为战略规划和年度预算之间的桥梁，将年度预算也纳入战略计划体系中(见图 8-16)。预算反映了战略计划的财务方面内容；而传统的经营计划也可以得以保留，反映了战略计划的非财务方面内容。因此，战略计划和通常所说的预算不是同一个概念，战略计划应该既是对未来财务结果的预测，又是对未来财务结果实现途径的安排，包括了非财务活动。

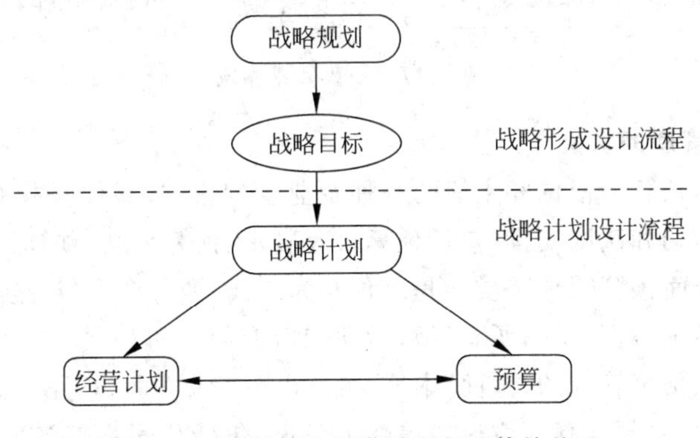

图 8-16　战略计划、经营计划与预算的关系

2. 全面预算的定义

全面预算是一系列预算的总称，是企业根据其战略目标与战略规划所编制的经营、资本、财务等方面的年度总体计划，包括日常业务预算（经营预算）、特种决策预算（资本预算）与财务预算三大类。

(1) 日常业务预算也叫经营预算，它是企业关于日常经营活动如销售、采购、生产等需要多少资源以及如何获得和使用这些资源的计划，如销售预算、采购预算、生产预算等。

(2) 特种决策预算也叫资本预算，它是企业对将要着手的长期工程（如厂房、研究开发）和将要引进的固定资产（如生产设备）等的投资和筹资计划，如研究与开发预算、固定资产投资预算、银行借款预算等。

(3) 财务预算是一系列专门反映公司未来一定预算期内预计财务状况和经营成果，以及现金收支等价值指标的各种预算的总称。它具体包括预计资产负债表、预计利润表和现金收支预算等内容。

一个完善的全面预算体系应该包括财务预算、经营预算和资本预算三大方面内容，它们之间具有清晰的逻辑关系，如图 8-17 所示。财务预算的编制需要以经营预算和资本预算为支撑和基础，没有经营预算和资本预算，财务预算的编制就缺乏依据，就成为“无米之炊”；经营预算和资本预算分别反映了公司的经营活动和投资活动，如果最终不汇总编制成财务预算，就难以使管理者从整体层面把握公司的财务状况、经营成果和现金流量。可见，财务预算不仅是全面预算体系的中心环节，而且是经营预算和资本预算的最终反映。

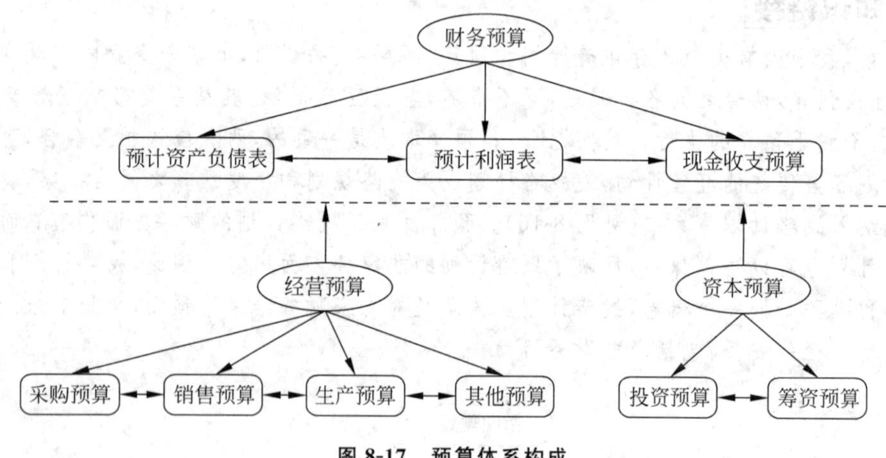

图 8-17 预算体系构成

3. 全面预算管理的含义

预算管理是以预算为依据和主线的一种企业管理模式，具体是指企业围绕预算而展开的一系列管理活动和制度安排，包括预算目标确定、预算编制、预算控制、预算考评等多个方面。所谓的全面预算管理本质上是以预算为主线，涉及全方位、全过程和全员的一种整合性管理控制系统，对公司的所有经营活动和所有组织机构具有全面控制和全面约束的效力。理解全面预算管理的“全面”本质，可从以下三个方面入手。

第一，全面覆盖。预算管理应该覆盖整个公司，包括公司本部各职能部门、公司下属各事业部及其职能部门、公司控股的其他非事业部企业及其职能部门。许多企业的预算仅仅关注费用预算和资金预算，这只是权宜之计，全面预算应该扩充到其他预算，如销售预算、采购预算、生产预算、资本预算和财务预算等；许多企业的预算管理部门以财务部门为主，实际上全面预算涉及生产经营的所有活动，包括销售活动、生产活动、采购活动、研发活动、财务活动等。这就意味着一个公司要控制其经营业务，不仅需要编制经营预算和资本预算，而且需要编制财务预算。

第二，全程控制。以预算为主线对公司各种经营活动以及经营活动过程的各个环节进行控制，包括事前控制、事中控制和事后控制。事前控制通过预算目标确定和预算编制环节完成，事中控制通过预算执行环节完成，而事后控制则依赖于预算分析与预算考评。以上环节构成了完善的预算控制循环。要发挥预算控制系统的控制作用，这几个环节缺一不可。有许多企业往往只重视预算的编制，而忽视预算的事中控制，既不积极执行，也不有效控制，更不进行系统分析；也有许多企业的预算执行与预算考评脱钩，对预算执行部门和执行者的考评并不以预算为主要依据，完全忽略了预算的事后控制作用。

第三，全员参与。预算管理体系的设计和运行是一项复杂的系统工程，需要公司各级领导高度重视和常抓不懈，需要公司各企业、各部门"一把手"积极推动和亲自落实，需要各个层次员工的积极参与和主动配合。预算控制系统实施的过程就是将预算的总体目标分解、落实到各个部门的过程，从而使各部门都明确了自己的工作目标和任务。一个公司的整体目标只有在各个部门和各个岗位的共同努力下才能得以实现，相反如果各个部门各行其是，各个岗位相互推诿，那么公司整体目标就难以实现，公司整体利益就会受到损害。

（二）全面预算的意义

全面预算作为一种全方位、全过程、全员参与编制与实施的预算管理模式，凭借其计划、协调、控制、激励、评价等综合管理功能，整合和优化配置企业资源，提升企业运行效率，成为促进企业实现发展战略的重要助手。正如美国著名管理学家戴维·奥利所指出的那样：全面预算管理是为数不多的几个能把组织的所有关键问题融合于一个体系之中的管理控制方法之一。它曾经对现代工商企业的发展起到至关重要的作用。总体而言，全面预算在企业管理实践中能够发挥以下四种基本功能。

1. 确立目标

预算是企业实现发展战略和年度经营目标的有效手段。现时期强调预算管理的作用，是由于战略实施已经成为现代企业获得突破性业绩的普遍问题和主要障碍。美国著名教授罗伯特·A.安东尼等曾专门做过一项调查，发现超90%以上的营利性企业和非营利组织在战略实施过程中存在着问题。战略管理专家罗伯特·西蒙斯也通过研究发现，在过去的二十多年中经济学家和管理学家花费了大量的精力探索如何制定适应市场竞争的战略规划，但却往往忽视了如何实施和控制战略。因此，企业在任何时期都应该牢记"三分战略、七分执行"，企业战略制定得再好，如果得不到有效实施，终不能将美好蓝图和"愿景"转变为现实，甚至可能因实际运营背离战略目标而导致经营失败。通过实施全面预算，将根据发展战略制定的年度经营目标进行分解、落实，可以使企业的长期战略规划和年度具体行动方案紧密结合，从而实现"化战略为行动"，确保企业发展目标的实现。《企业内部控制应用指引第2号——发展战略》中明确规定企业应当编制全面预算。

预算是企业战略目标进一步的分解与细化，是企业预算责任的逐层分担与落实，也是公司内部各部门实现其预算目标的具体行动方案与措施。这样，就可以使各个部门从价值上了解本部门的经济活动与企业整体目标之间的关系。

2. 整合资源

一个企业的资源有限是客观存在的现实，因此在实现企业战略目标的过程中，长期目标与短期目标之间、整体目标和部门目标之间、企业内部不同部门之间不可避免地存在冲突，企业需要站在整体的角度和战略的高度，利用一种工具围绕既定目标有效地整合资金、技术、物质、人力等各种资源。实践证明，预算就是这样一种资源整合工具。通过预算，可以把企业各方面的工作纳入统一计划，促使内部各部门的预算相互协调，环环紧扣，达到平衡，在保证企业整体目标的前提下，根据企业的资源条件组织各项业务活动。

3. 控制业务

控制是预算最基本的功能，预算的控制作用贯穿于整个经营活动过程中。预算编制是一种事前控制，预算执行与分析是一种事中控制，预算考评是一种事后控制。尤其是通过预算执行结果反馈以及与预算目标之间的差异分析，有助于发现经营和管理的薄弱环节并予以纠正，从而改进工作，实现企业的整体目标。

4. 评价业绩

各项预算控制指标和预算控制标准为企业提供了评价各部门及其员工实际经营业绩的客观依据。定期或不定期检查考评各部门所承担的经济责任和工作任务的完成情况，并将预算执行的实际结果与预先设置的预算目标进行比较，确保企业整体目标的实现，是企业管理的核心。

（三）全面预算的业务流程

1. 全面预算管理环节

企业全面预算业务的基本流程一般包括预算编制、预算执行和预算考核三个阶段。其中，预算制定阶段包括预算编制、预算审批、预算下达等具体环节；预算执行阶段涉及预算指标分解和责任落实、预算执行控制、预算分析、预算调整等具体环节；预算考评包括业绩评价和落实奖惩两个方面。这些业务环节相互关联、相互作用、相互衔接，并周而复始地循环，从而实现对企业全面经济活动的控制。图 8-18 列示了各类企业全面预算的基本业务流程。

正如财政部会计司在解读《企业内部控制应用指引第 15 号——全面预算》时所言，全面预算是企业加强内部控制、实现发展战略的重要工具和手段，但同时也是企业内部控制的对象。企业应当参照图 8-18 的基本流程，结合自身情况及管理要求，制定具体的全面预算业务流程。

（1）预算编制

预算编制是企业预算总目标的具体落实以及将其分解为责任目标并下达给预算执行者的过程。预算编制是预算管理循环的一个重要环节，预算编制质量的高低直接影响预算执行结果，也影响对预算执行者的业绩评价。

（2）预算执行

预算执行即预算的具体实施，它是预算目标能否实现的关键，因此它在预算管理循环中处于核心环节。预算执行包括预算指标分解和责任落实、预算执行控制、预算分析、预算调整等几个环节。预算指标分解和责任落实是执行预算的基础环节，企业需要将编制

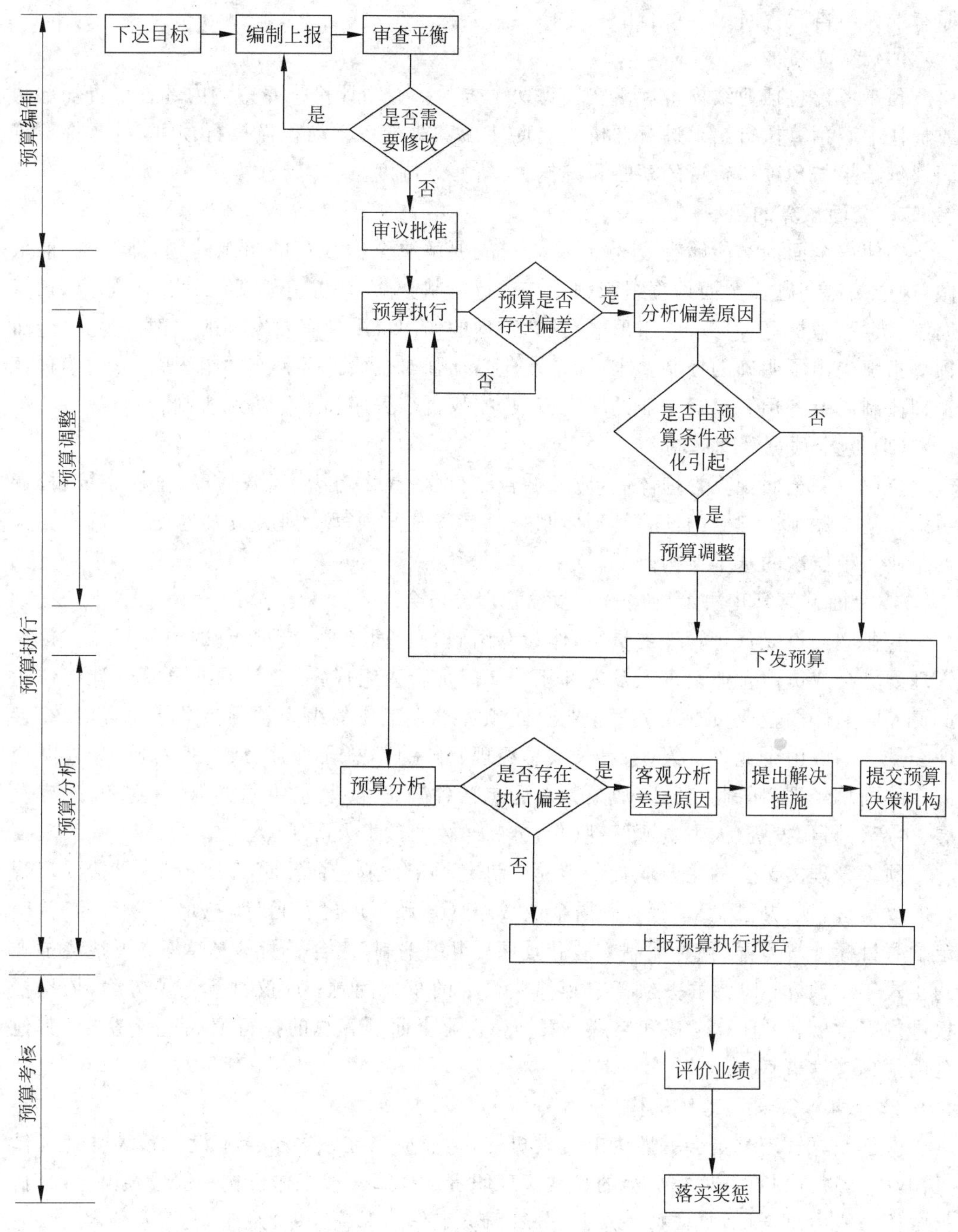

图 8-18　全面预算的基本业务流程

的预算细化到各个部门，形成分解指标并落实各个部门的预算责任。预算执行控制是指对各个部门预算的执行情况进行有效控制，按照控制的时间先后顺序可以分为事前控制、事中控制以及事后控制。预算分析是指企业各级预算执行部门需要反馈和报告预算执行的结果，比较分析预算偏差并追查预算执行出现偏差的原因，在此基础上需要采取措施纠正不利的偏差。预算调整是指当公司内外环境发生改变，预算与客观情况出现较大偏差，原有预算不再适宜时对其进行的一定修正。

(3) 预算考评

预算考评包括业绩评价和落实奖惩两个方面。业绩评价是对企业内部各级责任部门或责任中心预算执行结果进行评价。要促使预算执行者主动积极执行预算,需要将预算的评价结果与预算执行者的薪酬相挂钩,实行奖惩制度。

2. 全面预算的组织

要使得全面预算能够有效运行,企业首先要解决全面预算的组织问题,即解决"谁来做"这个关键问题。全面预算组织领导与运行体制健全,是防止预算管理松散、随意,预算编制、执行、考核等各环节流于形式,预算管理的作用得不到有效发挥的关键。为此,全面预算指引提出了明确的控制要求,即企业应当加强对全面预算工作的组织领导,明确预算管理体制以及各预算执行企业的职责权限、授权批准程序和工作协调机制。

(1) 健全预算管理体制

企业设置全面预算管理体制,应遵循合法科学、高效有力、经济适度、全面系统、权责明确等基本原则。健全的预算管理体制一般具备全面预算管理决策机构、工作机构和执行企业三个层次的基本架构。

① 全面预算管理决策机构——预算管理委员会

企业应当设立预算管理委员会,作为专门履行全面预算管理职责的决策机构。预算管理委员会成员由企业负责人及内部相关部门负责人组成,总会计师或分管会计工作的负责人应当协助企业负责人负责企业全面预算管理工作的组织领导。具体而言,预算管理委员会一般由企业负责人(董事长或总经理)任主任,总会计师(或财务总监、分管财会工作的副总经理)任副主任,其成员一般还包括各副总经理、主要职能部门(财务、战略发展、生产、销售、投资、人力资源等部门)、分(子)公司负责人等。

预算管理委员会的主要职责一般是:制定颁布企业全面预算管理制度,包括预算管理的政策、措施、办法、要求等;根据企业战略规划和年度经营目标,拟定预算目标,并确定预算目标分解方案、预算编制方法和程序;组织编制、综合平衡预算草案;下达经批准的正式年度预算;协调解决预算编制和执行中的重大问题;审议预算调整方案,依据授权进行审批;审议预算考核和奖惩方案;对企业全面预算总的执行情况进行考核;其他全面预算管理事宜。

② 全面预算管理工作机构

由于预算管理委员会一般为非常设机构,企业应当在该委员会下设立预算管理工作机构,由其履行预算管理委员会的日常管理职责。预算管理工作机构一般设在财会部门,其主任一般由总会计师(或财务总监、分管财会工作的副总经理)兼任,工作人员除了财务部门人员外,还应有计划、人力资源、生产、销售、研发等业务部门人员参加。

预算管理工作机构的主要职责一般包括十二项,主要是拟订企业各项全面预算管理制度,并负责检查落实预算管理制度的执行;拟订年度预算总目标分解方案及有关预算编制程序、方法的草案,报预算管理委员会审定;组织和指导各级预算企业开展预算编制工作;预审各预算企业的预算初稿,进行综合平衡,并提出修改意见和建议;汇总编制企业全面预算草案,提交预算管理委员会审查;跟踪、监控企业预算执行情况;定期汇总、分析各预算企业预算执行情况，并向预算管理委员会提交预算执行分析报告，为委员会进一步采取行动拟订建议方案；接受各预算企业的预算调整申请，根据企业预算管理制度进行审查，集中制定年度预算调整方案，报预算管理委员会审议；协调解决企业预算编制和执行中的有关问题；提出预算考核和奖惩方案，报预算管理委员会审议；组织开展对企业二级预算执行企业（企业内部各职能部门、所属分（子）公司等，下同）预算执行情况的考核，提出考核结果和奖惩建议，报预算管理委员会审议；预算管理委员会授权的其他工作。

③ 全面预算执行主体

全面预算执行主体是指根据其在企业预算总目标实现过程中的作用和职责划分的，承担一定经济责任，并享有相应权利和利益的企业内部企业，包括企业内部各职能部门、所属分（子）公司等。企业内部预算责任企业的划分应当遵循分级分层、权责利相结合、责任可控、目标一致的原则，并与企业的组织机构设置相适应。根据权责范围，企业内部预算责任企业可以分为投资中心、利润中心、成本中心、费用中心和收入中心。预算执行企业在预算管理部门（指预算管理委员会及其工作机构，下同）的指导下，组织开展本部门或本企业全面预算的编制工作，严格执行批准下达的预算。

各预算执行企业的主要职责一般是：提供编制预算的各项基础资料；负责本企业全面预算的编制和上报工作；将本企业预算指标层层分解，落实到各部门、各环节和各岗位；严格执行经批准的预算，监督检查本企业预算执行情况；及时分析、报告本企业的预算执行情况，解决预算执行中的问题；根据内外部环境变化及企业预算管理制度，提出预算调整申请；组织实施本企业内部的预算考核和奖惩工作；配合预算管理部门做好企业总预算的综合平衡、执行监控、考核奖惩等工作；执行预算管理部门下达的其他预算管理任务。

各预算执行企业负责人应当对本企业预算的执行结果负责。企业全面预算管理组织体系的基本架构如图 8-19 所示。

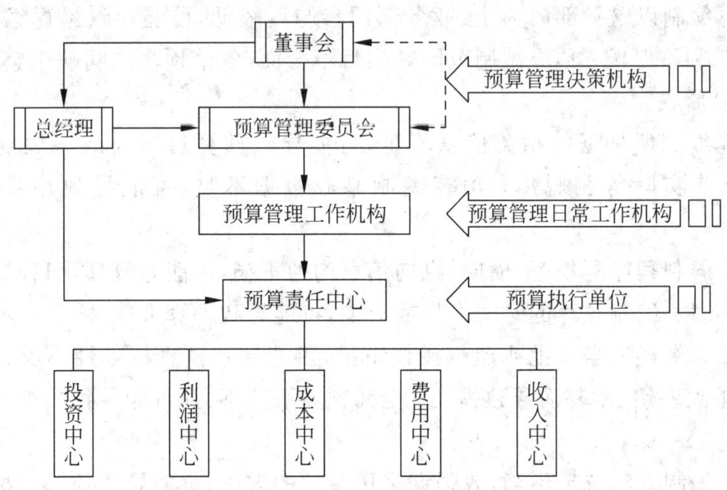

图 8-19 全面预算管理组织体系

(2) 明确各环节授权批准程序和工作协调机制

在建立健全全面预算管理体制的基础上,企业应当进一步梳理、制定预算管理工作流程,按照不相容职务相互分离的原则细化各部门、各岗位在预算管理体系中的职责、分工与权限,明确预算编制、执行、分析、调整、考核各环节的授权批准制度与程序。预算管理工作各环节的不相容岗位一般包括:预算编制与预算审批、预算审批与预算执行、预算执行与预算考核。

在全面预算管理各个环节中,预算管理部门主要起决策、组织、领导、协调、平衡的作用。企业可以根据自身的组织结构、业务特点和管理需要,责成内部生产、市场、投资、技术、人力资源等各预算归口管理部门负责所归口管理预算的编制、执行监控、分析等工作,并配合预算管理部门做好企业总预算综合平衡、执行监控、分析、考核等工作。

二、全面预算风险点分析

(一) 总体风险分析

全面预算作为一种全方位、全过程、全员参与编制与实施的预算管理模式,它通过将企业的资金流、实物流以及信息流进行整合,优化了企业的资源配置,提高了资金的使用效率。然而,企业要想使全面预算管理达到预期的效果,必须要特别关注和防范预算管理中的风险,主要包括:不编制预算或预算不健全,可能导致企业经营缺乏约束或盲目发展;预算目标不合理、编制不科学,可能导致企业资源浪费或发展目标难以实现;预算缺乏刚性、执行不力、考核不严,可能导致预算管理流于形式。

(二) 风险点分析

1. 预算编制环节的主要风险点分析

预算编制是企业实施全面预算管理的起点。就预算编制环节而言,其主要风险点又具体可细分为以下几方面。

(1) 预算编制以财务部门为主,业务部门参与度较低,可能导致预算编制不合理,预算管理责、权、利不匹配;预算编制范围和项目不全面,各个预算之间缺乏整合,可能导致全面预算难以形成。

(2) 预算编制所依据的相关信息不足,可能导致预算目标与战略规划、经营计划、市场环境、企业实际等相脱离;预算编制基础数据不足,可能导致预算编制准确率降低。

(3) 预算编制程序不规范,横向、纵向信息沟通不畅,可能导致预算目标缺乏准确性、合理性和可行性;编制预算的时间太早或太晚,可能导致预算准确性不高,或影响预算的执行;全面预算未经适当审批或超越授权审批,可能导致预算权威性不够、执行不力,或可能因出现重大差错、舞弊而导致损失;全面预算下达不力,可能导致预算执行或考核无据可查。

(4) 预算编制方法选择不当,或强调采用单一的方法,可能导致预算目标缺乏科学性和可行性。

(5) 预算目标及指标体系设计不完整、不合理、不科学,可能导致预算管理在实现发展战略和经营目标、促进绩效考评等方面的功能难以有效发挥；预算指标分解不够详细、具体，可能导致企业的某些岗位和环节缺乏预算执行和控制依据；预算指标分解与业绩考核体系不匹配，可能导致预算执行不力；预算责任体系缺失或不健全，可能导致预算责任无法落实，预算缺乏强制性与严肃性；预算责任与执行企业或个人的控制能力不匹配，可能导致预算目标难以实现。

2. 预算执行环节的主要风险点分析

预算执行环节是整个全面预算管理系统的中心环节，它上承预算编制，下启预算考核。编制的预算执行得怎么样，会直接影响到预算管理制度的成效。预算执行环节的主要风险点可以按照其具体环节分为以下几方面。

(1) 预算执行控制环节的主要风险：缺乏严格的预算执行授权审批制度，可能导致预算执行的随意性；预算审批权限及程序混乱，可能导致越权审批、重复审批，降低预算执行的效率和严肃性；预算执行过程中缺乏有效监控，可能导致各个部门在执行预算时无所作为，预算目标难以实现；缺乏健全有效的预算反馈和报告体系，可能导致预算执行情况不能及时反馈和沟通，预算差异得不到及时分析，预算监控难以发挥作用。

(2) 预算分析环节的主要风险：预算分析不正确、不科学、不及时，可能削弱预算执行控制的效果，或可能导致预算考评不客观、不公平；对预算差异原因的解决措施不得力，可能导致预算分析形同虚设。

(3) 预算调整环节的主要风险：预算调整依据不充分、方案不合理、审批程序不严格，可能导致预算调整随意、频繁，预算失去严肃性和"硬约束"的基本功能。

3. 预算考核环节的主要风险点分析

预算考核环节是对预算编制和预算执行情况的系统考核评价，也是为预算执行人进行业绩评价的基础工作。一般来说，预算考核存在的风险主要有以下几方面。

(1) 预算考核不严格、不合理、不到位，可能导致预算目标难以实现、预算管理流于形式。其中，预算考核是否合理受到以下几个因素的影响：考核主体和对象的界定是否合理；考核指标是否科学；考核过程是否公开透明；考核结果是否客观公正；奖惩措施是否公平合理且能够落实等。

(2) 预算考核的结果没有和相关人员的业绩评价相挂钩或者关联度不是很大，这样一方面会引发员工的不满情绪，另一方面也会使得下个预算周期相关人员缺乏执行预算的动力。

(3) 预算考核只是停留在预算期末的考核，没有将考核延伸到整个预算执行过程中去，这样会降低考核作为促进预算执行的作用。

三、全面预算控制措施设计

(一) 总体要求

针对全面预算管理各个环节所存在的各种风险，企业应遵循全面预算应用指引的要求，在加强全面预算工作的组织领导，明确预算管理体制以及各预算执行企业的职责权限、授权批准程序和工作协调机制的基础上，着重关注关键控制措施的设计。

（二）具体措施

1. 预算编制环节的关键控制措施设计

针对预算编制环节存在的主要风险，企业可采取以下关键控制措施。

(1) 全面性控制

① 明确企业各个部门、企业的预算编制责任，使企业各个部门、企业的业务活动全部纳入预算管理。

② 将企业经营、投资、筹资等各项经济活动的各个方面、各个环节都纳入预算编制范围，形成由经营预算、资本预算、财务预算等一系列预算组成的相互衔接和勾稽的综合预算体系。

(2) 编制依据和基础控制

① 制定明确的战略规划，并依据战略规划制定年度经营目标和计划，作为制定预算目标的首要依据，确保预算编制真正成为战略规划和年度经营计划的年度具体行动方案。

② 深入开展对企业外部环境的调研和预测，包括对企业预算期内客户需求、同行业发展等市场环境的调研，以及对宏观经济政策等社会环境的调研，确保预算编制以市场预测为依据，与市场、社会环境相适应。

③ 深入分析企业上一期间的预算执行情况，充分预计预算期内企业资源状况、生产能力、技术水平等自身条件的变化，确保预算编制符合企业生产经营活动的客观实际。

④ 重视和加强预算编制基础管理工作，包括历史资料记录、定额制定与管理、标准化工作、会计核算等，确保预算编制以可靠、翔实、完整的基础数据为依据。

(3) 编制程序控制

企业应当按照上下结合、分级编制、逐级汇总的程序，编制年度全面预算。其基本步骤及其控制为：

① 建立系统的指标分解体系，并在与各预算责任中心进行充分沟通的基础上分解下达初步预算目标。

② 各预算责任中心按照下达的预算目标和预算政策，结合自身特点以及预测的执行条件，认真测算并提出本责任中心的预算草案，逐级汇总上报预算管理工作机构。

③ 预算管理工作机构进行充分协调、沟通，审查平衡预算草案。

④ 预算管理委员会应当对预算管理工作机构在综合平衡基础上提交的预算方案进行研究论证，从企业发展全局角度提出进一步调整、修改的建议，形成企业年度全面预算草案，提交董事会。

⑤ 董事会审核全面预算草案，确保全面预算与企业发展战略、年度生产经营计划相协调。

(4) 编制方法控制

企业应当本着遵循经济活动规律，充分考虑符合企业自身经济业务特点、基础数据管理水平、生产经营周期和管理需要的原则，选择或综合运用固定预算、弹性预算、零基预算、滚动预算等方法编制预算。

(5) 预算目标及指标体系设计控制

按照“财务指标为主体、非财务指标为补充”的原则设计预算指标体系，将企业的战略规划、经营目标体现在预算指标体系中，也将企业产、供、销、投融资等各项活动的各个环节、各个方面的内容都纳入预算指标体系，还将预算指标体系与绩效评价指标协调一致。企业按照各责任中心在工作性质、权责范围、业务活动特点等方面的不同，设计不同或各有侧重的预算指标体系。

(6) 编制时间控制

企业可以根据自身规模大小、组织结构和产品结构的复杂性、各种预算编制工具的特点以及对其掌握的熟练程度、全面预算开展的深度和广度等因素，确定合适的全面预算编制时间，并应当在预算年度开始前完成全面预算草案的编制工作。主要控制措施包括：

① 企业全面预算一经批准下达，各预算执行企业应当认真组织实施，将预算指标层层分解，横向将预算指标分解为若干相互关联的因素，寻找影响预算目标的关键因素并加以控制；纵向将各项预算指标层层分解落实到最终的岗位和个人，明确责任部门和最终责任人；时间上将年度预算指标分解细化为季度、月度预算，通过实施分期预算控制，实现年度预算目标。

② 建立预算执行责任制度，对照已确定的责任指标，定期或不定期地对相关部门及人员责任指标完成情况进行检查，实施考评。可以通过签订预算目标责任书等形式明确各预算执行部门的预算责任。

③ 分解预算指标和建立预算执行责任制应当遵循定量化、全局性、可控性原则。预算指标的分解要明确、具体，便于执行和考核；预算指标的分解要有利于企业经营总目标的实现；赋予责任部门和责任人的预算指标应当是通过该责任部门或责任人的努力可以达到的，责任部门或责任人以其责权范围为限，对预算指标负责。

2. 预算执行环节的关键控制措施设计

预算执行环节的各个具体环节具有不同性质的风险，对此，针对各个具体环节企业可以分别采取以下关键控制措施。

(1) 预算执行控制环节的关键控制措施

① 加强资金收付业务的预算控制，及时组织资金收入，严格控制资金支付，调节资金收付平衡，防范支付风险。

② 严格资金支付业务的审批控制，及时制止不符合预算目标的经济行为，确保各项业务和活动都在授权的范围内运行。企业应当就涉及资金支付的预算内事项、超预算事项、预算外事项建立规范的授权批准制度和程序，避免越权审批、违规审批、重复审批现象的发生。对于预算内非常规或金额重大事项，应经过较高的授权批准层(如总经理)审批。对于超预算或预算外事项，应当实行严格、特殊的审批程序，一般须报经总经理办公会或类似权力机构审批；金额重大的，还应报经预算管理委员会或董事会审批。预算执行企业提出超预算或预算外资金支付申请，应当提供有关发生超预算或预算外支付的原因、依据、金额测算等资料。

③ 建立预算执行实时监控制度，及时发现和纠正预算执行中的偏差。确保企业办理采购与付款、销售与收款、成本费用、工程项目、对外投融资、研究与开发、信息系统、人力资源、安全环保、资产购置与维护等各项业务和事项均符合预算要求；对于涉及生产过程和成本费用的，还应严格执行相关计划、定额、定率标准。

④ 建立重大预算项目特别关注制度。对于工程项目、对外投融资等重大预算项目，企业应当密切跟踪其实施进度和完成情况，实行严格监控。对于重大的关键性预算指标，也要密切跟踪、检查。

⑤ 建立预算执行情况预警机制，科学选择预警指标，合理确定预警范围，及时发出预警信号，积极采取应对措施。有条件的企业，应当推进和实施预算管理的信息化，通过现代电子信息技术手段控制和监控预算执行，提高预警与应对水平。

⑥ 建立健全预算执行情况内部反馈和报告制度，确保预算执行信息传输及时、畅通、有效。预算管理工作机构应当加强与各预算执行企业的沟通，运用财务信息和其他相关资料监控预算执行情况，采用恰当方式及时向预算管理委员会和各预算执行企业报告、反馈预算执行进度、执行差异及其对预算目标的影响，促进企业全面预算目标的实现。

(2) 预算分析环节的关键控制措施

① 企业预算管理工作机构和各预算执行企业应当建立预算执行情况分析制度，定期召开预算执行分析会议，通报预算执行情况，研究、解决预算执行中存在的问题，认真分析原因，提出改进措施。

② 企业应当加强对预算分析流程和方法的控制，确保预算分析结果准确、合理。预算分析流程一般包括确定分析对象、收集资料、确定差异及分析原因、提出措施及反馈报告等环节。企业分析预算执行情况，应当充分收集有关财务、业务、市场、技术、政策、法律等方面的信息资料，根据不同情况分别采用比率分析、比较分析、因素分析等方法，从定量与定性两个层面充分反映预算执行企业的现状、发展趋势及其存在的潜力。

③ 企业应当采取恰当措施处理预算执行偏差。企业应针对造成预算差异的不同原因采取不同的处理措施：因内部执行导致的预算差异，应分清责任归属，与预算考评和奖惩挂钩，并将责任企业或责任人的改进措施的实际执行效果纳入业绩考核；因外部环境变化导致的预算差异，应分析该变化是否长期影响企业发展战略的实施，并作为下期预算编制的影响因素。

(3) 预算调整环节的关键控制措施

① 明确预算调整条件。由于市场环境、国家政策或不可抗力等客观因素，导致预算执行发生重大差异确需调整预算的，应当履行严格的审批程序。企业应当在有关预算管理制度中明确规定预算调整的条件。

② 强化预算调整原则。一是预算调整应当符合企业发展战略、年度经营目标和现实状况，重点放在预算执行中出现的重要的、非正常的、不符合常规的关键性差异方面；二是预算调整方案应当客观、合理、可行，在经济上能够实现最优化；三是预算调整应当谨慎，调整频率应予以严格控制，年度调整次数应尽量少。

③ 规范预算调整程序，严格审批。调整预算一般由预算执行企业逐级向预算管理委员会提出书面申请，详细说明预算调整理由、调整建议方案、调整前后预算指标的比较、调整后预算指标可能对企业预算总目标的影响等内容。预算管理工作机构应当对预算执行企业提交的预算调整申请进行审核分析，集中编制企业年度预算调整方案，提交预算管理委员会。预算管理委员会应当对年度预算调整方案进行审议，根据预算调整事项的性质

或预算调整金额的重要性，根据授权进行审批，或提交原预算审批机构审议批准，然后下达执行。企业预算管理委员会或董事会审批预算调整方案时，应当依据预算调整条件，并考虑预算调整原则严格把关，对于不符合预算调整条件的，坚决予以否决；对于预算调整方案欠妥的，应当协调有关部门和企业研究改进方案，并责成预算管理工作机构予以修改后再履行审批程序。

3. 预算考核环节的关键控制措施设计

针对预算考核环节的主要风险，企业可设计以下关键控制措施。

① 建立健全预算执行考核制度。首先，考核制度的建立必须科学，能将各预算企业和个人的预算目标执行情况与考核和奖惩的具体措施密切挂钩，切实做到奖惩合理、奖惩有据。其次，对于制定的预算执行考核制度或办法，要积极、严格、认真地组织实施。考核工作应定期开展，预算考核的周期一般应当与年度预算细分周期相一致，即一般按照月度、季度实施考评，预算年度结束后再进行年度总考核。

② 合理界定预算考核主体和考核对象。预算考核主体分为两个层次：一是预算管理委员会和预算管理工作机构，其中预算管理委员会负责对企业全面预算总的执行情况进行考核，预算管理工作机构具体负责组织开展企业二级预算企业预算执行情况的考核；二是内部各级预算责任企业。预算考核对象为企业内部各级预算责任企业和相关个人。界定预算考核主体和考核对象应当遵循以下原则：一是上级考核下级原则，即由上级预算责任企业对下级预算责任企业实施考核；二是逐级考核原则，即由预算执行企业的直接上级对其进行考核，间接上级不能隔级考核间接下级；三是预算执行与预算考核相互分离原则，即预算执行企业的预算考核应由其直接上级部门来进行，而绝不能自己考核自己。

③ 科学设计预算考核指标体系。应主要把握以下原则：预算考核指标要以各责任中心承担的预算指标为主，同时本着相关性原则，增加一些全局性的预算指标和与其关系密切的相关责任中心的预算指标；考核指标应以定量指标为主，同时根据实际情况辅之以适当的定性指标；考核指标应当具有可控性、可达到性和明晰性。

④ 按照公开、公平、公正原则实施预算考核。一是考核程序、标准、结果要公开。企业应当将全面预算考核程序、考核标准、奖惩办法、考核结果等及时公开。二是考核结果要客观公正。预算考核应当以客观事实作为依据。预算执行企业上报的预算执行报告是预算考核的基本依据，应当经本企业负责人签章确认。企业预算管理委员会及其工作机构定期组织预算执行情况考核时，应当将各预算执行企业负责人签字上报的预算执行报告和已掌握的动态监控信息进行核对，确认各执行企业预算完成情况。必要时，实行预算执行情况内部审计制度。三是奖惩措施要公平合理并得以及时落实。预算考核的结果应当与各执行企业以及员工的薪酬、职位等进行挂钩，实施预算奖惩。企业设计预算奖惩方案时，应当以实现全面预算目标为首要原则，同时还应遵循公平合理、奖罚并存的原则。奖惩方案要注意各部门利益分配的合理性，要根据各部门承担的工作难易程度和技术含量合理确定奖励差距。要奖罚并举，不能只奖不罚，并防止奖惩实施中的人情添加因素。

案例 8-6 全面预算管理中的诸多漏洞

甲公司是一家多元化经营的国有大型企业集团公司，为了进一步加强和改进全面预算控制，董事会组织内部审计部门对集团公司及其所属的A、B、C、D四个全资子公司的全面预算执行情况进行审核和评价。在审核和评价过程中，发现以下问题。

甲公司由预算管理委员会编制年度全面预算，并以文件形式下达各个子公司。但多数子公司反映年度全面预算与子公司年度生产经营计划不相符合，预算指标不是过低就是过高，不符合实际情况，影响了企业资源的有效分配和发展战略的顺利实现。

由于市场环境发生变化，A公司的原材料价格上涨，导致实际成本与预算产生较大差异。对于该差异，A公司总经理对预算进行了调整并开始执行，目前该调整在还未通过审批程序。

B公司采购与付款预算控制中存在以下情况：①公司规定单笔采购金额在10万元以下的，由生产部经理批准，单笔采购金额超过10万元的，由总经理批准，由于总经理经常出差而生产车间又急需采购材料，生产部经理未经请示多次批准了单笔金额超过10万元的采购业务；②燃料采购由采购部业务员冯某负责，由于冯某对燃料市场比较熟悉且与供货商建立了良好关系，因此采购价格和供应商授权冯某自行决定。

C公司成本费用预算控制中存在以下情况：①成本费用预算控制的实施范围仅针对产品成本和各项生产费用；②各车间的预算内和预算外生产费用均由车间主任审批后开支。

D公司上报的第一季度预算执行报告与实际情况不符，但是甲公司预算管理委员会并未提出异议。

据分析，甲公司预算控制中存在以下薄弱环节：年度全面预算的编制没有顾及各子公司的年度生产经营计划，预算指标不符合各子公司的实际；公司预算管理委员的考核不到位，没有将各预算执行单位负责人签字上报的预算执行报告和已掌握的动态监控信息进行核对，导致D公司上报的第一季度预算执行报告与实际情况不符。

A公司预算控制中存在下列薄弱环节：预算执行过程中调整预算，没有履行审批程序就开始。

B公司预算控制中存在下列薄弱环节：没有严格遵循预算执行审批权限，采购部经理多次越权审批采购业务；燃料采购业务没有严格遵循不相容职务相互分离控制，由冯某自行决定采购价格和供货商并办理采购业务容易滋生舞弊。

C公司预算控制中存在下列薄弱环节：成本费用预算控制的实施范围过窄，管理费用、财务费用和营业费用等期间费用也应纳入控制范围；预算内、外的生产费用均由车间主任审批后开支，既违背了预算控制的有关要求，也不符合授权批准控制的要求。

D公司预算控制中存在下列薄弱环节：D公司上报的第一季度预算执行报告与实际情况不符，没有如实报告预算完成情况。

第六节　合同管理内部控制

现代企业的经济往来主要是通过合同形式进行的，合同管理工作是企业经营管理的重要组成部分，其内部控制的有效与否直接影响着企业的经营安全和可持续发展。完善合同管理内部控制，有利于维护企业的合法权益，防范与控制诉讼风险，提高企业的经营管理水平。合同管理贯穿于企业经济管理的各个方面，科斯教授讲过“企业是一系列合约的结合体”，企业正常运转包括股东的合约、银行贷款合约、员工合约、供应商合约、销售合约，所以说企业是各种合约的结合体。从这个角度讲，企业管理的本质是合同的管理。所以把企业管好了，就有利于协调各方关系，把合同中各种关系协调好，履行过程中要监督好，有助于促进企业可持续发展。如果企业的合同管理不善，就不利于企业的可持续发展。大体来讲，市场经济就是合约经济。市场经济条件下，各方面的关系都是权利和义务达成的，通过合同的拟定，把其明确化，就可以保护企业的权利，前提条件是合同要设定好，条款要写好，履行过程要监控好。市场经济发展到今天，经济全球化，经济更多地体现金融化、货币化。过去多为采购合同、销售合同，现在更多是金融合同，如理财合同、信托合同等。

金融危机告诉我们我国很多企业不是由于传统合同受到损失，而是由于这些结构复杂的金融合约受到损失。例如，中信泰富为了规避澳元风险与国际投行签订累计期权合同13份合同，每份合同亏损十多亿元，损失十分惨重。如何在签订环节和履约环节进行把控十分重要。金融合同有人戏称为“金融鸦片”，对于每个企业来讲，加强金融合同管理特别重要。

一、合同管理流程概述

（一）合同管理的含义

合同是企业与自然人、法人及其他组织等平等主体之间设立、变更、终止民事权利义务关系的协议。合同可分为一般民事合同、经济合同、劳动合同和行政合同，企业订立的合同主要是指经济合同。经济合同是指平等民事主体的法人、其他经济组织，个体工商户、农村承包经营户相互之间，为实现一定的经济目的，明确相互权利义务关系而订立的合同。从范围上看，其主要包括购销合同、建设工程承包合同、加工承揽合同、货物运输合同、供用电合同、仓储保管合同、财产租赁合同、借款合同、财产保险合同以及其他经济合同，一般以书面合同为主。

企业合同管理是指企业对以自身为当事人的合同依法进行订立、履行、变更、解除、转让、终止以及审查、监督、控制等一系列行为的总称。合同订立、履行、变更、解除、转让、终止是企业合同管理的内容，合同的审查、监督、控制是企业合同管理的主要手段。

首先，企业合同管理是一项系统性的工作。合同管理贯穿于企业日常经营始终，从资金管理、采购管理、销售管理、工程项目管理到加工、运输、仓储保管、保险等业务，涉及企业的各个部门，需要各部门共同参与管理。但是合同本身的特征决定了合同管理不同于企业内部的生产人事、财务等管理工作，已超越了企业自身的界限，使之成为一种受法律规范和调整的社会关系，涉及大量的法律专业问题，所以应采取企业法律顾问部门统一归口管理和各业务部门、各企业分口管理的模式。

其次，企业合同管理是一项全过程的工作。从合同的项目论证、对方当事资信调查、合同谈判、文本起草、修改、签约、履行或变更解除、纠纷处理的全过程，都应由法律顾问部门参与，不仅仅重视合同订立前的工作，更要重视订立之后的履行和后续管理，才能有效维护企业合法权益。

（二）合同管理的意义

首先，合同管理是企业经营管理的核心，是现代企业管理的重要内容之一，其主要目标是优化合同管理流程、降低合同管理风险、提高合同管理效率。合同一方面是企业从事经营活动、取得经济效益的纽带，另一方面也可能是产生纠纷的根源。企业经营中的风险有许多是在合同的立项、订立和履行中发生的。一次重大的交易失败或者频发的交易失误必然造成企业的直接经济损失，甚至产生灾难性的后果。只有完善合同管理内部控制才能规范企业交易行为、保护企业营运安全。

其次，加强企业合同管理内部控制有助于提升企业形象。重合同、守信用一向都是企业最重要的形象。现代企业之间的竞争，不仅仅是产品质量、价格竞争，更是企业信用、企业形象的竞争。规范、有效的合同管理内部控制能够体现出企业管理的水平，展示出企业管理工作的严谨与守信，从而提升企业的知名度和竞争力，使企业健康持久地发展下去。

总之，企业只有加强合同管理、建立健全合同管理内部控制才能从根本上培育企业信用、提升竞争实力、防范经营风险，有利于规范、约束市场主体交易行为，优化资源配置，维护市场秩序，促进企业长期可持续发展。

（三）合同管理的业务流程

合同管理的基本业务流程包括合同策划、合同调查、初步确定准合同对象、合同谈判、拟订合同文本、合同审核、合同正式签署、合同履行、合同变更或转让、合同终止、合同纠纷处理、合同归档保管、合同执行情况评价等环节。这些环节从大的方面可以划分为合同订立阶段和合同履行阶段。其中合同订立阶段包括合同策划、合同调查、合同谈判、合同文本拟订、合同审批、合同签署等环节；合同履行阶段涉及合同履行、合同补充和变更、合同解除和终止、合同结算、合同纠纷处理等环节，此外还有合同履行后续阶段，包括合同登记、合同归档管理等环节，如图 8-20 所示。

1. 合同策划

合同策划是指合同订立前思考、设计与计划编制的阶段。合同策划阶段主要是为了通过合同保证项目总目标的实现，必须反映项目战略和企业战略，反映企业的经营指导方针和根本利益。在此阶段应当明确的主要问题有：合同的种类、形式、条件；合同的重要条款、合同的委托方式、承包方式；合同签订和实施时重大问题的决策；各个合同的内容、组织、技术、时间上的协调。

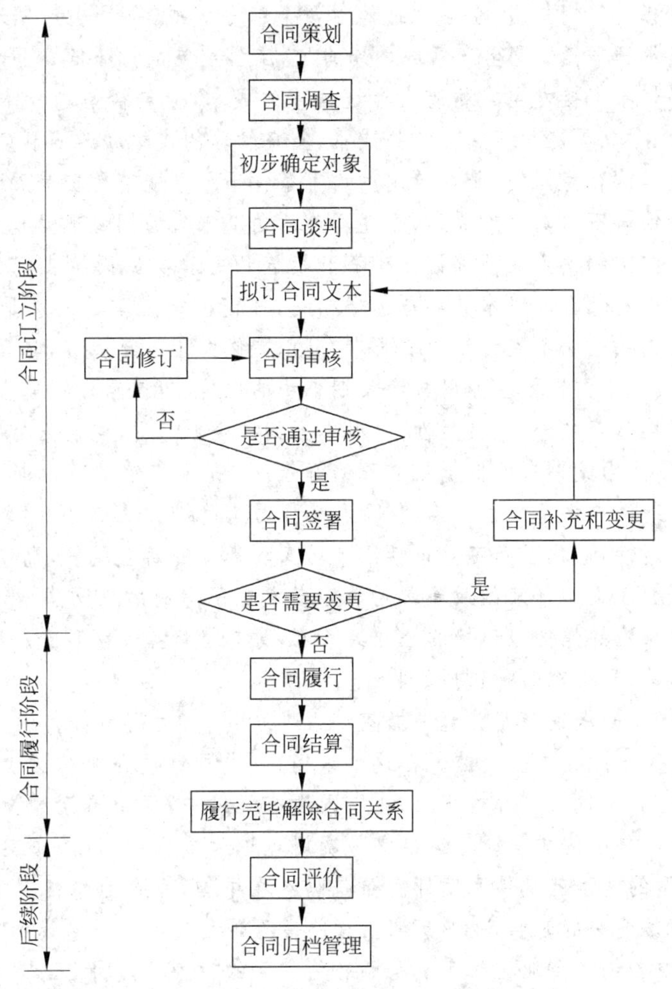

图 8-20　合同管理基本业务流程

课堂讨论

中国钢铁企业为何不签长期铁矿石合同？

尽管中国已经成为全世界最大的铁矿石进口国，但中国钢铁企业依然承受着高昂的进口铁矿石价格。与日本 29 美元/吨的采购价格相比，中国进口铁矿石价格为 58 美元/吨，整整比日本高出一倍。之所以出现这样一种不可思议的现象，在于国际铁矿石价格不仅与采购数量相关，也与采购合约的期限相关，即短期采购合同的价格远高于长期合同的价格。

问题似乎出在中国钢铁企业采购合约的期限方面——“日本钢铁企业通常签订几年，甚至十几年的长期合同，而中国企业更倾向于一年一签，甚至可能一条船一条船地买”。

那么，中国钢铁企业为什么不愿签订铁矿石长期采购合约？难道中国钢铁企业真的可能忽视长期合约的价格大大低于现货合约价格这样一个显而易见的事实吗？

当我们引入“交易费用”的概念时，我们也许可以揭示中国企业为什么不愿签订铁矿石长期合约的真相。我们知道，企业的绩效由两个部分组成，一是生产领域的“开源”，包括差异化和总成本领先；二是生产领域之外的“节流”，主要是指降低交易费用。所谓“交易费用”是指“一切不直接发生在物质生产过程中的成本，它包括信息成本、谈判成本、起草和实施合约的成本、界定和实施产权的成本、监督管理的成本和改变制度安排的成本”。我们还知道，“人们的行为倾向，是在给定的约束条件下尽可能节约交易费用”。

让我们回到铁矿石的真实世界，从上述理论的角度来看看问题吧。也许这个时候，我们才能真正发现中国钢铁企业不签订铁矿石长期合约的真实原因。我们先来看看成本，问一问成本的本质是什么。成本其实与选择相关，任何一项成本其实就是放弃一种选择的代价。在中国钢铁企业不签订铁矿石长期合约，更倾向于一年一签，甚至一船一船购买的行为背后，实质是中国钢铁企业以放弃长期合约的低价、情愿承受短期合约的高价为代价来换取企业直接生产之外的“灵活性”。对中国钢铁企业来说，它们只有两种选择，一是签订长期合约，享受由此带来的低价铁矿石的好处；二是签订铁矿石短期合约，但支付高昂的价格。两种选择显性意义很明确，但两种选择另有隐义——前者节约了采购成本，但面临高度的不确定性，这种不确定既包括因市场变动带来的商业风险，也包括因中国政府不确定的钢铁产业政策而带来的政策风险；后者支付了高额的采购成本，但企业保持了针对商业和政策风险的弹性。理性的企业经营者，肯定将对上述两种选择做出取舍，而取舍的标准非常简单，即比较两种选择的收益—孰大孰小。

可以肯定，当中国钢铁企业普遍选择签订短期合约、支付高昂价格的行为时，它们一定获取了比这种“支付”更高的收益。在这个事例中，中国钢铁企业其实为“灵活性”已经作价——换言之，与支付高昂价格相比，在中国现有环境中，保留灵活和弹性能够获取更高的收益或者规避更高的成本。上述以交易费用理论为依据的判断，事实上已经得到了实证证明，最典型的案例就是铁本案件。不是吗？在中国，当企业忽视制度成本，忽视制度因素造成的交易费用的时候，企业事实上面临着灭顶之灾！这是多大的“费用”啊！

由此看来，中国钢铁企业在铁矿石采购合约方面的“短视”，也许正是其理性的不经意表达。当然，这样的理性充满着中国企业的悲剧色彩。因此，我们必须注意到，当我们试图提高中国企业和国家的国际竞争力的时候，制度——将对这个国家起关键作用。

2. 合同调查

合同调查是指在与对方订立合同之前对对方进行调查的阶段，充分了解合同对方在法律上有没有订立合同的主体资格、信用状况等有关情况，确保对方当事人具备履约能力。如果合同对方是外商，还要根据对方所属国法律或住所地法律审查其是否有订立合同的能力和履行合同的能力，如公司名称、类别、生产经营范围和法定代表人的姓名、职务和国籍、法人资格和营业执照、注册国家和注册资本、资产负债、开户银行和商业信誉以及签约代表人授权书等。

3. 合同谈判

合同谈判是指初步确定拟签约对象后，当事人之间就合同条款的不同意见经过反复协商、讨价还价，最后达成一致意见的洽谈协商的阶段。企业内部的合同承办部门应当在授权范围内与对方进行合同谈判，按照自愿、公平原则，磋商合同内容和条款，明确双方的权利义务和违约责任。谈判阶段可能涉及的主要内容有：承包内容和范围的确认；技术要求、技术规范和技术方案；价格调整条款；合同款支付方式；工期和维修期；争端的解决等问题。

4. 拟订合同文本

拟订合同文本是指企业在合同谈判后，根据协商谈判结果将双方协商一致的意见用文字表述出来的阶段。这一阶段是订立经济合同过程中的关键环节，企业必须予以高度重视。在拟订合同文本阶段主要包括的内容有：合同文本的格式、条款内容、语言表述等。

5. 合同审核

合同审核是指合同文本拟订完成后，企业对合同进行严格审查的阶段。在这一阶段主要是审查合同主体是否合法、合同内容是否合法、合同意思表示是否真实、合同条款是否完备、合同的文字是否规范、合同订立的手续和形式是否完备等。

6. 合同签署

合同签署是指企业经过审核同意签订合同，与对方当事人正式签署并加盖企业合同专用章、履行合同生效手续的阶段。在合同文书拟定后，双方当事人已完全认可的时候，就要办理合同订立的最后一道手续，即双方当事人签字或者盖章。这一阶段主要包括由双方当事人的法定代表人或经办人在合同上签字，然后加盖企业公章或者合同专用章，合同订立的程序才算完成。有的合同，根据国家规定需经有关部门审查批准的，则必须在有关部门审批后，才能正式生效。

7. 合同履行

合同履行指的是企业对合同规定义务的执行阶段。履行合同，就其本质而言，是指合同的全部履行。从狭义角度讲，合同履行指的是具体合同义务的执行，广义讲的合同履行还应包括履行后的后续管理工作。合同履行的内容包括履行主体、履行标的、履行期限、履行地点、履行方式、履行费用等。

8. 合同结算

合同结算是指企业经济合同的结算阶段。合同结算是合同履行的主要环节和内容，法律顾问部门同财务部门密切配合；把好合同的结算关至关重要，这既是对合同签订的审查，也是对合同履行的监督，具体可采取或制定贷款支付复核程序，实施有效的管理。

9. 合同补充、变更和转让

合同补充是指在合同生效后，经当事各方协商，对原合同条款进行补充；合同变更是指合同生效后，经当事各方协商后，对原合同条款进行变更。合同变更一般分为合同内容的变更和合同主体的变更。合同变更的目的是通过对原合同的修改，保障合同更好履行和一定目的的实现。合同转让是指合同权利、义务的转让，亦即当事人一方将合同的权利或义务全部或部分转让给第三人。

10. 合同纠纷

合同纠纷是指因合同的生效、解释、履行、变更、终止等行为而引起的合同当事人的所有争议。合同纠纷的内容主要表现在争议主体对于导致合同法律关系产生、变更与消灭的法律事实以及法律关系的内容有着不同的观点与看法。合同纠纷的范围涵盖了一项合同从成立到终止的整个过程。

二、合同管理风险点分析

（一）总体风险分析

合同管理内部控制薄弱、管理松弛会导致合同纠纷甚至经济犯罪案件，这些薄弱环节体现在合同管理的始终，也就是说，在合同管理的每一个流程中均可能存在风险。《企业内部控制应用指引第16号——合同管理》指出，在合同管理中较为主要和典型的风险有以下几类：第一，未订立合同（口头合同）、未经授权对外订立合同、合同对方主体资格未达要求、合同内容存在重大疏漏和欺诈可能导致企业合法权益受到侵害。第二，合同未全面履行或者监控不当，可能导致企业诉讼失败，经济利益受损。例如，墨西哥的漏油事件，英国公司说买的水泥有问题，水泥已经无法查证，导致经济利益受到侵害。第三，合同纠纷处理不当，可能损害企业利益、信誉和形象。市场经济复杂化，人员关系变得复杂化，不可避免发生合同的纠纷，可能损害企业利益、信誉和形象。

（二）风险点分析

1．合同订立阶段的风险

（1）合同策划环节的主要风险点分析

合同策划环节的风险是指在合同策划阶段存在的不能满足企业战略目标和业务目标的风险。这种风险主要体现在以下三方面。

① 合同策划的目标与企业战略目标或者业务目标不一致。

② 各合同在内容、组织、技术、时间上没有协调好。

③ 故意规避合同管理的相关规定，如将需要招标管理或需要较高级别领导审批的重大合同拆分成标的金额较小的若干不重要的合同。

（2）合同调查环节的主要风险点分析

合同调查环节的风险是指在合同调查过程中对被调查对象的主体资格、资信状况和履约能力做出不当评价的风险。这种风险主要表现在以下几方面。

① 忽视被调查对象的主体资格审查，对方当事人不具有相应民事权利能力和民事行为能力或不具备特定资质，或与无权代理人、无处分权代理人签订合同，导致合同无效或引发潜在风险。

② 对被调查对象的履约能力和商业信誉给予过高评价，将不具备履约能力的对象确定为准合同对象。

③ 在合同签订时正确判断了被调查对象的信用状况，但在合同履行过程中没有持续关注对方的资信变化，致使企业蒙受损失。

④ 对被调查对象的履约能力给出不当评价，将具有履约能力的对象排除在准合同对象之外。

（3）合同谈判环节的主要风险点分析

合同谈判环节的风险是指，在合同谈判过程中忽略了合同标的、产品和服务的数量、质量或技术标准、价款或酬金的确定方式与支付方式、履约期限和地点及方式、违约责任的主要类型及其承担方式、争议的解决方法和地点等重大问题或在重大问题上做出不恰当让步的风险以及本企业谈判策略泄密的风险。这种风险具体主要表现为以下几方面。

① 谈判经验不足而导致企业利益受损。

② 缺乏技术、法律和财务知识的支撑而导致企业利益受损。

③ 对涉及合同内容和条款的核心部分乃至关键细节的忽略或不当让步而导致的企业利益受损。

④ 对可能存在的不符合国家产业政策和法律法规要求事项的忽略。

⑤ 泄露本企业谈判策略，导致企业在谈判中处于不利地位。

(4) 合同文本拟定环节的主要风险点分析

合同文本拟定环节的风险是指合同内容和条款不当的风险。这种风险主要表现为以下几方面。

① 合同内容和条款可能存在不合理、不严密、不完整、不明确或文字表述不严谨可能导致重大误解。

② 合同内容违反国家法律法规或国家行业产业政策等。

③ 选择了不恰当的合同形式。

④ 合同与企业总体战略目标或特定业务经营目标发生冲突。

⑤ 合同内容存在重大疏漏和欺诈，导致企业合法利益受损。

⑥ 有意拆分合同、规避合同管理规定等。

⑦ 对于合同文本须报经国家有关主管部门审查或备案的，未履行相应程序。

(5) 合同审核环节的主要风险点分析

合同审核环节的风险是指在合同审核过程中没有发现或纠正合同不当内容与条款，或签订的手续和形式不完备的风险。这种风险主要表现为以下三种。

① 合同审核人员因专业素质或工作态度的原因未能发现合同文本中的不当内容和条款。

② 合同审核人员虽然在审核中发现了问题但未提出恰当的修订意见。

③ 合同起草人员没有充分考虑合同审核人员提出的改进意见或建议，导致合同中的不当内容和条款未被纠正等。

(6) 合同签署环节的主要风险点分析

合同签署环节的风险是指在合同正式签署阶段存在不当行为的风险，该环节的主要风险表现为以下几点。

① 合同签订人未经授权或者超越权限签订合同。

② 合同印章管理不当，为不符合管理程序的合同加盖了合同印章。

③ 签署后的合同被篡改。

④ 因手续不全(例如未经批准或登记、未经公证)而导致合同无效。

⑤ 合同签署后被送到了不相关的部门。

⑥ 收到合同的相关部门没有采取妥善措施处理合同。

⑦ 因保管不当导致合同泄密。

⑧ 合同双方当事人未全部在合同上签字或盖章等。

2. 合同履行环节的主要风险点分析

(1) 合同履行环节

合同履行过程中的风险是指在合同履行过程中存在的违约风险，该环节的风险主要体现在以下几点。

① 没有遵守诚信原则、未严格恰当地履行合同中约定义务。

② 在合同履行过程中,未能及时发现已经或可能导致企业利益受损情况,或未能采取有效措施。

(2) 合同补充、变更、转让和终止环节

合同补充、变更或转让环节的风险是指在合同履行过程中发生变更或转让时存在的风险。合同终止环节的风险是指在办理合同终止手续过程中存在不当行为的风险。这种风险主要表现为以下几点。

① 合同生效后,对合同条款未明确约定的事项没有及时协议补充,导致合同无法正常履行。

② 应当变更合同内容或条款但未采取相应的变更行为。

③ 合同变更未经相应的管理程序,导致合同变更行为不当或无效。

④ 合同转让行为未经原合同当事人和合同受让人达成一致意见,使合同转让行为无效。

⑤ 合同转让未经相应的管理程序,导致合同转让行为不当或无效;未达到终止条件的合同终止;合同终止未办理相关的手续等。

(3) 合同纠纷处理环节

合同纠纷处理环节的风险是指在合同履行过程中发生纠纷而处理不当,导致企业遭受外部处罚、诉讼失败,损害企业利益的风险。这种风险主要包括以下几点。

① 未及时向相关领导报告合同纠纷和拟采取的对策。

② 未及时采取有效措施防止纠纷的扩大和发展。

③ 未与对方有效协商合同纠纷解决办法,或合同纠纷解决办法未得到授权批准。

④ 未收集充分的对方违约行为的证据,导致本企业在纠纷处置过程中处于举证不力的地位。

⑤ 未按照合同约定追究对方的违约责任等。

(4) 合同结算环节

合同结算是合同执行的重要环节,既是对合同签订的审查,也是对合同执行的监督,一般由财会部门负责办理。该环节的主要风险是:违反合同条款,未按合同规定期限、金额或方式付款;疏于管理,未能及时催收到期合同款项;在没有合同依据的情况下盲目付款等。

3. 合同履行后续管理阶段的主要风险点分析

合同履行后续管理阶段主要指的就是合同的登记和归档保管。合同登记、归档保管环节的风险是指在合同归档保管过程中存在的风险。这种风险主要包括合同丢失或泄密;合同被滥用等。

三、合同管理控制措施设计

(一) 总体要求

合同管理的特点决定了其风险类型的多样化和复杂性,因此,分析合同管理控制措施应当从合同管理流程入手，按照合同管理基本业务流程来进行风险管控，可将合同风险分为合同订立阶段的风险、合同履行阶段的风险和合同履行后续管理阶段的风险，结合各个阶段不同的风险，设计有针对性的控制措施。为了防范这些风险，控制订立与履约过程中的各种风险，要求企业建立分级授权管理体制，根据企业经济业务性质、组织机构设置和管理层级安排，建立合同分级管理制度。整个授权批准要经过各级批准，可能授权的金额大小有所不同。属于上一级合同管理单位权限的合同，下一级单位未经授权不得签订。所有的合同都由经理或总经理进行批准不大可能，但是企业必须统一归口管理，归口管理部门一般是法律部门或专门的岗位，要独立于业务部门和财会部门，合同承办部门、财会部门等的职能分工。财会部门要积极参与，支付收款时负责结算，对资产管理等各方面都要进行介入。

（二）具体措施

1. 合同订立阶段的关键控制措施设计

(1) 合同策划环节的关键控制措施设计

合同策划是合同管理的起始点。针对这一环节存在的主要风险应采取如下关键控制措施：第一，首要任务就是审核合同策划目标是否与企业经营目标和战略规划相一致；第二，为了防止超计划投资、超成本支出，年初要制订投资计划和成本计划，半年进行一次调整，杜绝计划外支出的现象；第三，应当在合同管理制度中明确规定不得将需要招标管理的重大合同拆分为不重大的合同，并建立相应的责任追究制度。

(2) 合同调查环节的关键控制措施设计

合同调查环节的关键控制措施主要是在签约前确认签约对方主体是否合格、是否有履约能力。这就要求业务部门要详细审查对方的资信情况，资信审查包括四个方面：一是审查对方的营业执照是否有效，拟签订的合同内容是否在对方的经营范围之内，对方是否具有履约能力；二是审查对方的税务登记证，了解对方的信誉；三是审查开户许可证，了解对方的经营状况；四是审查授权委托书是否有效，防止签订无效合同。要控制这类风险，主要是提高合同调查人员的专业素质和责任心，在充分收集相关证据的基础上做出恰当的判断，为合同对象建立商业信用档案，定期对客户进行授信评价等。具体的关键控制措施包括以下几点。

① 审查被调查对象的身份证件、法人登记证书、资质证明、授权委托书等证明原件，必要时，可通过发证机关查询证书的真实性和合法性，在充分收集相关证据的基础上评价主体资格是否恰当。

② 获取调查对象经审计的财务报告、以往交易记录等财务和非财务信息，分析其获利能力、偿债能力和营运能力，评估其财务风险和信用状况，并在合同履行过程中持续关注其资信变化，建立和及时更新合同对方的商业信用档案。

③ 对被调查对象进行现场调查，实地了解和全面评估其生产能力、技术水平、产品类别和质量等生产经营情况，分析其合同履约能力。

④ 与被调查对象的主要供应商、客户、开户银行、主管税务机关和工商管理部门等沟通，了解其生产经营、商业信誉、履约能力等情况。

(3) 合同谈判环节的关键控制措施设计

企业应当根据市场实际情况选择适宜的洽谈方式，一般情况下合同谈判应实行集体会审制，超过一定数额的物资采购项目和投资项目要在审计检察部门的监督下，严格按照招标程序进行公开招标。为确保签订“阳光合同”，要充分发挥合同主管部门、质量保证体系、价格管理体系的作用，确保谈判质量，为合同的签约打下良好基础。

控制此环节风险的具体方法包括如下几点。

① 组建素质结构合理的谈判团队，谈判团队中除了有经验丰富的业务人员外，还应当有谈判经验丰富的技术、财会、审计、法律等方面的人员参与谈判；在谈判过程中，谈判团队及时总结谈判过程中的得失，研究确定下一步谈判的策略等，充分发挥团队的智慧。

② 收集谈判对手资料，充分熟悉谈判对手情况，做到知己知彼；研究国家相关法律法规、行业监管、产业政策、同类产品或服务价格等与谈判内容相关的信息，正确制定本企业谈判策略。

③ 关注合同核心内容、条款和关键细节。具体包括合同标的的数量、质量或技术标准，合同价格的确定方式与支付方式，履约期限和方式，违约责任和争议的解决方法，合同变更或解除条件等。

④ 影响重大、涉及较高专业技术或法律关系复杂的合同还应当聘请外部专家参与合同的相关工作，并充分了解外部专家的专业资质、胜任能力和职业道德情况。

⑤ 在整个谈判过程中加强保密工作，建立严格的责任追究制度。

⑥ 对谈判过程中的重要事项和参与谈判人员的主要意见，予以记录并妥善保存，作为避免合同舞弊的重要手段和责任追究的依据。

(4) 合同文本拟订环节的关键控制措施设计

合同文本应当准确表达双方谈判的真实意思，控制这类风险的主要方法是严格执行合同审核制度，具体措施包括以下几点。

① 企业对外发生经济行为，除即时结清方式外，应当订立书面合同。发现违反规定以口头合同进行交易的，及时签订书面合同；如发生争议要及时报法律部门处理。需要先开工建设或采购的项目，应在取得计划部门确认或下达临时计划后，事先签订合同或框架协议。

② 严格审核合同需求与国家法律法规、产业政策、企业整体战略目标的关系，保证其协调一致；考察合同是否以生产经营计划、项目立项书等为依据，确保完成具体业务经营目标。

③ 合同文本一般由业务承办部门起草，法律部门审核；重大合同或法律关系复杂的特殊合同应当由法律部门参与起草；国家或行业有合同示范文本的，可以优先选用，但对涉及权利义务关系的条款应当进行认真审查，并根据实际情况进行适当修改。各部门应当各司其职，保证合同内容和条款的完整准确。

④ 有标准文本的必须使用标准文本，没有标准文本的要做到：条款不漏项；标的额计算准确、标的物表达清楚；质量有标准、检验有方法；提(交)货地点、运输方式、包装物和结算方式明确；文字表达要严谨，不使用模棱两可或含混不清的词语；违约责任及违

约金(或赔偿金)的计算方法准确。合同起草后要认真地进行检查。

⑤ 由签约对方起草的合同,企业应当认真审查,确保合同内容准确反映企业诉求和谈判达成的一致意见,特别留意"其他约定事项"等需要补充填写的栏目,如不存在其他约定事项时注明"此处空白"或"无其他约定",防止合同后续被篡改。

⑥ 通过统一归口管理和授权审批制度,严格合同管理,防止通过化整为零等方式故意规避招标的做法和越权行为。

⑦ 合同文本须报经国家有关主管部门审查或备案的,应当履行相应程序。

(5) 合同审核环节的关键控制措施设计

合同审核环节应按照"统一管理,分级负责,分专业审查,按计划签订,依合同结算"的原则,制定严格的合同审查流程,提高合同审核人员的专业素质;明确划分合同起草人员和审核人员的职责,制定合同审核操作指南;建立合同审核工作底稿;实施合同管理责任追究制度等。具体措施包括以下几点。

① 审核人员应当对合同文本的合法性、经济性、可行性和严密性进行重点审核,关注合同的主体、内容和形式是否合法,合同内容是否符合企业的经济利益,对方当事人是否具有履约能力,合同权利和义务、违约责任和争议解决条款是否明确等。

② 建立会审制度,对影响重大或法律关系复杂的合同文本,组织财会部门、内部审计部、法律部、业务关联的相关部门进行审核,各相关部门应当认真履行职责。法律部门主要审查违约责任、争议管辖权等实质性条款是否合法、完整、明确、具体,文字表述是否无歧义;技术部门对质量条款、技术要求等内容进行技术审查;财务部门对支付条款等内容进行经济审查。

③ 认真分析研究,慎重对待审核意见,对审核意见准确无误地加以记录,必要时对合同条款做出修改并再次提交审核。

④ 每位审查人对做出的审查结果负责,合同管理部门对合同审查的结果负全面责任。

(6) 合同签署环节的关键控制措施设计

控制此类风险的主要方法是:实施合同签收制度,并及时退回与本部门不相关的合同;指定专人负责合同的日常保管,并为合同保管提供相应的条件;建立合同管理的责任追究制度等。具体措施包括以下几点。

① 严格划分各类合同的签署权限,严禁超越权限签署合同。按照规定的权限和程序与对方当事人签署合同。对外正式订立的合同应当由企业法定代表人或由其授权的代理人签名或加盖有关印章。授权签署合同的,应当签署授权委托书。

② 严格合同专用章保管制度,合同经编号、审批及企业法定代表人或由其授权的代理人签署后,方可加盖合同专用章,确保只为符合管理程序的合同文本加盖合同印章。第一,合同专用章必须由专人保管,保管人应当记录合同专用章使用情况以备查;第二,需要携章外出时要有两人以上,且要有领导的签字,要留有记录;第三,合同章的保管要有严密的防范措施,严禁丢失或被盗,否则要对当事人进行经济或者行政处罚。用印后保管人应当立即收回,并按要求妥善保管,以防止他人滥用。如果发生合同专用章遗失或被盗现象,应当立即报告公司负责人并采取妥善措施,如向公安机关报案、登报声明作废等,以

最大限度消除可能带来的负面影响。

③ 采取恰当措施，防止已签署的合同被篡改，如在合同各页码之间加盖骑缝章、使用防伪印记、使用纸质合同书、使用不可编辑的电子文档格式等方法对合同内容加以控制，防止对方单方面改动合同文书。

④ 合同必须由双方当事人当面签订。

⑤ 按照国家有关法律、行政法规规定，需办理批准、登记等手续之后方可生效的合同，企业应当及时按规定办理相关手续。

2．合同履行阶段的关键控制措施设计

(1) 合同履行环节的关键控制措施设计

合同履行在合同管理过程中往往被忽视，但其却是整个合同运行的关键环节。此环节的关键控制措施应当包含合同管理的多个环节，例如：签约前认真调查对方的履约能力和商业信誉等情况，尽量只与具有良好履约能力和商业信誉的企业签订合同；在合同中明确规定违约责任；要求对方为履行合同提供相应的担保措施；对合同履行过程进行监督，一旦发现对方有违约的可能或违约行为，则采取相应措施将合同损失降到最低等。具体措施包括以下几点。

① 强化对合同履行情况及效果的检查、分析和验收，全面适当执行本企业义务，敦促对方积极执行合同，确保合同全面有效履行。

② 对合同对方的合同履行情况实施有效监控，一旦发现有违约可能或违约行为，应当及时提示风险，并立即采取相应措施将合同损失降到最低。

③ 履行异常的要根据需要及时补充、变更甚至解除合同。第一，对于合同没有约定或约定不明确的内容，通过双方协商一致对原有合同进行补充；无法达成补充协议的，按照国家相关法律法规、合同有关条款或者交易习惯确定。第二，对于显失公平、条款有误或存在欺诈行为的合同，以及因政策调整、市场变化等客观因素已经或可能导致企业利益受损的合同，按规定程序及时报告，并经双方协商一致，按照规定权限和程序办理合同变更或解除事宜。第三，对方当事人提出中止、转让、解除合同，造成企业经济损失的，应向对方当事人书面提出索赔。

④ 在合同履行管理过程中要落实合同履行责任人，需要追究责任的要有处理意见；合同履行完毕后，必须写出履行报告。

(2) 合同补充、变更、转让和终止环节的关键控制措施设计

对待这一类风险，主要的管控措施应当包括：明确规定合同变更或转让需向相关负责人报告；合同变更或转让的内容和条款必须与当事人协商一致；变更或转让后的合同视同新合同，需履行相应的合同管理程序等；明确规定合同终止的条件以及应当办理的相关手续；指定专人对合同终止手续进行复核等。具体措施如下。

① 发现合同条款不明确的，及时就有关问题与对方协商并签订补充变更协议，完善条款内容。

② 发现我方人员未经授权签约的，如履行合同可能给企业造成损失的，与对方协商，修改合同内容或解除合同。

③ 发现未办理解除合同的批准、登记手续的，要求合同承办人员在规定时间内去主

管机关办理。

（3）合同纠纷处理环节的关键控制措施设计

控制此类风险的主要方法是明确规定合同纠纷的处置办法；明确各类人员在合同纠纷处置中的责任；合同纠纷处置方案应当经适当管理层的审核批准等。具体措施包括以下几点。

① 在履行合同过程中发生纠纷的，应当依据国家相关法律法规，在规定时效内与对方当事人协商并按规定权限和程序及时报告。合同纠纷经协商一致的，双方应当签订书面协议；合同纠纷经协商无法解决的，根据合同约定选择仲裁或诉讼方式解决。

② 企业内部授权处理合同纠纷，应当签署授权委托书。纠纷处理过程中，未经授权批准，相关经办人员不得向对方当事人做出实质性答复或承诺。

（4）合同结算环节的关键控制措施设计

合同付款是合同的最关键环节，也是合同风险最直接的表现。因此财务人员要严把结算付款关。这一环节的关键控制措施有以下几点。

① 财会部门应当在审核合同条款后办理结算业务，按照合同规定付款，及时催收到期欠款。指定专人负责合同履行，建立合同履行信息管理台账，掌握合同履行进展状态，在临近付款期限的合理时间进行提示；合同承办人员收集发票、交货凭证等资料并在规定时间内提交资金结算人员按时办理结算。

② 未按合同条款履约或应签订书面合同而未签订的，财会部门有权拒绝付款，并及时向企业有关负责人报告。

③ 付款必须有承办部门负责人、项目负责人、业务主管领导、总会计师和总经理在申请付款审批单上的签字，同时要加盖合同审核专用章。否则，坚决不予付款，防止欺诈行为发生。

④ 财务结算系统与合同管理信息系统应实现数据对接。

3. 合同履行后续管理阶段的关键控制措施设计

（1）合同登记环节的关键控制措施设计

此环节的关键控制措施包括以下几点。

① 合同管理部门应当加强合同登记管理，充分利用信息化手段，定期对合同进行统计、分类和归档，详细登记合同的订立、履行和变更、终结等情况，合同终结应及时办理销号和归档手续，以实行合同的全过程封闭管理。

② 建立合同文本统一分类和连续编号制度，以防止或及早发现合同文本的遗失。

③ 加强合同信息安全保密工作，未经批准，任何人不得以任何形式泄露合同订立与履行过程中涉及的国家或商业秘密。

④ 规范合同管理人员职责，明确合同流转、借阅和归还的职责权限和审批程序等有关要求。

（2）合同归档保管环节的关键控制措施设计

控制此类风险的主要方法是明确规定合同管理人员的职责；规定合同借阅的审批程序；实施合同管理的责任追究制度；对合同保管情况实施定期和不定期的检查等。

案例 8-7　四川长虹合同管理失误引发巨亏

2001 年，急于通过国际市场做大销售额的四川长虹，与当时在美国名不见经传的 APEX 签订合约，把自己的彩电和 DVD 大规模地打入了美国的百思买等家电连锁店和沃尔玛等大型超市。美国 APEX 公司成立于 1997 年，公司董事长季龙粉。在成为长虹的合作伙伴前，APEX 只是洛杉矶一家注册资本仅 2 800 万美元、以贸易为主的小公司。

2001 年 7 月 16 日，长虹首次向 APEX 提供价值 200 多万美元的各类彩电；2002 年，长虹通过 APEX 向美国市场销售价值 7.8 亿美元的彩电、DVD。2002 年年报显示，APEX 共拖欠长虹货款 42.2 亿元。传闻称长虹被 APEX 骗取 38.3 亿元人民币(4.6 亿美元)，但长虹高管出面澄清被骗传闻。2003 年，长虹又向美国销售了价值共计 51.6 亿元人民币的彩电、DVD。据长虹 2003 年年报显示：APEX 拖欠长虹应收账款 44.466 亿元人民币。

2004 年 10 月，长虹方面发现季龙粉于 2003 年向长虹开具 37 张总值 7 000 万美元的支票为空头支票。随后，四川省公安厅经侦总队配合绵阳市公安局经侦支队在深圳将 APEX 公司董事长季龙粉刑事拘留。

2004 年 12 月 28 日，四川长虹发布年度预亏提示性公告，由于拟对 APEX 公司应收账款计提坏账准备，公司 2004 年年度将会出现大的亏损。截至 2004 年 12 月 25 日，四川长虹应收 APEX 账款余额 46 750 万美元。由于受长虹对 APEX 应收账款计提坏账 25.637 亿元人民币的影响，长虹股票立刻下跌 25%。

为了最大限度地减少损失，长虹与 APEX 2006 年 4 月达成了《和解框架协议》，APEX 同意以其三部分资产：公司的不动产——仓库、APEX 公司及其董事长季龙粉持有的香港创业板上市公司中华数据广播控股有限公司(08016.HK)的股权和 APEX 商标，承担长虹 1.7 亿美元的债务。债务和解协议后，相关协议的执行并没有到位。①整整用了一年时间，“APEX”商标只完成了在美国专利商标局的过户手续，其价值评估工作却毫无进展。由于 2004 年底 APEX 在美国市场的声誉一落千丈，APEX 产品在美国超市早已难觅踪影，因此，季龙粉与长虹达成的 APEX 商标抵债协议，可能只是一张空头支票。②季龙粉用于抵债的另一部分资产——仓库，在长虹的年报中也交代得前后不一，也是一笔糊涂账，截至 2007 年仅结算 430 万美元。③APEX 和季龙粉向长虹转让了其持有的中华数据 29.99%的股份于 2004 年 12 月 28 日，因季龙粉被四川省有关部门控制，中华数据的股票开始停牌。2009 年 10 月 30 日恢复交易，不久就被评为“港股民企股 2009 年十大最差表现排行榜”第 4 名。就是这样一个公司，曾被长虹宣传为“追债最大的阶段性成果”。迄今 APEX 偿付给长虹的款项只有 3 000 多万美元，远少于原协议规定应付的 1.7 亿美元。长虹与 APEX 公司当年就贸易纠纷达成的和解协议，只是一场数字游戏，它是为了填平长虹财务报表的账面窟窿，但却无法挽回实际存在的损失。

在这场贸易纠纷中，四川长虹还存在以下问题：①2002 年，长虹出口到美国的电视机和 DVD 价值高达 7.8 亿美元，但它在供货给 APEX 时却没有采用出口贸易中惯常的信用证结算方式。②长虹既未在美国建立分公司，也没有在 APEX 公司所在地洛杉矶设立办事处，甚至无固定人员派驻 APEX。③在明知 APEX 已无力支付货款、偿还欠债的情况下，长虹仍然源源不断地向 APEX 供货。

四川长虹在合同内部控制中存在的主要缺陷及其理由如下。

(1) 长虹公司在签订前没有对合同在履约过程中的风险进行评估。长虹急于打开美国市场，与 APEX 和季龙粉的合同签订过于匆忙，没能认真评估其公司资质、信用等履约能力状况。长虹与 APEX 2006 年 4 月达成了《和解框架协议》，也没有吸取前面的教训，对 APEX 和季龙粉的履约风险判断不充分，导致巨额损失。

(2) 长虹没有建立合同履行环节的相关风险控制。长虹公司在合作开始后，没有采用出口贸易中惯常的信用证结算方式；对于这么重大的合同项目，没有在 APEX 公司所在地洛杉矶设立办事处，甚至无固定人员派驻 APEX，致使无法了解合同履行情况，无法控制合同履行过程中的风险；在明知 APEX 已无力支付货款、偿还欠债的情况下，长虹仍然源源不断地向 APEX 供货。以上对合同履行中的风险，没有相应的控制措施，从而造成了合同履行的失败。

(3) 长虹对合同履行中存在的问题，没有采取有效的补救控制。在明知 APEX 已无力支付货款、偿还欠债的情况下，长虹并没有采取措施，终止供货，导致了更大的损失。长虹与 APEX 2006 年 4 月达成的《和解框架协议》可谓补救措施，但是该《和解框架协议》只是一场数字游戏，它只是为了填平长虹财务报表的账面窟窿，却不是有效的补救控制措施，并不能真正有效挽回实际存在的损失。

【本章小结】

研发是指企业为获取新产品、新技术、新工艺等所开展的各种研发活动。企业应当重视研发工作，根据发展战略，结合市场开拓和技术进步要求，科学制订研发计划，强化研发全过程管理，规范研发行为，促进研发成果的转化和有效利用，不断提升企业自主创新能力。

工程项目，是指企业自行或者委托其他单位所进行的建造、安装活动。企业应当制定和完善工程项目各项管理制度，全面梳理各个环节可能出现的风险点，规范工程立项、招标、造价、建设、验收等环节的工作流程，明确相关机构和岗位的职责权限，确保可行性研究与决策、概预算编制与审核、项目实施与价款支付、竣工决算与审计等不相容职务相互分离和制约，强化工程建设全过程的监控，保证工程项目的质量和进度。

担保是指企业按照公平、自愿、互利的原则向被担保人提供一定方式的担保并依法承担相应法律责任的行为。企业应当依法制定和完善担保业务政策及相关管理制度办法，明确担保的对象、范围、方式、条件、程序、担保限额和禁止担保等事项，规范调查评估、审核批准、担保执行等环节的工作流程，按照政策、制度、流程办理担保业务，定期检查担保政策的执行情况及效果，切实防范担保业务风险。

业务外包，是指企业利用专业化分工优势，将日常经营中的部分业务委托给本企业以外的专业服务机构或其他经济组织(以下简称承包方)完成的经营行为。企业应当建立和完善业务外包管理制度，规定业务外包的范围、方式、条件、程序和实施等相关内容，明确相关机构和岗位的职责权限，强化业务外包全过程的监控，防范外包风险，充分发挥业务外包的优势。企业应当综合考虑成本效益原则，权衡利弊，避免将核心业务进行外包。

全面预算是指企业对一定期间经营活动、投资活动、财务活动等做出的预算安排。企业应当设立预算管理委员会履行预算管理职责，其成员由企业内部相关部门负责人组成。预算管理委员会主要负责拟订预算目标和预算政策，制定预算管理的具体措施和办法，组织编制、审议、平衡年度等预算草案，下达经批准的年度等预算，协调解决预算编制和执行中的问题，考核预算执行情况，督促完成预算目标。

合同，是指企业与自然人、法人及其他组织等平等主体之间设立、变更、终止民事权利义务关系的协议。企业应当加强合同管理，确定合同归口管理机构，明确合同拟订、审批、执行等环节的程序和要求，定期检查和评价合同管理中的薄弱环节，采取相应控制措施，促进合同有效履行，切实维护企业的合法权益。

【延伸阅读】

1.《企业内部控制应用指引第 10 号——研究与开发》
2.《企业内部控制应用指引第 11 号——工程项目》
3.《企业内部控制应用指引第 12 号——担保》
4.《企业内部控制应用指引第 13 号——业务外包》
5.《企业内部控制应用指引第 15 号——全面预算》
6.《企业内部控制应用指引第 16 号——合同管理》

【思考题】

1. 简要描述研究与开发项目立项环节存在的主要风险。
2. 在工程项目管理中，应分离哪些不相容岗位？
3. 不予担保的情形有哪些？
4. 什么叫业务外包？在企业中通常哪些业务可以外包？
5. 简要分析全面预算控制有哪些具体措施。
6. 合同管理的具体风险点包括哪些？

【自测题】

1. 单项选择题

(1) 以下属于研究与开发阶段的立项阶段的是(　　)。

A. 研究过程跟踪管理　　　　B. 阶段性评估

C. 研究成果验收　　　　D. 评审与审批

(2) 企业委托具有研发能力的企业或机构等开展研发工作，委托人全额承担研发经费，受托人交付研发成果的研发形式属于(　　)。

A. 委托研发　　B. 合作研发　　C. 自主研发　　D. 研发外包

(3) 项目建议书的编制、可行性研究、项目评审和决策四个环节是工程项目阶段中的(　　)。

A. 工程设计和造价阶段　　B. 工程立项阶段

C. 工程建设阶段　　D. 工程招标阶段

(4) 工程建设阶段的重要工作不包括(　　)。

A. 工程物资采购　　B. 工程监理　　C. 工程验收　　D. 工程变更

(5) 缺乏对担保合同的跟踪管理或监控不力，无法对被担保人出现的异常情况进行及时报告和处理，给企业造成损失，这属于担保业务中(　　)环节的主要风险。

A. 会计系统控制　　B. 调查评估

C. 审批　　D. 日常管理

(6) 业务外包的实施与管理的主要风险不包括(　　)。

A. 合同内容存在重大风险和欺诈

B. 与承包方的对接工作不到位，沟通协调不力

C. 缺乏对承包方履约能力的持续评估以及应急机制

D. 对承包方的索赔不力

(7) 企业外包业务需要保密的，应当在业务外包合同或者另行签订的保密协议中明确规定承包方的保密义务和责任，要求承包方向其从业人员提示保密要求和应承担的责任，这一措施属于(　　)。

A. 业务外包合同的实施与管理　　B. 签订业务外包合同

C. 会计系统控制　　D. 验收

(8) 单位应当建立预算执行(　　)，定期通报各部门预算执行情况，召开预算执行分析会议，研究解决预算执行中存在的问题，提出改进措施，提高预算执行的有效性。

A. 监督机制　　B. 分析机制

C. 评价机制　　D. 考核机制

(9) 单位应当加强决算管理，确保决算真实、(　　)、准确、及时，加强决算分析工作，强化决算分析结果运用，建立健全单位预算与决算相互反映、相互促进的机制。

A. 可比　　B. 完整　　C. 明晰　　D. 可靠

(10) 财会部门应当根据合同履行情况办理价款结算和账务处理，未按照合同条款履约的，财会部门应(　　)。

A. 在付款之前向单位有关负责人报告　　B. 取消合同

C. 在付款之后向单位有关负责人报告　　D. 拒绝付款

2. 多项选择题

(1) 在研究与开发业务活动中，对于研究成果开发风险点所采取的控制措施包括(　　)。

A. 合作研发合同中明确产权归属

B. 形成科研、生产、市场三位一体的自主创新机制，促进研究成果转化

C. 加强研发人员管理

D. 加强技术管理，攻克关键技术障碍

E. 研究成果的开发应当分步推进

(2) 下列选项中属于工程项目控制的总体要求的是(　　)。

A. 规范各环节工作流程　　B. 强化监控

C. 全面梳理工程项目工作流程　　D. 明确责任权限和不相容岗位分离

E. 完善工程项目各项管理制度

(3) 担保业务流程包括(　　)。

A. 担保申请　　B. 调查评估

C. 审批　　D. 订立担保合同

E. 担保合同执行与监控等

(4) 受理申请是担保业务的一个关键风险点，其主要风险包括(　　)。

A. 企业担保政策和相关管理制度不健全　　B. 担保申请受理不规范

C. 受理审查不严　　D. 资信调查不深入

E. 风险评估不细致

(5) 业务外包控制的总体要求是(　　)。

A. 完善业务外包管理制度　　B. 强化监控

C. 加强信息核对　　D. 避免核心业务外包

E. 健全各环节的授权批准制度

(6) 单位应当合理设置岗位，明确合同的授权审批和签署权限，妥善保管和使用合同专用章，严禁(　　)。

A. 未经授权以单位名义对外签订合同　　B. 违规签订担保合同

C. 违规签订投资合同　　D. 违规签订借贷合同

(7) 在合同策划阶段应明确的问题有(　　)。

A. 合同的种类、形式、条件

B. 合同的重要条款、委托方式

C. 合同的签订和实施的重大问题的决策

D. 各个合同的内容、单位、技术、时间上的协调

(8) 单位应当加强预算绩效管理，建立“预算编制有目标、(　　)”的全过程预算绩效管理机制。

A. 预算执行有监控　　B. 预算完成有评价

C. 评价结果有反馈　　D. 反馈结果有应用

3. 判断题

(1) 研发活动具有投入大、周期短、不确定性高的特点，因此研发活动的成败对企业生产经营影响较大。　　(　　)

(2) 重大工程项目的立项，应当报经董事会或类似权力机构集体审议批准，总会计师或分管会计工作的负责人应当参与项目决策。　　(　　)

(3) 企业也可委托中介机构对担保业务进行资信调查和风险评估工作。　　(　　)

(4) 业务外包是指企业利用专业化分工优势，将日常经营中的部分业务委托给本企

业以外的专业服务机构或其他经济组织(以下简称承包方)完成的经营行为。（　　）

(5) 针对于小额或者发生频率较高的业务可以不签订合同。（　　）

案例分析

目的：分析业务风险。

资料：2000 年，A 集团公司下属北京子公司和其他三家股东合资设立 SD 再生资源有限公司(以下简称 SD 公司)，持股比例为 10%。2002 年，SD 公司分别向中国银行某市分行(以下简称某市中行)和中国建设银行某市支行(以下简称某市支行)各借款 100 万美元，合计 200 万美元。A 集团公司总经理在担保合同上签字，为 SD 公司中行借款 100 万美元及建行借款 50 万美元提供了负连带责任的全额担保。2003 年 5 月，又继续为 SD 公司延期贷款提供担保。

2008 年 3 月，因 SD 公司不能按时归还 100 万美元借款本息，某市中行向法院提起诉讼；2008 年 6 月底，经该市第二中级人民法院一审判决，A 集团公司负连带给付责任。A 集团公司对判决不服，向该市高级人民法院提出上诉；2008 年 11 月，该市高级人民法院判决："在强制执行原审被告 SD 公司财产后仍不足清偿的债务范围的，由 A 集团公司承担赔偿责任。"2009 年 4 月，该市第二中级人民法院就此案做出执行裁定，并查封了 A 集团公司有关房产，A 集团公司不得已为 SD 公司归还借款本息，支付现金 13 206 005.09 元。另外，因 SD 公司不能按时归还 50 万美元借款本息，2006 年 10 月，某市支行向法院提起诉讼，经该市高级人民法院复审，2007 年 10 月，判令 A 集团公司为 SD 公司的 27 万美元借款余额的本息承担连带给付责任。

在 2006 年某市支行提起诉讼后，A 集团公司多次派人了解 SD 公司资产和负债情况，并派员对北京子公司和 SD 公司查账。查账结果显示：首先，SD 公司基本没有实物资产，只有大量的无据可查的预付和应收款项。其次，SD 公司存在不良图谋。查账结果显示，SD 公司取得借款后，没有用于正常业务经营和投资。自 SD 公司成立以来，有多位高级管理人员利用职权，自批自用、自批他用，以借款等名目，大肆侵占、挪用 SD 公司资金，将公司资产转入个人账户，非法占为己有。

问题：根据《企业内部控制规范应用指引第 12 号——担保业务》的规定，分析、判断 A 集团公司的担保业务存在的控制缺陷。

第九章 内部控制评价

学习目标

通过本章学习，应达到以下学习目标：

1. 理解内部控制评价的定义和内容；
2. 熟悉内部控制评价的流程和方法；
3. 掌握内部控制缺陷的分类及其认定标准；
4. 了解内部控制评价报告及其披露。

引导案例

租金上涨：外资企业不能承受之痛

内部控制评价在上市公司的兴起[①]

2008年5月，财政部、证监会、审计署、银监会和保监会五部委联合颁布了《企业内部控制基本规范》。两年之后，五部委又联合发布了18项《企业内部控制应用指引》、《企业内部控制评价指引》和《企业内部控制审计指引》，自2011年1月1日起首先在境内外同时上市的公司施行，2012年实施范围扩大到主板上市公司。财政部网站披露我国上市公司2012年实施企业内部控制规范体系情况分析报告显示，2012年共有2 244家上市公司披露了内部控制评价报告，占沪、深交易所2 492家上市公司的比例为90.05%。在2 244家披露内部控制评价报告的上市公司中，有8家上市公司披露存在内部控制重大缺陷，分别为：佛山照明(000541)、西王食品(000639)、山东如意(002193)、海联讯(300277)、*ST长油(600087)、长春经开(600215)、北大荒(600598)、中材国际(600970)，披露比例为0.36%。

内部控制评价显示的信息从新的角度释放出更多关于企业的信息，这不仅有利于政府监管，更有利于公众对企业的信息判断；同时也从侧面激发了企业进一步完善内部控制制度的动力和决心。更为重要的是，内部控制评价的实施范围的扩大全面提升了企业的经营管理水平及风险防范和应对能力，并为进一步提高财务信息披露质量发挥了重要的积极作用。

内部控制评价也有利于企业看清自身发展的优劣势。中国远洋在2011年和2012年两个年度都成为A股亏损王，其在2011年度就对自身内部控制进行了较为深入的评价。中国远洋针对报告期内发现的内部控制缺陷，采取了相应的整改措施。中国远洋总部及

---

① 新华网. 去年我国九成以上上市公司披露企业内部控制评价报告[EB/OL]. http://money.ycwb.com/2013-08/30/content_4967100.htm,2013-08-30.

各下属公司共发现内部控制缺陷26个，其中与财务报告有关的缺陷数量为2个，非财务报告缺陷数量为24个，均属于一般缺陷。公司建立了内部控制缺陷的整改机制，对于内部控制评价发现的缺陷由各公司、各部门制订整改计划，并明确整改时间表，落实整改责任人并实施整改，经过内部控制主管部门进行审核后，根据缺陷整改时间计划持续跟踪整改完成情况。虽然中国远洋难以在短时间内力挽狂澜，但对内部控制缺陷的整改对于企业的恢复和发展十分有利。

第一节　内部控制评价概述

从巴林银行的倒闭到中航油新加坡分公司的巨亏，从海尔集团的强化内控管理到沃尔玛的严密内控体系，企业的荣辱兴衰均维系于一种重要的制度——内部控制制度。有效的内部控制制度可以助企业成功，而无效的内部控制制度同样可以将企业推向终结。在那些成功利用内部控制管理走向成功的企业背后，也有更多的公司因为忽视内部控制制度建设而自食恶果。回首1968年美国《财富》杂志评选的世界500强公司，而今仍屹立在股市的只有20%，那些退市的企业中绝对不乏因为缺乏有效的内部控制和风险管理而破产的公司，比如埃克森-美孚石油公司。事实上，即使有些企业设立了有效的内部控制制度，但仍将其作为“花瓶”，并未发挥其应有的作用。由此可见，问题的关键就在于企业必须在内部控制制度的设计和运行两个方面确保其有效性。而要了解企业是否建立健全了有效的内部控制制度，必须根据一定的标准对内部控制制度的设计和执行进行评估，这就是内部控制评价得以存在的客观需求。

一、内部控制评价的概念与意义

（一）内部控制评价的概念

什么是内部控制评价？评价主体是谁？评价对象是谁？评价工作是否一步到位？这些是理解内部控制评价概念需要明确的问题。

内部控制评价是指企业董事会或类似权力机构对内部控制有效性进行全面评价、形成评价结论、出具评价报告的过程。

通过定义的叙述，我们可知评价的主体是董事会和管理层，评价的对象是内部控制的有效性，而评价并非一步到位，它是一个过程。

内部控制评价的主体也就是内部控制设计和运行的责任主体，即董事会和管理层。对于内部控制评价的组织、领导和监督职责，一般由董事会指定的审计委员会来承担，而内部控制评价的具体工作则由董事会授权的内部审计部门或独立的内部控制评价机构执行。但董事会仍要对内部控制评价承担最终责任并对内部控制评价报告的真实性负责。因此，董事会和管理层才是内部控制评价的主体。

内部控制评价的对象是内部控制的有效性，是指企业建立与实施内部控制对实现控制目标提供合理保证的程度，包括内部控制设计的有效性和内部控制运行的有效性。需要注意两点，一是有效性包括设计的有效性和运行的有效性；二是内部控制评价为内部控制目标的实现提供的是合理保证而非绝对保证。这是由内部控制评价的固有局限性所致,比如评价人员的职业判断、成本效益原则的影响等。

内部控制评价是一个过程,而并非一步到位的工作。评价工作通常由计划、实施和编报等几个阶段和步骤组成。通过对企业内部控制制度的设计和运行情况进行持续评价,发现企业内部控制的高风险点和薄弱环节,从而有针对性地对这些薄弱环节进行修补和管控,进一步实现内部控制系统的改进,如此循环往复上述过程,内部控制便可得到不断的完善。所以内部控制评价工作是一个拥有完整流程的过程,同样这项工作也是内部控制系统的有机组成部分。内部控制评价作为一项优化内部控制自我监督机制的重要制度安排,与内部控制的建立与实施构成了一个动态的有机循环。

(二) 内部控制评价的意义

由内部控制评价在内部控制系统中的地位可知,其对于系统的运行至关重要而且必要。有效的内部控制评价可以推动企业不断完善内部控制制度,并产生积极的外部效应。具体体现在以下三个方面。

(1) 查找企业内控缺陷,完善企业内控体系。内部控制评价是通过评价、反馈、再评价,报告企业在内部控制建立与实施中存在的问题,并持续地进行自我完善的过程。通过内部控制评价查找、分析内部控制缺陷并有针对性地督促落实修改,可以及时堵塞管理漏洞,防范偏离目标的各种风险,并举一反三,从设计和执行等方面全方位地健全优化管控制度,从而促进企业内控体系的不断完善。

(2) 优化企业市场形象,提升企业公众认可度。企业开展内部控制评价,需形成评价结论,出具评价报告。通过自我评价报告,将企业的风险管理水平、内部控制状况以及与此相关的发展战略、竞争优势、可持续发展能力等公布于众,树立诚信、透明、负责任的企业形象,有利于增强投资者、债权人以及其他利益相关者的信任度和认可度,为自身创造更为有利的外部环境,促进企业的长远可持续发展。

(3) 协调政府监管,实现有效监督。政府监管部门有权对企业内部控制建立与实施的有效性进行监督检查。事实上,有关政府部门,如审计机关开展的国有企业负责人离任经济责任审计中,已将企业内部控制的有效性以及企业负责人组织领导内控体系建立与实施情况纳入审计范围,并日益成为十分重要的一部分。尽管政府各部门实施企业内控监督检查有其自身做法和特点,但监督检查的重点部位基本是一致的,比如大多数涉及重大经营决策的科学性、合规性以及重要业务事项管控的有效性等。实施企业内控自我评价,能够通过自查及早排查风险、发现问题,并积极整改,有利于在配合政府监管中赢得主动,并借助政府监管成果进一步改进企业内控实施和评价工作,促进自我评价工作,促进自我评价与政府监管的协调互动。

二、内部控制评价的主体与职责

在上述对内部控制定义的理解中,我们基本了解了内部控制评价的主体,而要进一步有序、高效地开展内部控制评价工作,首先就要明确内部控制评价的组织形式。学习内部控制评价的组织形式中的关键问题是明确评价工作的具体实施主体和其他各有关方面在内部控制评价中的职责安排,明晰参与内部控制评价的各个部门以及各个部门在内部控制评价中扮演的角色。

（一）内部控制评价的主体

由不相容职务分离原则可知，对于内部控制的实施和检查工作来讲，必须由不同的人员独立完成这两项工作，由此，企业一般将内部控制评价工作的实施主体设为内部审计机构或专门的内部控制评价机构。

通常情况下，有两种设立内部控制评价实施主体的方法可供使用。一种情况是企业单独设有专门的内部控制机构，那么内部控制评价的具体组织实施工作便由该机构负责，但一定要确保评价人员的独立性和结果的客观性。例如内部控制评价和设计的部门应适当分离。企业是否使用这种方法取决于企业自身的经营规模、经营性质、组织结构设置、内部控制实施阶段等特点。如果需要企业内部设置内部控制评价机构，它应该具备以下四个条件：一是独立性，即评价人员能够独立地行使对内部控制系统构建与运行过程及结果进行监督的权力，保持良好的职业道德素质；二是专业性，即从业人员必须具有与评价和监督内部控制系统相适应的专业胜任能力；三是协调性，即评价与监督系统能够与企业其他职能机构保持一致，相互配合、促进；四是权威性，即评价系统能够得到企业董事会和管理层的充分授权和支持，顺利开展内部控制评价工作。

TL石油服务公司，是我国一家大型石油企业的下属子公司。通过实施内部控制自我评价，公司发现很多内部控制的不足。如公司目前没有独立的审计部门，内审人员隶属财务部，甚至兼任财务工作，内部审计人员的独立性较差。

讨论内审人员兼任财务工作可能引发哪些问题，TL公司如何加强内部控制评价机构的独立性。

另一种情况是委托会计师事务所等中介机构完成对企业内部控制评价的工作，但一定确保为企业提供内部控制审计的会计师事务所不得同时为同一家企业提供内部控制评价服务。这里值得注意的是，即使委托会计师事务所负责企业内部控制的评价工作，内部控制评价报告的责任主体仍然是企业董事会。

会计师事务所等中介机构受托为企业实施内部控制评价是一种保证服务还是非保证服务？

（二）内部控制评价的职责分配

我们在明确了内部控制评价工作的实施主体以后，继而就要进一步明确主体的职责是如何分配的。有一个重要的原则值得我们注意，也就是不论企业采取何种组织形式，董事会、经理层和内部控制评价机构在内部控制评价中的职能作用不会发生本质的变化。另外，我们还要保证内部控制评价工作的职责划分是以分工制衡、协调工作、提高效率为宗旨的。下面详细介绍内部控制评价工作是如何在各相关部门之间分配的。

（1）董事会和审计委员会。董事会可以通过审计委员会来承担对内部控制评价的组织、领导、监督职责，但董事会必须对内部控制评价承担最终的责任，对内部控制评价报告的真实性负责。董事会或审计委员会应听取内部控制评价报告，审定内控重大缺陷和重要缺陷的整改意见，积极克服对内部控制部门在监督整改中遇到的困难，排除障碍，确保内部控制整改工作的完善实施。

(2) 监事会。监事会的职责是审计内部控制评价报告并对董事会建立与实施内部控制进行监督。一方面在于确保评价报告的准确性和完整性；另一方面在于确保董事会在内部控制评价中发挥应有的作用。

(3) 经理层。经理层负责组织实施内部控制评价，但也可以授权内部控制评价机构具体组织实施，同时积极支持和配合内部控制评价的开展，为评价工作创造良好的环境和条件。经理层一方面要结合日常掌握的业务情况，为内部控制评价方案提出应重点关注的业务或事项；另一方面要审定内部控制评价方案和听取内部控制评价报告，再者对于内部控制评价中发生的问题或报告的缺陷，要按照董事会或审计委员会的整改意见积极采取有效措施予以整改。

(4) 内部控制评价机构。内部控制评价机构通过经理层授权承担内部控制评价的具体组织实施任务，要符合经理层的要求，复核、汇总和分析内部监督资料，拟定合理评价工作方案并认真组织实施；应及时与董事会、审计委员会、监事会或经理层沟通评价过程中发现重大问题，识别内部控制缺陷并拟定整改方案，同时据此编写内部控制评价报告，及时将该报告递呈董事会、审计委员会或经理层；沟通外部审计师，督促各部门、所属企业对内、外部内控评价进行修改；根据评价和修改情况拟订内部控制考核方案。

(5) 各专业部门。各专业部门对本部门的内控应自查、测试和评价，并对内控设计和运行方面的缺陷提出整改意见和具体整改计划，报送内部控制机构复核，积极配合内控机构(部门)及外部审计师开展企业层面的内控评价工作。

(6) 企业所属单位。企业所属单位应建立日常监控机制，逐级落实内部控制评价责任，开展内控自查、测试和定期检查评价工作，发现问题并认定内部控制缺陷，拟订整改方案和计划，报本级管理层审定后，督促整改工作的落实，同时还要编制内部控制评价报告，对内部控制执行和整改情况进行考核。

三、内部控制评价的原则和内容

内部控制评价的目的在于评价内部控制制度的设计和运行是否有效，评价工作本身的有效性则至关重要。内部控制评价的原则和内容则是确保评价工作有效的关键。评价原则划定了内部控制评价工作实施的依据和标准。评价内容则规定了内控评价的要素以及核心指标等，指明了工作的方向。

(一) 内部控制评价的原则

内部控制评价的原则是开展评价工作应该注意的原则，确保内部控制评价的有效进行，与内部控制的原则不完全相同。企业对内部控制评价应至少遵循以下原则。

(1) 全面性原则。全面性原则主要指内部控制评价的涵盖范围应当全面。内部控制评价工作应当包括内部控制的设计与运行，涵盖企业及其所属单位的各种业务和事项。

(2) 重要性原则。重要性原则主要指内部控制评价应当在全面性的基础上突出重点，尤其要注重风险。重要性原则主要体现在制订和实施评价工作方案、分配评价资源的过程之中，主要包括两个方面：一是要坚持风险导向的思路，着重关注那些影响内部控制目标实现的高风险领域和风险特点；二是要坚持重点突出的思路，着重关注那些重要的业务事项和关键的控制环节，以及重要业务单位。

(3) 客观性原则。客观性原则主要指内部控制评价工作应当准确地揭示经营管理的风险状况，能够如实反映内部控制设计和运行的有效性。如果要保证内部控制评价结果的客观公正，就必须在内部控制评价方案的制定、实施的全过程中始终坚持客观性原则。

案例 9-1　中国远洋内部控制评价确保全面、突出重点①

中国远洋控股股份有限公司(简称"中国远洋")于 2005 年 3 月在中国注册成立，是我国中央政府的直属企业，同时也是中国远洋运输(集团)总公司的上市旗舰和资本平台。目前通过各子公司为国际和国内客户提供涵盖整个航运价值链的航运及相关业务，总运力排名世界第六。但高速、粗糙的激进成长使得中国远洋"内力不足"，2011 年和 2012 年连续两年中国远洋都深陷巨亏，最后股票被做特殊处理。在 2011 年的企业内部控制自我评价中，中国远洋不仅对企业内部控制制度做出全面反省，更是列出重点业务，特别关注其目标的实现程度。表 9-1 是中国远洋关于内部控制评价所列出的重点关注的业务。

表 9-1　中国远洋内部控制评价重点关注业务

重要业务类型	控制目标
发展战略	企业应当综合考虑宏观经济政策、国内外市场需求变化、技术发展趋势、行业及竞争对手状况、可利用资源水平和自身优势与劣势等影响因素，制定明确的发展战略，并通过计划、预算等控制手段进行分解和实施，保障战略目标的实现
预算管理	通过有效运行预算编制、执行、考核等方面的控制程序，保障年度预算目标的实现
资金管理	通过有效运行资金收支、保管、使用等方面的控制程序，确保资金的安全性、完整性和合规性；同时应合理调度资金，提高资金使用效益
资源管理	企业应当根据发展战略，制订可持续的资源利用计划，合理确定资源需求目标，通过有效运行资源勘查、调研、获取、开采等方面的控制程序，满足企业长期经营发展的需要
筹资管理	合理确定资金需求量和筹资规模，科学设计筹资策略和筹资方案，避免资本结构不合理引发债务危机，或无法满足资金使用需求导致资金链断裂
投资管理	企业应当根据发展规划，合理安排资金投放结构，加强对投资项目的可行性研究，按照规定的权限和程序进行决策审批，对投资项目实行跟踪管理，实现预期投资目标
生产管理	通过有效运行生产计划管理、生产过程管理、质量管理、生产成本管理、生产经营考核等方面的控制程序，合理降低生产成本，确保完成年度生产经营目标

① 本案例改编自中国远洋 2011 年度企业内部控制自我评价报告。

续表

重要业务类型	控 制 目 标
健康安全环保	通过有效运行重大危险源监控、现场作业安全监测预警、安全隐患排查、应急处理等方面的控制程序，防止安全事故的发生，或者减少安全事故造成的损失
采购管理	通过有效运行采购计划管理、供应商管理、验收、付款等方面的控制程序，满足企业生产经营需要，降低采购成本
存货管理	通过有效运行存货入库、保管、出库、盘点等方面的控制程序，满足生产供应需求；同时合理确定最佳库存量，降低存货成本
固定资产管理	通过有效运行固定资产登记、运转、维护、改造、盘点等方面的控制程序，满足生产建设需求，避免资产闲置、浪费
销售业务	通过有效运行销售策略管理、客户信用管理、销售合同管理、发货、收款等方面的控制程序，保障销售目标的实现
科技发展	企业应当根据发展战略，结合市场开发和技术创新要求，科学制订研发计划，充分论证项目可行性，强化资源配备和研发过程管理，促进研发成果的转化和有效利用，保障战略目标的实现
基建管理	通过有效运行工程立项、招标、造价、建设、验收等方面的控制程序，确保建设项目达到质量、进度、投资等目标要求
调度管理	通过有效运行调度安排、指挥、应急处理等方面的控制程序，确保建设、安全、生产、运输、销售各环节信息得到充分及时沟通，优化资源配置，保证股份公司发展战略的具体执行
人力资源管理	通过有效运行人力资源的引进、开发、使用、培养、考核、激励、退出等方面的控制程序，实现人力资源的合理配置，优化人力资源整体布局
监察审计	通过有效运行监察审计独立性、监察审计职业道德、实施过程质量控制等方面的控制程序，对经营活动或内部控制的有效性或合规性进行审查评价并督促整改，优化企业经营管理的效率及效果
法律事务	为企业的重大经营决策和生产经营管理活动提供法律支持，确保企业依法合规经营管理，避免企业因违法或权益保护不当导致名誉、经济权益受损
信息管理	企业应当建立科学的内部信息传递机制，明确内部信息传递的内容、保密要求及密级分类、传递方式、传递范围等，通过有效运行内部信息的形成、传递、保密等方面的控制程序，满足生产经营的需要
信息系统	企业应当根据发展战略，结合组织架构、业务范围、地域分布、技术能力等因素，制定信息系统建设整体规划，通过有效运行信息系统开发、运行、维护等方面的控制程序，满足企业的信息化管理需求

知识链接

财政部等五部委印发的《企业内部控制规范体系实施中相关问题解释第 2 号》中指出，集团性企业在确认内部控制评价范围时，应当遵循全面性、重要性、客观性原则，在对集团总部及下属不同业务类型、不同规模的企业进行全面、客观评价的基础上，关注重要业务单位、重大事项和高风险业务。

重要业务单位一般以资产、收入、利润等作为判定标准；重大事项一般是指重大投资决策项目；高风险业务一般是指经过风险评估后确定为较高或高风险的业务。

（二）内部控制评价的内容

内部控制评价的目的是确保内部控制制度的设计和运行的有效性，内部控制评价内容的设计与内部控制评价的目的应紧密相连。企业要结合《企业内部控制基本规范》、各项应用指引以及本企业的内部控制制度，紧紧围绕内部环境、风险评估、控制活动、信息与沟通、内部监督等五要素确定具体评价内容，对内部控制设计与运行情况进行全面评价。

(1) 内部环境评价。企业组织开展内部环境评价，应当以组织架构、发展战略、人力资源、企业文化、社会责任等应用指引为依据，结合本企业的内部控制制度，对内部环境的设计及实际运行情况进行认定和评价。其中，组织架构评价可以将重点放在机构设置的整体控制力、权责划分、相互牵制、信息流动路径等方面；发展战略评价可以将重点放在发展战略的制定合理性、有效实施和适当调整三方面；人力资源评价应当将重点放在企业人力资源引进结构合理性、开发机制、激励约束机制等方面；企业文化评价应从建设和评估两方面进行；社会责任可以从安全生产、产品质量、环境保护与资源节约、促进就业、员工权益保护等方面进行。

(2) 风险评估评价。企业组织开展风险评估机制评价，应当以《企业内部控制基本规范》有关风险评估的要求，以及各项应用指引中所列主要风险为依据，结合本企业的内部控制制度，对日常经营管理过程中的风险识别、风险分析、应对策略等进行认定和评价。

(3) 控制活动评价。企业组织开展控制活动评价，应当以《企业内部控制基本规范》和各项应用指引中的控制措施为依据，结合本企业的内部控制制度，对相关控制措施的设计和运行情况进行认定和评价。

(4) 信息与沟通评价。企业组织开展信息与沟通评价，应当以内部信息传递、财务报告、信息系统等相关应用指引为依据，结合本企业的内部控制制度，对信息收集、处理和传递的及时性、反舞弊机制的健全性、财务报告的真实性、信息系统的安全性，以及利用信息系统实施内部控制的有效性等进行认定和评价。

(5) 内部监督评价。企业组织开展内部监督评价，应当以《企业内部控制基本规范》有关内部监督的要求，以及各项应用指引中有关日常管控的规定为依据，结合本企业的内部控制制度，对内部监督机制的有效性进行认定和评价，重点关注监事会、审计委员会、内部审计机构等是否在内部控制设计和运行中有效发挥监督作用。

案例 9-2　中国船舶从内控五要素出发的内部控制评价[①]

中国船舶工业股份有限公司成立于2007年7月，是上海市一家具备国际竞争力的民用船舶制造企业。企业根据《企业内部控制基本规范》及其配套指引的规定和要求，结合本公司内部控制制度和评价办法，在内部控制日常监督和专项监督的基础上，对公司

① 资料来源：改编自中国船舶工业有限公司2012年度企业内部控制自我评价报告。

2012 年度的内部控制的有效性进行了自我评价。公司主要围绕内部环境、风险评估、控制活动、信息沟通和内部监督五大要素,对内部控制建设情况进行评价。

(1) 内部环境。对内部环境的评价主要围绕组织架构、战略发展、人力资源管理、企业文化和社会责任等几个方面。

(2) 风险评估。对风险评估的评价结合企业特点以及经验教训,主要围绕行业周期风险、船东违约风险、汇率波动风险等几个方面进行较为深入的评价。

(3) 控制活动。公司主要围绕不相容职务相互分离、授权审批、会计系统、财务保护、预算管理、运营分析、绩效考评、关联交易、担保业务和子公司管控等活动进行评价。

(4) 信息与沟通。公司建立了顺畅的信息沟通机制,通过定期报告、临时公告形式在上交所网站、《中国证券报》、《上海证券报》等四家证券报发布公司信息,及时报告和沟通信息;建立了投资者来访、来电登记制度,热情地接待投资者的来访和咨询;对于举报和投诉的事件,能及时、妥善地做出处理,切实保护了广大投资者及公司的合法权益。

(5) 内部监督。公司制定了《内部审计制度》、《纪委工作规则》等管理制度,通过日常监督和专门监督两个方面,对内部控制的有效性进行持续监督。

第二节　内部控制评价流程与方法

一、内部控制评价的流程

内部控制评价程序一般包括:制定评价工作方案、组成评价工作组、实施现场测试、汇总评价结果、编报评价报告等。这些程序形成严密的逻辑关系,相互协调、关联,从整体上组成了内部控制评价的基本流程。内部控制评价流程如图 9-1 所示。

(一) 制定评价工作方案

内部控制评价机构应当分析企业经营管理过程中的高风险领域和重要业务事项,根据企业内部监督情况和管理要求,确定检查评价方法,制定科学合理的评价工作方案。评价工作方案在内容上应涵盖评价主体范围、工作任务、人员组织、进度安排和费用预算等,同时方案要在确保全面性的基础上突出评价的重点。方案要经过董事会的批准方可实施。一般而言,内部控制建立与实施初期,实施全面综合评价有利于推动内部控制工作的深入有效开展;内部控制系统趋于成熟后,企业可在全面评价的基础上,更多地采用重点评价或专项评价,以提高内部控制评价的效率和效果。

(二) 组成评价工作组

内部控制评价机构领导组织评价工作组。评价工作组承担具体的内部控制检查评价任务。内部控制评价机构根据经过董事会审批的评价方案,挑选具备业务胜任能力、职业道德素养和独立性的评价人员实施评价。评价工作组应当积极吸收对企业内部相关机构情况熟悉、参与日常监控的负责人或业务骨干参加。企业应当依据自身条件,尽量建立长效内部控制评价培训机制,使企业内部的内部控制评价人员能够熟悉内部控制专业知识及相关规章制度、业务流程及需要重点关注的问题、评价工作流程、检查评价方法、工作底稿填写要求、缺陷认定标准、评价人员的权利和义务等内容。

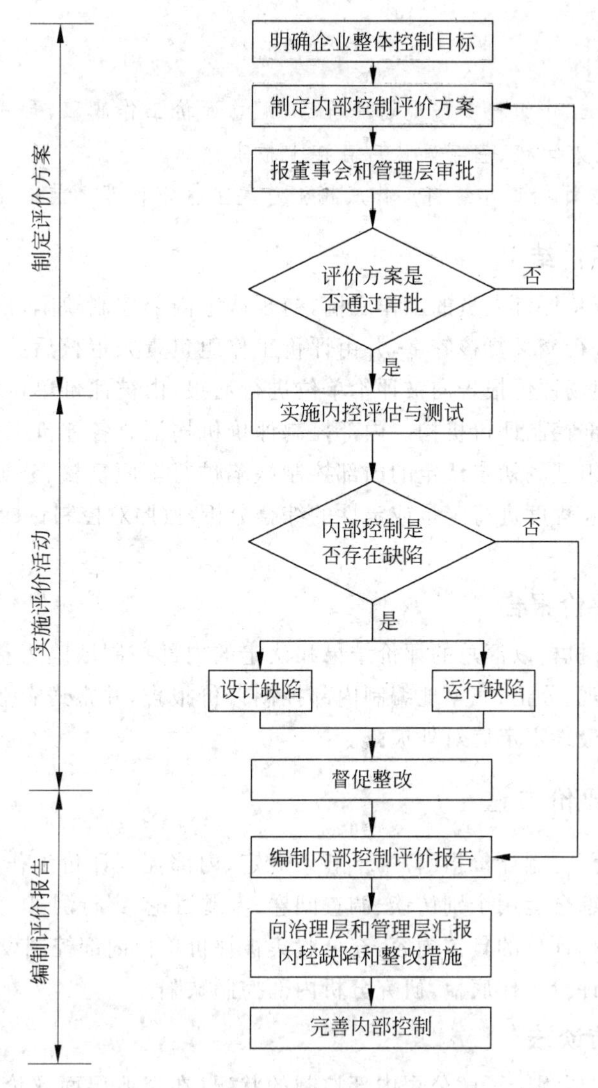

图 9-1　内部控制评价流程

（三）实施现场测试

在实施现场测试之前，企业应当做好相关的准备工作，了解被评价单位基本情况并确定检查评价范围与重点。评价工作组通过与被评价单位进行充分的沟通了解了被评价单位的基本情况之后，根据掌握的情况进一步确定评价范围、检查重点和抽样数量，并结合评价人员的专业背景进行合理分工。在完成了相关准备工作之后，评价工作组根据评价人员分工，综合运用各种评价方法对内部控制设计与运行的有效性进行现场检查测试，按要求填写工作底稿、记录相关测试结果，并对发现的内部控制缺陷进行初步认定。由于内部控制从纵向检查测试流程，因此评价人员之间应注意互相沟通、协调，以获得更有价值的发现，同时评价人员也应就检查测试中发现的问题及时与被评价单位进行沟通。评价人员在整个测试过程中应遵循客观、公正、公平的原则。

A 公司某评价工作组在实施现场评价后，汇总评价工作底稿，形成现场评价报告，由该评价工作组负责人审核、签字确认后直接上报审计部。

请问 A 公司该评价工作组将工作底稿汇总稿上报审计部之前遗漏了哪一项程序？

（四）汇总评价结果

评价工作组汇总评价人员的工作底稿，初步认定内部控制缺陷，形成现场评价报告。评价工作底稿应进行交叉复核签字，并由评价工作组负责人审核后签字确认。评价工作组将评价结果及现场评价报告向被评价单位进行通报，由被评价单位相关负责人签字确认后，提交企业内部控制评价机构。内部控制评价机构汇总各评价工作组提交的评价结果和报告，对工作组现场初步认定的内部控制缺陷进行全面复核、分类汇总，对缺陷的成因、表现形式及风险程度进行定量或定性的综合分析，按照对控制目标的影响程度判定缺陷等级。

（五）编报评价报告

内部控制评价机构以汇总的评价结果和认定的内部控制缺陷为基础，综合内部控制工作整体情况，客观、公正、完整地编制内部控制评价报告，并报送企业经理层、董事会和监事会，由董事会最终审定后对外披露。

二、内部控制评价方法

根据《企业内部控制评价指引》第十五条规定，内部控制评价工作组应当对被评价单位进行现场测试，综合运用个别访谈、调查问卷、专题讨论、穿行测试、实地查验、抽样和比较分析等方法，根据评价的具体内容，充分收集被评价单位内部控制设计和运行是否有效的证据，如实填写评价工作底稿，研究分析内部控制缺陷。

（一）个别访谈法

个别访谈法主要用于了解公司内部控制的状况，在企业层面评价及业务层面评价的了解阶段经常使用。访谈前应根据内部控制评价需求形成访谈提纲，撰写访谈纪要，记录访谈的内容。对于同一问题应注意不同人员的解释是否相同。如分别访谈人力资源部和关键岗位员工，是否存在员工流失现象。

（二）调查问卷法

调查问卷法主要用于企业层面评价。调查问卷法应尽量扩大对象范围，包括企业各个层级员工，应注意事先保密性，题目尽量简单易答（如答案只需为“是”、“否”、“有”、“没有”等）。例如，你是否认同本企业文化；你在本企业是否有幸福感，是否受到一视同仁，是否有发展机会；你工作是否存在压力，是否能够完成公司下达的考核指标，等等。

（三）穿行测试法

穿行测试法是指内部控制流程中任意选取一笔交易作为样本，追踪该交易如何从最初起源到最终在财务报表或其他经营管理报告中反映出来，即该流程从起点到终点的全过程。例如，在保险公司的内部控制评价中，选取一笔保险新单，追踪其从投保申请到财务入账的全过程，以此了解控制措施设计的有效性，并识别出关键控制。

（四）抽样法

抽样法分为随机抽样和其他抽样。随机抽样是指按随机原则从样本库中抽取一定数量的样本；其他抽样是指人工任意选取或按某一特定标准从样本库中抽取一定数量的样本。使用抽样法时，测试人员应首先对样本库的完整性进行确认，其次要确定选取的样本应充分和适当。充分是指测试的证据的数量应当能合理保证相关控制的有效；适当是指获取的证据应当与相关控制的设计与运行有关，并能可靠地反映控制的实际情况。

（五）实地查验法

实地查验法主要针对业务层面控制，它通过使用统一的测试工作表，与实际的业务、财务单证进行核对的方法进行控制测试。如实地盘点某种存货。

（六）比较分析法

比较分析法是指通过数据分析，识别评价关注点的方法。数据分析可以与历史数据、行业（公司）标准数据或行业最优数据等进行比较。例如，在保险公司内部控制评价中，通过分析月度退保数据的波动情况，识别退保异常的区间，进而对此区间的退保业务资料进行检查。

（七）专题讨论法

专题讨论法主要指集合有关专业人员就内部控制执行情况或控制问题进行分析，既是控制评价的手段，也是形成缺陷整改方案的途径。如对于同时涉及财务、业务、信息技术方面的控制缺陷，就需要由内部控制管理部门组织召开专题讨论会议，综合各部门的意见，确定整改方案。

此外，还可以使用观察、重新执行等方法，也可以实际工作和检查测试经验，或利用信息系统开发检查方法。对于企业通过系统采用自动控制、预防控制的，应注意与人工控制和发现性控制在方法选择上的区别。

案例 9-3　　中国医药的内部控制评价方法①

中国医药保健品股份有限公司是于 1997 年 4 月 28 日在上海证券交易所挂牌的国有控股上市公司。公司秉承“关爱生命、追求卓越”的核心理念，致力于医药产业发展和人类健康事业，努力打造中国医药行业的旗舰企业。2012 年，公司董事会授权内部审计机构负责内部控制评价的具体组织实施工作，由审计监察部和相关职能部门抽调人员组成内部控制评价小组（以下简称“评价小组”）对企业内部控制进行自我评价。评价小组制定评价总体方案，根据内部控制评价范围编制评价工作具体计划和评价办法，围绕内部环境、风险评估、控制活动、信息与沟通、内部监督等要素，对公司内部控制设计与运行情况

① 本案例改编自中国医药 2012 年度《内部控制自我评价报告》。

进行全面评价。

在内部控制全面自评阶段，中国医药的工作组采用访谈和专题讨论等方法，全面了解公司内部控制是否有效。公司各职能部门和经营单位如实填写内部控制工作底稿和自评报告，分析识别内部控制设计及运行缺陷。

在重点流程审计评价阶段，工作组采用穿行测试、实地查验、抽样和比较分析等方法，广泛收集公司内部控制设计与运行是否有效的证据，如实编写评价工作底稿，考察评价内部控制设计及运行缺陷。

在评价汇总阶段，工作组根据各公司内部控制工作底稿、内部控制自评报告等资料，按照规定的程序和要求编制了内部控制评价报告。

知识链接

1. 迪博——中国上市公司内部控制指数

“迪博指数”系财政部立项、中国会计学会管理的2010年重点会计科研课题——《中国上市公司内部控制指数研究》课题的成果，并由深圳市迪博企业分享管理技术有限公司发布。该指数结合我国上市公司实施内部控制体系的现状，基于内部控制合规、报告、资产安全、经营、战略五大目标的实现程度设计内部控制基本指数，同时将内部控制缺陷作为修正变量对内部控制基本指数进行修正，最终形成综合反映上市公司内控水平和风险管控能力的内部控制指数。

2. “陈汉文指数”

自2009年起，由陈汉文教授主持的厦门大学内控指数课题组建立了一套系统的内部控制评价体系，对我国上市公司内部控制水平进行评价，并连续四年发布内部控制指数。该指数确定了内部环境、风险评估、控制活动、信息与沟通、内部监督等5个一级评价指标，24个二级指标、43个三级指标和144个四级指标的四级指标体系；采用层次分析法和变异系数法确定指标权重，并对每项指标加权平均即得到内部控制评价指数。

第三节　内部控制缺陷类型及其认定

一、内部控制缺陷的类型

内部控制缺陷类型可按多种标准进行划分。通常情况下，按以下几类进行划分。

（一）按照内部控制缺陷的成因分类

内部控制缺陷按照成因分类，可分为设计缺陷和运行缺陷。

（1）设计缺陷。设计缺陷是指企业缺少为实现控制目标所必需的控制，或现存控制设计不适当，即使正常运行也难以实现控制目标。

（2）运行缺陷。运行缺陷是指设计有效（合理且适当）的内部控制由于运行不当（包括由不恰当的人执行、未按设计的方式运行、运行的时间或频率不当、没有得到一贯有效运行等）而形成的内部控制缺陷。

内部控制存在设计缺陷和运行缺陷，会影响内部控制的设计有效性和运行有效性。

（二）按照影响内部控制缺陷的性质分类

内部控制缺陷按照影响企业内部控制目标实现的严重程度分类，可分为重大缺陷、重要缺陷和一般缺陷。

(1) 重大缺陷。重大缺陷是指一个或多个控制缺陷的组合，可能导致企业严重偏离控制目标。当存在任何一个或多个内部控制重大缺陷时，评价主体应当在内部控制评价报告中做出内部控制无效的结论。

(2) 重要缺陷。重要缺陷是指一个或多个控制缺陷的组合，其严重程度低于重大缺陷，但仍有可能导致企业偏离控制目标。重要缺陷的严重程度低于重大缺陷，不会严重危及内部控制的整体有效性，但也应当引起董事会、经理层的充分关注。

(3) 一般缺陷。一般缺陷是指除重大缺陷、重要缺陷以外的其他控制缺陷。

将内部控制评价中发现的内部控制缺陷划分为重大缺陷、重要缺陷和一般缺陷，需要借助一套可系统遵循的认定标准以及认定人员充分的职业判断。一般而言，如果一个企业存在的内部控制缺陷达到了重大缺陷的程度，我们就不能说该企业的内部控制是整体有效的。

（三）按照内部控制缺陷的形式分类

内部控制缺陷按照具体影响内部控制目标的表现形式分类，可分为财务报告内部控制缺陷和非财务报告内部控制缺陷。

(1) 财务报告内部控制缺陷。财务报告内部控制缺陷通常指的是有关企业财务报告可靠性的内部控制制度方面的缺陷，这些缺陷的存在使企业不能保证财务报告的可靠性，或者不能防止或及时发现纠正财务报告的错报。

(2) 非财务报告内部控制缺陷。非财务报告内部控制缺陷是指除财务报告内部控制缺陷之外的内部控制缺陷。也就是说这些缺陷的存在会影响企业战略目标、经营目标、合规目标和资产安全目标的实现。

二、内部控制缺陷的认定

内部控制缺陷是描述内部控制有效性的一个负向的维度。内部控制缺陷认定在一定程度上决定内部控制评价的成效，且具有一定难度，需要运用职业判断。根据《企业内部控制评价指引》的规定，企业对内部控制缺陷的认定，应当以构成内部控制的内部监督要素中的日常监督和专项监督为基础，结合年度内部控制评价，由内部控制评价机构进行综合分析后提出认定意见，按照规定的权限和程序进行审核，由董事会予以最终确定。

内部控制缺陷的重要性和影响程度是依据内部控制目标确定的。按照对财务报告目标和其他内部控制目标实现的影响的具体表现形式，下面从财务报告内部控制缺陷和非财务报告内部控制缺陷两种角度分别阐述内部控制缺陷的认定标准。

（一）财务报告内部控制缺陷的认定标准

将财务报告内部控制的缺陷划分为重大缺陷、重要缺陷和一般缺陷，所采用的认定标准直接取决于由于该内部控制缺陷的存在可能导致的财务报告错报的重要程度。这种重要程度主要取决于两个方面的因素：一是该缺陷是否具备合理可能性导致企业的内部控制不能及时防止或发现并纠正财务报告错报。其中，合理可能性是指大于微小可能性(几乎不可能发生)的可能性，确定是否具备合理可能性涉及评价人员的职业判断。二是该缺陷单独或连同其他缺陷可能导致的潜在错报金额的大小。

(1) 重大缺陷的认定。一般而言，如果一项内部控制缺陷单独或连同其他缺陷具备合理可能性导致不能及时防止或发现并纠正财务报告中的重大错报，就应将该缺陷认定为重大缺陷。重大错报中的“重大”，涉及企业管理层确定的财务报告的重要性水平。一般企业可以采用绝对金额法(例如，规定金额超过 10 000 元的错报应当认定为重大错报)或相对比例法(例如，规定超过资产总额 1%的错报应当认定为重大错报)来确定重要性水平。另外，一些迹象通常表明财务报告内部控制可能存在重大缺陷：①董事、监事和高级管理人员舞弊；②企业更正已公布的财务报告；③注册会计师发现当期财务报告存在重大错报，而内部控制在运行过程中未能发现该错报；④企业审计委员会和内部审计机构对内部控制的监督无效。

(2) 重要缺陷的认定。如果一项内部控制缺陷单独或连同其他缺陷具备合理可能性导致不能及时防止或发现并纠正财务报告中虽然未达到和超过重要性水平，但仍应引起董事会和管理层重视的错报，就应将该缺陷认定为重要缺陷。

(3) 一般缺陷的认定。不构成重大缺陷和重要缺陷的内部控制缺陷，应认定为一般缺陷。

需要强调的是，内部控制缺陷的严重程度并不取决于是否实际发生了错报，而是取决于是否存在不能及时防止或发现并纠正潜在错报的可能性。换句话说，如果企业的财务报表存在错报，必然表明该企业的财务报告内部控制存在缺陷；但是，如果企业的财务报表不存在错报，也不一定表明该企业的财务报告内部控制就不存在缺陷。财务报告内部控制缺陷类型和特点如表 9-2 所示。

表 9-2　　财务报告内部控制缺陷类型和特点

类型	特　点
重大缺陷	① 具备合理可能性；② 不能及时防止或发现并纠正财务报告中错报的金额≥重要性水平。
重要缺陷	① 具备合理可能性；② 不能及时防止或发现并纠正财务报告中错报的金额≤重要性水平，但能引起董事会和管理层的重视。
一般缺陷	其他

认定财务报告内部控制缺陷类型的一般步骤如下。

(1) 确定重要性水平和一般水平，以此作为判断缺陷类型的临界值。可采用绝对金额法或者相对比例法进行确定。

(2) 抽样。按照业务发生频率的高低和账户的重要性确定抽样数量。

(3) 计算潜在错报金额。根据控制点错报样本数量和样本量，在《潜在错报率对照表》中查找对应的潜在错报率，之后统计出相应账户的同向累计发生额，计算控制点潜在错报金额。其计算公式为：

潜在错报金额=潜在错报率×相应账户的同向累计发生额

(4) 如果重要性水平和一般水平是绝对金额，那么可直接将潜在错报金额合计数与其比较，判断缺陷类型；如果重要性水平和一般水平是相对数，需进一步计算错报指标再进行比较判断。错报指标的计算公式如下，其中，分母所选用的指标应与确定重要性水平的指标保持一致。

错报指标=潜在错报金额合计数/当期主营业务收入(或期末资产)

(二) 非财务报告内部控制缺陷的认定标准

非财务报告内部控制缺陷认定具有涉及面广、认定难度大的特点。企业可以根据风险评估的各项工作，根据自身的实际情况、管理现状和发展要求，加以细化或按内部控制原理补充，参照财务报告内部控制缺陷的认定标准，合理确定定性和定量的认定标准，根据其对内部控制目标实现的影响程度将内部控制缺陷认定为一般缺陷、重要缺陷和重大缺陷。定量标准指的是涉及金额大小，既可以根据造成直接财产损失绝对金额确定，也可以根据其直接损失占本企业资产、销售收入及利润等的比率确定；定性标准指的是涉及业务性质的严重程度，可根据其直接或潜在负面影响的性质、影响的范围等因素确定。

以下迹象通常表明非财务报告内部控制可能存在重大缺陷：①违反法律、法规较严重；②除政策性亏损原因外，企业连年亏损，持续经营受到挑战；③重要也不缺乏制度控制或制度系统性失效，如企业财务部、销售部控制点全部不能执行；④并购重组失败，或新扩充下属单位经营难以为继；⑤子公司缺乏内部控制建设，管理散乱；⑥企业管理层人员纷纷离开或关键岗位人员流失严重；⑦被媒体频频曝光负面新闻；⑧内部控制评价的结果特别是重大或重要缺陷未得到整改。

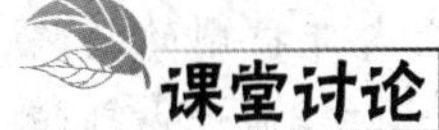

A 公司 2012 年内部控制评价报告显示该公司存在以下内部控制缺陷。

(1) 管理层逾越管理权限，重大人事任免审批程序执行不充分。

(2) 违规向公司的控股股东提供担保。

(3) 公司发布 2011 年年报更正报告。

(4) 公司未及时履行信息披露义务。

(5) 未实施关键岗位人员的定期轮换。

请分析 A 公司以上 5 种缺陷分别属于何种类型的缺陷。

需要强调的是，在内部控制的非财务报告目标中，战略和经营目标的实现往往受到诸多不可控的外部因素的影响，企业的内部控制只能合理保证而非绝对保证董事会和管理层了解这些目标的实现程度。因而，在认定针对这些控制目标的内部控制缺陷时，我们不能只考虑最终的结果，而主要应该考虑企业制定战略、开展经营活动的机制和程序是否符合内部控制要求，以及不适当的机制和程序对企业战略及经营目标实现可能造成的影响，以便最大限度地弥补内部控制本身存在的缺陷。

案例 9-4　光大证券交易所的"乌龙指"[①]

2013年8月16日，这本来是再平凡不过的一天，但是因为光大证券的乌龙事件，这一天在中国证券史上留下了浓墨重彩的一笔。8月16日上午11点过后，沪指突然直线拉升100点，涨逾5%，2分钟内成交额约78亿元。工商银行、中国银行、农业银行、招商银行、中国石油、中国石化等蓝筹股一度集体触及涨停。这一颠覆了以往常识的市场表现，让所有的市场参与者震惊。很长时间之后，人们才意识到，由于这两分钟发生的事情，很多人的生活和职业生涯将进入另外一个轨道。但是在当时，人们能做的只是互相观望，试图确认自己看到的不是幻觉。与此同时，无数版本的传言和猜测爆发式地出现，每个人都尝试去解释究竟发生了什么，但是言中者寥寥。混乱持续的时间并不长，很快上交所揭开谜底，临时停牌公告将所有人的目光聚集到了光大证券身上，惊天乌龙事件的主角浮上水面。14时许，上交所确认，光大证券策略投资部是导致这一切的"罪魁"。

光大证券的错误操作导致了这样的结果，光大证券买入上证50ETF时错误操作，超出预计的大额基金通过系统买入了上证50指数成分股，这一异动触发了市场其他量化产品的买入机制，大量资金的跟进，共同造成了现在的后果。公告显示，光大证券的策略投资部门自营业务在使用其独立的套利系统时出现问题，公司正在进行核查和相关处置工作。虽然公告并未披露系统具体出现了何种问题。但1月初，就曾经有不少网友反映光大期货交易系统出现重大故障，客户使用的金仕达交易系统在客户没有操作的情况下，自动发出报单并成交。但对期货交易系统的检查应该属于内部控制日常运行缺陷的识别和防止，而光大证券却忽视了这一点，而且由于人为的疏忽造成了重大缺陷的发生。

由此可见，对于内部控制缺陷的识别和认定具有重大的意义。内部控制评价存在的意义不是为了证明企业内部控制制度的完美无缺，恰恰是为了辨别企业内部控制的缺陷和不足，然后进行弥补，所谓"知错能改，善莫大焉"。在现代公司治理结构中，通过内部控制评价，逐步完善企业内部控制制度的设计和运行等相关方面，关键的一点就是要发现内部控制的缺陷所在，只有这样才能发挥内部控制相对于企业的重要作用，保障企业合规有效的经营，控制企业的风险水平。因此，对内部控制缺陷进行认定并进行有针对性的整改，也是企业开展内部控制评价的主要工作内容之一。

案例 9-5　佛山照明关于内部控制缺陷的认定[②]

佛山照明成立于1958年，位于广东省佛山市，是全国电光源行业大型国营骨干企业，国务院批准机电产品出口基地，享有自营出口业务经营权。1993年10月，公司公开发行社会公众股(A股)1 930万股，并于1993年11月23日在深圳证券交易所挂牌交易。2013年，有2 244家上市公司披露内部控制评价报告，其中有8家上市公司披露存在内部

---

① 腾讯财经.光大证券乌龙事件始末[EB/OL]. http://finance.qq.com/zt2013/focus/gdzq.htm?pgv_ref=aio2012&ptlang=2052.

② 本案例改编自佛山照明2012年度《企业内部控制自我评价报告》。

控制重大缺陷，佛山照明便是其中之一。以下是佛山照明在内部控制评价报告中对于内部控制缺陷的认定。

（一）缺陷类型判断标准

在评估企业控制活动是否存在缺陷时，我们考虑了以下几方面。

(1) 是否针对风险设置了合理的控制目标。

(2) 是否针对控制目标设置了合理的控制活动。

(3) 相关控制活动是否得到持续一致的运行。

(4) 实施相关控制活动的人员是否具备专业胜任能力。

如果不能同时满足第(1)、(2)项的要求，则存在设计层面的缺陷；如果满足第(1)、(2)项的要求而不能同时满足第(3)、(4)项的要求，则存在执行层面的缺陷。

（二）缺陷影响程度判断标准

缺陷按影响的程度不同分为重大缺陷、重要缺陷和一般缺陷。重大缺陷是可能导致企业严重偏离控制目标的一个缺陷或多个缺陷的组合；重要缺陷是指可能导致企业偏离控制目标但严重程度和经济后果都低于重大缺陷的一个缺陷或多个缺陷的组合；一般缺陷是指除重大缺陷与重要缺陷以外的其他缺陷。公司董事会根据基本规范、评价指引对重大缺陷、重要缺陷和一般缺陷的认定要求，结合公司规模、行业特征、风险水平等因素，研究确定了适用公司的内部控制缺陷具体认定标准如下。

1. 财务报告内部控制缺陷的认定标准

1.1 定性标准

具有以下特征的缺陷，应认定为重大缺陷：该缺陷涉及董事、监事和高级管理人员舞弊；更正已经公布的财务报表；注册会计师发现当期财务报表存在重大错报，而内部控制在运行过程中未能发现该错报；企业审计委员会和内部审计机构对内部控制的监督无效。

1.2 定量标准

以2012年合并报表数据为基准，确定上市公司合并报表错报(包括漏报)重要程度的定量标准：

重大缺陷：错报≥资产总额的1.0%；

重要缺陷：资产总额的0.5%≤错报<资产总额的1.0%；

一般缺陷：错报<资产总额的0.5%。

2. 非财务报告内部控制缺陷的认定标准

2.1 定性标准

具有以下特征的缺陷，应认定为重大缺陷：严重违反国家法律、行政法规和规范性文件；"三重一大"事项未经过集体决策程序；关键岗位管理人员和技术人员流失严重；媒体负面报道频现，经查属实；涉及公司生产经营的重要业务缺乏制度控制或制度系统失效；信息披露内部控制失效，导致公司被监管部门公开谴责；内部控制评价的结果特别是重大缺陷或重要缺陷未得到整改。

2.2 定量标准

参照财务报告内部控制缺陷的定量标准，确定上市公司非财务报告内部控制缺陷重要程度的定量标准为：

重大缺陷：损失金额≥资产总额的1.0%；

重要缺陷：资产总额的0.5%≤损失金额<资产总额的1.0%；

一般缺陷：损失金额<资产总额的0.5%。

根据上述认定标准，结合日常监督和专项监督情况，我们发现报告期内存在一个重大缺陷。该重大缺陷为：公司对关联方识别以及由此产生的关联交易的决策程序和信息披露存在重大缺陷。公司未能完整识别关联方，在2009—2011年度披露的关联交易不完整，存在关联方交易应经董事会审议并及时进行临时信息披露而未履行程序的情形。

财务报告缺陷和非财务报告缺陷其实难以作严格的区分，例如内部环境、重大安全事故等。因此，在制定标准时，应本着是否直接影响财务报告的原则来区分。另外，重大缺陷、重要缺陷的界定是相对的，对于有下属单位的集团公司，如果下属单位存在重大缺陷，并不能表明集团公司存在重大缺陷，但至少作为重要缺陷向董事会、管理层汇报，而下属单位的重要缺陷则应视对整个集团的影响及普遍性程度确定是否属于集团重要缺陷，但下属单位重要缺陷至少应该向经理层汇报。

前已述及，可以对日常监督和专项监督发现的内部控制缺陷加以利用，作为评价内部控制有效性的因素之一，但是应注意在考核方面对职能部门或下属单位发现的内部控制缺陷并已整改的给予区别对待，以调动职能部门对内部控制工作的积极性，从而提高内部控制评价的质量和效率，对于未整改的业务层面的缺陷，应深入分析是否属于内部环境问题并协助解决。

知识链接

财政部等五部委印发的《企业内部控制规范体系实施中相关问题解释第1号》中指出，由于企业所处行业、经营规模、发展阶段、风险偏好等存在差异，《企业内部控制基本规范》及其配套指引没有对内部控制缺陷的认定标准进行统一规定。企业可以根据《企业内部控制基本规范》及其配套指引，结合企业规模、行业特征、风险水平等因素，研究确定适合本企业的内部控制重大缺陷、重要缺陷和一般缺陷的具体认定标准。企业确定的内部控制缺陷标准应当从定性和定量的角度综合考虑，并保持相对稳定。通过不断的实践，总结经验，形成一套行之有效的内部控制缺陷认定方法。

案例 9-6 新华制药内部控制缺陷"蝴蝶效应"①

2012年3月26日，由信永中和会计师事务所有限责任公司注册会计师签发的对山东新华制药股份有限公司否定意见的内部控制审计报告出炉。这是我国企业内控规范体系正式实施以来首份被出具否定意见的内控审计报告。该报告一出，促使新华制药的A股股价在随后短短半个月间一路下滑。然而此事引发的余波不断，2012年《证券日报》一则"新华制药内控重大缺陷，信永中和被指严重失职"的报道，引发一连串的针对执业审计

① 盛永志，唐秋玲．内部控制非重大缺陷的"蝴蝶效应"及审计对策[J]．财会月刊，2013(5)：53-55.

师的"讨伐"论调。针对该事件有学者以法律视角对执业审计师的过错进行了批评，历数执业审计师不尽职表现，并指出股民可以要求审计事务所赔偿新华制药公司股价下跌带来的损失。针对新华制药内部控制销售业务多头授信导致巨额坏账的事件，舆论普遍认为，信永中和事务所长年担任新华制药的审计者，理应及早注意到相关控制缺陷并提请管理层予以改正。正是执业审计师的对初始可能并不显眼的控制缺陷任由发展或关注不够，才飞出了那只令人震撼的"坏蝴蝶"。其蝴蝶效应的发展历程可参照图 9-2。

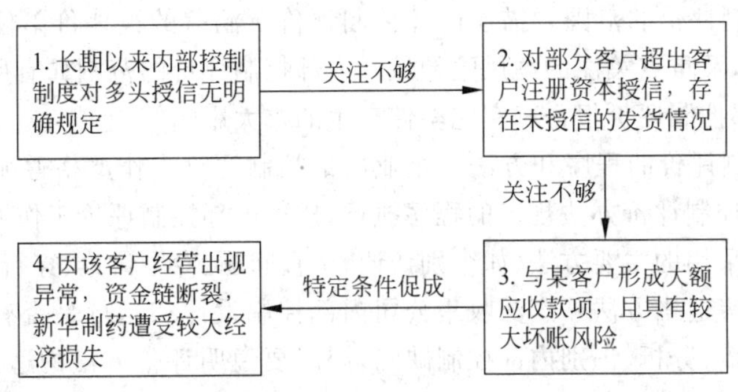

图 9-2　蝴蝶效应发展效应图

根据案例 9-6 讨论审计师质量是如何影响公司内部控制缺陷的披露的？

第四节　内部控制评价报告及其披露

内部控制评价报告是内部控制评价的最终体现。从广义上讲，按照编制主体、报送对象和时间，内部控制评价报告可分为对内报告和对外报告。对外报告的内容、格式等强调符合披露要求，时间具有强制性，它是狭义的内部控制评价报告；对内报告则主要以符合企业董事会(审计委员会)、经理层需要为主，不具有强制性，内容、格式和披露时间由企业自行决定。《企业内部控制评价指引》第二十条规定，企业应当根据《企业内部控制基本规范》、应用指引和本指引，设计内部控制评价报告的种类、格式和内容，明确内部控制评价报告编制程序和要求，按照规定的权限报经批准后对外报出。

一、内部控制评价报告的内容

根据《企业内部控制评价指引》的规定，企业内部控制评价对外报告一般包括以下内容。

(1) 董事会声明。董事会及全体董事声明对报告内容的真实性、准确性、完整性承担个别及连带责任，保证报告内容不存在任何虚假记载、误导性陈述或重大遗漏。建立健全并有效实施内部控制是公司董事会的责任；监事会对董事会建立与实施的内部控制进行监督；经理层负责组织领导公司内部控制的日常运行。由于内部控制存在固有局限性，故董事会声明仅能对达到上述目标提供合理保证。

(2) 内部控制评价工作的总体情况。明确企业内部控制评价工作的组织、领导体制、进度安排,是否聘请会计师事务所对内部控制有效性进行独立审计。

(3) 内部控制评价的依据。说明企业开展内部控制评价工作所依据的法律法规和规章制度。企业应根据中华人民共和国财政部等五部联合发布的《企业内部控制基本规范》及《企业内部控制评价指引》的要求,结合企业内部控制评制度和评价办法,在内部控制日常监督和专项监督的基础上,对公司某年度的内部控制的设计和运行的有效性进行评价。

(4) 内部控制评价的范围。描述内部控制评价所涵盖的被评价单位,以及纳入评价范围的业务事项,及重点关注的高风险领域。内部控制评价的范围如有所遗漏的,应说明原因,及其对内部控制评价报告真实完整性产生的重大影响等。

(5) 内部控制评价的程序和方法。企业内部控制评价工作严格遵循基本规范、评价指引及公司内部控制评价办法规定的程序执行,描述内部控制评价工作遵循的基本流程,以及评价过程中采用的主要方法(如个别访谈、调查问题、专题讨论、穿行测试、实地查验、抽样和比较分析等适当方法),广泛收集公司内部控制设计和运行是否有效的证据,如实填写评价工作底稿,分析、识别内部控制缺陷,同时要说明评价方法的适当性及证据的充分性。

(6) 内部控制缺陷及其认定。公司董事会根据基本规范、评价指引对重大缺陷、重要缺陷和一般缺陷的认定要求,结合公司规模、行业特征、风险水平等因素,研究确定适用本公司的内部控制缺陷具体认定标准,并声明是否与以前年度保持一致或做出的调整及相应原因;根据内部控制缺陷认定标准,确定评价期末存在的重大缺陷、重要缺陷和一般缺陷。

(7) 内部控制缺陷的整改情况。对于评价期间发现、期末已完成整改的重大缺陷,说明企业有足够的测试样本显示,与该重大缺陷相关的内部控制设计且运行有效。经过整改后,如果公司在报告期末仍存缺陷,说明具体类型和数量。针对报告期末未完成整改的重大缺陷,公司拟进一步采取相应措施加以整改,描述整改措施的具体内容及预期达到的效果。

(8) 内部控制有效性的结论。对不存在重大缺陷的情形,出具评价期末内部控制有效结论;对存在重大缺陷的情形,不得做出内部控制有效的结论,并需描述该重大缺陷的性质及其对实现相关控制目标的影响程度,可能给公司未来生产经营带来相关风险。自内部控制评价报告基准日至内部控制评价报告发出日之间发生重大缺陷的,企业须责成内部控制评价机构予以核实,并根据核查结果对评价结论进行相应调整,说明董事会拟采取的措施。同时表明内部控制应当与公司经营规模、业务范围、竞争状况和风险水平等相适应,并随着情况的变化及时加以调整,然后对下一年度的内部控制工作计划进行简要描述,说明公司将继续完善内部控制制度,规范内部控制制度执行,强化内部控制监督检查,促进公司健康、可持续发展。

对内报告的内容应该在符合以上要求的基础上进一步详尽地设计和表达。

企业应尽量按照大众化统一的格式编制内部控制评价报告,具体编制时内部控制评价报告的格式可参照《企业内部控制规范体系实施中相关问题解释第1号》(见本章末附录)。

案例 9-7 广东锦龙发展股份有限公司 2013 年半年度《内部控制自我评价报告》[①]

根据中华人民共和国财政部等五部委联合发布的《企业内部控制基本规范》(下称《基本规范》)及其配套指引的规定和要求,结合广东锦龙发展股份有限公司(下称"公司")内部控制制度和评价办法,在内部控制日常监督和专项监督的基础上,公司董事会2013年半年度对公司内部控制的有效性进行了自我评价。

一、董事会声明

公司董事会及全体董事保证本报告内容不存在任何虚假记载、误导性陈述或重大遗漏,并对报告内容的真实性、准确性和完整性承担个别及连带责任。

二、内部控制评价工作的总体情况

公司董事会及董事会下设审计委员会负责审查公司内部控制,监督内部控制的有效实施和内部控制自我评价报告。为加强公司内部控制建设,保证内部控制得以有效运行,公司根据广东证监局《关于做好辖区主板上市公司内控规范实施工作的通知》(广东证监[2012]27号)文件的要求,制定了《内部控制规范实施工作方案》,成立了以董事长为组长的内控规范工作领导小组。内控规范工作领导小组是公司内部控制规范实施工作的领导机构,负责制定公司内控建设规划、提出总体建设方案,审核公司内控实施工作计划,组建内控项目组团队,确定内控实施范围,指导内控实施过程,审阅各阶段工作成果及工作报告。内控项目组负责制订公司内控实施的具体工作计划,组织相关培训工作,实施内控体系建设和自我评价具体工作。内控项目组直接向内控规范工作领导小组汇报工作。公司聘请了上海立信锐思信息管理有限公司提供内部控制咨询服务及协助开展内部控制评价工作。

三、内部控制评价的依据

本评价报告旨在根据《基本规范》及《企业内部控制评价指引》(下称《评价指引》)的要求,结合企业内部控制制度和评价办法,在内部控制日常监督和专项监督的基础上,对公司截至2013年6月30日内部控制的设计与运行的有效性进行评价。

四、内部控制评价的范围

内部控制评价的范围涵盖了公司及控股子公司的主要业务和事项。重点关注下列高风险领域:战略规划风险,财务风险,利率风险及其他金融市场风险,投资风险,资产管理风险,成本管理风险,人力资源风险,法律风险,安全风险。纳入评价范围的业务和事项包括:组织架构、发展战略、企业文化、人力资源、资金活动、担保业务、采购业务、资产管理、销售业务、研究与开发、工程项目、财务报告、全面预算、合同管理、内部信息传递、信息系统、关联交易、对子公司管控。上述业务和事项的内部控制涵盖了公司经营管理的主要方面,不存在重大遗漏。

---

① 本案例改编自广东锦龙发展股份有限公司2013年半年度《内部控制自我评价报告》,http://www.cfi.net.cn/p20130829002303.html.

五、内部控制评价的程序和方法

公司内部控制评价工作严格遵循《评价指引》的要求，在分析经营管理过程中的高风险领域和重要业务事项后，制定科学合理的评价工作方案，确定评价方法，并严格执行。公司内部控制评价程序主要包括：制定评价工作方案、组成评价工作组、实施现场测试、认定控制缺陷、汇总评价结果、编报评价报告等环节。在评价过程中，评价工作组综合运用个别访谈、问卷调查、专题讨论、抽样检查、实地查验和比较分析等方法和手段，充分收集公司内部控制设计和运行的有效证据，如实填写评价工作底稿，分析、识别内部控制缺陷。对内部控制设计及运行情况进行定性和定量评价，按照缺陷认定标准，确认评价结果，汇总评价结果后，出具评价结论，编制评价报告。

六、内部控制缺陷及其认定

内部控制缺陷一般包含重大缺陷、重要缺陷和一般缺陷。公司董事会根据《基本规范》、《评价指引》对重大缺陷、重要缺陷和一般缺陷的认定要求，结合公司规模、行业特征、风险偏好和风险承受度等因素，研究确定了适用于本公司的内部控制缺陷具体认定标准。根据认定标准，结合日常监督和专项监督结果，报告期内未发现对公司治理、经营管理及发展有重大影响的缺陷。

七、内部控制有效性的结论

公司已经根据基本规范、评价指引及其他相关法律法规的要求，对公司截至2013年6月30日的内部控制设计与运行的有效性进行了自我评价。报告期内，公司对纳入评价范围的业务与事项均已建立了内部控制并得以有效执行，达到了公司内部控制的目标，不存在重大缺陷。自内部控制评价报告基准日至内部控制评价报告发出日之间未发生对评价结论产生实质性影响的内部控制的重大变化。公司目前的内部控制与公司经营规模、业务范围、竞争状况和风险水平等相适应，未来期间应根据公司前述情况的变化及时加以调整，公司将继续按照相关法律法规的要求完善内部控制制度，规范内部控制制度执行，强化内部控制监督检查，促进公司规范、可持续发展。

广东锦龙发展股份有限公司董事会

二零一三年八月二十九日

二、内部控制评价报告的编制和报送

企业应当根据《企业内部控制评价指引》的规定，根据年度内部控制评价结果，结合内部控制评价工作底稿和内部控制缺陷汇总表等资料，按照规定的程序和要求，及时编制内部控制评价报告。

（一）评价报告的编制

下面分别对评价报告的编制主体、编制时间和编制程序进行介绍。

1. 编制主体

内部控制评价报告的编制主体包括单个企业和企业集团的母公司。单个企业内部控制评价报告指某一企业以自身经营业务和管理活动为辐射范围编制的内部控制评价报告，属于对内报告；企业集团母公司内部控制评价报告是企业集团的母公司在汇总、复核、评价、分析后，以母公司及下属（或控股子公司）的经营业务和管理活动为辐射范围编制的内部控制评价报告，是对企业集团内部控制设计有效性和运行有效性的总体评价，可以是对内或对外报告。

2. 编制时间

企业应当根据内部控制评价结果和整改情况，编制内部控制评价报告。内部控制评价报告分为定期内部控制评价报告和非定期内部控制评价报告。

企业应该定期进行内部控制评价并发布内部控制评价报告。企业至少应该每年进行一次内部控制评价并由董事会对外发布内部控制报告，这样形成的报告可称为定期内部控制评价报告。年度内部控制评价报告应当以12月31日为基准日。

如果企业在内部控制评价报告年度内发生了特殊的事项且具有重要性，或因为具有了某种特殊原因(如企业因目标变化或提升)，企业需要针对这种特殊事项或原因及时编制内部控制评价报告并对外发布。这种类型的内部控制评价报告也称为非定期的内部控制报告。从广义上讲，企业针对发现的重大缺陷等向董事会(审计委员会)或经理层报送的内部报告(内部控制缺陷报告)也属于非定期的报告。

3. 编制程序

(1) 内部控制评价机构对工作底稿进行复核，根据认定并按照规定的权限和程序审批确定的内部控制缺陷，判断内部控制的有效性。

(2) 内部控制评价机构搜索整理编制内部控制评价报告所需的相关资料。

(3) 内部控制评价机构根据有关资料撰写内部控制评价报告。

(4) 内部控制评价报告上报经理层审核、董事会审批后确定，下属单位内部控制评价报告还需上报母公司。

(二) 评价报告的报送

《企业内部控制评价指引》规定了评价报告及内部控制审计报告对外报送的要求。企业内部控制评价报告应按规定报送有关监管部门，例如国有控股企业应按要求报送国有资产监督管理部门和财政部门；金融企业应按规定报送银行业监督管理部门和保险监督管理部门；公开发行证券的企业应报送证券监督管理部门。

案例 9-8　万福生科2012年度内部控制评价报告①

万福生科(湖南)农业开发股份有限公司内部控制评价报告

中国证券监督管理委员会湖南监管局：

我们接受委托对万福生科(湖南)农业开发股份有限公司(以下简称万福生科或公司)2012年度的财务报表进行审计，根据贵局《关于做好2012年年报工作的通知》的规定，对该公司与财务报表编制相关的内部控制予以了必要关注。我们并未与万福生科签订协议针对内部控制发表鉴证意见，而是在开展财务报表审计工作过程中，实施了了解、测试和评价相关内部控制设计的合理性和执行的有效性等我们认为必要的审计程序。内部控制

① 案例选自万福生科2012年度《内部控制评价报告》。

评价虽然参照《中国注册会计师其他鉴证业务准则第3101号》等相关规定进行，但其提供的保证程度低于内部控制鉴证。在审计中我们发现：2012年10月26日公司发布《万福生科(湖南)农业开发股份有限公司关于重要信息披露的补充和2012年中报更正的公告》，2012年中报存在虚假记载和重大遗漏，初步自查公司在2012年半年报中虚增营业收入187 590 816.61元、虚增营业成本145 558 495.31元、虚增利润40 231 595.41元。2013年3月2日万福生科披露《关于重大披露及股票复牌公告》，公司经过自查2008年至2011年累计虚增收入7.4亿元左右，虚增营业利润1.8亿元左右，虚增净利润1.6亿元左右，其中2011年虚增营业收入2.8亿元，虚增营业利润6 541.36万元，虚增归属上市公司股东净利润5 912.69万元。该等情形表明万福生科未能按照《企业内部控制基本规范》和相关规定保持有效的财务报告内部控制。

中磊会计师事务所有限责任公司　　中国注册会计师：邹宏文
中国·北京　　中国注册会计师：王　越
二零一三年四月二十五日

创业板最大造假案——万福生科财务造假案

自2012年9月万福生科开始被监管层调查，中国证券史上创业板最大造假案逐步浮出水面。万福生科为了达到公开发行股票并上市条件，2008年至2010年分别虚增巨额销售收入和营业利润，此外，其2011年年度报告和2012年半年度报告也存在虚假记载和重大遗漏。2013年11月29日，中国证监会发布了针对万福生科及其责任人的行政处罚决定书，责令万福生科改正违法行为，对公司负责人予以警告、罚款，并已将主要责任人员龚永福、覃学军涉嫌欺诈发行股票行为和涉嫌违规披露、不披露重要信息行为移送司法机关处理。

三、内部控制评价报告的披露与使用

（一）评价报告的披露

公司的价值创造能力不仅取决于现有的经营基础和目前的盈利水平，更主要取决于公司的决策科学性和管控能力。为了确保公众利益和促进企业价值的保值增值，公众公司必须向社会披露内部控制评估报告，满足投资者及利益相关者了解企业治理水平、管理规范化和抵御各类风险的能力的需要，更好地服务于他们做出投资决策和相关决策。

（二）评价报告的使用

企业内部控制评价对外报告的使用者包括政府有关监管部门、投资者以及其他利益相关者、中介机构和研究机构等。对内报告的使用者主要是企业董事会(审计委员会)、各层级管理者以及有关监管部门。

内部控制评价是企业董事会对本企业内部控制有效性的自我评价，具有一定的主观性，在此基础上形成的内部控制评价报告也因此只能作为有关方面了解企业内部控制设计与运行情况的途径之一。在使用内部控制评价报告时，还应注意与内部控制注册会计师审计报告、内部控制监管信息、财务报告信息等相关信息结合使用，以起到全面分析、综合判断、相互验证的效果。

附录：

企业内部控制规范体系实施中相关问题解释第 1 号
——××公司 20××年度内部控制评价报告

××公司全体股东：

根据《企业内部控制基本规范》及其配套指引的规定和要求，结合本公司（以下简称公司）内部控制制度和评价办法，在内部控制日常监督和专项监督的基础上，我们对公司内部控制的有效性进行了自我评价。

一、董事会声明

公司董事会及全体董事保证本报告内容不存在任何虚假记载、误导性陈述或重大遗漏，并对报告内容的真实性、准确性和完整性承担个别及连带责任。

建立健全并有效实施内部控制是公司董事会的责任；监事会对董事会建立与实施内部控制进行监督；经理层负责组织领导公司内部控制的日常运行。

公司内部控制的目标是：[一般包括合理保证经营合法合规、资产安全、财务报告及相关信息真实完整，提高经营效率和效果，促进实现发展战略]。由于内部控制存在固有局限性，故仅能对实现上述目标提供合理保证。

二、内部控制评价工作的总体情况

公司董事会授权内部审计机构[或其他专门机构]负责内部控制评价的具体组织实施工作，对纳入评价范围的高风险领域和单位进行评价[描述评价工作的组织领导体制，一般包括评价工作组织结构图、主要负责人及汇报途径等]。

公司[是/否]聘请了专业机构[中介机构名称]提供内部控制咨询服务；公司[是/否]聘请了专业机构[中介机构名称]协助开展内部控制评价工作；公司[是/否]聘请会计师事务所[会计师事务所名称]对公司内部控制进行独立审计。

三、内部控制评价的范围

内部控制评价的范围涵盖了公司及其所属单位的主要业务和事项[列明评价范围占公司总资产比例或占公司收入比例等]，重点关注下列高风险领域：

[列示公司根据风险评估结果确定的内部控制前十大主要风险]

纳入评价范围的单位包括：

[无须罗列单位名称，而是描述纳入评价范围单位的行业性质、层级等]

纳入评价范围的业务和事项包括（根据实际情况调整，未尽事项可以充实）：

（一）组织架构

（二）发展战略

（三）人力资源

（四）社会责任

（五）企业文化

（六）资金活动

（七）采购业务

（八）资产管理

（九）销售业务

（十）研究与开发

（十一）工程项目

（十二）担保业务

（十三）业务外包

（十四）财务报告

（十五）全面预算

（十六）合同管理

（十七）内部信息传递

（十八）信息系统

上述业务和事项的内部控制涵盖了公司经营管理的主要方面，不存在重大遗漏。

（如存在重大遗漏）公司本年度未能对以下构成内部控制重要方面的单位或业务（事项）进行内部控制评价：

[逐条说明未纳入评价范围的重要单位或业务（事项），包括单位或业务（事项）描述、未纳入的原因、对内部控制评价报告真实完整性产生的重大影响等。]

四、内部控制评价的程序和方法

内部控制评价工作严格遵循基本规范、评价指引及公司内部控制评价办法规定的程序执行[描述公司开展内部控制检查评价工作的基本流程]。

评价过程中，我们采用了（个别访谈、调查问题、专题讨论、穿行测试、实地查验、抽样和比较分析）等适当方法，广泛收集公司内部控制设计和运行是否有效的证据，如实填写评价工作底稿，分析、识别内部控制缺陷[说明评价方法的适当性及证据的充分性]。

五、内部控制缺陷及其认定

公司董事会根据基本规范、评价指引对重大缺陷、重要缺陷和一般缺陷的认定要求，结合公司规模、行业特征、风险偏好和风险承受度等因素，研究确定了适用本公司的内部控制缺陷具体认定标准，并与以前年度保持了一致[描述公司内部控制缺陷的定性及定量标准]，或做出了调整[描述具体调整标准及原因]。

根据上述认定标准，结合日常监督和专项监督情况，我们发现报告期内存在[数量]个缺陷，其中重大缺陷[数量]个，重要缺陷[数量]个。重大缺陷分别为：[对重大缺陷进行描述，并说明其对实现相关控制目标的影响程度]。

六、内部控制缺陷的整改情况

针对报告期内发现的内部控制缺陷（含上一期间未完成整改的内部控制缺陷），公司采取了相应的整改措施[描述整改措施的具体内容和实际效果]。对于整改完成的重大缺陷，公司有足够的测试样本显示，与重大缺陷[描述该重大缺陷]相关的内部控制设计且运行有效（运行有效的结论需提供 90 天内有效运行的证据）。

经过整改，公司在报告期末仍存在[数量]个缺陷，其中重大缺陷[数量]个，重要缺陷

[数量]个。重大缺陷分别为：[对重大缺陷进行描述]。

针对报告期末未完成整改的重大缺陷，公司拟进一步采取相应措施加以整改[描述整改措施的具体内容及预期达到的效果]。

七、内部控制有效性的结论

公司已经根据基本规范、评价指引及其他相关法律法规的要求，对公司截至20××年12月31日的内部控制设计与运行的有效性进行了自我评价。

（存在重大缺陷的情形）报告期内，公司在内部控制设计与运行方面存在尚未完成整改的重大缺陷[描述该缺陷的性质及其对实现相关控制目标的影响程度]。由于存在上述缺陷，可能会给公司未来生产经营带来相关风险[描述该风险]。

（不存在重大缺陷的情形）报告期内，公司对纳入评价范围的业务与事项均已建立了内部控制，并得以有效执行，达到了公司内部控制的目标，不存在重大缺陷。

自内部控制评价报告基准日至内部控制评价报告发出日之间[是/否]发生对评价结论产生实质性影响的内部控制的重大变化[如存在，描述该事项对评价结论的影响及董事会拟采取的应对措施]。

我们注意到，内部控制应当与公司经营规模、业务范围、竞争状况和风险水平等相适应，并随着情况的变化及时加以调整。[简要描述下一年度内部控制工作计划]未来期间，公司将继续完善内部控制制度，规范内部控制制度执行，强化内部控制监督检查，促进公司健康、可持续发展。

董事长：[签名]

××公司

20××年××月×日

【本章小结】

企业内部控制评价是指企业董事会或类似权力机构对内部控制有效性进行全面评价、形成评价结论、出具评价报告的过程。评价的主体是董事会和管理层，评价的对象是内部拧制的有效性，评价不是一步到位，而是一个过程。有效的内部控制评价在推动企业不断完善内部控制制度的同时，也对企业产生了积极的外部效应。企业不论采取何种组织形式，董事会、经理层和内部控制评价机构在内部控制评价中的职能作用不会发生本质的变化。内部控制评价工作的职责划分是以分工制衡、协调工作、提高效率为宗旨的。

为了确保内部控制评价的有效进行，企业对内部控制评价至少遵循全面性原则、重要性原则和客观性原则。内部控制评价的目的是确保内部控制制度的设计和运行的有效性，内部控制评价内容的设计是由内部控制评价的目的决定的。由于企业内部控制体系是由内部环境、风险评估、控制活动、信息与沟通、内部监督等五要素构成的，所以内部控制评价就应该紧紧围绕这五要素确定具体评价内容，对内部控制的设计与运行情况进行全面评价。

内部控制评价程序一般包括：制定评价工作方案、组成评价工作组、实施现场测试、汇总评价结果、编报评价报告等。这些程序形成严密的逻辑关系，相互协调、关联，从整体上组成了内部控制评价的基本流程。内部控制评价工作组应当对被评价单位进行现场测试,综合运用个别访谈、调查问卷、专题讨论、穿行测试、实地查验、抽样和比较分析等方法,根据评价的具体内容,充分收集被评价单位内部控制设计和运行是否有效的证据,如实填写评价工作底稿,研究分析内部控制缺陷。

内部控制缺陷按照成因分类,可分为设计缺陷和运行缺陷;按照影响企业内部控制目标实现的严重程度分类,可分为重大缺陷、重要缺陷和一般缺陷;按照影响内部控制目标的表现形式分类,可分为财务报告缺陷和非财务报告缺陷。内部控制缺陷的重要性和影响程度是依据内部控制目标确定的。财务报告内部控制和非财务报告内部控制的缺陷一般划分为重大缺陷、重要缺陷和一般缺陷,财务报告内部控制缺陷所采用的认定标准直接取决于由于该内部控制缺陷的存在可能导致的财务报告错报的重要程度。非财务报告内部控制缺陷的认定标准包括定量标准和定性标准。

内部控制评价报告是内部控制评价的最终体现,可分为对内报告和对外报告。其主要内容包括董事会声明、内部控制评价工作的总体情况、内部控制评价的依据、内部控制评价的范围、内部控制评价的程序和方法、内部控制缺陷及其认定、内部控制缺陷的整改情况和内部控制有效性的结论等。企业应该定期进行内部控制评价并发布内部控制评价报告。企业至少应该每年进行一次内部控制评价并由董事会对外发布内部控制报告,这样形成的报告可称为定期内部控制评价报告。年度内部控制评价报告应当以 12 月 31 日为基准日。

【延伸阅读】

1.《企业内部控制基本规范》

2.《企业内部控制评价指引》

3. 财政部会计司.企业内部控制规范解读[M].北京:经济科学出版社,2010.

4.《企业内部控制规范体系实施中相关问题解释第 1 号》

5.《企业内部控制规范体系实施中相关问题解释第 2 号》

6. 傅胜,池国华,等.企业内部控制规范指引操作案例点评[M].北京:北京大学出版社,2011.

7. 杨雄胜,夏俊.内部控制评价——理论、实务、案例[M].大连:大连出版社,2009.

8. 美国管理会计师协会.财务报告内部控制与风险管理[M].张先治,等,译.大连:东北财经大学出版社,2005.

9. COSO.企业风险管理——整合框架[M].方红星,等,译.大连:东北财经大学出版社,2005.

【思考题】

1. 阐述你对内部控制评价内涵的理解。

2. 内部控制评价的重要作用体现在哪些方面?

3. 谈谈你对内部控制评价合理保证的理解。

4. 如何对内部控制的有效性进行评价?

5. 如何理解内部控制缺陷的类型?

【自测题】

1. 单项选择题

(1) 企业内部控制评价的对象是( )。

A. 内部控制规章制度　　B. 内部控制有效性

C. 财务报告的公允性　　D. 内部控制环境

(2) 对内部控制评价承担最终责任的内部控制评价责任主体是( )。

A. 董事会　　B. 经理层　　C. 监事会　　D. 审计委员会

(3) 通过数据分析,识别评价关注点的内部控制评价方法是( )。

A. 个别访问法　　B. 穿行测试法

C. 比较分析法　　D. 实地查验法

(4) 下列关于内部控制缺陷报告的时间要求,正确的有( )。

A. 一般缺陷、重要缺陷和重大缺陷一旦发现,应立即报告

B. 一般缺陷、重要缺陷应定期(至少每年)报告,重大缺陷应及时报告

C. 一般缺陷、重要缺陷和重大缺陷应定期(至少每年)报告

D. 一般缺陷应定期(至少每年)报告,重要缺陷和重大缺陷应立即报告

(5) 2011 年,甲公司针对各类资金支出的审批权限和程序建立了专门的制度。2012 年,甲公司对组织机构和岗位设置进行了调整,但甲公司没有及时对该制度进行修订,导致该制度规定与公司的实际操作并不相符。这种情形表明该公司内部控制存在( )缺陷。

A. 设计缺陷

B. 运行缺陷

C. 既不属于设计缺陷也不属于运行缺陷

D. 制度缺陷和运行缺陷

(6) 一般而言,如果一项内部控制缺陷单独或连同其他缺陷具备合理可能性导致不能及时防止或发现并纠正财务报告中的重大错报,就应将该缺陷认定为( )。

A. 重大缺陷　　B. 重要缺陷　　C. 一般缺陷　　D. 严重缺陷

(7) 下列有关内部控制评价的说法中错误的是( )。

A. 内部控制评价应紧紧围绕内部环境、风险评估、控制活动、信息与沟通、内部监督五要素进行

B. 内部控制的有效性,是指企业建立与实施内部控制对实现控制目标提供合理保证的程度

C. 企业实施内部控制评价,仅包括对内部控制设计有效性的评价,不包括运行有效性的评价

D. 董事会可以通过审计委员会来承担对内部控制评价的组织、领导、监督职责

(8) 通常表明企业财务报告内部控制可能存在重大缺陷的是( )。

A. 企业决策失误,导致并购不成功 B. 董事、监事和高级管理人员舞弊

C. 管理人员或技术人员纷纷流失 D. 媒体负面新闻频现

(9) 内部控制评价工作的最终表现为( )。

A. 财务报告 B. 审计报告

C. 内部控制评价工作底稿 D. 内部控制评价报告

(10) 企业年度内部控制评价报告的基准日是( )。

A. 1月1日 B. 12月31日 C. 3月1日 D. 6月30日

2. 多项选择题

(1) 根据企业《内部控制评价指引》,内部控制的有效性包括( )。

A. 设计的有效性 B. 体制的有效性

C. 运行的有效性 D. 机制的有效性

(2) 可认定为内部控制存在设计或运行缺陷的情况有( )。

A. 由不恰当的人执行 B. 未按设计的方式运行

C. 运行的时间或频率不当 D. 没有得到一贯有效运行

E. 制度设计存在漏洞

(3) 企业开展内部控制评价工作,可以采取的组织形式有( )。

A. 授权内部审计机构具体实施内部控制有效性的定期评价工作

B. 成立专门的内部控制机构组织实施内部控制评价工作,其工作直接向董事会或类似权力机构负责

C. 根据自身特点,成立内部控制评价工作的非常设机构,抽调内部审计、内部控制等相关机构的人员组成内部控制评价小组,具体组织实施内部控制评价工作

D. 委托中介机构实施内部控制评价

(4) 在企业层面的内部控制评价方法有( )。

A. 个别访问 B. 调查问卷 C. 观察 D. 抽样

E. 实地查验

(5) 集团性企业在确定内部控制评价范围时,应当关注重要业务单位。下列选项中属于重要业务单位的有( )。

A. 集团总部

B. 资产占合并资产总额比例较高的分公司和子公司

C. 营业收入占合并营业收入比例较高的分公司和子公司

D. 利润占合并利润比例较高的分公司和子公司

(6) 内部控制评价工作组应当对被评价单位进行现场测试,运用的方法通常包括( )。

A. 个别访谈 B. 实地查验 C. 函证确认 D. 调查问卷

(7) 关于企业内部控制评价中的内部控制缺陷标准认定,下列说法中正确的是( )。

A. 重大缺陷,是指一个或多个控制缺陷的组合,可能导致企业严重偏离控制

目标

B. 重要缺陷，是指一个或多个控制缺陷的组合，其严重程度和经济后果低于重大缺陷，但仍有可能导致企业偏离控制目标

C. 一般缺陷，是指除重大缺陷、重要缺陷之外的其他缺陷

D. 企业内部控制缺陷的认定标准由外部审计师确定

(8) 关于内部控制缺陷，下列说法错误的有(　　)。

A. 内部控制缺陷按其成因或来源分为设计缺陷和运行缺陷

B. 企业内部控制评价工作组应根据现场测试获取的证据，对内部控制缺陷进行最终认定

C. 内部控制缺陷按其严重程度分为财务报告缺陷和非财务报告缺陷

D. 内部控制的缺陷可能导致企业偏离控制目标

(9) 下列选项中，通常表明可能存在非财务报告重大缺陷的有(　　)。

A. 把握市场机会的能力不强

B. 企业未制定"三重一大"决策制度、办法、程序

C. 违反国家《环境保护法》，受到环保部门的严厉处罚

D. 管理人员或技术人员大量流失，流失率达到50%

(10) 在内部控制评价过程中，下列做法错误的有(　　)。

A. 在年度中间完成内部控制设计与执行有效性评估且未发现重大缺陷，则企业可以据此直接认定内部控制有效

B. 在执行有效性测试中，某项内部控制出现一个抽样偏差的，则应认定为内部控制缺陷

C. 在执行有效性测试中，某项内部控制出现抽样偏差的，则可以直接追加样本量进行测试，未见偏差的，则可以判断该内部控制有效

D. 如果企业出现多项内部控制重要缺陷和一般缺陷，则企业不能认定内部控制有效

3. 判断题

(1) 董事会可以聘请会计师事务所对其内部控制的有效性进行审计，但其承担的责任不能因此减轻或消除。(　　)

(2) 内部控制评价能为内部控制目标的实现提供绝对保证。(　　)

(3) 为节省成本，为企业提供内部控制审计的会计师事务所，可以同时为同一家企业提供内部控制评价服务。(　　)

(4) 内部控制缺陷一经认定为重大缺陷，内部控制评价报告中将会被出具"否定意见"。(　　)

(5) 某国有大型企业内部控制评价部门从机关部门和下属单位A公司抽调相关业务人员，组成内部控制评价工作组，对所有下属单位进行内部控制评价。(　　)

(6) 穿行测试法是指在内部控制流程中任意选取一笔交易作为样本，追踪该交易从最初起源直到最终在财务报表或其他经营管理报告中反映出来的过程，以此测试控制措施运行的有效性。(　　)

(7) 对于有下属单位的集团公司,如果下属单位存在重大缺陷,并不能表明集团公司存在重大缺陷。 ( )

(8) 内部控制缺陷的严重程度并不取决于该控制不能及时防止或发现并纠正潜在缺陷的可能性,而是取决于是否实际发生了错报。 ( )

(9) 对于自内部控制评价报告基准日至内部控制评价报告报出日之间发生的影响内部控制有效性的因素,内部控制评价部门可以不予以关注。 ( )

(10) 如果对一项缺陷应属于财务报告缺陷还是非财务报告缺陷难以准确区分,制定标准时应本着是否影响财务报告目标的原则来区分。 ( )

案例分析

根据财政部等五部委联合发布的《企业内部控制基本规范》和《企业内部控制评价指引》的相关要求,在境内外同时上市的甲公司组织人员对2012年度内部控制有效性进行自我评价。公司在风险管理与内部控制规范工作领导小组的领导下,由风险管理与内部控制规范工作办公室牵头,开展内部控制测试评价工作,由公司内部审计部门具体负责测试评价工作的实施。评价活动结束后编制内部控制评价报告。以下是关于甲公司2012年度内部控制评价活动的相关情况。

(1) 关于内部控制评价的责任界定。董事会对内部控制评价报告的真实性负责。公司董事会保证内部控制报告内容不存在任何虚假记载、误导性陈述或重大遗漏,并对报告内容的真实性、准确性和完整性承担个别及连带责任。建立健全并有效实施内部控制是公司董事会的责任;监事会对董事会建立与实施内部控制进行监督;管理层负责组织领导公司内部控制的日常运行。

(2) 关于内部控制评价的范围。甲公司围绕内部环境、风险评估、控制活动、信息与沟通、监督等要素,纳入本次评价范围的业务和事项包括:组织架构、发展战略、人力资源、社会责任、资本运作、分子公司管控、财务报告、信息披露、关联交易、担保业务、全面预算、资金管理、采购与付款、销售与收款、合同管理、研究与开发、资产管理、企业文化、风险管理、质量管理、法律事务管理、行政管理、信息系统、内部信息传递、内部监督、廉洁从业等。上述业务和事项的内部控制涵盖了公司经营管理的主要方面,不存在重大遗漏。

(3) 关于内部控制评价的程序。为确保测试评价工作的顺利有序开展,公司内部审计部门编制了《甲公司2012年度内部控制测试评价工作方案》,并经过公司董事会审议通过。公司从2012年12月3日起,先后在四家分公司和公司总部开展了年度测试评价工作的现场测试。按照《企业内部控制基本规范》、《企业内部控制评价指引》及其相关配套文件要求,各测试评价小组对各单位的主要业务流程、关键控制点及高风险领域开展了全面测试,认真编制了测试工作底稿,并将测试发现的内控设计与执行层面的例外事项汇编形成了《例外事项汇总表》。各单位对发现的例外事项制订了整改计划,并及时整改。

(4) 关于内部控制评价的缺陷认定。甲公司结合年度测试发现的问题和日常监督情况,由公司内部控制测试评价工作小组按照《公司内部控制缺陷认定标准》(试行)开展缺陷评价工作,并根据各例外事项评价结果,协助公司管理层、董事会对最终内控缺陷程度进行逐一认定,形成公司2012年度《内部控制缺陷认定汇总表》,确认公司2012年度内部控制缺陷与等级。

(5) 关于内部控制评价报告的编制和披露。2013 年 2 月起，公司风险管理与内控规范工作办公室根据本年度内控测试评价工作整体情况及结论，按照财政部有关内部控制实施规范解释文件要求，编制公司 2012 年度内部控制自我评价报告，并报送公司董事会审议。本次内部控制测试评价业务涵盖的期间为 2012 年 1 月 1 日至 2012 年 12 月 31 日，并以 2012 年 12 月 31 日为内部控制体系是否有效的基准日编制内部控制评价报告。公司年度内部控制评价报告根据深圳证券交易所有关信息披露的工作要求，与《财务报告审计报告》、《内部控制审计报告》同时对外披露并公告。

问题：

(1) 结合情况(1)试述企业内部控制评价的定义、主体及对象。

(2) 结合情况(2)和《企业内部控制基本规范》及其配套指引阐述内部控制评价的内容。

(3) 结合情况(3)试述企业内部控制评价的一般程序。

(4) 结合情况(4)分析什么是内部控制缺陷，内部控制缺陷有几种类型，财务报告内部控制缺陷的认定标准是什么。

(5) 结合情况(5)解释如何确定内部控制评价报告的编制时间和披露内部控制评价报告的注意事项。

参考文献

[1] 程新生.企业内部控制[M].北京：高等教育出版社,2008.

[2] 程新生.内部控制理论与实务[M].北京：清华大学出版社,北京交通大学出版社,2008.

[3] 池国华,樊子君.内部控制学[M].第2版.北京：北京大学出版社,2013。

[4] 傅胜,池国华.企业内部控制规范指引操作案例点评[M].北京：北京大学出版社,2011.

[5] 方红星,池国华.内部控制[M].大连：东北财经大学出版社,2011.

[6] 国际内部控制协会.国际注册内部控制师通用知识与技能指南[M].邱健庭,徐莉莉译.北京：中国财政经济出版社,2009.

[7] 龚杰,方时雄.企业内部控制：理论、方法与案例[M].杭州：浙江大学出版社,2006.

[8] 胡为民.内部控制与企业风险管理——案例与评析[M].北京：电子工业出社,2009.

[9] 刘永泽,池国华.企业内部控制制度设计操作指南[M].大连：大连出版社,2011.

[10] 李连华.内部控制学[M].厦门：厦门大学出版社,2007.

[11] 李心合.企业内部控制基本规范导读[M].大连：大连出版社,2008.

[12] 李三喜,徐荣才.3C框架——全面风险管理标准[M].北京：中国市场出版社,2007.

[13] 潘琰.内部控制[M].北京：高等教育出版社,2008.

[14] 郑洪涛,张颖.企业内部控制学[M].大连：东北财经大学出版社,2009.

[15] 朱荣恩.企业内部控制规范与案例[M].北京：中国时代经济出版社,2009.

[16] 中华人民共和国财政部,等.企业内部控制规范讲解2010[M].北京：中国财政经济出版社,2010.

[17] 中华人民共和国财政部,等.关于印发企业内部控制规范体系实施中相关问题解释第1号的通知,2012.

[18] 中华人民共和国财政部,等.关于印发企业内部控制规范体系实施中相关问题解释第2号的通知,2012.

[19] 中华人民共和国财政部会计司.企业内部控制规范讲解2010[M].北京：经济科学出版社,2010.

[20] 中国注册会计师协会.公司战略与风险管理——2013年度注册会计师全国统一考试辅导教材[M].北京：经济科学出版社,2013.

[21] [美]COSO.内部控制——整合框架[M].方红星,译.大连：东北财经大学出版社,2008.

[22] [美]美国管理会计师协会.财务报告内部控制与风险管理[M].张先治,等,译.大连：东北财经大学出版社,2005.

教学支持说明

▶▶课件申请

尊敬的老师：

您好！感谢您选用清华大学出版社的教材！为更好地服务教学，我们为采用本书作为教材的老师提供教学辅助资源。鉴于部分资源仅提供给授课教师使用，请您直接手机扫描下方二维码实时申请教学资源。

任课教师扫描二维码
可获取教学辅助资源

▶▶样书申请

为方便教师选用教材，我们为您提供免费赠送样书服务。授课教师扫描下方二维码即可获取清华大学出版社教材电子书目。在线填写个人信息，经审核认证后即可获取所选教材。我们会第一时间为您寄送样书。

任课教师扫描二维码
可获取教材电子书目

清华大学出版社

E-mail: tupfuwu@163.com　　网址：http://www.tup.com.cn/
电话：8610-62770175-4506/4340　　传真：8610-62775511
地址：北京市海淀区双清路学研大厦B座509室　　邮编：100084